Erscheinungen und Botschaften der Gottesmutter Maria

Gottfried Hierzenberger · Otto Nedomansky

Erscheinungen und Botschaften der Gottesmutter Maria

Vollständige Dokumentation durch zwei Jahrtausende

Bechtermünz Verlag

© Weltbild Verlag GmbH, Augsburg 1998
Umschlagbild: Elmar Kohn-Fotograph, Landshut
Umschlaggestaltung: Adolf Bachmann, Reischach
Gesamtherstellung: Wiener Verlag, Himberg bei Wien
Printed in Austria
ISBN 3-86047-452-9

Inhalt

Inhalt

»Marienerscheinungen sind wie das Morgenrot der aufgehenden Sonne,
die eine in Dunkelheit gehüllte Erde erleuchtet:
sie sind die ersten Strahlen und das geheimnisvolle Näherkommen
von Zeichen, die Vorläufer sind für den Triumph dessen,
der kommen wird.«

Louis Lochet

»Wie die Mutter Jesu, im Himmel schon mit Leib und Seele
verherrlicht,
Bild und Anbetung der in der kommenden Weltzeit
zu vollendenden Kirche ist,
so leuchtet sie auch hier auf Erden in der Zwischenzeit bis zur
Ankunft des Tages des Herrn als Zeichen der
sicheren Hoffnung und des Trostes dem
wandernden Gottesvolk voran.«

Zweites Vatikanisches Konzil

»Je mehr man die Bedeutung von Wundern, Erscheinungen
und anderen physischen Phänomenen des
Mystizismus eingrenzt und sie strengen Kriterien unterwirft,
desto mehr entzieht sich meiner Meinung nach die werthafte,
nicht-materialistische Bedeutung dieser
Ereignisse.«

John Cornwell

Vorwort

In einem Buch, das den *Erscheinungen und Botschaften Marias* weltweit nachgeht und den Anspruch erhebt, möglichst alle bisher bekannt gewordenen Erscheinungsphänomene (weit über 900) zu berücksichtigen, steht naturgemäß nicht die Skepsis im Vordergrund (»Wer weiß, ob das wahr ist?«), sondern die Behauptung der Seher und Seherinnen (»Ich habe Maria gesehen und gehört!«) und ihre Bezeugung (»Ich habe sie wirklich gesehen!«). Deshalb wählten wir bei den Berichten über die einzelnen Erscheinungsphänomene die Formulierung »Maria *erschien*« bzw. »Maria *erscheint*« statt »N. N. *behauptet, er hätte Maria gesehen,* sie sprechen gehört und die folgenden Phänomene wahrgenommen . . .«. Damit soll aber nicht von vornherein die »Wahrheit« all dieser Erscheinungen und Offenbarungen behauptet oder einem abschließenden Urteil der römisch-katholischen Kirche, der die Überprüfung vorbehalten ist, vorgegriffen werden. Wir setzen damit auch keineswegs die »Echtheit« oder »Übernatürlichkeit« der Erscheinungen unkritisch voraus oder vernachlässigen bewußt die quellenmäßige Überprüfung der behaupteten optischen und akustischen Phänomene.

Wie der Untertitel des Buches erkennen läßt, geht es uns um die »Dokumentation« des gesamten uns zugänglich gewordenen Materials. Für die überwiegende Anzahl der Fälle ist nicht einmal eine Überprüfung der »Quellen« möglich gewesen, denen wir die Informationen über die Ereignisse an den über 900 in dieses Buch aufgenommenen Erscheinungsorten entnommen haben. Da sich diese Erscheinungen über 19 Jahrhunderte und über alle Kontinente erstrecken (vgl. die Übersicht im Anhang), ist das von den Autoren auch nicht zu erwarten, sondern würde eine jahrzehntelange, intensive wissenschaftliche Erforschung voraussetzen. Da die Quellenlage, d. h. die Einzeldokumentation der behaupteten Erscheinungen und Phänomene, aber in den meisten Fällen schlecht ist, würden viele solche Recherchen aber sehr bald im Sand verlaufen.

In einigen Fällen wurde eine kirchliche Überprüfung durchgeführt und ein abschließendes Urteil ausgesprochen (kirchlich anerkannt / kirchlich abgelehnt). Für zahlreiche Erscheinungen wurde eine Überprüfung eingeleitet, aber noch nicht abgeschlossen. Sehr häufig akzeptierte die Kirche auch nach einiger Zeit den sich entwickelnden Kult und erlaubte die Verehrung (vor allem bei den älteren Erscheinungen und den meisten Wallfahrten). In nicht wenigen Fällen allerdings wurde versäumt, die entsprechende Prüfung zu Lebzeiten der Seher oder sonstiger Zeugen vorzunehmen. Manchmal wurden auch nachweislich vorschnelle, voreingenommene oder aus verschiedenen Gründen unbefriedigende Urteile gefällt, die auf Fehleinschätzungen, Mißverständnissen usw. beruhen. Wenn die Erhebungsprotokolle zur Verfügung stehen, könnte ein neuerliches Überprüfungsverfahren eröffnet werden (z. B. in Mettenbuch, in Heroldsbach, in Eisenberg), das eventuell zu ganz anderen Ergebnissen führen könnte. Die Fülle der Erscheinungsphänomene gerade in den letzten Jahrzehnten und Jahren überfordert offensichtlich die Kapazität der offiziellen kirchlichen Stellen und ruft nach einer Modifikation der Verfahrensregeln.

Wir nehmen aus den vorhin genannten Gründen daher zunächst einmal eine »vorwissenschaftlich-naive« Position ein und dokumentieren das Faktum »behauptete Erscheinung« – ohne einer kirchlichen Entscheidung darüber vorzugreifen. Wir dokumentieren andrerseits der Vollständigkeit halber auch solche Phänomene, welche die Kirche für »unecht« (was die Übernatürlichkeit anlangt) erklärt hat, geben dies aber jeweils am Ende unter »Bew.« (= Bewertung) an. Der Leser hat so die Möglichkeit, einen kompletten Überblick über alle einschlägigen Phänomene zu erhalten.

Unter jedem der über 900 Erscheinungsberichte geben wir eine oder mehrere »Quellen« an. Damit ist der Fundort bezeichnet, dem wir die Information(en) entnommen haben. In weit über 600 Fällen finden Sie den Vermerk »R. Ernst, Lexikon« – gemeint ist das im Literaturverzeichnis genau ausgewiesene »Lexikon der Marienerscheinungen« von Robert Ernst aus Eupen in Belgien, der sich seit Jahrzehnten mit diesen Themen befaßt und einer der besten Kenner der Materie ist. Wir stehen mit unserem Buch sozusagen auf seinen Schultern und sind ihm zu großem Dank verpflichtet.

Wenn keine Quelle angegeben ist, handelt es sich um Informationen in Briefform, die durch Mitteilung oder eigene Recherche – bzw. aus Zeitungen, Zeitschriften oder Flugblättern – Eingang gefunden haben, aber nicht mehr genau zu eruieren sind. In diesem Zusammenhang sind wir auch für ergänzende Informationen jeglicher Art stets aufgeschlossen und dankbar. Dasselbe gilt für Erscheinungen, die uns nicht bekannt geworden sind, die aber in einer »vollständigen Dokumentation« nicht fehlen sollten. Wir bitten in solchen Fällen um schriftliche Mitteilung an den Verlag und werden solche Ergänzungen im Rahmen unserer Möglichkeiten bei einer eventuellen Neuauflage gerne berücksichtigen.

Sie finden in diesem Buch auch Auszüge der »Botschaften« Marias (im »Lexikon der Marienerscheinungen« höchstens in wenigen Sätzen zitiert), die es erlauben, sich ein Bild über die wichtigsten Äußerungen Marias zu machen. Im *Literaturverzeichnis* sind über die bei den einzelnen Erscheinungen angeführten Bücher hinaus alle diesbezüglichen

Quellen angegeben, die es dem interessierten Leser ermöglichen, seine Kenntnisse zu vertiefen und die näheren Umstände zu studieren bzw. das komplette Material kennenzulernen. Leider ist vieles davon noch gar nicht ediert.

Das vorliegende Buch bietet im *ersten Teil* einige »Hilfen zum Verständnis« der Marienerscheinungen an, die es ermöglichen sollen, bewußter und verantwortlicher mit diesen Phänomenen und »Geschenken des Himmels« umzugehen. Der *zweite Teil* enthält dann in chronologischer Reihenfolge – bei gleicher Jahreszahl in alphabetischer Reihenfolge nach den Erscheinungsorten geordnet – die einzelnen Erscheinungsberichte.

Im *Anhang* schlüsseln ein alphabetisches Verzeichnis aller Erscheinungsorte mit Jahresangabe, wodurch der jeweilige Erscheinungsbericht auffindbar ist, sowie ein alphabetisches Verzeichnis der Namen der Seherinnen und Seher (soweit sie namentlich bekannt sind) das Material noch einmal auf und ermöglichen einen raschen Zugriff. Eine alphabetische Liste mit den Selbstbezeichnungen Marias (z. B. »Königin des Friedens« in Medjugorje 1981 oder »Frau aller Völker« in Amsterdam 1945) zeigt noch einmal die Vielfalt der Botschaften aus einem ungewöhnlichen Blickwinkel. Eine Übersichtstabelle (gegliedert nach Jahrhunderten, Kontinenten und Ländern) zeigt die »Streuung« der einzelnen Phänomene und kann vielleicht eine dahinterstehende »himmlische Strategie« deutlich machen, von der immer wieder in einzelnen Botschaften ausdrücklich die Rede ist. Das Literaturverzeichnis in alphabetischer Reihenfolge ergänzt die Literaturhinweise am Ende jedes Erscheinungsberichts.

Wien, am 25. März 1992
Fest *Mariä Verkündigung*

Dr. Gottfried Hierzenberger
Otto Nedomansky

Marienerscheinungen

Hilfen zum Verständnis

Lebendige Glaubenserfahrung

Der christliche Glaube ist ein *lebendiger* Glaube, wenn, weil und insofern er auf den »lebendigen Gott« hört. Dies kann er aber nur, wenn er Gottes Lebendigkeit wahrnimmt. Diese Wahrnehmung Gottes bezeugt die Heilige Schrift, bezeugt die kirchliche Überlieferung, bezeugt die gläubige Erfahrung. *Schrift und Überlieferung* weisen zurück in die Vergangenheit, zu den Anfängen und zur Weitergabe der Berichte der Augen- und Ohrenzeugen im Lauf der Jahrhunderte. Die gläubige *Erfahrung* dagegen ist etwas Gegenwärtiges wie Zukünftiges, durch sie erst wird es möglich, das Wirken Gottes als etwas Reelles und in diesem Sinne Wirkliches zu verstehen. Diese gläubige Erfahrung war zu allen Zeiten die Voraussetzung des lebendigen Glaubens.

Wie aber kann Gott, kann Göttliches, Jenseitiges, Himmlisches, von uns erfahren werden? Dem Menschen stehen dafür viele Möglichkeiten zur Verfügung. Der Verstand übernimmt dabei nicht die führende Rolle – er ist aber auch nicht ausgeschaltet. Erfahrung läuft über die *Sinne des Körpers* – Sehen, Hören, Riechen, Tasten, Schmecken –, über die *»Sinne« der Seele* – Hellsichtigkeit, Hellhörigkeit, Hellfühligkeit – sowie über die *»Sinne« des Geistes* – Inspiration, Intuition, Meditation, Kontemplation, mystische Vereinigung, Ekstase... Gesteuert wird diese vielschichtige Erfahrung durch die *Vernunft*, jene Kraft, die dem Menschen von seinem Schöpfer mitgegeben wurde, der ihn »nach seinem Bild und Gleichnis schuf« (Genesis 1,26).

Solche Glaubenserfahrung geschieht »ganzheitlich«, das heißt: Alle Dimensionen des Menschen (Leib – Seele – Geist) sind daran beteiligt, wirken zusammen, ermöglichen dadurch nicht nur »Erkenntnis«, sondern vor allem »Begegnung«: *In der Glaubenserfahrung begegnet das Geschöpf seinem Schöpfer.*

Aus der *Bibel* wissen wir, daß diese »Begegnung« Gottes mit den Menschen der Initiative Gottes entspringt: Er ruft, zeigt sich, spricht, erwählt, begegnet, erscheint... Oder er sendet seine Engel (Gesandte, Boten), um seinen Willen zu überbringen, sein Wort auszurichten, seine Herrlichkeit zu offenbaren... Auf der Seite des Menschen bedarf es gewisser Voraussetzungen zu dieser Begegnung und Glaubenserfahrung: Es sind Eigenschaften des »Propheten«, d. h. eines Menschen, dessen Geisteskräfte so entwickelt sind, daß dieser Mensch zum Mittler und Medium Gottes taugt. Der »Prophet« begegnet Gott und teilt das Geschaute, Gehörte, Erlebte den Mitmenschen mit. So war es im Alten Testament, so war es zur Zeit Jesu, so war es in der Urkirche. In der Urkirche wußte man, daß der »Geist Gottes über die Menschen kommt«, um sie in vielfältiger Weise »zum Aufbau der Gemeinde« zu befähigen (vgl. 1 Kor 14,4.5). Das prophetische Element war deshalb in der Urkirche ebenso angesehen wie das »apostolische« – aber schon damals immer wieder in Frage gestellt: »Löscht den Geist nicht aus, achtet Prophetengabe nicht gering«, warnt Paulus die Christen in Thessalonich (1 Thess 5,19–20), wobei er auch seiner Aufsichtspflicht nachkommt: »Prüft alles und behaltet das Gute« (1 Thess 5,21).

Jesus hat für die »Zeit der Kirche« vorgesorgt, er ermöglicht Begegnung mit dem Gottesgeist, indem er den Parakleten sendet, den »Geist der Wahrheit, der in die ganze Wahrheit führt, der sagt, was er hört, und verkündet, was kommen wird« (Joh 16,13).

Die vielen hundert »Marienerscheinungen«, die in diesem Buch gesammelt dargestellt werden, können als Teil dieses Wirkens des Gottesgeistes verstanden werden. Was damals noch nicht zu »fassen« und zu »tragen« war, das wird jetzt von Maria verkündet, die schon zur Zeit Jesu eine wichtige Funktion im Rahmen des Heilsplans Gottes hatte. Gerade das Wirken der Gottesmutter ging und geht in verstärkter Weise durch die Jahrhunderte bis heute weiter und ist als »Dienst an der ganzen Wahrheit« zu verstehen.

»Löscht den Geist nicht aus! Achtet Prophetengabe nicht gering! Prüft alles und was gut ist, behaltet!« (1 Thess 5,19–21). Diese Paulinischen Worte sind bleibend gültige Kriterien auch für den Umgang mit dem Phänomen der Erscheinungen.

Umgang mit Erscheinungen und Offenbarungen heute

Der Bischof von Regensburg, Rudolf Graber, äußert sich 1984 zum Thema »Marienerscheinungen«:

»Wir weisen eine irrige Meinung zurück, als ob Gott die große Offenbarung mit dem Tod des letzten Apostels so abgeschlossen hätte, daß ihm in der nun folgenden geschichtlichen Periode – fast in deistischer Weise – keine Eingreifmöglichkeit mehr zur Verfügung stünde... *Wir müssen mit dem Einbruch des Geistes rechnen* und dürfen nicht alles von unserer menschlichen Vernunft erwarten. Dieser Einbruch des Geistes *erfolgt in vielfältiger Form*, nicht zuletzt durch Engel und Heilige, und hier *vor allem durch die Erscheinungen der Gottesmutter*, die nach den Worten des Konzils ›dem wandernden Gottesvolk als Zeichen der sicheren Hoffnung und des Trostes bis zur Ankunft des Tages des Herrn voranleuchtet‹.«

16

Und der bekannte katholische Dogmatiker Karl Rahner nimmt zu der Frage von Offenbarungen folgendermaßen Stellung:

> *Privatoffenbarungen sind nicht überflüssig oder ein himmlischer Repetitionskurs der allgemeinen Offenbarung* oder eine intellektuelle Hilfe zur Erkenntnis von etwas, was man grundsätzlich auch ohne diese Hilfe finden könnte. Denn was in einer bestimmten Situation als Wille Gottes zu tun ist, das läßt sich logisch in eindeutiger Weise nicht ableiten aus den allgemeinen Prinzipien des Dogmas oder der Moral, auch nicht unter Zuhilfenahme der Analysen der vorliegenden Situationen . . . *Privatoffenbarungen sind in ihrem Wesen ein Imperativ, wie in einer bestimmten geschichtlichen Situation von der Christenheit gehandelt werden soll;* sie sind wesentlich keine neue Behauptung, sondern *ein neuer Befehl.*«

So gesehen ist nicht primär Gericht zu halten, ob die Erscheinungen »echt oder unecht«, »natürlich oder übernatürlich«, »gelegen oder ungelegen« kommen, sondern sie sind

1) als »Einbruch des Geistes« entgegenzunehmen (»Löscht den Geist nicht aus!«),

2) als ein durch »Propheten« (Seher) vermittelter »neuer Befehl Gottes in bestimmter geschichtlicher Situation« aufzufassen (»Achtet Prophetengabe nicht gering!«) –, und

3) ist erst auf dieser Basis einer »gläubigen Erfahrung« zu überprüfen, ob die Vermittler glaubwürdig, die Inhalte offenbarungskonform, die geistlichen Früchte erkennbar und die Gottgewirktheit durch »Zeichen« bestätigt werden (»Prüft alles und das Gute behaltet!«) – wie es den traditionellen Regeln der Kirche entspricht, die sich von den Anfängen her entwickelt und bewährt haben.

Was sind »Erscheinungen Marias«? – Die Frage nach den Phänomenen

Unter Erscheinungen versteht man das Sichtbar-, Hörbar- und Greifbarwerden von natürlicherweise unsichtbaren, unhörbaren und ungreifbaren Wesenheiten, Dimensionen, Ereignissen oder Zuständen. Dies vollzieht sich auf übernatürliche bzw. in einer »anderen«, außerhalb des irdisch Erklärbaren liegenden Art und Weise, die auf das Einwirken himmlischer Kräfte schließen läßt.

Den Rahmen des vorliegenden Buches bilden Phänomene, die mit der

Person, Dimension und Wirklichkeit bzw. Wirksamkeit *Marias* zusammenhängen. Freilich erscheinen vorbereitend, bestätigend oder begleitend auch andere Wesen, bzw. es sind Phänomene und Ereignisse festzustellen, die auf das Einwirken Marias vom Himmel (Jenseits) her schließen lassen: *Engel* bereiten oftmals Marienerscheinungen vor, begleiten sie, deuten sie... *Heilige* (ehemals auf der Erde lebende Menschen, die von der Kirche als »am Ziel Angelangte« betrachtet werden) begleiten Maria, treten in ihrem Namen auf, sind ihre Boten und Helfer... – Besonders zu erwähnen ist natürlich *Jesus*, der als »Kind« (wodurch Maria als »Mutter« bezeichnet wird), als »Leidender« (wodurch Maria als »Schmerzensreiche« o. ä. erscheint), als »Auferstandener« (wodurch Maria als Verherrlichte in Erscheinung tritt) – oft auch sprechend und Botschaften vermittelnd – erscheint. Vielfach treten im Zusammenhang mit Erscheinungen auch Lichtphänomene vielfältiger Art auf, die als »außergewöhnlich« erkennbar sind (was Farbe, Intensität, Struktur usw. anlangt).

Die Umstände der Erscheinungen sind sehr variabel. Dies betrifft sowohl die »Gestalt«, die »Gesichtszüge«, die »Kleidung«, als auch verschiedene »Attribute« (Gegenstände), die Maria »trägt«, auf denen sie »steht«, mit denen sie agiert. Vielfältige Ausprägung erfahren auch die »Zeichen« (Wunder, außergewöhnliche Vorkommnisse), die ihr Erscheinen begleiten: Blitz, Knall, Wohlgeruch, Gesang, Musik, entspringende Quellen, Heilungen von Krankheiten, Gebetserhörungen, tränende und/ oder blutende Marienbilder und -statuen, sich bewegende Bildwerke und vieles andere.

»Erscheinungen« verweisen vom Wort her auf das Wahrnehmen durch das Auge, also auf *Visionen*. Häufig treten jedoch auch Wahrnehmungen über das Ohr, also *Auditionen*, auf: Maria »spricht« (warnt, mahnt, prophezeit, kündet an, klärt auf, verspricht, bittet, fordert auf usw.), übermittelt vielfältige Botschaften, wenn sie erscheint. Sie wirkt aber auch durch innere Einsprechung, in Ekstasezuständen der Mittler, schreibmedial... Akustische Phänomene außerhalb des Sprechens wurden schon erwähnt und sind sehr vielfältig: Auch über den Geruchs- und Geschmackssinn »erscheint« Maria, desgleichen wird der Tastsinn in Anspruch genommen (durch Wind, Wärme, Kälte, Stoß, Ruck, Lähmung usw.).

Die zahlreichen behaupteten Erscheinungen Marias durch alle Jahrhunderte und auf praktisch allen Kontinenten knüpfen an die Erscheinungen an, die den Christen aus dem Alten und Neuen Testament bekannt sind – und die auch aus der Geschichte der Kirche als Tatsachen berichtet werden. Vielen Wallfahrtsorten z. B. liegen solche Erscheinungen zugrunde, wie die Ursprungssagen deutlich erkennen lassen. Wo diese ausführlich überliefert wurden, erkennt man, daß sie in ihrer Struktur durchaus analog den Marienerscheinungen in Lourdes, Fatima usw. zu sehen sind, bei denen wir über alle Einzelheiten genau Bescheid wissen. Sehr viele Mariengnadenstätten sind ja auch ausdrücklich (oft nach eingehender Prüfung durch den zuständigen Bischof) anerkannt, jedenfalls akzeptiert, weil an Tausenden Orten Wallfahrten bis heute abgehalten werden und die Verehrung ein integrierender Bestandteil sowohl der Volksfrömmigkeit wie der offiziellen kirchlichen Liturgie (Feste) darstellt. Sieht man die Wallfahrten so (in diesem Buch sind – soweit zugänglich – eine ganze Reihe der Ursprungsberichte aus teilweise alter Zeit aufgenommen), dann ist die phänomenale Häufung der Marienerscheinungen seit 1830 (Paris, rue du Bac, Cathérine Labouré) zwar sehr beachtenswert, steht aber durchaus in einem Gleichgewicht mit vielen Tausenden früherer »Erscheinungen«, die zur Verehrung Marias (und anderer Heiliger) an verschiedenen Orten, zu Kirchenbauten, Einführung von Festen, eigenen Gebeten usw. geführt haben.

Der einzige Unterschied scheint dann eher darin zu bestehen, daß die Erscheinungen der letzten 150 Jahre in eine Zeit des dominanten Rationalismus fallen und daher nicht im selben Maße rezipiert und akzeptiert wurden und werden, wie dies offensichtlich in den vielen Jahrhunderten vorher geschah.

Dies führt uns zur Frage nach der Beweisbarkeit und »Echtheit« bzw. »Unechtheit« dieser Phänomene.

Kann man Erscheinungen in ihrer »Echtheit« beweisen?

Wenn man unter einem »Beweis« den Einblick in die Kausalität des in Frage stehenden Phänomens versteht und zugleich die Nachvollziehbarkeit unter gleichen Bedingungen verlangt – wie dies in der naturwissenschaftlichen Vorgangsweise üblich geworden ist –, dann sind Erscheinungen eben *nicht* zu beweisen. Könnte und würde man sie »bewiesen« haben, dann hätte man den Nachweis erbracht, daß es sich um Irdisches, Erklärbares, Natürliches, den bekannten Naturgesetzen Gemäßes handelt.

Der »Beweis« von Marienerscheinungen kann also immer nur »negativ« geschehen, d. h., man muß nachweisen, daß die Phänomene menschlich unerklärlich sind, den bekannten Kausalitäten *nicht* entsprechen –

dann gewinnt man einen Hinweis (und auch dann nur eine gewisse Wahrscheinlichkeit, eben keinen »Beweis«), daß es sich wirklich um »Übernatürliches« handelt. Dem wirklich Himmlischen gegenüber gibt es nur die geistige Evidenz, das Innewerden des Einbruchs des Geistes, die Begegnung mit dem Göttlichen!

Aus unserem Wissen um das »natürliche« Wirken Gottes wissen wir – und das ist ein unüberholbares Prinzip! –, daß Gott über »Zweitursachen« wirkt, daß die »Gnade die Natur voraussetzt« (»gratia supponit naturam«). Karl Rahner sagt in diesem Zusammenhang: »Gott wird sich der ja von ihm selbst geschaffenen und gewollten Gesetze natürlicher Wirklichkeiten so weit bedienen, als es nur möglich ist . . .« und »Man wird sagen dürfen, daß vom Gesichtspunkt der Heilsbedeutsamkeit der Unterschied, ob die Gottgewirktheit innerhalb oder außerhalb der natürlichen Gesetze liegt, für den religiösen Menschen unerheblich ist«.

Rahner macht damit klar, daß die Alternative nicht heißen kann: natürlich oder übernatürlich und natürlich-unechte Erscheinung bzw. übernatürlich-echte Erscheinung! Karl Rahner dazu: »Auch eine natürlich erklärbare Vision, sofern sie innerhalb des echt Christlichen, des Glaubens und der wahren Sitte verläuft, schädigt die seelische Gesundheit des Visionärs nicht, sondern fördert ihn sittlich und religiös und kann daher als ›gottgewirkt‹ und ›Gnade‹ gelten, auch wenn diese Vision ihren unmittelbaren ›natürlichen‹ Grund in psychischen Mechanismen hätte, die im Alltag nicht oder nicht in derselben Intensität vorkommen; ein solches Auftreten darf deshalb auch nicht ohne weiteres als krankhaft oder in einem abwertenden Sinn als ›anormal‹ gewertet werden.«

In weiterer Folge macht Rahner klar, wie sehr man behutsam und gläubig mit Phänomenen dieser Art umgehen sollte, und läßt deutlich Kritik an einer rigoristischen Skepsis durchklingen, die bei kirchlich angeordneten Untersuchungen immer wieder an den Tag gelegt wird. Verfolgt man die Geschichte der kirchlichen »Prüfung« einzelner Marienerscheinungen, hat man immer wieder den Eindruck, daß über die Seherinnen und Seher Gericht gehalten wird, ja, daß man auch über den himmlischen Urheber der in Frage stehenden Phänomene gelegentlich Urteile ausspricht. Von Dankbarkeit, religiöser Ergriffenheit, hinge-bungsvollem »Fiat« (»Mir geschehe nach deinem Wort«), Hören auf Offenbarung, Staunen vor dem Himmlischen, demütiger Bereitschaft zum Lobpreis und zum Befolgen der übermittelten Botschaften ist bei einzelnen Amtsträgern der Kirche und den von ihnen offiziell Beauftrag-ten (in eine »Kommission« Berufenen) oft wenig zu sehen. Beispiele wie Mettenbuch (1876), Heroldsbach (1949), Eisenberg (1955), Garabandál (1961) oder neuerdings Cuenca (1988) zeigen dies deutlich.

Die Haltung des systematischen Zweifels, des methodischen Unglaubens, der generellen Skepsis, des umfassenden Mißtrauens ist auch bei schließlich doch anerkannten Erscheinungen ein hervorstechendes Merkmal der Methode, mit der an die Erscheinungsphänomene herangegangen wird. Dies gilt für Lourdes wie für Fatima, Fälle, in denen die Unterlagen am bekanntesten geworden sind, aber auch bei den anderen Anerkennungen in der 2. Hälfte des 19. und im 20. Jahrhundert. Noch stärker kommt dies naturgemäß dort zum Ausdruck, wo keine Anerkennung erfolgte – z. B. in Montichiari/Fontanelle (1946), in San Damiano (1964), in Bayside (1970) oder in Medjugorje (1981).

Allerdings sind auch gegenteilige Beispiele anzuführen: Z. B. die sizilianischen Bischöfe in Syrakus (1953), der Bischof von Grenoble gegenüber La Salette (1846), der Bischof Zumárraga gegenüber der Erscheinung der Madonna von Guadalupe (1531) oder in neuer Zeit die ökumenische Bestätigung der Ereignisse in Zeitoun (1968) oder Akita (1973). Dort leitete der Bischof, als er 1984 in den Ruhestand trat, die lokale Anerkennung der Erscheinung mit den folgenden Worten ein: »Jetzt ist die Zeit dafür gekommen, daß der Ortsbischof seiner Pflicht nachkommt und die Anerkennung ausspricht...«

Die Bedeutung der Parapsychologie im Umgang mit den Erscheinungen

Die moderne Parapsychologie als wissenschaftlich betriebene Analyse paranormaler Phänomene, sozusagen zwischen dem Bereich des »Natürlichen« (im Sinne von: empirisch, d. h. sinnenhaft wahrnehmbar und nachweisbar) und des »Übernatürlichen« (im Sinne von: menschlich einsehbare und nachvollziehbare Phänomene überschreitend) angesiedelt, hat sehr dazu beigetragen, daß das Entweder-Oder hinsichtlich »natürlich-übernatürlich« als nicht mehr sinnvoll erscheint. Die Grenzen sind fließend, denn viele Ursachen paranormaler Phänomene reichen in den Bereich des Unsichtbaren, Unmeßbaren, Nichtnachweisbaren, menschlichen Zugriff Überschreitenden und damit »Jenseitigen« hinein – ohne daß man damit schon im Bereich des »Überirdischen« im klassischen Sinn des Wortes (also des Göttlichen, Himmlischen) wäre. Es gibt »Zwischenbereiche«, »Tiefenbereiche«, »höhere« bzw. »tiefere« Dimensionen von Existenz, von Energie, von »Gesetzen«, welche die Theologie bisher nicht in ihrem begrifflichen Repertoire hatte.

Eine theologische Aufarbeitung des Paranormalen ist erst ansatzweise in Gang gekommen, muß sich immer noch gegen den Vorwurf des »Okkulten«, »Spiritistischen«, »Dämonischen« zur Wehr setzen. Dabei bietet die parapsychologisch-paranormale Perspektive zahlreiche neue Möglichkeiten, gerade mit dem Phänomen der »Erscheinungen« differenzierter, verantwortlicher, bewußter und – richtig verstanden – »gläubiger« umzugehen. Es ist nicht mehr unbedingt erforderlich, gegenüber diesen Phänomenen den Standpunkt des »methodischen Zweifels« einzunehmen, sondern man kann – das Wissen um den Einblick in paranormale Zusammenhänge vorausgesetzt – Gottes Wirken auch in den vom Standpunkt der Empirie aus »jenseitigen« (paranormalen) Dimensionen wahrnehmen, erkennen und dankbar-gläubig akzeptieren. Man befindet sich nicht mehr »außerhalb« und »gegenüber«, sondern ist einbezogen, angesprochen, kann sich zum Bewußtsein der Präsenz des Geistig-Seelischen im Irdischen (»Gott-in-Welt«) fortentwickeln.

An einigen Beispielen sei dies in der Folge demonstriert.

Zur »äußeren Gestalt« Marias in den Erscheinungen

Naiv gläubige Menschen hinterfragen Erscheinungen nicht. Sie halten fest: Maria ist gekommen! Sie hat sich gezeigt! Sie hat sich von uns wahrnehmen lassen und hat zu Menschen gesprochen! Und diese Menschen sehen derartige Vorgänge bei aller »heiligen Scheu« als etwas völlig Reales – durchaus vergleichbar mit menschlichem Sich-Zeigen und Reden.

Skeptisch gläubige Menschen wiederum gestehen zwar eine gewisse Möglichkeit zu, daß eine »Wesenheit« aus dem Jenseits »auf wunderbare Weise« in das Irdische »einbrechen« und »erfahrbar« werden kann. Solcherart Glaubende glauben ja auch an die Erscheinungen des auferstandenen Herrn Jesus Christus – besser gesagt, »halten sie für wahr« –, tun sich aber meist bei Erklärungen schwer.

Bewußt gläubige Menschen dagegen wissen, daß es so etwas wie »Materialisation« gibt, im Sinne einer »Verdichtung« von an sich »höher schwingenden« Existenzformen. Damit stellen sie sich auf die Erfahrungsmöglichkeiten von »tiefer schwingenden« Wesen (nämlich von uns Menschen auf dieser Erde) ein und können mit ihnen in Verbindung treten bzw. ihnen »begegnen«. Diese Menschen sind deshalb grundsätzlich solchen »Initiativen des Himmels« gegenüber positiv-dankbar und gläubig eingestellt. Wer sich um die »Strukturen des Jenseits« kümmert und bereit ist, mit dem angekündigten »Geist der Wahrheit« in Kontakt zu kommen (nach Joh 16,11), hat keine Probleme damit, zu hören, daß Maria »plötzlich« erscheint und verschwindet (was ein gewöhnlicher Mensch ja nicht kann); daß bestimmte Menschen sie sehen und andere nicht (nämlich jene, die durch göttliches Einwirken »höhergeschwungen« und »hellsichtig« gemacht werden – falls ihre spirituelle Verfaßtheit dies zuläßt).

Wer sich des Wissens- und Bewußtseinsstandes der Parapsychologie bedienen kann, der weiß, warum die einen »Botschaften Marias« hören (weil sie »hellhörig« sind) und die anderen nicht (Menschen, die nur irdisch-empirisch-akustisch hören können). Auch liegt hier der Grund, weshalb manche Menschen genaue Details der erscheinenden Gestalt beschreiben können, andere nur einen Lichtglanz sehen, wieder andere überhaupt nichts (dem entsprechen verschiedene Grade der »Erhebung« – bis zur »Ekstase«).

Bewußt Gläubige wissen, daß es mehr Dinge zwischen Himmel und Erde gibt, als gewöhnlich angenommen oder gelehrt wird. Sie wissen, daß das Gewöhnliche, Gewohnte, Natürliche, Naturhafte, Empirische usw. nur ein Teil der ganzen Wirklichkeit ist. Sie wissen auch, daß für das Wirksamwerden der Kräfte des Sehens, Hörens, Verstehens, Fühlens dieser unsichtbaren und unhörbaren Realitäten sowohl auf seiten des »Senders« wie des »Empfängers« ganz bestimmte Voraussetzungen gegeben sind oder geschaffen werden müssen, damit es zu Erscheinungen und Offenbarungen kommen kann.

In diesem Zusammenhang wird auch klar, daß *Farben* nicht nur etwas mit der Frequenz der Lichtwellen und mit dem Grad der Brechung etc. zu tun haben, sondern daß sie im Rahmen von Erscheinungen vor allem eine Symbolbedeutung haben: Ob Maria in Weiß oder Blau, Rot, Grau, Grün oder Schwarz erscheint, ist nicht »Zufall«, »himmlische Mode« oder dergleichen, sondern gehört zur »Botschaft«.

An den in diesem Buch gesammelten Erscheinungsorten erscheint Maria (nur selten ist über die Farbe die Rede!) in 44 Fällen in Weiß, in 14 Fällen in Blau (oder Blauweiß), in 6 Fällen in Rosa, in 2 Fällen in Rot, in je einem Fall in Gold, Braun, Blutrot, Violett und Grau – und in immerhin 7 Fällen in Schwarz. Dabei handelt es sich um das Kleid bzw. die Gesamtkleidung. – Der Mantel hat oftmals eine eigene Farbtönung gegenüber dem Kleid: 9mal ist er weiß, 16mal blau, 3mal grün, je einmal golden und einmal silbrig. Oft ist aber darüber hinaus noch von einem großen Schleier die Rede, so daß nicht immer klar ist, welches Kleidungsstück genau gemeint ist. Bedenkt man, daß der »Mantel« ebenfalls eine symbolische Bedeutung hat, nämlich Ausdruck der bergenden, schützenden Funktion Marias ist (»Schutzmantelmadonna«), dann wird deutlich, daß hier eine ganz eigenständige »Sprache« gesprochen wird, eine nonverbale Symbolsprache...

Denkt man über die Funktion von Kleidung auf unserer Erde nach, dann muß man sich hüten, »geozentrisch« zu denken, d. h. die irdische Funktion von Kleidungsstücken unkritisch in andere Seinsbereiche zu übertragen. Im allgemeinen neigen wir sehr dazu, unsere Erfahrungen, Vorstellungen, Gewohnheiten, Bedürfnisse, Strukturen usw. absolut zu setzen.

Noch deutlicher wird der vorhin genannte Symbolcharakter der Farbe und der Kleidungsstücke, wenn es um die »Gegenstände« geht, die Maria in der Hand oder auf dem Kopf trägt, umgehängt hat, usw. Beispiele hierfür sind rote, schwarze und weiße Kreuze, die sie in der Hand hält, die zerbrechen, umstürzen, aufflammen, sich aus Wolken bilden und dergleichen. Sie kann auch ein Schwert tragen oder mit Speer und Schild ausgerüstet sein.

Sr. Justine Bisqueyburu in der Pariser rue du Bac sah Maria zwischen 1840 und 1846 sechsmal mit ihrem flammenden Herzen in beiden Händen. Diese »Sprache des Herzens« ist uns nicht ganz unvertraut. Dank der mystischen Erfahrungen der Margareta Maria Alacoque und anderer wissen wir, daß das Herz Jesu und das Herz Mariä nicht das Körperorgan bedeuten, welches Blut durch den Körper pumpt, sondern das Symbol der Liebe sind, der selbstlosen, aber dynamischen Hingabe! Viele Erscheinungen haben in irgendeiner Form mit dem Herzen zu tun; ein Beispiel dafür sind zahlreiche Offenbarungen in Kérizinen gegenüber Jeanne-Louise Ramonet, die von 1938 bis 1965 dauern:

Am 1. Oktober 1955 sieht diese die Heilige Jungfrau, eine großgewachsene junge Frau von unsagbarer Schönheit. Kleid und Augen sind von einem sanften tiefen Blau, die Füße bedeckt von den weiten weißen Saumfalten des Kleides, um die Mitte trägt sie einen weißen Knotenstrick, ein weißer Mantel um den Schultern wird von einer goldenen Spange zusammengehalten. Ein leuchtend weißer Schleier bedeckt die Haare... Die Jungfrau erscheint zusammen mit dem Herrn Jesus, der eine rotbraune Tunika – um die Mitte von einem Gürtel zusammengehalten – und darüber einen Mantel in der Farbe des Kleides, an den bloßen Füßen Sandalen trägt: »Mutter und Sohn öffnen nun mit einer gleichen Handbewegung ihre Mäntel, so daß ihre Herzen sichtbar werden. Das Heilige und Barmherzige Herz Jesu und das Schmerzhafte und Unbefleckte Herz Mariens trugen beide zahlreiche Wunden, von denen manche stark bluteten und andere schon vernarbt waren. Eine Klinge mit beidseitiger Spitze verband die beiden Herzen und durchdrang ein jedes von ihnen...« Das ist die Sprache der Mystik, der starken Gottverbundenheit eines Menschen und der darin sich vollziehenden Anteilnahme am erlösenden Liebesleid des Heilands und der »Miterlöserin«... Wer nicht auf dieser »Welle« der Mystik, also der gottbezogenen Spiritualität, diese Botschaft anzunehmen bereit ist, sondern sich damit aufhält, primär über »Echtheit« und »Unechtheit« der Phänomene zu befinden, dem bleibt die Sprache dieser Erscheinungen (und es gibt viele Menschen, die sich in diesen Dimensionen bewegen) verschlossen.

Natürlich spielt auch die Vorstellung des betreffenden Sehers bzw. der Seherin eine nicht unwesentliche Rolle. Juan Diego am Tepeyrac nahe Mexico-City sah z. B. 1531 Maria als »Mexikanerin/Aztekin« und hörte, wie sie sich »Schlangenzertreterin« nannte. Diese wohl auf Genesis, Kapitel 3 zurückgehende Selbstbezeichnung Marias hat in Mexiko eine besondere Bedeutung, weil dort das Christentum den Quetzalcoatlkult überwand – den blutigen Kult der »Gefiederten Schlange«. Dies geschah durch die liebliche aztekische Himmelskönigin, als die sich Maria auf dem Mantel des Sehers bleibend »verewigte«. (Das Bildnis bewahrte über 460 Jahre seine Leuchtkraft, neue Untersuchungen von Kodak haben ergeben, daß es sich dabei nicht um irdische Farben handelt, sondern daß das Bild am ehesten mit einem »Farbfoto« verglichen werden kann.) In wenigen Jahren ließen sich aufgrund dieser Erscheinung viele Millionen Azteken taufen, und Guadalupe ist bis heute der größte Marienwallfahrtsort der Erde mit durchschnittlich 20 Millionen Pilgern jährlich.

Maria erschien den Seherinnen und Sehern auch als Araberin, als Schwarze, als Inderin usw. – genau wie in Europa als Italienerin, Französin, Ungarin, Spanierin, Deutsche ... und war doch irdisch gesehen eine Jüdin aus Palästina. Dies ist jedoch nicht wichtig: Es erscheint nicht der »historische Mensch Maria«, sondern *die himmlische Wesenheit Maria*, die sich daher z. B. auch in der Sprache den jeweiligen Seherinnen und Sehern anpassen und sich jeweils in der Landessprache, manchmal sogar in einem sehr lokalen Dialekt (z. B. in La Salette 1846 oder in Lourdes 1858) an sie wenden kann. In Amsterdam (einem Erscheinungszyklus, der von 1945–1984 andauerte) heißt es in einem Gebet, das der Seherin Ida Peerdeman übermittelt wurde: »... Möge *die Frau aller Völker, die einst Maria war,* unsere Fürsprecherin sein ...«

Die »himmlische Wesenheit« zeigt sich bildhaft als die Person, die ihrer Botschaft entspricht – in diesem Fall als apokalyptische Frau aller Völker, die sich in der Endzeit in ihrer Funktion als Miterlöserin, Mittlerin und Fürsprecherin erweist. Im Sinne dieser Aufgabe muß Maria »allen alles werden« (vgl. 1 Kor 9,22). Und das ist auf dem Weg der Erscheinungen viel eher und leichter möglich als auf dem der Inkarnation. Die grundlegende Heilstat Jesu bedurfte des »Ja« der Jungfrau zur Mutterschaft, um seine Inkarnation zu ermöglichen und zu begleiten. Die damit begonnene Miterlösertätigkeit Marias geht auf geistiger Ebene weiter: Sie führt die Völker zur Erkenntnis und Annahme des Erlösers, sie vermittelt der Welt das Christusbewußtsein, sie bittet beim Vater für alle seine Kinder und hüllt sie so in die von ihm ausgehende, allumfassende, umgestaltende Liebe ein...

Die jahrelangen Offenbarungen in Amsterdam geschahen im Hinblick ein noch ausstehendes Mariendogma, das wie die beiden 1854 und 1950 verkündeten Lehrsätze der Kirche zum Glauben der Christen gehört und tief darin eingewurzelt ist (was ein Blick auf die Marienverehrung insgesamt deutlich erkennen läßt). Dieses neue Dogma sollte – wie in den Erscheinungsbotschaften gefordert – ausdrücklich formuliert werden, um den Blick »aller Völker« auf die apokalyptischen Ereignisse zu lenken, auf die bevorstehende »Erneuerung des Himmels und der Erde«. Alle Botschaften seit 1830 (Cathérine Labouré in Paris) sprechen diese Sprache, liegen auf einer Linie. Dies zeigt ein Blick auf die kirchlich anerkannten Fälle – genauso wie die wichtigen noch unentschiedenen und manche abgelehnte Erscheinungsphänomene in diese Richtung deuten.

Die Frage der kirchlichen Anerkennung muß im folgenden noch ausführlich behandelt werden (s. S. 50 ff.).

Zur Frage der »wahrheitsgetreuen« Abbildung von Erscheinungen

Eine Beurteilung in diesem Punkt ist nicht leicht vorzunehmen, da wir ja nicht selbst Vergleiche ziehen können, sondern auf das Zeugnis anderer, nämlich auf die Beschreibungen der betreffenden Seherinnen und Seher angewiesen sind. Es gibt freilich auch einige Fälle, wo dies etwas anders ist, und von denen her einiger Aufschluß über diese Seite der Erscheinungsphänomene zu erwarten ist:

Guadalupe (1531): Im Rahmen dieser Erscheinung prägte sich das genaue Abbild Marias im Mantel des Sehers Juan Diego ein. Die Beurteilenden sahen und sehen zwar nicht die Erscheinung selbst, aber doch sozusagen das »Konterfei«. Die Augenzeugen dieses Wunders damals – mit Bischof Zumárraga an der Spitze – bezeugen, daß sich auf einem einfachen Mantel aus Agavefasern ein herrliches Farbbild gebildet hatte. Und Juan Diego, der einzige »Seher« Marias am Berg Tepeyrac, bezeugte die Identität des »Abbilds« mit dem »Original«. Die vielen Millionen Zeugen, die seither zu diesem Abbild gepilgert sind, bezeugen die unerklärliche Unveränderlichkeit des Bildes.

Zur Frage der »wahrheitsgetreuen« Abbildung

Paris (1830): Nach den genauen Beschreibungen der Seherin Cathérine Labouré wurden Abbilder der zweiten Erscheinung Marias – bei der ersten sah sie anders aus – von Künstlern angefertigt. Sr. Labouré hieß sie zwar gut und ihre Erscheinung im Detail genau wiedergebend, »kritisierte« aber, daß sie die Anmut und Schönheit der Erscheinung auch nicht annähernd wiedergäben.

Montichiari/Fontanelle (1946): Pierina Gilli hat nach vielen ihrer Erscheinungen Maria im Detail beschrieben – nicht immer sah sie dabei gleich aus, aber oftmals erschien sie ihr als »Rosa Mystica«. Nach den Beschreibungen dieser Erscheinungsform mit den drei Rosen auf der Brust gestaltete die Familie Perathoner aus Südtirol die »Rosa Mystica«-Statue, die heute in vielen Tausenden von Exemplaren über die Welt verbreitet ist. Die Statue wurde von der Seherin ausdrücklich gutgeheißen und – wenn so man will – indirekt wohl auch von Maria autorisiert, indem gerade an solchen Statuen viele der bekannten Tränen- und Blutwunder geschahen und geschehen.

Puruaran (1973): Die aus einfachsten Verhältnissen stammende Mexikanerin Gabina Romero-Sanchez malte die Erscheinung der »Maria del Rosario« im Auftrag Marias und unter himmlischer Mithilfe selbst. Daraus ist freilich nicht zu schließen, daß Maria »so« aussieht – noch weniger, daß sie so ausgesehen hat, als sie als irdischer Mensch in Palästina lebte. Es ist darin vielmehr das Gestaltwerden ganz bestimmter mystischer Erfahrungen und geistiger Inhalte zu sehen, die in diesem konkreten Erscheinungsphänomen zum Ausdruck kommen. Eine nähere Erforschung solcher Zusammenhänge wurde noch kaum vorgenommen, würde aber meines Erachtens zu den von der Kirche vorzunehmenden Prüfungen der Phänomene und zu den Aufgaben einer zeitgemäßen Mariologie gehören.

Wien (1950): Ähnlich verhält es sich bei der medialen Malerin Maria Magdalena Hafenscheer aus Wien. Sie hat nie das Malen gelernt, wurde aber berufen, auf insgesamt 28 Ölbildern geistige Botschaften darzustellen und zu verkünden. Über das Zustandekommen der einzelnen Bilder und die sehr konkrete detailreiche »Mithilfe« der jenseitigen Welt liegen genaue Protokolle vor, die der Theologe und Parapsychologe Prof. Dr. Peter Hohenwarter veranlaßt und betreut hat.

Medjugorje (1981 bzw. 1986): Auf einem Farbfilm, den ein Pilger nach seiner Rückkehr entwickeln ließ, fand sich ein Bild »Maria mit dem Kind«, das er nicht kannte, nie vorher gesehen hatte, das in der Wirklichkeit nirgends existierte. Wie viele andere Phänomene der sogenannten »medialen Fotografie« ist das Bild – menschlich unerklärlich – beim Fotografieren aufgetreten und muß als »Geschenk des Himmels« verstanden werden. Es fand in diesem Sinne weite Verbreitung und wird als

»Gnadenbild« verehrt – d. h., viele Menschen machen gnadenhafte Erfahrungen damit, wie sie in der Tradition dieser Bilder geläufig sind.

Vergleicht man andere, bekannte Abbildungen von Marienerscheinungen (z. B. die in unzähligen Exemplaren verbreiteten Lourdes- und Fatimastatuen bzw. -bilder) mit den oben genannten, dann können daraus auch für Abbildungen, über deren Zustandekommen man nicht gut informiert ist, und für die vielen anderen beschriebenen oder künstlerisch umgesetzten Erscheinungen folgende Schlüsse gezogen werden:

1. Da es sich nicht um die Abbildung eines Menschen handelt, der mehr oder minder genau »getroffen« wurde (je nach den Fähigkeiten, dem Stilempfinden und den Absichten der betreffenden Künstler), sondern um »überirdische«, »geistige« Realitäten, *spielt die menschliche Gestalt –* Gesichtszüge, Nasenform, Augenfarbe, Frisur, Kleidung, Körpergröße oder Alter – *nur eine untergeordnete Rolle*. Die Erscheinungsgestalt steht nämlich im Dienst der Botschaft, die mit der betreffenden Erscheinung bzw. mit dem Erscheinungszyklus verbunden ist und hat symbolische – d. h. signalhafte, auf geistige Inhalte verweisende – Bedeutung.

2. Das oft zu beobachtende Phänomen, daß etwa an verschiedenen Orten seit 1858 die »Immaculata« in derselben Gestalt wie in Lourdes erscheint, bedeutet nicht unbedingt, daß der betreffende Seher diese Abbildung kennt und sie daher in die Erscheinung hineinprojiziert: Damit kann auch deutlich gemacht werden, daß die neue Erscheinung in der Gestalt von damals z. B. in Lourdes die Botschaft von Lourdes weiterführt – daß ein gewisser Gleichklang der beiden Erscheinungszyklen signalisiert werden soll.

3. Bedenkt man zudem die große Verbreitung gerade der »Lourdes-Gestalt« Marias, dann verwundert eher, daß diese Gestalt nicht viel öfter »reproduziert« wird, sondern daß so viele höchst eigenständige Begegnungen mit Maria stattfinden, die von den Künstlern dementsprechend neuartig gestaltet werden. Der ungeheuren Zahl der Erscheinungen, die in diesem Buch gesammelt vorliegen, korrespondiert eine *große Vielfalt von Erscheinungsgestalten bzw. Erscheinungstypen*.

4. Diese Vielfalt entspricht allerdings derjenigen der traditionellen Darstellung Marias in der Kunst. Bei vielen Bildern und Statuen Marias aus alter Zeit liegt der genaue Ursprung im Dunkeln. Waren es auch hier Seherinnen und Seher, die ihre Begegnungen mystischer Art, die Erfahrungen, die sie mit »Erscheinungen« gemacht hatten, an Künstler weitergaben? Eine Analyse von Marienwallfahrts-Kultlegenden würde hier eine Menge interessanter Details ans Tageslicht bringen. Die künstlerischen Produkte tragen jedenfalls deutliche Stilmerkmale, mit deren Hilfe sie von Experten datiert und lokalisiert bzw. einer bestimmten künstlerischen »Schule« zugeordnet werden können.

Gerne wird die Gestaltungskraft eines Künstlers auf seine »Kreativität«, seine »Phantasie« und »Inspiration« zurückgeführt, ohne daß man sich darüber Rechenschaft gibt, was damit eigentlich gemeint ist, welche Kräfte dabei im Spiel sind. Früher hat man gesagt, einen Künstler »küßt die Muse«. Bedenkt man, daß Musen »überirdische Wesenheiten« der griechischen Mythologie sind, dann weist dies wohl in die richtige Richtung: Es sind übersinnliche und immer wieder wohl auch übernatürliche Kräfte und Wesen als inspirierende Kausalitäten im Spiel. Wie sehr dabei »Visionen«, »himmlische Hilfe beim Malen« – also Medialität des Malers –, »Offenbarungen« oder zumindest eine »archetypische Symbolsprache« am Werk sind, ist freilich noch kaum erforscht. Sich aber mit »künstlerischen Einfällen« zu begnügen, wenn man nach der Ursache und den Ursprüngen der Formensprache und der Details fragt, ist wohl zu dürftig.

Sehr oft werden Darstellungen von Marienerscheinungen aber auch als »Manipulation«, »Projektion« oder »Reproduktion von Unterbewußtem« interpretiert und daraus Betrugsabsichten abgeleitet. Dies sind jedoch in den meisten Fällen unbegründete und unbewiesene Unterstellungen, die von Unwissenheit hinsichtlich des Zustandekommens künstlerischer Werke zeugen. Wer bisher nicht Vorhandenes »ausdenkt«, »frei entwirft« und »ausgestaltet«, der muß sich gegen solche Ausdeutungen des schöpferischen Prozesses entschieden zur Wehr setzen oder in Schutz genommen werden.

Sicherlich liegt in den meisten Fällen eine Beteiligung der Seherinnen und Seher vor, die genau bedacht werden muß. Wenn der »Himmel« in das Irdische hereinwirkt, dann geschieht dies immer auf dem Weg des Arbeitens mit den »causae secundae«, d. h., die Formen- und Bildersprache der jeweiligen Mittler wird in den Dienst des Neuen, Geistigen, Himmlischen gestellt.

»Bleibende Zeichen« als Bestätigung mancher Erscheinungen

Bei vielen Ursprungssagen von Marienwallfahrtsorten spielen aufgefundene Gnadenbilder, sich bewegende Statuen usw. eine große Rolle. Immer sind es »wunderbare« Umstände, die ein vorhandenes Bild »bestätigen« und es zum »Demonstrationsobjekt« für die Echtheit einer Erscheinung (Anwesenheit, Botschaft usw.) machen. Oftmals hat Maria in solchen Fällen »gesagt«, warum sie den Bau von Kapellen, Kirchen, Gnadenorten wünsche: Weil an solchen Orten den Menschen handgreiflich wird, daß die »unsichtbaren« Realitäten (Gott, Himmel, Gnade, Erlösung usw.) volle Wirklichkeit beanspruchen. Die Gnadenbilder, um die es dabei geht, sind allerdings menschlichen Ursprungs, verraten bestimmte Stilrichtungen und Schulen ... Höchstens die Umstände, wie es zu Kopien kommt (z. B. sind diese bei vielen »Maria Schnee«-Kopien des Bildes in Santa Maria Maggiore [363] Bestandteil der Ursprungssagen an den verschiedenen Wallfahrtsorten), verraten den »Eingriff von oben«. Dieser ist aber »flüchtig« und nicht Bestandteil des Bildes selbst.

Einige Phänomene fallen jedoch aus dem Rahmen:

1. Das *Marienbild vom Tepeyrac in Guadalupe/Mexiko (1531):* Hier haben zahlreiche Analysen bestätigt, daß sich Farben auf groben Agavefasern normalerweise nur wenige Jahrzehnte halten können; diese leuchten aber nach über 450 Jahren noch in herrlicher Frische – weil sie eben keine »Farben« sind (chemische Analysen ergaben Fehlanzeige), sondern mit dem Untergrund eine Einheit bilden, wie man sie auf Farbfotos feststellen kann.

2. Das *Rasenkreuz in Eisenberg/Raab (1955),* das seit 1956 im Boden eingeprägt erhalten blieb und heute ebenso deutlich sich in der Wiese abhebt (durch Moos in Kreuzform scharf vom Rasen außerhalb getrennt) wie zu Beginn. Die Hochschule für Bodenkultur machte auf Veranlassung der Gendarmerie eine Bodenprobe und konnte durch Bodenprobenvergleiche innerhalb und außerhalb des Kreuzes, durch Analyse der Pflanzen im Kreuz usw. keinerlei Anzeichen dafür finden, daß der Boden »anders« sei. Versuche, das Kreuz mit Hilfe von Unkrautvertilgungsmitteln »nachzumachen«, scheiterten kläglich: Es gelang weder, die scharfen Linien zu »kopieren«, noch den Welkprozeß über längere Zeit hin zu erhalten. Auch Strahlenmessungen und dergleichen führten zu keinem Ergebnis.

3. Die *vielen Tränen (Blutränen) weinenden Statuen und Bilder,* die sozusagen handgreifliche, für jeden sichtbare und überprüfbare Zeichen sind, daß hier Unerklärliches geschieht. Wobei es nicht entscheidend ist, ob es sich – vielfach im Labor nachgewiesen – um menschliche Tränenflüssigkeit oder tränenähnliche Flüssigkeiten handelt, um menschliches Blut der Blutgruppe A oder o usw. oder um blutähnliche Flüssigkeit von unbekannter Zusammensetzung. Wichtig ist, daß dabei Manipulation aufgrund vieler Zeugnisse ausgeschlossen werden kann.

So nimmt es nicht wunder, daß Guadalupe der bei weitem frequentierteste Wallfahrtsort der Welt ist (20 Millionen jährlich, gegenüber 4–5 Millionen in Lourdes) und daß die meisten der seit der letzten offiziell anerkannten Marienerscheinung (1933 Banneux) diözesan anerkannten

Erscheinungsphänomene sich auf Tränen- oder Blutwunder beziehen. Um so mehr erstaunt es dagegen, daß das »Rasenkreuz« so wenig Beachtung findet. Die lokale Ablehnung durch das zuständige Ordinariat in Eisenstadt 1969 mit Begründungen, die den vorliegenden Gutachten (Bodenprobe und psychiatrisches Gutachten über Aloisia Lex) völlig zuwiderlaufen, hat sich offensichtlich stark ausgewirkt.

Vielleicht könnte man zu den »bleibenden Zeichen« auch die *Häufigkeit der Erscheinungen* an manchen Erscheinungsorten rechnen! Die bereits mehrere tausend Einzelerscheinungen aufweisenden Phänomene in Medjugorje sind wohl das bekannteste Beispiel dafür. Wahrscheinlich ist auch die ungeheure Zahl an Erscheinungen im 20. Jahrhundert ein Hinweis darauf, daß bei nachlassender Gläubigkeit und vorherrschendem Rationalismus die immer wieder neue Aufforderung durch wahrnehmbare Zeichen besonders »notwendig« ist. Und Maria geht offensichtlich mit großer Geduld diesen Weg! Ohne damit freilich die menschliche Freiheit zu überspielen – die Freiheit, das vor Augen Liegende doch zu übersehen.

Maria »begleitet« Mystiker

Neben den sozusagen »spektakulären« Marienerscheinungen mit vielen dramatischen Begleitumständen (wie in Lourdes, Fatima, Garabandal oder zuletzt Medjugorje) gibt es das »stille« Wirken Marias, das oft viele Jahrzehnte anhält und Menschen zu hoher Vollkommenheit führen kann. Das ist im Laufe der Geschichte des Christentums vielfach geschehen – bei den sogenannten »Marianischen Heiligen« oder bei »Mystikern« wie Gertrud die Große von Helfta (1282), Bernhard von Clairvaux (1153), Angela von Foligno (1290), Birgitta von Schweden (1310), Heinrich Seuse (1312), Maria von Agreda (1665), Ludwig-Maria Grignion de Montfort (1709) oder Anna Katharina Emmerick (1819), um nur einige wenige zu nennen.

In dem Zeitraum von 1830 bis heute sind viele Seherinnen und Seher zu nennen, über deren mystische Erfahrungen wir durch Tagebücher, Mitteilungen ihrer geistlichen Führer, mitgeschriebene Äußerungen während Visionen und Auditionen und dergleichen ausreichend informiert sind. Auch diese »inneren Erscheinungen« erhalten durch unser Wissen über paranormale Vorgänge neue Perspektiven, die an dieser Stelle erwähnt werden müssen.

Zu nennen sind hier vor allem *Stigmatisierte*, die ihre intensive Verbundenheit mit dem leidenden Christus in ständiger Begleitung durch Maria lebten und »ertrugen«. Dazu gehört z. B. Marie-Julie Jahenny (1850–1941), der 15 Jahre nach den Erscheinungen in Lourdes die auf ein großes weißes Kreuz gestützte Maria begegnete und folgendes zu ihr sprach: »Mein liebes Kind, hab keine Furcht, ich bin die Unbefleckte Jungfrau. Du leidest... Willst du die fünf Wunden meines göttlichen Sohnes annehmen... und dein Leben lang leiden für die Bekehrung der Sünder?« Als Marie-Julie bejaht, hält sie ihr das weiße Kreuz entgegen und sagt: »Siehe hier das Kreuz, auf dem du geopfert wirst.«

Dies geschah am 22. Februar 1872 in La Fraudais, und bis zu ihrem Tod als 91jährige blieb Maria mit ihr in ständiger Verbindung. Sie vermittelte ihr unzählige Botschaften, die durchaus nicht nur »privat« zu nennen und »nur« auf Marie-Julie Jahenny zugeschnitten sind. Was in den anerkannten Erscheinungsorten La Salette und Fatima von Maria verkündet und prophezeit wurde, wird hier von Marie bestätigt, erläutert, vertieft, ergänzt. Einige Auszüge dieser Botschaften sind in dieses Buch aufgenommen worden – leider ist nur wenig von den reichen Erfahrungen erhalten geblieben, weil die Stigmatisierte gegen ärgste Widerstände (sie war längere Zeit exkommuniziert, wurde erst 1888 rehabilitiert) ihrer Berufung folgen mußte. Dennoch wurden etwa 70 000 Seiten im Laufe der 68 Jahre mitgeschrieben. Pater Pio hat über Marie-Julie Jahenny gesagt: »Sie lebt wie ein Veilchen im Schatten, um desto heller aufzuleuchten.« Ihr jahrzehntelanges Sühneleiden blieb in seinen spirituellen Auswirkungen unsichtbar, hat aber sicherlich wesentlich dazu beigetragen, daß die Kräfte des Guten in schwerer Zeit standhalten und ein gewisses Gleichgewicht bewahren konnten.

Vergleichbare Fälle sind zum Beispiel Gemma Galgani (1900 Lucca), die 1931 selig- und 1940 heiliggesprochen wurde, oder Maria (Mariella) Klimaschka (1895–1969) in Ratibor (1920). Diese wurde von der 1903 sehr früh gestorbenen Gemma Galgani geistig – vom Jenseits her – geführt und begleitet, aber immer wieder auch sehr eindringlicher und zukunftsweisender Botschaften Marias gewürdigt. Ihre Stigmen brachen z. B. nicht auf, waren nur als blaßblaue Flecken zu sehen, schmerzten aber ebenso wie sichtbare. »Buße und Gebet« ist der Hauptinhalt dieser Prophezeiungen, die weitgehend unbekannt geblieben sind, aber sehr eindringlich warnen, also wirklich nicht »privat« gemeint sind: »Betet, betet viel! Verdreifacht euer Gebet, denn ein Entsetzen, fürchterlicher als alles, was die Menschheit hier erlebt hat, zieht über Europa auf!« Das wurde am 8. Januar 1953 kundgegeben!

Auch Helena Kowalska (1905–1938), bekannt geworden als Sr. Faustyna (Warschau 1926), ist eine Mystikerin, die durch ihre geistigen Tagebücher, besonders aber durch ein spirituelles Bild, das sie im Auftrag

Jesu malen ließ (Adolf Hyla – »Jesus der Barmherzigkeit«), weltweit den Blick gläubiger Menschen auf die einzige Hilfe richtete, die der Übermacht des Wahnsinns und der Zerstörung auf dieser Erde dem Heilsplan des himmlischen Vaters gemäß Einhalt gebieten kann.

Im selben Jahr wie Sr. Faustyna erhält Therese Neumann »Kontakt« mit Jesus und Maria und verschiedenen Heiligen, wird stigmatisiert und zu einer der ganz großen Visionärinnen und Begnadeten unseres Jahrhunderts. Ihr »Fall« wurde minutiös untersucht, und die vielfältigen Phänomene (wie jahrzehntelange Nahrungslosigkeit oder Sprechen in nachweislich der einfachen Landtochter in Konnersreuth unbekannten Sprachen) sind deutliche Zeichen für den »Einbruch« des wirkenden Gottesgeistes in das Leben auf dieser Erde. Therese Neumann hatte in Ekstase oder in Halbtrance (»erhobener Ruhezustand«) unzählige Visionen, die mit denen der hl. Birgitta (1310), Maria von Agreda (1665), Anna Katharina Emmerick (1819), Maria Valtorta (1934) oder des Jakob Lorber (1846) vergleichbar sind.

Alle Mystiker – ob stigmatisiert oder nicht – gingen einen Weg inniger glaubender Erfahrung und Verbundenheit und wurden zahlreicher unerhörter Geistes- und Gnadengaben gewürdigt. Die göttliche Welt ist am Werk, in der Maria auf vielfältige Weise führend tätig ist – das ist die übereinstimmende Erfahrung aller dieser mit ihr Verbundenen. Kirchliche Untersuchungen der Phänomene – wie sie etwa bei Therese Neumann geradezu exzessiv betrieben wurden – verliefen im Sande, führten in nur ganz wenigen Fällen zur Anerkennung oder wurden erst gar nicht eingeleitet.

Maria handelt, als wäre sie lebendig

Erscheinungen vollziehen sich auf verschiedenste Weise, wie die Lektüre dieses Buches schnell erkennen läßt. Bei allen Erscheinungsberichten, die etwas ausführlicher sind, fällt auf, daß Maria »handelt, als wäre sie lebendig«. Die folgende »Liste« sammelt chronologisch solche »Tätigkeiten« Marias während der Begegnungen:

Maria heilt	– lobt
– verspricht	– dankt
– kündigt an	– fordert auf
– zeigt etwas	– schützt

- bewahrt vor etwas
- wünscht etwas
- unterhält sich mit dem/der
  Seher/in
- prophezeit
- bittet
- führt
- schenkt Kraft
- verwirrt (Feinde)
- überreicht Gegenstände
  (Skapulier, Ring, Rosenkranz)
- segnet
- hält etwas in der Hand
- zeigt etwas
- ermuntert
- beruhigt
- hindert
- wirkt mit
- hilft
- unterweist
- stärkt
- versichert
- bietet etwas an
- übermittelt Visionen
- befreit (aus Gefangenschaft)
- versetzt anderswohin
- geleitet in den Himmel
- inspiriert
- tröstet
- lehrt geistliche Lieder
- spricht Mut zu
- verscheucht Dämonen
- begrüßt
- wirkt Wunder
- regt an
- übergibt das Jesuskind
- empfiehlt das Rosenkranzgebet
- erscheint im Traum
- teilt Geheimnisse mit
- freut sich
- bereitet auf den Tod vor
- spendet die Kommunion

- rettet
- begleitet unerkannt
- erklärt Symbole
- berät
- läßt eine Medaille schlagen
- läßt eine Quelle entspringen
- schreibt an den Himmel
  (in Pontmain 1871)
- läßt die Sonne tanzen
  (erstmals in Fatima 1917)
- schützt vor Satan
  (1878 in Mettenbuch)
- läßt in der Tilma (Mantel) des
  Juan Diego ihr Bild zurück
  (Guadalupe 1531)
- läßt an einer Kirchenwand ihr
  Bild zurück (Pistoia)
- ist hocherfreut
- versetzt an entfernte Orte
  (1359 Neapel)
- greift in Kriege ein (1432)
- leistet Fürbitte (1438)
- löscht Flammen (1447)
- weint blutige Tränen (schon
  1464!)
- steht im Kampf bei (1479)
- vergießt Blut aus Statuen
  (schon 1495!)
- steht mit Rat und Tat zur Seite
  (1520)
- beendet eine Seuche (1529)
- bringt Seelenfrieden (1568)
- treibt Belagerer in die Flucht
  (1600)
- zeigt das Buch des Lebens
  (1616)
- ist traurig
- weint Tränen
- blutet
- weint blutige Tränen
- duftet
- sondert duftendes Öl ab

- bewegt die Augen (bei Statuen und Bildern)
- nimmt die Seherin an der Hand und geht mit ihr
- setzt den Fuß auf die Erdkugel
- zertritt die Schlange
- steht auf einer Wolke
- schwebt
- steht auf der Mondsichel
- blickt froh
- breitet die Hände aus
- hat die Hände gefaltet
- hält die Hände verschränkt
- winkt heran
- befiehlt etwas
- steigt eine große Treppe hinunter (Montichiari)
- hebt beschwörend die Hand
- breitet die Arme weit aus
- berührt das Wasser (Fontanelle)
- entfaltet ihren Mantel über das ganze Universum (Fontanelle)
- lehrt einen neuen Rosenkranz (»Immakulata-Rosenkranz«)
- gibt den Segen (Pfaffenhofen)
- drückt ein Buch an die Brust (Tre Fontane)
- dreht sich um, geht durch die Felsen weg (Tre Fontane)
- lächelt
- sammelt Bohnenblätter und legt sie auf die Wunde (Caiazzo)
- unterweist im Lesen und Schreiben (Teresa Musco)
- führt die Hand beim Schreiben
- legt das Jesuskind in Teresas Arme
- stillt das Jesuskind
- überschüttet mit Rosenblättern (Teresa Musco)

- reicht den Kindern die Hände (Heroldsbach)
- weint bitterlich
- schweigt als »Antwort«
- bittet den Bischof zu kommen (Heroldsbach)
- entfaltet ihren großen Mantel über den ganzen Berg (Heroldsbach)
- prägt ein Kreuz mit Engelhilfe in den Boden ein (Eisenberg)
- betet mit den Seherinnen (Garabandal)
- küßt und segnet Rosenkränze und Medaillen
- wandert durch die Gegend (Garabandal)
- klopft an die Haustüre, bittet um Almosen für Pater Pio (San Damiano)
- nimmt Mamma Rosa an beiden Händen (San Damiano)
- berührt die Wunden der Kranken
- bereitet eine »Medizin« (San Damiano)
- ruft mit lauter Stimme
- berührt den Wasserhahn und segnet ihn (Porto San Stefano)
- legt die Hände auf und segnet Enzo Alocci
- läßt sich die Füße küssen (Porto San Stefano)
- überreicht einen sonderbaren Stein (Natividade)
- hat schwarze Hände, weil sie Feuer abgewendet und Bomben abgehalten hat (Deir-el-Ahmar)
- lehrt Gebete und Lieder (Kibeho)

- unterhält sich über persönliche
  Probleme (Kibeho)
- diktiert Botschaften
  (San Nicolas)
- Statue wird lebendig, bewegt
  sich, verläßt den Platz, Haare
  und Gewand wehen im Wind
  (Melleray)
- steigt eine Treppe herab
  (Melleray)

- bittet um das Singen eines
  bestimmten Liedes (Melleray)
- verwandelt ihr Gesicht in das
  Gesicht Jesu, Pater Pios usw.
  (Melleray)
- ließ sich im Fernsehen
  »übertragen« (Grushew)
- lädt Bettler zu einer Feier ein
  (Port-au-Prince).

Diese vielen Tätigkeiten müßten natürlich im einzelnen besprochen werden, was hier nicht möglich ist. Sie lassen aber deutlich erkennen, daß hier jemand handelt. Im Detail kann man nachweisen, daß Maria »reagiert«. Viele Botschaften (z. B. in Eisenberg) reagieren auf das Verhalten der Menschen, denen sie ausgerichtet wurden: mit Entrüstung, Bestärkung, Bestätigung usw. – wie menschliche Personen reagieren. Oftmals wird freilich die Grenze zum »Wunderbaren« oder »Paranormalen« überschritten – aber dies ist ja schließlich ganz im Sinn von Marienerscheinungen: Die »mit Leib und Seele in den Himmel Aufgenommene« agiert an verschiedenen Orten zu verschiedenen Zeiten gegenüber ganz verschiedenen Menschen in verschiedenartigen Situationen . . .

So muß man das Fazit ziehen: In diesen Erscheinungen handelt Maria nicht nur, »als wäre sie lebendig«, sondern sie zeigt, »daß sie lebendig ist«, freilich nicht nur wie wir irdisch Lebenden, sondern mit ausgeweiteten Möglichkeiten, in entgrenzter Weise.

Welche Voraussetzungen bringen die Seherinnen und Seher mit?

Der entscheidende Inhalt, um den es bei den Marienerscheinungen geht, ist der Glaube derer, denen Maria begegnet. Dabei kommt es der Gottesmutter – wenn man ihren Äußerungen in dieser Hinsicht aufmerksam zuhört – auf die »Langzeitwirkung« an: Maria erscheint z. B. oftmals, um eine Wallfahrtsbewegung in Gang zu setzen, damit viele Menschen am Gnadenort sich im Gebet und in ihrem Leben den Einflüssen der

Gnade öffnen. Berichtete »Gebetserhörungen« geschehen zwischen Maria und dem Beter. Die berichteten »Wunderheilungen« vollziehen sich durch Maria in der Kraft Gottes am Kranken, der glaubensvoll vertrauend darum bittet.

Dieses gläubige Vertrauen aber bedarf des Anstoßes! Der Ausspruch des Auferstandenen gegenüber dem Apostel Thomas »Selig, die nicht sehen, und doch glauben!« (Joh 20,29) setzt den reifen Glaubenden voraus, der durch eine lange Schulung gegangen ist. Der durchschnittliche Glaubende aber bedarf der wahrnehmbaren Anstöße, um sich dem Gnadenwirken Gottes zu öffnen. Deshalb die vielen Kapellen, Kirchen, Gnadenorte, Wallfahrten in allen Jahrhunderten und auch heute. Deshalb die vielen Marienerscheinungen auf allen Kontinenten: Überall soll es »wahrnehmbare Anstöße« geben, damit der Glaube sich auf eine lebendige Erfahrung stützen kann.

Der oder die Seher bzw. Seherinnen sind notwendig, um den »Einbruch Gottes« in die Welt, die Gott gegenüber verschlossen ist, zu ermöglichen. Sie sind die Vermittler, damit das Wirken Gottes »sinnenhaft« wahrgenommen werden kann. Sie nehmen die menschliche Reaktion, eben das vorhin genannte *gläubige Vertrauen* vorweg, sie bringen es stellvertretend an den Tag, haben eine Katalysatorfunktion, ermöglichen eine Initialzündung, sind Werkzeuge, Vermittler, Medien für das Einwirken von Gottes Licht in die Finsternis dieser Weltzeit.

Oftmals in der Geschichte der Marienerscheinungen waren es Heilige, die zu Seherinnen und Sehern von Marienerscheinungen wurden: Der Apostel Jakobus der Ältere, die versammelten Apostel, der hl. Gregor der Wundertäter, der hl. Bischof Nikolaus von Myra, der hl. Basilius waren die ersten Seher von Marienerscheinungen. Der hl. Bernhard von Clairvaux, der hl. Franz von Assisi, der hl. Dominikus, der hl. Antonius, der hl. Albert, die hl. Gertrud, die hl. Birgitta, die hl. Katharina von Siena u. v. a. m. setzen die Reihe der heiligen Seherinnen und Seher im Mittelalter fort.

Sehr oft waren es auch unbekannte, einfache, immer aber gläubige Menschen, die sich den wunderbaren Erscheinungen gegenüber öffneten und demütig die erwiesenen Gnaden entgegennahmen, ihr Leben zur Verfügung stellten und es oftmals an dieser Gnadenerfahrung neu orientierten. Nicht selten sind es auch Kinder, die von Maria angesprochen und erwählt werden, um als Vermittler von Gnadenerfahrungen und Botschaften aufzutreten. Es stimmt durchaus nicht, daß es hauptsächlich Frauen oder hauptsächlich Kinder oder hauptsächlich Mystiker oder Ordensleute sind ... Der folgende Versuch einer Statistik zeigt, wie unterschiedlich die »Mittler« Marias ausgewählt sind:

Jh.	Männer	%	Frauen	%	Kinder	%	100%
1.–13.	102	81	19	15	5	4	126
14.–17.	128	66	38	20	26	14	192
18.–19.	32	14	48	21	144	65	224
20.	77	17	186	41	192	42	455
Summe	339	34	291	29	367	37	997

Aufgenommen sind in dieser Tabelle alle mit Namen genannten Seher, Seherinnen oder Seherkinder, alle anonymen Personen soweit aus dem Bericht das Geschlecht bzw. das Alter (Kinder bis 16 Jahre) hervorgeht, sowie zahlenmäßig präzisierte Gruppen, die eindeutig in männlich, weiblich oder Kinder unterscheidbar sind. Erfaßt sind auf diese Weise insgesamt 997 Personen. Die zeitliche Einteilung in vier Gruppen erfolgte willkürlich.

Bei der Interpretation ist zu beachten, daß 71 Berichte nicht berücksichtigt wurden, in denen kleinere und größere Gruppen genannt sind, die weder nach Zahl noch nach Geschlecht eindeutig zuzuordnen sind. Hier sind noch weit größere Zahlen zu vermuten, die in die Hunderttausende, wenn nicht Millionen gehen. Stellvertretend seien hier genannt: 50 Personen in Ilaca, 60 in Pontmain, 500 in Alzonne, über 1000 in Castelpetroso, 80 000 in Ezquioga, 300 in Heroldsbach, mehrere tausend in Warschau, Hunderttausende in Zeitoun. Dazu kommen so unbestimmbare Größen wie: die Jünger Jesu, die Bewohner von Konstantinopel, Arras, Tournai, Florenz, Bethlehem, Saluzzo, Sens, Verviers, Quito, Sän-Tai-Dse, Tong-Lu, Peking, Kerrytown, Espis, Cluj, Beirut, Soldaten auf Rhodos, auf der Gubel/Schweiz, in Angola, türkische Armee, deutsche Soldaten in der Marneschlacht sowie Gruppen von Gläubigen an verschiedenen Orten, Ordenskonvente usw. Diese Größenverhältnisse können in der oben versuchten Statistik natürlich keinen Eingang finden. Andrerseits sind die namentlich genannten und bekannten Personen, über deren Leben, Reaktionen usw. man manchmal sehr viel weiß, sehr viel wichtigere und aussagekräftigere Zeugen als eine anonyme Gruppe!

Auffällig ist sicher die ungefähre Drittelung der drei Gruppen Männer, Frauen, Kinder – insgesamt gesehen! Ebenso auffällig die Dominanz der Männer in den ersten sechzehn Jahrhunderten und die Dominanz der Kinder im 18.–20. Jahrhundert. Unter den Mystikern und Stigmatisierten (hier nicht eigens gezählt) spielen naturgemäß Kinder eine geringe Rolle, hier dominieren eindeutig Frauen. Trotzdem haben bei den Erscheinungen zwischen 1830 und der Gegenwart auch Namen von Männern großes Gewicht.

Bei den kirchlich anerkannten Marienerscheinungen dominieren aber auffällig die Kinder: in La Salette, Lourdes, Pontmain, Fatima, Beauraing, Banneux. Kinder, die von ihrer Entwicklung her gesehen kaum spirituelle Voraussetzungen mitbringen können, dienen als Werkzeuge für die großen Botschaften und Erscheinungen! Trotzdem sind überwiegend Frauen (Mädchen, die bei jahrelangem Andauern der Erscheinungen heranwachsen, und erwachsene Frauen) die Trägerinnen von Botschaften und Mittler der Begegnungen mit Maria. Bedenkt man zudem, wie sehr bei Visionen und medialen Durchgaben die Anlagen, der Wortschatz, der Gefühlsreichtum usw. des menschlichen Mittlers von Bedeutung sind, dann ist die Dominanz des Kindlichen und des Weiblichen durchaus aussagekräftig und von Bedeutung.

Auch die mehr oder minder große *Eingebundenheit* der Seherinnen und Seher *in kirchlich geprägte Religiosität* spielt immer wieder – besonders bei manchen Botschaften – eine große Rolle. Insbesondere dort, wo es sich nicht um Auditionen (Hören von akustisch wahrnehmbaren menschlichen Worten in hellhörigem Zustand), sondern um automatisches Schreiben, Wiedergabe von Gesehenem (Visionen) in eigenen Worten oder um »Durchgaben« (in Tieftrance- oder Halbtrancezuständen) handelt, bei denen erst im Gehirn des Mittlers die geistigen Impulse in menschliche Sprache umgesetzt und über die Sprechwerkzeuge »geäußert« werden, fließt viel aus dem Vorverständnis (Bildungsstand, konfessionelle Bindung, Engagement, Wortschatz) des Sehers mit ein. Diese Konditionen müssen daher bei der »Prüfung« jeweils genau bedacht werden.

So dürfen »Unterschiede«, die man etwa bei den verschiedenen Fassungen des sogenannten »Dritten Geheimnisses von Fatima« konstatiert, nicht gleich als Hinweise auf bewußte Fälschungen begriffen werden. Der Sachverhalt sollte zuerst nach parapsychologischen Gesichtspunkten analysiert und interpretiert werden, die dem »Material« sehr viel mehr gerecht zu werden vermögen als Kriterien, die der Kriminalistik und polizeilichen Verhörtechnik entlehnt sind.

Um abschließend auf die Frage nach den Voraussetzungen auf seiten der Seherinnen und Seher zu antworten: Man könnte sagen, je weniger einschlägige Voraussetzungen sie mitbringen, um so »reiner« scheinen die Intentionen Marias »durchzukommen«. Dies ist vor allem bei den großen »Botschaften« Marias festzustellen, die fast durchwegs über – was die Vorbildung anlangt – ganz einfache Menschen laufen und daher relativ »unverfälscht« »jenseitige Gedanken« zur Sprache bringen. Doch darüber soll jetzt noch eigens nachgedacht werden.

Die Grundaussagen der Botschaften Marias – Zur Frage nach den Inhalten

Bei den Marienerscheinungen im Verlauf des 1. Jahrtausends stehen die Anwesenheit Marias (deswegen viele Kirchenbauten), Verbundenheit im Gebet und Gnadenerweise in Form von Schutz und Hilfe (Wunder als erfahrbare Einwirkung vom Himmel her) im Vordergrund. Die Ausbreitung des Glaubens (z. B. durch Gründung von Ordensgemeinschaften) ist ein weiteres Anliegen, dem die Erscheinungen dienen.

Erst in der deutschen Mystik am Ende des 13. Jahrhunderts kommt ein neues Element in den Erscheinungen zum Tragen: die *unmittelbare Begegnung mit der geistigen Welt*, mit Christus, mit dem spirituellen Heilsgeschehen, mit Engeln und Heiligen; dominant wird die *Liebe*, die vom Vater stammt und durch Maria in die mystisch verbundenen Menschen einströmt – sie vergeistigend und umwandelnd. Als erstes Beispiel dafür wäre zu nennen: Gertrud die Große von Helfta, 1282, und ihr »Gesandter der göttlichen Liebe«.

Hier kann man noch nicht von »Botschaften« sprechen, wie wir sie vor allem seit Fatima kennen. Aber es sind ganz tiefe Offenbarungen himmlischer Verhältnisse, »Gefühle«, »Anliegen« und »Absichten«, die teilweise von Gertrud selbst aufgeschrieben wurden, teilweise auch von einer Mitschwester im Zisterzienserkloster in Helfta stammen. Diese Offenbarungen wurden also nicht in Ekstase empfangen und »durchgegeben«, sondern in mystischer Verbindung (»unio mystica«) »erfahren« und für die Geschwister in eine menschlich verständliche Fassung gebracht – dabei aber nicht ausgedacht, sondern »berichtet«.

Vergleichbares erlebte Angela von Foligno (1290), die ihr Leben nach Franz von Assisi ausgerichtet hatte und eine ähnlich intensive Vereinigung mit Christus durch die Vermittlung der himmlischen Mutter erfuhr. Die Mystikerin wurde »Lehrmeisterin der Theologen« genannt – nicht weil sie eine besonders gute Theologin war, sondern weil sie über »neue« Glaubens- und Jenseitserfahrungen verfügte, die die »Gottesdenker« reflektieren konnten! Hier wurde eindeutig von der Kirche akzeptiert, daß über die Bibel, die reflexiven Lehrsysteme und die sich darauf stützende Verkündigung hinaus »neue« Einsichten in die göttlich-himmlische Wahrheit erfolgten.

Mit der hl. Birgitta von Schweden (1310) tritt wiederum ein neues Element in den Marienerscheinungen zutage: *Maria interpretiert die Offenbarung*, das Wesen ihres Sohnes Jesus Christus und das Heilswerk. Sie macht deutlich, daß sie eine weltbezogene Funktion im Himmel hat:

nämlich Fürbitterin für die Menschen zu sein, ihre Lehrerin, Helferin und Begleiterin auf dem geistigen Weg näher zu Gott. Besonders ergreifend ist z. B. Marias Offenbarung über ihre eigene »Himmelfahrt«. Dasselbe Thema kann in diesem Buch aus den Offenbarungen an Anna Katharina Emmerick (1819) und Therese Neumann (1926) nachgelesen werden, um den »Fortschritt« der Verkündigung Marias durch ihre Mittler festzustellen...

Als *Kämpferin gegen den Satan* und Aufdeckerin der Machenschaften des Teufels, zugleich als seine Besiegerin erweist sich die Gottesmutter etwa in Offenbarungen an den hl. Vinzenz Ferrer (1367). Dieser Kampf gegen Krankheiten und Bedrohungen aller Art (die die Menschen oft nur politisch-materiell verstanden, hinter denen aber auch dämonisch-satanische Mächte zu sehen sind) ist nicht zuletzt in den blutenden und weinenden Bildern und Statuen Mariens sichtbar. Diese beginnen nicht erst mit Syrakus (1953) oder den vielen blutenden Rosa-Mystica-Statuen seit den 70er Jahren des 20. Jahrhunderts, sondern sind schon ab dem 15. Jahrhundert nachweisbar. Auch als *»Königin des Friedens«* erwies sich Maria nicht erst in Medjugorje (1981), sondern z. B. schon 1432 in Caravaggio und bei vielen anderen Gelegenheiten.

Ein anderer Botschaftsinhalt war die dringliche *Aufforderung zum Rosenkranzgebet* (seit 1215 gegenüber dem hl. Dominikus Guzmán nachweisbar); dies aber nicht als Selbstzweck verstanden, sondern als Gebets- und Betrachtungsschule in Richtung Heilstat und Erlösung Jesu Christi – dem Heilsplan des himmlischen Vaters folgend. Der »freudenreiche« Rosenkranz meditiert die Inkarnation, der »schmerzhafte« die Passion und der »glorreiche« die Auferstehung und Vollendung des Erlösers und aller, die sich von ihm befreien und heimführen lassen wollen. Neben diesen drei »klassischen« Rosenkränzen empfiehlt Maria im Laufe der Jahrhunderte noch eine Reihe anderer, die jeweils die Akzente anders legen und damit besonders wichtige bzw. vernachlässigte Bereiche stärker zu forcieren geeignet sind. Es ist hier nicht möglich, dies im einzelnen genau nachzuzeichnen. Jeder aufmerksame Leser kann den Sachverhalt im Buch verfolgen und selbst nachvollziehen.

Eine ganz neue Perspektive erreicht die Offenbarung Marias in Guadalupe 1531, als sie dem Azteken Cuauhtlatohuac liebevoll begegnete (die Spanier hatten ihn wenige Jahre zuvor getauft und Juan Diego genannt) und ihn lehrte, daß der Glaube an die Schlangengöttin Tonántzin und den mächtigen Quetzalcoatl (Gefiederte Schlange) vorweggenommene, aber mißverstandene Erkenntnisse ihrer *Miterlöserschaft* als »Schlangenzertreterin« seien (in der Bibel ist das Thema sowohl in Gen 3,15 wie in Apok 12 ff.). In der Kunst ist schon relativ früh bei Darstellungen Marias als Himmelskönigin, die ihren Fuß auf den Kopf Satans setzt, zu Ende geführt, was vielleicht auf nicht erhalten gebliebene Offenbarungen Marias in früher Zeit – jedenfalls vor der Erscheinung als »apokalyptische Frau aller Völker« in Amsterdam (1945) – schließen läßt. Waren jährlich viele Tausende den grausamen Ritualen in aztekischen Tempeln zum Opfer gefallen, so wollte Maria dies jetzt gutmachen durch ihre heilende, barmherzige, liebevolle Nähe. Und die Azteken nahmen diese Botschaft an: 9 Millionen ließen sich in wenigen Jahren taufen. Und durchschnittlich 20 Millionen Menschen besuchen auch heute noch jährlich diesen größten Wallfahrtsort der Welt!

1536 in Savona begann eine weitere Serie von Botschaftsinhalten, die sich bis in unsere Gegenwart (also bereits 450 Jahre lang) mehr und mehr verstärkte, nämlich die *prophetische Ankündigung großer, die ganze Menschheit und den Planeten betreffender Trübsal.* Die »Mutter der Barmherzigkeit« (also solche bezeichnete sich Maria gegenüber dem Seher Antonio Botta) wünsche »nicht Gerechtigkeit, sondern *Barmherzigkeit*«. Damit sie diese aber üben könne, müßten sich die Menschen bekehren und Buße tun und um Gnade, Hilfe und Errettung bitten.

Apokalyptische (End- und Wendezeit-) Prophezeiungen

Immer deutlicher tragen diese Botschaften *apokalyptische Züge* und greifen dabei auch Details auf bzw. ergänzen Voraussagen, die bereits von Jesus geäußert wurden (vgl. Mt 24; Mk 13; Lk 21) oder die an anderer Stelle in der Bibel prophezeit wurden. Hier einige Beispiele:

> »Sage dem Volk, es habe so viel gesündigt, daß es der Herr nicht mehr ertragen kann. Wenn es sich nicht bessert, wird es der Gott streng bestrafen... Ich kann für dieses Volk keine Fürbitte mehr einlegen.« (Ziteil 1580)
> »Die Zeiten sind sehr schlimm. Es werden Unglückstage hereinbrechen; die ganze Welt wird von Unglück jeder Art betroffen werden... Man wird alles für verloren halten, aber habt Vertrauen!« (Paris 1830)
> »Wenn mein Volk sich nicht unterwerfen will, bin ich gezwungen, den Arm meines Sohnes fallen zu lassen. Er ist so schwer, so lastend... Gott wird in beispielloser Weise zuschlagen. Wehe den Bewohnern dieser Erde!... Die Menschheit steht am Vorabend der schrecklichsten Geißeln und der größten Ereignisse... Man wird sich töten, man wird sich gegenseitig morden bis in die Häuser hinein... große Städte werden niedergebrannt und durch Erdbeben verschlungen werden... die Erde wird wie eine Wüste werden... Die

ganze Welt wird von Entsetzen geschlagen . . . Dann werden Wasser und Feuer
die Erde reinigen . . . und alles wird erneuert werden.«
(La Salette 1846)

Die Katastrophen werden in ihrem *Warum* (als Folge der Sünden, die die
Strukturen der Erde, das Gleichgewicht der Gesellschaft, aber auch der
Natur so stören, daß es zu Katastrophen kommen muß), ihrem *Wozu*
(Reinigung der Erde, damit sie ihre Funktion der »Höherentwicklung«
und »Heiligung« besser erfüllen kann; damit die Herrschaft des Teufels
als Sünden- und Todesmacht beendet wird) und in ihrem *Wie* (durch
Wasser und Feuer) prophezeit. Zugleich wird das Mittel der Abwendung,
des Hinausschiebens, der Erleichterung, der Rettung einzelner genannt:
Gehorsam gegenüber den Gesetzen und dem Willen Gottes!

Durch die stigmatisierte Marie-Julie Jahenny »offenbart« Maria die
Funktion der »Sühneseelen«, nämlich spirituelles Engagement für andere
(eine frühe Form der »Theologie der Befreiung« mit freilich ganz anderer,
innerlicher Sinnspitze). Die »Andacht zum Unbefleckten Herzen Mariens« (in Fatima und an anderen Orten proklamiert) ist keine fromme
Übung, sondern Vorschlag eines neuen Weges spiritueller »Rettung«.
Ihre Botschaft lautet, daß durch die bewußte, geistig-willentliche Verbindung mit der liebevollen, gottergebenen Existenz der »Gnadenmittlerin«
und »Miterlöserin« eine massenweise Bekehrung und damit »Selbst-
reinigung« und »Höherschwingung« der Menschheit möglich würde:

> »Ihr habt die Hölle gesehen, wohin die Seelen der armen Sünder kommen. Um
> sie zu retten, will Gott die Andacht zu meinem Unbefleckten Herzen in der
> Welt begründen. Wenn man tut, was ich euch sage, werden viele gerettet
> werden . . . Über die ganze Menschheit wird eine große Züchtigung kommen;
> nicht heute und nicht morgen, jedoch vor dem Ende des zwanzigsten Jahrhun-
> derts . . . Satan wird nicht haltmachen, die Spitzen der Regierungen und der
> Kirchen in seinen Bann zu schlagen . . . Wehe, wenn die Mächtigen der Erde
> diesem Treiben nicht Einhalt gebieten. Dann werde ich den mächtigen Arm
> meines Sohnes Jesus, des Christus, fallen lassen . . . Überall auf Erden regiert
> Satan . . . Über die gesamte Menschheit und über die ganze Erde wird furcht-
> bare Bedrängnis kommen . . . Von einer Stunde zur anderen werden Millionen
> und Abermillionen Menschen sterben . . . Die im irdischen Leib überleben,
> werden dann zu Gott rufen, und Gott wird sie segnen und einen anderen
> Zustand herbeiführen.« (Fatima 1917)

Über 100 Jahre nach Cathérine Labouré (Paris 1830), mitten im Zweiten
Weltkrieg, erschien Maria in einem weitgehend unbekannten spanischen
Ort, in der Schweiz, in Kroatien und in den Niederlanden und zog Bilanz:
Hunderte von Warnungen hätten nur geringen Erfolg gebracht und
weder den ersten noch den zweiten weltweiten Krieg verhindert. Sie

hätten das Wirken der gegengöttlichen Mächte nur unwesentlich eingedämmt und alles gehe weiter seinen Gang wie vorher: So nähmen die »Endereignisse« ihren Weg und die »Reinigung der Erde« stehe unmittelbar bevor:

»Ich bin an verschiedenen Orten erschienen, aber es sind sehr wenige, die mir Glauben schenken. Vor dem Strafgericht wird sich als Warnung der ganze Himmel mit einem Kreuz erleuchten . . . Darauf wird ein heißer Wind über die ganze Erde fegen. Vor Angst und Furcht werden viele sterben.«
(Lauquiniz 1941)
»Ich bin eure Mutter, die Königin vom Sieg . . . Hätte die Mehrzahl der Gläubigen die Bitten der Gottesmutter erfüllt, die sie in Lourdes und Fatima an sie gerichtet hat, dann hätte Rußland sich bekehrt, und wir hätten den Frieden. So aber wird kommen müssen, was sie vorhergesagt hat. Der Anfang davon ist da, aber noch nicht das Ende.« (Sonnenhalb bei Appenzell, Mutter Graf, 1942)
»Meine lieben Kinder! Der Komet der Finsternis! Ich eile und haste, euch in die Obhut meines Herzens zu nehmen und mit meinem Mantel zu bedecken.«
(Kroatien 1945)
»Die Menschen begreifen noch immer nicht, wie schlimm es mit der Welt bestellt ist . . . Ihr Eltern dieser Welt, lehrt eure Kinder doch, zurückzukehren zum Kreuz. Ich werde ihnen helfen als die Frau aller Völker.«
(Amsterdam 1945)

»*Gebet – Opfer – Buße*« – das wiederholt sich von Montichiari an als warnende Mahnung an vielen Erscheinungsorten: Darin liege noch Rettung – auch wenn die angesagten Katastrophen dadurch insgesamt nicht mehr aufzuhalten seien:

»Die Welt geht dem Ruin entgegen. Ich habe nochmals Barmherzigkeit erlangt, deshalb hat er mich neuerlich nach Montichiari gesandt, um die Gnaden seiner Liebe zu bringen und die Menschheit zu retten. Da braucht es Gebet, Opfer, Buße! . . . Wie viele Gnaden habe ich in all diesen Jahrhunderten gewährt – wie viele Wohltaten . . . wie viele Strafgerichte habe ich aufgehalten, wie viele Zwiegespräche habe ich mit Seelen geführt. Wie viele Besuche habe ich auf Erden gemacht, um meine Botschaften zu bringen, aber die Menschen fahren weiter fort, den Herrn zu beleidigen!«
(Montichiari/Fontanelle 1946; hier 1966)
»Die Welt geht einem großen Ruin entgegen. Das Volk tobt sich immer mehr aus. Feuer und Rauch werden die Welt umwälzen, die Wasser der Ozeane werden zu Feuer und Dampf. Der Schaum wird sich erheben und Europa eintauchen in eine Lava von Feuer . . . Mein Kind, tue Buße und bete, denn das Volk eilt einem furchtbaren Abgrund entgegen.« (Caiazzo 1948)
»Ihr könnt das Unheil abwenden durch euer Gebet! . . . Ich kann die strafende Gerechtigkeit nicht länger zurückhalten . . . Wir werden euch in der größten Not beistehen.« (Heroldsbach 1949)

Nach dem Ende des Zweiten Weltkriegs befindet sich die Welt scheinbar wieder im Aufschwung, der jedoch nur ein Aufschwung der Wirtschaft und des Konsums ist. In geistiger, glaubensmäßiger, auf Lebenssinn und Gotteswillen bezogener Hinsicht steht es schlimmer denn je, denn jetzt meint man, Gott, das Gebet, die Gebote, nicht mehr zu brauchen. Himmlische Warnungen, Erscheinungen und Botschaften werden als »Störungen« betrachtet, die man bekämpft: außerhalb und innerhalb der Kirchen.

In zunehmendem Maße häufen sich jetzt die Erscheinungen und dauern lange an: Julka in Kroatien empfängt Botschaften von 1945 bis 1978. Pierina Gilli in Montichiari von 1946 bis 1991. Mutter Aloisia Lex in Eisenberg/Raab von 1955 bis 1984. Mamma Rosa in San Damiano von 1961 bis 1981. Enzo Alocci in Porto Santo Stefano von 1966 bis zur Gegenwart. Die Seherinnen und Seher in Medjugorje von 1981 bis (teilweise) zur Gegenwart. Kazimierz Domanski in Ohlau von 1981 bis zur Gegenwart ... Und diese Erscheinungen gehen um den ganzen Erdball! In Asien, in Afrika, in Amerika und in Europa leidet gleichzeitig in diesen Jahren und Tagen die Gottesmutter: So könnte man es dramatisch formulieren. Trotzdem bleiben die kirchlichen Anerkennungen die Ausnahme.

>»Für euch bereiten sich schmerzliche und blutige Stunden vor, die näher sind, als ihr euch vorstellen könnt... Die große Barmherzigkeit wird wie ein brennendes Feuer zu euch kommen.« (Mailand 1973)
>»Alle Strafen, die Gott schicken wird, sind Beweise seiner unendlichen Liebe. Er kann und muß viele seiner Kinder... retten, und wenn die unvermeidlichen Strafen diesem Zweck dienen, dann sei Gott dafür gelobt und gepriesen.« (Rom 1977)
>»Es nähert sich die Zeit des erneuten Kommens meines Sohnes auf die Erde. Vor seinem Kommen werden jetzt verschiedene Zeichen am Himmel und auf der Erde gegeben werden... Explosionen und Überschwemmungen werden stattfinden... In Kürze werden auf Erden die Erscheinungen aufhören.« (Ohlau 1981; hier 1989)

Es existieren bereits mehrere Hinweise auf das »Aufhören der Erscheinungen«, was damit begründet wird, daß alles gesagt sei (in Ohlau und in Porto Santo Stefano); auch wird die Zeit eingegrenzt (Melleray), »die Offenbarungen münden in das Geschehen« (Wilhelmsburg) ...

>»Die Menschen sollen ihr Herz lösen von den vergänglichen Gütern dieser Welt, deren Ende so nahe bevorsteht.« (Mushasa 1984)
>»Die Welt hat noch zehn Jahre, um sich zu bekehren.« (Melleray 1985)
>»Der Beginn von dem allen ist: Alle, die sich zu Jesus Christus bekennen, dürfen sich die Zahl 666 nicht aufdrücken lassen, und diese Zeit ist nahe, und der es sich nicht läßt, kann weder kaufen noch verkaufen – wir müssen uns

selbst versorgen, und damit beginnt die Armut . . . Dieses Buch wird hineingeboren in jene Zeit, wo die Offenbarungen in das Geschehen münden.« (Wilhelmsburg 1991)

Deutlich ist der immer dringlicher werdende Ton zu erkennen, deutlich auch die immer größere Fülle der Botschaften, Warnungen und Prophezeiungen, von denen hier nur ein winziger Teil abgedruckt werden konnte. Das große Werk Jesu und Marias beginnt sich zu runden und in seine entscheidende Phase zu treten! Das ist die wohl wichtigste Aussage der Botschaften, die hier zusammengestellt sind. Dies wurde von Jesus selbst vor fast 2000 Jahren vorausgesagt. Der Blick zurück nützt in diesem Falle aber nichts, gefordert ist das Hören auf die Sprache des »Geistes der Wahrheit, der das Kommende kündet«. (Joh 16,13)

Warnungen vor gefährlichen Kirchenneuerungen

Ein weiterer wichtiger Gesichtspunkt, der vor allem in Botschaften der letzten Jahrzehnte (seit dem Zweiten Vatikanischen Konzil) einen immer größeren Stellenwert bekommt, besteht in Warnungen Marias vor Entwicklungen in der (katholischen) Kirche, die in die falsche Richtung zielen und den Intentionen des Heilsplanes Gottes zuwiderlaufen. Sie decken sich überraschend mit den Warnungen Jesu und einzelner urkirchlicher »Propheten« vor den »Lügenpropheten« und dem »Antichrist«.

Auch diese kirchenkritischen Äußerungen Marias setzen 1830 in Paris ein, finden sich in La Salette (1846) und Fatima (1917), erreichen aber eindeutig ihren Höhepunkt in den 60er Jahren unseres Jahrhunderts und seither. Da sich solche Warnungen sogar in kirchlich anerkannten Marienerscheinungen finden, verdienen sie auch besondere Beachtung. In diesem Zusammenhang darf noch einmal an den Hinweis Karl Rahners erinnert werden, daß »Privatoffenbarungen in ihrem Wesen ein *Imperativ* sind, ein neuer Befehl, wie in einer konkreten geschichtlichen Situation von der Christenheit gehandelt werden soll.«

Hier seien einige kritische Aussagen Marias an »kirchlich anerkannten« Erscheinungsorten genannt:

»Die Priester, Diener meines Sohnes, sind durch ihr schlechtes Leben, ihre Ehrfurchtslosigkeiten, ihre Pietätlosigkeit bei der Feier der heiligen Geheimnisse, durch ihre Liebe zum Geld, zu Ehren und Vergnügungen, Kloaken der

Unreinheit geworden. Ja, die Priester fordern die Rache heraus . . . und siehe, die Rache ist vor ihren Türen; denn es gibt niemand mehr, der die Barmherzigkeit und die Verzeihung für das Volk erfleht; . . . Die Häupter, die Führer des Gottesvolkes, haben das Gebet und die Buße vernachlässigt, und der Dämon hat ihren Verstand verdunkelt; . . . Die Kirche wird eine schreckliche Krise durchmachen . . . der Teufel wird alle seine Bosheit aufwenden, um in den religiösen Orden Leute unterzubringen, die der Sünde ergeben sind . . .« (La Salette 1846)

Das klingt bitter, und man möchte schnell antworten: Das ist in Frankreich gesagt und vor fast 150 Jahren; da sind wir sicher nicht damit gemeint! Bei der 100-Jahr-Feier von La Salette 1946 sagte der Bischof von Grenoble: »Es gibt ein mächtiges Mittel, unser Wohl sicherzustellen, das ist die Heilige Jungfrau! Sie erwartet, daß wir sie bitten. Sie ruft dazu auf. Aber bis jetzt haben wir nicht genug Wert auf ihre Hilfe gelegt: Deshalb ermüdet sie nicht, uns zu warnen: 1830 läßt sie in Paris eine Medaille schlagen, 1846 weint sie in La Salette, 1858 läßt sie in Lourdes eine Quelle entspringen, 1871 schreibt sie in Pontmain sogar an den Himmel, 1917 läßt sie in Fatima die Sonne wie ein feuriges Rad sich drehen . . . Überall schlägt dieselbe Hl. Jungfrau Alarm! Alle ihre Erscheinungen ketten sich aneinander und werden nur abhängig voneinander verstanden . . . Überall wiederholt sie: »Tut Buße! Bekehrt euch! Betet viel!«

Das sagte der Bischof ein Jahr nach dem Ende des Zweiten Weltkriegs in einer kirchlichen Aufbruchstimmung . . . Heute würde er wohl anders, noch dringlicher, sprechen!

Gegen Ende des Ersten Weltkriegs mahnt Maria in Fatima (1917):

»Bringt Opfer für die Sünder, denn viele Seelen kommen in die Hölle, weil sich niemand für sie opfert und für sie betet . . . Die Menschheit hat sich nicht so entwickelt, wie Gott, unser himmlischer Vater, es von ihr erwartete. Sie hat die Geschenke Gottes, ihres Vaters, mit Füßen getreten, ja sie hat gegen diese Geschenke gefrevelt . . . überall, selbst von den höchsten Spitzen der Kirche wird Satan Besitz nehmen, er wird nicht haltmachen, die Kirchen in seinen Bann zu schlagen . . . Wehe, wenn die Spitzen der Kirche es nicht ernst meinen mit ihren Bestrebungen, die Ordnung wiederherzustellen! . . . Überall auf Erden regiert Satan! Es wird unter den Kirchenführern zu gegenseitigen Kämpfen kommen, denn Satan tritt in ihre Reihen. In Rom wird es zu gewaltigen Veränderungen kommen, denn was faul ist, fällt, und was fällt, soll nicht gehalten werden, denn die Lehren der Kirchen sind verdunkelt.«

Das klingt noch viel bitterer, und mancher wird fragen: Hat Maria das wirklich gesagt? Wenn er dann hört, daß es sich um das »Dritte Geheimnis« handelt, wird er sagen: Das sollte doch nur vom Papst eröffnet und verkündet werden! Maria beauftragte doch Lucia damals (1917), dies »geheim« zu halten. Das stimmt, doch 1942 erhielt sie von Maria Anwei-

47

sung, dieses Geheimnis über den Bischof von Leiria nach Rom zu schik-
ken. 1960 sollte es verkündet werden! Das ist offiziell bisher nicht geschehen, inoffiziell aber durchaus, denn man hat dieses Dokument z. B.
1962 und 1963 in weltpolitischen Krisen »eingesetzt« (in der Kubakrise
bzw. zur Durchsetzung des Atomsperrvertrags). 1963 und 1970 erschien
der Text auf deutsch in der Zeitschrift »Neues Europa«, 1978 auf italie-
nisch in Nr. 41 des »L'Osservatore della Domenica«. Er wird auf
Wunsch von der »Propaganda Mariana di Maria Stella« zugeschickt.
Warum wurde der Inhalt nicht offiziell entgegengenommen und veröffentlicht?

Man war gerade dabei, das »Aggiornamento« durchzuführen: Papst
Johannes XXIII. rief zur großen Erneuerung auf. Das Zweite Vatikani-
sche Konzil sollte für die Zukunft die Weichen stellen. Man war guten
Willens. Aber vielleicht fehlte eine Portion Selbstkritik und Frömmigkeit. Vor allem hörte man wohl auch zu wenig auf die konkreten Botschaften, die an verschiedenen Orten weiterhin von Mittlern Marias und
Jesu Christi überbracht wurden.

Viele Mahnungen klingen übertrieben. Aber sind sie es wirklich? Wo
setzen sich die Liturgiker, die Pastoraltheologen, die Dogmatiker, die
Experten der mystischen Theologie mit den Bischöfen und anderen Kirchenführern zusammen und stellen sich diesen »Kundgaben«? Wo sind
sie bereit, nicht sofort zu »verurteilen«, sondern zu »hören« und nach
einem neuen Verständnis zu suchen? Es gibt kein Recht, Botschaften an
Erscheinungsorten grundsätzlich skeptisch zu beurteilen und von vornherein nicht ernst zu nehmen.

Die Selbstbezeichnungen Marias

Ein Bestandteil der Botschaften Marias, zugleich aber ein eigenständiges
Gebiet, das in der Marienverehrung immer schon einen wichtigen Stellenwert eingenommen hat, sind die Selbstbezeichnungen Marias bzw. die
»Namen« und »Würdetitel«, unter denen sie angerufen wird bzw. die sie
selbst verwendet.

Allgemein bekannt und gebräuchlich ist die sogenannte »Lauretanische
Litanei«, deren Ursprung sich in der kirchlichen Frühzeit verliert. Einzelne Formulierungen finden sich in patristischen Texten, in Hymnen
und Liedern, in der Marienmystik, die dort entfaltet wird, und zwar
sowohl in der östlichen wie in der westlichen Kirche. Im 8. Jahrhundert
gibt es Überlieferungen aus Irland, die bereits eine »Rohform« der späte-

ren Litanei darstellen. Im 12. Jahrhundert sind litaneiartige Gebete bereits weit verbreitet.

Erstmals wird die »Lauretanische Litanei« in der bis heute gültigen Form 1531 in Loreto bezeugt; von dorther stammt auch der Name. Einzelne Anrufungen haben ihren Ursprung aber sicherlich schon in der Bibel, andere dagegen sind als »*Selbst*bezeichnungen« Marias im Rahmen von Marienerscheinungen Offenbarungen ihres Wesens und Wirkens.

Die früheste Selbstbezeichnung findet sich 363 in Caesarea. Sie lautet: »Mächtige Fürsprecherin bei ihrem Sohn«. Da klingt bereits manches an, was wesentlich zur Lauretanischen Litanei gehört: 1. die »Fürsprache« (nach jeder Anrufung der Lauretanischen Literatur antworten alle: »Bitte für uns«) – 2. »mächtig« (eine Anrufung der Litanei lautet: »Du mächtige Jungfrau«) – 3. »bei ihrem Sohn« (insgesamt 12 Anrufungen nennen Maria »Mutter« und stellen damit damit den Bezug zu ihrem Sohn her). Einige Anrufungen sind sogar identisch mit Selbstbezeichnungen Marias bei einzelnen Erscheinungen, etwa »Geheimnisvolle Rose/Rosa Mystica« (1282 Helfta, 1946 Montichiari) oder »Turm Davids« (1978 Berlicum), »Morgenstern« (1153 Clairvaux), »Heil der Kranken« (1529 Sens, 1588 Neapel, 1960 Neuweier), »Zuflucht der Sünder« (1313 Avignon, 1947 Casanova), »Trösterin der Betrübten« (1282 Helfta, 1632 Japan, 1641 Kevelaer, 1876 Mettenbuch, 1947 Kayl, 1960 Neuweier), »Hilfe der Christen« (1846 Turin, 1969 Eisenberg), »Königin der Engel« (1231 Kiew, 1531 Luzern, 1614 Paris, 1856 Assisi, 1863 Anglet), »Königin der Propheten« (1968 Eisenberg), »Königin der Apostel« (1965 Eisenberg), »Königin der Märtyrer« (1875 Boulleret, 1968 Eisenberg), »Königin des Rosenkranzes« (1872 Valle di Pompei, 1969 Eisenberg, 1983 San Nicolas), »Königin des Friedens« (1939 Kečskemet, 1973 Italien, 1981 Medjugorje).

Andere Bezeichnungen greifen Themen auf, die in der »Lauretanischen Litanei« lediglich anders formuliert sind: »Tabernakel des Höchsten« (1955 Nongoma) bzw. »Du geistliches Gefäß« oder »Wunderbare Mutter« entspricht der »Dreimal wunderbaren Mutter« (1604 Ingolstadt, 1946 Pfaffenhofen/Marienfried). Auch sonst gibt es praktisch keine Diskrepanzen zwischen den Anrufungen in der Lauretanischen Litanei und der traditionellen Marienfrömmigkeit auf der einen und den Selbstbezeichnungen Marias auf der anderen Seite. Vielfach gehen diese beiden Ursprünge ineinander über, etwa wenn die wahrscheinlich älteste Marienerscheinung im Jahre 41 in Saragossa zur Bezeichnung »Unsere Liebe Frau auf der Säule/Nuestra Señora del pilar« geführt hat. Neue Bezeichnungen im Zusammenhang mit Marienerscheinungen wie »Unsere Liebe Frau vom Licht« (1450 Lissabon; 1948 Montlucon) oder »Unsere Liebe Frau vom Kreuz« (958 Herford) oder »Jungfrau der Armen« (1933 Banneux, 1951 Arluno) liegen alle auf der Linie der klassischen

Marienverehrung und der vielen Bezeichnungen im Zusammenhang mit den Wallfahrten:

Insgesamt sind alle diese Bezeichnungen ein Spiegel der Begegnung zwischen Himmel und Erde, der lebendigen Liebesbeziehung zwischen den Erdenkindern und ihrer himmlischen Mutter, ein Zeugnis für die vielfältigen Erkenntnisse, welche die Menschen aus dieser jahrhundertelangen lebendigen Begegnung und dabei gewonnenen Erfahrung bzw. geschaffenen Liebesbeziehung gewonnen haben. So zeigt die im Anhang abgedruckte alphabetische Liste dieser Selbstbezeichnungen den erstaunlichen Reichtum der Persönlichkeit Marias und kann auch zum Gebet, zur liebenden Verbindung herangezogen werden.

Erscheinungen und Offenbarungen Marias und das Lehramt der Kirche

Blickt man auf die Geschichte der Wallfahrtsorte, der großen Gebetsstätten, zu denen die Pilger kommen, um Maria zu bitten, zu danken und zu loben, dann scheinen sehr viele von ihnen mit Marienerscheinungen irgendwelcher Art zu tun zu haben. Soweit noch halbwegs genaue Details zu eruieren waren, wurden die Ursprungssagen, -berichte bzw. -legenden in dieses Buch aufgenommen. Sehr viel mehr, wo man zwar Vergleichbares vermuten muß und eventuell bei näherem Nachforschen auch noch in Erfahrung bringen könnte, konnte hier nicht angeführt werden, darf aber nicht unerwähnt bleiben, um deutlich zu machen, daß die in diesem Buch aufgelisteten 918 Erscheinungsstätten nur sozusagen die sichtbare Oberfläche des Eisbergs darstellen. Analysiert man die Volksfrömmigkeit, das Zustandekommen der Gnadenorte, den Entschluß, gerade hier eine Kapelle zu bauen, den Ursprung der Gnadenbilder dort, wo man genauere Unterlagen zur Verfügung hat, dann sind Analogieschlüsse durchaus erlaubt.

Die berechtigte Mutmaßung, daß die Zahl der Erscheinungsorte noch ungleich größer ist, wird auch durch die Erfahrung gestützt, daß kurze Berichte oft recht vage klingen (auch wenn reiche Detailkenntnisse vorhanden sind) und sehr schnell überzeugend wirken, wenn man die entsprechenden Einzelheiten zu Gesicht bekommt, Zeugnisse und Berichte darüber liest und auf diese Weise sozusagen »Zeitgenosse« der jeweiligen Ereignisse wird. Durch den Umstand, daß wir über manche Erscheinungen sehr genau informiert sind, ist es relativ leicht möglich, fehlende

Quellen zu ergänzen, wenn die »Belege« nicht mehr vorhanden sind. Das Bestehen einer Wallfahrtspraxis ist meist ein sicheres Indiz dafür, daß an den betreffenden Orten Gnade zu spüren ist. Diese ist freilich nicht »empirisch« zu messen, sondern nur »spirituell« (geistlich, mit Hilfe lebendiger Glaubenserfahrung, Einfühlung, Intuition, Empfindsamkeit für das Heilige, Göttliche, Mystische) erfahrbar.

Über die Jahrhunderte hinweg hat diese spirituelle Prüfung offensichtlich genügt. Man hat die Seherinnen und Seher befragt, die Phänomene beschrieben, hat eventuell Zeugen gehört und nach Bestätigungsphänomenen gesucht, wenn das behauptete Ereignis im »unsichtbaren Bereich« (unhörbar, ungreifbar usw.) blieb. Und in den meisten Fällen hat man zu einer wohlwollenden Behandlung gefunden. Damals wurde auf den »sensus fidelium« (gläubiger Sinn) und auf die »vox populi« (Stimme des Volkes) mehr gegeben als auf rationale Expertengutachten, wenn es um Sachen des Glaubens ging!

Sicherlich wurde da und dort allzu leichtgläubig interpretiert, wurde ein »Licht« als »himmlisch« angesehen, das »nur« irdisch war, wurden außergewöhnliche geistige Vorkommnisse als »übernatürlich« klassifiziert, obwohl sie nur »paranormal« verursacht waren. Man hat in »Zeichen« Winke Gottes gesehen, die heute als »Zufall« klassifiziert werden oder auch nach »Wahrscheinlichkeits«- und »Chaos«-Theorien hypothetische Erklärungen finden. Man hatte damals nicht das »Natürliche« so sehr vom »Übernatürlichen«, das »Irdische« vom »Himmlischen« getrennt, daß man Gottes mittelbares Wirken durch den Menschen (»causae secundae«) nicht mehr als »gottgewirkt« akzeptiert hätte. Heute muß Gott »spektakulär« wirken – und wenn er es einmal tut (wie z. B. in Garabandal), nimmt man es als »unwürdig«, als »Zaubertrick« und glaubt erst recht nicht daran! »Das Volk ruft nach Zeichen!« wehrten sich schon Jesus und viele Propheten vor und nach Christus... – »Selig, die nicht sehen und doch glauben« wird als die »bessere Lösung« aufgezeigt... In manchen »Botschaften Marias« (z. B. in Montichiari oder in Pfaffenhofen/Marienfried) wird ausdrücklich auf ein Zeichen »verzichtet«, weil die Menschen ja doch nicht glauben und die Verantwortung desjenigen, der trotz der deutlichen Signale halsstarrig bleibt, um so größer ist!

Sicherlich hat die Kirche (d. h. das kirchliche Lehramt nach den aufgestellten, im Laufe der Zeit gewachsenen, immer wieder modifizierten, heute der Flut der Phänomene auch nicht mehr annähernd gewachsenen Richtlinien) das Recht und damit auch die Pflicht, zu untersuchen und zu entscheiden. Die »Offenbarungen«, »Erscheinungsgestalten«, »Mahnungen« und »Aufträge« werden aber oftmals nicht in dem Sinne geprüft, »das Gute zu behalten«, sondern man will scheinbar nur entscheiden, ob »Übernatürliches« vorliegt oder nicht. Daß der Geist Gottes, die

Engel, die Heiligen und also auch Maria – die Königin der Engel, die Braut des Heiligen Geistes, die Mutter der Menschheit, die Lehrerin der Kirche – sich auch »im Traum«, in »Ekstasen«, durch »Einsprechungen«, in »Eingebungen« usw. äußern können und wollen, wird auf diese Weise oft gar nicht wahrgenommen.

Gerd Schallenberg hat in seinem bemerkenswerten Buch »Visionäre Erlebnisse. Visionen und Auditionen in der Gegenwart. Eine psychodynamische und psychopathologische Untersuchung« (Pattloch 1990) zahlreiches Material analysiert und klargemacht, daß man auf diesem analytischen Weg zwar unterscheiden lernt, aber an den »himmlischen Intentionen« wohl weit vorbeizielt, weil man sich im Labyrinth wichtigster und wichtiger Perspektiven unlösbar verstrickt und mangels Zeit, Platz, Arbeitskraft, Budget usw. zu keinen »Lösungen« kommt. Vor allem bei prophetischen und apokalyptischen Phänomenen bzw. Botschaften gegenüber, die auf Haltungsänderung abzielen (z. B. die auditiv empfangenen Aufträge »Gebet – Opfer – Sühne«), sind solche Untersuchungsmethoden nicht ausschlaggebend. Hier sind das gläubige Hören, ein bereites Herz, das sich motivieren lassen will, entscheidend – sowie die sich daran anschließende Tat. Ob diese Worte dann »übernatürlich« oder »natürlich« zustande kamen, ist dabei eigentlich belanglos!

So bleiben die bestehenden vier Prüfungskriterien der Kirche (Redlichkeit der Personen / Keine Widersprüche zur zentralen Lehre / Bringen die Erscheinungen und Boschaften »Früchte« vor Ort / Handelt es sich um außergewöhnliche Umstände) eigentlich für den Normalfall ausreichend. Sie sind meiner Meinung nach sogar angebrachter als z. B. das Warten auf das »Ende« der Erscheinungen. Bei vielen zeitgenössischen Erscheinungs- und Offenbarungszyklen dauert das Jahrzehnte! Die Zeit drängt und darf nicht ungenützt verstreichen, wie dies auch durchgängig in den Erscheinungen und Botschaften Marias zum Ausdruck kommt.

So bleibt das Handeln und Aktivieren des jedem Gläubigen angebotenen und von jedem einzelnen zu entwickelnden Charismas der »Unterscheidung« – getragen und gestützt durch den lebendigen Glauben, die Bereitschaft, auf das »Wort« und das »Wehen des Geistes« zu hören, wo und wann immer sie spürbar werden. Eli lehrte den jungen Samuel, daß man auf ein ergehendes Wort mit »Rede, Herr, dein Diener hört« zu antworten hat. Und Joel machte darauf aufmerksam, daß Gott »am Ende der Tage seinen Geist ausgießt über alles Fleisch«, und daß alt und jung, Kinder und Frauen, Knechte und Mägde »prophezeien« und »Gesichte haben« werden ... Dessen können wir heute Zeugen sein!

Offene Fragen

Das umfangreiche Material, das in diesem Buch ausgebreitet wird, hinterläßt – was die »Quellenlage« angeht – sehr viele offene Fragen. Besonders die Theologen, die Volkskundler, die Religionswissenschaftler und Grenzwissenschaftler hätten es gerne präziser, geprüfter, belegter, systematischer. Unsere Tätigkeit bestand zunächst einmal im Sammeln, Auswählen, Referieren. Wir waren im Rahmen dieser Aufgabe auf den Zustand des Materials verwiesen, wie er sich uns dargeboten hat. Und der ist in den allermeisten Fällen leider unbefriedigend. Hier rächt sich eben, daß sich die offizielle Wissenschaft mit diesen Phänomenen kaum abgibt. Hier rächt sich auch, daß die bischöflichen Kommissionen meist wenig Interesse an einer Dokumentation haben.

Wo Marienerscheinungen im Zuge eines Selig- oder Heiligsprechungsprozesses eine Rolle spielten oder konstatiert wurden, ist eine bessere »Durcharbeitung« des Materials festzustellen. Meist ist es auch dort von gutwilligen, gläubigen Menschen überliefert, weitererzählt, in frommen Zeitschriften, oft auf hektographierten Blättern, also in sehr unbefriedigender Form, der Vergessenheit entrissen worden.

In diesem Zusammenhang sei unser besonderer Dank an *Robert Ernst* ausgesprochen, der mit seinem »Lexikon der Marienerscheinungen« über Jahrzehnte hinweg ganz entscheidende Vorarbeiten geleistet hat, aber vor denselben Problemen stand und steht wie wir. Er schreibt in seinem Vorwort: »Leider war es uns nicht möglich, wie manche Leser es wünschten, die Quelle zu den Berichten der einzelnen Erscheinungen anzugeben. Entweder waren die Quellen so umfassend, daß es schwer wäre, die wichtigsten diesbezüglichen Bücher auszuwählen, oder die Quellen waren nur Zeitungsberichte oder persönliche Mitteilungen in Briefen. Allerdings darf der Leser versichert sein, daß alles Quellenmaterial gewissenhaft im Archiv des Autors aufbewahrt wird.«

Zwei Außenseiter möchten wir noch nennen, die sich zum Teil mit den in diesem Buch versammelten Phänomenen auseinandergesetzt haben. Da ist zum einen *Erich von Däniken* mit seinem Buch »Erscheinungen. Phänomene, die die Welt erregen«. Er gibt im Vorwort Aufschluß über seine Motive: »Dieses Buch mußte ich mir von der Seele schreiben. Zehn Jahre lang trug ich es mit mir herum. Damals war ich zum erstenmal in Lourdes, diesem riesigen Garten, in dem Hoffnung, Verzweiflung und profanes Geschäft so nahe beieinander gedeihen... Während ich auf allen Kontinenten den Spuren meiner Götter-Astronauten folgte, ließ ich es nicht aus, jeden erreichbaren Erscheinungsort zu besuchen. Wie ähnlich waren sie sich alle in der Substanz! Mehr und mehr wurde mir klar, daß diese Phänomene uns alle angehen.« Der andere ist *John Cornwell,* ein englischer Journalist, der sich mit seinem Buch »Mächte des Lichts und der Finsternis« auf die Suche nach einer Klärung der Erscheinungsphänomene macht. Er zieht am Ende das Resümee: »Für meinen Teil habe ich erkannt, daß mich diese Reise durch das Reich des volkstümlichen Mystizismus nicht zur Entdeckung von handfesten Beweisen für die Existenz des Übernatürlichen (!) geführt hat, sondern zur Überzeugung, daß ich mich nicht mehr in einem vertrauensvollen Unglauben sonnen darf... Die Absicht (beim Umgang mit den Erscheinungen) sollte im Verstehen liegen, wie bei einem Gedicht oder einem Musikstück, und nicht so sehr im Erklären oder Kontrollierenwollen.«

Ich habe eingangs schon das Buch *Karl Rahners* »Visionen und Prophezeiungen« (1958) erwähnt, das Josef Sudbrack 1989 um zwei Beiträge Rahners ergänzt, aber sonst unverändert herausgegeben hat. In seinem »Vorwort zur Neuausgabe« schreibt der Herausgeber: »Vielleicht wird es vielen bewußt, wie weit er (Rahner) doch fast allem, was heute über diese Fragen geschrieben wird, voraus war.« Und er verweist am Ende des Vorworts auf Rahners beschwörende Mahnung: »Das Gute an aller Prophetie ist aber im letzten dann gegeben, wenn sie in uns den Ernst glaubender und wagender Entscheidung weckt, ... wenn sie uns zum Gebet und zur Bekehrung des Herzens bringt und zum Glauben, daß uns nichts von der Liebe Christi trennen kann.«

Darauf kommt es beim Umgang mit dem Phänomen von Erscheinungen an: die Phänomene visueller und akustischer Art unvoreingenommen auf sich wirken zu lassen und seinen Glauben damit zu konfrontieren. Sich davon herausfordern zu lassen, daß hier eine unmittelbare Begegnung geschieht, geschehen könnte, geschehen ist, und daß ich als Leser am Hören und Sehen der Seherinnen und Seher teilnehmen und einen unmittelbaren Zugang zur lebendigen Wirklichkeit Marias und ihrer himmlisch-ewigen und so sehr zeit- und weltbezogenen Gegenwart und Wirksamkeit gewinnen kann.

Damit ist noch keinerlei Urteil im Sinne der Feststellungen des kirchlichen Lehramts gesprochen, sondern – wie wir hoffen – ein Beitrag dazu geleistet, daß der »Dienst des Himmels« auf dem Weg über die »Privatoffenbarungen« mit größerem Wohlwollen und zunehmender Offenheit aufgenommen wird.

Erscheinungen
und
Botschaften
Marias

durch die Jahrhunderte

1. Jahrhundert

SARAGOSSA / SPANIEN   Am 20. Januar soll die damals 53jährige Mutter   41?
des Erlösers in Saragossa auf einer Säule stehend dem Apostel Jakobus
dem Älteren erschienen sein. Der Mystikerin Maria von Agreda (vgl.
1665) zufolge soll sie vom Auferstandenen selbst den Auftrag dazu
erhalten haben: »Meine vielgeliebte Mutter, ich möchte, daß du zu
Jakobus gehst. Sag ihm, er solle nach Jerusalem zurückkehren, doch erst,
wenn er ein Heiligtum zu Ehren und unter dem Titel deines Namens zu
bauen in Auftrag gegeben hat, ein Gotteshaus, in dem du angerufen und
verehrt wirst.«

Jakobus soll von Jaffa aus an das »äußerste Ende der Welt« gefahren
sein und vor allem in Aragonien das Evangelium gepredigt haben. Vor
seiner Abreise habe ihm Maria versprochen, ihn zu besuchen, wo immer
er sich aufhalten werde. Sie soll ihm aber – wie berichtet – auf wunderbare Weise auf einer Säule thronend erschienen sein und ihm aufgetragen
haben, ein Gotteshaus errichten zu lassen, in dem diese Säule aufbewahrt
werde. Nur durch »Bilokation« (gleichzeitige Gegenwart an zwei verschiedenen Stellen), wie sie vielfach als mystisch-spirituelles Phänomen
bekannt ist, kann die damals in Jerusalem (oder Ephesos) lebende Maria in
Spanien erschienen sein!

Die Tradition führt den Ursprung der Kathedrale von Saragossa auf die
Kapelle Santa Maria del Pilar (Maria von der Säule) zurück.

> Bew.: Ursprungssage; Quelle: Salvatore Nofri, Bilokation, in: Mater Nostra
> 23 (265) 1991, S. 22

EPHESOS / KLEINASIEN (TÜRKEI)   Drei Tage nach ihrem Tod (am Tag ihrer   56?
»leiblichen Aufnahme in den Himmel«) erschien Maria den versammelten Aposteln und Jüngern, die sie um Hilfe und Unterstützung vom
Himmel her angefleht hatten, in strahlendem Lichtglanz und sagte: »Ich
werde immer bei euch bleiben.« Ob Maria in Ephesos oder in Jerusalem
gestorben war, ist strittig.

> Bew.: Ungesicherte Überlieferung; Quelle: Robert Ernst, Lexikon der
> Marienerscheinungen, Altötting, 5. Aufl. 1989

LE PUY / FRANKREICH   Eine durch frühe Glaubensboten bekehrte Frau   70?
namens Villa hatte in einer eben erbauten Kapelle eine Erscheinung

Marias und wurde von einer schweren Krankheit geheilt. Viele andere Wunder und Erscheinungen an diesem Ort führten dazu, daß Jahrhunderte später die Bischöfe der Diözese Le Puy an der Stätte der ersten Erscheinung eine große Marienkirche erbauen ließen, für die König Ludwig der Heilige 1254 ein wertvolles Marienbild stiftete. 1860 errichtete man eine 16 Meter hohe Marienstatue auf einem hohen Sockel, die von der Spitze des Berges aus weit übers Land schaut. Bis heute ist Le Puy ein vielbesuchter Wallfahrtsort geblieben.

Bew.: Ursprungssage; Quelle: R. Ernst, Lexikon

2. Jahrhundert

(Keine Erscheinungen überliefert)

3. Jahrhundert

231? NEOKAISAREIA/KLEINASIEN (TÜRKEI)   Dem hl. Gregorios Thaumaturgos (Gregor der Wundertäter), der zusammen mit seinem Bruder Athenodoros Schüler des Origenes war, erschienen Maria und Johannes. Im Auftrag Marias übermittelte ihm der Apostel Johannes Erklärungen zu strittigen Glaubensfragen, da sich Gregorios in den damaligen heftigen Auseinandersetzungen um die Glaubenslehre engagierte. Diese Überlieferung stammt von Gregor von Nyssa, von dem eine Lobrede über Gregor den Wundertäter erhalten ist, die aber legendenhafte Elemente enthält.

Bew.: Ungesicherte Überlieferung; Quelle: R. Ernst, Lexikon

4. Jahrhundert

325? MYRA/KLEINASIEN (TÜRKEI)   Nikolaus, dem Bischof von Myra, der in der ersten Hälfte des 4. Jahrhunderts in Kleinasien Bischof war (genauere Daten sind nicht bekannt, nur sein Bischofssitz), soll zweimal Maria erschienen sein: einmal vor seiner Bischofsweihe, das zweitemal während einer feierlichen Messe nach Beendigung des Konzils von Nizäa, bei dem er sich sehr für die Lehre von der Gottheit Christi eingesetzt hat.

Bew.: Ungesicherte Überlieferung; Quelle: R. Ernst, Lexikon

CAESAREA / KLEINASIEN (TÜRKEI) Maria erschien dem hl. Basilius, dem 363 Bischof von Caesarea und einem der führenden Bischöfe und Theologen seiner Zeit, als »mächtige Fürsprecherin bei ihrem Sohn« und bewahrte ihn vor dem Zorn Kaiser Julians (des Abtrünnigen), der beschlossen hatte, nach Rückkehr von einem erfolgreichen Feldzug gegen die Perser die Kirche des unbequemen Mahners Basilius zu zerstören. Kaiser Julian starb auf dem Schlachtfeld im dritten Jahr seiner Herrschaft.

Bew.: Ungesicherte Überlieferung; Quelle: R. Ernst, Lexikon

ROM / ITALIEN Ein reiches, kinderloses christliches Ehepaar in Rom 363 wollte Maria zur Erbin seines Vermögens einsetzen. In der Nacht zum 5. August erschien Maria zugleich diesem Ehepaar und Papst Liberius († 366) und wünschte die Errichtung einer Kirche auf dem Esquilin an jener Stelle, wo am Morgen frischer Schnee die Erde bedecken werde. Als man tatsächlich einen begrenzten Flecken Schnee am 5. August (!) auf dem Esquilin entdeckte, wurde dort ein Marienheiligtum errichtet. Diese »Liberianische Kirche« wurde im 5. Jahrhundert durch ein größeres (ital. maggiore) Gotteshaus ersetzt, das daher den Namen »Santa Maria Maggiore« erhielt und 432 eingeweiht wurde. Auf dieses Ereignis ist das Fest Mariä Schnee (5. August) zurückzuführen.

Bew.: Ursprungssage; Quelle: R. Ernst, Lexikon

TOURS / FRANKREICH Maria soll sich oftmals dem hl. Martin (316/7 371 −397) gezeigt und mit ihm gesprochen haben, besonders seit er 371 Bischof von Tours geworden war. Sein Biograph Sulpicius Severus erzählt, daß sich Maria mit ihm wie eine Königin mit einem Diener, ja auch wie eine Mutter mit ihrem Sohn unterhalten habe.

Bew.: Ungesicherte Überlieferung; Quelle: R. Ernst, Lexikon

5. Jahrhundert

431   BEHUARD/FRANKREICH   Maria erschien dem hl. Maurilius (364–453), Bischof von Angers, auf der kleinen Insel Behuard, mitten in der Loire, auf der er damals als Einsiedler lebte. Aus Dankbarkeit ließ er dort eine Marienkirche bauen; es entwickelte sich eine Wallfahrt, die bis heute lebendig geblieben ist.

      Bew.: Ursprungssage; Quelle: R. Ernst, Lexikon

455   KONSTANTINOPEL/KLEINASIEN (TÜRKEI)   Maria erschien Kaiser Leo I. (457–474), der damals noch Soldat war, während eines Spaziergangs mit einem Blinden vor der Stadt und prophezeite ihm die Kaiserwürde, versprach, den Blinden zu heilen, und bat um den Bau eines Heiligtums. Als der Blinde gesund und Leo Kaiser geworden war, ließ dieser am Ort der Erscheinung eine große Kirche zu Ehren Marias bauen.

      Bew.: Ursprungssage; Quelle: R. Ernst, Lexikon

6. Jahrhundert

552   KONSTANTINOPEL/KLEINASIEN (TÜRKEI)   Maria erschien einem jüdischen Knaben, um ihn vor den Grausamkeiten seines Vaters zu retten. Der Knabe und seine Mutter ließen sich taufen.

      Bew.: Ungesicherte Überlieferung; Quelle: R. Ernst, Lexikon

552   TARDINAE/ITALIEN   Dem in den Diensten Kaiser Justinians stehenden Armenier Narses erschien Maria und führte der Legende zufolge das oströmische Heer zum Sieg über die Ostgoten unter ihrem König Totila. Narses (478–573) kämpfte zuerst unter Belisar und wurde nach dessen Tod sein Nachfolger.

      Bew.: Ungesicherte Überlieferung; Quelle: R. Ernst, Lexikon

7. Jahrhundert

KONSTANTINOPEL/KLEINASIEN (TÜRKEI) Während der Belagerung Konstantinopels durch den Perserkönig Chosrau II. rief Patriarch Sergius die Belagerten zu einem Gebetssturm zur Himmelskönigin auf. Am 11. Tag der Belagerung verließ der Überlieferung zufolge eine vornehme Dame mit zwei Dienerinnen eine Kirche vor der Stadt und begab sich in das persische Lager. Das Volk glaubte, es sei die Kaiserin, die dem feindlichen Feldherrn eine Botschaft überbringe. Die Dame kehrte aber nicht in die Stadt zurück, sondern verschwand nach einem Rundgang. Da geriet plötzlich das feindliche Lager in eine derartige Verwirrung, daß die Perser die Belagerung abbrachen und abzogen. Die Christen schrieben diese wunderbare Rettung Maria zu, die in Gestalt der »Dame« eingegriffen hatte.

626

Bew.: Ungesicherte Überlieferung; Quelle: R. Ernst, Lexikon

BOULOGNE/FRANKREICH Ein Schiff ohne Bemannung und Ruder soll hier 636 eingelaufen sein und eine Marienstatue mit Jesuskind an Bord gehabt haben. Zur selben Zeit sei Maria in der Oberstadt erschienen, wo sie den dort Versammelten offenbarte, daß sie Boulogne als Stätte der Gnadenspendung und Verehrung ausersehen habe. Die geschichtliche Realität dieser Ursprungssage läßt sich nicht mehr feststellen.

636

Die Wallfahrt zum Gnadenbild von Boulogne hängt mit Gottfried von Bouillon zusammen, der seine Krone von Jerusalem nicht trug, sondern der Gottesmutter von Boulogne zu Füßen gelegt hatte. In der französischen Geschichte spielte das Heiligtum von Boulogne eine große Rolle. Das alte Gnadenbild wurde 1793 im Zuge der Französischen Revolution zerstört, nur eine Hand der Marienstatue blieb erhalten, die bis heute verehrt wird. 1866 errichtete man eine neue Kathedrale und auch ein neues Gnadenbild. Maria wird dort bis heute als »Meerstern« sehr verehrt.

Bew.: Ursprungssage; Quelle: Alphons Maria Rathgeber, Maria wir rufen zu dir, Kempten o. J., S. 251

TOLEDO/SPANIEN Im Mittelpunkt der Frömmigkeit des hl. Ildefons, Erzbischof von Toledo (657–667), stand die Marienverehrung. Als er am Himmelfahrtstag Mariens mit seinem Klerus früh am Morgen die Kathedrale betrat, fand er sie hell erleuchtet vor. Auf der Kanzel der Marienkapelle stand Maria und lobte den Eifer des Bischofs. Darauf überreichte sie ihm zum Zeichen ihres Schutzes und ihrer Hochachtung ein kostbares

664

Gewand. Lange Zeit wurde in der Diözese Toledo zur Erinnerung an diese Erscheinung ein eigenes Fest gefeiert.

Bew.: Durch die Festfeier gut überliefert; Quelle: LThK »Ildefons von Toledo«; R. Ernst, Lexikon

684 CLERMONT / FRANKREICH Dem hl. Bonitus, der 680 seinem verstorbenen Bruder als Bischof nachfolgte, erschien nach einer im Gebet in der Kathedrale durchwachten Nacht Maria mit vielen Engeln und Heiligen und forderte ihn auf, in ihrer Gegenwart das hl. Meßopfer zu feiern. Zwei Jahre später zog er sich ins Kloster zurück, wo er 710 starb.

Bew.: Gut überliefert; Quelle: LThK »Bonitus«; R. Ernst, Lexikon

8. Jahrhundert

709 EVESHAM / ENGLAND Maria erschien in der Einsamkeit zuerst dem Hirten Eof, dann dem hl. Egwin, Bischof von Worcester, der sich oft zum stillen Gebet in die Einsamkeit von Evesham zurückzog. Sie erschien dem Bischof im Kreise vieler heiliger Begleiterinnen und hielt in der linken Hand ein Buch, in der rechten ein Kreuz, mit dem sie den Bischof segnete. An dieser Erscheinungsstelle gründete daraufhin Bischof Egwin ein Kloster und weihte die Klosterkirche der unbefleckt empfangenen Jungfrau Maria, die dort bis heute verehrt wird.

Bew.: Gründungssage; Quelle: R. Ernst, Lexikon

714 KONSTANTINOPEL / KLEINASIEN (TÜRKEI) Maria erschien der Mutter des hl. Stephan des Jüngeren (†764), die lange Zeit kinderlos war und immer wieder zu Maria um ein Kind gebetet hatte, in einer Kirche Konstantinopels. Dabei hörte sie die Worte: »Dein Leid hat ein Ende. Dein Gebet ist erhört.«

Noch im selben Jahr gebar sie einen Sohn und weihte ihn Gott. Stephan wurde Priester und ein wichtiger Verteidiger des Glaubens. In den Auseinandersetzungen unter Kaiser Konstantin V., der den Bildersturm forcierte, erlitt er 764 den Märtyrertod.

Bew.: Gut überliefert; Quelle: R. Ernst, Lexikon

MAINZ/DEUTSCHLAND   Der »Apostel der Deutschen«, Bonifatius oder   754
auch Winfried (672–754) genannt, soll von einem an einer Eiche hängen-
den Marienbild die Worte gehört haben: »Hier am Stamm dieser Eiche
soll mein Bildnis fortan stehen.« Über die näheren Umstände und den Ort
ist nichts bekannt.

Bew.: Ungesicherte Überlieferung; Quelle: LThK »Bonifatius (Winfried)«

MONTREUIL/FRANKREICH   Maria erschien kurz vor deren Tod der hl.   766
Opportuna, Äbtissin des Klosters von Montreuil. Opportuna hatte mit
ihren Schutzbefohlenen in besonderer Weise die Marienverehrung ge-
pflegt und ein intensives, inniges und ganz persönliches Verhältnis zur
Mutter Jesu aufgebaut, das gut in den folgenden überlieferten Worten
zum Ausdruck kommt: »O meine Töchter, verneigt euch tief! Unsere
Liebe Frau ist hier! Sie kommt, um mich zu holen. Ich empfehle euch ihr.
Auf Wiedersehn in der Ewigkeit!«

Bew.: Glaubwürdige Überlieferung; Quelle: R. Ernst, Lexikon

ROSENTHAL I. D. LAUSITZ/DEUTSCHLAND   Ein Feldherr Karls des Großen   vor
schlug während des Sachsenkriegs sein Lager bei Ostro auf. Hier soll man   800
öfter eine Frau in königlichem Gewand gesehen haben, die das Lager
umschritt. Auch nach dem Abzug der Soldaten wurde sie wiederholt auf
den Feldern und Wiesen beobachtet.
   Der Edelmann Luzian von Zerna erblickte sie einmal auf der Jagd, ritt
ihr nach und verfolgte sie bis zu einer Linde, an deren Stamm er dann eine
Statue der allerseligsten Jungfrau entdeckte. Er ließ dort eine Kapelle
bauen und stellte in ihr das Bildnis zur Verehrung auf: Maria mit Kind
hält eine Birne in der Rechten, das Kind einen Apfel. Maria trägt ein
goldfarbenes Kleid mit eingewirkten Blumen, darüber einen purpurroten,
goldverbrämten, mit Lilien geschmückten Mantel, auf dem Haupt trägt
sie einen Kranz von Rosen.
   Durch das Zisterzienserkloster Maria Stern erhielt die Wallfahrt zu
»Unserer Lieben Frau von der Linde« großen Aufschwung. Viele Krankenheilungen und Gebetserhörungen bestätigten dort die Lebendigkeit
des Glaubens.

Bew.: Ursprungssage; Quelle: A. M. Rathgeber, Maria, S. 338

9. Jahrhundert

815 CORBIE / FRANKREICH Dem 801 nahe Corbie in der Picardie geborenen hl. Ansgar erschien in jungen Jahren Maria und ermunterte ihn dazu, sich in den Dienst der Glaubensverbreitung zu stellen. Er trat in den Benediktinerorden ein, war zuerst Lehrer an der Klosterschule in Corvey und wurde ab 827 der »Apostel des Nordens« (er missionierte in Dänemark und Schweden). 831 wurde er erster Bischof von Hamburg, 845 auch Bischof von Bremen. 852 gewann er König Olaf von Schweden für den christlichen Glauben, was den Durchbruch für die Mission bedeutete. Er zog sich oft in ein Kloster zurück und widmete sich spirituellen und karitativen Aufgaben. Ansgar starb 865.

> Bew.: Glaubwürdige Berufungserfahrung; Quelle: R. Ernst, Lexikon; LThK »Ansgar«

836 TOULOUSE / FRANKREICH Maria erschien mehrmals dem heiligmäßigen Erzbischof Gondisalve von Toulouse, besonders während der Feier des Meßopfers, und wünschte die Verbreitung der Lehre von der Unbefleckten Empfängnis und die Feier eines diesbezüglichen Festes – wofür er sich darauf zeitlebens einsetzte.

> Bew.: Glaubwürdige Überlieferung; Quelle: R. Ernst, Lexikon

10. Jahrhundert

915 UTRECHT / NIEDERLANDE Dem hl. Radbod (850–917), Bischof von Utrecht, erschien Maria zusammen mit der hl. Thekla und der hl. Agnes in einer schweren Krankheit. Sie beruhigte ihn und kündigte ihm die baldige Genesung an, damit er weiter wie bisher wirken könne. Sie sagte ihm: »Bleib treu auf dem Weg, den du bisher gegangen bist. Das ewige Heil ist dir dann gewiß!«
Radbod war aus sehr vornehmem fränkischem Geschlecht und war ein wichtiger Träger der sog. fränkischen Renaissance. Er war zugleich ein hervorragender Gelehrter und ein eifriger Seelsorger. Radbod wurde gesund, nutzte die ihm verbleibende Lebenszeit im Sinne der Worte Marias.

> Bew.: Glaubwürdige Überlieferung; Quelle: R. Ernst, Lexikon

EINSIEDELN/SCHWEIZ   An der Stelle, wo der hl. Meinrad sich 835 als   948
Einsiedler niederließ und wo er 861 erschlagen wurde, gründete Eberhard
von Straßburg 934 ein Kloster. Bischof Konrad von Konstanz sollte das
dazugehörige Münster als Marienkirche einweihen. In der Nacht vor der
Kirchweihe betete er dort und erlebte eine »himmlische Liturgie«: Unter
Leitung von Erzengel Michael wurde die Kirche als Gnadenstätte vorbe-
reitet. Als der Bischof sich am Morgen anschickte, die vorgesehene
Kirchweihliturgie zu halten, hörten alle Anwesenden dreimal einen lau-
ten Ruf, der vom Himmel her zu dringen schien: »Halt ein, Bruder, die
Kapelle ist schon von Gott geweiht!«
Die Nachricht von diesen überirdischen Ereignissen wurde vor Papst
Leo VIII. und Kaiser Otto I. gebracht, und der Papst bestätigte die
himmlische Weihe des Schweizer Heiligtums in einem Brief: »Unser
Herr Jesus Christus hat im Waldkloster seiner hochheiligen Mutter in
eigener Person den Gnadenthron aufgeschlagen und geweiht. Damit will
der Herr uns sagen, daß dieser Ort erhaben sei wie jene Stätten im
Heiligen Land, die er mit seiner heiligen Mutter bewohnt hat... eine
Pilgerfahrt in jenes Heiligtum kommt daher einer Pilgerfahrt ins Heilige
Land gleich.«

Bew.: Ursprungssage; Quelle: Helvetia Mariana, S. 28

HERFORD/DEUTSCHLAND   Maria erschien einem Bettler, sprach ihn mit   958
seinem Namen an und sandte ihn in das nahegelegene Frauenkloster mit
der Botschaft von Buße und Bekehrung. Zum Zeichen der Echtheit der
Erscheinung werde an einem hölzernen Kreuz, das der Bettler an der
Erscheinungsstätte errichten sollte, eine Taube zu sehen. Die Äbtissin und die Schwestern des Klosters sollten sich davon überzeugen.
Es geschah wie angekündigt. An der Erscheinungsstätte wurde daraufhin eine Kirche gebaut und 1011 vom Bischof von Paderborn »Unserer
Lieben Frau vom Kreuz« geweiht. Herford wurde ein berühmter Wallfahrtsort.

Bew.: Ursprungssage; Quelle: LThK »Herford«; R. Ernst, Lexikon

ATHOS/GRIECHENLAND   Der in Trapezus geborene Athanasios Athoni-   963
tes war geistlicher Berater des Kaisers Nikephoros Phokas. Von 958 an
lebte er auf dem Athos. Er gilt als Begründer des Koinobitentums
(gemeinschaftliche Lebensform) auf dem heiligen Berg.
Athanasios lebte zuerst als Einsiedler und hatte schwere Zeiten zu
überstehen. Da erschien ihm Maria und hinderte ihn daran, den Athos zu
verlassen und seiner Berufung untreu zu werden. Der Kaiser gewährte
die Mittel zum Bau der Großen Laura, und Athanasios wurde der erste

Obere dieses Klosters, dessen Regel mit starken Einflüssen der Benedikts-regel er entworfen hatte.

Bew.: Ursprungssage; Quelle: LThK »Athanasios Athonites«

965 KÖLN/DEUTSCHLAND Die hl. Jungfrau erschien dem Dekan Hermann von Bonn und wirkte mit, daß dieser der Nachfolger von Bruno I. als Erzbischof von Köln wurde. Leider geriet er auf Abwege und wurde abgesetzt.

Bew.: Als Beispiel einer »negativ« verlaufenen Berufung glaubwürdig; Quelle: LThK »Bruno I. v. Köln«

970 SION LES SAINTOIS/FRANKREICH Dem 963 zum Bischof von Toul er-nannten hl. Gerhard (935–994) erschien Maria auf dem Hügel des Sain-tois und wünschte die Errichtung einer Kirche. Gerhard kam ihrem Wunsch nach, und es entstand die Wallfahrtskirche. Gerhard zeigte unermüdlichen apostolischen und karitativen Eifer und wurde 1050 von Papst Leo IX. heiliggesprochen.

Bew.: Ursprungssage; Quelle: R. Ernst, Lexikon

980 CANTERBURY/ENGLAND Dem hl. Dunstan (909–988), Erzbischof von Canterbury seit 960, erschien eines Nachts, als er zum Gebet in die Kathedrale ging, Maria mit einem himmlischen Gefolge, das Lieder sang und den Bischof bis zum Eingang des Gotteshauses begleitete. Dunstan gehörte dem Benediktinerorden an und arbeitete an der Reform der englischen Kirche und der Erneuerung des klösterlichen Lebens.

Bew.: Glaubwürdige Überlieferung; Quelle: R. Ernst, Lexikon

11. Jahrhundert

1001 INCORONATA (FOGGIA)/ITALIEN Der Graf von Ariano-Irpino sah in einer alten Eiche ein starkes Licht, in dem ihm Maria erschien. Zwei Engel krönten Maria mit einer dreifachen Krone, und sie forderte ihn zum Bau einer Kapelle auf, von der aus sie reiche Gnaden austeilen werde. Der Graf kam der Aufforderung nach, und der Erscheinungsort ist bis heute ein vielbesuchter Wallfahrtsort.

Bew.: Ursprungssage; Quelle: R. Ernst, Lexikon

KÖLN/DEUTSCHLAND   Der hl. Erzbischof Heribert von Köln (970–1021)   1002
war Berater und Kanzler Königs Otto III. Seit 999 Erzbischof, erhielt er
von Maria die Anweisung, in Deutz, gegenüber von Köln, ein Kloster zu
gründen. Nach Einsturz der ersten Kirche erfolgte 1019 die Weihe eines
zentralen Ovalbaus mit langem Chor. Das Benediktinerkloster wurde
mehrmals zerstört und wieder aufgebaut und 1803 aufgehoben. Erzbischof Heribert fand im sog. Heribertschrein (heute in der Pfarrkirche St.
Heribert) seine letzte Ruhestätte.

Bew.: Ursprungssage; Quelle: LThK »Heribert von Köln«; R. Ernst, Lexikon

VALENCIENNES/FRANKREICH   Als in der Stadt die Pest wütete, erschien   1008
Maria einem Einsiedler in der Nähe von Valenciennes und beauftragte
ihn, die Bürger zu Gebet und Fasten aufzurufen. Diese kamen der Auffor-
derung sofort mit großem Eifer nach. Schon am nächsten Abend erschien
Maria mit vielen Engeln und ließ durch diese eine Schnur rund um die
Stadt ziehen, um die Pest abzuhalten und ihren Schutz zu demonstrieren.
Viele Bürger waren Zeugen dieser Erscheinung. Maria erbat für den
folgenden Tag, den 8. September, Fest Mariä Geburt, eine Prozession
rund um die Stadt. Die Pest hörte schlagartig auf, und seither wird diese
Prozession jährlich an diesem Tag durchgeführt. Die Gründung der
Bruderschaft »Notre-Dame-du-Cordon« beruft sich auf dieses Ereignis.

Bew.: Glaubwürdige Überlieferung; Quelle: R. Ernst, Lexikon

CHAMPAGNE/FRANKREICH   Maria erschien der hl. Ermegardis im   1026
Traum, als sie ein Kind erwartete, und legte ihr einen goldenen Ring in die
Hand mit den Worten: »O Ermegardis! Das Kind, das du im Schoß trägst,
soll einst mein Bräutigam werden!«
Tatsächlich wurde ihr Sohn, der hl. Robert (1027–1111), Benediktiner,
gründete das Kloster Molêsme (1075) und zusammen mit dem hl. Albe-
rich 1098 das Kloster Cîteaux (Ursprung des Ordens der Zisterzienser).
Die Marienverehrung spielte in diesem Orden immer eine große Rolle.

Bew.: Gut bezeugte Überlieferung; Quelle: LThK »Robert«; R. Ernst, Lexikon

CHARTRES/FRANKREICH   Maria erschien dem hl. Fulbert (960–1028),   1026
dem Gründer und Erbauer der berühmten Kathedrale von Chartres, in
einer schweren Krankheit und schenkte ihm Gesundheit. Fulbert war ein
Schüler Gerberts von Aurillac (Papst Silvester II.) und einer der bedeutendsten Theologen seiner Zeit. Er gilt als großer Marienverehrer und erneuerte auch zu Ehren Marias 1020 die mittlerweile abgebrannte Kirche.

Bew.: Glaubwürdige Überlieferung; Quelle: R. Ernst, Lexikon

1050 SOPETRAU/SPANIEN Dem Prinzen Hali, Sohn des muslimischen Königs von Toledo, erschien Maria in hellem Licht auf einem Feigenbaum. Er nahm den christlichen Glauben an, pilgerte nach Rom und ließ nach seiner Rückkehr an der Erscheinungsstätte eine Kapelle bauen sowie ein Marienbild malen – so wie sich ihm Maria gezeigt hatte. An dieser Stelle entstand eine Wallfahrtskirche.

Bew.: Ursprungssage; Quelle: R. Ernst, Lexikon

1060 CLUNY/FRANKREICH Der hl. Abt Hugo von Cluny (1024–1109) war der große Reformator des Benediktinerordens (Cluniazenser Reform) und Erbauer der riesigen fünfschiffigen Kirche, deren Hauptaltar 1095 von Papst Urban II. geweiht wurde. Eines Tages erzählte er seinen Mönchen, daß »jemand« in einer Weihnachtsnacht eine Marienerscheinung gehabt habe: Maria sei ihm mit liebevollem Antlitz, das Jesuskind in den Armen, erschienen; das Kind habe die Mysterien des Festes erklärt und dabei Satan, der gleichfalls sichtbar geworden sei, mit Blicken und Worten vertrieben. Aus der packenden Schilderung erkannten die Mönche, daß er selbst dieser »Jemand« war.

Bew.: Glaubwürdige Überlieferung; Quelle: LThK »Hugo I. v. Cluny«; R. Ernst, Lexikon

1060 ESPAIN/FRANKREICH Dem hl. Albert (†1095), Gründer der Abtei Pontida bei Bergamo, erschien im August Jesus mit der Himmelskönigin.

Bew.: Gut bezeugt; Quelle: LThK »Albert v. Pontida«

1061 WALSINGHAM/ENGLAND Die vornehme Witwe Richeldis erhielt in einer Vision, in der sie nach Nazareth gebracht worden war und das Haus Mariens sah, in dem diese die Verkündigung Gabriels empfing, den Auftrag, nach den Maßen dieses Hauses in Walsingham eine Kapelle zu bauen. Darin stand lange Zeit ein Marienbild, das dem von Loreto glich. Während der Reformation war Walsingham ein Zentrum des katholischen Widerstands. Die sog. Oxforder Bewegung erneuerte 1921 die Wallfahrt und erbaute 1937 eine Kirche nach den überlieferten Maßen des »Heiligen Hauses«. Viele Bekehrungen und Krankenheilungen werden seither gemeldet.

Bew.: Gut bezeugt; Quelle: A. M. Rathgeber, Maria, S. 228

1070 NORDSEE/ENGLAND Auf der Rückfahrt von einer Friedensmission im Auftrag des englischen Königs Wilhelm in Dänemark geriet das Schiff des Abtes Helsim in größte Seenot. Da erschien Maria dem betenden Abt in den Gewitterwolken und versprach ihm Rettung, verband damit aber die

Bitte, darauf hinzuarbeiten, daß das Fest ihrer Unbefleckten Empfängnis in England und in der Normandie eingeführt werde. Nach der glücklichen Rückkehr gelang es ihm auch, das Fest in England einzuführen.

Bew.: Glaubwürdige Überlieferung; Quelle: R. Ernst, Lexikon

LÜTTICH/BELGIEN   Dem bekannten Abt Rupert von Deutz (†1129), da- **1085** mals Oblate in der St.-Laurentius-Abtei in Lüttich, der keine rechten Fortschritte im Studium machte und sich an Maria um Hilfe wandte, erschien Maria und unterwies ihn spirituell: Er solle in aller Demut die Gabe der Wissenschaft der Ehre Gottes weihen. 1106 wurde Rupert zum Priester geweiht und entfaltete eine reiche mystische Frömmigkeit, staunenswerte Belesenheit und ausgedehnte Kenntnis der Patristik – was ihn zu einem der bekanntesten und einflußreichsten Schriftsteller seiner Zeit machte.

Bew.: Gut bezeugt; Quelle: R. Ernst, Lexikon; LThK »Rupert von Deutz«

MONTE VERGINE (AVELLINO)/ITALIEN   Der hl. Wilhelm von Vercelli **1085** (1085–1142) verzichtete auf den väterlichen Besitz, unternahm große Wallfahrten und zog sich schließlich auf den Monte Vergine zurück, wo es schon in alten Zeiten eine Kultstätte der Kybele (»Große Mutter«) gegeben hatte. Mit der Zeit schlossen sich ihm Gefährten an und er wurde der Begründer der Benediktinerkongregation, die man auch Benediktinereinsiedler oder Wilhelmiten nannte (weißer Habit, Benediktinerregel). Im Gebet erging an Wilhelm die Aufforderung, an dem Ort, wo einst der heidnischen Muttergottheit gedient wurde, ein Marienheiligtum zu begründen und der wahren Mutter zu dienen. Die Wallfahrtskirche aus dem 17. Jahrhundert besitzt heute noch das alte Gnadenbild »Trösterin der Betrübten« (königliche Haltung, nachdenklicher Gesichtsausdruck; wahrscheinlich aus Konstantinopel stammend).

Bew.: Ursprungsbericht, gut bezeugt; Quelle: A. M. Rathgeber, Maria, S. 62

OUDENBURG/BELGIEN   Dem hl. Arnulf bzw. Arnold (1040–1087), zu- **1087** letzt Bischof von Soissons, erschien knapp vor seinem Tod Maria und kündigte den bevorstehenden Heimgang an. Er bat, am Himmelfahrtstag Marias sterben zu dürfen. Am Vorabend des Festes teilte er den versammelten Mitbrüdern mit, daß Maria ihm seinen Wunsch gewährt habe. Tatsächlich starb er am folgenden Tag. 1121 wurde er heiliggesprochen. Arnold ist Patron der Bierbrauer und Müller.

Bew.: Gut bezeugt; Quelle: R. Ernst, Lexikon

1095 ARRAS/FRANKREICH   Am 16. Januar und 17. April erschien Maria allen Einwohnern des Städtchens Arras in den Wolken als »Königin des Weltalls«.

> Bew.: Unbekannte Quelle; Quelle: Däniken, Erscheinungen

12. Jahrhundert

1100 CANTERBURY/ENGLAND   Dem hl. Anselm (1033–1109), seit 1093 Erzbischof von Canterbury, erschien mehrmals Maria und stärkte ihn in seinen Auseinandersetzungen mit König Heinrich I., der die Oberhoheit des Staates über die Kirche durchsetzen wollte. 1103 wurde Anselm verbannt, 1106 erreichte er aber den sog. Kompromiß von Bec, der zum Modell für das sog. Wormser Konkordat werden sollte. Origineller Denker und Prediger, 1720 zum Kirchenlehrer erhoben.

> Bew.: Gut bezeugt; Quelle: LThK »Anselm v. Canterbury«

1100 LOS LLANOS/SPANIEN   Maria erschien einem frommen Priester und nannte ihm eine Stelle, wo ein kleines Marienbild vergraben lag. Der Priester fand es in einer Höhle, und es entwickelte sich eine Wallfahrt. 1220 Bau einer Kapelle, 1421 Bau einer Wallfahrtskirche.

> Bew.: Ursprungssage; Quelle: R. Ernst, Lexikon

1104 TURIN/ITALIEN   Maria zeigte einem Blinden, der darüber sein Augenlicht wiederfand, das Versteck eines alten Marienbildes, das bei der Zerstörung der Kirche Maria Consolata durch die Sarazenen verlorengegangen war.

> Bew.: Kultlegende eines Gnadenbildes; Quelle: R. Ernst, Lexikon

1105 ARRAS/FRANKREICH   Während einer Pestepidemie erschien Maria vom Kirchturm des Städtchens her der betenden Volksmenge und übergab dem Bischof eine brennende Kerze. Wer vertrauensvoll Wasser trank, das mit dem Wachs der verbrennenden Kerze in Berührung gekommen war, wurde von der Pest geheilt oder vor ihr bewahrt. Bis die Epidemie zu Ende gegangen war, wurde die Kerze nicht kleiner und erlosch nicht.
    1140 erbaute man die erste Kapelle zu Ehren der »Notre-Dame-des-

Ardents« (feu ardent = die Pest) bzw. der »Notre-Dame-de-la-Sainte-Chandelle«. Jährlich wurde feierlich die Erinnerung an das Ereignis wachgehalten. Nach der Zerstörung der Kapelle während der Französischen Revolution weihte man 1876 eine neue Kapelle.

Bew.: Gut bezeugte Ursprungssage; Quelle: R. Ernst, Lexikon

CÎTEAUX/FRANKREICH   Der hl. Alberich (†1109) war 1099 Abt des 1089   **1109**
von ihm und Robert von Molêsme gegründeten Reformklosters Cîteaux
geworden. Die Biographen berichten, daß er häufig Marienerscheinungen hatte. So kam etwa die Anregung für das weiße Ordenskleid der Zisterzienser (Kukulle über dem weiß-schwarzen Talar) von Maria; sie versicherte ihn auch ihres ständigen Beistands und Schutzes.

Bew.: Gut bezeugt; Quelle: LThK »Alberich«; R. Ernst, Lexikon

FONTAINE/ENGLAND   Dem hl. Bernhard von Clairvaux (1090–1153) er-   **1110**
schien Maria mit Engeln und bewegte ihn, sich dem spirituellen Leben zu widmen. Zwei Jahre später trat er mit 30 Gefährten in Cîteaux ein (vgl. auch 1153).

Bew.: Gut bezeugt; Quelle: LThK »Bernhard v. Clairvaux«; Däniken, Erscheinungen

HILDESHEIM/DEUTSCHLAND   Der sel. Eskil (1100–1181), Bischof von   **1112**
Roskilde und Erzbischof von Lund, studierte in seiner Jugend in der berühmten Schule von Hildesheim und wurde sterbenskrank. Versehen mit dem Krankensakrament hatte er eine eindrucksvolle Vision: Er sah sich in Gefahr, in die Hölle gestürzt zu werden, sah gleichzeitig aber Maria, die ihm barmherzig die Hände entgegenstreckte. Der »Mutter der Barmherzigkeit« versprach er, sein Leben zu ändern und sich ganz in den Dienst Christi zu stellen. Als die Vision vorbei war, war Eskil gesund. Er wurde ein Vorkämpfer der gregorianischen Reform und war ein Freund des hl. Bernhard von Clairvaux. 1177 zog er sich von seinem Bischofsamt zurück und lebte fortan im Kloster Clairvaux.

Bew.: Gut bezeugt; Quelle: R. Ernst, Lexikon

CREMONA/ITALIEN   Ein einjähriges Kind, das vorher noch nicht gespro-   **1117**
chen hatte, beschrieb plötzlich eine sehr schöne Dame, die für seine Eltern aber nicht sichtbar war; sie schlossen daraus, daß das Kind eine Marienerscheinung hatte, von der es auf wunderbare Weise berichtete.

Bew.: Unbekannte Überlieferung; Quelle: Däniken, Erscheinungen

1120 LAÔN/FRANKREICH Dem hl. Norbert von Xanten (1082–1134) erschien Maria eines Nachts, als er in einer alten Kapelle betete, und bot ihm ein schneeweißes Gewand an: »Mein Sohn, nimm hin das weiße Kleid!« Da siedelte sich Norbert mit seinen Schülern im Tal von Prémontré an und übernahm für seine religiöse Gemeinschaft (»Prämonstratenserorden«) die Ordensregel des hl. Augustinus. 1126 wurde der Orden anläßlich einer Romfahrt des Wanderpredigers Norbert bestätigt. Auf dem Reichstag in Speyer wurde Norbert von Xanten das Erzbistum Magdeburg übertragen. 1128 übergab er die Leitung des Ordens seinem Schüler Hugo von Fosses.

Bew.: Gut bezeugt; Quelle: R. Ernst, Lexikon

1133 AMPUDIA/SPANIEN Ein altes Marienbild, das der Überlieferung zufolge im Jahr 714 von Andalusiern nach Alconada gebracht und versteckt worden war, wurde infolge wunderbarer Lichterscheinungen und geheimnisvoller Engelsgesänge aufgefunden. Man nannte es »Nuestra Señora del Socorro« (Mariahilf).

Bew.: Alte Überlieferung; Quelle: R. Ernst, Lexikon

1138 LONDON/ENGLAND Dem hl. Thomas Becket (1118–1170) erschien Maria mehrmals in seinem Leben. Als er 20 Jahre alt war, zeigte ihm die Gottesmutter ein rotes Meßgewand, um ihn darauf hinzuweisen, daß er einmal Priester und Märtyrer sein werde. Ein andermal offenbarte sie ihm ihre »sieben himmlischen Freuden«.

1141 wurde der hl. Thomas in den Klerus von Canterbury aufgenommen, 1155 zum Kanzler Heinrichs II. berufen. Seit 1161 war er Erzbischof von Canterbury. Wandel seines Lebensstils, entschiedenes Eintreten für »die Ehre Gottes«, Konflikte mit dem König, die schließlich zu seiner Ermordung während der Vesper am 29. Dezember 1170 in der Kathedrale führten. Bereits 1173 von Papst Alexander III. heiliggesprochen. König Heinrich tat an seinem Grab öffentliche Kirchenbuße.

Bew.: Gut bezeugt; Quelle: LThK »Thomas Becket«; R. Ernst, Lexikon

1140 MAZIÈRES/FRANKREICH Dem hl. Hugo (1120–1194), Neffe des hl. Hugo von Grenoble, erschien Maria zwei Jahre nachdem er in das Zisterzienserkloster Mazières eingetreten war; das Klosterleben fiel ihm schwer und er spielte mit dem Gedanken, wieder auszutreten. Maria ließ Hugo in einer Vision das Leben und Leiden Jesu schauen. Gestärkt durch diese Schau, schloß er sich ganz innig an Maria an. Er wurde schließlich 1166 Abt von Bonnevaux und konnte nun seinerseits mutlose Mitbrüder stärken, indem er ihnen seine Erfahrungen mit Maria weitergab.

Einem Mitbruder erschien ebenfalls Maria in einer Krankheit und kündigte ihm den Tod für den nächsten Tag an, wobei sie ihn das Sterben als Hinübergehen und Gekröntwerden mit der Himmelskrone sehen ließ.

Bew.: Gut bezeugt; Quelle: R. Ernst, Lexikon

LE HAMEL/FRANKREICH Maria befreite den Kreuzritter von Crégny aus   **1147** der Gefangenschaft der Muslime und versetzte ihn auf wunderbare Weise zurück in seine Heimat. Dieser hing zur Erinnerung an dieses Eingreifen Marias die Ketten in seiner Kapelle auf.

Bew.: Legendenhafte Überlieferung; Quelle: R. Ernst, Lexikon

OTTERSWEIER-MARIA LINDEN/DEUTSCHLAND Die Zisterzienser von   **1149** Herrenalb, die in Ottersweier (50 km südlich von Karlsruhe) Besitzungen hatten, übernahmen die Pflege der Wallfahrt in Maria Linden. In vorchristlicher Zeit soll dort schon eine heidnische Kultstätte bestanden haben.

Ein Hirtenmädchen hörte eines Tages einen wunderbaren Gesang, der aus einem Lindenbaum zu kommen schien. Sie erzählte davon ihrem Vater, der daraufhin die Linde fällen wollte, weil er den Gesang für teuflischen Spuk hielt. Als seine Axt die Rinde berührte, fielen Moos und ein Teil der Rinde ab, und es zeigte sich in einer Höhlung des Baumes ein lächelndes Marienbild. Eine Kapelle wurde gebaut, und viele Menschen beteten vor der Madonna.

Bew.: Ursprungssage; Quelle: Hansen, Die deutschen Wallfahrtsorte

NOIRÉTABLE/FRANKREICH Maria erschien einem in die L'Hermitage   **1150** (Kultstätte seit dem 3. Jahrhundert) geflüchteten Mörder und forderte ihn auf, zu beichten und Buße zu tun. Dieser kam der Aufforderung nach und lebte von da an an dieser Stelle als Einsiedler. Bald wurde der Ort ein vielbesuchter Marienwallfahrtsort.

Bew.: Legendenhafte Überlieferung; Quelle: R. Ernst, Lexikon

CLAIRVAUX/FRANKREICH Kurz vor seinem Tod wurde der hl. Bernhard   **1153** (s. auch unter 1110) durch eine Erscheinung Marias beglückt; sie geleitete ihn in die Ewigkeit heim. Damit war ein Leben in tiefster Marienverehrung, voll von vielfältigen mystischen Erlebnissen, zu Ende gegangen.

1115 war Bernhard mit zwölf Mönchen als Abt zur Gründung des Klosters Clairvaux ausgesandt worden; 69 weitere Tochtergründungen folgten bis zu seinem Tod. Bernhard hatte rege Beziehungen zu anderen

Orden, war Berater und Helfer der Päpste, Bischöfe und Größen seiner Zeit, war oft auf Reisen, predigte den Kreuzzug, fand aber immer auch Zeit zur Verinnerlichung und Mystik. Die Kunst stellte eine seiner Marienerscheinungen und ihn selbst als »Sänger Mariens« dar. Die folgende Textprobe zeigt seine tiefe Frömmigkeit und seine mystische Empfindsamkeit, die ihm den Ehrentitel »doctor mellifluus« (honigfließender Gelehrter) einbrachte. 1174 wurde er heiliggesprochen, 1830 zum Kirchenlehrer erklärt.

»Maria heißt übertragen: Meeresstern. Dieser Name paßt sehr gut auf das Wesen der Mutter-Jungfrau. Sie ist fürwahr ein wunderbarer Stern. Ohne selbst an Leuchtkraft zu verlieren, sendet der Stern seinen Strahl hinaus; ohne die geringste Verletzung ihrer Reinheit schenkt uns Maria ihren Sohn. Der Strahl vermindert nicht des Sternes Glanz, so mindert auch der Sohn nicht die Unversehrtheit der Jungfrau . . . Sein Strahl leuchtet in den Höhen und dringt hinab in die Tiefen. Sein Licht überflutet die ganze Erde; erwärmt die Herzen mehr als den Leib; hegt die Tugend, versengt das Laster. Maria ist jener wundervolle, unvergleichliche Stern, der hoch über dem großen weiten Meer schimmert im Glanz herrlicher Verdienste und leuchtet durch das Beispiel. Wenn du im Strudel dieses Lebens von Wind und Wetter hin und her geworfen wirst und keinen festen Boden mehr hast, willst du, daß die Brandung dich nicht verschlinge, dann halte deine Augen unverwandt auf diesen funkelnden Stern. Toben Stürme der Versuchung in dir, wirst du auf die Klippen der Trübsal geworfen, dann schau nach dem Sterne aus, rufe nach Maria! . . . In Gefahr, in Zweifeln, in Not, denk an Maria, rufe Maria! Ihr Name weiche nie von deinen Lippen, deinem Herzen! Damit du die Hilfe ihrer Fürbitte erlangst, wende dein Auge nicht ab vom Beispiel ihres Lebens. Wenn du ihr folgst, kommst du nicht vom Wege ab; wenn du sie anrufst, brauchst du nicht zu verzagen. Denkst du an sie, wirst du nicht irregehen. Wenn sie dich hält, wirst du nicht fallen, wenn sie dich beschirmt, brauchst du nicht zu bangen . . .«

Bew.: Gut bezeugt; Quelle: LThK »Bernhard von Clairvaux«

1155 CLAIRVAUX / FRANKREICH   Begleitet von zwei Heiligen erschien Maria einigen Zisterziensermönchen, die auf dem Felde arbeiteten, und tröstete und stärkte sie bei ihrer Erntearbeit. Gläubige Frauen wurden danach beim Ährensammeln Zeugen, wie sich »der Himmel öffnete«. Sie sahen Maria auf den Wolken, begleitet von Heiligen.

Bew.: Gut bezeugte Quelle; Quelle: R. Ernst, Lexikon; Däniken, Erscheinungen

1157 KÖLN / DEUTSCHLAND   Der hl. Hermann Joseph (1150–1241) verehrte schon als Kind Maria ganz innig. Einmal schenkte er ihr und dem göttlichen Kind einen Apfel, den Maria aus seiner Hand annahm. Mit zwölf

Jahren kam Hermann in das Prämonstratenserkloster Neufeld in der Eifel und dann zur Ausbildung in das Kloster Mariengarten in Friesland. Als Priester war er ein eifriger Prediger und erleuchteter Seelenführer in einigen rheinischen Frauenklöstern. Er war weithin berühmt wegen seiner mystischen Gaben; ein Höhepunkt war die sog. »Mystische Vermählung mit Maria«, wodurch er im Rahmen der mittelalterlichen Marienverehrung den Namen »Joseph« zu seinem Taufnamen Hermann erhielt. Er schrieb zarte Hymnen in lateinischer Sprache, die erhalten sind, und wurde 1958 heiliggesprochen.

Hermann Josephs »Mystische Vermählung mit Maria« erfolgte 1190 mitten in der Nacht in der Kirche: Hermann sprach dort seine gewohnten Gebete, als er Maria als Jungfrau von unaussprechlicher Schönheit sah. Sie war in ein strahlendes, kostbares Gewand gekleidet und begleitet von zwei Engeln. Er hörte den einen sagen: »Wen sollen wir der Jungfrau vermählen?« und die Antwort des anderen: »Wen anders als diesen Bruder dort!« Dabei wies er auf Hermann, nahm dessen rechte Hand, legte sie in die Hand Marias und sagte dazu: »Siehe, diese Jungfrau gebe ich dir zur Braut, so wie sie mit Joseph verlobt war; und so sollst du mit der Braut auch den Namen ihres Bräutigams erhalten, von jetzt an soll dein Name Joseph sein.«

Auf dem Marmorsarkophag des Prämonstratensermönchs in der Basilika von Steinfeld steht: »Hermann Joseph, Bekenner und Bräutigam der seligsten Jungfrau Maria«.

Bew.: Glaubwürdige Überlieferung; Quelle: LThK »Hermann Joseph«; R. Ernst, Lexikon

MELROSE/SCHOTTLAND Ein frommer Ordensbruder im Zisterzienser- 1163 kloster St. Mary's Abbey sah Maria mit einem Engel durch den Schlafsaal gehen; auf Anweisung Marias schrieb der Engel mehrere Namen auf. Der Ordensbruder hörte und behielt die Namen; in der Reihenfolge ihrer Nennung wurden sie aus dem zeitlichen Leben abberufen in die ewige Heimat.

Bew.: Fromme Überlieferung; Quelle: R. Ernst, Lexikon

DURHAM/ENGLAND Maria erschien dem hl. Godrich, der als Einsiedler 1165 in der Nähe von Durham lebte, mehrere Male, eines Tages auch in Begleitung von Maria Magdalena. Maria offenbarte sich ihm als mächtige Fürsprecherin und Gnadenvermittlerin. Sie lehrte ihn geistliche Lieder, sprach ihm Mut zu und segnete ihn. Er starb 1170.

Bew.: Unbekannte Quelle; Quelle: R. Ernst, Lexikon

1177 STRAUBING-SOSSAU/DEUTSCHLAND Die Entstehungslegende berichtet, daß die ursprüngliche Marienkapelle früher in Antenring, südwestlich von Straubing gestanden sei. Die Kapelle soll aus der Römerzeit stammen und sehr einsam gelegen sein, da es immer wieder Überfälle auf Pilger gegeben habe. 1177 befahl Maria Engeln, die Kapelle mitsamt dem Gnadenbild nach Sossau, am nördlichen Stadtrand von Straubing, zu übertragen. Sie »rasteten« unterwegs auf dem »Frauenfleck« bei Alburg, am Straubinger »Frauenbrünndl« und an der Donau bei Kagers. Da die Kirche keine Fundamente besitzt, erschien diese Legende als glaubwürdig. Das »Bayerische Loreto« fand jedenfalls großen Anklang und ist bis heute lebendig.

Bew.: Ursprungssage; Quelle: Hansen, Die deutschen Wallfahrtsorte

1179 CLAIRVAUX/FRANKREICH Maria erschien mehrmals dem sel. Petrus Monoculus (†1186), dem achten Abt von Clairvaux, einem Verwandten des französischen Königs Philipp II. August. Einmal sah Petrus Maria in einem himmlischen Saal auf einem herrlichen Thron; satanische Hunde versperrten ihm den Zugang; da verscheuchte Maria mit einer Handbewegung die dämonischen Wesen. Petrus trat zu ihr hin, und sie belehrte ihn, daß er sich durch keinerlei Widerwärtigkeiten abhalten lassen, sondern immer bei ihr Schutz und Zuflucht suchen solle. Ein anderes Mal wurde Maria von Maria Magdalena und von Maria von Ägypten begleitet. Während einer Reise erschien Petrus die Gottesmutter auch im Dom von Speyer.

Bew.: Gut bezeugte Lebensgeschichte; Quelle: LThK »Petrus Monoculus«; R. Ernst, Lexikon

1180 PARIS/FRANKREICH Dem Augustinerchorherren Adam von St. Victor (1110–1192), neben Notker der überragende Sequenzendichter des Mittelalters und glühender Marienverehrer, erschien Maria, als er eben die Verse »Salve, Mater pietatis / Et Totius Trinitatis / Nobile Triclinium« geschrieben hatte, begrüßte ihn und dankte ihm für seine geistige Arbeit.

Bew.: Fromme Überlieferung; Quelle: R. Ernst, Lexikon

1185 LAUTENBACH/DEUTSCHLAND Am Ort der Kapelle befand sich ein sumpfiger Wald, in dem man eines Tages einen wunderschönen Gesang hörte. Als man dem Gesang nachging, fand man ein Bild der Gottesmutter an einem Baum. Man schrieb ihm bald wundertätige Kraft zu und baute eine kleine Kapelle, die 1191 urkundlich erwähnt wird (bei der Stiftung des nahegelegenen Klosters Allerheiligen). Die Wallfahrt entwickelte sich weiter und ist bis heute lebendig, wenngleich weder Marienbild noch Kapelle mehr erhalten sind.

Bew.: Ursprungssage; Quelle: Hansen, Die deutschen Wallfahrtsorte

BUSCHHOVEN/DEUTSCHLAND   In einem blühenden Rosenstrauch fand   1190
der Ritter Wilhelm Schilling, Herr zu Bornheim in der Nähe von Bonn, eine Statue der Muttergottes, die zwischen zwei brennenden Kerzen stand. Daneben lag ein kleines Glöckchen. Der Ritter nahm die Statue mit auf seine Burg und stellte sie in die dortige Kapelle. Am nächsten Morgen war sie verschwunden – er fand sie wieder in einem Rosenstrauch und ließ dort eine Kapelle sowie später ein Kloster bauen.
1974 wurde die »Rosa Mystica« in die neu erbaute Wallfahrtskirche übertragen. Die romanische Madonnenfigur stammt aus dem Jahr 1190. Sie ist gekrönt und hält auf den Knien das sitzende, gleichfalls gekrönte Jesuskind als Weltenherrscher. Typ der »Nikopaia« (Siegbringerin) aus Konstantinopel bzw. »Sedes Sapientiae« (Sitz der Weisheit).

Bew.: Ursprungssage; Quelle: Hansen, Die deutschen Wallfahrtsorte

POTSCHAIW/UKRAINE   Am 17. April erschien die Gottesmutter und   1198
wirkte eine Reihe von Wundern, daraufhin wurde ein Basilianerkloster gegründet.

Bew.: Ursprungssage; Quelle: Unbekannt

13. Jahrhundert

CLUNY/FRANKREICH   Maria erschien einem Priester, der während der   1200
Meßfeier von Albigensern überfallen und schwer verwundet worden war. Er konnte sich nach Cluny retten und wurde von seinen Wunden geheilt.

Bew.: Überlieferung; Quelle: R. Ernst, Lexikon

HEISTERBACH/DEUTSCHLAND   Dem späteren Abt des Zisterzienserklo-   1200
sters Heisterbach erschien Maria und sagte ihm in Form symbolischer Zeichen spätere Aufgaben seines Amtes voraus. Er wurde dadurch bewegt, eine weltliche Karriere aufzugeben und sich ganz dem spirituellen Leben zu widmen. Heinrich (1180–1242) war aus adeligem Stand, studierte in Paris und wurde 1208 Abt. Bald zeigten sich bei ihm mystisch-visionäre Gnadengaben, was ihn aber nicht hinderte, mit Tatkraft und Klugheit seinen vielfältigen Aufgaben nachzukommen. Er förderte die literarische Tätigkeit des gleichzeitig mit ihm als Prior in Heisterbach

lebenden Caesarius, dessen »Wundergeschichten« eine wichtige Quelle mittelalterlichen Glaubens darstellen.

Bew.: Gut bezeugte Quelle; Quelle: LThK »Heinrich v. Heisterbach«; R. Ernst, Lexikon

1200 PATIRION / ITALIEN   Maria erschien einem Einsiedler, gab ihm einen Ring und veranlaßte ihn, eine Kirche zu bauen; in ihr wird noch heute der Wunderring verehrt.

Bew.: Ursprungssage; Quelle: R. Ernst, Lexikon

1205 ST. TROND / BELGIEN   Der hl. Luitgard von Tongern (1182–1246) erschien Maria sehr oft, seit diese 1205 Priorin im Benediktinerinnenstift St. Trond wurde. Später wurde sie Zisterzienserin in Arwières bei Brüssel. Maria hielt sie immer wieder dazu an, das Leben und Leiden Christi zu betrachten. Luitgard erfuhr viele Belehrungen und wurde zu Gebet und Buße angeregt. Sie wurde eine der ersten Herz-Jesu-Verehrerinnen und mit vielen Ekstasen und Visionen ausgezeichnet, denen ein strenges asketisches Leben entsprach. Sie konnte vielen Menschen zu innerem Seelenfrieden verhelfen, hat viele verstockte Sünder bekehrt und Kranke geheilt.

Bew.: Glaubwürdige Überlieferung; Quelle: LThK »Luitgard v. Tongern«; R. Ernst, Lexikon

1210 ASSISI / ITALIEN   Dem hl. Franz (1181–1226) erschienen Christus und Maria, von vielen Engeln begleitet, als er das von ihm und seinen Gefährten wiederhergestellte Marienkirchlein »Portiuncula« bzw. »Maria degli Angeli« von den Benediktinern des Monte Subasio, denen sie gehörte, für seine neugegründete Ordensgemeinschaft übertragen bekam. Franz wunderte sich über die außergewöhnliche Erscheinung, hörte aber von Christus und Maria, wie sehr sie diesen Ort schätzten und liebten und wie viele Gnaden von hier ausgingen.

Die Portiunculakirche wurde das Zentrum des im selben Jahr mündlich von Papst Innozenz III. bestätigten Ordens. 1212 legte hier die hl. Klara ihre Gelübde ab (Klarissenorden), 1224 empfing der hl. Franz hier die Stigmatisierung, 1226 starb er dort. Der »Portiuncula-Ablaß« (vollkommener Nachlaß der Sündenstrafen ursprünglich durch Besuch der Kirche am 1./2. August und Empfang des Bußsakraments) ist ein Zeichen für die Strahlkraft dieses Gnadenortes über die Jahrhunderte.

Der Franziskanerorden (auch Klarissen, Kapuziner, Minoriten) hat sich in besonderer Weise der Verehrung Marias gewidmet und sie weltweit bis heute gefördert. Franz wurde 1228 heiliggesprochen.

Bew.: Gut bezeugte Überlieferung; Quelle: LThK »Franz v. Assisi«;
R. Ernst, Lexikon

VILLERS/BELGIEN   Maria erschien einem aussätzigen Laienbruder der   1210
Zisterzienserabtei Villers, der wegen seiner Krankheit abgesondert leben
mußte, ganz verzweifelt war und sich in der Weihnachtsnacht das Leben
nehmen wollte. Sie sagte zu ihm: »Werde nicht mutlos! Gott prüft jene,
die er liebt. So will er seine geliebten Kinder noch vollkommener machen.« Der Bruder sah, wie Maria sich zur Kirche begab und dann
verschwand. Er war durch diese Erscheinung so getröstet, daß er sich
vertrauensvoll auf seinen Heimgang vorbereitete.

Bew.: Gut bezeugte Überlieferung; Quelle: R. Ernst, Lexikon

PARIS/FRANKREICH   Dem sel. Bonifatius (1180–1260), damals Theolo-   1215
gieprofessor in Paris, erschien Maria mehrmals; sie heilte ihn von schwerer Krankheit, half ihm bei seinem Streben nach Heiligkeit und legte ihm
einmal in der Weihnachtsnacht, als er wegen seiner Krankheit allein in
seiner Zelle bleiben mußte, das Jesuskind in die Arme.
1231 wurde Bonifatius Bischof von Lausanne, resignierte aber 1239
und zog sich ins Kloster Ter Cameren (La Cambre) bei Brüssel zurück.

Bew.: Gut bezeugt; Quelle: LThK »Bonifatius«; R. Ernst, Lexikon

TOULOUSE/FRANKREICH   Dem hl. Dominikus Guzmán (1170–1221) er-   1215
schien mehrmals die Gottesmutter und unterstützte ihn in seinen Bemühungen bei der Ordensgründung, der Predigttätigkeit und im Abwehr-
kampf gegen die Waldenser und Albigenser. Bei einer dieser Erscheinungen empfahl sie das Rosenkranzgebet als wichtige und wirksame Waffe
gegen die Feinde des wahren Glaubens. Maria betonte, daß man dabei vor
allem die wichtigen Geheimnisse des Glaubens betrachten müsse. Bis
heute pflegt und verbreitet der Dominikanerorden in besonderer Weise
das Rosenkranzgebet. Dominikus wurde 1234 heiliggesprochen.

Bew.: Gut bezeugte Überlieferung; Quelle: LThK »Dominikus«; R. Ernst,
Lexikon; Däniken, Erscheinungen

CLAIREFONTAINE/BELGIEN   Die Gräfin Ermesinde von Luxemburg sah in   1216
einer Vision Maria mit ihrem göttlichen Kind, umgeben von vielen
schwarz-weißen Schafen. Ein frommer Einsiedler, dem sie von dieser
Vision erzählte, erklärte dies als himmlische Aufforderung zur Gründung
eines Zisterzienserinnenklosters (schwarz-weißer Ordenshabit). So entstand das Kloster Clairefontaine.

Bew.: Ursprungssage; Quelle: R. Ernst, Lexikon

1218 BARCELONA/SPANIEN Dem hl. Petrus Nolascus (1182–1249) erschien am 2. August Maria und bewog ihn, einen Orden zum Loskauf von Gefangenen zu gründen. Petrus Nolascus lebte damals am Hof Jakobs I. von Aragón, und traf dort Raimund von Peñafort, mit dem zusammen er den Orden der Mercedarier gründete, ursprünglich als Ritterorden konzipiert, später umgewandelt. Bis 1249 leitete Petrus den Orden und befreite in dieser Zeit persönlich viele Hunderte Gefangene.

> Bew.: Gut bezeugte Überlieferung; Quelle: LThK »Petrus Nolascus«; Däniken, Erscheinungen; R. Ernst, Lexikon

1219 ROM/ITALIEN Dem Dekan Réginald von Orléans erschien auf einer Pilgerfahrt, die er nach Rom unternommen hatte, um Klarheit über seinen Weg zur Vollkommenheit zu gewinnen, Maria als »Königin des Himmels«, begleitet von zwei Jungfrauen, und heilte ihn von einer Krankheit. Sie forderte ihn auf, in den Dominikanerorden einzutreten.

> Bew.: Unbekannte Quelle; Quelle: R. Ernst, Lexikon; Däniken, Erscheinungen

1220 TRIER/DEUTSCHLAND Einem Priester erschien während eines Gewitters, das ihn auf freiem Feld überraschte und vor dem er sich mit Mühe und Not in eine Kapelle retten konnte, Maria. Sie sagte: »Da du so oft das Salve Regina betest, stehst du unter meinem Schutz. Weder Unwetter noch Blitz vermögen dir zu schaden!«

> Bew.: Unbekannte Quelle; Quelle: R. Ernst, Lexikon

1220 VITERBO/ITALIEN Dem Bischof von Viterbo, Kardinal Capoccio, und seinem Berater, einem frommen Einsiedler, erschien Maria im Traum und gab ihnen Ort und Größe für die zu erbauende Kirche Santa Maria in Gradi, einer besonders kunstvollen Marienkirche, an.

> Bew.: Ursprungssage; Quelle: R. Ernst, Lexikon

1221 LÖWEN/BELGIEN Maria erschien einem jüdischen Mädchen, das insgeheim eine innige Marienverehrerin geworden war, den katholischen Glauben kennengelernt hatte und sich taufen lassen wollte, in der Nacht vor seiner Taufe und bestärkte ihren Vorsatz, in ein Zisterzienserinnenkloster einzutreten.

> Bew.: Unbekannte Quellenlage; Quelle: R. Ernst, Lexikon

1221 PADUA/ITALIEN Dem hl. Antonius von Padua (1195–1231) erschien die Gottesmutter mit dem Jesuskind, als er nach einer schweren Krankheit, die sein missionarisches Wirken in Marokko vereitelte, auf der Rückreise nach Sizilien verschlagen wurde und auf dem Generalkapitel 1221 in Assisi in die Franziskanerprovinz Romagna aufgenommen wurde. Er lebte dann in Oberitalien, wo man schnell auf seine Predigtgabe aufmerksam wurde. Bereits 1232 wurde Antonius heiliggesprochen, und sein Leib wurde 1263 (mit unversehrter Zunge als Hinweis auf seine Predigergnadengabe!) in die neue Basilika nach Padua übertragen. 1946 wurde er als »doctor evangelicus« zum Kirchenlehrer erhoben.

Bew.: Gut bezeugt; Quelle: LThK »Antonius v. Padua«; R. Ernst, Lexikon; Däniken, Erscheinungen

BOLOGNA/ITALIEN   Dem sel. Jordan von Sachsen, Zweiter Ordensgeneral der Dominikaner, erschien mehrmals Maria, die ihm versicherte, daß sie ihm bei seinem schweren Amt zur Seite stehen wolle. Zwischen 1222 und 1237 gewann er unter den Professoren und Studenten an den Universitäten von Paris, Oxford, Bologna, Padua, Vercelli und Montpellier viele neue Mitglieder für den Orden, er trat in den Dienst der päpstlichen Kurie, missionierte unter den Sarazenen. Jordan ertrank 1237 bei einem Schiffbruch an der syrischen Küste während einer Visitationsreise. **1222**

Bew.: Gut bezeugt; Quelle: LThK »Jordan v. Sachsen«; R. Ernst, Lexikon

BONN/DEUTSCHLAND   Maria erschien einer Reklusin, einer frommen Frau, die sich in ihrer Zelle einmauern ließ, um ganz Gott zu dienen. Diese lebte in der Nähe eines Friedhofs, wo sie eines Nachts ein helles Licht vom Friedhof her durch ihr Fenster hereinleuchten sah. Sie blickte hinaus und bemerkte Maria am Grab eines Schülers, der am Vortag beerdigt worden war. Aus dem Grab stieg eine weiße Taube auf, die sich von Maria in die Hand nehmen ließ. Die Reklusin hörte Maria sprechen: »Ich bin die Mutter des Herrn und bringe die Seele dieses Knaben, die wie eine weiße Taube ist, gleich zum Himmel.« **1225**

Bew.: Fromme Überlieferung; Quelle: R. Ernst, Lexikon

KÖLN/DEUTSCHLAND   Dem hl. Albert (1193–1280), der 1223 in Padua in den Dominikanerorden eingetreten und 1225 nach Köln gekommen war, erschien in dieser Zeit Maria, als er ernstlich daran dachte, das Ordensleben abzubrechen. Maria sagte ihm ihre Hilfe zu, und Albert schrieb einige wichtige Werke über Wesen und Bedeutung Marias. Er war einer der gelehrtesten Männer des Mittelalters (»doctor universalis«) und beherrschte wie kein anderer mittelalterlicher Denker das gesamte Wis- **1225** sen seiner Zeit, auch die arabischen und jüdischen Traditionen. Er lehrte an verschiedenen Hochschulen.

Bew.: Gut bezeugt; Quelle: LThK »Albert«; R. Ernst, Lexikon

1226 ROM/ITALIEN Maria erschien in der Nacht Papst Honorius III. (1216–1227), der über die Zulassung des Karmelitenordens zu entscheiden hatte und nahe daran war, den Gegnern nachzugeben, und gebot ihm mit ernstem und strengem Gesicht, nicht auf die Gegner zu hören, sondern die Regel zu bestätigen, da der Orden viel Gutes wirken werde. Sie sagte: »Non est adversandum in his dum iubeo, nec dissimulandum dum promoveo (Meinen Geboten soll nicht widersprochen werden; und was ich fördere, darf nicht unbeachtet bleiben)!« Dann sagte sie Honorius den plötzlichen Tod der beiden entschiedensten Gegner voraus. Tatsächlich wurde am nächsten Morgen bekannt, daß zwei Kardinäle, die die Regelbestätigung hintertreiben wollten, in der Nacht unerwartet gestorben waren. Da bestätigte der Papst den Orden, der über die Jahrhunderte hin zu den wichtigsten Förderern des geistlichen Lebens und der Marienverehrung zählt.

Bew.: Gut bezeugt; Quelle: LThK »Honorius III.«; R. Ernst, Lexikon

1226 WARTBURG/DEUTSCHLAND Der hl. Elisabeth (1207–1231) erschien Maria und teilte ihr einige Geheimnisse ihres Aufenthalts im Tempel von Jerusalem mit. Das Ereignis trug sich offensichtlich in der Zeit zu, als Elisabeth nach der Geburt von Hermann und Sophie ihr drittes Kind Gertrud, die spätere Äbtissin von Altenberg, erwartete.

Bew.: Unsichere Quellenlage; Quelle: LThK »Elisabeth v. Thüringen«; R. Ernst, Lexikon

1230 PADUA/ITALIEN Maria erschien sehr oft der sel. Helene von Padua, Franziskanerin, und tröstete sie in ihren schweren Leiden, die sie geduldig und opferbereit auf sich nahm.

Bew.: Gut bezeugt; Quelle: R. Ernst, Lexikon

1230 VILLERS/BELGIEN Am Fest Mariä Verkündigung sah der Zisterziensermönch Gottfried während des nächtlichen Chorgebetes Maria inmitten der Mönche. Als sie nach einer Weile mit erfreutem Gesichtsausdruck den Chorraum verließ, eilte ihr der Mönch nach. Doch Maria hielt ihn zurück und sagte: »Kehre zurück zu deinen Mitbrüdern! Folge mir jetzt nicht! Bald aber wirst du bei mir sein, und mein Sohn wird dir alles Gute vergelten.« Kurze Zeit später starb der Mönch.

Bew.: Gut bezeugte Überlieferung; Quelle: R. Ernst, Lexikon

KIEW/UKRAINE Dem hl. Hyazinth von Polen (1198–1257) erschien **1231**
Maria als Königin der Engel und versprach ihm ihren Beistand. Als die
Feinde in die Stadt eindrangen, entkam Hyazinth, in der einen Hand das
Allerheiligste, in der anderen Hand ein Bild der allerseligsten Jungfrau
tragend, mitten durch die Flammen und dann durch den Dnjepr. Aus dem
adeligen Geschlecht der Odrowaz stammend, studierte er in Krakau, trat
in Rom in den Predigerorden ein, gründete einige Konvente in Polen und
schuf die Ordensprovinz Polonia, die Polen, Rußland, Böhmen, Mähren,
Schlesien, Brandenburg, Pommern und Preußen umfaßte. In einigen
dieser Gebiete wirkte er auch als Missionar und Missionsprediger. Hyazinth ist der Patron Polens und einer der Slawenapostel. Er wurde 1594
heiliggesprochen.

> Bew.: Gut bezeugt durch die Vita des Stanislaus von Krakau; Quelle: LThK
> »Hyazinth v. Polen«; R. Ernst, Lexikon

HOVEN/DEUTSCHLAND Während seines nächtlichen Wachtdienstes er- **1232**
schien dem Hermann Joseph mehrmals die Jungfrau Maria.

> Bew.: Unbekannte Quelle; Quelle: Däniken, Erscheinungen

FLORENZ/ITALIEN Maria erschien am Fest Mariä Himmelfahrt sieben **1233**
adeligen Männern aus Florenz, die sich zur Bruderschaft der »Laudesi«
zusammengeschlossen hatten, und ermahnte sie, ein noch heiligeres,
vollkommeneres Leben zu beginnen. Sie beherzigten den Rat und zogen
sich zu einem Leben der Buße und Betrachtung zurück. Am Karfreitag
1239 erschien ihnen wiederum Maria und zeigte ihnen ein schwarzes
Gewand, das sie in Zukunft tragen sollten; damit regte sie die sieben an,
einen neuen Orden zu gründen, der in besonderer Weise die Verehrung
der Schmerzen, die Maria unter dem Kreuz erduldet hatte, verbreiten
sollte. So entstand der Orden der »Diener Mariä«, auch Servitenorden
genannt. Er fand bald weite Verbreitung. Die sieben Gründer des Ser-
vitenordens Nonfilius Monaldi, Bonajuncta Manetti, Amideus Amides,
Manettus dell'Antella, Sostenäus Sostegni, Hugo Uguccio und Alexius
Falconieri wurden alle zugleich heiliggesprochen.

> Bew.: Gut bezeugte Überlieferung; Quelle: LThK »Serviten«; R. Ernst,
> Lexikon

AGDE/FRANKREICH Dem sel. Predigermönch Leodat erschien kurz vor **1238**
seinem Heimgang die Himmelsmutter, die er immer sehr verehrt hatte,
und bereitete ihn auf den bevorstehenden Tod vor.

> Bew.: Unbekannte Quelle; Quelle: R. Ernst, Lexikon

1240 MONTE FANO (FABRIANO)/ITALIEN Dem hl. Abt Silvester Gozzelini (†1267), Begründer der Kongregation der Silvestriner, erschien mehrmals Maria. Bei einem Unfall wurde er wunderbar von Maria gerettet und geheilt. Ein anderes Mal reichte ihm Maria die hl. Kommunion, wodurch er besonders erleuchtet und begnadet wurde.

    Bew.: Gut bezeugt; Quelle: LThK »Silvester Gozzelini«; R. Ernst, Lexikon

1240 WRANAU/MÄHREN Maria erschien dem Adeligen Wilhelm Rosenberg, der blind geworden war und dem kein Arzt helfen konnte, und fragte ihn: »Willst du gesund werden?« Er fragte: »Wer bist du?« Da gab sie zur Antwort: »Ich bin die Mutter der schönen Liebe! Erbaue meinem Sohn und mir auf dem Wranauberg eine Kirche, dann wirst du wieder sehen!« Der Blinde ließ vertrauensvoll den Bau errichten und wurde geheilt, als er das erstemal in der fertiggestellten Kirche betete.

    Bew.: Ursprungssage; Quelle: R. Ernst, Lexikon

1246 VITERBO/ITALIEN Der hl. Rosa von Viterbo (1235–1252) erschien, als sie als Mädchen todkrank war, die himmlische Mutter und schenkte ihr die Gesundheit zurück. Maria forderte sie auf, in den Orden der Franziskanerinnen einzutreten und zu den Mißständen der Zeit Stellung zu nehmen. Als Zwölfjährige begann Rosa, in öffentlichen Predigten das Volk zur religiösen und sittlichen Erneuerung aufzurufen und zur Treue gegenüber dem Papst aufzufordern. Ihre Begeisterung sprang über, viele bekehrten sich und änderten ihr Leben. Sie starb mit 17 Jahren, ihr Leichnam ruht unverwest in der Klosterkirche Santa Maria de Rosis in Viterbo.

    Bew.: Gut bezeugte Überlieferung; Quelle: LThK »Rosa v. Viterbo«; R. Ernst, Lexikon

1250 HELFTA/DEUTSCHLAND Maria erschien mehrmals der hl. Mechtild von Hackeborn (1241–1299), die mit sieben Jahren in das Zisterzienserinnenkloster Rodersdorf kam, wo ihre Schwester Gertrud bereits Nonne war, und lehrte sie zu beten. Besonders das »Ave Maria«, das auf den Gruß des Erzengels Gabriel zurückgeht, wurde ihr nahegebracht. Sie wurde Leiterin der Klosterschule und Vorsängerin im Chor. Ihre persönliche Betrachtung und Andacht mündete immer wieder in die Liturgie. Gertrud von Helfta zeichnete in den letzten sieben Lebensjahren Mechtilds Erzählungen ihrer inneren Gnadengaben auf (»liber specialis gratiae«). Neben der Marienverehrung war es vor allem auch die Herz-Jesu-Verehrung, die Mechtild nachhaltig förderte.

Bew.: Gut bezeugt; Quelle: LThK »Mechtild v. Hackeborn«; R. Ernst, Lexikon

LUCCA/ITALIEN Der hl. Zita (1212–1272), die von einer weiten Wall- 1250
fahrt erst spätabends nach Lucca zurückkam, wo sie als Dienstmagd beim
reichen Bürger Fatinelli beschäftigt war, gesellte sich vor der Stadt eine
fremde Dame zu und begleitete sie zum längst verschlossenen Stadttor,
das sich von selbst öffnete. In ihrer Wohnung angekommen, erkannte sie
in der fremden Dame Maria, die sich von ihr verabschiedete und verschwand. Zahlreiche Wunder sind neben dieser Marienerscheinung in
den Notariatsakten von Lucca verzeichnet. Bald nach ihrem Tod wurde
die Verehrung Zitas von Bischof Paganello anerkannt; 1696 wurde Zita
von Papst Innozenz XII. heiliggesprochen. Ihr unversehrter Leib wird in
San Frediano verehrt. Sie gilt als Patronin der Dienstboten.

Bew.: Gut bezeugte Überlieferung; Quelle: LThK »Zita«; R. Ernst, Lexikon

CAMBRIDGE/ENGLAND Dem hl. Simon Stock (1165–1265), zuerst Ein- 1251
siedler, seit 1236 Karmelit, 1247 zum Generalprior des Karmelitenordens
gewählt, erschien am 16. Juli 1251 Maria und überreichte ihm das »Skapulier«, ein Schulterkleid, das als Zeichen besonderer Verbundenheit mit
Maria und als Unterpfand ihrer Gnadenzusagen getragen werden sollte.
1322 wurde das Tragen des Skapuliers als Heilszeichen von Papst Johannes XXII. gutgeheißen. Bis heute gibt es die »Skapulierbruderschaft«,
deren Mitglieder dieses Kleidungsstück tragen und täglich drei Ave Maria, drei Gloria Patri und das sogenannte Skapuliergebet verrichten.

FLORENZ/ITALIEN Maria erschien dem Philippus Benitius (1233–1285) 1252
zweimal und bewegte ihn, in den Servitenorden einzutreten. Nach seinen
philosophischen und theologischen Studien leistete er dem Folge und
wurde 1259 zum Priester geweiht. 1267 wurde er Generalsuperior der
Serviten. Ihm verdankt der Orden seine rasche Erstarkung, obwohl er
durch das Konzil von Lyon kurzfristig verboten war.
Philippus Benitius machte zahlreiche Visitations- und Missionsreisen
in Italien, Frankreich und Deutschland. In Forli bekehrte er den hl.
Peregrinus Latiosus, der einer der bekanntesten Serviten wurde. Im
Konklave, das schließlich Gregor X. zum Papst wählte, wurde auch er als
Kandidat vorgeschlagen. Philippus zeichnete vor allem eine heroische
Liebe zu den Kranken und Armen aus, die von seiner starken Marien-
frömmigkeit lebte. Er wurde 1671 heiliggesprochen.

Bew.: Gut bezeugt; Quelle: LThK »Philippus Benitius«; R. Ernst, Lexikon

1255 BLIESKASTEL/DEUTSCHLAND Gräfin Elisabeth von Blieskastel gründete das Kloster Gräfinthal und schenkte ihm das Gnadenbild »Muttergottes mit den Pfeilen«. Mit dem Gnadenbild ist folgende Geschichte verbunden:
Ein Ritter hatte sich als Einsiedler in die Gegend an der Blies, östlich von Saarbrücken, zurückgezogen und verehrte dort ein Bild der Schmerzhaften Muttergottes. Als Räuber seine Klause plündern wollten und nichts fanden, schossen sie mit Pfeilen auf das Marienbild, das er in einer ausgehöhlten Eiche aufgestellt hatte. Aus den Pfeilwunden floß plötzlich Blut, und die Räuber bekamen es mit der Angst zu tun und flohen. Das Bild erwies sich schnell als wundertätig, viele Menschen pilgerten zu ihm, auch Gräfin Elisabeth war durch das Auflegen von Blut aus den Wunden von einer Augenkrankheit genesen und stiftete zum Dank dafür das Kloster Gräfinthal.

Bew.: Ursprungssage; Quelle: Hansen, Die deutschen Wallfahrtsorte

1260 HEISTERBACH/DEUTSCHLAND Als die Mönche der Zisterzienserabtei Heisterbach gerade das Tedeum sangen, erschien ihnen inmitten des Chors die himmlische Mutter und trug in ihren Händen eine goldene Kette und eine kostbare Krone. Den Mönchen erklärte sie die beiden Symbole folgendermaßen: Sie sollten im Gebet und in der Liebe miteinander verbunden sein wie die Kette, dann würden sie die Krone der ewigen Herrlichkeit erlangen.

Bew.: Gut bezeugt; Quelle: R. Ernst, Lexikon

1270 MARGARETENINSEL (BUDAPEST)/UNGARN Die hl. Margareta von Ungarn (1242–1270), Tochter des ungarischen Königs Bela IV., Nichte Elisabeths von Thüringen, wurde seit ihrem vierten Lebensjahr im Dominikanerinnenkloster in Veszprem erzogen. Seit sie zehn Jahre alt war, lebte sie in dem von ihrem Vater erbauten neuen Kloster auf der Haseninsel (später Margareteninsel) in der Donau in Budapest. Sie schlug mehrere Heiratsangebote aus und nahm 1261 aus der Hand des Erzbischofs von Gran den Schleier. Im Kloster führte sie ein Leben der Buße, der Demut und des Gebets. Kurz vor ihrem Tod erschien ihr Maria auf einem Wagen stehend und sagte: »Ich habe dein Gebet erhört. Sei stark und treu, ich werde deine Stütze sein.«
Bald nach ihrem frühen Tod wurde Margareta vom ungarischen Volk als Heilige verehrt, aber erst 1943 heiliggesprochen.

Bew.: Gut bezeugt; Quelle: LThK »Margareta v. Ungarn«; R. Ernst, Lexikon

TORTOSA / SPANIEN   Maria erschien während der Nacht einem frommen 1275
Priester, der vor dem Altar betete, und legte ihren Gürtel auf den Altar.
Bald gab es in Spanien zahlreiche Nachbildungen dieses Geschehnisses in
der Kunst, die viele wunderbare Heilungen vermittelt haben sollen.

Bew.: Unbekannte Quelle; Quelle: R. Ernst, Lexikon

SIENA / ITALIEN   Dem seligen Giovanni Piccolomini (1259–1305) er- 1280
schien viermal Maria. Er stammte aus einem alten, von Rom nach Siena
eingewanderten Adelsgeschlecht und war mit 14 Jahren in den Servitenorden eingetreten. Er wurde 1609 seliggesprochen.

Bew.: Gut bezeugt; Quelle: R. Ernst, Lexikon

HELFTA / DEUTSCHLAND   Die hl. Gertrud die Große von Helfta 1282
(1256–1302) stammt aus Thüringen und trat schon mit fünf Jahren,
damaliger Sitte gemäß, in das Zisterzienserinnenkloster von Helfta ein,
wo die Äbtissin Gertrud von Hacketal ein Zentrum mystischen Lebens zu
betreuen vermochte. Gertrud genoß eine gediegene humanistische und
theologisch-spirituelle Ausbildung und hatte seit ihrem 26. Lebensjahr
fast täglich mystische Erlebnisse, Christus- und Marienvisionen und
-erscheinungen. Sie zeichnete diese sowie die Erlebnisse ihrer Mitschwester Mechtild von Helfta (s. unter 1250) auf. So sind viele dieser seit 1289
vermerkten Erfahrungen der Nachwelt erhalten geblieben.
   Es ist auffällig, daß die Erscheinungen Gertruds oft im Anschluß an
liturgische Feiern stattfanden. Besonders häufig sind ihre mystischen
Erfahrungen im Zusammenhang mit der Eucharistie und dem Herzen
Jesu. Doch auch Erscheinungen und verschiedenartige mystische Begegnungen mit Maria sind überliefert, wie folgende Proben zeigen, die aus
dem »legatus divinae pietatis« (Gesandter der göttlichen Liebe) stammen.
Gertrud wurde 1734 heiliggesprochen und gilt als die größte deutsche
Mystikerin.

Bew.: Bestens bezeugt. Kirchlich anerkannt durch Heiligsprechung;
Quelle: LThK »Gertrud d. Gr. v. Helfta«; R. Ernst, Lexikon

Vorstellung am Throne der Himmelskönigin

Einst hatte sie (Gertrud) zur Gebetszeit sich Gott vorgestellt und erforschte,
was ihm zu der Stunde am wohlgefälligsten sei. Der Herr antwortete: »Stelle
dich vor meine Mutter, die mir zur Seite thront, und bemühe dich, sie zu
preisen!« Hierauf grüßte sie andächtig die Königin des Himmels mit dem
Verse: »O Paradies der Wonne...«, und erhob sie, daß sie die lieblichste

Wohnstätte gewesen, welche Gottes unerforschliche Weisheit, der jegliche Kreatur bekannt ist, unter den Genüssen der väterlichen Seligkeit sich zur Einwohnung erwählt habe: Zugleich bat sie auch für sich um ein solches Herz, das durch den Reichtum an Tugenden Gott eine erfreuliche Wohnstätte darböte. Da schien die seligste Jungfrau sich herabzuneigen, um in dem Herzen der Betenden die Rose der Liebe, die Lilie der Keuschheit, das Veilchen der Demut, die Sonnenwende des Gehorsams und mannigfaltige andere Tugendblumen einzupflanzen.

Fortfahrend mit dem Verse: »Freue dich, du Lehrerin der Sitte und Zucht«, pries sie dieselbe wegen des Vorzuges, wodurch sie vor allen Menschen die Familie der Affekte, der Gewohnheiten, der Sinne und ihrer sämtlichen Bestrebungen mit solcher Sorgfalt regiert habe, daß dem in ihr herbergenden Herrn der würdigste Dienst geleistet wurde und sie niemals weder in Gedanken noch durch Wort und Werk etwas Ungeziemendes tat; zugleich bat sie, daß sie dies auch ihr erlangen möchte. Hierauf schien die jungfräuliche Mutter ihre Gefühle in Gestalt zarter Mägdlein auszusenden, denen sie gleichsam Auftrag gab, einzeln sich den einzelnen Gefühlen der Beterin zuzugesellen und, was jene etwa unvollkommen ausführte, sorgfältig zu ergänzen. Nach einer kleinen Unterbrechung sagte Gertrud zum Herrn: »Weil du, mein Bruder, dazu Mensch geworden bist, um alle menschlichen Mängel zu ersetzen, so leiste auch jetzt deiner heiligsten Mutter für mich Ersatz, wenn ich bei ihrer Lobpreisung nicht würdig genug verfahren bin.« Auf diese Worte erhob sich der Sohn Gottes, trat ehrfurchtsvoll vor seine Mutter, bog das Knie vor ihr und grüßte sie lieblichst durch Neigen des Hauptes.

Als sie am folgenden Tage in ähnlicher Weise betete, erschien dieselbe jungfräuliche Mutter in Gegenwart der heiligsten Dreieinigkeit in Gestalt einer weißen Lilie mit drei Blättern, wovon eines aufgerichtet und die andern gesenkt waren. Hierdurch wurde zu verstehen gegeben, daß die selige Gottesgebärerin deshalb eine strahlende Lilie der Dreieinigkeit heißt, weil sie vollkommener als jegliche Kreatur die Vorzüge der erhabensten Dreieinigkeit in sich aufgenommen und niemals durch das geringste Stäubchen einer läßlichen Sünde befleckt hat. Das aufgerichtete Blatt nämlich bezeichnete die Allmacht des Vaters, die beiden gesenkten die Weisheit des Sohnes und die Güte des Heiligen Geistes, denen sie überaus ähnlich erfunden wird. Auch erfuhr sie von der seligsten Jungfrau: Wenn jemand zu ihrer Begrüßung andächtig spreche: »O strahlende Lilie der Dreifaltigkeit, o hellglänzende Rose der himmlischen Anmut!« so wolle sie an ihm erweisen, was sie vermöchte durch die Allmacht des Vaters und wie erhabene Ratschläge zum Heile des Menschengeschlechtes sie wisse durch die Weisheit des Sohnes und wie überwallend ihre Liebe sei durch die Güte des Heiligen Geistes. Sie fügte noch hinzu: »Dem, der mich also begrüßt, werde ich bei seinem Abscheiden in so großer Holdseligkeit erscheinen, daß ich ihm himmlischen Trost und himmlische Wonne gewähre.« Deshalb beschloß sie, die seligste Jungfrau oder auch ihr Bild mit diesen Worten zu begrüßen:

»Sei gegrüßt, du weiße Lilie der allzeit ruhenden Dreieinigkeit, du leuchtende Rose himmlischer Anmut, von welcher der König der Himmel geboren und genährt werden wollte; nähre unsere Seelen mit göttlichen Einströmungen.«

FORLI/ITALIEN Dem hl. Peregrinus Latiosus (1265–1345) erschien Maria, nachdem er bei einem Volksaufstand in Forli den hl. Philipp Benitius mißhandelt hatte, durch dessen Sanftmut bekehrt worden war und sich in der Domkirche von Forli vor einem Marienbild betend über seinen künftigen Lebensweg klarwerden wollte. Maria riet ihm zum Eintritt in den Servitenorden. Peregrinus trat in Siena ein, wechselte aber dann nach Forli, war unermüdlich in Predigt, Gebet und Buße und entwickelte vor allem in körperlichen Leiden eine unerschütterliche Geduld. Weil er wunderbar von einem Beinkrebs geheilt worden war, wurde er als Patron bei Fußleiden und Krebskrankheiten verehrt. 1726 heiliggesprochen. **1283**

Bew.: Gut bezeugt; Quelle: LThK »Peregrinus Latiosus«; R. Ernst, Lexikon

TOLENTINO/ITALIEN Mehrmals erschien Maria dem hl. Augustinereremiten Nikolaus von Tolentino (1245–1305). Einmal empfahl sie ihm, in einer schweren Krankheit nur etwas Brot und Wasser zu sich zu nehmen; er tat es und war geheilt. Daraus entwickelte sich schon zu seinen Lebzeiten der Brauch, »Nikolaus-Brötchen« in schweren Krankheiten zu essen; zwischen 1305 und 1325 wurden amtlich 301 damit zusammenhängende Wunder beglaubigt! Nikolaus war als Prediger, Beichtvater, Novizenmeister und im Krankenapostolat tätig. Er übte strenge Askese und wurde 1446 heiliggesprochen. **1285**

Bew.: Gut bezeugt; Quelle: LThK »Nikolaus v. Tolentino«; R. Ernst, Lexikon

FOLIGNO/ITALIEN Oftmals erschien Maria der sel. Mystikerin Angela von Foligno (1249–1309) und würdigte sie vieler mystischer Erfahrungen, die von ihrem Beichtvater Frater Arnaud 1297 nach ihrem Diktat festgehalten und im sog. »Memorial« (gebilligt durch Kardinal Colonna) aufgeschrieben und veröffentlicht sind. **1290**
Angela führte bis zu ihrem 40. Lebensjahr ein eher weltliches Leben, gründete aber nach dem Tod ihres Gatten und ihrer Kinder eine Gemeinschaft nach der Regel des hl. Franziskus und lebte in Armut und Gebet, ganz ihren mystischen Erlebnissen hingegeben.

Tröstungen durch die Erscheinungen der Mutter Gottes

Eines Tages ward ich im Geiste erhoben, und ich betete nicht in dem Augenblick, sondern hatte mich zur Ruhe hingelegt, weil es nach dem Essen war. Daher dachte ich gar nicht daran, aber plötzlich wurde meine Seele entzückt, und ich sah die glückselige Jungfrau in hehrem Glanz, wie sie dastand, eine Frau von solchem Adel, solcher Ehre und Würde, daß ich auf wunderbare Weise entzückt wurde; denn sie zu sehen gewährte eine unsagbare Wonne. Sie stand aber da, die selige Jungfrau Maria, und flehte für das menschliche Geschlecht; und es läßt sich nicht erzählen, welche Hinneigung zur Menschheit und Tugend ich an ihr erblickte. Das erfüllte mich mit unaussprechlicher Wonne. Wie ich so hinaufschaute zu ihr, erschien dort auf einmal Jesus Christus, neben ihr sitzend in verklärter Menschheit. In Gedanken darüber, wie jenes Fleisch gepeinigt, geschmäht und gekreuzigt wurde; gedenkend aller Leiden, Beleidigungen, Verachtung und Schmähungen, die er für uns erduldet; das alles auf wunderbare Weise bedenkend, empfand ich damals kein Bedauern, sondern eher eine unbeschreibliche Wonne; ich verlor die Sprache und glaubte zu sterben. Es verursachte mir einen außerordentlichen Schmerz, daß ich nicht starb und nicht sogleich zu jenem Unbeschreiblichen, das ich erblickte, gelangte. Dieses Gesicht währte ununterbrochen drei Tage; das Essen, das sehr unbedeutend war, störte mich nicht darin, denn ich lag beständig mit schwachem Körper und sprachlos darnieder; auch störte mich kein anderer Umstand. Als Gott aber genannt wurde, konnte ich es vor unendlicher Wonne nicht aushalten.

Am Feste der Reinigung der seligen Jungfrau erhielt ich morgens in der Kirche der Minderbrüder von Foligno folgende Einsprechung: »Dies ist die Stunde, in welcher unsere liebe Frau, die heilige Maria, mit ihrem Sohne in den Tempel kommt.« Meine Seele vernahm das mit großer Liebe, und alsbald wurde sie entzückt, und ich sah, wie unsere liebe Frau im Augenblick hereinkam und meine Seele ihr mit großer Ehrfurcht und Liebe entgegentrat. Da ich mich etwas scheute, mich ihr zu nähern, gewährte unsere liebe Frau der Seele eine große Zuversicht und streckte gegen mich ihren Sohn Jesus, indem sie sprach: »O Allerliebste meines Sohnes, nimm!«, und sie legte ihren Sohn in meine Arme. Er schien die Augen zum Schlafe geschlossen zu haben und war in Windeln eingewickelt. Unsere liebe Frau setzte sich, als wäre sie ermüdet vom Gehen. Dabei hatte sie solche schönen und liebreichen Gebärden, zeigte solch ein würdiges und sittsames Benehmen, war so süß und herrlich anzuschauen, daß meine Seele den Blick nicht lediglich auf das Kind Jesus, das ich so fest in den Armen hielt, heften konnte, sondern ihn auch auf unsere liebe Frau zu richten versuchte. Während ich nun so dastand, lag das Kind auf einmal nackt in meinen Armen, öffnete die Augen und schaute auf, und sofort empfand ich beim Anblick dieser Augen so viel Liebe, daß sie mich ganz und gar überwältigte. Es ist unmöglich zu sagen, welch ein Glanz, welch eine Glut der Liebe und der Wonne aus diesen Augen strahlte. Zu gleicher Zeit kam über das Kind eine namenlose Würde, und es sprach: »Wer mich nicht in meinem hilflosen

Zustande wird gesehen haben, sah mich nicht in meiner Größe«; und es fügte hinzu: »Ich kam zu dir und habe mich dir dargeboten, auf daß auch du dich mir darbieten sollst.« Alsdann brachte meine Seele auf wunderbare und unsägliche Weise sich selbst ihm entgegen; erst opferte ich mich ganz selbst und ferner meine geistigen Kinder alle zusammen, ohne etwas von mir oder von ihnen oder von dem, was ihnen gehört, zurückzuhalten. Und meine Seele erkannte, daß Gott jene Hingabe gerne annahm und sie mit großer Fröhlichkeit empfing. Über die wahre Lust, die außergewöhnliche Freude, Wonne und Süßigkeit aber, die ich empfand, als ich die große Huld Gottes bei der Entgegennahme meines Opfers bemerkte, vermag ich nichts zu sagen, weil mir die Erklärung unmöglich ist. Und ein anderes Mal sah ich die heilige Jungfrau, wie sie mich zur Erkenntnis ermunterte, mich segnete und mit mir sprach über den Schmerz, den ihr das Mitleid mit ihrem Sohne verursacht hatte.

Man nannte Angela von Foligno die »Lehrmeisterin der Theologen« – in einer Zeit, da die Theologie die unbestrittene Königin der Wissenschaften und praktisch ausschließlich von Männern dominiert wurde, eine außergewöhnliche Auszeichnung! Angela hat die großen Zusammenhänge der Heilsökonomie erkannt: Jede Sünde stärkt das Reich der Finsternis, jede gute Tat und jedes Gebet vermehren das Potential des Guten. Sie wählte Christus als ihren Herrn und Meister und empfing in der Weisheit seines Kreuzes gewissermaßen »unmittelbar« die Weisheit Gottes: Was sie in ihren Visionen und Ekstasen sah, hörte und erlebte und ihrem Seelenführer diktierte, ist nicht menschliches Wissen, sondern Gottes Weisheit, die sie vermitteln durfte und darf. Das erkannten offensichtlich die Theologen und ließen sich von ihr belehren.

Angela von Foligno wurde schon bald nach ihrem Tod am 4. Januar 1309 als Heilige verehrt. 1693 wurde sie seliggesprochen. Pius X. legte ihren Todestag als Festtag fest, ohne einen eigentlichen Heiligsprechungsprozeß führen zu lassen.

Bew.: Gut bezeugt. Kirchlich anerkannt; Quelle: LThK »Angela v. Foligno«; R. Ernst, Lexikon

14. Jahrhundert

MÜHLLACKEN / ÖSTERREICH   Maria erschien dem aussätzigen Knappen   1300
Bruno, der nach der Gefangenschaft seines Herrn – des Ritters Hans von Schaumburg – bei den Sarazenen allein die Heimat erreicht hatte, und gab ihm Anweisungen, wie er gesund werden konnte:
»Längs dem Pesenbach wirst du eine Quelle finden, die aus einem

Felsen sprudelt, bade im Wasser dieser Quelle im Namen Jesu, und du wirst geheilt!«

Der Knappe folgte dem Rat und wurde gesund. Die Heilung wurde bekannt, und es entstand der Wallfahrtsort Mühllacken.

> Bew.: Ursprungssage; Quelle: R. Ernst, Lexikon

1306 PROCENO/ITALIEN Maria erschien der hl. Agnes von Montepulciano (1274–1317), die mit neun Jahren in das Kloster del Sacco eingetreten war und mit 15 Jahren mit päpstlicher Dispens zur Äbtissin des neu gegründeten Klosters in Proceno bestellt wurde. Von Kindheit an war sie offen für übernatürliche Gnaden, Schauungen und Erscheinungen. Während einer solchen Erscheinung im Jahr 1306 erhielt sie den Auftrag, nach Montepulciano zu kommen und dort ein neues Kloster zu gründen, das einerseits nach der Regel des Augustinus, andrerseits nach den Satzungen der Dominikanerinnen geführt wurde. Bis zu ihrem Tod leitete sie es als Priorin. Sie wurde durch viele Gebetsgnaden ausgezeichnet und von der hl. Katharina von Siena sehr verehrt. Die hl. Agnes wurde 1726 heiliggesprochen.

> Bew.: Gut bezeugt; Quelle: LThK »Agnes v. Montepulciano«; R. Ernst, Lexikon

1308 SPOLETO/ITALIEN Kurz vor ihrem Tod erschien Mutter Maria der hl. Clara von Montefalco (1275–1308) mit ausgebreiteten Armen und zeigte ihr so an, daß sie erwartet und mit offenen Armen in der himmlischen Gemeinschaft empfangen werde. Die hl. Clara war zusammen mit ihrer Schwester seit ihrem 6. Lebensjahr Reklusin und folgte ihrer älteren Schwester, der sel. Johanna (†1291), als Äbtissin der Reklusengemeinschaft, die in ein Augustinerinnenkloster umgewandelt worden war, nach. Ihr außergewöhnlicher Gebets- und Bußgeist wurde mit hohen mystischen Gnadengaben, Schauungen, Ekstasen und Wunderkraft belohnt. Ihr Herz und ihr Leib sind bis heute unverwest erhalten. Sie ist erst 1881 heiliggesprochen worden, obwohl der Prozeß bereits wenige Monate nach ihrem Tod eingeleitet worden war.

> Bew.: Gut bezeugt; Quelle: LThK »Clara v. Montefalco«; R. Ernst, Lexikon

1310 FINSTAD (UPPSALA)/SCHWEDEN Maria erschien der siebenjährigen hl. Birgitta von Schweden (1303–1373) und begleitete sie ihr ganzes Leben in zahlreichen Erscheinungen und Offenbarungen. Die Heilige heiratete 1316 den edlen Ulf Guidmarsson und hatte mit ihm acht Kinder, darunter die hl. Katharina von Schweden. Wegen ihrer Frömmigkeit und Nächstenliebe genoß Birgitta bald höchstes Ansehen. Nach einer dreijährigen

Pilgerfahrt nach Santiago di Compostela (Spanien) zog sich ihr Mann in ein Zisterzienserkloster zurück und starb ein Jahr später (1344). Dies wurde ein Wendepunkt in Birgittas Leben. Sie ließ sich in Alvastra nieder und schrieb die zahlreichen Offenbarungen Christi und Marias nieder. Sie fühlte sich von Gott zur Braut und Mittlerin berufen (»sponsa mea et canale meum«).

1346 gründete Birgitta auf dem von König Magnus Eriksson geschenkten Königsgut Wadstena den Birgittenorden. Um besser für die Verbreitung ihres Ordens wirken zu können, ging Birgitta 1349 nach Rom und lebte die letzten 24 Jahre ihres Lebens vorwiegend in Italien.

1372–1373 unternahm sie eine Pilgerfahrt ins Heilige Land.

Die Heilige gilt als eine der größten Mystikerinnen und einflußreichsten Frauen des Mittelalters. 1391 wurde sie von Papst Bonifaz IX. heiliggesprochen. Die folgenden Texte stammen aus den »Himmlischen Offenbarungen«:

Belehrungen Marias über ihren Sohn

Die Mutter sprach: Mein Sohn hat dreierlei Gutes gehabt. Zuerst hat niemand einen so zarten Leib gehabt wie er, und zwar deshalb, weil er aus zwei sehr guten Naturen bestand, der Gottheit und der Menschheit, auch war derselbe so rein, daß, wie in einem ganz hellen Auge kein Flecken gefunden wird, also auch an seinem Leibe keine Entstellung entdeckt werden konnte. Das zweite Gute war, daß er niemals gesündigt. Etliche Kinder tragen freilich zuweilen außer ihren eigenen Sünden auch die ihrer Eltern. Er aber hat niemals gesündigt und gleichwohl aller Sünden getragen. Das Dritte war, daß etliche sterben um Gottes und größerer Belohnung willen; er aber ist so für seine Feinde gestorben wie für mich und für seine Freunde. Als aber seine Feinde ihn kreuzigten, taten sie ihm viererlei. Erstlich krönten sie ihn mit Dornen; zweitens durchbohrten sie ihm Hände und Füße; drittens gaben sie ihm Galle zu trinken; viertens durchstachen sie ihm die Seite. Jetzt aber klage ich darüber, daß mein Sohn von seinen Feinden, welche gegenwärtig in der Welt sind, mehr gekreuzigt wird, als die Juden ihn damals kreuzigten. Denn, obwohl die Gottheit leidensunfähig war und nicht sterben konnte, so kreuzigen sie ihn doch mit ihren Lastern ... Wahrlich, ich sage dir, und du kannst es meinen Freunden sagen, daß solche Leute vor meinem Sohne ungerechter sind als seine Richter, unbarmherziger als seine Peiniger, unverschämter als sein Verräter; ihnen gebührt eine härtere Strafe als diesen. Pilatus wußte wohl, daß mein Sohn nicht gesündigt habe, noch irgendeines Todes würdig sei; dennoch aber verurteilte er aus Furcht vor dem Verluste seiner zeitlichen Macht und vor einem Aufstande der Juden meinen Sohn gleichsam wider Willen zum Tode. Was hätten aber jene zu fürchten, wenn sie ihm dienten, oder was würden sie an ihrer Ehre und Würde einbüßen, wenn sie ihn ehrten? Deshalb werden sie schwerer bestraft werden und sind ärger vor den Augen meines Sohnes als

Pilatus; denn Pilatus verurteilte ihn auf Begehr und nach dem Willen andrer mit einer gewissen Furcht. Jene aber verurteilen ihn nach ihrem eigenen Willen ohne Furcht, wenn sie ihn durch Sünde verunehren, deren sie sich, wenn sie wollten, enthalten könnten. Allein sie enthalten sich weder ... noch schämen sie sich der getanen Sünde, weil sie nicht merken, daß sie der Wohltaten dessen unwert sind, dem sie nicht dienen. Sie sind ärger als Judas, welcher erst, nachdem er den Herrn verraten, erfuhr, daß er Gott sei und er sich schwer an demselben versündigt habe. Aber voll Verzweiflung erhenkte er sich und beschleunigte seinen Lauf zur Hölle, da er sich unwürdig hielt, zu leben. Jene aber kennen ihre Sünde gar wohl, beharren jedoch gleichwohl darin und haben ... im Herzen keine Reue, sondern wollen mit Gewalt und eigener Macht das Himmelreich an sich reißen, weil sie es nicht durch Werke, sondern mit ihrer leeren Hoffnung zu erlangen gedenken, während es niemand gegeben wird, der nicht etwas für Gott wirkt und leidet. (Visionen, S. 110 ff.)

Von Kindheit, Jugend und Verkündigung Marias

Ich bin die Königin des Himmels, die Mutter Gottes. Ich habe dir gesagt, daß du ein Halsband vor deiner Brust tragen müßtest. Jetzt aber will ich dir vollständiger zeigen, wie ich vom Anfange an, wo ich hörte und verstand, daß Gott sei, immer meines Heiles und meiner Erhaltung wegen in Furcht und Sorge gewesen bin. Als ich aber noch vollkommener gehört hatte, wie Gott mein Schöpfer und Richter über alle meine Handlungen sei, da habe ich ihn inniglich geliebt und stündlich gefürchtet, auch darauf gesonnen, ihn weder durch ein Wort noch durch eine Tat zu beleidigen. Als ich ferner vernommen, wie er dem Volke das Gesetz und seine Gebote gegeben und an ihm so viele Wunder verrichtet habe, da nahm ich mir in meinem Herzen fest vor, nichts zu lieben außer ihn, und das Weltliche war mir sehr bitter. Als ich hiernächst auch vernommen, daß der nämliche Gott die Welt erlösen und von einer Jungfrau geboren werden würde, ward ich mit solcher Liebe gegen ihn erfüllt, daß ich nichts als Gott dachte, nichts wollte als ihn. Ich entzog mich so viel als möglich der Unterhaltung und Gegenwart der Eltern und Freunde, und alles, was ich haben konnte, gab ich den Dürftigen. Für mich behielt ich nichts als schmale Kost und ein Kleid.

Nichts gefiel mir, außer Gott. Immer wünschte ich in meinem Herzen, daß ich bis zur Zeit seiner Geburt möchte leben können, ob ich vielleicht verdienen möchte, die unwürdige Magd der Mutter Gottes zu werden. Ich gelobte auch in meinem Herzen, wenn es ihm angenehm wäre, meine Jungfräulichkeit zu bewahren und nichts auf der Welt zu besitzen. Wenn jedoch Gott anders wollte, möge sein Wille geschehen, aber nicht der meine, weil ich glaubte, daß er alles vermöge, auch nichts wolle, als was mir nützlich sei; deshalb stellte ich ihm meinen ganzen Willen anheim. Als aber die Zeit nahte, wo nach der Satzung die Jungfrauen im Tempel des Herrn dargestellt wurden, fand auch ich mich aus Gehorsam gegen meine Eltern unter denselben ein, indem ich bei mir dachte, wie Gott nichts unmöglich ist, und weil ihm bekannt war, wie ich

nichts wünschte, nichts wollte, als ihn, so könne er mich, falls es ihm wohl-
gefiele, in der Jungfräulichkeit erhalten, wo nicht, so möge sein Wille geschehen.

Nachdem ich alles vernommen, was im Tempel geboten worden, ging ich
nach Haus zurück und entbrannte in heißerer Liebe denn zuvor gegen Gott,
und ward täglich von neuen Flammen und Begierden der Liebe entzündet.
Deshalb entfernte ich mich noch mehr, als ich schon pflegte, von allem, und
war Tag und Nacht allein und fürchtete mich sehr, der Mund möge etwas
reden oder das Ohr etwas hören wider Gott, oder meine Augen etwas Verfüh-
rerisches sehen. Auch war ich bei meinem Schweigen furchtsam und voll
Angst, ich möchte vielleicht etwas verschweigen, das ich lieber hätte aussprechen sollen. Indem ich also allein mit mir selber im Herzen betrübt war und all
mein Hoffen Gott anheim stellte, kam mit einem Male der Gedanke an die
große Macht Gottes in meinen Sinn, auch wie ihm die Engel und alle Geschöpfe dienen und wie seine Herrlichkeit unaussprechlich und unermeßlich
ist.

Und als ich hierüber in Bewunderung war, erblickte ich drei wunderbare
Dinge. Ich sah nämlich einen Stern, allein nicht, wie sie sonst vom Himmel
herabglänzen. Ich sah ferner ein Licht, allein kein solches, wie in der Welt
leuchtet. Ich empfand einen Duft, jedoch nicht einen solchen, wie er von
Kräutern oder dergleichen ausgeht, sondern einen überaus lieblichen, fast
unaussprechlichen, von welchem ich durchaus erfüllt ward und vor Freude
jauchzte. Darauf vernahm ich alsbald eine Stimme, jedoch nicht aus menschlichem Mund. Als ich dieselbe gehört, fürchtete ich mich sehr, da ich erwog, es
möge vielleicht eine Täuschung sein. Und alsbald erschien vor mir der Engel
Gottes wie ein überaus schöner Mensch, allein nicht mit Fleische überkleidet.
Derselbe sprach zu mir: Gegrüßet seist du, voller Gnaden usw. Als ich dies
vernommen, wunderte ich mich, was dieses bedeuten sollte und weshalb er
einen solchen Gruß vorbrächte. Denn ich wußte und glaubte mich dessen, so
wie irgend etwas andern Guten, unwürdig. Doch glaubte ich, Gott sei nicht
unmöglich zu tun, was er wolle. Darauf sprach der Engel weiter: Das Heilige,
das aus dir geboren werden soll, wird der Sohn Gottes genannt werden, und
wie es ihm gefallen wird, also wird es geschehen. Gleichwohl hielt ich mich
nicht für würdig, und ich fragte den Engel nicht, weshalb und wann dieses
geschehen solle, sondern fragte, wie es geschehen könne, daß ich Unwürdige
die Mutter Gottes werden solle, da ich keinen Mann erkenne. Und der Engel
antwortete mir, wie ich gesagt: Gott ist nichts unmöglich, sondern was er tun
will, das geschieht usw.

Nachdem ich dieses Wort des Engels vernommen, empfand ich die inbrün-
stigste Neigung, die Mutter Gottes zu sein, und meine Seele sprach vor Liebe:
Siehe, hier bin ich, dein Wille geschehe an mir. Auf dieses Wort ward sogleich
mein Sohn in meinem Leibe unter unaussprechlichem Jubel meiner Seele und
aller meiner Glieder empfangen. Und als ich denselben im Leibe hatte, trug ich
ihn ohne Schmerz, ohne Beschwer und ohne Verdruß des Leibes. Ich demü-
tigte mich in allem, da ich wußte, daß der, den ich trug, der Allmächtige war.
Als ich ihn aber gebar, gebar ich ihn ohne Schmerz und ohne Sünde, gleich wie

ich ihn auch unter so großem Jubel der Seele und des Leibes empfangen habe, daß meine Füße vor Entzücken den Boden nicht fühlten, worauf sie standen. Und wie er in alle meine Glieder mit der Freude meiner ganzen Seele eingegangen, so ging er unter der Freude aller meiner Glieder beim Jubeln meiner Seele in unaussprechlichem Frohlocken ohne Versehrung meiner Jungfräulichkeit wieder hervor.

Als ich nun seine Schönheit erblickte und betrachtete, träufte meine Seele gleichsam einen Freudentau, in dem Bewußtsein, daß ich eines solchen Sohnes nicht wert sei.
(Visionen, S. 151 ff.)

Die Gemeinschaft von Maria und dem Sohn

Maria sprach: Betrachte, o Tochter, das Leiden meines Sohnes, dessen Glieder mir fast wie meine Glieder und als mein Herz waren. Denn wie andere Kinder unter dem Herzen ihrer Mutter zu sein pflegen, so war er unter dem meinigen. Er aber ist empfangen aus der Inbrunst der göttlichen Liebe, andere dagegen sind es aus der Begierde des Fleisches. Daher sagt mein Neffe Johannes gar wohl: Das Wort ist Fleisch geworden. Denn durch die Liebe ist er gekommen und gewesen in mir. Das Wort aber und die Liebe haben ihn in mir gebildet. Er war mir wie mein Herz. Als er deshalb von mir geboren ward, hatte ich eine Empfindung, als ob gleichsam die Hälfte meines Herzens geboren würde und von mir ginge. Und da er litt, hatte ich eine Empfindung, als ob gleichsam mein Herz litte. Denn wie bei etwas, das halb auswendig ist und halb inwendig, wenn das Auswendige gestochen wird, auch das Inwendige gleichmäßig Schmerz empfindet, so wurde auch mein Herz gegeißelt und gestochen, als mein Sohn gegeißelt und gestochen wurde. Denn ich war in seinem Leiden ganz nahe bei ihm und ließ mich nicht trennen von ihm. Ich stand ganz dicht an seinem Kreuze, und wie dasjenige schärfer sticht, was dem Herzen nahe ist, so war mir auch sein Schmerz ... mein Schmerz gewesen, weil sein Herz das meinige war. Denn wie Adam und Eva die Welt für einen Apfel verkauften, so haben mein Sohn und ich die Welt gewissermaßen mit einem Herzen zurückerkauft; deshalb, meine Tochter, bedenke, was für eine ich beim Tode meines Sohnes war, und es wird dir nicht schwer werden, die Welt zu verlassen.
(Visionen, S. 178 f.)

Über das letzte Zeitalter und das Gericht

Worte der heiligsten Jungfrau: Ich bin es, auf deren Bitten mein Sohn diese Worte seines Mundes, die er von Ewigkeit vorherbeschlossen, nun in die Welt sendet. Es lassen sich aber alle diese seine Worte auf zwei zurückführen; denn ihnen allen liegt keine andere Absicht und Bedeutung zugrunde, als in den zwei Worten ausgedrückt ist: Wehe den sich Verhärtenden! Barmherzigkeit für alle, die sich demütigen!

Damit aber diesen seinen Worten Glauben geschenkt und sie nicht für eine nur menschliche Dichtung gehalten würden, erlangte ich von meinem Sohne zu ihrer Beglaubigung das Siegel von Krone und Schild: die Krone als das Sinnbild der Gewalt über die unreinen Geister; den Schild als das Sinnbild der Friedenstiftung zwischen uneinigen Herzen, die zu einem Herzen und zu wechselseitiger Liebe erneuert werden sollen.

Worte des Herrn: Gebenedeit seiest du, meine Mutter! Du bist gleich einer Mutter, welche sich aussenden läßt, um für ihren Sohn eine Braut zu suchen. Denn so sende ich dich zu meinen Freunden, welche die Seelen der Auserwählten mit mir in einer geistlichen Ehe, wie sie für Gott sich geziemet, verbinden sollen. Darum gebe ich dir um deiner großen Barmherzigkeit und feurigen Liebe zu den Seelen willen die Gewalt über Krone und Schild, daß du sie nach deinem Gutdünken auch anderen verleihen mögest. Du bist voll Erbarmen und darum vermagst du meine Barmherzigkeit auf die Sünder herabzuziehen. Gesegnet ist, wer immer dir dienet; er wird weder im Tode noch im Leben verlassen bleiben!
(Visionen, S. 187 f.)

Bew.: Bestens bezeugt. Kirchlich anerkannt; Quelle: LThK »Birgitta v. Schweden«, »Birgittenorden«; Ferdinand Holböck, Gottes Nordlicht. Die hl. Birgitta v. Schweden und ihre Offenbarungen, Stein a. Rh., 2. Aufl. 1988; R. Ernst, Lexikon; Däniken, Erscheinungen

KONSTANZ/DEUTSCHLAND Schon als Kind zeigte der sel. Heinrich 1312 Seuse (1295–1366) eine starke Marienfrömmigkeit und hatte Schauungen Marias, sah Engel auf- und niedersteigen und hörte himmlische Gesänge. Mit 13 Jahren trat er in den Dominikanerorden ein und erlebte dort als 17jähriger seine »Bekehrung«, ein inneres Gnadenerlebnis, das ihn umwandelte und zum »Diener der ewigen Weisheit« machte. Von da an führte er ein sehr verinnerlichtes, durch viele Ekstasen und mystische Erfahrungen bereichertes, aber auch asketisch überstrenges Leben. Er studierte von 1322–1326 in Köln und wurde ein begeisterter Schüler Meister Eckharts, dabei aber auch in die Auseinandersetzungen um ihn hineingezogen und vom Orden gemaßregelt. So widmete er sich nicht der Wissenschaft und Lehre, sondern der Seelsorge.

Er besaß engen Kontakt mit Johannes Tauler, Heinrich von Nördlingen und den »Gottesfreunden«. Ab 1348 lebte Heinrich Seuse in Ulm. Im »Büchlein der ewigen Weisheit« und im »Großen und Kleinen Briefbuch« sind viele seiner mystischen Erlebnisse, also auch viele Marienerscheinungen und -offenbarungen, zum Teil von seiner Schülerin Elisabeth Stagel, festgehalten und überliefert worden. 1831 wurde Heinrich Seuse seliggesprochen.

Bew.: Gut bezeugt; Quelle: LThK »Heinrich Seuse«; R. Ernst, Lexikon

Vom unsäglichen Herzeleid der reinen Königin des Himmelreichs

»Das sollst du mit Jammer und Herzeleid hören; wenn ich nun auch von allem Leid frei bin, so erging es doch zu jener Zeit nicht also. – Eh ich unter das Kreuz kam, hatte ich schon so manch großes und unsägliches Herzeleid empfangen ... Sieh, alles Herzeleid, das je ein Herz empfand, das wäre gegen das unergründliche Herzeleid, das mein mütterliches Herz da gewann, wie ein Tröpflein gegen das Meer. Und das bedenk dabei: je lieber das Lieb ist und je liebenswerter und süßer es ist, um so unerträglicher ist sein Verlust und sein Tod. O weh, wo ward nun auf Erden je Zarteres geboren, je Liebenswürdigeres gesehen als mein einziges, geliebtes Lieb, an dem und in dem ich alles besessen hatte, das diese Welt zu leisten vermöchte? Ich war mir selbst vorher tot und lebte in ihm, doch als mir mein schönes Lieb ertötet ward, da erstarb ich erst ganz ...

Sieh, und da ich mich so kummervoll verhielt, da tröstete mich mein Kind gar gütig und sprach unter anderen Worten: Das menschliche Geschlecht könne anders nicht erlöst werden, und er wolle am dritten Tage auferstehen und mir und den Jüngern erscheinen, und er sprach: Frau, laß dein Weinen sein, nicht weine, meine schöne Mutter! Ich will dich in Ewigkeit nimmer verlassen.« ...

»Eya darum, wenn unsere Seelen in der engen Klamm abgründigen Herzeleides sind und wir weder aus noch ein können, so bleibt uns nichts, als daß wir unsere elenden Augen aufheben zu dir, auserwählte Königin des Himmelreichs!

Eya darum, du, der ewigen Sonne Glanz widerglänzender Spiegel, du, der verbergende Hort der unergründlichen göttlichen Barmherzigkeit, sei heute gegrüßt von mir und von allen sündigen, reuigen Herzen! ...

Eya darum, du einziger Trost aller sündigen Herzen, du einzige Zuflucht der verschuldeten Menschen ... sei eine gnädige Mittlerin und Versöhnerin zwischen mir und der Ewigen Weisheit! Gedenke, gedenke, milde, auserwählte Königin, daß du all deine Würde von uns sündigen Menschen hast. Was hat dich zu einer Mutter Gottes gemacht, zu einem Schrein, in dem die Ewige Weisheit süß geruht hat? Frau, das haben unsere, der armen Menschen Sünder getan. Wie solltest du heißen die Mutter der Gnaden und der Barmherzigkeit, wenn nicht von unserer Mühseligkeit, die deiner Gnade bedarf ...?

1313 AVIGNON / FRANKREICH Dem Kartäusermönch Petrus Favier erschien Maria, als er beim Papst in Avignon war, um dort seinen Orden zu vertreten. Todesangst überfiel ihn angesichts aller Sünden seines Lebens. Da tröstete ihn Maria, offenbarte sich ihm als die »Zuflucht der Sünder« und sagte: »Warum fürchtest du dich? Glaubst du nicht an meine Barmherzigkeit und Hilfe? Ich führe dich zu meinem Sohn! Alle deine Sünden sind dir vergeben.«

Bew.: Quelle unbekannt; Quelle: R. Ernst, Lexikon

MARIA-THAL/SLOWAKEI (ČSFR) Ein blinder Bettler hörte nach einem   1313
Gebet im Thalewald eine Stimme vom Himmel her, daß sich in einer
nahegelegenen Quelle ein altes wundertätiges Marienbild befinde. Wenn
er seine Augen im Wasser dieser Quelle wasche, werde er wieder sehen.
Daraufhin zog er das wundertätige Bild aus der Quelle, wurde gesund und
stellte die Statue auf eine hölzerne Säule, wo diese von da an von ihm und
anderen, die von seiner wunderbaren Heilung hörten, verehrt wurde.
Später stellte sich heraus, daß ein Einsiedlergenosse des hl. Merth und des
Gerardus, des ersten Bischofs von Chenad, noch unter dem hl. König
Stefan (also um 1030) dieses Marienbild aus Lindenholz geschnitzt hat. Es
wurde längere Zeit verehrt, aber bei einsetzenden Verfolgungen versteckt, wodurch es in die Quelle kam, in der es jetzt gefunden wurde.
König Ludwig ließ 1377 ein Kloster bauen und die Statue in der Kirche
aufstellen. Es entwickelte sich ein Wallfahrtsort, der von den Paulinern
betreut wurde. Unter Josef II. (1786) wurde der Orden aufgehoben, die
Wallfahrt blieb aber lebendig. Die Kirche wurde später von Weltpriestern
übernommen und gut betreut. 1930, bei der 900-Jahr-Feier der Entstehung der Statue, wurde sie vom Bischof von Thyrnau feierlich gekrönt.

Bew.: Ursprungssage; Quelle: Alexius Moser, Wallfahrt

MONTSERRAT/SPANIEN Eine Mutter, deren Sohn in die Gefangenschaft   1325
von Moslems gekommen war, wandte sich vertrauensvoll an Unsere
Liebe Frau von Montserrat. Da erschien ihr Maria und sagte: »Höre auf
zu klagen und zu weinen! Bald wirst du deinen Sohn wiedersehen!« Und
tatsächlich war er wenige Tage später daheim und erzählte, daß auch ihm
Maria erschienen sei, ihm die Fesseln gelöst und ihm den Weg zurück in
die Heimat gewiesen habe. Der Wallfahrtsort von Montserrat ist uralt
(seit dem 9. Jahrhundert sind Wallfahrten bezeugt), das Gnadenbild
(»Patronin von Kastilien«) stammt aus dem 12. Jahrhundert, jährlich
mehr als eine halbe Million Wallfahrer. Seit 1023 gibt es dort ein Benediktinerkloster, gegenwärtig das Hauptkloster der spanischen Provinz.

Bew.: Gut bezeugte Ursprungssage; Quelle: LThK »Montserrat«; R. Ernst,
Lexikon

ZARGRAD/RUSSLAND Der hl. Peter (†1326) wurde vom Patriarchen von   1325
Zargrad zum Metropoliten Rußlands geweiht. Sein Gegenspieler, der Abt
Gerontij hatte sich jedoch die kirchlichen Insignien und eine vom hl. Peter
gemalte Marienikone angeeignet und wollte selbst Metropolit werden.
Da erschien ihm Maria und sagte: »Du mühst dich umsonst, die Metro-
politenwürde erhältst du nicht!«
Da bereute Abt Gerontij seinen Ehrgeiz und gab alles dem rechtmäßig

bestellten Metropoliten zurück. Der verlegte noch im selben Jahr seinen Sitz nach Moskau und schenkte die Muttergottesikone dem Fürsten Ivan Dilovic mit dem Auftrag, Moskau zur Hauptstadt Rußlands zu machen, denn Gottes Schutz werde dieses Vorhaben begleiten.

> Bew.: Unbekannte Quelle; Quelle: LThK »Petrus v. Moskau«; R. Ernst, Lexikon

1326 GUADALUPE / SPANIEN   Ein Hirt fand, geleitet von wunderbaren Erscheinungen, unter einem Stein ein Marienbild, das dem hl. Bischof Leander (†600) vom hl. Isidor (†633) im Auftrag Papst Gregors d. Gr. (540–604) überbracht worden war. Beim Einfall der Mauren 711 war es zusammen mit den Reliquien des hl. Fulgentius in einer Felsenhöhle versteckt worden. Nun erbaute man eine große Kirche und stellte die Statue auf den Stein, unter dem sie der Hirt gefunden hatte. Durch Berührung von Stein oder Statue wurden viele wunderbare Heilungen erlangt. Die drei genannten Heiligen (Leander, Isidor und Fulgentius) waren Brüder.

> Bew.: Gut bezeugte Überlieferung; Quelle: LThK »Isidor v. Sevilla«, »Gregor d. Gr.«; R. Ernst, Lexikon

1328 FLORENZ / ITALIEN   Maria erschien mehrmals dem hl. Andreas Corsini (1301–1374), der in den Karmeliterorden eingetreten war. Am Tag seiner Priesterweihe (1328) sagte sie ihm: »Du bist mein Diener; als solchen habe ich dich erwählt; und eines Tages werde ich mich in dir verherrlichen.«

Er wurde bekannt als Freund der Armen und gesucht als Friedensstifter. 1349 wurde er zum Bischof von Fiesole geweiht. In der Weihnachtsnacht 1373 erschien ihm Maria zum letztenmal und kündigte ihm seinen bevorstehenden Heimgang an. Er starb am 6. Januar und wurde 1629 heiliggesprochen.

> Bew.: Gut bezeugt; Quelle: LThK »Andreas Corsini«; R. Ernst, Lexikon; Däniken, Erscheinungen

1330 BERGERAC / FRANKREICH   Dem hl. Petrus Thomasius (1305–1366) erschien mehrmals Maria und ermutigte ihn zu seiner vielfältigen apostolichen Tätigkeit. Er trat 1325 in den Karmel von Bergerac ein, wurde 1345 Generalprokurator des Ordens, 1354 Bischof von Patti und Lipari, 1359 Bischof von Koron in Griechenland, 1363 Erzbischof von Kreta und 1364 Titularpatriarch von Konstantinopel. Er war mehrmals päpstliche Legat bei der Schlichtung von Feindseligkeiten und mühte sich mit großem Eifer um die Schlichtung des Streits zwischen der griechischen und der römischen Kirche.

Bew.: Gute Bezeugung durch die Vita seines Reisebegleiters Ph. de Mezières; Quelle: LThK »Petrus Thomasius«; R. Ernst, Lexikon

LEÓN/SPANIEN Maria erschien einem namentlich nicht bekannten Re- 1330
gularkanoniker und beauftragte ihn, ein vor 500 Jahren vergrabenes Marienbild zu suchen, das auf Befehl des hl. Augustinus geschnitzt und von Hippo nach Spanien gebracht worden war. Er fand es, und das Bild wird seither unter dem Namen »Nuestra Señora de Regla« verehrt.

Bew.: Ursprungssage; Quelle: R. Ernst, Lexikon

MARIENTAL (PRESSBURG)/ČSFR Ein blinder Bettler hörte an diesem Ort 1330
die Stimme Marias, die ihm auftrug, sich in einer Quelle zu waschen, um sehen zu können. Er kam der Aufforderung nach und fand in der Quelle ein Marienbild. Am Ort der Auffindung wurden eine Kirche und ein Kloster gebaut. Rege Wallfahrt setzte ein. Immer, wenn große Übel nahten, bedeckte sich das Gesicht Marias auf dem Bild mit Schweißtropfen. 1786 wurde das Kloster von Josef II. aufgehoben. Die Wallfahrt kam zum Erliegen.

Bew.: Ursprungssage; Quelle: R. Ernst, Lexikon

ESTREMOZ/SPANIEN Die hl. Elisabeth von Portugal (1270–1336), Toch- 1336
ter Pedros III. von Aragon und Großnichte der hl. Elisabeth von Thüringen, heiratete König Dionysius von Portugal. 1325 Witwe geworden, ist sie in das Franziskanerinnenkloster Santa Clara bei Coimbra eingetreten. Sie förderte zeit ihres Lebens Klöster und Kirchen, ließ Hospitäler für Kinder und Arme bauen und versuchte Frieden zu stiften – zuletzt zwischen ihrem Sohn und dem König von Kastilien. In einer schweren Krankheit knapp vor ihrem Tod sah sie Maria als »Königin des Himmels« in einem Prachtgewand und betete um einen guten Heimgang. 1516 selig-, 1625 heiliggesprochen.

Bew.: Gut bezeugt; Quelle: LThK »Elisabeth v. Portugal«; R. Ernst, Lexikon

PISTOJA/SPANIEN Maria erschien in einem Hospital einem kranken 1336
Mädchen und trug ihm auf, einem Augustinerpater von der Erscheinung zu erzählen und ihm auszurichten, daß er Bußpredigten halten solle. Als Beweis ihrer Anwesenheit ließ sie an der Wand ihr Bild zurück. 1348 wurde für dieses Bild eine Kapelle errichtet.

Bew.: Ursprungssage; Quelle: R. Ernst, Lexikon

PARIS/FRANKREICH Zum Fest Mariä Himmelfahrt erschien dem ge- 1338
samten Franziskanerkonvent während des Festoffiziums Maria mit dem

Kind und zeigte sich hocherfreut über den großen Eifer der Gemeinschaft.

Bew.: Gut bezeugt; Quelle: R. Ernst, Lexikon

1340 TOURNAI/BELGIEN Während der Belagerung der Stadt Tournai durch die Engländer betete die hungernde Bevölkerung in der 1171 geweihten Kathedrale Notre Dame zu Maria um Hilfe. Am 40. Tag der Belagerung legte man die Schlüssel der Stadttore in die Hände einer Marienstatue in der Kirche, zum Zeichen des Vertrauens auf die himmlische Führung. Vier Tage später zogen die Engländer ab. Sie hatten mehrmals Marienerscheinungen auf den Stadtwällen gehabt und waren darüber sehr bestürzt und erschreckt.

Bew.: Gut bezeugt; Quelle: R. Ernst, Lexikon

1341 KAIRO/ÄGYPTEN Der selige Franziskanerpater Livinus war ein eifriger Seelsorger der katholischen Christen in Kairo. Er verfaßte auch fromme Schriften über Maria und Jesus Christus. Mehrmals erschien ihm Maria mit dem Jesuskind und erfüllte ihn mit Mut und neuem Eifer. Als er wieder einmal eine Erscheinung – diesmal Maria allein – hatte, erfuhr er, daß Maria deswegen allein gekommen sei, weil er sein Schriftapostolat vernachlässigt habe: »Führe deine Arbeit weiter, dann wird Jesus dir wieder erscheinen und auch dir den so ersehnten Märtyrertod gewähren!« Als er das Werk, mit dem er schlecht vorangekommen war, abgeschlossen hatte, starb er 1345 den Martertod.

Bew.: Unbekannte Quelle; Quelle: R. Ernst, Lexikon

1350 FOLGOËT/BRETAGNE (FRANKREICH) Ein armer Mann lebte als Einsiedler im Wald und bettelte sich seinen Lebensunterhalt zusammen; jedem dankte er mit dem Gruß »Ave Maria«. Als er starb, wuchs aus seinem Grab eine Lilie, auf deren Blättern die Worte »Ave Maria« zu lesen waren. Im 15. Jahrhundert entstand eine Wallfahrtskirche, deren Grundstein an der Stelle dieser wunderbar gewachsenen Lilie stand.

Bew.: Ursprungssage; Quelle: A. M. Rathgeber, Maria, S. 254

1359 NEAPEL/ITALIEN Maria erschien Karl, dem von den Türken gefangen genommenen Grafen von Verona, der in einer Festung interniert worden war und sich in seiner Not an Maria um Hilfe gewandt hatte. Auf wunderbare Weise versetzte sie ihn in die Karmeliterkirche von Neapel. Sie wurde dort seit damals als »Erlöserin der Gefangenen« verehrt.

Bew.: Ursprungssage; Quelle: R. Ernst, Lexikon

MARIAHILF / SLOWAKEI (ČSFR)   Zur Zeit des ungarischen Königs Ludwig   1363
I. bedrohte eine Armee von 200 000 Tataren das Königreich. Der König,
der sich einer zehnfachen Übermacht gegenübersah, warf sich vor einem
Marienbild nieder und bat inständig um Hilfe. Daraufhin überfiel den
König ein tiefer Schlaf, und er sah im Traum Maria, die ihr Bild vom Tisch
aufnahm und ihm auf die Brust legte. Zugleich beauftragte sie ihn, nach
dem Krieg im steirischen Zell eine Kirche ihr zu Ehren zu bauen. Als er
erwachte, fand er das Marienbild auf seiner Brust. Da wurde er sehr
zuversichtlich und siegte tatsächlich durch einen überraschenden Angriff
über das riesige Tatarenheer. Zum Dank ließ er das von 1200 stammende
romanische Kirchlein in Zell durch eine prächtige gotische Hallenkirche
ersetzen. Das spätromanische Gnadenbild, von dem er eine Kopie bei sich
hatte, zog seit damals viele Ungarn an, so daß Mariazell der größte
ungarische Wallfahrtsort genannt werden muß. Die Kopie aber ließ
König Ludwig in der ebenfalls von ihm gestifteten Kirche Mariahilf
aufstellen, wo ihm damals Maria vor der Schlacht erschienen war.

Bew.: Gut bezeugte Ursprungssage; Quelle: Alexius Moser, Wallfahrt

KÖSSLARN / DEUTSCHLAND   Ein Graf von Ortenberg kam auf dem Weg   1364
zum Kößlhof an einem Wacholderstrauch vorbei. Sein Pferd scheute und
wollte nicht weiter. Als der Reiter nach dem Grund des sonderbaren
Verhaltens seines Pferdes forschte, fand er im Wacholderbusch ein holz-
geschnitztes Marienbild. Dieses erwies sich bald als wundertätig. Viele
Menschen kamen, um vor dem Bild zu beten und Heilung zu erlangen.
Um 1400 wurde eine Kapelle gebaut.

Bew.: Ursprungssage; Quelle: Hansen, Die deutschen Wallfahrtsorte

PRIBRAM / TSCHECHEI (ČSFR)   Nach dem Tod des Ernst von Pardubitz,   1364
Erzbischof von Prag (1300–1364), kam ein Abbild der Marienstatue von
Glatz in die Kapelle auf dem heiligen Berg von Pribram. Die Kapelle
wurde um 1250 aufgrund wunderbarer Lichterscheinungen erbaut.
Durch die Übertragung des Bildes wurde sie ein Marienwallfahrtsort.
   Mit dem Bild hatte es folgende Bewandtnis: In seinem Testament
schreibt der erste Erzbischof von Prag, daß er als Student eine Marienerscheinung hatte. Er war in der Kirche in Glatz bei der Vesper, als er sah, daß
das Marienbild über dem Altar unwillig die Augen von ihm abwandte. Bald
sah er nur mehr die Rückseite des Kopfes. Da schauderte ihm vor sich
selbst, und er bat Maria, sich ihm wieder zuzuwenden. Und tatsächlich
drehte sich der Kopf allmählich wieder, aber es blieb ein deutlicher Zug der
Mißbilligung auf ihrem Antlitz zurück. Erst auf seinem Sterbebett sprach
der Bischof darüber. Doch sein Leben hatte das Ereignis verändert: Er

wandte sich von seinem leichtfertigen Leben ab und widmete es dem Dienst Gottes. Von dem Marienbild fertigte er eine Kopie an und hielt sie zeitlebens in hohen Ehren. Nach dem Tod kam sie in die Kapelle auf dem Pribram und wurde bald von vielen verehrt. Auffällige Heilungen führten zu einer bis heute lebendigen Wallfahrt.

Bew.: Ursprungsbericht; Quelle: A. M. Rathgeber, Maria, S. 373

1367 VALENCIA/SPANIEN Der hl. Vinzenz Ferrer (1350–1419), der mit 17 Jahren in das Dominikanerkloster in Valencia eingetreten war und sich auf die Ablegung der Ordensgelübde vorbereitete, hörte eines Tages eine Stimme: »Wir sind nicht alle zur Jungfräulichkeit berufen!« Durch dieses Wort wurde er sehr verwirrt und betete zu Maria um Klarheit. Da erschien sie ihm und sagte: »Dieses Wort kam von Satan, der versucht, dich zu entmutigen und dir die Krone der Jungfräulichkeit zu rauben. Habe jedoch Vertrauen auf Gott und auf mich. So werden die Angriffe Satans auf dich ihm zur eigenen Schande gereichen.«

Vinzenz stand die Versuchung durch, absolvierte seine Studien und wurde einer der bekanntesten Lehrer und Bußprediger am Ende des Mittelalters. In den schrecklichen Auseinandersetzungen während des sog. abendländischen Schismas, als zeitweise drei Päpste nebeneinander regierten, stand er auf der Seite der Päpste in Avignon, wirkte aber auf alle ein, um die Einheit der Kirche wiederzuerlangen. Diesem Anliegen dienten auch seine jahrelangen Bußpredigten zwischen 1399 und 1409 bzw. 1416 und 1419. Der Ruf seines heiligmäßigen Lebens verschaffte ihm viel Respekt, er erregte aber natürlich auch viel Widerspruch, der bis zum Verdacht der Häresie ging (Gegenstand von Verhandlungen auf dem Konzil von Pisa und Konstanz).

Bew.: Gut bezeugt; Quelle: LThK »Vinzenz Ferrer«; R. Ernst, Lexikon

1370 BONARIA/ITALIEN (SARDINIEN) 1370 wurde nach einem schweren Schneesturm eine Kiste an Land geschwemmt und in der Nähe von Bonaria gefunden. In ihr war eine schöne Muttergottesstatue mit Jesuskind. Vierzig Jahre vorher hatte Bruder Carlo Catalon vom Kloster der Barmherzigen Brüder in einer prophetischen Vision einen geheimnisvollen Gast gesehen, der sich während eines schweren Sturms dem Hafen von Bonaria näherte. Die Insel hätte sich von diesem Gast großen Segen zu versprechen. Man sah die Ankunft der Statue als Erfüllung dieser Prophezeiung an, und es entstand eine Wallfahrt und die Verehrung der Muttergottes von Bonaria als Schutzherrin von Sardinien.

Bew.: Ursprungssage; Quelle: A. M. Rathgeber, Maria, S. 249

Toledo/Spanien Maria erschien den ersten spanischstämmigen Ere- 1370
miten des hl. Hieronymus, die sich in der Nähe von Toledo zu einer
Gemeinschaft zusammengeschlossen hatten und mutlos waren, weil sie
kaum Mitglieder finden konnten. Maria ermutigte sie durchzuhalten und
versprach ihnen ihren Beistand. Tatsächlich erlebten die »Hieronymiten«
ab 1374 einen großen Aufschwung.

Bew.: Gut bezeugt; Quelle: R. Ernst, Lexikon

Rostow/Russland Dem hl. Sergij Radonezskij (1320–1383) erschien 1382
kurz vor Weihnachten die allerseligste Jungfrau, begleitet vom hl. Petrus
und dem Evangelisten Johannes, und versicherte ihm, daß sie auch nach
seinem Heimgang immer die Beschützerin des von ihm gegründeten und
geleiteten Klosters in Rostow bleiben werde. Der hl. Sergij war ein großer
Beter und Wundertäter und sang jede Nacht in seiner Zelle den sogenannten »Akathistos«, eine liturgische Hymne zu Ehren der Gottesmutter,
und leitete seine Mönche zu inniger Marienverehrung an. Epiphanij der
Weise über diesen Besuch Marias beim hl. Sergij von Radones:

> »Nachdem er das Gebet (den »Akathistos«) verrichtet hatte, setzte er sich, um
> ein wenig auszuruhen, und sagte seinem Schüler namens Michej: Wache,
> mein Sohn, denn ein wunderbarer und furchtbarer Besuch wird in dieser
> Stunde uns noch beschert werden. Kaum hatte er diese Worte ausgesprochen,
> als eine Stimme erscholl: Die Allreine kommt! Der Heilige vernahm diesen
> Ruf, stand auf und trat aus der Zelle auf den Flur. Und ein großes Licht ergoß
> sich auf den Heiligen, strahlender als das der Sonne. Und er schaute die
> Allreine in unsagbarem Licht strahlend und neben ihm die beiden Apostel
> Petrus und Johannes. Als der Heilige dieses sah, fiel er nieder, da er die
> übermächtige Morgenröte nicht ertragen konnte. Eigenhändig berührte die
> Allreine den Heiligen und sagte: Fürchte dich nicht, mein Erwählter. Ich bin
> gekommen, um dich zu besuchen. Dein Gebet um deine Schüler, für die du
> gebeten hast, und für dein Kloster ist erhört. Gräme dich nicht, von nun an
> wird dein Kloster Überfluß an allem haben, und nicht nur zu deinen Lebzeiten,
> sondern auch nach deinem Tode, deinem Heimgang zu Gott. Unentwegt
> werde ich diesen Ort beschirmen, ständig werde ich hier weilen, werde alles
> Notwendige geben und diesen Ort behüten! Sie sagte dies und ward unsicht-
> bar.
> Der Heilige aber blieb wie in Ekstase liegen, von großer Furcht und von
> Zittern befallen. Nachdem er allmählich zu sich gekommen war, fand er seinen
> Schüler vor Furcht wie tot liegen und hob ihn auf. Der fiel vor dem Heiligen
> nieder und rief: Vater, was war das für eine wunderbare Vision, sag es mir um
> Gottes willen. Denn fast hätte mein Geist wegen dieser wunderbaren Erschei-
> nung von meinem Körper sich getrennt ... Der Heilige blieb die ganze Nacht
> schlaflos im Lichte der unsagbaren Erscheinung.«

Bew.: Gut bezeugt; Quelle: R. Ernst, Lexikon

1382 TSCHENSTOCHAU / POLEN   Seit dem 14. Jahrhundert wird auf dem Klarenberg (poln. Jasna Gora) ein altes Marienbild mit dunkler Gesichtsfarbe verehrt. Als man das Bild 1382 von Tschenstochau wegbringen wollte, konnte man es nicht von der Stelle bewegen. So änderte man die Pläne und baute auf dem Jasna Gora eine neue Kirche und übertrug die Betreuung des Wallfahrtsortes den aus Ungarn berufenen Paulinern. 1430 wurde das Bild von den Hussiten profaniert und mit einem Säbel geschlagen, konnte aber nicht verletzt werden. 1717 wurde es auf Veranlassung von Papst Klemens XI. feierlich gekrönt; seit damals wird Unsere Liebe Frau von Tschenstochau als die Schutzpatronin Polens verehrt. Der Ort gilt heute als einer der meistbesuchten Wallfahrtsorte der Welt.

> Bew.: Gut bezeugt; Quelle: R. Ernst, Lexikon; A. M. Rathgeber, Maria, S. 239

1386 DORSCHHAUSEN / DEUTSCHLAND   Ein Fuhrmann hörte aus einer Tanne Musik dringen. Als er stehenblieb und das Phänomen untersuchte, öffnete sich die Tanne vor ihm, und er sah in ihrem Stamm ein (spätgotisches) Marienbild, das 1415 in die neugebaute Kirche gebracht wurde.

> Bew: Ursprungssage; Quelle: Hansen, Die deutschen Wallfahrtsorte

1388 ANDERNACH-KELL / DEUTSCHLAND   Hirten aus Kell sahen im dichten Dornengestrüpp ein helles, flackerndes Licht wie von einer Fackel. Diese Lichterscheinung wiederholte sich mehrfach und wurde von vielen wahrgenommen. Als man der Sache auf den Grund gehen wollte, fand man mitten im Gestrüpp eine Pietà. Man brachte sie in die Pfarrkirche, doch am nächsten Morgen war die Statue wieder an ihrem alten Platz unter den Dornen. Nachdem sich dies zweimal wiederholt hatte, baute man im Wald eine Marienkapelle. Es entwickelte sich eine lebendige Wallfahrt zur »Königin der Martyrer«.

> Bew.: Ursprungssage; Quelle: Hansen, Die deutschen Wallfahrtsorte

1392 SEGOVIA / SPANIEN   Maria erschien einem Hirten und beauftragte ihn, den zuständigen Bischof zu bitten, ein in Segovia vergrabenes Marienbild ausgraben zu lassen. Der Bischof erfüllte den Auftrag, und man fand ein aus Holz geschnitztes Bild der thronenden Muttergottes aus den ersten christlichen Jahrhunderten. Königin Katharina von Kastilien ließ eine Wallfahrtskirche errichten, die von Dominikanern betreut wurde.

> Bew.: Ursprungssage; Quelle: R. Ernst, Lexikon

RENKUM/NIEDERLANDE   Das herzogliche Haus von Geldern stiftete im 1397 Jahr 1397 urkundlich bezeugt einen kostbaren Mantel für »Unsere Liebe Süße Frau von Renkum«. Das Gnadenbild soll auf wunderbare Weise vom Himmel herabgekommen und nicht irdischen Ursprungs sein.

Ein Splitter vom Heiligen Kreuz und ein Dorn aus der Dornenkrone Jesu (von König Karl VI. von Frankreich dem Gnadenort gestiftet) trugen dazu bei, die Verehrung und die Wallfahrt an diesem Ort zu fördern. Jahrhundertelang war das Bild dann in Utrecht, später in Privatbesitz, ehe es 1928 wieder in Renkum aufgestellt wurde.

Bew.: Ursprungssage; Quelle: A. M. Rathgeber, Maria, S. 136

15. Jahrhundert

CHÂLONS-SUR-MARNE/FRANKREICH   Zwei Hirten fanden in einem 1400 Dornbusch eine in der Nacht wie brennend aussehende Marienstatue, deren Ursprung unbekannt war. 1415 wurde dort mit einem Kirchenbau begonnen. König Ludwig XI. und andere französische Könige pilgerten an die Fundstelle. 1529 wurde die Kirche eingeweiht.

Bew.: Unbekannte Quelle; Quelle: R. Ernst, Lexikon

MARIA WALDRAST/ÖSTERREICH   Durch eine Stimme dreimal aufgefor- 1407 dert und durch eine Marienerscheinung genau angeleitet erbaute der Holzarbeiter Lusch auf der sogenannten Waldrast bei Matrei im Brenner- tal eine Kapelle. Der Bischof von Brixen erlaubte die Errichtung, die mehrmals durch wunderbares Glockenläuten begleitet wurde. 1844 wurde die Kapelle erneuert und daneben ein Servitenkloster gebaut, das zugleich die Betreuung der Wallfahrtsstätte übernahm. Im selben Jahr wurde das Gnadenbild von Mieders, wo es seit der Schließung der Wall- fahrtsstätte unter Kaiser Josef II. aufgestellt war, zurück nach Maria Waldrast gebracht.

Bew.: Gut bezeugt; Quelle: R. Ernst, Lexikon

SCHIEDAM/NIEDERLANDE   Maria erschien einer Frau namens Lidwina 1413 zusammen mit dem Jesuskind.

Bew.: Unbekannte Quelle; Quelle: Däniken, Erscheinungen

SIENA/ITALIEN   Dem hl. Bernhardin von Siena (1380–1444) erschien 1417 Maria, als er nach seinem Eintritt in den Franziskanerorden (1402) und nach erfolgter Priesterweihe (1404) im Jahr 1417 zum Volksprediger bestellt wurde. Maria erschien ihm in großem himmlischem Glanz und versprach ihm die besondere Gabe, die Sünder zu bekehren. Seine große Rednergabe und viele Wundertaten führten zu einem riesigen Erfolg, der sich in vielen Bekehrungen und einer starken Zunahme der Marienfrömmigkeit (die ihm sehr am Herzen lag) und der Christusverbundenheit (Verehrung des Namens Jesus mit Hilfe sog. IHS-Tafeln) äußerte. Er wirkte auch als Generalvikar des Ordens auf dem Konzil von Florenz (Förderung der Union mit den getrennten orthodoxen Christen) und in den Auseinandersetzungen zwischen Guelfen und Ghibellinen. 1450 heiliggesprochen.

> Bew.: Gut bezeugt, kirchlich anerkannt; Quelle: LThK »Bernhardin v. Siena«; R. Ernst, Lexikon

1420 FAËNZA/ITALIEN   Als die Stadt von einer Pestepidemie heimgesucht wurde, erschien Maria einer Witwe und versprach ihr Hilfe. Man veranstaltete daraufhin Bußprozessionen, und tatsächlich hörte die Pest schlagartig auf. Da malte man auf die Mauer der Kirche des hl. Andreas eine Darstellung der Erscheinung Marias vor der Witwe. 1651 wurde das mittlerweile auf einen Altar gestellte Bild feierlich gekrönt. 1781 erwählte die Stadt die »Virgine delle Gracie« zur Patronin.

> Bew.: Ursprungssage; Quelle: R. Ernst, Lexikon

1425 DOMRÉMY/FRANKREICH   Die hl. Jeanne d'Arc (1412–1431) hörte seit ihrem 13. Lebensjahr »Stimmen«, die sie drängten, »nach Frankreich zu gehen, Orleans von den Engländern zu befreien und den Dauphin zu krönen«. Jahrelang wehrte sie sich gegen diese inneren Einsprechungen und Schauungen (Erzengel Michael und einige Heilige), zu denen sich mehrmals auch Erscheinungen Marias gesellten. 1429 verließ sie schließlich ihre Heimat und schlug sich bis Chinon durch, wo damals der Dauphin lebte. Er ließ sie in Poitiers von Theologen prüfen und schenkte ihr Vertrauen. Auf einem Feldzug vertrieb sie die Engländer aus dem Loiregebiet und führte den Dauphin nach Reims zur Krönung (Karl VII.). Bald verpuffte jedoch der Elan des Königs, Jeanne wurde verraten, von den Burgundern gefangen und den Engländern ausgeliefert. Der Bischof von Beauvais strengte einen Ketzerprozeß gegen sie an, sie wurde verurteilt und auf dem Scheiterhaufen verbrannt. 1447 ordnete Karl VII. eine Revision des Prozesses an, die 1456 zur völligen Rehabilitierung führte. 1909 selig-, 1920 heiliggesprochen.

> Bew.: Gut bezeugt; kirchlich anerkannt; Quelle: LThK »Jeanne la Pucelle«; R. Ernst, Lexikon; Däniken, Erscheinungen

WARTA/BÖHMEN (ČSFR)   Maria erschien bei einem alten Marienbild 1425 aus dem 13. Jahrhundert und sagte die unmittelbar bevorstehenden Greueltaten der Hussitenkriege voraus. Die Statue, neben der Maria die Prophezeiungen machte, wurde unversehrt durch die Wirrnisse gebracht und 1647 in eine neuerbaute Kapelle gebracht.

Bew.: Unbekannte Quelle; Quelle: R. Ernst, Lexikon

MONTE BERICO (VICENZA)/ITALIEN   Während die Pest in Vicenza viele 1426 Opfer forderte, erschien Maria einer Frau, die vor einem alten Kreuz auf dem Monte Berico um das Ende der Seuche und um Schutz betete. Maria kündigte das Ende der Seuche an, wenn ihr zu Ehren auf dem Monte Berico eine Kirche erbaut würde. Erst zwei Jahre später vermochte eine zweite Erscheinung Marias die Bürger von Vicenza dazu zu bewegen. Schon 1428 konnte die Kirche eingeweiht werden. Die Wallfahrt entfaltete sich und wurde von zahlreichen Wundern und Gebetserhörungen bestätigt.

Bew.: Ursprungssage; Quelle: A. M. Rathgeber, Maria, S. 264

PEÑA DE FRANCIA/SPANIEN   Dem reichen, frommen Franzosen Simon 1429 Vela erschien Maria mehrmals in diesem Jahr und forderte ihn immer wieder auf, nach einem alten Marienbild zu suchen, das vergraben worden war, um es vor den Mauren zu schützen. Fünf Jahre lang suchte der Mann das vergrabene Bild; schließlich half ihm ein vom Himmel her strahlendes Licht, in dem Maria 1434 wieder erschien. Er grub das Bild aus, und es trug genau dieselben Züge wie die ihm erschienene Maria. 1437 gründeten Dominikaner an der Fundstelle ein Kloster, in dessen Kirche das Bild verehrt wird.

Bew.: Ursprungssage; Quelle: R. Ernst, Lexikon

MARIENBAUM/DEUTSCHLAND   Ein gelähmter Schafhirte sah im Traum 1430 einen hohen Eichenbaum mit einem treppenförmigen Stamm; zwischen seinen Ästen befand sich ein Marienbild. Eine Stimme forderte ihn auf, diesen Baum zu suchen. Wenn er diesen Baum finde und das Bild verehre, werde er gesund werden. Er fand den Baum und war geheilt. Die Leute erfuhren davon, und viele kamen, um den »Trappenboom« zu besuchen und das Bild zu verehren. Das Bild widersetzte sich allen Versuchen, es von den Ästen zu lösen und in die nahegelegene Kirche zu bringen. So baute man eine Kapelle an Ort und Stelle, später ein Kloster, dessen Bewohnerinnen die Betreuung der Wallfahrt übernahmen.

Bew.: Ursprungssage; Quelle: Hansen, Die deutschen Wallfahrtsorte

1432 CARAVAGGIO/ITALIEN   Maria erschien der armen Hausfrau Gianetta de Vacchi, die viel Leid geduldig ertragen hatte, und sagte ihr, daß ihre Hütte zu einem Gnadenort werden solle. Sie sandte die Frau mit Friedensbotschaften zu den verfeindeten Städten Mailand und Venedig, und diese versöhnten sich unter dem Eindruck des direkten Eingreifens Mutter Marias. An der Erscheinungsstätte wurde tatsächlich zuerst eine Kapelle, 1575 eine große Kirche gebaut.

Bew.: Ursprungssage; Quelle: R. Ernst, Lexikon; Däniken, Erscheinungen

1436 ROM/ITALIEN   Maria erschien oftmals der hl. Franziska von Rom (Francesca Romana de Buscis, 1384–1440), einer christlichen Hausfrau und Mutter von sechs Kindern, und schenkte ihr reiche mystische Gnaden. Sie hatte einen sehr direkten Umgang mit ihrem Schutzengel und mit anderen himmlischen Wesen. Man berichtet insgesamt von 97 Visionen. 1425 gründete sie die »Compagnia della Oblate del Monastero Olivetano di S. Maria Nova«, 1433 päpstlich approbiert und 1436, nach dem Tod ihres Mannes, von Francesca de Buscis geleitet. Insgesamt fünf Heiligsprechungsverfahren, ehe sie 1608 heiliggesprochen wurde.

Bew.: Gut bezeugt; Quelle: LThK »Franziska v. Rom«; R. Ernst, Lexikon

1438 BOLOGNA/ITALIEN   Auf die Fürbitte Marias wurden die Bewohner von Florenz auf wunderbare Weise von einer ansteckenden Krankheit gerettet; bald darauf belagerte ein feindliches Heer die Stadt. Als die Bewohner wiederum innig zu Maria um Schutz und Hilfe beteten, erschien Maria in großer Pracht und Herrlichkeit über den Dächern und der Stadtmauer, so daß die Angreifer erschraken und die Belagerung abbrachen.

Bew.: Fromme Überlieferung; Quelle: R. Ernst, Lexikon; Däniken, Erscheinungen

1440 MARIA FALLSBACH/ÖSTERREICH   Maria erschien einem vornehmen Jäger, der am Erscheinungsort eine Kirche bauen ließ.

Bew.: Ursprungssage; Quelle: A. M. Pichler/W. Böhm: Wege zu Hoffnung und Gnade, S. 70

1443 FES/MAROKKO   Maria erschien Prinz Ferdinand dem Standhaften, Sohn Königs Johann I. von Portugal (1402–1443). Dem nach einem Kriegszug gegen die Mauren in Gefangenschaft geratenen und als Geisel festgehaltenen Prinz Ferdinand, erschien Maria zusammen mit dem hl. Michael, dem hl. Johannes Evangelist und vielen Engeln. Er wurde von seinen irdischen Fesseln befreit und in den Himmel heimgeholt. In der Erinnerung der Portugiesen lebt er als der »heilige Prinz« fort.

Bew.: Fromme Überlieferung; Quelle: R. Ernst, Lexikon

MADRID/SPANIEN Maria erschien der sel. Beatrix von Silva Meneses **1444**
(1424–1490), einer portugiesischen Adeligen, die am Hof Johannes II.
von Kastilien als Hofdame von Königin Isabella lebte. Aus Eifersucht
wurde sie von der Königin eingekerkert und legte ein Gelübde ab, sich
nach ihrer glücklichen Freilassung dem Dienst Jesu und Mariä zu weihen.
Tatsächlich kam sie frei und zog sich in ein Zisterzienserinnenkloster in
Toledo zurück. 1484 gründete sie den Orden der Konzeptionistinnen
(»Von der Unbefleckten Empfängnis«), der 1489 von Papst Innozenz
VIII. bestätigt wurde.

Bew.: Gut bezeugt; Quelle: LThK »Beatrix v. Silva Meneses«; R. Ernst,
Lexikon

FIESOLE/ITALIEN Maria erschien Zwillingsschwestern, die auf den Ber- **1446**
gen bei Fiesole Schafe hüteten und jeden Tag in einer kleinen Felshöhle, in
der eine Marienstatue, zusammen mit Jesus und zwei Engeln, aufgestellt
war, gemeinsam zu Maria beteten. Maria trug den Kindern auf, von der
Erscheinung zu erzählen und am nächsten Tag den Vater mitzubringen.
Als er tatsächlich am anderen Tag mitkam, erschien Maria auch ihm und
trug ihm auf, an dieser Stelle eine Kirche zu errichten, in der die Gläubigen der Gegend die Marienverehrung pflegen konnten. Die Bewohner der
Gegend nahmen den Wunsch und Auftrag Marias dankbar entgegen und
bauten eine Kirche. Da erschien Maria mitten während des Baus allen
Anwesenden, dankte für deren Bereitwilligkeit und eiferte sie an, den
Kirchenbau zu vollenden.

Bew.: Ursprungssage; Quelle: R. Ernst, Lexikon

NEAPEL/ITALIEN Ein Jugendlicher schleuderte bei einem Ballspiel aus **1447**
Ärger über einen mißglückten Wurf den Ball gegen ein Marienbild in
einem Heiligenhäuschen an einem Baum am Fuß des Vesuv. Er traf das
Bild der Jungfrau an der linken Wange, und sie begann zu bluten. Leute,
die das beobachteten, gerieten in solchen Zorn, daß er kurzerhand an dem
Baum aufgehängt wurde. Der Baum verdorrte jedoch auf der Stelle, und
der Gehenkte stürzte unverletzt zu Boden. Nach dem Gesetz war der
Übeltäter durch dieses Gottesgericht (Wunder) freigesprochen. Die
Kunde davon verbreitete sich sehr rasch, und das Bild, an dem man heute
noch Blutspuren sieht, wurde zum Mittelpunkt einer Wallfahrtsbewe-

gung, in deren Verlauf weitere Wunder geschahen. 1593 wurde die heutige prunkvolle Wallfahrtskirche erbaut. Zahlreiche Votivtafeln zeugen bis heute von der Wundertätigkeit (»Madonna dell'Arco«).

Bew.: Ursprungsbericht; Quelle: A. M. Rathgeber, Maria, S. 252

1447 SALUZZO/ITALIEN Von den Bewohnern angerufen, erschien Maria während einer riesigen Feuersbrunst, welche die ganze Stadt bedrohte, am Himmel und brachte die Flammen zum Erlöschen.

Bew.: Alte Überlieferung; Quelle: R. Ernst, Lexikon

vor 1448 BETHEN/DEUTSCHLAND Fromme Bauern, die auf dem Feld arbeiteten, sahen ein Marienbild im Fluß Soest treiben – allerdings *gegen* den Strom. Die Leute liefen zusammen und bestaunten das Phänomen. Dann zogen sie das Bild heraus, holten einen Wagen und wollten das Bild (eine Pietà aus dem 14. Jahrhundert) in die Burgkapelle nach Lethe bringen. Als sie durch das Dorf Bethen kamen, blockierten alle vier Räder des Wagens. Darauf war den Leuten klar: Maria wollte in Bethen bleiben. Man baute eine Kapelle, und es entwickelte sich eine Wallfahrt (die nördlichste Deutschlands, mit heute immer noch über 100 000 Pilgern jährlich!).

Bew.: Ursprungssage; Quelle: Hansen, Die deutschen Wallfahrtsorte

1449 ANDERLECHT/BELGIEN Maria erschien einer frommen Frau und offenbarte sich ihr als »Dame de grâce«.

Bew.: Unbekannte Quelle; Quelle: Däniken, Erscheinungen

1450 BETHARRAM/FRANKREICH Kinder entdeckten unweit des später so bedeutsamen Wallfahrtsortes Lourdes (vgl. 1858) eine leuchtende Marienstatue. Als ein Mädchen am Ufer des Gave Blumen pflücken wollte und in den Fluß stürzte, erschien Maria und rettete das Mädchen.

Bew.: Ursprungssage; Quelle: R. Ernst, Lexikon

1450 BOLOGNA/ITALIEN Die hl. Katharina Vigri von Bologna (1413–1463) hatte mehrmals Marienerscheinungen, nachdem sie 1432 in den Klarissenorden eingetreten war und zuerst in Ferrara, ab 1456 als Äbtissin in Bologna lebte. In der Weihnachtsnacht zeigte sich Maria einmal mit dem Jesuskind, dann wieder begleitet von Heiligen und Harfe spielenden oder singenden Engeln. Erhalten ist ein mystischer Erfahrungsbericht »Le sette armi spirituali«. Sie war auch Malerin und Dichterin lateinischer und italienischer Hymnen. Ihr Leib wird unverwest in der Klosterkapelle der Klarissen in Bologna verehrt. 1712 wurde sie heiliggesprochen.

Bew.: Gut bezeugt, kirchlich anerkannt; Quelle: LThK »Katharina Vigri«; R. Ernst, Lexikon

LISSABON/PORTUGAL   Maria erschien dem gefangenen Christen Peter 1450 Martinez in Nordafrika, befreite ihn von seinen Fesseln und trug ihm auf, nach Lissabon zu gehen. Gleichzeitig sah man in der Nähe von Lissabon über einem dunklen Wald in der Nacht helle Lichter. Maria hatte ihm aufgetragen, in Lissabon, dort, wo er ein Licht leuchten sehen werde, eine Kirche zu bauen. Plötzlich sah sich der Befreite unweit von Lissabon versetzt und wurde von dort wohnenden Leuten auf seine Frage zur Stelle geführt, wo die Lichter zu sehen waren und wo auch jetzt wieder ein wunderbares Licht aufstrahlte. Peter Martinez fand an diesem Ort ein Marienbild, das aus einem unbekannten Stoff gefertigt und mit einem weißen Gewand aus Seide bekleidet war.

Bald darauf wurde in Gegenwart des Bischofs von Lissabon und des Königs von Portugal der Grundstein zur Kirche gelegt, die 1453 in Anwesenheit von König Alfons V. »Unserer Lieben Frau vom Lichte« geweiht wurde.

Bew.: Ursprungssage; Quelle: R. Ernst, Lexikon

NEUKIRCHEN/DEUTSCHLAND   Das von der Bäuerin Susanna Halada aus 1450 dem böhmischen Lautschim nach Bayern (80 Kilometer nordöstlich von Regensburg) gebrachte, in einer hohlen Linde versteckte Marienbild wurde 1450 von einem hussitischen Fanatiker in einen Brunnen geworfen. Das Bild kehrte unmittelbar an seinen Platz zurück. Nachdem dies dreimal in derselben Weise geschehen war, schlug der Hussit mit dem Schwert auf die Statue ein. Da begann die Statue am Kopf zu bluten. Der Mann wollte fliehen, doch das Pferd konnte sich nicht von der Stelle rühren. Da kniete der Mann vor dem Bild nieder und bat Maria um Verzeihung – er soll später noch oft als Pilger nach Neukirchen gekommen sein.

Bew.: Alte Überlieferung; Quelle: Hansen, Die deutschen Wallfahrtsorte

MATRÁVEREBÉLY-SZENTKIST/UNGARN   Maria erschien einem stummen 1457 Schafhirten und zeigte ihm eine Quelle. Als der Stumme daraus trank, war er geheilt. Dort entstand ein Gnadenort, an dem viele Kranke durch das von Maria geheiligte Wasser geheilt wurden.

Bew.: Ursprungssage; Quelle: R. Ernst, Lexikon

FLORENZ/ITALIEN   Dem hl. Antoninus Pierozzi (1389–1459) erschien 1459 Maria am Sterbebett. Als er sie sah, rief er aus: »O heilige Jungfrau, wie könnte ich dich würdig loben?!« Dabei hatte er in vielen Marienpredigten die Marienverehrung kräftig gefördert – sowohl als Dominikanerbruder (seit 1405) als auch seit 1446 als Erzbischof von Florenz. Er wurde 1523 heiliggesprochen.

Bew.: Gut bezeugt; Quelle: LThK »Antoninus Pierozzi«; R. Ernst, Lexikon

1460 LORETO / ITALIEN   Maria erschien dem Kardinal Pietro Barbo, dem späteren Papst Pius II., als er sich in einer schweren Krankheit nach Loreto in das Marienheiligtum bringen ließ und um Gesundung bat. In einem Traumgesicht teilte sie ihm mit, daß er gesunden und bald auf den Stuhl Petri erhoben werde. Tatsächlich wurde Kardinal Barbo 1464 zum Papst gewählt. Aus Dankbarkeit ließ er die baufällig gewordene Wallfahrtskirche neu errichten.

Der Ursprungslegende zufolge wurde das hl. Haus von Nazareth durch Engel in der Nacht vom 9. zum 10. Mai 1291 nach Dalmatien übertragen und zwischen Fiume und Tersatto niedergestellt. Drei Jahre später wurde es nach Recanati transferiert, acht Monate später nach Loreto, bis es am 7. September 1295 endgültig an dem Ort stand, wo es bis heute verehrt wird. Heute wird diese Ursprungssage als typisch mittelalterliche Wundererzählung mit legendärem Charakter angesehen, u. a. weil sie erst 170 Jahre nach der angeblichen Übertragung von Propst Pietro di Giorgio Tolomei († 1473) niedergeschrieben worden ist. Der eigentliche Ursprung der Wallfahrt soll eine bereits 1193 urkundlich erwähnte Marienkirche in Loreto sein. Diese erklärt aber kaum die ungeheure Anziehungskraft des Gnadenortes (bis zu 800 000 Besucher jährlich). Die von Pius II. 1468 begonnene, heute dreischiffige Basilika wurde erst 1587 unter Pius V. vollendet.

Bew.: Gut bezeugt, kirchlich anerkannt; Quelle: LThK »Loreto«; R. Ernst, Lexikon; A. M. Rathgeber, Maria, S. 220

1464 GÖRGSÖNY (PÉCS) / UNGARN   Das im Jahr 1961 wiederentdeckte und restaurierte Gnadenbild »Maria, Sitz der Weisheit« hat nach alten Aufzeichnungen am 30. 4. 1464 und wiederholte Male bis zum 18. Mai 1494 Bluttränen vergossen, manchmal so viel, daß das Blut richtig auf die Erde tropfte.

Bew.: Gut bezeugt; Quelle: R. Ernst, Lexikon

1465 PARIS / FRANKREICH   Maria erschien dem Alanus de Rupe (1428–1475) oftmals und forderte ihn auf, eifrig den Rosenkranz zu beten und zu predigen. Er war Dominikaner und lehrte in Paris und Rostock. Hier schrieb er seinen »Psalter Mariens« (auch »Marianischer Rosenkranz«

genannt. Seit dem 13. Jahrhundert gibt es auch deutsche Marienpsalter [dem griech. Hymnus »Akathistos« nachempfunden], die zum Pflichtgebet marianischer Bruderschaften gehörten. Der Alanuspsalter umfaßte 15 Vaterunser, 150 Ave und 150 Klauseln [= Betrachtungen]). Er führte 1470 in Douai die Rosenkranzbruderschaft ein. Die nachfolgenden »Rosenkranzoffenbarungen« sind kirchlich nicht anerkannt, sein Kult als Seliger nicht bestätigt.

Bew.: Ungesicherte Quellen; Quelle: LThK »Rosenkranz«; R. Ernst, Lexikon; LThK »Alanus de Rupe«

Die 15 Verheißungen der Rosenkranzkönigin

1. Wer meinen Rosenkranz beharrlich betet, erlangt eine besondere Gnade.
2. Ich verspreche allen, die andächtig meinen »Psalter« beten, meinen besonderen Schutz und großen Hulderweis.
3. Der Rosenkranz ist ein mächtiger Schild gegen den bösen Feind; er vernichtet das Laster, verhindert die Sünde und rottet die Irrlehre aus.
4. Der Rosenkranz bewirkt das Wiederaufleben der Tugend und der Werke der Gottseligkeit. Durch ihn wird den Seelen die Fülle der göttlichen Erbarmungen zuteil. Er wird die Herzen umkehren, und sie werden anfangen, das Irdische zu verachten, das Himmlische zu lieben und rasche Fortschritte zu machen. Viele Seelen werden durch den Rosenkranz gerettet.
5. Die Seele, die vertrauensvoll durch meinen Rosenkranz die Zuflucht zu mir nimmt, geht nicht verloren.
6. Alle, die andächtig den Rosenkranz beten und dabei die Geheimnisse betrachten, werden vom Unglück nicht niedergebeugt und vor einem unvorhergesehenen Tod bewahrt bleiben. Sind sie in Sünden, so werden sie die Gnade der Bekehrung erlangen; die Gnade der Beharrlichkeit aber, wenn sie gerecht sind; und sie werden des ewigen Lebens teilhaftig werden.
7. Die Gläubigen, die mein Rosenkranzgebet andächtig pflegen, werden nicht ohne Empfang der heiligen Sakramente sterben.
8. Ich will, daß alle, die meinen Rosenkranz mit Andacht beten, während ihres Lebens und im Augenblick ihres Todes der Fülle göttlicher Erleuchtungen und Gnaden teilhaftig werden sowie der Verdienste des heiligen Gottes.
9. Sehr bald werde ich die Seelen aus dem Fegefeuer befreien, die in ihrem Leben meinen Rosenkranz geliebt haben.
10. Die treuen Kinder meines Rosenkranzes werden sich im Himmel großer Herrlichkeit erfreuen.
11. Alles, worum man mich durch den heiligen Rosenkranz bittet, wird man erhalten.
12. Wer meinen Rosenkranz verbreitet, wird in all seinen Nöten meine Hilfe erfahren.

13. Ich habe von meinem göttlichen Sohn die Gnade erlangt, daß alle, die in der Bruderschaft vom heiligen Rosenkranz sind, die glückseligen Bewohner des Himmels im Leben und im Tod zu ihren Brüdern und Schwestern und Fürbittern haben.

14. Alle, die meinen Rosenkranz beten, sind meine geliebten Kinder und Brüder Jesu Christi, meines eingeborenen Sohnes.

15. Die Andacht zu meinem heiligen Rosenkranz ist ein besonderes Merkmal der Auserwählung.

1466 OTTOBEUREN/DEUTSCHLAND Eine unheilbar kranke Frau erhielt im Traum die Weisung, in einem Erlenwäldchen ein dort vergrabenes Marienbild auszugraben und zu verehren. Sie betete vor dem gefundenen Bild und wurde augenblicklich gesund. Die Heilung sprach sich rasch herum, und viele Menschen kamen, um ebenfalls Hilfe zu finden. Der Bauer Jodok Mayer errichtete eine Holzkapelle, bald wurde eine Kirche gebaut, und viele Ablaßverleihungen zwischen 1492 und 1500 legen Zeugnis ab vom florierenden Wallfahrtsbetrieb. Als die Wallfahrt 1803 im Zuge der Säkularisierung geschlossen wurde, kam das Gnadenbild nach Augsburg. Als 1835 das 1685 entstandene Kloster von den Benediktinern wiedererrichtet wurde, gelangte auch das Gnadenbild wieder an seinen ursprünglichen Ort und wurde in der linken Seitenkapelle der barocken Stiftskirche aufgestellt. Die Wallfahrt zu »Unserer Lieben Frau von Eldern« (= Erlenwald) ging auf Ottobeuren über. An der ehemaligen Gedenkstätte wurde 1932 eine Gedenkkapelle errichtet.

Bew.: Ursprungssage; Quelle: Hansen, Die deutschen Wallfahrtsorte

1467 GENAZZANO/ITALIEN Hier wird das Gnadenbild der »Mutter vom guten Rat« verehrt. Das Fresko wurde am 25. 4. 1467 auf wunderbare Weise von den Engeln Gottes nach Genazzano, 40 Kilometer südlich von Rom, gebracht. Früher befand es sich in Jerusalem, dann 200 Jahre lang in Skutari in Albanien. Jeweils wegen der drohenden Gefahr der Zerstörung durch Moslems wurde es zuerst nach Jerusalem, dann aus Albanien weggebracht, um es vor Verunehrung zu schützen. Vor diesem Bild sind viele Wunder geschehen, unzählige Menschen haben davor gebetet und große Gnadenhilfe erlangt. Viele Kopien wurden gemalt und in verschiedenen Wallfahrtsstätten als Gnadenbilder verwendet und verehrt. Die Farben des Bildes erstrahlen trotz seines hohen Alters in leuchtender Frische; vielfach wurde beobachtet, daß sich das Antlitz der Gottesmutter verändert, wenn man ihr seine seelischen Krankheiten und Leiden vorträgt und andächtig vor dem Bild betet.

Bew.: Ursprungssage; Quelle: R. Ernst, Lexikon

FLÜELI / SCHWEIZ   Neben anderen Erscheinungen hatte Nikolaus von **1468**
Flüe (1417–1487) auch Marienerscheinungen. Schon in der Jugend vielfältig begnadet, wurde er Bauer, heiratete, hatte zehn Kinder, war ein
angesehener Bürger, verließ aber am 16. 10. 1467 fünfzigjährig seinen
Hof und seine Familie und ließ sich nach einigem Wandern in der
Ranftschlucht in der Nähe seiner Heimat als Einsiedler nieder. Oftmals
schaute er die »Herrin des Himmels und der Erde« und dankte ihr für den
Schutz, den sie dem Land unter ihrem blauen Mantel bot. Er war einer der
letzten großen Mystiker des Mittelalters, wurde 19 Jahre lang nur durch
die Eucharistie genährt und wurde zum viel gesuchten geistlichen und
politischen Mahner und Berater, immer Sprachrohr himmlischer Wesen,
die durch ihn wirkten. 1669 gestattete man die Verehrung des Wundertä-
ters, 1947 wurde »Bruder Klaus« heiliggesprochen.

> Bew.: Gut bezeugt, kirchlich anerkannt; Quelle: LThK »Nikolaus v. Flüe«;
> R. Ernst, Lexikon

KRAKAU / POLEN   Maria erschien dem sel. Isaias Boner (1400–1471), **1471**
Augustinermönch und Theologieprofessor in Krakau, der ein großer
Marienverehrer war und sich auch durch Bußstrenge und besonderen
Seeleneifer ausgezeichnet hatte, kurz vor seinem Tod, von Engeln und
Heiligen umringt, und erweckte in ihm die große Sehnsucht, »aufgelöst«
zu werden.

> Bew.: Gut bezeugt; Quelle: LThK »Isaias Boner«; R. Ernst, Lexikon

RHODOS / GRIECHENLAND   Als die Johanniter unter ihrem Großmeister **1479**
Pierre d'Aubusson vom 23. bis 28. Mai einen Großangriff von 40 000
Türken unter der Leitung von Sultan Mohammed II. abwehrten, soll den
Kämpfern Maria mit Speer und Schild in den Händen erschienen und
ihnen im Kampf beigestanden sein. Immerhin wurde so der Aufenthalt
des Ordens bis 1522 möglich. Von Soleiman II. vertrieben, konnten sie
sich dann auf Malta festsetzen (»Malteser«).

> Bew.: Gut bezeugt; Quelle: LThK »Johanniter-Orden«; R. Ernst, Lexikon

MADONNA DEL SASSO (LOCARNO) / SCHWEIZ   P. Bartholomäus Piatti von **1480**
Ivrea lebte im Franziskanerkonvent in Locarno, den der hl. Antonius von
Padua persönlich gegründet hatte. Bartholomäus war ein großer Marienverehrer. Eines Nachts betete er besonders innig zu Maria, da fing alles zu
leuchten an, und der Himmel öffnete sich. Es erschien ihm Maria mit dem
Kind, und das Jesuskind liebkoste seine Mutter. Bis zum Morgen verblieb
der Franzikanerbruder in seiner Ekstase. Als ihn seine Mitbrüder befrag-
ten, erzählte er ihnen, daß ihm Maria über den Felsen erschienen sei.

Von da an lebte er als Einsiedler neben einer kleinen, von ihm errichteten Kapelle auf dem Felsen; daraus wurde später das bedeutende Marienheiligtum.

Bew.: Ursprungssage; Quelle: Helvetia Mariana

1489 PENNABILE/ITALIEN Ein auf die Mauer gemaltes Ölbild vergoß plötzlich Tränen. Das Ereignis erregte so großes Aufsehen, daß 1517 an der Stelle eine Kirche gebaut und darin das Marienbild bzw. die weinende Muttergottes verehrt wurde.

Bew.: Ursprungssage; Quelle: R. Ernst, Lexikon

1490 ALAEXOS/SPANIEN Maria befahl einer frommen Frau, die auf einem Feld eine Marienstatue gefunden hatte, dort eine Kapelle zu bauen. Sie kam dem Wunsch nach, und es entstand die Einsiedelei Nuestra Señora de la Casita.

Bew.: Ursprungssage; Quelle: R. Ernst, Lexikon

1491 TROIS-EPIS (NIEDERMORSCHWEIER)/ELSASS (FRANKREICH) Der Schmied Thierry Schöre aus Orbey-Tannach begab sich zum Wochenmarkt nach Niedermorschweier. Da erschien ihm an einer Gedenkstätte, während er am Wegkreuz eines hier Gestorbenen gedachte, Maria in einem strahlenden Licht, in einen weißen Mantel und Schleier gehüllt, in der rechten Hand drei Ähren (trois epis), in der linken einen Eiszapfen. Sie sagte zu dem Schmied: »Mein Sohn, die Bewohner dieser Gegend haben durch ihre Sünden den Zorn Gottes herausgefordert. Der Eiszapfen ist das Symbol von Hagel, Hungersnot, ansteckenden Krankheiten und anderen Züchtigungen. Wenn die Schuldigen sich bekehren, wird Gott ihnen nochmals verzeihen und ihre Felder segnen. Diese drei Ähren sind das Zeichen dieser Segnung von oben. Erzähl den Leuten, was du gesehen und gehört hast!« Durch ein Wunder dazu angetrieben, sein Erlebnis zu erzählen, konnte er bald seine Mitbürger von der Ernsthaftigkeit der Warnung Marias überzeugen. Es wurden Bußprozessionen gehalten und eine Kirche zur mahnenden Erinnerung gebaut.

Bew.: Ursprungssage; Quelle: R. Ernst, Lexikon; Däniken, Erscheinungen

1494 RÉ/ITALIEN Im Jahr 1494 soll ein an der Kirchenwand des italienischen Gebirgsdorfes hängendes Marienbild von einem Steinwurf getroffen worden sein und zu bluten begonnen haben. Aus der Wunde an der Stirn tropfte 20 Tage lang Blut und rann über das Gesicht. Der Fall wurde untersucht, und durch zahlreiche Gebetserhörungen der wunderbare Charakter bestätigt. Die Wallfahrt zur »Madonna del Sangue« ist bis heute lebendig.

Bew.: Ursprungssage, kirchlich anerkannt

MARIA BUCHEN (WÜRZBURG)/DEUTSCHLAND Eine kleine Pietà aus Holz, **1495** die an einer Buche befestigt war, vergoß Blut, als sie von einem Soldaten mit einem Säbel geschlagen wurde. Es entstand ein Wallfahrtsort.

Bew.: Ursprungssage; Quelle: R. Ernst, Lexikon

AZAGNA/SPANIEN Seit ihrer frühesten Jugend hatte die spätere Franzis- **1496** kanerin Johanna Nasques vom Kreuz (1481–1534) Schauungen und Erscheinungen Marias. Mit 15 Jahren trat sie auf den Rat Marias hin in das Franziskanerinnenkloster in Cubas bei Madrid ein, wo sie 1509 Äbtissin wurde. Zahlreiche Wunder und Erscheinungen.

Bew.: Gut bezeugt; Quelle: LThK »Johanna Nasques«; R. Ernst, Lexikon

16. Jahrhundert

WERTHENSTEIN/SCHWEIZ Ein frommer Einsiedler sah Maria als Him- **1500** melsgöttin, umgeben von unzähligen Engeln, und hörte lange Zeit ihren himmlischen Gesang. Als er davon erzählte, glaubte man ihm bereitwillig, besonders als 1518 eine Reihe von Wundern an Pilgern geschah, die zur Erscheinungsstätte am Werthenstein gekommen waren. 1520 wurde dort eine Kapelle eingeweiht, die immer wieder erweitert wurde.

Bew.: Ursprungssage der Wallfahrtskirche im Kanton Luzern; Quelle: Helvetia Mariana

TIRANO/ITALIEN Maria erschien einem jungen Mann und versprach **1504** ihm die Heilung seines Bruders, um die er Maria inständig gebeten hatte. Zum Dank für die Heilung wurde eine Kirche gebaut und ein Gnadenbild aufgestellt. 1690 wurde es feierlich gekrönt.

Bew.: Ursprungssage; Quelle: R. Ernst, Lexikon

LEÓN/SPANIEN Maria erschien einem Hirten und gab ihm den Auftrag, **1506** zum Bischof zu gehen und ihm den Wunsch Marias nach einer Kirche zu übermitteln. Er tat es, und die Kirche wurde sofort gebaut und zuerst von Augustinern, ab 1518 von Franziskanern verwaltet.

Bew.: Ursprungssage; Quelle: R. Ernst, Lexikon

1509 MOTTA/ITALIEN Maria äußert einem armen Bauern gegenüber ihren Wunsch nach einer eigenen Kapelle.

Bew.: Ursprungssage; Quelle: R. Ernst, Lexikon

1511 CASTELLEONE/ITALIEN Maria erscheint einer Winzerin und beauftragt sie, für einen Kirchenbau zu sorgen. Das geschieht, und 1560 wird für die Kirche auch ein Gnadenbild geschaffen. 1617 übernehmen Augustiner, die neben der Kirche ein Kloster gebaut haben, die Verwaltung.

Bew.: Ursprungssage; Quelle: R. Ernst, Lexikon

1511 TREVISO/ITALIEN Maria erschien dem hl. Hieronymus Aemiliani (1486–1537), der in Kriegswirren in ein Gefängnis geraten war. Er bat sie um Hilfe und gelobte eine Pilgerfahrt zum Marienheiligtum in Treviso. Er kam frei und wurde wunderbar durch kämpfende Heere zur Erfüllung seines Gelübdes geführt. Hieronymus war von frühester Jugend an Soldat und entschloß sich dann, auch unter dem Eindruck seines Erscheinungs- und Führungserlebnisses, zu einem Leben im Dienste der Nächstenliebe und Buße. Er pflegte Kranke und Verwahrloste, errichtete Waisenhäuser in verschiedenen italienischen Städten und gründete 1528 für seine karitativen Anstalten, obwohl selbst ein Laie, die »Compagnia dei servi dei poveri«, eine Genossenschaft von Regularkanonikern, die später nach dem Mutterhaus »Somasker« genannt wurden. 1747 selig- und 1767 heiliggesprochen, 1928 zum Patron der Waisen erklärt, dargestellt mit Kette und Kugel in der Hand.

Bew.: Gut bezeugt, kirchlich anerkannt; Quelle: LThK »Hieronymus Aemiliani«; R. Ernst, Lexikon

1512 ALBENDORF/POLEN In den Vorbergen des Heuscheuergebirges in Schlesien (heute Polen) liegt Albendorf, das »schlesische Jerusalem«. Die Geschichte dieses Wallfahrtsortes geht ins 13. Jahrhundert zurück. Ein frommer Ritter hatte eine Marienerscheinung auf Schloß Rathen-Albendorf, ließ nach seinen Angaben eine etwa 27 Zentimeter hohe Marienstatue schnitzen und an einer mächtigen Linde am Rande einer Schlucht zur Erinnerung an diese Erscheinung anbringen. Als ein Blinder bald darauf beim Gebet vor der Statue sein Augenlicht wieder erhielt, setzte eine Wallfahrt zu diesem Marienbild ein. Es entstand ein hölzernes Kirchlein, und 1512 ließ ein Adeliger eine steinerne Kirche an dieser Stelle erbauen und die Statue von der Linde in die Kirche übertragen. In all den Jahren hat die Wallfahrt seither nicht aufgehört. Im 17. Jahrhundert aber begann Daniel von Osterberg, angeregt durch die Lage von Albenberg zwischen drei Bergen, das »Schlesische Jerusalem« zu gestalten und alle Stätten, die im Leben und Leiden Jesu wichtig waren, nachzubilden. Zentrum wurde eine Kirche mit 54 Meter breiter reichgegliederter Front, die 1723 vollendet und zur Basilika erhoben wurde. In den Glanzzeiten waren jährlich mehr als 150 000 Pilger in Albendorf.

Bew.: Ursprungsgeschichte; Quelle: Alexius Moser, Wallfahrt, S. 51

KRAKAU/POLEN   Bei einem alten Marienbild an der äußeren Wand der Karmelitenkirche erschienen sieben Lichter, die man sich nicht erklären konnte. Als ein Brand das Kloster verwüstete, blieb das Bild unversehrt und warf jedesmal, als man es restaurieren wollte, die neue Farbe ab. 1634 änderte es deutlich Farben und Züge des Gesichts.   1512

Bew.: Unbekannte Quelle; Quelle: R. Ernst, Lexikon

CAMOGLI/ITALIEN   Maria erscheint einem Mädchen und erbittet den Bau einer Kirche und eines Klosters. Es dauert lange, ehe man der Bitte nachkommt, aber 1934 wird die Kirche geweiht und den Serviten übergeben, die neben der Kirche ein Kloster erbaut hatten und bereit waren, die entstandene Gnadenstätte zu betreuen. 1917 wurde das Gnadenbild auf Anordnung Papst Benedikts XV. gekrönt.   1518

Bew.: Ursprungsgeschichte; Quelle: R. Ernst, Lexikon

CATIGNAC/FRANKREICH   Am 10. August erschien Maria, begleitet von Erzengel Michael und dem hl. Bernhard, dem Landwirt Jean de la Baume über den Hügeln des Mont Vardaille und wünschte, daß an diesem Ort ein Heiligtum entstehen sollte; sie wolle allen, die hier darum bitten, Gnaden in überreichem Maße schenken. »Notre Dame des Grâces« (Unsere Liebe Frau der Gnaden) gab sie als ihren Namen an. Noch im selben Jahr wurde der Grundstein für eine Kirche gelegt, und schon zwei Jahre später bestätigte Papst Leo X. diesen Wallfahrtsort.   1519

Bew.: Ursprungsgeschichte; Quelle: R. Ernst, Lexikon; Däniken, Erscheinungen

TARBES/FRANKREICH   Maria erschien einem Hirtenmädchen und gab ihm den Auftrag, seinen Vater und die Dorfobrigkeit von ihrem Wunsch zu unterrichten, daß hier eine Kirche erbaut werden solle, weil sie der   1520

Bevölkerung mit Rat und Tat zur Seite stehen und sie zu einer Haltung gläubigen Vertrauens führen wolle. Das Mädchen bat Maria, einstweilen die Schafe zu hüten, dann werde es gleich seinen Vater holen. Maria folgte dem Wunsch des Kindes und zeigte sich auch dem Vater. Tatsächlich wurde hier eine Kirche gebaut, und Maria wurde unter dem Titel »Notre Dame de Guérison« (Unsere Liebe Frau von der Genesung) verehrt.

Bew.: Ursprungsgeschichte; Quelle: R. Ernst, Lexikon

1522 MANRESA / SPANIEN   Maria erschien dem hl. Ignatius von Loyola (1491–1556), der als Offizier des spanischen Vizekönigs von Navarra 1521 verwundet worden war und im Herbst 1521 während seiner Genesung auf Schloß Loyola sich den himmlischen Dingen zugewandt hatte. Sie erschien ihm zwischen dem März 1522 und dem Februar 1523 mehrmals. In dieser Zeit erhielt er eine mystische Umformung im Sinne seiner späteren »Exerzitien«, sein Herz wurde geläutert und bereit, sich voll in den Dienst des Gottesreiches zu stellen. Nach einer Wallfahrt nach Palästina studierte er Philosophie und Theologie in Paris, wurde 1537 zum Priester geweiht und widmete sich der Gründung und dem Aufbau der »Societas Jesu« (Jesuiten), die er voll dem Papst (Paul III.) zur Verfügung stellte. Der Überlieferung zufolge soll er noch mehrmals Erscheinungen Marias und Christi gehabt haben.

Bew.: Gut bezeugt; Quelle: LThK »Ignatius v. Loyola«; R. Ernst, Lexikon

1528 MARIA-RICKENBACH / SCHWEIZ   Der Knecht Zumbüel von Büren aus Nidwalden rettete während des Bildersturms der Reformatoren eine Marienstatue aus dem Feuer, nahm sie heim zu sich und im nächsten Sommer auf die Alm, wo er sie in einen hohlen Ahorn stellte und täglich seine Andacht hielt. Im Herbst beim Almabtrieb konnte er sie nicht von der Stelle bewegen. Der zu Rate gezogene Pfarrer vermutete darin ein Zeichen, daß die auf so wunderbare Weise gerettete Madonna hier bleiben und auf dem Berg im Kanton Nidwalden verehrt werden und Gnaden spenden wolle. Er faßte den Plan eines Kapellenbaus, und tatsächlich wurde Maria Rickenbach ein vielbesuchter Wallfahrtsort.

Bew.: Ursprungssage; Quelle: Helvetia Mariana

1529 SENS / FRANKREICH   Während die Gläubigen in der Hauptkirche von Sens innig zu Maria um Abwendung der Seuchengefahr beteten, die in Frankreich wütete, erschien die Muttergottes als »Heil der Kranken« vielen Betern, zeigte sich ihnen von vielen Engeln umgeben und stärkte ihr Vertrauen. Nach der Erscheinung kam die Seuche zum Stillstand.

Bew.: Unbekannte Quelle; Quelle: R. Ernst, Lexikon

GUBEL/SCHWEIZ Während der Schweizer Religionskriege erschien Ma- 1531
ria in der Nacht des 11. und des 23. Oktober den glaubenstreuen Soldaten
auf dem Gubelberg im Kanton Zug und stärkte sie. Sie errangen den Sieg.
Zur Erinnerung an diese beiden Erscheinungen und an die Schlacht auf
dem Gubel wurde eine Kapelle errichtet und 1559 eingeweiht. Einsiedler
betreuten das Heiligtum bis 1647, dann übernahmen Kapuzinerinnen, die
dort ein Kloster eingerichtet hatten, diesen Dienst.

Bew.: Ursprungssage; Quelle: Helvetia Mariana, S. 193; R. Ernst, Lexikon

GUADALUPE/MEXIKO Der meistbesuchte Marienwallfahrtsort der Welt 1531
ist nicht Lourdes, Loreto oder Fatima, sondern Guadalupe am Stadtrand
von Mexiko-City. Etwa 20 Millionen Menschen besuchen jährlich die
Erscheinungsstätte »Unserer Lieben Frau von Guadalupe«, der »Patronin
Mexikos«, der »Schlangenzertreterin«. Sie erschien im Jahr 1531 dem
Azteken Cuauhtlatohuac (geb. 1474, 1525 auf den Namen Juan Diego
getauft) auf dem der Schlangen- und Muttergöttin Tonantzin geweihten
Hügel Tepeyrac, etwa 10 Kilometer vom Zentrum Tenochtitlans, dem
heutigen Mexiko-City, entfernt. Das auf wunderbare Weise bei diesen
Erscheinungen entstandene Marienbild bildet den Mittelpunkt der Ver-
ehrung.

1. Die Vorgeschichte: Die Geschichte Guadalupes beginnt 1519 mit der
Ankunft der spanischen Eroberer unter Kapitän Hernando Cortés in
Mexiko. Sie wunderten sich über den hohen Bildungsstand und die
Kultur der etwa zehn Millionen Azteken, als sie von der Küste in die
Hauptstadt Tenochtitlan zogen. An der Spitze des Reichs stand Kaiser
Montezuma. 1503 war der abergläubische, tiefsinnige Mann auf den
Thron gekommen.

Der mächtigste Gott, der in den steinernen Tempelpyramiden verehrt
wurde, war Quetzalcoatl (»Gefiederte Schlange«), dem jedes Jahr Tausende Menschen rituell geopfert wurden. Nach dem Glauben der Azteken
hatte er früher unter ihnen gelebt, war ein weißgesichtiger Herrscher, der
mit der Verheißung weggezogen war, wiederzukommen, um die Herrschaft wieder zu übernehmen.

Prinzessin Papantzin, die Schwester des Kaisers, hatte 1509 einen
Traum: Sie sah am Ufer des Ozeans viele große Schiffe mit schwarzen
Kreuzen auf den Segeln, die aus fernem Land kommen und den Azteken
die Kenntnis des wahren Gottes bringen würden. Durch geschickte Strategie brachte Cortés viele unzufriedene und aufständische Aztekenvölker
auf seine Seite. Der Kaiser war durch die Voraussage – die Spanier waren
»weiß« und trugen »schwarze Kreuze« – und durch seinen Aberglauben
so verblüfft, daß es ein Leichtes war, ihm die Herrschaft zu entreißen.

Cortés zerstörte die Tempel, erbaute überall katholische Kirchen und forderte die Azteken auf, sich taufen zu lassen. 1528 ernannte Karl V. Juan Zumárraga zum ersten Bischof der Neuen Welt, der mit großem Eifer die Christianisierung Mexikos vorantrieb. Dies ging Hand in Hand mit der Europäisierung und Kolonialisierung der aztekischen Kultur.

Unter den ersten, die sich taufen ließen, waren auch Juan Diego aus dem Dorf Cuautitlan, seine Frau und sein Onkel, der im Dorf Tolpetlac wohnte. Oft gingen sie nach Tenochtitlan in die Kirche Santiago de Tlatilolco, die auf den Ruinen des Haupttempels Huitzilopochtlis, des Kriegsgottes der Azteken, errichtet worden war, um die Sakramente zu empfangen und religiöse Belehrungen zu erhalten.

2. Die Erscheinung auf dem Tepeyrac: Am 9. Dezember 1531 – damals wurde an diesem Tag das Fest der Unbefleckten Empfängnis Marias gefeiert – machte Juan Diego sich bald nach Mitternacht auf, um die 24 Kilometer nach Tenochtitlan zur Messe zu gehen. Er hatte eine tiefe Beziehung zur strahlenden Himmelskönigin, die er als seine ganz persönliche Mutter empfand. Knapp unter der Kuppe des Berges Tepeyrac, wo früher der Tempel der Schlangengöttin gestanden war, hörte er plötzlich Musikklänge in der frühen Dämmerung, und er sah eine leuchtend weiße Wolke, umgeben von Strahlen blendenden Lichts in den Farben des Regenbogens, die dahinter hervordrangen. Dann verstummte die Musik, und er hörte jemanden in der Koseform seinen Namen rufen: »Juanito! Juan Dieguito!« Er kletterte zur Kuppe empor und stand bald vor einer Dame von überwältigender Schönheit, ihre Gewänder leuchteten wie die Sonne, und die Strahlen, die von ihr ausgingen, durchdrangen die Felsen der ganzen Umgebung. Auch die Büsche glitzerten in allen Farben. Diego war hingerissen, fiel auf die Knie und hörte:

>»Höre, Juanito, mein liebstes kleinstes Söhnchen, wohin gehst du? – Wisse, daß ich die makellose und immerwährende Jungfrau Maria bin, die Mutter des wahren Gottes, durch den alles lebt, des Herrn aller Dinge, welcher der Herr über Himmel und Erde ist. Es ist mein inniger Wunsch, daß mir hier ein teocalli (Gotteshaus) gebaut werde, wo ich meine ganze Liebe, mein Mitleid und Erbarmen, meine Hilfe und meinen Schutz den Menschen erweisen und schenken will. Ich bin eure erbarmungsreiche Mutter, die Mutter aller Menschen, all jener, die mich lieben, die zu mir rufen, die Vertrauen zu mir haben. Hier will ich auf ihr Weinen und auf ihre Sorgen hören und will ihre Leiden, ihre Nöte und ihr Unglück lindern und heilen.
>Und damit ich meine Absichten verwirklichen kann, gehe zum Haus des Bischofs in der Stadt Mexiko und sage ihm, daß ich dich gesandt habe und daß es mein Wunsch ist, daß hier ein teocalli gebaut werde. Sage ihm, was du gesehen und gehört hast. Sei versichert, daß ich mich sehr dankbar erweisen und dir alles vergelten werde, wenn du mit Sorgfalt ausführst, worum ich dich

gebeten habe. Nun, da du meine Worte gehört hast, mein Sohn, gehe und tue alles, was du tun sollst.«

Juan Diego erkärte seine Bereitschaft und machte sich auf den Weg in die Residenz des Bischofs Zumárraga. Nur mühsam vermochte er dort durchzusetzen, daß er empfangen wurde. Der Bischof hörte ihn an, versprach ihm, darüber nachzudenken, ließ aber erkennen, daß er nicht viel davon hielt. Auf dem Rückweg »berichtete« Juan Maria von seinem vermeintlichen Versagen und forderte sie auf, jemand Geeigneteren zu schicken. Da hörte er die Worte:

»Höre, mein liebster Sohn, und wisse, daß ich viele Diener und Boten habe, die ich mit der Überbringung meiner Botschaft beauftragen könnte. Doch es ist ganz und gar notwendig, daß du derjenige sein sollst, der diese Mission ausführt und daß durch deine Vermittlung und deine Hilfe mein Wunsch erfüllt werden soll. Ich bitte dich dringend, morgen wieder zu dem Bischof zu gehen. Sage ihm in meinem Namen und laß ihn ganz genau meine Anordnung verstehen, daß er die Errichtung des Gotteshauses, um das ich bitte, ausführen soll. Wiederhole ihm, daß ich persönlich es bin, die immerwährende Jungfrau Maria, die Mutter Gottes, die dich sendet.«

Juan Diego ist beruhigt und ermutigt und verspricht, es morgen noch einmal zu versuchen und am Abend zu kommen, um Bericht zu erstatten. Am nächsten Morgen, am Sonntag, geht er zeitig früh in die Kirche Santiagos und spricht erneut beim Bischof vor. Nach vielen Stunden des Wartens – die Dienerschaft hat seinen Besuch lange Zeit gar nicht gemeldet – steht er wieder vor dem Bischof und bittet ihn leidenschaftlich, den Wunsch der himmlischen Mutter zu erfüllen. Jetzt nimmt ihn der Bischof ernst und erkundigt sich eingehend nach den Umständen der behaupteten Erscheinung, dann verlangt er ein Zeichen vom Himmel, das als Beweis dienen könne, daß es sich um keine Einbildung handelt. Juan Diego findet das in Ordnung, dankt dem Bischof und eilt zum Tepeyrac, um Maria die Bitte des Bischofs zu überbringen. Der Bischof aber schickt ihm Boten nach, die ihn beobachten sollen. Sie verlieren ihn beim Anstieg auf den Berg aus den Augen und halten ihn für einen Schwindler. Er aber tritt vor Maria hin und berichtet. Sie antwortet:

»Es ist sehr gut, mein Söhnchen. Komme morgen hierher zurück, und du sollst das Zeichen erhalten, das er verlangt hat. Dann wird er glauben und nicht länger zweifeln oder dich verdächtigen. Achte gut auf das, was ich sage, mein Söhnchen, ich werde dich reich entschädigen für allen Verdruß und alle Arbeit und Mühen, die du für mich hattest. Du kannst nun nach Hause gehen. Morgen werde ich hier auf dich warten.«

3. Das Zeichen: Tatsächlich »wartet« Maria am nächsten Tag vergebens, denn Juan Diego fand seinen Onkel schwerkrank vor, er war an einem immer tödlich verlaufenden Fieber erkrankt. Die ganze Nacht und den folgenden Tag pflegte ihn Juan Diego, rief den Dorfarzt, suchte Heilkräuter und eilte schließlich am Dienstag früh am Morgen nach Tlatilolco, um einen Priester zu holen. Als er zum Tepeyrac kommt, wählt er einen anderen Weg als sonst, um keine Zeit zu verlieren . . . Da steht plötzlich die Dame vor ihm, kommt in großem Lichtglanz vom Hügel herab und schneidet ihm den Weg ab. Mit gütiger Stimme ruft sie ihm zu: »Was ist geschehen, mein Söhnchen? Wohin gehst du?« Verwirrt geht er auf sie zu, faßt sich dann aber und erklärt ihr, weshalb er nicht kommen konnte und auch jetzt auf schnellstem Weg in die Stadt müsse, aber morgen früh auf dem Berg sein werde. Er bittet um Vergebung und um Geduld. Große Liebe und Mitgefühl spürt er aus dem Blick Marias, dann vernimmt er:

»Höre und laß es in dein Herz dringen, mein liebstes, kleinstes Söhnchen. Nichts soll dich erschrecken, nichts dich betrüben, nicht soll sich dein Antlitz, dein Herz verfinstern. Fürchte nicht diese Krankheit, noch irgendeine andere Krankheit oder einen Kummer, einen Schmerz. Bin ich denn nicht hier, deine Mutter? Bist du denn nicht in meinem Schatten, unter meinem Schutz? Bin ich nicht der Brunnen deiner Freude? Bist du nicht in den Falten meines Mantels, in der Beuge meiner Arme? Brauchst du noch mehr als das? Laß dich wegen der Krankheit deines Onkels nicht beunruhigen, denn er wird an diesem Übel nicht sterben. Gerade jetzt, in diesem Augenblick, ist er geheilt.«

Da ist Juan Diego beruhigt und bietet sich an, sofort mit dem erbetenen Zeichen zum Bischof zu gehen. Maria lächelt zustimmend und weist ihn an, auf den Gipfel des Tepeyrac zu steigen,

». . . zu der Stelle, wo du mich zuvor gesehen hast. Dort wirst du viele Blumen wachsen sehen. Pflücke sie sorgfältig, sammle sie und bringe sie dann her zu mir und zeige mir, was du hast.«

Er steigt hinauf, kommt zur angegebenen Stelle und findet eine unglaubliche Blumenpracht – wie sie hier auf dem steinigen Boden und bei dieser Jahreszeit unerklärlich ist. Er breitet seinen Mantel (Tilma) wie eine Schürze aus, sammelt die Blumen und bringt sie darin zu Maria. Sie ordnet sie etwas und sagt dann zu ihm:

»Mein Söhnchen, diese verschiedenartigen Blumen sind das Zeichen, das du dem Bischof bringen sollst. Sage ihm in meinem Namen, daß er daraus meinen Willen erkennen soll und ihn erfüllen muß. Du sollst mein Botschafter sein, der mein ganzes Vertrauen verdient. Ich befehle dir, die Tilma nicht zu öffnen, ihren Inhalt nicht zu enthüllen, als erst in seiner Gegenwart. Dann sage ihm alles. Schildere, wie ich dich nach oben auf den Hügel geschickt habe, wo du diese Blumen in verschwenderischer Fülle fandest, darauf wartend, gepflückt zu werden. Erzähle ihm erneut alles, was du hier gesehen und gehört hast, um ihn anzutreiben, meinen Wünschen nachzukommen und das Gotteshaus hier zu erbauen, wie ich gebeten habe.«

Juan Diego macht sich auf den Weg und wird wiederum von der Dienerschaft brüskiert. Erst als sie den Duft der Blumen aus seiner Tilma bemerken, melden sie ihn beim Bischof an. Diesmal sind wichtige Persönlichkeiten anwesend – z. B. der eben angekommene neue Gouverneur von Mexiko, Bischof Don Sebastian Ramirez y Fuenleal. Juan Diego berichtet, öffnet dann seine Tilma und leert die Blumenpracht vor dem Bischof auf den Boden. Der Bischof ist überwältigt, sieht zuerst die Blumen, dann aber auf den Mantel und bemerkt darauf ein herrliches Bild der Mutter Jesu! Bald sinken alle Anwesenden auf die Knie und sind gepackt von dem Wunder. Juan Diego wundert sich zuerst, blickt dann an sich herab und sieht das Abbild Marias, wie sie ihm auf dem Tepeyrac begegnete. Das Doppelwunder überzeugt den Bischof, und die Botschaft von dem Wunder verbreitet sich. Zumárraga ordnet an, daß fürs erste eine Kapelle am Erscheinungsort gebaut werde, ehe die Pläne für eine große Basilika erstellt sein würden.

4. *Auch dem Onkel erschien Maria:* Juan Diego wurde von einer Abordnung des Bischofs in einer Art Triumphzug nach Hause gebracht, suchte sofort den Onkel auf und fand ihn geheilt vor. Er berichtete, daß er plötzlich den Raum von Licht erfüllt sah und eine schöne Dame erblickte, die Ruhe und Frieden ausstrahlte. Im selben Moment fühlte er sich befreit von Fieber und Schwäche und fiel vor der Dame auf die Knie. Diese berichtete ihm von der Begegnung mit seinem Neffen, dem Zeichen und auch von dem Bild, das in seine Tilma eingeprägt sei. Dann nannte sie den Titel, unter dem sie in Zukunft benannt sein wollte. Sie äußerte ihn in der Nahuatlsprache, in der sie sowohl mit Juan Diego wie mit dessen Onkel sprach; der Dolmetscher, der des Onkels Bericht der Abordnung des Bischofs übersetzte, verstand »Die immerwährende Jungfrau, die heilige Maria von Guadalupe« – gesagt hatte sie wahrscheinlich »Die immerwährende Jungfrau Maria, welche die Schlange zertritt«. Das Nahuatlwort für »Schlangenzertreterin« (Coatlaxopeuh) klingt spanischen Ohren so ähnlich wie »Guadalupe«. So ergab sich der Name des spanischen Wallfahrtsortes in Verbindung zu der Marienerscheinung auf dem mexikanischen Tepeyrac. »Schlangenzertreterin« bezieht sich auf die Verheißung in Genesis 3,14–15, aber ebenso auf Quetzalcoatl und die schreckliche Menschenopferpraxis auf den Altären des alten Mexiko.

Das mexikanische Aussehen Marias auf dem Bild, der Bezug zu den alten Göttern und die erstaunlichen Wunder im Zusammenhang mit den Marienerscheinungen führten zu einer Bekehrungswelle unter den Azteken: annähernd 9 Millionen wurden in wenigen Jahren getauft!

5. Die Mission des Juan Diego: Der Seher übersiedelte bald in eine kleine Klause auf dem Tepeyrac und betreute die Pilger, erzählte ihnen seine Erfahrungen, betete mit ihnen und führte das Leben eines Asketen. Als ihn Bischof Zumárraga nach dem Tod des Onkels besuchte, entsprang am Ort der vierten Erscheinung eine Quelle, die bis heute fließt und als Heilwasser gepriesen wird. Am 30. Mai 1548 starb Juan Diego.

1600 wurde die Kapelle beträchtlich erweitert, ebenso noch einmal 1622. Endlich wurde 1694 der Grundstein für eine große Basilika gelegt und 1709 das Gnadenbild auf den Hochaltar übertragen. Es hatte allen Witterungseinflüssen, dem Kerzenqualm und Schweiß der Pilger in 178 Jahren widerstanden und strahlt auch heute noch in voller Farbenfrische!

6. Nicht von Menschenhand gemalt: Eingehende Untersuchungen der Tilma ergaben, daß es sich eher um ein »Farbfoto« als um ein gemaltes Bild handelt. Die Agavefasern sind unter dem Bild seltsam geglättet, enthalten aber keine Farbe – jedenfalls keine irdischen Ursprungs, die Materialien sind unbekannt und nicht analysierbar. 1929 entdeckte ein Fotograf bei mehrfachen Vergrößerungen, daß sich in den Augen Marias auf dem Gnadenbild Menschen spiegeln, vor allem das Brustbild eines bärtigen Mannes ist deutlich erkennbar. Untersuchungen 1955 ergaben, daß es sich mit ziemlicher Wahrscheinlichkeit um Juan Diego handelt. Untersuchungen der Firma Kodak kamen zum gleichen Ergebnis: Die Tilma reagierte offensichtlich wie ein zur Aufnahme bereiter Farbfilm! Diese Fähigkeit kann aber ein aus Agavefasern gefertigter Mantel im Jahr 1531 nicht besessen haben. Fazit: ein menschlich unerklärliches, bleibendes Zeichen übernatürlichen Eingreifens auf der Erde!

7. Reaktion der Kirche: Sehr schnell gilt Maria von Guadalupe als die Beschützerin Mexikos. Unzählige Kopien werden angefertigt und weltweit verehrt. 1737 wird Maria zur Patronin Mexikos erklärt.

Insgesamt 25 Päpste haben positiv zu den Erscheinungen und Wundern Stellung genommen. Papst Johannes Paul II. hat sie schließlich zur »Mutter beider Amerika« erklärt. 1754 wurde mit päpstlichem Breve (Non est Equidem) ein Hochfest installiert und die Basilika von Guadalupe in den Rang der Laterankirche in Rom erhoben. Papst Leo XIII. verfügte, daß am 12. 10. 1895 das Bild feierlich gekrönt wurde.

Bew.: Bestens bezeugt. Kirchlich anerkannt; Quelle: LThK »Guadalupe«; Marienlexikon, hrsg. v. Remigius Bäumer u. Leo Scheffczyk, Bd. III, St. Ottilien, 1991

1531 WESEMLIN (LUZERN)/SCHWEIZ In der Nacht auf das Pfingstfest erschien dem Ratsherrn Mauritz von Mettenwyl auf einer Anhöhe bei Luzern, wo Reformatoren in den Auseinandersetzungen ein Marienbild zerschlagen hatten, Maria in einem wunderbaren Licht, von Strahlen umgeben, den Mond zu ihren Füßen, das Jesuskind auf dem linken Arm, in der rechten Hand ein Zepter und mit einer Krone auf dem Kopf. Überwältigt von der Erscheinung beschloß er, die zerstörte Kapelle wiederaufzubauen und das Marienbild der Erscheinung gemäß wiederherstellen zu lassen. Am nächsten Abend versammelten sich auf seine Erzählung hin viele Beter an diesem Erscheinungsort. Ihnen allen erschien Maria ein zweites Mal, jedoch ohne Krone; dann kamen zwei Engel und krönten Maria als »Königin der Engel«. Alle Zeugen dieser Erscheinung waren sehr ergriffen und sorgten dafür, daß nach der Befreiung der katholischen Kantone die Marienkapelle auf dem Wesemlin wieder erbaut wurde. Viele Gebetserhörungen wurden bekannt. Seit 1588 betreuen Kapuziner, die sich dort angesiedelt hatten, die Gnadenstätte.

Bew.: Ursprungsgeschichte; Quelle: Helvetia Mariana, S. 114; R. Ernst, Lexikon

SAVONA/ITALIEN Maria erschien dem Bauer Antonio Botta am Morgen 1536 des 16. März, als er zur Arbeit auf seinen Weinberg ging. Helles Licht, aus dem eine leuchtende Frauengestalt sichtbar wurde, umstrahlte ihn. Er hörte: »Fürchte dich nicht! Ich bin die Jungfrau Maria!« Sie forderte ihn zu Gebet und Buße auf. Einige Wochen nach dieser Erscheinung hatte er ein zweites Erlebnis dieser Art: Maria saß auf einem großen Stein im Bach und sagte, daß die Welt ohne Gebete und gute Werke in große Trübsal geraten werde; das Volk solle sich bekehren und von seinen Missetaten abwenden. Sie wünsche »nicht Gerechtigkeit, sondern Barmherzigkeit!«

Botta erzählte, was er erlebte, und er fand Glauben. Eine große Kirche wurde am Erscheinungsort gebaut, und viele Wallfahrer kamen zur »Mutter der Barmherzigkeit«.

Bew.: Ursprungsgeschichte; Quelle: R. Ernst, Lexikon

GÖRZ/ITALIEN Maria erscheint zweimal dem Hirtenmädchen Ursula 1539 Ferligoinza und gibt ihm eine Botschaft: »Sage dem Volk, es solle mir hier ein Haus bauen und mich um Gnade anflehen.«

Bew.: Ursprungsgeschichte; Quelle: R. Ernst, Lexikon

LÖWEN/BELGIEN Maria führt den belgischen Priester Kornelius 1543 Wischaven (1509–1559), einen rührigen Beichtvater, Verfechter des öfteren Kommunionempfangs und Kämpfer gegen die eindringende Neuerungen, zu Petrus Faber, durch den er für den Jesuitenorden gewonnen wurde. Als erster Flame wurde er von Ignatius selbst in den Orden

aufgenommen, 1547 nach Rom berufen, wo er Spiritual der Jesuiten-
scholastiker wurde. Er starb in Loreto.

Bew.: Gut bezeugt; Quelle: LThK »Wischaven Kornelius«; R. Ernst, Lexikon

1550 GRANADA/SPANIEN Der hl. Johannes von Gott (1495–1550), geb. in
Portugal, mit acht Jahren nach Spanien entführt, ohne Familiennamen,
deshalb von seinem Dienstgeber »von Gott« genannt, wurde mit 27
Jahren Soldat, war kurz in Afrika, lebte dann als fliegender Buchhändler
in Gibraltar und Granada. Durch eine Predigt des Johannes von Avila
1539 sehr erschüttert, widmete er den Rest seines Lebens der organisier-
ten Krankenpflege. Er gründete 1540 in Granada ein Krankenhaus, prak-
tizierte »Ganzheitsmedizin«, bot auch psychoanalytische Behandlung
und gütigen Zuspruch an die Kranken und setzte sich für körperliche und
seelisch-geistige Heilung ein.
Schon als Soldat hatte er eine Marienerscheinung, als er, vom Pferd
gestürzt, Maria als einfache Bäuerin gekleidet sah, die ihm half, ihn
tröstete und von seinen Verletzungen heilte und damit den Grundstein zu
seiner späteren Bekehrung und seinem vollen Engagement legte. Kurz
vor seinem Tod, als der von ihm 1540 in Granada als Verein von Welt-
leuten gegründete Orden – »Hospitalorden vom heiligen Johannes von
Gott« – durch Annahme der Augustinerregel umgebildet und 1617 päpstlich approbiert war (gewöhnlich »Barmherzige Brüder« genannt – was
aber auch der Namen einiger anderer Kongregationen ist, die nicht mit
Johannes von Gott zusammenhängen!) und die von ihm begründete
planvolle Krankenpflege bereits florierte, erschien ihm Maria wieder und
führte ihn am 8. März heim in das himmlische Reich.

Bew.: Gut bezeugt; Quelle: LThK »Johannes von Gott«; R. Ernst, Lexikon

1550 KRAKAU/POLEN An der Außenwand der Kirche der Augustinereremiten sah man ein Gemälde der Gottesmutter von himmlischem Glanz
umstrahlt, und man hörte himmlischen Gesang in dessen Nähe. Als 1550
das Kloster abbrannte, blieb das Bild unversehrt. Als 1621 eine spektaku-
läre Heilung vor dem Bild erfolgte, begann die Wallfahrtsbewegung.

Bew.: Ursprungsgeschichte; Quelle: R. Ernst, Lexikon

1550 LISSABON/PORTUGAL Maria erschien wiederholt dem Sebastian Barad-
das und bewog ihn, in den Jesuitenorden einzutreten.

Bew.: Unbekannte Quelle; Quelle: Däniken, Erscheinungen

VAILANKAMI/INDIEN Maria erschien einem armen Jungen, der Milch in 1550
das nahe Dorf trug, und bat ihn, von der Milch trinken zu dürfen. Der
Junge erlaubte es ihr und stellte nachher fest, daß der Topf zum Überlau-
fen voll war. Einige Wochen später erschien Maria am selben Ort einem
gelähmten Jungen und sagte: »Geh zum Bürgermeister und bitte ihn,
hier eine Kirche bauen zu lassen.« Als sie der Junge auf seine gelähmten
Beine hinwies, heilte sie ihn. Unter dem Eindruck dieses Wunders wurde
eine Kapelle gebaut, die später, als eine starke Wallfahrtsbewegung einsetzte, durch eine »Basilika« ersetzt wurde (unter Papst Johannes XXIII.
zur päpstlichen Basilika erhobene große Wallfahrtskirche). Vailankami
gilt heute als das indische Lourdes.

Bew.: Ursprungsgeschichte; Quelle: R. Ernst, Lexikon

WEISSENSTEIN/SÜDTIROL (ITALIEN) Maria erschien dem Bauern Leon- 1553
hard bei der Flucht aus dem Gefängnis, in das er unter dem Verdacht,
wahnsinnig geworden zu sein, eingeliefert worden war, heilte ihn und
beauftragte ihn, eine Kapelle zu bauen. Als er mit dem Ausschachten des
Fundaments begann, fand er eine Statue der Schmerzhaften Mutter, die
zum Gnadenbild des Marienheiligtums von Weißenstein wurde.

Bew.: Ursprungsgeschichte; Quelle: R. Ernst, Lexikon

KRASNA HORKA/SLOWAKEI Unweit von Rosenau liegt auf dem »Schö- 1556
nen Berg« (=Krasna Horka) ein Schloß, dessen Kirche der Gottesmutter
geweiht ist und die ein auf Leinwand gemaltes Marienbild enthält. Bei
Kämpfen während der Reformationskriege wurde das Bild 1556 dreimal
ins Feuer geworfen, ohne daß es auch nur versengt wurde. Seither wird
das Bild verehrt, besonders seit das Schloß 1585 in den Besitz der katholischen Familie Andrassy überging. 1791 wurde das Bild mit einem prächtigen goldenen Rahmen versehen. Viele außergewöhnliche Heilungen und
Gebetserhörungen sind bezeugt.

Bew.: Ursprungsgeschichte; Quelle: Alexius Moser, Wallfahrt, S. 28

BRESCIA/ITALIEN Maria erschien zusammen mit der hl. Maria Magda- 1557
lena, der hl. Katharina von Alexandria und der hl. Katharina von Siena
dem Jesuitenpater Ledesma (1519–1575), der sie in großen Versuchungen um Hilfe anrief, und versprach ihm ihren besonderen Beistand bei
seinem Heimgang. Jakob Ledesma war 1557 in den Jesuitenorden eingetreten und lehrte später am Collegium Romanum in Rom.

Bew.: Ordensüberlieferung; Quelle: R. Ernst, Lexikon

1557 MONTALLEGRO/ITALIEN Maria erscheint einem Waldarbeiter und schenkt ihm ein auf Holz gemaltes Marienbild.

Bew.: Unbekannte Quelle; Quelle: R. Ernst, Lexikon

1560 ADLWANG/ÖSTERREICH Das Gnadenbild der Kirche von Adlwang in Oberösterreich wurde von Protestanten bei den Auseinandersetzungen im Zuge der Reformationskriege von seinem Platz gerissen und galt als zerstört. Aufgrund geheimnisvoller Lichterscheinungen in der Kirche wurde es in einem Ameisenhaufen unter dem Kirchenboden wiedergefunden. Es heißt, daß sich die Ameisen erst vertreiben ließen, als das Gnadenbild wieder an seinem angestammten Platz war.

Bew.: Gut bezeugt; Quelle: Pichler/Böhm, Wege, S. 78

1560 CORDOBA/SPANIEN Maria erschien einem verzweifelten Handwerker, als er sich das Leben nehmen wollte, und verwies ihn auf ein altes aus Holz geschnitztes Gnadenbild, das bei einer Heilquelle verborgen war; dies veränderte sein Leben. Durch dieses Wasser erfolgten seither viele Heilungen. Maria wird dort als »Nuestra Señora de la Fuente« verehrt.

Bew.: Ursprungsgeschichte; Quelle: R. Ernst, Lexikon

1561 MONOMOTAPA/RHODESIEN Maria erschien dem moslemischen Kaiser von Monomotapa an fünf aufeinanderfolgenden Nächten, nachdem er vom portugiesischen Jesuitenmissionar Gonzales da Liveira (1526–1561) ein Marienbild erhalten und über die Himmelskönigin belehrt worden war. Der Kaiser ließ sich taufen und gestattete in seinem Land die Mission. Aufgebrachte Moslems ermordeten Pater Liveira am 15. März.

Bew.: Gut bezeugt; Quelle: R. Ernst, Lexikon

1562 ARENAS/SPANIEN Kurz vor seinem Tod erschien dem hl. Petrus von Alcántara (1499–1562) Maria und kündigte ihm den Heimgang an. Seit 1515 war Petrus Franziskaner und lebte in verschiedenen spanischen Klöstern. Ab 1540 reformierte er die Konstitution, gründete mit Genehmigung Papst Julius III. in Pedroso ein Reformkloster und wurde 1556 Generalkommissar der spanischen Reformklöster. Durch sein strenges Buß- und Gebetsleben, durch hohe mystische Begnadungen und große Überzeugungskraft seiner Predigten erlangte er einen starken Einfluß auf seine Mitbrüder und die Gläubigen, aber auch auf die Adeligen und die Regierung seines Landes. Auch die hl. Teresa von Avila preist seine mystischen Erfahrungen und betrachtet ihn als einen ihrer Lehrer.

Bew.: Gut bezeugt; Quelle: LThK »Petrus von Alcántara«; R. Ernst, Lexikon

AVILA / SPANIEN   Die »große hl. Theresa« (1515–1582), auch Teresa von 1563 Jesus genannt, ist eine der größten Mystikerinnen und Ordensreformerinnen (Karmelitin). Sie trat 1535 in den Karmel in Avila ein und hatte viele Visionen und Erscheinungen, darunter auch zahlreiche Erscheinungen Marias. Seit 1554 entfaltete sich ihr mystisches Leben zur Reife, 1556 feiert sie in einer Vision ihre geistliche Verlobung, dann empfängt sie die Gnade der Transverberation (Durchbohrung) des Herzens. 1560 erlebt sie eine Höllenvision und gelobt, nur mehr das Vollkommene zu tun; in diesem Jahr beginnt sie auch ihre Autobiographie zu schreiben. 1562 leitet sie die Reform des Ordens ein und gründet das erste Kloster der Unbeschuhten Karmelitinnen in Avila. Sie wird von bedeutenden Theologen und Heiligen begleitet, erlebt aber auch viel Widerspruch. 1568 wird das erste Reform-Männerkloster errichtet. Als Teresa stirbt, hat sie 17 Schwestern- und zwei Männerklöster gegründet. Sie wird 1614 seligund 1622 heiliggesprochen und am 27. 9. 1970 von Papst Paul VI. zur Kirchenlehrerin erhoben.

Bew.: Bestens bezeugt; Quelle: LThK »Theresa v. Avila«; R. Ernst, Lexikon

Aus der »Autobiographie«, begonnen 1560:

Als ich ein Kind war...

Ich zählte etwa zwölf Jahre, als die Mutter verstarb. Ich begriff, was ich verloren hatte, und so kniete ich in meiner Traurigkeit vor einer Statue der Mutter Gottes nieder und bat sie unter Tränen, von nun an meine Mutter zu sein. Ich glaube, daß diese vielleicht einfältig anmutende Bitte mir viel geholfen hat, denn immer wieder, auch später, habe ich die Jungfrau gefunden, wenn ich mich ihr anvertraute. Sie hat mich darüber hinaus zu sich zurückgeführt.

Bekehrung...

Ich hatte eine so schwache Phantasie, daß ich mir nur vorstellen konnte, was ich bereits gesehen hatte. Christus z. B. konnte ich mir nur als Menschen vorstellen. Ihn mir in meinem Innersten vorzustellen, gelang mir nie.

Stellen wir uns nur einen Menschen vor, der blind oder im Finstern ist, der, auch wenn er mit einem andern spricht, diesen nicht sieht. Genauso verhielt es sich bei mir, als ich glaubte, bei Christus zu sein; darum hatte ich immer Bilder von Ihm bei mir. Arm sind alle, die den Sinn und die Bedeutung der Bilder nicht erkennen. Damit bezeugen sie nämlich, daß sie den Herrn noch nicht recht lieben.

Wenn sie ihn liebten, würden sie sich nämlich darüber freuen, ein Bild von Ihm zu sehen, so wie es uns auch freut, Bilder von Menschen, die wir lieben, öfters anzuschauen.

Wenn Gott spricht . . .

An dieser Stelle mag die Erklärung vorteilhaft sein, wie es denn ist, wenn Gott zu der Seele spricht, und was diese dabei empfindet, wie es die meine so oft bis heute erfahren hat! Es handelt sich dabei um deutliche, gut artikulierte Worte. Wir hören sie zwar nicht mit den Ohren, verstehen sie aber viel besser als mit diesen, und es ist möglich, sich ihnen zu verschließen. Freilich kann es hier auch Täuschungen geben. Es gibt aber einen Unterschied zwischen den Worten, die aus dem Geist Gottes, und jenen, die vom Teufel kommen. Es mag auch sein, daß unser Verstand sich etwas einbildet und mit sich selbst spricht . . . Wenn Gott spricht, ist eine jegliche Silbe unüberhörbar. Und selbst wenn in einem solchen Augenblick Verstand oder Seele so unruhig und zerstreut sind, daß sie nicht einmal einen Gedanken fassen können, erfährt die Seele hier weit Größeres, als sie selbst im Zustand der Sammlung erreichen könnte.

Man soll aber wissen, daß weder die Visionen noch jene Worte während der Entzückung geschehen, denn in diesem Zustand fallen gleichsam die Seelenkräfte aus, und man vermag, so glaube ich, weder zu sehen noch zu hören. Während dieser kurzen Spanne hat sich die Seele nicht in der Hand, nimmt sie der Herr ganz in Anspruch.

1564 TORREHERMOSA/SPANIEN Dem hl. Paschalis Baylon (1540–1592) erschien Maria, begleitet vom hl. Franziskus und der hl. Klara, als er eine Kapelle bauen wollte. Maria und die beiden Heiligen forderten ihn auf, Ordensbruder bei den Minoriten zu werden. Tatsächlich trat er in den Orden ein und diente in verschiedenen Klöstern als Pförtner und im Küchendienst. Seine Demut, Nächstenliebe und Bußstrenge, sowie seine innige eucharistische Andacht und mystische Begabung machten ihn zu einem großen Vorbild. 1618 selig-, 1690 heiliggesprochen und 1897 zum Patron der eucharistischen Vereine und Sakramentsbruderschaften erklärt.

Bew.: Ordensüberlieferung; Quelle: LThK »Paschalis Baylon«; R. Ernst, Lexikon

1566 FORLI/ITALIEN Maria erschien dem Kapuzinerbruder Hieronymus und sagte ihm seine Heilung am folgenden Sonntag beim abendlichen Angelusläuten voraus.

Bew.: Gut bezeugt; Quelle: R. Ernst, Lexikon

1567 WIEN/ÖSTERREICH Maria erscheint dem hl. Stanislaus Kostka (1550–1568) in einer schweren Krankheit und heilte ihn. Der mit 14

Jahren an das Jesuitenkolleg nach Wien Gekommene wohnte nach Schließung des Hauses privat mit seinem Bruder dort. Gleichzeitig sagte sie
ihm, daß seine Todesstunde noch nicht gekommen sei, er solle sich in die
»Gesellschaft Jesu« begeben. Er wanderte nach Augsburg und Dillingen,
traf dort Petrus Canisius, der ihn dem Ordensgeneral Francisco de Borja
weiterempfahl. Noch 1567 wurde er in Rom als Novize aufgenommen
und fiel sowohl durch seine Fröhlichkeit wie seine Frömmigkeit auf. Die
Strapazen der langen Wanderungen hatten ihn aber so geschwächt, daß er
ein Jahr später einem Wechselfieber erlag. Von Maria getröstet, starb er
am Himmelfahrtstag. 1670 wurde er selig- und von Benedikt XIII. 1726
zusammen mit Aloysius von Gonzaga heiliggesprochen. Er gilt als Patron
Polens, der studierenden Jugend und der Sterbenden.

Bew.: Gut bezeugt; Quelle: LThK »Stanislaus Kostka«; R. Ernst, Lexikon

AMENDOLA/ITALIEN   Julian von Camerino sah kurz vor seinem Tod die   1568
himmlische Mutter und bezeugte ihre Anwesenheit vor allen Brüdern im
Kloster von Amendola.

Bew.: Gut bezeugt; Quelle: R. Ernst, Lexikon

ANCONA/ITALIEN   Ein junger Kapuzinernovize wurde im Todeskampf   1568
von unreinen Versuchungen und teuflischen Erscheinungen belästigt. Da
erschien ihm Maria und brachte ihm himmlischen Seelenfrieden.

Bew.: Gut bezeugt; Quelle: R. Ernst, Lexikon

FAENZA/ITALIEN   Als der Kapuzinerbruder Alexander von Butrium in-   1569
nig zu Maria betete, ihn in seinen schweren Versuchungen zu schützen,
erschien sie ihm mit der Siegeskrone in der Hand. Sie überreichte ihm die
Krone. Von da an war er gegen die bisherigen Versuchungen gefeit.

Bew.: Gut bezeugt; Quelle: R. Ernst, Lexikon

MARIAGYÜD/UNGARN   Thomas Mathinicz sah in einem Fenster der   1569
Wallfahrtskirche von Mariagyüd (1148 gegründet), welche die Kalvinisten den Katholiken entrissen hatten, die Muttergottes, die ihm winkte
und zurief: »Warum befreit ihr mich nicht aus der Gefangenschaft, da
doch jetzt eine Gelegenheit dafür wäre?!« Auch zwei Kalvinisten sahen
Maria im Portal der Kirche.
Als Leopold I. davon hörte, wurde die Kirche den Katholiken zurückgegeben.

Bew.: Unbekannte Quelle; Quelle: R. Ernst, Lexikon

1570 PISTOIA/ITALIEN   Maria erschien mehrmals dem Kapuzinermönch Hieronymus in Pistoia. Eines Tages im Jahr 1570 war er mit einem Mitbruder unterwegs und verirrte sich. Beide flehten zu Maria um Hilfe. Da sahen sie in der Ferne ein Licht, gingen darauf zu und fanden ein schlichtes Haus, in dem sie von einem älteren Mann, einer jungen Frau und einem Kind Unterkunft erhielten. Als sie am nächsten Morgen erwachten, war das Haus verschwunden, und sie lagen in der Nähe einer ihnen bekannten Straße auf freiem Feld. Da erkannten sie, wer ihnen Herberge gegeben hatte, und sie lobten Gott dafür.

Bew.: Alte Überlieferung; Quelle: R. Ernst, Lexikon

1570 SEVILLA/SPANIEN   Dem Jesuitenpater Alonso Rodriguez (1538–1616), Professor für Moraltheologie und Novizenmeister in Sevilla, war Maria so vertraut, daß er mit ihr sprach wie ein Sohn mit seiner Mutter. Er verdankte ihr viele Erleuchtungen und mystische Erfahrungen, die in seine aszetischen Schriften einflossen.

Bew.: Gut bezeugt; Quelle: LThK »Alonso Rodriguez«; R. Ernst, Lexikon

1573 LANGUEDOC/FRANKREICH   Der Jesuitenpater Martin Gutierrez († 1573) war ein großer Marienverehrer und hatte viele Erscheinungen Marias, bei denen sie ihm Ratschläge für seine seelsorgerische Tätigkeit gab. Einmal sah er sie mit einem weiten weißen Mantel bekleidet, mit dem sie alle Mitglieder der Gesellschaft Jesu beschützte. Auf einer Reise nach Rom besuchte er in der Languedoc eine Marienkapelle und erhielt von Maria die Offenbarung, daß er bald als Glaubenszeuge sterben werde. Eine Woche später wurde er umgebracht.

Bew.: Ordensüberlieferung; Quelle: R. Ernst, Lexikon

1576 GUBBIO/ITALIEN   Maria erklärte dem Kapuzinermönch Pacificus, als er am Fest der Unbefleckten Empfängnis noch im Chor der Kirche blieb, das Geheimnis ihrer Unbefleckten Empfängnis und zeigte sich ihm. Nachher war die Kirche von einem herrlichen Duft erfüllt.

Bew.: Ordensüberlieferung; Quelle: R. Ernst, Lexikon

1576 NURSIA/ITALIEN   Maria erschien dem Kapuzinermönch Jakobus kurz vor seinem Heimgang und bezeugte ihre Anwesenheit vor seinen Brüdern als »triumphierende Königin des Himmels«. Jakobus dankte ihr: »O glorreichste und reinste Jungfrau, wie gut bist du, daß du zu mir kommst und mich mit deinem Besuch erfreust!«

Bew.: Ordensüberlieferung; Quelle: R. Ernst, Lexikon

MADRID/SPANIEN   Maria erschien dem Jesuitenpater Didacus Mendosa, 1578
stärkte und tröstete ihn.

Bew.: Ordensüberlieferung; Quelle: R. Ernst, Lexikon

KASAN/RUSSLAND   Ein Mädchen fand in den Trümmern eines abge- 1579
brannten Hauses, geleitet durch eine Marienerscheinung, ein völlig unverletzt gebliebenes Marienbild, das bald weite Verbreitung fand.

Bew.: Ursprungsgeschichte; Quelle: R. Ernst, Lexikon

TRIVENTO/ITALIEN   Zwei Kapuzinerbrüder wurden auf dem Weg von 1580
Larino nach Trivento von einem schrecklichen Unwetter überrascht. In
ihrer Not wandten sie sich an Maria um Hilfe und sahen bald im Licht der
zuckenden Blitze in der Nähe ein Haus, in dem sie bei einer freundlichen
Frau Aufnahme fanden. Als sie sich am nächsten Morgen dankbar verabschiedet hatten, war das Haus plötzlich verschwunden.

Bew.: Ordensüberlieferung; Quelle: R. Ernst, Lexikon

ZIRON/SPANIEN   Maria erschien mehrmals dem Ambrosius von Ziron 1580
als »Glückliche Mutter des Herrn« und riet ihm, in den Kapuzinerorden
einzutreten, was er auch tat.

Bew.: Unbekannte Überlieferung; Quelle: Däniken, Erscheinungen

ZITEIL/SCHWEIZ   Am 16. Juni erschien Maria einem 18jährigen Holz 1580
sammelnden Mädchen auf dem 2434 Meter hoch gelegenen Ziteil im
Kanton Graubünden und gab ihr eine Botschaft:
»Gehe hin und sage dem Volk im Land Oberhalbstein, es habe so viel
gesündigt, daß der Herr es nicht länger ertragen kann. Wenn es sich nicht
bessert, wird Gott es streng bestrafen: Die Feldfrüchte werden verdorren,
und das Volk wird sterben! Ich kann für dieses Volk bei meinem Sohn
keine Fürbitte mehr einlegen.«
Maria erschien auch an den folgenden beiden Tagen und forderte die
Seherin auf, diese Botschaft bekanntzumachen.
Der Landvogt untersuchte die Angelegenheit und rief das Volk zu
Bußprozessionen auf. In Ziteil wurde eine Wallfahrtskirche gebaut, die
später von Kapuzinern betreut wurde. Alle Sonntage im Juli, August und
September und der 15. 8. und 8. 9. gelten als traditionelle Wallfahrtstage.

Bew.: Ursprungsüberlieferung; Quelle: Helvetia Mariana, S. 274; R. Ernst,
Lexikon

1581 LÖWEN/BELGIEN Der Dominikanerpater Heinrich Calstro hatte viele Marienerscheinungen und -begegnungen. Maria stand ihm in vielen Anfechtungen bei, führte ihn zur geistigen Entwicklung und tröstete ihn bei Verfolgungen durch unverständige oder böse Menschen. Auch bei seinem Heimgang erschien sie ihm und stärkte ihn im Todeskampf.

Bew.: Ordensüberlieferung; Quelle: R. Ernst, Lexikon

1582 BOPFINGEN-FLOCHBERG/DEUTSCHLAND Maria erschien am 30. Juni dem 10jährigen kranken Wilhelm Wintzerer und sagte ihm: »Mein Sohn, steh auf, es wird dir geholfen werden. Diese Krankheit soll dich dein Leben lang nicht mehr ankommen; sei fromm, bete, rufe Gott an, geh fleißig in die Kirche, höre Gottes Wort und vollbringe die gelobte Wallfahrt!«

Maria verschwand, und der Knabe fühlte sich gesund, kehrte vom Rand des Kornfeldes, wo er die Erscheinung gehabt hatte, heim und machte auch die Wallfahrt (nach Unterkochen bei Aalen).

Die Erscheinung wurde gläubig angenommen, in der Mitte des 18. Jahrhunderts wurde eine Wallfahrtskirche gebaut.

Bew.: Ursprungsgeschichte; Quelle: Hansen, Die deutschen Wallfahrtsorte; R. Ernst, Lexikon

1582 PLOUGUERNEAU/FRANKREICH Maria erschien mehrmals dem Priester Michel Le Nobletz (1577–1652). Schon als Kind erlebte er ihre Gegenwart, wurde von ihr zu einer nahen Kapelle geführt; sie öffnete ihm die verschlossenen Türen. Als Student ebnete sie ihm den Weg zum Priestertum; als Volksmissionar erfuhr er immer wieder ihre Tröstungen und Inspirationen. Schließlich bereitete sie ihn auch auf seinen Heimgang vor. Er entwickelte neue Formen der Katechese, arbeitete mit farbigen Bildkarten, einprägsamen Gesängen und dem Einsatz von Laienkatecheten.

Bew.: Gut bezeugt; Quelle: LThK »Le Nobletz, Michel«; R. Ernst, Lexikon

1583 COPACABANA/BOLIVIEN Ein 1550 aus Stein verfertigtes Gnadenbild (Maria, auf einer großen Mondsichel thronend) kam 1583 nach Copacabana. Diese Statue wechselte die Gesichtszüge, vergoß blutige Tränen, machte den Eindruck, »lebendig« zu werden. Kopien dieser Statue sind weit verbreitet und werden hoch verehrt.

Bew.: Unbekannte Quelle; Quelle: R. Ernst, Lexikon

MADRID/SPANIEN   Maria erschien dem hl. Aloysius von Gonzaga   1583
(1568–1591) am Himmelfahrtstag des Jahres 1583, als er vor einem
Marienbild in der Jesuitenkirche in Madrid betete, und berief ihn in die
Gesellschaft Jesu (Jesuitenorden). In Castiglione bei Mantua geboren,
kam der älteste Sohn des Marchese Ferrante als Page an den Hof von
Florenz und legte dort 1578 das Gelübde der Jungfräulichkeit ab, auch bei
seinem Aufenthalt am Hof König Philipps II. (1581–1583) in Madrid
zeichnete er sich durch Lebensernst, Frömmigkeit und lauterste Reinheit
aus. Nach langem Widerstreben gestattete ihm sein Vater 1585, auf sein
Erbe zu verzichten und in den Jesuitenorden einzutreten. Er wurde in
Rom ausgebildet und stand eine Zeitlang unter der geistlichen Leitung des
hl. Robert Bellarmin. Als er während einer Pestepedemie in Rom Kranke
pflegte, steckte er sich an und erlag der Krankheit in seinem 24. Lebensjahr. 1605 wurde er selig-, 1726 zusammen mit Stanislaus Kostka heiliggesprochen. 1729 wurde er zum Patron der studierenden Jugend erhoben.

Bew.: Gut bezeugt; Quelle: LThK »Aloysius v. Gonzaga«; R. Ernst, Lexikon

CHIQUINQUIRRA/KOLUMBIEN   Das dortige Gnadenbild soll auf wunder-   1585
bare Weise entstanden sein. Auf Bitten eines Bauern soll es ein unbedeu-
tender Künstler gemalt haben. Bald waren die Farben verblichen, und
man stellte es auf den Speicher. Als es dort eine Frau sah, mit sich nahm
und aufhängte, fing das Bild kurz nach dem nächsten Weihnachtsfest zu
leuchten an, die Farben wurden frisch und strahlend und blieben es bis
zum heutigen Tag. Die Wallfahrt ist bis heute lebendig, das Bild sehr
verbreitet.

Bew.: Ursprungserzählung; Quelle: A. M. Rathgeber, Maria, S. 170

ANGOLA/AFRIKA   Als ein portugiesisches Heer trotz großer Übermacht   1587
der Angolaner siegte, stellte sich heraus, daß viele Angolaner während
der Schlacht eine wunderschöne Frau mit einem Greis gesehen hatten, die
beide flammende Schwerter trugen. Dadurch seien sie so erschreckt und
verwirrt worden, daß sie sich ergeben hätten.

Bew.: Unbekannte Quelle; Quelle: R. Ernst, Lexikon

KÖLN/DEUTSCHLAND   Im Jesuitenkolleg in Köln erschien Maria einem   1587
jugendlichen Marienmaler, der viele Marienbilder gemalt oder mit kostbaren Rahmen versehen hatte, in einer schweren Krankheit. Er sah Maria
und seinen Schutzengel, als er der Krankheit erlag und heimgeholt
wurde.

Bew.: Unbekannte Quelle; Quelle: R. Ernst, Lexikon

1587 ROM/ITALIEN Maria erschien mehrmals dem hl. Felix von Cantalice (1515–1587), einem Kapuziner-Laienbruder, der 42 Jahre lang in Rom für sein Kloster Almosen gesammelt hatte und als »Bruder Deo gratias« stadtbekannt war. Er war mit dem hl. Filippo Neri und dem hl. Karl Borromäus in enger Freundschaft verbunden. Er sah mehrmals Maria mit dem Jesuskind und hatte die Freude, daß ihm manchmal Maria das Kind in die Arme legte. Vor allem in seiner schmerzhaften Todeskrankheit, an der er am 18. Mai 1587 starb, waren ihm Maria und das Kind ein großer Trost.

Bew.: Gut bezeugt; Quelle: LThK »Felix v. Cantalice«; R. Ernst, Lexikon

1587 ROM/ITALIEN Maria offenbarte sich oftmals dem hl. Filippo Neri (1515–1595), der ein großer Marienverehrer war. Die Erscheinungen bedeuteten manchmal buchstäblich körperliche Hilfe: Einmal machte ihn Maria darauf aufmerksam, daß ein Balken an der Decke des Konferenzraums, in dem er sich mit der Kommunität versammelt hatte, herunterzustürzen drohte. Ein anderes Mal wurde er in einer schweren Krankheit von Maria geheilt. Filippo Neri ist der Gründer des sogenannten »Oratoriums« bzw. der »Oratorianer«. In Florenz aufgewachsen, stand Filippo in seiner Jugend unter dem Einfluß der Dominikaner von San Marco. Mit 18 Jahren ging er nach Rom und wurde Erzieher der Kinder des Florentiners Galeotto del Caccia. Er führte in dieser Zeit ein Leben des Gebets, der Nächstenliebe und der Buße und hatte viele mystische Erlebnisse. 1548 versammelte er zusammen mit seinem Beichtvater Persiano Rosa eine Gruppe von Männern zur Betreuung mittelloser Rompilger, ließ sich 1551 zum Priester weihen und schloß sich einer Priestergemeinschaft an, aus der sich das Oratorium entwickelte. Durch neue Seelsorgemethoden (Kinderpredigt, geistliche Lieder in der Volkssprache, Wallfahrten und einfache geistliche Übungen für das Volk) und durch seinen Humor wurde er bald einer der gesuchtesten Seelenführer Roms. Er hatte auch Gegner, zeitweise war das Oratorium in seinen Aktivitäten beträchtlich eingeschränkt. Bald wurde er aber akzeptiert und wurde zum Berater von Päpsten und Beichtvater von Kardinälen. Ignatius von Loyola, Franz von Sales, Karl Borromäus und Camillo Lellis wurden seine Freunde.

1615 wurde er selig-, 1622 heiliggesprochen.

Bew.: Gut bezeugt; Quelle: LThK »Filippo Neri«; R. Ernst, Lexikon

1588 NEAPEL/ITALIEN Als eine schwerkranke Frau auf den Rat eines Priesters hin Maria innig als »Heil der Kranken« anrief, erschien ihr Maria, rührte sie an und heilte sie.

Bew.: Unbekannte Quelle; Quelle: R. Ernst, Lexikon

BRAGA / PORTUGAL   Maria erschien einem moslemischen Diener eines   1590
reichen, aber schwerkranken Bürgers der Stadt, der ihm befohlen hatte,
eine Marienstatue in das Krankenzimmer zu stellen und täglich mit
Blumen zu schmücken. Bald entstand eine innige Liebe zu Maria, und der
Diener ließ sich, bestärkt durch eine Erscheinung Marias, taufen.

Bew.: Unbekannte Quelle; Quelle: R. Ernst, Lexikon

LIMA / PERU   Maria erschien dem Jesuitenmissionar Ruys von Portyllo   1590
und bestärkte ihn in seinem Apostolat.

Bew.: Unbekannte Quelle; Quelle: R. Ernst, Lexikon

ACQUASPARTA / ITALIEN   Maria erschien dem Kapuzinermönch Bernhar-   1594
din von Colpetrazzo (1514–1594), Verfasser einer Ordenschronik von
1525–1593, einer wichtigen Quelle für das geistliche Leben im 16. Jahrhundert. Als sie vom Himmel niederstieg und ihm eine Krone aus herrlichen Blumen überreichte, um seine Seelenreinheit zu belohnen, lag er auf
dem Totenbett.

Bew.: Gut bezeugte Vision; Quelle: R. Ernst, Lexikon

QUITO / ECUADOR   Maria erschien Indios, die Christen geworden waren,   1594
während einer Hungersnot und bewahrte sie davor, dem gewonnenen
Glauben untreu zu werden, indem sie ihnen auf wunderbare Weise half.

Bew.: Unbekannte Quelle; Quelle: Däniken, Erscheinungen

DIJON / FRANKREICH   Ein junges Mädchen, das ans Krankenlager gefes-   1595
selt war und früh starb, wurde oft von Maria zusammen mit Heiligen und
Engeln besucht, die sie trösteten und schließlich heimgeleiteten.

Bew.: Unbekannte Quelle; Quelle: R. Ernst, Lexikon

PUMENGO / ITALIEN   Ein Taubstummer wird durch eine Marienerschei-   1595
nung von seinem Leiden befreit.

Bew.: Unbekannte Quelle; Quelle: R. Ernst, Lexikon

ARONA / ITALIEN   Maria erschien mehrmals dem portugiesischen Jesui-   1596
ten Emmanuel Sá (1530–1596), Exeget und Moraltheologe, der seit 1545
dem Jesuitenorden angehörte. 1596 erschien sie ihm zusammen mit dem
hl. Ignatius von Loyola und sagte ihm seinen Todestag (30. 12.) voraus.

Bew.: Gut bezeugt; Quelle: R. Ernst, Lexikon; LThK »Emmanuel Sá«

1597 FRIBOURG/SCHWEIZ   Maria erschien mehrmals dem hl. Petrus Kanijs (Canisius, 1521–1597). Leider ist wenig darüber bekannt. Am Tag seiner feierlichen Profeß (4. 9. 1549) hatte er eine Herz-Jesu-Offenbarung; im Bericht darüber fällt auch die Bemerkung:»Auch Maria segnete mich«, woraus wohl zu schließen ist, daß sie ihm erschien und er ihren Segen unmittelbar erfuhr. Visionen und andere mystische Begnadungen waren für ihn Erfahrungen, die er dankbar als Ausdruck seiner Gottverbundenheit entgegennahm. Kurz vor seinem Tod fragte er seine um sein Sterbebett versammelten Mitbrüder:»Seht ihr sie? Seht ihr sie?« und wollte sie damit auf eine Erscheinung Marias hinweisen, die ihren Diener in seinen letzten irdischen Stunden tröstete und stärkte.

Während seiner theologischen Studien in Köln war Petrus Canisius mit der»Devotio moderna« und der Spiritualität der Kartäuser in Berührung gekommen. Im April 1543 machte er bei Petrus Faber die»Exerzitien« und schloß sich am 8. Mai der Gesellschaft Jesu an, wurde Konzilstheologe auf dem Konzil von Trient. Wegen seiner intensiven religionspädagogischen und verkünderischen Initiativen wurde er der»zweite Apostel Deutschlands« genannt (Leo XIII.). Er wirkte in Ingolstadt, Wien, Prag, Augsburg, Innsbruck und München, machte die Gesellschaft Jesu zu einem wichtigen Faktor bei der katholischen Erneuerung im Jahrhundert der Reformation, trug durch seine diplomatischen Kontakte wesentlich zu einer Erneuerung des katholischen Selbstbewußtseins und durch seine Katechismen (für Studenten, für Kinder und für Mittelschüler) zur Glaubensunterweisung des Volkes auf einer breiten Basis bei.

Mit seinem Amtsnachfolger Karl Hoffäus kam es zu Konflikten in der Zinsfrage und in der Auffassung gegenüber Privatoffenbarung und Besessenheit. Canisius vertrat die traditionellen Positionen, die als unkritisch und zu wenig angepaßt kritisiert wurden, und wurde nach Fribourg versetzt (1590), wo er ein neues Kolleg aufbaute.

Bew.: Gut bezeugt; Quelle: LThK »Petrus Kanijs (Canisius); R. Ernst, Lexikon

1598 MESAGNA/ITALIEN   Ein altes Marienbild »bewegte« sich und schwitzte Blut.

Bew.: Quelle unbekannt; Quelle: R. Ernst, Lexikon

1598 PUY/FRANKREICH   Maria erschien einem jungen Mann, der bisher sehr gottesfürchtig, fromm und ein eifriger Marienverehrer, aber nachlässig und lau geworden war. Maria tadelte ihn und leitete ihn zu neuem Eifer an. Der junge Mann war durch dieses Erlebnis wie umgewandelt.

Bew.: Unbekannte Quelle; Quelle: R. Ernst, Lexikon

17. Jahrhundert

BRÜGGE/BELGIEN Maria erschien als »Himmelskönigin« dem Jesuiten- 1600
novizen Anton de Greef, der sich der Himmelsmutter durch ein Gelübde
geweiht hatte, und bestätigte seine Hingabe. Sein ganzes Leben lang
stand er unter dem Eindruck dieser Schau († 1636).

> Bew.: Gut bezeugt; Quelle: R. Ernst, Lexikon

CONCEPCION/CHILE Ein Madonnenbild verließ die Kapelle und wurde 1600
»lebendig«. Während der Belagerung durch die Araukaner erschien Maria wie auf dem Bild dargestellt, und warf den Belagerern Erde und Steine
entgegen und trieb sie so in die Flucht.

> Bew.: Unbekannte Quelle; Quelle: Däniken, Erscheinungen

MARIAHILF (PASSAU)/DEUTSCHLAND Maria erschien dem Freiherrn 1600
Marquard von Schwendi (1574–1634), der von seinem Garten aus auf
dem gegenüberliegenden Hügel erst strahlende Lichter und dann Maria
sah. Beeindruckt von seinem Erlebnis, ließ er dort eine Kirche bauen, die
später von Kapuzinern betreut wurde. Als Gnadenbild wurde eine Kopie
des Mariahilfbildes 1620 aufgestellt, das 1363 dem König Ludwig I. von
Ungarn so überaus hilfreich beigestanden war (vgl. 1363 Mariahilf/
Slowakei).

> Bew.: Ursprungsgeschichte; Quelle: R. Ernst, Lexikon; Alexius Moser, Wall-
> fahrt, S. 31

PALMA DI MALLORCA/SPANIEN Maria erschien sehr oft dem mystisch 1600
begnadeten Alonso Rodriguez (1531–1617), seit 1571 SJ-Laienbruder,
der nach dem Tod von Frau und Kindern in den Orden eingetreten war
und als Pförtner im Jesuitenkolleg Montesión auf Mallorca ein fruchtbares Apostolat ausübte. Er war ein Vorbild an Gehorsam und Demut, war
mild gegen die anderen und streng gegen sich selbst. Seine Spiritualität
war geprägt von den ignatianischen Exerzitien. Im Auftrag seiner Oberen
schrieb er seine »Memorias«. Einmal sagte ihm Maria: »Die Liebe aller
Mütter kommt meiner Mutterliebe nicht gleich! Deine Liebe zu mir steht
in keinem Verhältnis zu meiner Liebe zu dir!« Alonso Rodriguez wurde
1825 selig- und 1888 heiliggesprochen.

> Bew.: Gut bezeugt; Quelle: LThK »Alonso Rodriguez«; R. Ernst, Lexikon

1602 BURGO SANTA CATERINA (BERGAMO)/ITALIEN   Am 18. August erschien am hellen Tag ein Stern am Himmel, von dem drei blitzende Strahlen ausgingen. Dann erschien am Himmel das strahlenumkränzte Bild der »Schmerzhaften Mutter«. Viele wurden Zeugen dieser Erscheinung.

> Bew.: Unbekannte Quelle; Quelle: R. Ernst, Lexikon

1602 REGGIO/ITALIEN   Maria erschien dem Kapuziner Benedikt von Reggio vor seinem Tod († 1602) und legte ihm das göttliche Kind in die Arme. Benedikt war wegen seiner Nächstenliebe und seines Bußgeistes ein großes Vorbild für seine Mitbrüder und die Gläubigen. Er hatte auch Christuserscheinungen, und die Schmerzen der Dornenkrone hatten sich ihm mitgeteilt.

> Bew.: Gut bezeugt; Quelle: R. Ernst, Lexikon

1602 VERDUN/FRANKREICH   Maria erschien mehrmals einem jungen Mann, zeigte ihm eine kostbare Krone (»Himmelskrone«) als Auszeichnung, falls er in einen Orden eintrete und ein Leben der geistlichen Bemühung führe. Ein anderes Mal entriß sie ihn durch ihre Erscheinung großer Mutlosigkeit und Bedrängnis.

> Bew.: Unbekannte Quelle; Quelle: R. Ernst, Lexikon

1603 SCHERPENHEUVEL/BELGIEN   Eine kleine Marienstatue, die an einer Eiche befestigt und verehrt wurde, begann zu bluten. Dieses Ereignis erregte großes Aufsehen, und man baute eine Wallfahrtskirche, die bis zur Gegenwart viel besucht wird. Die Verehrung des Marienbildes hat eine lange Vorgeschichte: Bereits im 14. Jahrhundert wurde hier eine Marienstatue verehrt, die aber in den Reformationskriegen vernichtet wurde; an ihrer Stelle hatte man eine neue angefertigt und verehrt, die dann zu bluten begann.

> Bew.: Ursprungsgeschichte; Quelle: R. Ernst, Lexikon

1604 INGOLSTADT/DEUTSCHLAND   Maria erschien mehrmals dem Jesuitenpater Jakob Rem (1546–1618). Besonders bedeutsam war eine Begegnung mit Maria am 6. 4. 1604 beim gemeinsamen Gesang der Lauretanischen Litanei. Rem fragte Maria, welche Anrufung ihr besonders gefiele, und sie antwortete »Mater admirabilis«, indem sie ihm bei dieser Anrufung in strahlendem Glanz erschien. Von da an ließ Jakob Rem diese Anrufung immer dreimal wiederholen, und die Ingolstädter Muttergottes Maria-Schnee erhielt den Ehrennamen »Maria ter admirabilis (dreimal wunderbare Mutter). Pater Rem wurde in Bregenz geboren, trat 1566 in den

Jesuitenorden ein und gründete 1574 die erste Marianische Kongregation in Dillingen. Seit 1586 in Ingolstadt, wirkte er sehr nachhaltig auf die spirituelle Bildung seiner Zöglinge ein. 1595 gründete er das »Collegium Marianum« für die Elite der Studentenkongregation, deren Mittelpunkt die Marienkapelle in Ingolstadt war. Viele Gebetserhörungen, Weissagungen und große Herzenskenntnis bedeuteten mystische Begnadungen.

Bew.: Gut bezeugt; Quelle: LThK »Rem«; R. Ernst, Lexikon; Hansen, Die deutschen Wallfahrtsorte

LE PUY-EN-VELAY / FRANKREICH Maria erschien einem vornehmen 1605 Mann in seiner Todeskrankheit, als er Anfechtungen Satans erleiden mußte und durch sein Gebet zu Maria erlebte, wie Maria den Satan in Schranken wies und ihm bei seinem Heimgang zur Seite stand.

Bew.: Unbekannte Quelle; Quelle: R. Ernst, Lexikon

HEILIGWASSER (INNSBRUCK) / ÖSTERREICH Maria erschien mit dem Je- 1606 suskind den beiden Brüdern Johann und Paul Mayr bei einer Quelle im Wald und schickte sie zum Abt von Wilten mit dem Auftrag, an dieser Stelle eine Kirche bauen zu lassen. Die beiden Buben wagten nicht, den Auftrag auszurichten. Darüber vergingen viele Jahre. Johann Mayr hatte geheiratet, doch sein erstes Kind war stumm. Als er eines Tages mit dem Kind zur Waldquelle kam, begann das Kind zu reden. Da erinnerte er sich an den Auftrag und erfüllte ihn. Eine Kirche wurde gebaut, und das »Heiligwasser« zieht heute noch viele Pilger an.

Bew.: Ursprungsgeschichte; Quelle: R. Ernst, Lexikon; Pichler/Böhm, Wege, S. 116

BAMBERG / DEUTSCHLAND Maria erschien dem Protestanten Friedrich 1608 Guttrie, der die katholische Kirche verlassen, aber die Gewohnheit beibehalten hatte, jeden Tag zu Ehren der Sieben Freuden Marias sieben Ave Maria zu beten. Maria forderte ihn auf, wieder katholisch zu werden, und nannte ihm auch seinen Sterbetag, auf den er sich gut vorbereiten solle. Dies tat er beim Jesuitenpater Friedrich Fournier. Er starb am 24. 12. 1608.

Bew.: Gut bezeugt; Quelle: R. Ernst, Lexikon

FLORENZ / ITALIEN Alexander Bercio di Medici (1593–1608) war ein gro- 1608 ßer Marienverehrer. Oft erschien ihm Maria, von Engeln begleitet. Bei seinem frühen Hinscheiden stand ihm Maria mit der hl. Magdalena von Pazzi (1566–1607) und seinem Schutzengel wie eine Mutter bei.

Bew.: Gut bezeugt; Quelle: R. Ernst, Lexikon

1608 PARIS/FRANKREICH Maria erschien dem späteren Kardinal Pierre de Bérulle (1575–1629) schon in jungen Jahren. Damals wagte er es aber nicht, das Jesuskind, das ihm Maria zum Tragen geben wollte, in die Arme zu nehmen. Priester geworden, erschien ihm Maria während einer Meßfeier und regte ihn an, den Karmelitenorden in Frankreich auszubreiten. Mit Hilfe der sel. Barbe Acarie (Maria von der Menschwerdung) kam es im selben Jahr 1608 zur Gründung des ersten französischen Karmels in Paris. 1613 gründete er auch die erste französische Niederlassung der Oratorianer. 1627 Kardinal geworden, spielte er auch politisch und kirchenpolitisch eine wichtige Rolle (Spannungen mit Kardinal Richelieu).

Bew.: Gut bezeugt; Quelle: LThK »Bérulle«; R. Ernst, Lexikon

1608 SALEM/DEUTSCHLAND Im Jahr 1608 entstand das Gnadenbild der Schmerzhaften Madonna in der östlich von Überlingen am Bodensee gelegenen Klosterkirche von Salem. Im Dreißigjährigen Krieg sahen mehrere Menschen die Statue weinen, und sie galt bald als wundertätig. Geweint hat die Statue noch 1697 vor dem großen Klosterbrand und 1804 vor Aufhebung des Zisterzienserklosters.

Bew.: Gut bezeugt; Quelle: Hansen, Die deutschen Wallfahrtsorte

1609 BORDEAUX/FRANKREICH Maria erschien einem sterbenskranken Mitglied einer marianischen Vereinigung, das zu Maria um Hilfe betete und gelobte, sich mehr als bisher für die Verbreitung der Verehrung Marias einzusetzen. Der Geheilte kam seinem Versprechen nach.

Bew.: Gut bezeugt; Quelle: R. Ernst, Lexikon

1609 CHIAVARI/ITALIEN Ein auf eine Gartenmauer gemaltes Marienbild wurde »lebendig«, und Maria erschien in der Gestalt des Bildes (Maria mit dem Kind) einer armen Frau. Dasselbe geschah im nächsten Jahr noch einmal. 1613 wurde dort eine Kirche gebaut.

Bew.: Ursprungsgeschichte; Quelle: R. Ernst, Lexikon; Däniken, Erscheinungen

1609 LE PUY/FRANKREICH Maria erschien zusammen mit Engeln, dem hl. Claudius und dem hl. Ignatius, dem Jesuitenpater Claudius Ponceot, dem Rektor des Jesuitenkollegiums von Le Puy, tröstete ihn und versprach ihm, ihn bald in die himmlische Gemeinschaft heimzuholen. Drei Tage später starb er.

Bew.: Gut bezeugt; Quelle: R. Ernst, Lexikon

ROM/ITALIEN Unter dem Schutt eines eingestürzten Hauses fand der 1609
Karmelitenpater Dominikus a Jesu Maria Ruzzola (1559–1630) das Gnadenbild »Unsere Liebe Frau mit dem geneigten Haupt«. Er reinigte es,
besserte es aus und hielt es hoch in Ehren, zumal ihm Maria immer wieder
erschien und ihm oftmals das Gebet für die leidenden Seelen im Fegefeuer
empfahl: »Allen denen, welche mich in diesem Bild andächtig verehren
und ihre Zuflucht zu mir nehmen, will ich ihre Bitten gewähren und
ihnen viele Gnaden schenken; besonders will ich die Gebete zur Erquik-
kung und Erlösung der Seelen im Fegfeuer erhören.« 1617 wurde Pater
Dominikus Generaloberer des Reformierten Karmelitenordens und verbrachte seine letzten Lebensjahre in Wien. Das Bild kam mit und wurde
nach dem Tod Ruzzolas von den Karmeliten an ihren Gönner Kaiser
Ferdinand II. übergeben. Der verehrte es sehr und erhielt die Zusicherung
Marias: »Ich werde das Haus Österreich durch meine Fürbitte beschützen
und seine Macht und Majestät erhalten und erheben, solange es in
Gottseligkeit und Andacht zu mir verharren wird.«
Seit 1901 befindet sich das Bild in der Karmelitenkirche in Wien
Döbling.

Bew.: Gut bezeugt; Quelle: LThK »Ruzzola, Dominikus«, R. Ernst, Lexikon

FRIBOURG/SCHWEIZ Maria erschien zusammen mit den beiden Heiligen 1610
Ignatius und Petrus Canisius einem jungen Mann, der ein sehr freies,
gottloses Leben geführt und jetzt sterbenskrank war und sich bekehrte. In
der Nacht nach seiner Generalbeichte erschienen ihm die drei und begleiteten ihn bei seinem Hinübergehen.

Bew.: Gut bezeugt; Quelle: R. Ernst, Lexikon

MALTA Nachdem ein Mann den Vorsatz gefaßt hatte, ein neues Leben 1610
anzufangen und zur Beichte zu gehen, erschien ihm Maria in der Nacht
und half ihm bei der Vorbereitung seiner Beichte.

Bew.: Unbekannte Quelle; Quelle: R. Ernst, Lexikon

ROM/ITALIEN Maria erschien oftmals dem hl. Joseph von Calasanza 1610
(1556–1648), dem Gründer des Piaristenordens, bestärkte ihn bei seinen
Bemühungen und segnete ihn, seine Pflegebefohlenen und das gesamte
Werk. Seit 1583 Priester in Spanien, ging er 1592 nach Rom und entfaltete eine reiche apostolische Tätigkeit. Im Herbst 1597 eröffnete er im
Pfarrhaus von San Dorotea in Trastevere die erste unentgeltliche Volks-
schule Europas. 1617 bestätigte Paul V. die Kongregation, 1621 wurde sie
von Gregor XV. zum Orden erhoben und Joseph Calasanza unter dem

Namen »Joseph von der Mutter Gottes« der erste General. Der Orden breitete sich schnell aus.

> Bew.: Gut bezeugt; Quelle: LThK »Joseph v. Calasanza«, R. Ernst, Lexikon

1614 LUBLIN/POLEN Ein vornehmer Lutheraner aus Ungarn hatte mit einem polnischen Jesuiten eine Diskussion über Glaubensfragen vereinbart. Auf Anraten des Jesuiten betete der Lutheraner vor der Diskussion zu Maria. Da erschien ihm während der Lektüre seines protestantischen Lehrbuchs Maria in großem Glanz und verbot ihm weiterzulesen. Unter dem Eindruck dieser Erscheinung begab sich der Mann zu dem Jesuiten und bat um Aufnahme in die katholische Kirche.

> Bew.: Unbekannte Quelle; Quelle: R. Ernst, Lexikon

1614 NÜRNBERG/DEUTSCHLAND Durch eine Freundin lernte ein protestantisch erzogenes Mädchen das Ave Maria kennen und schätzen, es wurde ihr Lieblingsgebet. Da erschien ihr Maria und riet ihr, nach Bamberg zu reisen, dort werde sie in den katholischen Glauben eingeführt werden. Gleichzeitig gab Maria einem Jesuiten in Bamberg ein, sich mit der »Konvertitin« zu treffen.

> Bew.: Unbekannte Quelle; Quelle: R. Ernst, Lexikon

1614 PARIS/FRANKREICH Die sel. Barbe Acarie (1566–1618) heiratete 1582 Pierre Acarie; in ihrer Wohnung entstand ein Salon, in dem sich führende Persönlichkeiten der französischen Spiritualität trafen: Bérulle, Canfield, Franz von Sales u. a. Anne hatte viele Ekstasen, Visionen und Erscheinungen. Unter anderem sah sie Maria als »Königin der Engel« oder als »Mutter mit dem göttlichen Kind«. Sie hatte sechs Kinder, trat nach dem Tod ihres Mannes 1614 als Laienschwester in den von ihr mitbegründeten Karmel von Paris ein. Seligsprechung 1791.

> Bew.: Gut bezeugt; Quelle: LThK »Acarie, Barbe«; R. Ernst, Lexikon

1615 ENDINGEN/DEUTSCHLAND Am Abend vor Christi Himmelfahrt sahen zwei Geistliche und viele Gläubige, daß vom Gesicht der Gottesmutter und des Jesuskindes (Holzstatue um 1430) Tränen flossen. Sie wurden abgewischt, doch die Statue weinte etwa eine Stunde lang. Nach Befragung der Zeugen wurde das Ereignis als echt anerkannt. Man deutete die Tränen auf den drei Jahre später erfolgten Ausbruch des Dreißigjährigen Krieges.

> Bew.: Gut bezeugtes Tränenwunder; Quelle: Hansen, Die deutschen Wallfahrtsorte

PHILIPPINEN Maria erschien dem Jesuitenmissionar Franz von Otazo **1616**
(† 1622), der mit großem Erfolg auf den Philippinen wirkte, als er einmal
von Heiden bedroht wurde. Sie schützte und beruhigte ihn. Ein anderes
Mal wurde er von Versuchungen und Zweifeln gequält; da erschien ihm
Maria und zeigte ihm das »Buch des Lebens«, in dem sein Name und die
Namen aller, die er bekehrt hatte, verzeichnet waren.

Bew.: Gut bezeugt; Quelle: R. Ernst, Lexikon

STANS / SCHWEIZ Maria erschien bei der sogenannten »Rastbank«, **1616**
einem großen, einladend geformten Stein, dem Georg Nocker und bewegte ihn dazu, an diesem Ort eine Kapelle zu bauen. Als auch andere die
Gnaden spürten, die von diesem Ort ausgingen, wurde eine Kapelle,
später eine Kirche gebaut, die 1721 vom Fürstbischof von Brixen geweiht
wurde.

Bew.: Ursprungsgeschichte; Quelle: R. Ernst, Lexikon

LIMA / PERU Zu den andächtigsten Verehrerinnen des Gnadenbildes in **1617**
der Rosenkranzkirche in Lima gehörte die hl. Rosa (1586–1617). Von
früher Kindheit an fühlte sie sich zu diesem Bild hingezogen, oftmals bat
sie vor dem Bild um Erleuchtung und Hilfe und hörte oftmals Maria
antworten. Wegen ihrer vielen Erleuchtungen und Offenbarungen einer
strengen kirchlichen Prüfung unterzogen, berichtete sie auf die Frage, auf
welche Weise Maria durch das Bild zu ihr rede: »In einer Sprache ohne
Worte, ohne Schall, ohne Bewegung der Lippen. Strahlen gehen von dem
Bild aus, und durch sie verstehe ich, was Maria sagt – viel besser als durch
eine deutliche Vision oder ausgesprochene Worte.« Zweimal im Jahr
machte sie für die Gottesmutter ein »neues Kleid«, schreibt sie in ihrem
geistlichen Tagebuch: »Ich, Rosa von der Mutter Gottes, eine unwürdige
Leibeigene der Königin der Engel, verfertige mit Gottes Hilfe ihr Gewand. Das Hemd soll bilden sechshundert Ave Maria, ebenso viele Salve
Regina und fünfzehn Fasttage zu Ehren der eilfertigen Reise ins Gebirge,
um die hl. Elisabeth zu besuchen. Den Samt und die Verbrämung des
Rockes sollen bilden sechshundert Ave, ebenso viele Salve usw. zu Ehren
der innigen Freude bei der Geburt des göttlichen Kindes . . .« Rosa wurde
1668 als erste Amerikanerin selig- und 1671 heiliggesprochen. Die
»Königin des Rosenkranzes« von Lima wurde 1634 von König Philipp IV.
von Spanien zur Schutzpatronin des Landes gewählt. An jedem Oster-
dienstag wird seitdem feierlich ihr Festtag begangen.

Bew.: Gut bezeugt; Quelle: A. M. Rathgeber, Maria, S. 403

1621 HOHENEICH/ÖSTERREICH Dem protestantischen Grundherrn Ernst von Kollonitsch war das Gnadenbild von Hoheneich ein Greuel. Kurzerhand ließ er die Türe zur Wallfahrtskirche vermauern. Als eine Prozession die Kirche erreichte, sprang das vermauerte Tor auf, und die Prozession zog ungehindert ein. Alle, die um das Wunder wußten, wurden gläubig, Ernst von Kollonitsch bekehrte sich. Sein Sohn Leopold Karl wurde der berühmte Erzbischof Kollonitsch von Wien, der während der sog. zweiten Türkenbelagerung (1683) eine wichtige Rolle spielte. Die gegenwärtige Kirche von Hoheneich wurde von 1776–1784 erneuert, das »Wundertor« wurde seitwärts eingemauert.

> Bew.: Ursprungsgeschichte; Quelle: R. Ernst, Lexikon; Pichler/Böhm, Wege, S. 112

1623 PARIS/FRANKREICH Maria erschien der Karmelitin Katharina von Jesus mit einem weiten weißen Mantel, unter dem sie viele Mitglieder des Ordens beschützte.

> Bew.: Gut bezeugt; Quelle: R. Ernst, Lexikon

1624 GOA/INDIEN Maria erschien dem Jesuitenmissionar Antonio Andrade (1580–1634), der 1624 die erste Forschungs- und Missionsreise nach Tibet unternahm. Auf der Rückreise wurde er vergiftet und rief Maria um Hilfe an. Sie heilte ihn, so daß er gesund zurückkehren konnte. 1625 unternahm er eine zweite Reise nach Tibet, auf der er die katholische Mission in Tsaparang gründete.

> Bew.: Gut bezeugt; Quelle: LThK »Andrade, Antonio«; R. Ernst, Lexikon

1625 PARIS/FRANKREICH Maria erschien dem sel. Julien Maunoir (1606–1683) schon während seiner Studienzeit zweimal (seit 1625 Jesuit) und blieb während seiner Missiontätigkeit in der Bretagne sehr mit ihm verbunden, vor allem wenn er krank war oder in Gefahren geriet. Maria erschien auch mehrmals Beichtkindern von P. Maunoir und führte sie ihm zu. Julien Maunoir gewann den Klerus der Bretagne für sich und organisierte ihn effektiver. In seiner Verkündigung verwendete er viele volkstümliche, paraliturgische Formen und bediente sich vieler Anregungen und Methoden seines Freundes und Mitbruders Le Nobletz (vgl. unter 1582). Er wurde 1951 seliggesprochen.

> Bew.: Gut bezeugt; Quelle: LThK »Maunoir, Julien«; R. Ernst, Lexikon

QUIMPER/FRANKREICH   Die große französische Mystikerin Cathérine 1625
Daniélou (1619–1667) wurde als kleines Kind von ihrem Stiefvater und
ihrer Mutter oft mißhandelt. Dann suchte sie Zuflucht bei einer Marienstatue in der Nähe ihres Elternhauses. Der Sechsjährigen erschien Maria
und sagte:»Cathérine, du bist arm, ich auch... ich bin reich und arm
zugleich; ich bin im Himmel und manchmal ohne Wohnstatt auf Erden;
liebt jemand meinen Sohn, so bin ich in seinem Herzen, begeht er eine
Todsünde, so vertreibt er mich... Geh zur Kathedrale und nimm dir den
hl. Corentin zum Vater und Beschützer – und komm oft her zu mir!«
    Von diesem Tag an wurde Cathérine wunderbar von Maria geführt.
Einmal sagte sie ihr auch:»Das größte Glück, das einem Menschen
widerfahren kann, ist, für Jesus zu leiden. So wirst du leiden in deiner
Ehre, in deinem Besitz und in deinem Leibe.« Und so geschah es: Cathérine wurde stigmatisiert und eine »Leidensbraut« Jesu, die alle ihre
Schmerzen und Qualen geduldig für die Wirkung der Volksmissionen
und für die Verstorbenen und Armen Seelen aufopferte. Dabei wurde sie
immer wieder durch Erscheinungen und Einsprachen Marias getröstet.

Bew.: Gut bezeugt; Quelle: LThK »Daniélou, Cathérine«; R. Ernst, Lexikon

LANGEAC/FRANKREICH   Maria erschien mehrmals der Dominikanerin 1627
Agnes von Jesus (Agnes Galand, 1602–1634). Sie trat 1623 in den Orden
ein und wurde bereits 1627 Oberin. Zu diesem Zeitpunkt begannen ihre
zahlreichen mystischen Erfahrungen und Erscheinungen; auch wurde sie
stigmatisiert. Über sie trat Maria auch in mystische Verbindung mit Pater
Jean-Jacques Olier, dem Gründer der Gesellschaft der Priester von St.
Sulpice. Der Heiligsprechungsprozeß wurde eingeleitet.

Bew.: Gut bezeugt; Quelle: R. Ernst, Lexikon

LUXEMBURG/LUXEMBURG   Die Jesuiten besaßen seit 1594 in der Stadt ein 1627
Kolleg. Um die Verehrung Marias in der Stadt zu verbreiten, errichteten
sie 1627 eine Marienkapelle mit einer holzgeschnitzten Muttergottesstatue. Als die Tochter des Generalprokurators von Stummheit und Gicht in
dieser Kapelle geheilt wurde und auch andere auffallende Krankenheilungen erfolgten, erhielt die Kapelle schnell großen Zulauf.
    1666 wurde Maria zur Schutzpatronin der Stadt erklärt, 1678 wurde die
»Trösterin der Betrübten« zur Schutzherrin des ganzen Landes ausgeru-
fen. Während der Französischen Revolution völlig zerstört, konnte das
gerettete Gnadenbild 1885 in die neu erbaute Marienkapelle übertragen
und auf Veranlassung des Papstes gekrönt werden.

Bew.: Heilungsberichte; Quelle: A. M. Rathgeber, Maria, S. 53

1629 MARIA BILDSTEIN/ÖSTERREICH   Martin und Johannes Höfle erlebten eine Erscheinung Marias, die den beiden Brüdern mitteilte, daß sie sehr traurig sei, weil ihr Vater Georg ein zur Zeit einer Pestepidemie gemachtes Versprechen nicht eingelöst habe. Ihr Vater hatte damals gelobt, bei glücklichem Überstehen der Gefahr eine Kapelle zu errichten. Als sie ihrem Vater von der Erscheinung und den Worten Marias berichteten, war er sehr bestürzt und machte sich sofort daran, sein Versprechen einzulösen.

> Bew.: Ursprungsgeschichte; Quelle: Pichler/Böhm, Wege, S. 225; R. Ernst, Lexikon

1630 LURE/FRANKREICH   Maria erschien einem Hirten und bat ihn, zu veranlassen, daß hier, am Ort einer alten, längst verlassenen Benediktinerabtei, eine Kirche gebaut werde. Tatsächlich kam es dazu, und viele Pilger besuchten die Kirche.

> Bew.: Ursprungsgeschichte; Quelle: R. Ernst, Lexikon

1631 NEAPEL/ITALIEN   Maria erschien über einem Kornfeld bei Neapel einigen Jesuiten als »Königin des Himmels« und kündigte ihnen den baldigen Ausbruch des Vesuv an. Die Prophezeiung traf ein, und Neapel wurde mit einem Aschenregen überschüttet; da erschien Maria vielen, die sie um Hilfe anriefen, und rettete sie vor dem sonst sicheren Tod.

> Bew.: Unbekannte Quelle; Quelle: R. Ernst, Lexikon; Däniken, Erscheinungen

1632 JAPAN   Maria erschien dem japanischen Christen Nikolaus Kegan Fucinanga, der während der blutigen Christenverfolgung grausam gefoltert wurde, als »Trösterin der Betrübten«, und stärkte ihn, so daß er gefaßt sein Leben für Christus hingab.

> Bew.: Gut bezeugt; Quelle: R. Ernst, Lexikon

1632 LUJAN/ARGENTINIEN   Ein Portugiese erbat sich von einem Freund eine Statue der Unbefleckten Jungfrau Maria und brachte sie mit einem Ochsenkarren in seine Heimat im Norden von Argentinien. Beim Übergang über einen Fluß nahe bei Lujan waren die Ochsen wie gebannt stehengeblieben und durch nichts zum Weitergehen zu bewegen. Erst als man die Kiste mit der Statue ablud, gingen sie weiter. Da ließ der Portugiese die Statue im Haus eines Kolonisten zurück, und dessen Negersklave wurde mehr als vierzig Jahre lang der Hüter der Statue. Er erbaute ihr eine

Kapelle aus Lehmziegeln, und immer mehr Pilger kamen und beteten dort mit ihm den Rosenkranz. Als ein kranker Missionar in Lujan wunderbar geheilt wurde, ließ sich dieser dort als Wallfahrtspriester nieder. 1763 wurde eine große Kirche erbaut und 1887 durch die heutige Basilika ersetzt. Lujan ist heute einer der frequentiertesten Wallfahrtsorte der Welt.

Bew.: Ursprungssage; Quelle: A. M. Rathgeber, Maria, S. 44

MENGEN/DEUTSCHLAND Als schwedische Truppen während des Drei- 1632 ßigjährigen Krieges die Stadt Mengen belagerten, änderte das Marienbild in der Liebfrauenkirche plötzlich die Gesichtsfarbe; es wurde abwechselnd rot und blaß. Die Zeugen dieser Erscheinung riefen sofort die Hilfe Mutter Marias in der Kriegsgefahr an und bald darauf kamen Hilfstruppen und vertrieben die schwedischen Soldaten.

Das ungewöhnliche Gnadenbild stammt aus dem Ende des 15. Jahrhunderts, ist aus Ton und zeigt Maria in einer Gruppe von Frauen (Magdalena, Maria Kleophae, Salome) und Johannes unter dem Kreuz bzw. am Ölberg.

Bew.: Alte Überlieferung; Quelle: Hansen, Die deutschen Wallfahrtsorte

KONSTANZ/DEUTSCHLAND Maria erschien vielen Menschen über der 1633 Augustinerkirche der Stadt, während Konstanz von den Schweden belagert wurde, und stärkte den Mut der Verteidiger. Nach dem glücklichen Ende der Belagerung wurde von der Stadt eine Loretokapelle gebaut, in der eine Inschrift an die Erscheinung erinnert.

Bew.: Gut bezeugt; Quelle: R. Ernst, Lexikon

GUICLAN/FRANKREICH Maria erschien am 19. Mai der Marie-Amice Pi- 1634 card auf dem Rückweg von einer Wallfahrt nach Notre-Dame de Lambader, als sie von einem Reiter überfallen und bedrängt wurde. Auch der Reiter sah die Erscheinung und ließ daraufhin von der Frau ab. Ein Jahr später zog sie nach Saint-Pol de Leon und widmete sich ganz dem inneren Leben, sie wurde stigmatisiert, nahm keine Nahrung mehr zu sich und wurde zu einer »Sühneseele«, die alle ihre Leiden liebevoll dem Herrn und Erlöser aufopferte. Viele Erscheinungen Marias begleiteten ihr weiteres Leben und Leiden bis zu ihrem Heimgang 1652.

Bew.: Gut bezeugt; Quelle: R. Ernst, Lexikon

HURONSEE/KANADA Maria erschien dem hl. Jesuitenpater Jean de Bré- 1634 beuf (1593–1649), der 1625 als Missionar nach Kanada kam und am

Huronsee eine Station gründete, um unter den Algonkin-Indianern das Evangelium zu verkünden. 1628 wurde er von den Engländern gefangengenommen und nach Europa zurückgebracht. 1633 kehrte er wieder nach Kanada zurück, wirkte unter den Huronen und errichtete mehrere Stationen. Während eines Überfalls erschien ihm Maria, »das Herz mit drei Pfeilen durchbohrt«, und ermunterte ihn zur Hingabe an Gottes Willen. Brébeuf erklärte seine Bereitschaft und erlebte noch mehrere Marienerscheinungen, die ihn mehr und mehr auf das Martyrium vorbereiteten. Am 16. März 1649 wurde er von Irokesen überfallen und qualvoll zu Tode gemartert.

Er schrieb einen Katechismus, eine Grammatik und ein Wörterbuch in der Huronensprache.

1921 wurde er selig-, 1930 heiliggesprochen.

Bew.: Gut bezeugt; Quelle: LThK »Jean de Brébeuf«, R. Ernst, Lexikon

1634 QUITO/ECUADOR Maria erschien der Klosterschwester Maria-Anna von Jesus, die am Abend des 2. Februar im Kloster der Unbefleckten Empfängnis vor dem Allerheiligsten betete. Plötzlich erlosch das ewige Licht, und die Kirche wurde von einem überirdisch hellen Licht erhellt. Maria sprach: »Meine herzensgeliebte Schwester, ich bin Maria del Buen Suceso (= vom glücklichen Ereignis), deine Mutter und deine Beschützerin. In zehn Tagen und zehn Monaten wirst du deine Augen für das irdische Licht schließen, um sie für die Klarheit des ewigen Lichtes zu öffnen . . .« Maria spricht weiter von der Herrlichkeit des Himmels, von der Lauheit vieler Ordensleute und von kommenden schweren Zeiten, wenn die Kirche durch Irrlehren und Verweltlichung zerrüttet werden wird . . . bis in einer schrecklichen Katastrophe die Kirche wieder erneuert werde.

Bew.: Unbekannte Quelle; Quelle: R. Ernst, Lexikon

1636 SINOPOLI/ITALIEN Maria erscheint zweimal einem Mann und bittet ihn, dafür zu sorgen, daß das Gnadenbild im Ort (»Maria lactans« – eine stillende Muttergottes) mehr geehrt werde. 1675 wurde eine neue Kirche gebaut.

Bew.: Ursprungsgeschichte; Quelle: R. Ernst, Lexikon

1637 PARIS/FRANKREICH Einem Klosterbruder (Frère Fiacre) erschien Maria in seiner Zelle und zeigte ihm das göttliche Kind in ihrem Arm.

Bew.: Unbekannte Quelle; Quelle: Däniken, Erscheinungen

PRAG/ČSFR Maria erschien dem Karmelitenpater Cyrillus, nachdem 1638
das »Prager Jesuskind« aus dem Oratorium entfernt worden war. Sie
breitete ihre Arme über den Chor der Kirche aus, um anzudeuten, wo das
göttliche Kind verehrt werden sollte. Diese Erscheinung trug wesentlich
dazu bei, daß die Statue wieder ihren Ehrenplatz zurückerhielt. Von einer
Fürstin Lobkowitz wurde sie als Hochzeitsgeschenk aus Spanien nach Prag
gebracht und 1628 der Karmelitenkirche Maria vom Siege geschenkt.

Bew.: Gut bezeugt; Quelle: R. Ernst, Lexikon; LThK »Prager Jesuskind«

BEAUNE/FRANKREICH Maria erschien oft der Karmelitin Margareta vom 1640
hl. Sakrament (M. Parigot, 1619–1648), die von Jugend an reich begnadet
war und die »Bruderschaft vom Jesuskind« gründete. Sehr oft sah sie
Maria mit dem Jesuskind und hatte auch Christuserscheinungen.

Bew.: Gut bezeugt; Quelle: R. Ernst, Lexikon

CAST/FRANKREICH Maria erschien seit 1640 mehrmals dem bretoni- 1640
schen Bauern Yves Le Goff († 1659). In der rechten Hand trug sie dabei
ein rotes Kreuz. Sie trug ihm auf, eifrig zu beten und häufig zu fasten und
die hl. Kommunion zu empfangen. Dies sei nötig, um Sünder zu bekehren. Seit 1645 hat Le Goff daraufhin in der Fastenzeit praktisch nichts
gegessen und getrunken. In dieser Zeit hatte er sehr häufig Marienerscheinungen, über die leider nichts weiter bekannt ist.

Bew.: Gut bezeugt; Quelle: R. Ernst, Lexikon

WÜRZBURG/DEUTSCHLAND Im »Käppele« auf dem Nikolausberg wurde 1640
1640 eine kleine hölzerne Pietà aufgestellt; von da an sah man die Kapelle
wiederholt von einem wunderbaren Licht erhellt und wie im Feuer stehend. 1747 wurde daneben ein Kapuzinerkloster gebaut, in dessen Kirche
die Statue bis heute verehrt wird.

Bew.: Gut bezeugt; Quelle: Hansen, Die deutschen Wallfahrtsorte; R. Ernst,
Lexikon, A. M. Rathgeber, Maria, S. 235

CALANDA/SPANIEN Der elfjährige Miguel Juan Pellier, ein Bettler in 1641
Saragossa, dem wegen eines Unfalls ein Bein amputiert werden mußte,
betete oftmals vor dem Gnadenbild »Unsere Liebe Frau del Pilar«. In der
Nacht zum 30. März 1641 sah er sich plötzlich in der Gnadenkapelle in
Saragossa, obwohl er doch in seinem Dorf schlief. Beim Erwachen stellte
er fest, daß er wieder beide Beine hatte und gesund war. Eine kanonische
Untersuchung des Ordinariats von Saragossa bestätigte das Wunder.

Bew.: Gut bezeugt; Quelle: R. Ernst, Lexikon

1641 Kevelaer/Deutschland Um Weihnachten 1641 hörte Hendrik Busman aus Geldern, als er vor einem Kreuz in der Heide betete, Maria sprechen:»An dieser Stelle sollst du mir ein Kapellchen bauen.« Als sich diese Aufforderung noch zweimal wiederholte und seine Frau in einem Traum eine Kapelle in wundervollem Licht gesehen hatte, gewannen sie den Pfarrer Jakob Schink dafür, ihnen bei der Verwirklichung des Baus behilflich zu sein. Als Gnadenbild diente eine Kopie der »Trösterin der Betrübten« (Unsere Liebe Frau von Luxemburg; vgl. 1627). Schnell wurde die kleine Kapelle ein Anziehungspunkt für viele Pilger, so daß mehrere große Kirchen gebaut wurden. Heute besuchen bis zu 600 000 Pilger jährlich die Gnadenstätte.

> Bew.: Ursprungsgeschichte; Quelle: Hansen, Die deutschen Wallfahrtsorte; A. M. Rathgeber, Maria, S. 54

1641 Palizi/Russland Maria erschien einer kranken Frau, forderte sie zur Buße auf und verwies sie auf das eben gemalte Marienbild der »Strastneja« (von den Schmerzen). Die Frau verehrte das Bild und wurde gesund. Diese Wunderheilung wurde bekannt, und noch im selben Jahr brachte man das Bild in einer feierlichen Prozession nach Moskau, wo es viele Pilger anzog.

> Bew.: Ursprungsgeschichte; Quelle: R. Ernst, Lexikon

1642 Jesuitenreduktion Uruguay In der Jesuitensiedlung (getaufte Indianer) »Unsere Liebe Frau von der Verkündigung« erschien einem 10jährigen Mädchen zweimal Maria und bereitete es auf seinen bevorstehenden Tod vor. Das Mädchen war sehr musikalisch und hatte oft zu den Gottesdiensten und Marienfeiern beigetragen.

> Bew.: Gut bezeugt; Quelle: R. Ernst, Lexikon

1642 Maria Taferl/Österreich Der depressive Alexander Schinnagl aus Krummnußbaum erwarb bei einem befreundeten Bildschnitzer eine kleine Pietà und nahm sie mit zu sich nach Hause. In der Nacht hörte er eine Stimme:»Alexander, willst du gesund werden, dann nimm das Bild der schmerzhaften Mutter und trage es auf den Taferlberg zur Eiche.«
Er folgte der Aufforderung und brachte das Bild in einer Aushöhlung der Eiche auf dem Taferlberg bei Marbach an der Donau an. Bald darauf war er gesund. Zwischen 1658 und 1661 beobachtete man zahlreiche Erscheinungen weiß gekleideter Gestalten mit weißen und roten Fahnen, die sowohl am hellen Tag wie in der Nacht vom Waldrand zur Eiche zogen, teils schwebend, teils gehend. Sterne umflammten das Marienbild,

und viele Lichter schienen in der Nacht davor zu brennen. Viele Personen allen Alters, auch Menschen anderen Religionsbekenntnisses, sahen diese Erscheinungen. Der Bischof von Passau setzte eine Untersuchungskommission ein, und 57 Personen bestätigten unter Eid ihre Beobachtungen. Darauf wurde 1660 der Grundstein zur Wallfahrtskirche gelegt. Bei der Zweihundertjahrfeier strömten 800 Priester und 200 000 Gläubige nach Maria Taferl. Die Wallfahrt ist bis heute sehr lebendig.

Bew.: Ursprungsbericht, kirchlich anerkannt; Quelle: A. M. Rathgeber, Maria, S. 287; Pichler/Böhm, Wege, S. 179

ROTTWEIL/DEUTSCHLAND   Viele Menschen pilgerten zur »Madonna   1643 vom Rosenkranz«, und viele Gebetserhörungen sind überliefert. Als 1643 die Stadt von französischen Truppen belagert wurde, sahen mehrere Menschen am 10. November in den Gesichtszügen des Marienbildes deutlich Züge der Trauer und des Schmerzes. Diese Erscheinung hielt zwei Stunden an und wurde sowohl von Katholiken wie von Protestanten bezeugt.
Das bischöfliche Ordinariat hat den Vorfall untersucht und das Ereignis als echt anerkannt.

Bew.: Gut bezeugte »Augenwende«; Quelle: Hansen, Die deutschen Wallfahrtsorte

JESUITENREDUKTION DER MARTYRER JAPANS/URUGUAY   Maria erschien   1644 mehrmals einer Indianerin, die seit langem krank war und Maria sehr verehrte. Maria tröstete sie: »Sei getrost. Sehr bald wird der Tod dich von den irdischen Leiden befreien und dir den Zugang zu den ewigen Freuden ermöglichen.« Bald darauf starb die Frau und ging leicht hinüber.

Bew.: Gut bezeugt; Quelle: R. Ernst, Lexikon

TRIBERG/DEUTSCHLAND   Ein Mädchen fand an einer Tanne ein auf Per-   1644 gament gemaltes Bildchen der Unbefleckten Empfängnis und nahm es mit nach Hause. Bald darauf wurde sie von einem argen Augenleiden befallen und drohte zu erblinden. Im Traum wurde ihr gesagt, daß sie geheilt werde, wenn sie das Bild zurück zur Tanne bringe. Sie tat so und wurde wieder gesund. Viele Pilger kamen bald zu diesem Bild an der Tanne, und mancher, der dort betete und von der nahegelegenen Quelle trank, wurde von Gebrechen geheilt. Ein Kranker aus Triberg gelobte, im Falle seiner Heilung eine Statue zu schnitzen. Als er gesund wurde, ließ er eine Madonna mit Kind anfertigen und an der Tanne anbringen – das Bild war plötzlich verschwunden. 1697 wurde die erste Kirche gebaut und der Tannenbaum mit der Statue auf dem Hochaltar aufgestellt. 1805 war der hl. Klemens Maria Hofbauer mit vier Gefährten in Triberg und förderte die Wallfahrt, die bis heute besteht.

Bew.: Ursprungssage; Quelle: Hansen, Die deutschen Wallfahrtsorte

1646 HURONSEE / KANADA Zwei getaufte Huronen wurden von den Irokesen gefangen und zum Feuertod verurteilt. Sie riefen in ihrer Not Maria um Hilfe an, wurden von ihren Fesseln befreit und konnten fliehen.

Bew.: Gut bezeugt; Quelle: R. Ernst, Lexikon

1647 BUENOS AIRES / ARGENTINIEN Maria erschien einem Bauernmädchen und einem Laienbruder und bat sie, die Menschen aufzufordern, Buße zu tun.

Bew.: Unbekannte Quelle; Quelle: Däniken, Erscheinungen

1649 NEAPEL / ITALIEN Maria erschien mehrmals dem Jesuitenpater Vincenzo Caraffa (1585–1649), Sohn des Herzogs von Andria und der mystisch reich begnadeten Maria Magdalena Caraffa († 1615). Seit 1604 Jesuit, arbeitete er als Novizenmeister, Rektor und Provinzial und seit 1647 als 7. Ordensgeneral. Die »Erhabene Mutter« erleuchtete ihn bei seinen asketisch-mystischen Schriften.

Bew.: Gut bezeugt; Quelle: R. Ernst, Lexikon

1649 PARIS / FRANKREICH Maria erschien dem Jean-Jacques Olier (1608–1657), Pfarrer von St. Sulpice in Paris, der 1641 ein Priesterseminar gegründet hatte und die Pfarre kollegial mit einer kleinen Priestergruppe leitete. Sie stärkte ihn in seinem Gebetsleben und führte ihn zu größerem geistigem Fortschritt. Von mystischen Gnaden und Botschaften Marias bewegt, erreichte er durch seine Schriften und die durch ihn geführten Priester einen großen Einfluß auf die Erneuerung des Klerus. 1664 wurde die Priestergemeinschaft als Kongregation genehmigt und breitete sich unter dem Namen »Sulpizianer« rasch in Frankreich, Amerika und Afrika aus. Die Geistigkeit der Oratorianer und der französischen Mystik wurde hier in die Praxis umgesetzt.

Bew.: Gut bezeugt; Quelle: LThK »Olier«; R. Ernst, Lexikon

1649 PLOUNEVEZ-QUINTIN / FRANKREICH Maria erschien der Louise Le Cornec (geb. 1632), die sich anläßlich einer Volksmission von ihrem sehr oberflächlichen Leben bekehrt hatte und in einer Todeskrankheit von Maria begleitet wurde.

Bew.: Gut bezeugt; Quelle: R. Ernst, Lexikon

GUANARE / VENEZUELA Maria erschien an einer Quelle einem Indianer- **1651**
häuptling und forderte ihn auf, sich und seinen ganzen Stamm taufen zu
lassen. Etwa 700 Indianer folgten seinem Aufruf und wurden durch
herbeigerufene Missionare getauft. Als der Häuptling an einem Schlan-
genbiß starb, fand man in seiner Hütte ein Marienbild, das man in der
Kirche aufstellte und als »Nuestra Señora de Komeroto« verehrte.

> Bew.: Die Erscheinung wurde 1698 von der Kirche anerkannt und die Ma-
> donna seither als Landespatronin von Venezuela verehrt; dies wurde 1944 von
> Papst Pius XII. bestätigt; Quelle: R. Ernst, Lexikon

CAMPÉNÉAC / FRANKREICH In der Oktav von Maria Himmelfahrt hatte **1652**
Armelle Nicolas (1606–1671) eine wunderbare Schau der Verherrlichung
Marias im Himmel. Die einfache Magd hatte eine schwere Jugend und ein
schwieriges Dienstleben in verschiedenen Familien. Von ihrer ersten
Vision an – sie hatte noch viele Visionen und Erscheinungen Marias –
wurde sie als »La bonne Armelle«, als Mystikerin und Heilige, im Volk
verehrt. Maria sagte einmal zu ihr: »Dir teile ich meine Liebe mit.«
Armelle Nicolas lebte sozusagen in der Liebesglut der Himmelsmutter bis
zu ihrem Heimgang.

> Bew.: Gut bezeugt; Quelle: R. Ernst, Lexikon

LA PRÉNESSAYE / FRANKREICH Maria erschien der zwölfjährigen Jeanne **1652**
Coutel am 15. 8. und heilte sie von ihrer Behinderung (taubstumm).
Auch an den folgenden Tagen erschien sie ihr und erbat eine Kapelle. Als
»Beweis« für die Echtheit der Erscheinung und des Wunders wies sie auf
eine vergrabene Marienstatue hin, die tatsächlich aufgefunden wurde.
Die insgesamt 15 Marienerscheinungen wurden sowohl vom Ortspfarrer
wie vom zuständigen Diözesanbischof (St. Brieuc) geprüft und als echt
anerkannt. Die Kapelle wurde gebaut, das Gnadenbild darin aufgestellt,
und viele Pilger strömten zu diesem Gnadenort, der durch viele Wunder
bezeugt wurde. Man nennt das Gnadenbild »Notre Dame de Toute-Aide«
(Unsere Frau von der immerwährenden Hilfe).

> Bew.: Kirchlich anerkannt; Quelle: R. Ernst, Lexikon

ALDENHOVEN / DEUTSCHLAND An der Stelle, an der Bauer Dietrich **1654**
Mühlfahrt aus Aldenhoven während einer Treibjagd ein Gnadenbild im
Geäst einer Linde gefunden und tagtäglich mit zwei Freunden durch
Gebete geehrt hatte, erschien von da an ein wunderbares Licht. An dieser
Stelle baute man die Gnadenkirche.

> Bew.: Ursprungssage; Quelle: Hansen, Die deutschen Wallfahrtsorte

1656 AACHEN / DEUTSCHLAND Das Gnadenbild in der sogenannten Roskapelle (vielleicht von »Rosa Mystica« / Bezeichnung Marias in der Lauretanischen Litanei) wurde der Überlieferung zufolge bei dem großen Stadtbrand 1656 auf wunderbare Weise nicht zerstört, weshalb in schweren Zeiten die Menschen zu diesem Gnadenbild pilgern und um den Schutz der Himmelskönigin (mittelalterliche Holzfigur Maria mit dem Kind, gekrönt und »bekleidet«) bitten.

Bew.: Ursprungssage; Quelle: Hansen, Die deutschen Wallfahrtsorte

1659 DIEBURG / DEUTSCHLAND Mehrere Zeugen sahen in der Nacht vor Allerheiligen im Jahr 1659 und dann noch einmal 1666 einen außergewöhnlichen Glanz am Himmel und glaubten, Engelsgesang zu hören. Sie glaubten zuerst, die Marienkapelle (seit dem 13. Jahrhundert Marienwallfahrt) stünde in Flammen, liefen hin und »haben sie die Capell ganzt voll von hellen Glantzes und Scheines gefunden, also daß man auff der Straßen wohl hette in den Büchern lesen können und beneben diesem wunderbarlichen hellen Glantz und Schein haben sie eine solche liebliche Melodey unterschiedlicher, reiner, zärtlicher, auch etwas gröberer Stimmen gehört«. Verehrt wird eine Pietà.

Bew.: Gut bezeugter Lichtwunderbericht; Quelle: Hansen, Die deutschen Wallfahrtsorte

1660 MALTA Maria erschien dem Sultan von Marokko, der auf der Pilgerfahrt nach Mekka von den Malteserrittern gefangengehalten worden war, nach seiner Freilassung auf der Weiterreise. Sie forderte ihn auf, den Islam zu verlassen und Christ zu werden. Der Sultan war hingerissen von der Erscheinung, kehrte nach Malta zurück und ließ sich taufen, dann fuhr er nach Rom und pilgerte von dort aus zu Fuß nach Loreto.

Bew.: Unbekannte Quelle; Quelle: R. Ernst, Lexikon

1660 MARIA LICHT (TRUN) / SCHWEIZ Der Pfarrer und viele Mitglieder seiner Gemeinde sahen mehrmals ein strahlendes Licht auf dem Felsenhügel über Trun im Kanton Graubünden. Bald wurde ihnen klar, daß Maria gekommen sei und sie dazu anregen wollte, eine Gnadenstätte zu begründen. Als Mittlerin des Gnadenlichts und strahlende Siegerin über den Dunklen wollte sie unter den Menschen sein. Eine Kirche wurde gebaut, und viele Wunder und Gebetserhörungen bekräftigten den übernatürlichen Ursprung der Erscheinung.

Bew.: Ursprungssage; Quelle: Helvetia Mariana

MARIAHILFBERG BEI GUTENSTEIN/ÖSTERREICH Maria erscheint dem **1661** Schmid Sebastian Schlager, durch dessen Initiative es zum Bau der Wallfahrtskirche bei Gutenstein in Niederösterreich kommt. Nachdem Maria siebenmal dem Sebastian Schlager im Traum erschienen war, ließ er in Mariazell ein Marienbild auf Blech malen und brachte es dann an einer Buche an. Als vor dem Bild in den nächsten Jahren einige Heilungen und Zeichen geschahen, begann eine Wallfahrtsbewegung. Eine hölzerne Kapelle wurde gebaut. Das Passauer Konsistorium als zuständige kirchliche Instanz untersuchte den Fall und berichtete nach Rom. Papst Clemens IX. erlaubte daraufhin die Verehrung des Bildes und den Bau einer Kirche, welche den Serviten, die als marianischer Orden die Betreuung der Wallfahrer übernahmen, unterstellt wurde.

Bew.: Kirchlich gutgeheißene Wallfahrt, Ursprungssage; Quelle: Pichler/ Böhm, Wege, S. 176; R. Ernst, Lexikon

BIRKENSTEIN/DEUTSCHLAND Maria erschien dem Johann Stiglmaier, **1663** Generalvikar von Fischbachau, im Traum und bat ihn, auf dem Birkenstein, 65 Kilometer südöstlich von München, eine Kapelle zu bauen: »Hier will ich verehrt sein und denen, die mich anrufen, meine Gnaden mitteilen.«
Zehn Jahre später war die Marienkapelle, die zwölf Menschen Platz bot, fertig. Ein großer Pilgerstrom setzte ein, und 1710 baute man eine dem Haus in Loreto nachempfundene Gnadenstätte. Die gotische Statue mit Jesuskind, beide gekrönt, mit Zepter, wird von 92 Engeln umgeben.

Bew.: Ursprungssage; Quelle: Hansen, Die deutschen Wallfahrtsorte

NAGYSZOMBAT-TYRNAVA/UNGARN Als die ungarischen Truppen von **1663** den Türken bei Párkány geschlagen worden waren, begann am 7. August ein Marienbild in der Seitenkapelle der St.-Nikolaus-Kirche zu weinen. Es wurde zum Ziel vieler Wallfahrten. Das Weinen wiederholte sich im Juli und August 1708 während einer Pestepidemie.

Bew.: Unbekannte Quelle; Quelle: R. Ernst, Lexikon

LE LAUS/FRANKREICH Maria erschien dem Hirtenmädchen Benoîte **1664** Rencurel (1647–1718) in der Grotte Les Fours in den französischen Alpen in der Nähe des Dorfes Saint-Etienne d'Avancon. Einige Wochen zuvor war sie schon von der Erscheinung eines heiligen Bischofs auf diese Marienerscheinung vorbereitet worden. Das Mädchen ist überwältigt und wird durch viele andere Erscheinungen aufgefordert, die Lauretanische Litanei selbst zu beten und sie verbreiten zu helfen. Es sollte auch eine Kirche gebaut werden. Seit 1671 erlebte die Seherin auch die Passion

Jesu in Erscheinungen und wurde stigmatisiert. Sie lebte bis zu ihrem Tod als Einsiedlerin am Erscheinungsort. »Notre Dame du Laus« wurde eine berühmte Gnadenstätte. Papst Pius IX. ließ das Gnadenbild durch den Kardinal von Bordeaux feierlich krönen.

Bew.: Kirchlich anerkannter Wallfahrtsort; Quelle: R. Ernst, Lexikon

1665 AGREDA / SPANIEN   Maria erschien unzählige Male der Äbtissin Maria de Jesus von Agreda (1602–1665) in dem zu einem Franziskanerinnenkloster umgewandelten Elternhaus, wo Maria mit Mutter und Schwester und anderen Frauen als Franziskanerin lebte. 1627 wurde sie als Äbtissin gewählt und empfing außergewöhnliche Gnaden.

Neben vielen inneren Erfahrungen und Schauungen hinterließ sie der Nachwelt vor allem das umfangreiche Werk »Das Leben der heiligsten Jungfrau und Gottesmutter, geoffenbart an Maria von Agreda, Äbtissin des Klosters von der Unbefleckten Empfängnis«. Bei diesen Offenbarungen handelt es sich um ein inneres Schauen, das als höchste Stufe mystischen Erlebens beschrieben wird. Nicht die Äbtissin spricht, sie ist der »Kanal«, durch den vom Jenseits her Offenbarungen fließen. Ursprünglich unter dem Titel »La Mystica Ciudad de Dios« in spanischer Sprache geschrieben und veröffentlicht, ist dieses Buch in über zwanzig Sprachen übersetzt und früher weit verbreitet worden. Natürlich gab es auch entschiedene Gegner, die von einer historisch-kritischen, stark rationalistisch gefärbten Position aus Privatoffenbarungen für unmöglich und unnötig erklärten und als einzige Autorin die Äbtissin selbst ansahen (z. B. der Augustinerchorherr Eusebius Amort [† 1775], der sich in diesem Sinne vehement gegen die Echtheit dieser Botschaften aussprach). Aber die positiven Stimmen überwiegen: Dekrete der Päpste Innozenz IX. und Klemens XI., einige bischöfliche Approbationen, Gutachten der theologischen Fakultäten von Toulouse, Salamanca, Alcala und Löwen, positive Erklärungen vieler bekannter Theologen, Äbte und Seelsorger.

1673 wurde der Seligsprechungsprozeß eingeleitet. 1849 war der Leib Marias von Agreda noch unverwest.

Bew.: Gut bezeugt.
Als Probe aus dem umfangreichen Buch folgt in Auszügen das 18. Hauptstück des 5. Buches in der deutschen Übersetzung:

Jesus und Maria leben allein miteinander

Viele der verborgenen Geheimnisse und verehrungswürdigen Mysterien, die zwischen Jesus und seiner heiligsten Mutter Maria stattfanden, werden den Auserwählten erst im ewigen Leben zu ihrer akzidentellen Freude geoffenbart werden. Die höchsten und wunderbarsten geschahen in jenen vier Jahren, während Jesus und Maria im Hause zu Nazareth allein miteinander lebten.

Die Seele Jesu Christi war ein überaus klarer Spiegel, in dem seine heiligste Mutter all jene wunderbaren Geheimnisse schaute, welche Jesus Christus als Wiederhersteller des ganzen Menschengeschlechtes, als Lehrer des ewigen Heils und als Engel des großen Rates ausführte. Er war es, der alles erfüllte, was im Rate der allerheiligsten Dreieinigkeit von Ewigkeit her festgesetzt war.

Mit der Ausführung dieses vom ewigen Vater ihm aufgetragenen Werkes war unser Heiland die ganze Zeit, die er auf Erden verweilte, beschäftigt. Je mehr er sich nun seinem Ziele näherte, je mehr die Vollendung dieses Geheimnisses herannahte, um so größer war auch die Kraft und Wirksamkeit, mit der er seine Weisheit und Macht betätigte.

Maria war Augenzeugin aller dieser Geheimnisse... Wenn man sich von der Weisheit der heiligsten Mutter und von den Werken, die sie beim Vollzug der Geheimnisse der Erlösung verrichtete, eine vollkommen richtige Vorstellung machen wollte, müßte man auch Jesus Christus in seiner Weisheit, seinen Werken und seiner Liebe verstehen. Bei allem also, was ich über das Wirken der Mutter Jesu sagen werde – was aber freilich nur wenig ist im Verhältnis zur Wirklichkeit –, muß ich immer die Werke ihres heiligsten Sohnes voraussetzen. Sie war ja seine Gehilfin bei diesen Werken, indem sie ihn als ihr Muster und Vorbild nachahmte.

Jesus stand nunmehr im Alter von sechsundzwanzig Jahren. Wie seine heiligste Menschheit in der natürlichen Entwicklung fortschritt und dem Ziele sich näherte, so offenbarte sich auch in wunderbarem Einklang hiemit mehr und mehr die Größe seiner Werke. Dieses ganze Geheimnis hat der heilige Evangelist Lukas in jenen Worten zusammengefaßt, mit denen er sein zweites Kapitel beschließt: »Jesus nahm zu an Weisheit und Alter und Gnade bei Gott und den Menschen« (Lk 2,52). Unter letzteren ist vor allem seine heiligste Mutter zu nennen. Sie sah und begleitete das Fortschreiten ihres allerheiligsten Sohnes, ohne daß irgend etwas, was der Gottmensch ihr als einem bloßen Geschöpf mitteilen konnte, vor ihr verborgen blieb. So schaute sie in dieser Zeit, wie ihr Sohn, der wahre Gott, vom Throne seiner Weisheit nicht nur in seiner unerschaffenen Gottheit, sondern auch mit seiner heiligsten menschlichen Seele über alle Sterblichen hinblickte, denen er die Erlösung erwirken wollte. Er überdachte die Kraft der Erlösung und den Wert, den sie vor seinem ewigen Vater habe. Er bedachte, wie er vom Himmel herabgestiegen war und das bitterste Leiden und den Tod erdulden wollte, um dadurch den Menschen die Pforten der Hölle zu verschließen und sie zum ewigen Leben zurückzuführen; wie sie aber, ungeachtet des Kreuzestodes, in ihrer Torheit und Herzenshärte die Pforten des Todes mit aller Gewalt wieder öffnen und die Tore der Hölle weiter als vorher aufreißen werden, ganz und gar blind gegen die furchtbare Größe der höllischen Qualen.

In dieser Erwägung empfand die Menschheit Jesu Christi tiefe Betrübnis und große Ängstigung. Es kam so weit, daß er dabei Blut schwitzte. Er aber verharrte mitten unter diesen Kämpfen in seinem Gebete für alle, welche erlöst werden sollten. Aus Gehorsam gegen den ewigen Vater verlangte er mit glühender Liebe, sich als wohlgefälliges Opfer für die Erlösung der Menschen hinzugeben. Sollten seine Verdienste und sein Blut auch nicht an allen wirksam werden, so sollte dadurch doch der göttlichen Gerechtigkeit genug getan, die Beleidigung Gottes gutgemacht und die Strafen gerechtfertigt werden, die für die Ungläubigen und Undankbaren von Ewigkeit her bereitet sind. Maria schaute und erwog diese Geheimnisse ihres heiligsten Sohnes und fügte dazu ihr mütterliches, schmerzvolles Mitleiden. Ja oft, während der göttliche Heiland Blut schwitzte, vergoß sie blutige Tränen und war von unvergleichlichem Schmerz durchbohrt. Nur Maria und ihr göttlicher Sohn vermochten vollkommen nach der Waage des Heiligtums abzuwägen, was es heißt: Gott stirbt an einem Kreuz, um die Hölle zu schließen, und trotzdem sind die Menschen so verblendeten und harten Herzens, daß sie sich mit Gewalt dem ewigen Tode überliefern.

Bei diesen Ängsten erlitt Maria Ohnmachten, die ohne Zweifel tödlich gewesen wären, wenn Gott sie nicht gestärkt und am Leben erhalten hätte. Zur Belohnung für dieses treue, liebevolle Mitleiden befahl unser gütigster Heiland den Engeln, seine Mutter zu beschützen und zu trösten. Manchmal befahl er ihnen auch, ihr jene Loblieder zu singen, die sie selbst zu Ehren seiner Gottheit und Menschheit verfaßt hatte. Zuweilen hielt der Herr selbst seine Mutter in den Armen und ließ sie in neuem Lichte erkennen, daß das unheilvolle Gesetz der Sünde samt deren Wirkungen auf sie keine Anwendung finde. Manchmal wurde sie, während sie in den Armen ihres Sohnes ruhte und die Engel ihr voll Verwunderung Loblieder sangen, in hohe Ekstasen versetzt, in denen sie neue und gewaltige Gnadeneinflüsse der Gottheit empfing. Da war denn nach Worten des Hohenliedes (Hoheslied 2,5–7) die Einzig-Auserwählte, die Vollkommene, auf die Linke, d. h. auf die Menschheit ihres Sohnes gelehnt und von der Rechten seiner Gottheit umfaßt. Da beschwor ihr liebevollster Sohn und Bräutigam die Töchter Jerusalems, seine Geliebte nicht aus dem Schlafe aufzuwecken, bis sie selbst es wolle. Da staunten die höchsten Geister und verherrlichten sie als die Gebenedeite unter allen Geschöpfen.

Lehre der Himmelskönigin

Meine Tochter, würdest du, ja würden alle Menschen die Sprache der Engel reden, so könntet ihr doch die Gnaden und Auszeichnungen nicht beschreiben, die ich in den letzten Jahren, die mein göttlicher Sohn bei mir zubrachte, vom Allerhöchsten erhalten habe. Diese Werke des Herrn sind gewissermaßen unbegreiflich, und darum sind sie auch unaussprechlich für dich wie für alle Menschen. Da dir aber eine außerordentliche Kenntnis von diesen Geheimnissen verliehen ist, so mußt du auch den Allmächtigen loben und preisen für das, was er an mir getan. O meine Tochter, wenn die Sünden der Menschen der unendlichen Güte Gottes nicht im Wege stünden, sie würden sich ohne Maß der Tröstung und Gnaden des Herrn erfreuen! Denke, der Herr ist gleichsam mit Gewalt zurückgehalten und traurig, daß die Menschen dem unermeßlichen Drang seiner Liebe widerstehen. Und dies tun sie auf eine Weise, daß sie sich nicht nur daran gewöhnen, der Süßigkeiten und Tröstungen des Herrn aus eigener Schuld zu entbehren, sondern daß sie es nicht einmal glauben wollen, wenn andere dieser Gnaden teilhaftig werden, die doch der Herr allen ohne Ausnahme mitteilen möchte.

Sei also dankbar für das, was mein göttlicher Sohn beständig für die Menschen getan und gelitten hat, und was ich mit ihm getan und gelitten habe. Die Katholiken denken zwar ziemlich oft an das Leiden und Sterben des Herrn, weil die heilige Kirche sie daran erinnert; allein wenige sind bedacht, sich dankbar zu erzeigen, und noch wenigere achten auf die übrigen Werke, welche mein Sohn und ich vollbracht haben. Keine Stunde, keinen Augenblick hat er vorübergehen lassen, ohne seine Gnaden zum Heile der Menschen zu verwenden, um alle von der ewigen Verdammnis zu erretten und sie seiner Glorie teilhaftig zu machen. Diese Werke meines Herrn, des menschgewordenen Gottes, werden namentlich am Tage des Gerichts Zeugnis ablegen gegen die Undankbarkeit und Hartherzigkeit der Gläubigen. Wenn aber du, die du vom Herrn besonders erleuchtet und von mir belehrt bist, dich undankbar erweisest, so wird deine Schuld eine schwerere und deine Schande eine größere sein. Hüte dich also vor einer so gefährlichen Undankbarkeit! Entsprich diesen Gnaden als meine Tochter und Schülerin, und zögere keinen Augenblick, das Gute und Beste zu tun, sobald du es tun kannst. Achte in allem auf das innere Licht sowie auf die Weisungen der Oberen, der Diener des Herrn. Denn wenn du die einen Gnaden benützest, so darfst du versichert sein, daß Gott seine allmächtige Hand auftun wird, um dir andere, noch größere zu verleihen und dich mit seinen Reichtümern und Schätzen zu erfüllen.

Durchgängig enthalten die klar gegliederten Offenbarungen Erläuterungen zum Leben Marias und Jesu, die vergleichbar sind mit den Offenbarungen der großen Mystiker wie Gertrud von Helfta oder Birgitta von Schweden vor dem 17. Jahrhundert oder auch mit den Visionen der Anna Katharina Emmerick, des Jakob Lorber oder der Therese Neumann im 19. und 20. Jahrhundert. Besonders kostbar sind auch die konkreten Erläuterungen, welche Maria jeweils an die Offenbarungen anfügt und in denen sie die Äbtissin Maria von Agreda persönlich anspricht.

MARIA TAX / ÖSTERREICH Maria erschien mehrmals dem Besitzer des 1667 Pichlergutes bei Stams in Tirol und bat um die Errichtung einer Kapelle. Abt Nikolaus Kraus von Georgenberg begann 1667 die Waldkapelle zu bauen, in der viele Pilger und Wanderer ihre Nöte und Anliegen vor die himmlische Mutter bringen.

Bew.: Ursprungsgeschichte; Quelle: Pichler/Böhm, Wege, S. 104; R. Ernst, Lexikon

KLOKOOSKO / UNGARN Bei einem Aufstand kam 1670 ein fanatischer 1670 reformierter Soldat in die Holzkirche von Klokoosko und durchstach, während viele Gläubige dort beteten, mit seiner Lanze das Marienbild. Dieses weinte daraufhin blutige Tränen. Das Bild kam später nach Wien, eine Kopie wurde 1904 vom griechisch-katholischen Bischof Hopko Vanil in der Kirche von Klokoosko gekrönt.

> Bew.: Unbekanne Quelle; Quelle: R. Ernst, Lexikon

1671 LAUTHECOUR/FRANKREICH   Die hl. Marguerite-Marie Alacoque (1647–1690) hatte schon als Kind und junge Frau Marienerscheinungen. Mit acht Jahren verlor sie ihren Vater, einen angesehenen Richter und Notar, und mußte viele Jahre der Entbehrungen, Demütigungen und körperlicher Leiden verleben, ehe sie 1671 in den Orden der Heimsuchung in Paray-le-Monial eintritt und von Jesus auserkoren wird, eine seiner größten Botinnen zur Verbreitung der Herz-Jesu-Verehrung zu werden.

> Bew.: Gut bezeugt; Quelle: Waach, Margareta Maria Alacoque; LThK »M.-M. Alacoque«; Däniken, Erscheinungen

1680 SAINT CARRÉ/FRANKREICH   Der einfache Arbeiter Jean Bizier hatte einen Traum, in dem er sich selbst an einem bestimmten Ort in der Nähe seines Dorfes auf der Suche nach einer vergrabenen Marienstatue an der Arbeit sah. Bei einer Erscheinung Marias wurde ihm diese Stelle ganz genau bezeichnet. Als er dort zu graben begann, fand er tatsächlich eine Statue. Das Erlebnis sprach sich herum, und es wurde zur Erinnerung eine Kapelle gebaut und 1696 eingeweiht.

> Bew.: Ursprungsgeschichte; Quelle: R. Ernst, Lexikon

1681 MARIA STEINBACH (MEMMINGEN)/DEUTSCHLAND   Das Gnadenbild von Maria Steinbach stammt aus der Klosterkirche in Rot. Bei einem Brand des Klosters wurde das Bild stark beschädigt und in einer Kammer abgestellt. Dann wurde es dem Pfarrer von Steinbach überlassen, der es in einer Feldkapelle aufstellte. Dort kam es bald zu wundersamen Erscheinungen und auffallenden Gebetserhörungen. 1728 wurde die Statue ausgebessert und in der Pfarrkirche aufgestellt. Die Beobachtungen mehrten sich: die Augen bewegten sich, Tränen wurden festgestellt, Anschwellen der Stirnadern, Verfärbung des Gesichtes. Nachts war die Kirche so strahlend erleuchtet, daß man von außen das Deckengemälde erkennen konnte. Zuerst ablehnend eingestellt, schickte das zuständige Ordinariat von Konstanz eine Untersuchungskommission, die 1734 die wunderbaren Ereignisse bestätigte und die Erhebung der Pfarrkirche zur Wallfahrtskirche verfügte. Die Wallfahrt entwickelte sich so stark, daß Steinbach zum bedeutendsten Wallfahrtsort Süddeutschlands im 18. Jahrhundert wurde.

Bew.: Gut bezeugt; kirchlich anerkannt; Quelle: Hansen, Die deutschen Wallfahrtsorte

WEMDING/DEUTSCHLAND Der 23jährige Wemdinger Franz Forell **1684** brachte 1684 ein Marienbild aus Rom mit. Er stellte das Bild in seinem Haus auf, wo es von vielen Gläubigen verehrt wurde. Ein evangelischer Reiter, der bei Forell einquartiert war, wurde von heftigen Kopfschmerzen befreit, als er in seiner Not Maria um Hilfe bat. Die Wallfahrt in das Privathaus wurde der Kirche zum Ärgernis, und man erreichte, daß das Bildnis im Pfarrhof aufgestellt – und dort vergessen wurde. Als der Kaplan Keller (der das Marienbild abgeholt hatte) eines Abends zu einem Kranken gerufen wurde, konnte er plötzlich am Schillerbrünnl keinen Schritt mehr tun. Erst als er Maria um Hilfe bat und den Bau einer Kapelle versprach, konnte er sich wieder bewegen. Tatsächlich wurde an dieser Quelle eine kleine Kirche gebaut und das Gnadenbild dort aufgestellt.

Am 25. Juni 1735 ereignete sich dort ein aufsehenerregendes Vorkommnis, eine sogenannte Augenwende: Die elfjährige Nichte des Franz Forell brachte dem Marienbild Blumen und steckte diese der Statue zwischen die Finger. Da drehte Maria den Kopf und bewegte die Augen. Auch andere stellten Veränderungen im Gesicht des Gnadenbildes fest. Dieses Ereignis verstärkte die Wallfahrtsbewegung ungemein, und bald wurde die Kapelle zu klein. Als am 28. 8. 1746 das Bild die Gesichtsfarbe wechselte und die Augen zur Stadt hin drehte (73 Zeugen bestätigten das schriftlich), wurde der Grundstein zu einer neuen Kirche gelegt. In der Folge wurden 107 Fälle von geheilten Augenleiden überliefert.

Bew.: Gut bezeugte unerklärliche Ereignisse und Wunderheilungen, kirchlich anerkannt; Quelle: Hansen, Die deutschen Wallfahrtsorte

INZING/ÖSTERREICH Während der Weihnachtsfeiertage 1685 hörte die **1685** Frau des Bauern Leopold Gassler in ihrer Stube ein unerklärliches Weinen. Als sie nachsah, fand sie hinter einer Truhe ein völlig verstaubtes Marienbild, das keiner im Haus kannte. Es war von Tränen überströmt. Eine kirchliche Untersuchung bestätigte das Phänomen und stellte fest, daß das Bild unablässig weinte, auch wenn man versuchte, die Tränen abzuwischen. Da befahl der Bischof, es in der Kirche von Inzing (im Oberinntal, 15 Kilometer westlich von Innsbruck) aufzustellen. Sofort hörte das Weinen auf, und das Bild begann zu leuchten. 1814 sahen viele Pilger, wie sich Augen und Lippen des Bildes (eine Kopie des Innsbrucker Mariahilfbildes) bewegten.

Bew.: Ursprungsgeschichte, kirchlich bestätigt; Quelle: Pichler/Böhm, Wege, S. 119; R. Ernst, Lexikon

1686 BUDAPEST/UNGARN Ein während der Türkenkriege 1541 eingemauertes Loreto-Marienbild wurde 145 Jahre später bei der Befreiung der Burg Buda am 2. 9. 1686 nach einer Explosion aufgefunden. Die völlig unbeschädigt gebliebene Statue begeisterte die Befreiungskämpfer so sehr, daß sie sich gegen die türkische Übermacht siegreich durchsetzten.

Bew.: Alte Überlieferung; Quelle: R. Ernst, Lexikon

1690 MARIA ZUM SCHNEE (RIGI-KLÖSTERLI)/SCHWEIZ Für die Kirche auf dem Rigi im Kanton Schwyz wurde eine Kopie des berühmten Marienbildes »Maria Schnee« in Auftrag gegeben (vgl. über den Ursprung 363). Johann Balthasar Steiner erhielt den Auftrag und bekannte, »er hab das Bild also leicht gemalet, als wan ihm von jemand Unsichtbaren der Bensel geführt werd...« Maria half nicht nur beim Zustandekommen des Gnadenbildes, sondern seither auch vielfältig, wenn sie von den zahlreichen Pilgern um Hilfe angerufen wird. Das Wallfahrtsbuch legt ein beredtes Zeugnis davon ab.

Bew.: Ursprungssage; Quelle: Helvetia Mariana

1690 MÜNCHEN/DEUTSCHLAND Am Gnadenbild der Schmerzhaften Muttergottes in der Herzogspitalkirche in München wurde 1690 das Phänomen der »Augenwende« beobachtet und von einer erzbischöflichen Untersuchungskommission bestätigt. Das 10jährige Mädchen Franziska Maria Schrott beobachtete am 21. 1. als erste, daß sich während der samstäglichen Lauretanischen Litanei die Augen des Gnadenbildes bald in die Höhe zu ihrem gekreuzigten Sohn, bald auf die Erde und zu beiden Seiten richteten. Das Mädchen erzählte zu Hause davon, und am nächsten Tag kamen zahlreiche Menschen, um das Gesehene zu überprüfen. Daraufhin trat die Kommission in Aktion und stellte fest, daß die Statue »geraume Zeit morgens und abends die Augen auf und nieder, auf die rechte und auf die linke Seite wendete«. Da fünf deutliche Wunderheilungen den übernatürlichen Charakter dieses Phänomens bestätigten, erkannte der Erzbischof die Ereignisse an und forderte zu Wallfahrt und Verehrung auf.

Bew.: Gut bezeugt. Kirchlich anerkannt; Quelle: A. M. Rathgeber, Maria, S. 300

1692 LE GIAUDET-LANRIVAIN/BELGIEN Maria erschien einem 34jährigen armen Bauern, Vater von zwölf Kindern, und bewirkte eine wunderbare Brotvermehrung. Sie wünschte den Bau einer Kapelle. Der Pfarrer glaubte nicht an die Erscheinung und wurde blind. Als seine Pfarrkinder vor einer wunderbar aufgefundenen Marienstatue für ihn beteten, wurde er sehend, glaubte an die Erscheinungen und die Wunderkraft und setzte sich für den Bau des Wallfahrtskirchleins ein.

Bew.: Ursprungsgeschichte; Quelle: R. Ernst, Lexikon

VERVIERS/BELGIEN Die Stadt Verviers wurde am 18. September von einem heftigen Erdbeben erschüttert. Die Bevölkerung eilte ins Freie, viele liefen zur großen Marienstatue an der Front der Franziskanerkirche, um zu Maria zu beten. Da sahen sie, daß sich die Statue verändert hatte: Das Jesuskind hatte sich der Mutter zugewandt, die Weltkugel, die es in seiner rechten Hand trug, war verschwunden, dafür lag seine kleine Hand in der linken Hand Marias, die noch das Zepter hielt. Das Kind schaute die Mutter an, und die schaute auf ihr Kind und darüber hinweg auf die Menge vor der Statue. In dieser Haltung ist die Statue bis heute geblieben. Die vielen Zeugen trugen dazu bei, daß die Kirche das Wunder bestätigte. Papst Clemens XII. gewährte den Pilgern bestimmte Ablässe (1739), Leo XIII. ließ das Gnadenbild 1892 durch den Bischof von Lüttich feierlich krönen. **1692**

Bew.: Kirchlich anerkannt, gut bezeugt; Quelle: R. Ernst, Lexikon

RADNA/UNGARN Ein auf Papier gemaltes Marienbild blieb unversehrt, als türkische Soldaten es ins Feuer warfen. Zu Beginn des 19. Jahrhunderts wurde das Bild vom Erzbischof von Esztergom feierlich gekrönt. **1695**

Bew.: Gut bezeugt; Quelle: R. Ernst, Lexikon

ELLWANGEN/DEUTSCHLAND Der Volksmissionar Philipp Jeningen SJ (1642–1704) wurde anläßlich einer Christus- und Marienerscheinung stigmatisiert: Jesus ließ ihm durch seine Mutter die heiligen Wundmale einprägen. Er wirkte mit großem Seeleneifer in den Diözesen Eichstätt, Augsburg und Würzburg als Missionar und erreichte beim Stiftspropst J. Chr. Adelmann den Bau der Wallfahrtskirche auf dem Schönenberg bei Ellwangen. **1696**

Bew.: Gut bezeugt; Quelle: R. Ernst, Lexikon; Höcht, Wundmale

PÖTSCH/UNGARN Das nach dem Vorbild von Maria Schnee 1676 für Pötsch (Potz) gemalte Gnadenbild sah ein Bauer weinen. Diese Erscheinung wiederholte sich zwischen dem 4. 11. und 8. 12. viele Male. Man umwickelte das Gemälde mit einem Tuch und fand es nach einiger Zeit völlig durchnäßt. Viele Wunder und Heilungen ereigneten sich in dieser Zeit vor dem Bild. Auf den Rat Pater Marco d'Avianos ließ Kaiser Leopold I. das Bild 1696 nach Wien bringen, wo es zuerst im Lustschloß Favorita, **1696**

dann in der Augustinerkirche, schließlich (bis heute) in der Stefanskirche aufgestellt und verehrt wurde. Viele betrachten »Maria Pötsch« als die Schutzfrau Wiens, der z. B. der Sieg Prinz Eugens 1697 über die Türken bei Zenta zugeschrieben wurde. In Pötsch selbst verehrt man ein Abbild dieses Bildes auf Leinwand, das selbst auch auf wunderbare Weise zustandegekommen ist und selbst Tränen geweint hat (zwischen dem 1. und 8. 5. 1715 und vom 3.–18. 12. 1905 bezeugt).

Bew.: Gut bezeugt; Quelle: Pichler/Böhm, Wege S. 232; R. Ernst, Lexikon; Alexius Moser, Wallfahrt, S. 34

1696 QUITO/ECUADOR Während einer abendlichen Prozession mit dem Gnadenbild Marias von Guápulo erschien Maria als »Himmelskönigin« und heilte den schwerkranken Bischof.

Bew.: Gut bezeugt; Quelle: Däniken, Erscheinungen

1697 RAAB (GYÖR)/UNGARN Am Fest des hl. Patrick (17. März) begann ein Marienbild, das der irische Bischof Lynch Walter Clonferti 1655 vor der Verfolgung der Katholiken unter Oliver Cromwell aus der irischen Stadt Galway nach Ungarn gebracht hatte, zu weinen. Das Weinen dauerte von 6 Uhr morgens bis 9 Uhr abends, bis Mitternacht schwitzte das Bild dann Blut. Viele Menschen sahen das Wunder an dem Bild, das bis heute in Raab verehrt wird.

Bew.: Gut bezeugt; Quelle: R. Ernst, Lexikon

1699 KLAUSENBURG/RUMÄNIEN Ein Marienbild vergoß drei Wochen lang Tränen. Dann wurde es aus einer kleinen Kapelle, wo es sich ursprünglich befand, in die Jesuitenkirche gebracht und dort sehr verehrt.

Bew.: Unbekannte Quelle; Quelle: R. Ernst, Lexikon

1699 SÜMEG/UNGARN In einem Traum sah die unheilbar kranke Frau Sophie Feilheim aus Wien eine Pietà, die plötzlich zu reden anfing und sagte: »Suche diese Statue auf, bete vor ihr voll Vertrauen, und du wirst gesund!« Frau Feilheim machte sich auf die Suche und fand tatsächlich die Pietà, die sie im Traum gesehen und die zu ihr gesprochen hatte, in Sümeg in Ungarn. Sie betete innig vor ihr und rührte sie an und war von da an geheilt. Der zuständige Bischof bestätigte das Wunder, und Sümeg zieht seitdem viele hilfesuchende Pilger an, die zur Schmerzhaften Muttergottes wallfahren.

Bew.: Gut bezeugt; Quelle: R. Ernst, Lexikon

18. Jahrhundert

MURNAU/DEUTSCHLAND Ein Gnadenbild der Schmerzhaften Mutter- 1703
gottes soll mehrmals (1703, 1756) geweint haben. Der Bischof von Augsburg bestätigte nach Anhörung von Zeugen die Echtheit der Erscheinung
und genehmigte die Verehrung.

> Bew.: Weinende Muttergottes, kirchlich anerkannt; Quelle: Hansen, Die
> deutschen Wallfahrtsorte

KÖTSCHACH/ÖSTERREICH Maria erschien dem Mesnergehilfen der 1707
Wallfahrtskirche und veranlaßte ihn, das Gnadenbild 12 Stunden lang in
seiner Wohnung kniend zu verehren. Maria ermahnte den 17jährigen,
weiterhin im Kirchendienst zu bleiben, und versprach dem Ort und
seinen Bewohnern sowie den Pilgern ihren Schutz. Am 29. April desselben Jahres läuteten mitten in der Nacht von selbst die Glocken. Als die
Leute nachschauen gingen, fanden sie die Kirche strahlend erleuchtet,
ohne daß sie sich erklären konnten, wie dies geschehen war. Sie beteten
ergriffen, bis um 1 Uhr morgens die Lichter plötzlich von selbst wieder
erloschen.

> Bew.: Alte Überlieferungen; Quelle: Pichler/Böhm, Wege S. 57

BISCHWIND/DEUTSCHLAND Maria half dem Soldaten Georg Mittnacht, 1708
der im Heer des Prinzen Eugen gegen die Türken gekämpft und in
Gefangenschaft geraten war. Er sollte am nächsten Tag in siedendes Öl
geworfen werden, betete inständig zur Gottesmutter und legte das Gelübde ab, ihr zu Ehren eine Kapelle zu erbauen, falls er jemals wieder seine
Heimat erreiche. Am nächsten Morgen wachte er auf einer Wiese bei
Bischwind, 50 Kilometer nordöstlich von Würzburg auf und errichtete in
den nächsten Jahren mit eigenen Händen die Kapelle »St. Maria, Helferin
der Christen«.

> Bew.: Ursprungssage; Quelle: Hansen, Die deutschen Wallfahrtsorte

THYRNAU/SLOWAKEI (ČSFR) Das auf Holz gemalte Marienbild der 1708
Wallfahrtskirche begann während einer Pestepidemie sichtbar zu schwit-
zen und Tränen zu vergießen. Diese Phänomene wurden von der Kirche
genau untersucht und durch 30 Zeugen am 5. Juli, 10. August und
11. August 1708 bestätigt. Bei der Hundertjahrfeier der Ereignisse wurde
darauf hingewiesen, daß das Bild eine Kopie des berühmten wundertätigen Marienbildes in der Alexiuskirche in Rom sei. Dieses Bildnis war
seinerzeit aus Edessa in Syrien nach Rom gebracht worden und wurde seit

dem 4. Jahrhundert durch viele Wunderberichte berühmt. Der Legende zufolge habe sich der junge Patrizier Alexius, von seinen Eltern zur Ehe veranlaßt, am Hochzeitstag auf den Weg nach Edessa gemacht, wo er 17 Jahre lang in einem Leben der Armut und frommen Betrachtung lebte und zusammen mit dem Marienbild (oder einer Kopie) wieder nach Rom zurückkehrte und dort starb. Alexius von Edessa wurde als Heiliger verehrt und die Kirche des hl. Bonifatius auf dem Aventin im Jahr 978 auch dem Alexius geweiht.

Bew.: Legendenhafte Überlieferung; Quelle: Alexius Moser, Wallfahrt, S. 23

1709 FORÊT DE LA MADELEINE/FRANKREICH Maria erschien oftmals dem hl. Ludwig-Maria Grignion de Montfort (1673–1716). Er war ein außergewöhnlicher Mystiker, Prophet und Marienapostel und hat unzählige Menschen zu einer intensiven Marienverehrung und Marienbegegnung geführt, wobei »die wahre Andacht zu Maria« die »vollkommene Hingabe an Jesus« voraussetzt und zum Ziel hat, also untrennbar damit verbunden ist. 1700 wurde Grignion zum Priester geweiht, war zuerst Spitalseelsorger in Poitiers und stiftete dort einen Krankenpflegeorden, die »Töchter der Göttlichen Weisheit«. Von den Jansenisten verfolgt, widmete er sich seit 1706 der Volksmission und zog durch ganz Frankreich. Auf diesen Reisen wurde er oft von einer »weißgekleideten Dame« begleitet, die auch von manchen Gläubigen gesehen wurde. Aus dem Mariengebet (s. unten) des hl. Ludwig-Maria wird deutlich, wie sehr ihn diese Begegnungen und Erscheinungen geprägt haben. Wegen der Verfolgung durch die Jansenisten, die in Frankreich damals das kirchliche und öffentliche Leben dominierten, konnten seine Schriften lange nicht erscheinen. Als die Abhandlung über die wahre Andacht zur Heiligen Jungfrau (»Traité de la vraie dévotion á la Ste. Vierge«) im Jahr 1842 wieder aufgefunden worden war, hatte sich das spirituelle Leben gewandelt, und das Buch erlebte eine weite Verbreitung. Als der Kanisiusverlag in der Schweiz 1905 unter dem Titel »Das Goldene Buch« fünf Schriften des hl. Ludwig-Maria in deutscher Sprache herausgab (Die Liebe zur Ewigen Weisheit/Die vollkommene Hingabe an Jesus durch die Weihe an Maria/ Das Geheimnis Mariens/Brief an die Freunde des Kreuzes/Die Weihe an Maria), gelang der Durchbruch auch in den deutschsprachigen Ländern, nachdem das Gesamtwerk vorher in französischer und englischer Sprache erschienen war. 1888 wurde Grignion selig- und von Pius XII. dann am 20. Juli 1947 heiliggesprochen. Die Enzyklika »Ad diem istum«, von Pius X. zum 50. Jahrestag der Erklärung des Dogmas von der Unbefleckten Empfängnis verfaßt, ist beispielsweise ganz im Geist Grignions von

Montfort gehalten. Sie hat die Verbindung von Marienverehrung und modernem Apostolat entscheidend gefördert. Fragt man nach den Ursprüngen der Marienfrömmigkeit Grignions, dann ist deutlich ein Zusammenhang mir Bérulle und Heinrich Seuse festzustellen.

Bew.: Gut bezeugt, kirchlich anerkannt; Quelle: LThK »Grignion de Montfort«; R. Ernst, Lexikon

Es folgen einige Auszüge aus den im »Goldenen Buch« zusammengefaßten Schriften Grignions, die vielfach das prophetisch-mediale Element der Eingebung von himmlischer Seite her erkennen lassen:

Gebet des heiligen Ludwig-Maria zu Maria

Gegrüßest seist du, Maria, du liebste Tochter des ewigen Vaters. Gegrüßest seist du, Maria, du wunderbare Mutter des göttlichen Sohnes. Gegrüßest seist du, Maria, du getreueste Braut des Heiligen Geistes. Gegrüßest seist du, Maria, meine teure Mutter, meine liebste Herrin, meine mächtige Gebieterin. Gegrüßest seist du, meine Freude, meine Herrlichkeit, mein Herz und meine Seele! Du bist ganz mein, weil du barmherzig bist; ich bin ganz dein, weil es recht und geziemend ist; aber ich bin es noch nicht genug. Darum schenke ich mich dir aufs neue als dein ewig Gut und Eigentum. Nichts behalte ich für mich zurück, nichts für andere. Wenn du an mir noch etwas siehst, das dir nicht gehört, dann flehe ich dich an, nimm es dir jetzt! Mache dich zur unumschränkten Herrin meines Wesens. Alles, was Gott in meiner Seele mißfällt, das zerstöre und vernichte, das reiße aus; pflanze, pflege und wirke darin, was du willst! Laß das Licht deines Glaubens die Finsternis meines Geistes verscheuchen. Laß deine tiefe Demut an die Stelle meines Stolzes treten. Deine Gottversunkenheit möge dem Wandern meiner ruhelosen Phantasie Einhalt gebieten. Durch deine unaufhörliche Gottesschau sei der Herr meinem Gedächtnis gegenwärtig. Laß den Brand und die Liebe deines Herzens die Lauheit und Kälte des meinigen entflammen und deine Tugenden an die Stelle meiner Sünden treten. Laß deine Verdienste mein Schmuck sein und das ergänzen, was mir vor Gott noch mangelt. Und wenn es möglich ist, du teuerste und geliebteste Mutter, dann bitte ich dich, laß mich keinen anderen Geist haben als den deinen, damit ich Gott liebe wie du, mit einer reinen und glühenden Liebe. Ich bitte dich nicht um Schauungen und Offenbarungen, ich verlange von dir keine Süßigkeit und keine Freuden, nicht einmal solche des Geistes. Nur dir gebührt die klare Schau ohne Dunkel, dir die Fülle der Freude ohne Bitterkeit, dir der glorreiche Triumph zur Rechten deines Sohnes im Himmel, ohne jede Erniedrigung. Dir gebührt die unumschränkte Befehlsgewalt über Engel, Menschen und Teufel, ohne daß jemand dir widerstehen könnte. Dir endlich steht es zu, nach deinem Willen über alle Gaben Gottes zu verfügen, ohne Einschränkung. Das, meine himmlische Mutter, ist der »bessere Teil«, den der Herr dir verliehen hat und der niemals von dir genommen werden wird; das erfüllt mich mit großer Freude. Ich will aber hienieden nichts anderes, als was du gehabt hast, nämlich: glauben, ohne zu fühlen und zu sehen; freudig leiden ohne jeden geschöpflichen Trost; mir selbst ständig und unausgesetzt absterben; bis zum Tode ohne jeden Eigennutz unermüdlich für dich arbeiten als der geringste deiner Diener. Nur eine einzige Gnade erflehe ich von deiner Barmherzigkeit: laß mich täglich, ja in jedem Augenblick meines Erdenlebens ein dreifaches Amen sprechen: Amen will ich sagen zu allem, was du auf Erden tatest; Amen zu allem, was du jetzt im Himmel tust; Amen zu all dem, was du in meiner Seele wirkst, damit du allein Jesus in mir verherrlichen mögest in Zeit und Ewigkeit. Amen.

Das Geheimnis Mariens

(1) Du auserwählte Seele, vernimm ein Geheimnis, das der Allerhöchste mir geoffenbart hat und das ich in keinem alten oder neuen Buche finden konnte. Im Heiligen Geist vertraue ich es dir an, aber unter drei Bedingungen:

1. Du darfst es nur solchen Menschen mitteilen, die es verdienen durch ihr Gebetsleben, durch Almosen und Abtötung, durch die Verfolgungen, die sie erleiden, durch Selbstentäußerung und Seeleneifer.

2. Du mußt es benützen, um heilig zu werden und dich vom Irdischen zu lösen; denn die Größe dieses Geheimnisses wächst in dem Maße, als eine Seele davon Gebrauch macht. Darum hüte dich wohl, untätig die Hände in den Schoß zu legen; denn mein Geheimnis würde dir zum Gift und wäre dein Verderben.

3. Alle Tage deines Lebens sollst du Gott danken für die Gnade, die er dir erwiesen hat; denn er hat dir ein Geheimnis eröffnet, das zu kennen du nicht verdienst.

Und je mehr du bei deinen alltäglichen Handlungen von diesem Geheimnis Gebrauch machst, desto besser wirst du seinen Wert und seine Vorzüge erkennen, wenn auch anfangs nur unvollkommen infolge deiner vielen und schweren Sünden und deiner geheimen Selbstgefälligkeit.

(. . .)

(7) 1. Maria allein hat Gnade vor Gott gefunden, sowohl für sich selbst wie auch für jeden einzelnen Menschen. Die Patriarchen, die Propheten und alle Heiligen des Alten Bundes haben diese Gnade nicht gefunden.

(8) 2. Maria hat dem Urheber aller Gnade Sein und Leben geschenkt; darum heißt sie Mutter der Gnade.

(9) 3. Gott Vater, wesenhafte Quelle jeder vollkommenen Gabe und jeder Gnade, hat ihr seinen Sohn und damit alle seine Gnaden geschenkt. In ihm und mit ihm ist ihr also der Wille Gottes übergeben, so lehrt der heilige Bernhard.

(10) 4. Gott hat Maria zur Hüterin, Verwalterin und Ausspenderin seiner Gnaden erwählt: alle seine Gnaden und alle seine Gaben gehen also durch ihre Hände. Und der heilige Bernardin lehrt, daß sie aufgrund der ihr von Gott verliehenen Macht die Gnaden des Ewigen Vaters, die Tugenden Jesu Christi und die Gaben des Heiligen Geistes verteilt an wen sie will, wie sie will, wann sie will und in welchem Maße sie will.

(11) 5. Wie in der Ordnung der Natur ein Kind einen Vater und eine Mutter

haben muß, so muß in der Ordnung der Gnade ein wahres Kind der Kirche Gott zum Vater und Maria zur Mutter haben. Wenn einer sich rühmt, er habe Gott zum Vater, aber dabei keine rechte Kindesliebe für Maria hegt, dann ist er ein Lügner und hat nur den Teufel zum Vater.

(12) 6. Da Maria das Haupt der Auserwählten, Jesus Christus, gebildet hat, ist es auch ihre Aufgabe, die Glieder am Leibe dieses Hauptes zu bilden, nämlich die wahren Christen. Eine Mutter bringt ja nicht das Haupt ohne die Glieder zur Welt, noch die Glieder ohne das Haupt. Wer darum ein Glied Jesu Christi sein will, der voll der Gnade und Wahrheit ist, der muß mittels der Gnade Jesu Christi in Maria gestaltet werden. Denn in ihr wohnt der Heiland in seiner Fülle, damit sie ihn in seiner Fülle weitergeben kann an die wahren Glieder Jesu Christi und an ihre wahren Kinder.

(13) 7. Der Heilige Geist hat sich Maria anverlobt und in ihr, durch sie und aus ihr sein Meisterwerk hervorgebracht, Jesus Christus, das menschgewordene Ewige Wort. Niemals hat er Maria verstoßen, und darum bringt er täglich in ihr und durch sie auf geheimnisvolle, aber durchaus wirkliche Weise die Auserwählten hervor.

(14) 8. Maria hat von Gott eine besondere Macht erhalten, die Seelen zu nähren und ihr Wachstum in Gott zu fördern. Der heilige Augustinus sagt sogar, alle Auserwählten seien auf Erden im Schoß Mariens eingeschlossen und kämen erst dann ans Licht, wenn diese gute Mutter sie zum ewigen Leben gebiert. Wie darum das Kind seine ganze Nahrung von der Mutter erhält, und zwar in einer seiner Schwäche angepaßten Form, so empfangen die Auserwählten ihre ganze geistige Nahrung und ihre ganze Kraft von Maria.

(15) 9. Zu Maria hat Gott Vater gesprochen: Meine Tochter, schlage deine Wohnung in Jakob auf, nämlich in meinen Auserwählten, die durch Jakob versinnbildlicht sind. Zu Maria sprach Gott Sohn: Meine geliebte Mutter, in Israel soll dein Erbe sein, das heißt in den Gotteskindern. Zu Maria hat schließlich der Heilige Geist gesprochen: Meine getreue Braut, schlage Wurzeln in meinen Auserwählten. Wer darum erwählt und vorherbestimmt ist, der hat die Gottesmutter bei sich in seiner Seele. Er läßt sie darin die Wurzeln einer tiefen Demut, einer glühenden Gottesliebe und aller Tugenden schlagen. (. . .)

(56) Maria ist immer und überall die fruchtbare Jungfrau. Darum bringt sie jeder Seele, in der sie herrscht, die Reinheit des Herzens und des Leibes, die Reinheit der Absichten und Pläne, die Fruchtbarkeit an guten Werken. Glaube nicht, liebe Seele, daß Maria, das fruchtbarste aller bloßen Geschöpfe, das den Gottmenschen hervorgebracht hat, in einer treuen Seele müßig bliebe. Sie bringt sie unaufhörlich zum Leben in Jesus Christus und Jesus Christus in ihr. Wie der heilige Paulus kann sie von sich sagen: »Meine Kinder, um die ich wieder Geburtswehen leide, bis Christus in euch gebildet ist« (Gal 4,19). Jesus Christus ist die Frucht Mariens, in jeder einzelnen Seele genauso wie für die ganze Welt im allgemeinen. Aber besonders in der Seele, in der Maria wohnt, ist Jesus Christus ihre Frucht und ihr Meisterwerk.

(57) Schließlich wird Maria das ein und alles dieser Seele bei Jesus Christus. Sie erleuchtet den Geist mit ihrem reinen Glauben; sie vertieft das Herz durch ihre Demut, macht es weit und entflammt es durch die Liebe. Durch ihre Reinheit läutert sie es; sie adelt es und macht es groß durch ihre Mutterschaft. Aber wozu halte ich mich auf? Nur die Erfahrung kann diese Wunder Mariens lehren, Wunder, die den Gelehrten und Stolzen, aber auch den meisten Frommen kaum glaublich erscheinen.

Textquelle: Das goldene Buch der vollkommenen Hingabe an Jesus durch Maria vom hl. Ludwig Grignion de Montfort, Freiburg/Schw., 24. Aufl. 1990

1710 OVADA/ITALIEN Maria erschien dem 16jährigen hl. Paulus vom Kreuz (Paolo Francesco Danei, 1694–1775), als er mit seinem Bruder in einen Fluß fiel, und errettete ihn. Drei Jahre später erlebte er seine »Bekehrung« und erhielt von Maria den Auftrag, sich ganz von weltlichen Zielen abzuwenden und sich dem Herrn zur Verfügung zu stellen. 1715 meldete er sich als Soldat und glaubte, als Märtyrer des Glaubens im Krieg der Republik Venedig gegen die Türken am besten den Auftrag Marias erfüllen zu können. Bald wurde ihm aber klar, daß er einen anderen Weg gehen mußte. Paulus zog sich eine Zeitlang in die Einsamkeit zurück, widmete sich der Buße und dem Gebet und verfaßte eine »Regel«. Von seinem geistlichen Vater Francesco Arborio, dem Bischof von Alessandria, hatte er das schwarze Büßergewand bekommen; Papst Benedikt XIII. erlaubte ihm, Gefährten zu sammeln, lehnte aber die Regel als zu streng ab. Paulus widmete sich daraufhin der Krankenpflege und wurde zusammen mit seinem Bruder 1727 zum Priester geweiht. Mit einigen Gefährten zog er sich dann auf den Monte Argentario zurück, wo die erste Niederlassung der Passionisten entstand. Benedikt XIV. approbierte schließlich eine gemilderte Form der Regel. Bei einer weiteren Erscheinung hatte Maria Paulus Sinn und Wesen ihrer Schmerzen erklärt und ihn angeregt, in besonderer Weise das Leiden Christi zu betrachten. In der Schule der Teresa von Avila, des Johannes vom Kreuz, des Franz von Sales und des Johannes Tauler entwickelte er eine tiefe Passionsmystik, die er durch seine Predigten auch unter dem gläubigen Volk und unter geistig Aufgeschlossenen seiner Zeit verbreitete. Bei seinem Tod zählte der Orden bereits 12 Häuser mit über 200 Mitgliedern. Paulus wurde 1863 selig- und 1867 heiliggesprochen.

Bew.: Gut bezeugt; Quelle: LThK »Paulus v. Kreuz«; R. Ernst, Lexikon

1712 SLOWCZK/RUSSLAND Maria erschien am 18. Juni dem Mönch Lova im Solowczkij-Kloster und trug ihm auf, auf dem Klosterberg eine Kirche zu bauen und der Kreuzigung Jesu zu weihen. »Dieser Berg wird einmal den Namen Golgotas tragen, denn er wird eine Stätte unsäglicher Martyrien und Leiden sein.« Tatsächlich entstand dort 1928 ein Lager für politische Häftlinge, in dem Zehntausende unter schrecklichen Bedingungen starben.

Bew.: Unbekannte Quelle, Ursprungssage

SZENT-ANTAL/UNGARN   Ein Mariahilfbild in der Franziskanerkirche **1715** von Szent-Antal weinte blutige Tränen. Nach gründlichen Untersuchungen durch die kirchliche Behörde wurde 1716 die öffentliche Verehrung des Bildes gestattet.

Bew.: Kirchlich anerkannt; Quelle: R. Ernst, Lexikon

PETERWARDEIN/SLOWAKEI   Der Überlieferung zufolge hat Maria über **1716** die Heere des Prinzen Eugen und des »Türkenlois« (Kurfürst von Baden) einen Mantel gebreitet und so den Sieg der Christen über die türkische Übermacht ermöglicht. Prinz Eugen übergab das Marienbild, das er am Morgen der Schlacht im Feldlazarett aufgestellt hatte, feierlich der Kirche »Maria Schnee« in Peterwardein und widmete es ihr zum immerwährenden Andenken. Diese Schlacht, durch die endgültig die Gefahr der Islamisierung Europas gebannt worden war, veranlaßte Papst Klemens XI. zur Einführung des Rosenkranzfestes und zur Verbreitung des »Angelus«, das längere Zeit »Türkengebet« genannt wurde. Papst Calixtus III. hatte dieses Gebet, das dreimal am Tag zu sprechen war, als Gegengewicht zum Gebetsruf der Türken eingeführt. Peterwardein wurde ein bedeutsamer Wallfahrtsort; von hier aus wurde das Marienbild »Maria Schnee« (Maria mit dem Schutzmantel) weit verbreitet.

Bew.: Gut bezeugte Überlieferung; Quelle: Alexius Moser, Wallfahrt, S. 45

SAJOPÁLFALVA/UNGARN   In den Monaten Januar und Februar vergoß ein **1717** großes Marienbild in der Kirche von Sajopálfalva blutige Tränen. Der Bischof von Eger leitete eine Untersuchung ein und gestattete nach positivem Ergebnis die öffentliche Verehrung.

Bew.: Gut bezeugt; Quelle: R. Ernst, Lexikon

APARECIDA/BRASILIEN   Ein Fischer zog unter wunderbaren Umständen **1719** eine Marienstatue aus Holz aus dem Wasser. 1743 wurde an dieser Fundstelle eine Kapelle gebaut. Eine Wallfahrt setzte ein, und 1887 wurde dort eine große Kirche errichtet. 1904 wurde die Statue durch den päpstlichen Nuntius gekrönt und 25 Jahre später Maria als Patronin Brasiliens proklamiert. In die riesige Wallfahrtsbasilika strömen täglich Tausende von Pilgern.

Bew.: Ursprungsgeschichte; Quelle: A. M. Rathgeber, Maria, S. 43; R. Ernst, Lexikon

1721 BAD RIPPOLDSAU/DEUTSCHLAND   Maria heilte ein blindes Mädchen, nachdem ihre Mutter sieben Tage lang zur Muttergottes gebetet hatte. Vor der Pietà aus dem 14. Jahrhundert geschahen weit über 200 Gebetserhörungen und viele wunderbare Heilungen. Vor allem Augenkrankheiten, aber auch Blattern, Fieber, Gicht, Rücken- und Zahnschmerzen wurden von der »Schmerzensmutter« immer wieder geheilt.

Bew.: Gut bezeugte Gebetswirkungen; Quelle: Hansen, Die deutschen Wallfahrtsorte

1726 BARWEILER/DEUTSCHLAND   Junge Mädchen schmückten die Kirche mit Blumen und steckten dabei auch der Marienstatue (gekrönt mit Kind) Lilien in die Hand. Diese begannen – bereits verwelkt – im September erneut zu grünen, und die Blüten zeigten sich frisch wie vorher. Im nächsten Jahr wiederholte sich dieses Phänomen. Auf Veranlassung des zuständigen Bischofs von Trier wurden die Vorkommnisse genau untersucht und dann auch bestätigt. Das Gnadenbild wurde damals in einen gläsernen Schrein gestellt und mit zwei Schlössern gesichert.

Bew.: Gut bezeugtes Ereignis; Quelle: Hansen, Die deutschen Wallfahrtsorte

1727 GLOSBERG/DEUTSCHLAND   Eine spätgotische Marienstatue weinte blutige Tränen (insgesamt dreimal beobachtet). Zuerst verbot das Ordinariat in Bamberg die seit Anfang des 16. Jahrhunderts bezeugte Wallfahrt. Als der Andrang aber immer größer wurde, übertrug der Fürstbischof den Franziskanern die Betreuung der Wallfahrt.

Bew.: Gut bezeugtes Ereignis; Quelle: Hansen, Die deutschen Wallfahrtsorte

1729 MOTAGNAGA/SÜDTIROL (ITALIEN)   Maria erschien der 30jährigen Dominica Tarza aus Guardia beim Viehhüten. Das Vieh wurde ohne ersichtlichen Grund plötzlich scheu und begann nach allen Seiten auseinanderzulaufen. Die Hirtin rief: »Jesus, Maria, helft!« Und sah darauf Maria in einem weißen Kleid mit weißem Schleier, die zu ihr sagte: »Du hast Jesus und Maria um Hilfe angerufen. Sie werden dir helfen ... Sag, hast du nicht versprochen, die Muttergottes von Caravaggio aufzusuchen? Geh nicht nach Caravaggio! Geh dafür am Fest Christi Himmelfahrt in die Kapelle der hl. Anna nach Montagnaga. Dort wirst du ein Bild der seligsten Jungfrau von Caravaggio finden. Knie dich dort nieder und verrichte deine Andacht zu Jesus und Maria, und du wirst Wunderbares sehen.« Dominica befolgte dies und hatte neuerlich eine Erscheinung:

Das lange Gewand Marias schimmerte in reinem Gold, ein Diadem funkelte als Krone auf ihrem Haupt, und auch das Jesuskind auf ihrem Arm war in Gold gekleidet. In der Rechten hielt Maria einen Rosenkranz und sprach: »Ich bin Maria, die Mutter des Herrn. Erzähle, was du gesehen hast, den Priestern des Ortes. Fürchte dich nicht! Es wird dir nichts Schlimmes widerfahren, ich werde mit dir sein. In meinem Namen sollst du verkünden, daß alljährlich der heutige Tag festlich begangen werde!« Diese Nachricht fand nur geteilte Wertschätzung, besonders der Ortspfarrer stellte sich entschieden dagegen. Bei einer weiteren Erscheinung sagte Maria: »Ich wählte diesen Ort zum Thron meiner Barmherzigkeit. Wer immer hier mit lebendigem Glauben um Gnaden fleht, wird nicht leer nach Hause zurückkommen. Sorge dafür, daß für meine Verehrer, die bald in großer Zahl herbeiströmen werden, eine geräumige Kirche gebaut wird.« 1730 wurde eine kirchliche Untersuchung angeordnet und positiv abgeschlossen. Eine Wallfahrtskirche wurde gebaut und 1750 eingeweiht. Dominica Tarza führte ein heiligmäßiges Leben und starb 1764.

Bew.: Gut bezeugt, kirchlich anerkannt; Quelle: Pichler/Böhm, Wege, S. 270

PINÉ/SÜDTIROL (ITALIEN) Maria erschien viermal einer Hirtin und bat **1729** um den Bau einer Kirche. 1730 wurde eine Kapelle, 1740 eine Kirche gebaut und ein Gnadenbild aufgestellt.

Bew.: Ursprungsgeschichte; Quelle: R. Ernst, Lexikon

MARIA STEINBACH/DEUTSCHLAND Eine Marienstatue in der alten Wall- **1730** fahrtskirche im Allgäu begann zu weinen und wechselte die Gesichtsfarbe. Viele beobachteten auch, daß die Kirche plötzlich ohne menschliches Zutun erleuchtet wurde. Nach gründlicher Untersuchung erkannte das bischöfliche Ordinariat in Augsburg die »Augenwende« als echt und unerklärlich an. 71 Zeugen beeideten das Phänomen.

Bew.: Gut bezeugtes Phänomen, kirchlich anerkannt; Quelle: Hansen, Die deutschen Wallfahrtsorte

NEUNKIRCHEN/ÖSTERREICH Einen Kranken namens Joseph Locatelli **1737** heilte Maria während einer Erscheinung von der Wassersucht.

Bew.: Unbekannte Quelle; Quelle: Pichler/Böhm, Wege, S. 186

MARIAKAMÉND/UNGARN Fünf Mädchen glaubten, in einer Grotte eine **1740** Marienstatue zu sehen. Sie wollten diese hochheben, doch sie ließ sich nicht von der Stelle bewegen. Als sie eine Freundin zu Hilfe riefen und es noch einmal zu sechst versuchen wollten, war die »Statue« plötzlich verschwunden. Die Kinder meldeten ihre Erscheinung der kirchlichen Obrigkeit, die die Angelegenheit prüfte und schließlich an dieser Stelle eine Kapelle erbauen ließ.

Bew.: Ursprungsgeschichte; Quelle: R. Ernst, Lexikon

1745 BRUCHHAUSEN / DEUTSCHLAND   Eine 70 Zentimeter große Eichenholzstatue (Mutter mit Kind) aus dem 14. Jahrhundert war bis 1745 in einem Schrank hinter dem Altar aufbewahrt worden. Bei sakramentalen Prozessionen wurde die Statue von Mädchen mitgetragen. Nachdem man die Statue am Fest Maria Himmelfahrt 1745 öffentlich aufgestellt hatte, begann die Statue am 21. September aus beiden Augen zu weinen. »Aus beyden augen eine cristallhelle feuchtigkeit gleich menschlichen zähren trang und über beyde wangen floß«, heißt es in dem Untersuchungsprotokoll des Phänomens, das sich an insgesamt 94 Tagen bis zum 16. März 1746 zugetragen hat. Mehr als 100 Prominente bestätigten das Ereignis, ehe es der Erzbischof von Köln, Kurfürst Klemens August, als echt anerkannte und dafür sorgte, daß die Statue kostbar geschmückt und sehr verehrt wurde. Als »Refugium peccatorum« (Zuflucht der Sünder) wird das Gnadenbild bis heute verehrt.

Bew.: Gut bezeugt, kirchlich anerkannt; Quelle: Hansen, Die deutschen Wallfahrtsorte

1745 CELLDÜMÜLK / UNGARN   Im Mai stellten der Pfarrer Janos Zichi und Hunderte Gläubiger seiner Pfarrei fest, daß sich das Marienbild (eine Kopie der Mariazeller Muttergottes) auffällig bewegte. Es geschahen daraufhin viele Wunder vor dem Gnadenbild.

Bew.: Gesicherte Überlieferung; Quelle: R. Ernst, Lexikon

1747 BOIS-DE-LA-ROCHE EN NÉANT / FRANKREICH   Maria erschien der elfjährigen Madeleine-Marie Morice (1736–1769) und erklärte ihr die Vaterunserbitte »Zu uns komme dein Reich«. Maria bat darum, daß ein Waisenhaus gebaut werde, und sagte Madeleine-Marie viele Leiden, aber auch persönlichen Schutz und Begleitung voraus. Die auffällig blau gekleidete Jungfrau Maria erschien der jungen Frau noch viele Male.

Bew.: Gut bezeugt; Quelle: R. Ernst, Lexikon

1759 MARIABESUYÜ / UNGARN   An der Stelle einer ehemaligen Prämonstratenserkirche aus dem 12. Jahrhundert, von der nur mehr Ruinen standen, sollte eine neue Kirche gebaut werden. Da hatte der Maurer Johann

Fiedler in der Nacht zum 19. April einen Traum: Maria erschien ihm und sagte ihm voraus, daß er in den Ruinen der alten Kirche eine Kostbarkeit finden werde, er solle dafür sorgen, daß sie auf den Hauptaltar der neuen Kirche gestellt und den Gläubigen zugänglich gemacht werde. Tatsächlich fand er eine aus Elfenbein geschnitzte Muttergottesstatue, eine Kostbarkeit aus dem 14. Jahrhundert. – Von Kardinal Migazzi geprüft und bestätigt.

Bew.: Gut bezeugt; Quelle: R. Ernst, Lexikon

POTSCHAIW/UKRAINE   Eine Erscheinung Marias rettete das Kloster vor 1765
der Zerstörung durch die Türken. 1772 wurde die Ikone feierlich gekrönt, über 100000 Menschen nahmen daran teil.

Bew.: Gut bezeugt

MELCHTAL/SCHWEIZ   Kaplan Traxler im einsamen Melchtal im Kanton 1769
Obwalden sah in der Kaplanei seines Freundes Johann Josef von Flüe öfter eine wunderschöne Frau am Fenster eines Raumes in strahlendem Licht stehen. Als er sich einmal seinem Freund gegenüber darüber äußerte, wen er denn in jenem Raum beherberge, erfuhr er, daß der Raum seit langem unbewohnt sei und daß dort nur eine Marienstatue aufbewahrt werde, die aus der Kapelle in der Ranftschlucht (Nikolaus von Flüe) stamme. Der Kaplan von Flüe erzählte seinem Freund, daß er schon öfter ein leises Weinen gehört hätte, aber nicht wisse, wer da geweint haben könnte. Jetzt war den Freunden klar, daß die Statue »lebendig« geworden war und zu verstehen gegeben hatte, daß sie die »Einsamkeit« leid war. Kaplan Traxler stellte sie in seiner Kirche in Melchtal auf, und bald kamen zahlreiche Pilger, und viele Gebetserhörungen und Wunder bestätigten, daß Maria durch diese Statue wirken wollte.

Bew.: Ursprungssage; Quelle: Helvetia Mariana

HADAMAR/NIEDERLANDE   Maria erschien mehrmals der 1768 in das 1780
Dominikanerinnenkloster in Hadamar eingetretenen Magdalena Lorger (1734–1806). Sie reichte ihr das Jesuskind und sagte: »Das ist mein Sohn, den ich dir schenke!«
Die Dominikanerin lebte in großer Zurückgezogenheit ein an mystischen Erfahrungen reiches, aber entsagungsreiches Leben.

Bew.: Gut bezeugt; Quelle: R. Ernst, Lexikon

SAROW/RUSSLAND   Maria erschien oftmals dem hl. Seraphim von Sa- 1782
row (1759–1833), der seit 1779 Mönch im Kloster Sarow war. Als er 1782

schwer erkrankte, wurde er von Maria geheilt. Viele Jahre lebte er als Einsiedler in einer Waldhütte und widmete sich dem Herzensgebet. Jahrelang bewahrte er absolutes Schweigen und über 15 Jahre lebte er in absoluter Klausur in seiner Zelle. Ab 1825 war er als Starez (Berater), Tröster und Helfer für Tausende von Menschen. Bemerkenswert war unter vielen himmlischen Erscheinungen eine Marienschauung am 25. März 1832, die zugleich auch seine Schülerin Starica Evpracstina († 1865) miterlebte: Über eine Stunde dauerten die mystischen Ereignisse, die mit dem Erscheinen von zwei Engeln eingeleitet wurden, die frisch erblühte Blumen in ihren Händen trugen. Ihnen folgte Johannes der Täufer, dann Johannes der Evangelist. Dann sahen sie Maria als Himmelskönigin in einem prachtvollen Gewand, eine Krone auf dem Haupt, die mit vielen Kreuzen geschmückt war. Zwölf heilige Jungfrauen aus der frühchristlichen Zeit, die als Märtyrerinnen ihren Glauben bezeugt hatten, begleiteten sie. Bevor die Erscheinung vorüberging, sagte Maria: »Bald, mein Liebling, wirst du bei uns sein!«

Bew.: Gut bezeugt; Quelle: R. Ernst, Lexikon; LThK »Seraphim v. Sarow«

1791 BORDEAUX/FRANKREICH Maria erschien dem französischen Priester Guillaume-Josephe Chaminade (1761–1850), der den Eid auf die Verfassung während der Französischen Revolution verweigert hatte und sich verstecken mußte. Sie bewahrte ihn dadurch vor der Entdeckung durch die Soldaten. Er wurde 1797 nach Saragossa verbannt und gründete nach seiner Rückkehr die »Marianisten« (SM) oder Marienbrüder bzw. Marientöchter. Der Orden widmet sich der Erziehung und dem Unterricht in allen Schultypen (in den USA auch an Universitäten). Grundlage der Ordensregel ist die Weihe an Maria. Priester und Laien verfügen in derselben Kongregation über die gleichen Rechte. Die Jugend wird in Marianischen Kongregationen in besonderer Weise zur Marienverehrung erzogen.

Bew.: Gut bezeugt; Quelle: LThK »Chaminade«; R. Ernst, Lexikon

1792 DOROSZLO/UNGARN Maria riet dem durch einen Unfall erblindeten Janos Zavloczki, sich in der Heilquelle von Bajkut die Augen zu baden. Janos war ein eifriger Marienverehrer und folgte sofort ihrem Rat. Das Wunder seines wiedererlangten Augenlichtes erregte großes Aufsehen. Zuerst wurde eine Kapelle, später, wegen des großen Pilgerzustroms, dann eine Kirche gebaut.

Bew.: Ursprungsgeschichte; Quelle: R. Ernst, Lexikon

ABSAM/ÖSTERREICH Rosina Puechner sah beim Nähen eine Stunde 1797 lang das Bild Mariens an einer Fensterscheibe. Es war nicht möglich, es wieder wegzuwischen. Der Vorfall wurde genau untersucht und von der Kirche als Wunder erklärt. Das Glasbild Marias wurde in die Absamer Kirche übertragen und wird heute noch als Gnadenbild verehrt.

> Bew.: Gut bezeugte Überlieferung; Quelle: Pichler/Böhm, Wege, S. 122; R. Ernst, Lexikon

LA-VANG/ANNAM Bei einer Christenverfolgung waren viele Gläubige 1798 nach La-Vang geflohen und beteten jeden Abend in einer Hütte vor einem Marienbild. Da erschien ihnen Maria eines Abends in hellem Licht und strahlendem Weiß, begleitet von zwei Engeln und sagte:»Meine Kinder, worum ihr gebetet habt, das gewähre ich euch; alle, die hier beten werden, werde ich erhören!« Bald darauf wurde am Ort der Erscheinung eine Kirche gebaut, die aber 1885 zerstört wurde.

> Bew.: Gut bezeugt; Quelle: R. Ernst. Lexikon

19. Jahrhundert

GRANDCHAMPS/FRANKREICH Maria erschien dem Erstkommunionkind 1803 Cécile Mille zwischen zwei Lichtern auf einer Eiche. Später entdeckte man in der Eiche eine verlorengegangene Statue der Muttergottes und begann, sie zu verehren. Eine Kirche wurde gebaut und »Unsere Liebe Frau von der Eiche« wurde zu einem Wallfahrtsort, der noch heute von vielen Pilgern besucht wird.

> Bew.: Ursprungsgeschichte; Quelle: R. Ernst, Lexikon

GRUSHEW/UKRAINE Maria erschien mehrmals unter nicht näher be- 1806 kannten Umständen. Eine Wallfahrtskirche wurde 1856 gebaut.

> Bew.: Ursprungsgeschichte

LEIPZIG/DEUTSCHLAND Maria erschien dem polnischen Soldaten Tho- 1818 mas Klossowski auf sein Flehen, als er in der Völkerschlacht bei Leipzig schwer verwundet worden war. Maria kam von der untergehenden Sonne her, in einem goldenen Mantel und mit einer goldenen Krone auf dem Haupt, weinend und mit ihren Händen den polnischen Adler auf der Brust beschützend. Sie versprach Thomas Gesundung und Heimkehr und wünschte sich an diesem Abend ein Bild ihrer Erscheinung. Der Soldat kehrte in seine Heimat Lichen zurück und entdeckte 1830 ein Bild, das der Erscheinung Marias glich, die er gesehen hatte. Es wurde in einer Waldkapelle aufgehängt und als Gnadenbild verehrt.

Bew.: Unbekannte Quelle: Quelle: R. Ernst, Lexikon

1819 DÜLMEN / DEUTSCHLAND   Maria erschien unzählige Male der Anna Katharina Emmerick (1774–1824), seit 1802 Augustinerin im Kloster Agnetenberg in Dülmen. Schon als Kind erlebte diese viele Visionen. 1812 empfing sie die Stigmata, kirchlich genau untersucht, geprüft und für echt erklärt. Die Akten und das Tagebuch des betreuenden Arztes bezeugen ihr heroisches Tugendleben und ihre besonderen Gnadengaben: Nahrungslosigkeit, Herzenskunde, Synchronisation (sie ist bei ihren Visionen – z. B. aus dem Leben Jesu – gleichzeitig »anwesend«) u. a.

Seit 1819 wurden Anna Katharina Emmericks Visionen von Clemens Brentano, der sechs Jahre lang an ihrem Krankenlager ausharrte, aufgezeichnet. »Das bittere Leiden unseres Herrn Jesus Christus« wurde von Brentano herausgegeben, viele andere Visionen erschienen erst später in verschiedenen Ausgaben, einiges ist noch uneditiert. Im Buch »Leben der Jungfrau Maria« und im Buch »Das arme Leben unseres Herrn Jesus Christus« sind zahlreiche Marienvisionen dokumentiert, die unsere Kenntnis des irdischen Lebens Marias entscheidend erweitern (vergleichbar sind auch die Visionen der Maria von Agreda und der Therese von Konnersreuth, teilweise der hl. Birgitta von Schweden, und die schreibmedialen Offenbarungen des Jakob Lorber). 1892 wurde der Seligsprechungsprozeß für Anna Katharina Emmerick eingeleitet.

Bew.: Gut bezeugt, kirchlich anerkannt; Quelle: Anna Katharina Emmerick, Leben der Hl. Jungfrau Maria, Augsburg, 9. Aufl. 1989; R. Ernst, Lexikon

Nach dem Tod des Joseph

Gegen das dreißigste Lebensjahr Jesu hin ward *Joseph* immer schwächer, und ich sah *Jesus* und *Maria* öfter mit ihm zusammen. Maria saß auch manchmal vor seinem Lager auf der Erde oder auf einer niedern runden Platte, welche drei Stollen hatte und deren sie sich wohl auch als Tisch bedienten. Ich sah sie selten essen, und wenn sie aßen oder dem hl. Joseph eine Erquickung an sein Lager brachten, so waren es drei weiße, etwa zwei Finger breite, längliche viereckige Schnittchen, die auf einem Tellerchen nebeneinander lagen, oder kleine Früchte in einem Schälchen; auch gaben sie ihm aus einer Art Krug zu trinken.

Als *Joseph* starb, saß *Maria* zu Häupten seines Lagers und hatte ihn in den Armen, *Jesus* stand in der Gegend seiner Brust. Ich sah die Stube mit Glanz und Engeln erfüllt. – Er wurde, die Hände unter der Brust gekreuzt, ganz in weißes Tuch gewickelt, in einen schmalen Kasten gelegt und in einer recht schönen Grabhöhle beigesetzt, die er von einem guten Mann erhalten hatte. Es gingen außer Jesus und Maria nur wenige Menschen mit dem Sarge; aber ich sah ihn von Glanz und Engeln begleitet.

In den letzten Tagen sah ich, daß Jesus und Maria nach dem Tode Josephs gegen Kapharnaum zogen. Das Haus in Nazareth stand geschlossen. Wo sie hinzogen, war nicht die Stadt Kapharnaum, sondern wie ein Dorf aus einzelnen Häusern zwischen Kapharnaum und Bethsaida. Es war der Ort, wo Petri Vater hinzog, als er Petrus die Fischerei bei Bethsaida übergab. Jesus erhielt da ein Haus von dem Manne *Levi* aus Kapharnaum. Dieser Levi hatte die Heilige Familie lieb und gab Jesus dies Haus zum Aufenthalt. Es war einzeln gelegen und mit einem Graben von stehendem Gewässer umgeben.

Jesus hatte seit seiner Jugend schon viele Anhänger unter den jungen Leuten in Nazareth gehabt; sie fielen aber immer wieder von ihm ab. Er wandelte viel mit seinen Gesellen im Lande um den See umher, zog auch nach Jerusalem auf die Feste; auch des Lazarus Familie in Bethanien war schon mit der Heiligen Familie bekannt...

Am Mittag sah ich, wie Maria, Cleophä Tochter, welche mit ihrem dritten Ehemann, Simeons von Jerusalem Vater, das Haus Annas bei Nazareth bewohnte, in das Haus *Mariä* nach Nazareth gezogen war. Sie hatte ihren Knaben dritter Ehe *Simeon* bei sich. – Ich sah Jesus und Maria von Kapharnaum dahin gehen und glaube, Maria wird da wohnen bleiben und hatte Jesum nur nach Kapharnaum begleitet; sie geht ihm immer so rührend nach. – Ich habe auch gehört, als wolle Jesus in diesen Tagen in die Gegend von Hebron reisen, wo Zacharias wohnte...

Jesus ging mit zwei seiner Jugendfreunde gen Hebron in Judäa. Ich habe Jesum hier in Bethanien bei *Lazarus* ansprechen sehen. Lazarus sah viel älter als Jesus aus; er schien mir wohl acht Jahre älter. Er hatte eine große Hauswirtschaft mit vielen Leuten, Gütern und Gärten. *Martha* hatte ihr eigenes Haus und eine Schwester, die ganz für sich hinlebte, namens *Maria*, hatte auch ihre abgesonderte Wohnung. *Magdalena* lebte in Magdalum auf dem Schloß. Lazarus ist schon lange mit der Heiligen Familie bekannt, er hatte schon früher Maria und Joseph bei ihren vielen Almosen unterstützt.

Heute sah ich meinen Herrn Jesum nach Nazareth zurückkommen, und wie er die Bekannten seiner Eltern im Ort herum heimsuchte, aber überall sehr kalt empfangen wurde. Ich sah heute nacht, daß er in die Synagoge zu lehren gehen wollte, daß sie ihn aber abwiesen, und sah, daß er auf offenem Markt vor vielen Menschen von dem Messias sprach, vor Sadduzäern und Pharisäern; der Messias werde anders sein, als sich jeder nach seinen Gelüsten ihn vorstelle; und von Johannes, dem Täufer, der Stimme in der Wüste.

Ich sah Jesus und Maria, Maria Cleophä und auch die Eltern des Parmenas, überhaupt etwa zwanzig Menschen Nazareth verlassen und gen Kapharnaum ziehen. Sie hatten Esel mit Gepäck bei sich. Das Haus in Nazareth blieb ganz gereinigt und geschmückt zurück, und es war so ausgeräumt und mit wenigen

Decken inwenig geordnet, daß es mir den Eindruck einer Kirche machte. Es blieb leer stehen.

Nach Tod und Auferstehung Jesu

Im Anfang des sechsten Jahres nach Christi Himmelfahrt hat Johannes Maria nach Ephesus gebracht, nachdem die Juden Lazarus und seine Schwestern auf das Meer ausgesetzt hatten. Maria lebte nach der Himmelfahrt drei Jahre auf Sion, drei Jahre in Bethanien und neun Jahre in Ephesus. Maria wohnte nicht in Ephesus selbst, sondern in der Gegend, wo sich schon mehrere ihr vertraute Frauen niedergelassen hatten. Mariä Wohnplatz war, wenn man von Jerusalem kommt, etwa 3½ Stunden von Ephesus auf einem Berg zur Linken. Dieser Berg fällt schief ab gen Ephesus, welches man von Südost kommend an einem Berge wie dicht vor sich liegen sieht, das sich aber ganz herumzieht, wenn man weitergeht. Südlich (etwa) von Ephesus führen schmale Pfade auf einen Berg, der wild bewachsen ist, und gegen die Höhe des Berges zu ist eine hügelige, auch bewachsene Ebene von etwa einer halben Stunde im Umfang, auf welcher diese Ansiedlung geschah.

Als Johannes die Heilige Jungfrau hierher brachte, deren Haus er vorher hatte bauen lassen, wohnten schon mehrere christliche Familien und heilige Frauen in dieser Gegend. Sie waren schon vor der heftigen Verfolgung hierher gezogen. Da sie die Höhlen und Örtlichkeiten zur Zuflucht benutzten, wie die Natur sie darbot, so waren ihre Wohnungen einsiedlerisch, meist eine Viertelstunde weit voneinander getrennt.

Das kleine Haus der Heiligen Jungfrau lag zwischen glattstämmigen pyramidenförmigen Bäumen in der Nähe eines Waldes. Es war gar still und einsam hier. Die Wohnungen der anderen Familien waren alle zerstreut in einiger Entfernung. Die Heilige Jungfrau wohnte hier mit einer jüngeren Person, ihrer Magd, welche das Wenige, was sie zur Nahrung brauchten, zusammentrug. Sie lebten gar still und in tiefstem Frieden...

Nach dem dritten Jahr ihres Hierseins hatte Maria eine große Sehnsucht nach Jerusalem. Johannes und Petrus brachten sie dorthin. Ich meine, es waren mehrere Apostel dort versammelt; ich sah Thomas, ich glaube, es war ein Concilium, und Maria stand ihnen mit ihrem Rat bei. Bei ihrer Ankunft sah ich sie am Abend in der Dämmerung, ehe sie in die Stadt gingen, den Ölberg, Kalvarienberg, das Heilige Grab und alle heiligen Stellen um Jerusalem her besuchen. Die Muttergottes war so traurig und von Mitleid bewegt, daß sie sich kaum aufrecht halten konnte und Petrus und Johannes sie unter den Arm stützend hinwegbrachten.

Die letzten Jahre bis zu ihrem Heimgang

Maria ist nochmals anderthalb Jahr vor ihrem Tod von Ephesus nach Jerusalem gereist; da sah ich sie abermals verhüllt zur Nachtzeit mit den Aposteln die heiligen Orte besuchen. Sie war unaussprechlich traurig und seufzte immer: »O mein Sohn, mein Sohn!« Als sie an das hintere Tor jenes Palastes kam, wo sie Jesus, der unter dem Kreuze niedersank, begegnet war, sank sie, von schmerzlicher Erinnerung bewegt, ohnmächtig zur Erde, und ihre Begleiter glaubten, sie werde sterben. Man brachte sie auf Sion in das Cönaculum, in dessen Vorgebäuden sie wohnte. Hier ward die Heilige Jungfrau während mehreren Tagen so schwach und krank und erlitt so viele Ohnmachten, daß man ihren Tod öfters erwartete und darauf bedacht war, ihr ein Grab zu bereiten. Sie selbst erwählte eine Höhle hierzu, und die Apostel ließen ihr daselbst ein schönes Grab durch einen christlichen Steinmetz bereiten.

Unterdessen war sie mehrmals totgesagt und ward das Gerücht von ihrem Tod und Grab in Jerusalem und an anderen Orten verbreitet. Aber als das Grab vollendet war, war sie bereits genesen und kräftig genug, wieder in ihre Wohnung nach Ephesus zurückzureisen, wo sie nach anderthalb Jahren wirklich starb. Man hielt das für sie am Ölberg bereitete Grab allzeit in Ehren, baute auch später eine Kirche darüber, und Johannes Damascenus – so hörte ich im Geiste – was ist das für einer? schrieb dann vom Hörensagen, sie sei in Jerusalem gestorben und begraben...

Einige Zeit vor dem Tode der Heiligen Jungfrau, als sie das Herannahen ihrer Wiedervereinigung mit ihrem Gotte, ihrem Sohne, ihrem Erlöser inne ward, betete sie, daß an ihr erfüllt werden möge, was Jesus ihr am Tage vor seiner Himmelfahrt im Hause Lazari zu Bethanien verheißen. Es ward mir aber im Geiste gezeigt, wie damals Jesus ihr, die flehte, nach seiner Himmelfahrt nicht mehr lange in diesem Jammertale zu leben, im allgemeinen sagte, welche geistlichen Arbeiten sie noch bis zu ihrem Ende auf Erden verrichten solle, und ihr eröffnete, daß auf ihr Gebet die Apostel und mehrere Jünger bei ihrem Tode gegenwärtig sein würden und was sie diesen sagen und wie sie dieselben segnen solle.

Als die Heilige Jungfrau um die Ankunft der Apostel bei ihr gebetet hatte, sah ich nach sehr verschiedenen Gegenden der Welt hin den Ruf an die Apostel ergehen. Alle, auch die Entferntesten, sah ich durch Erscheinungen zu der Heiligen Jungfrau berufen. Überhaupt geschahen die unbeschreiblich weiten Reisen der Apostel nicht ohne wunderbare Mitwirkung des Herrn...

Ich sah schon gestern mittag große Trauer und Sorge im Hause der Heiligen Jungfrau. Sie ruhte still und wie Todes nah in ihrer Zelle. Gegen Abend, als die Heilige Jungfrau erkannte, daß ihr Ende herannahe, wollte sie nach dem Willen Jesu die anwesenden Apostel, Jünger und Frauen segnen und von ihnen Abschied nehmen. Ihre Schlafzelle war nach allen Seiten geöffnet, sie saß schimmernd weiß wie durchleuchtet auf ihrem Lager. Die Heilige Jungfrau betete und segnete jeden mit kreuzweis gelegten Händen, indem sie seine Stirne berührte. Sie redete dann noch zu allen und tat überhaupt, wie Jesus ihr in Bethanien befohlen hatte.

Später sah ich die Apostel und Jünger wieder um das Lager der Heiligen Jungfrau betend stehen. Marias Angesicht war blühend und lächelnd wie in ihrer Jugend. Sie hatte die Augen mit heiliger Freude gen Himmel gerichtet. Da sah ich ein rührendes Bild. Die Decke über Marias Zelle war verschwunden, die Lampe hing in freier Luft; ich sah wie durch den offenen Himmel in das himmlische Jerusalem hinein. Maria streckte die Arme mit unendlicher Sehnsucht entgegen. Ich sah ihre Seele wie eine kleine, unendlich reine Lichtgestalt mit emporgestreckten Armen aus ihrem Leibe ausgehen. Mein Blick, ihrer Seele folgend, sah sie in das himmlische Jerusalem hineingehen bis zum Throne der Allerheiligsten Dreifaltigkeit. Ich sah, was mich sehr erfreute, der Seele Marias eine große Anzahl erlöster Seelen aus dem Fegefeuer folgen – und auch heute am Gedächtnistag sah ich viele arme Seelen in den Himmel eingehen, worunter mehrere, die ich kannte. Es ward mir auch die tröstliche Mitteilung, daß jährlich an ihrem Sterbetag viele Seelen ihrer Verehrer dieser Gnadenwirkung teilhaftig würden.

So sah ich sie in die himmlische Glorie eingehen und hatte das ganze Bild auf der Erde um sie her vergessen. Einige Apostel, zum Beispiel Petrus und Johannes, müssen diese auch gesehen haben; denn sie hatten ihr Angesicht emporgerichtet. Die anderen knieten meist ganz zur Erde gebeugt. Alles war voll Licht und Glanz. Es war wie bei Christi Himmelfahrt.

1820 LESCOUET-GOUAREC / FRANKREICH   Maria erschien dem 17jährigen Jean Poull und sagte: »Geh zu deinem Pfarrer und bitte ihn, hier eine Kapelle zu bauen!« Erst als Maria ihm nochmals erschienen war und den Wunsch wiederholt hatte, berichtete er dem Pfarrer von der Erscheinung. Der Pfarrer kam zum Erscheinungsort und hörte ebenso wie der Seher und die Haushälterin himmlische Musik. Ein Marienbild wurde daraufhin aufgestellt und eine Kapelle gebaut.

Bew.: Ursprungsgeschichte; Quelle: R. Ernst, Lexikon

1822 TINOS / GRIECHENLAND   Maria erschien viele Male der Ordensfrau Pelagia im Kloster »Königin der Engel« auf der Insel Tinos. Dabei gab sie die Anregung, mit dem zuständigen Bischof und den Behörden zu sprechen, um mit Ausgrabungen bei einer ehemaligen byzantinischen Kirche auf der Insel zu beginnen. Man befolgte diese Anweisung und fand eine alte Ikone »Maria Verkündigung«. Das alte Heiligtum wurde wieder aufgebaut und 1831 eingeweiht. Wunderbare Heilungen vor dem Gnadenbild machten den Wallfahrtsort zu einem gesuchten Ziel für fromme Pilger und hilfesuchende Gläubige. 1972 wurde die Insel Tinos zur »Heiligen Insel« erklärt.

Bew.: Gut bezeugt; Quelle: R. Ernst, Lexikon

1829 SALLENT / SPANIEN   Der hl. Antonio Maria Claret y Clará (1807–1870) hatte mehrmals Erscheinungen Marias und wurde durch sie von schweren Krankheiten geheilt. 1835 wurde er zum Priester geweiht, seit 1843 arbeitete er als Volksmissionar. 1849 gründete er die »Missionsgenossenschaft der Söhne des Unbefleckten Herzens Mariä« (kurz »Claretiner«

genannt). Ihre Konstitutionen wurden 1870 endgültig approbiert und praktisch über die ganze Erde verbreitet: heute über 300 Missionshäuser. 1855 entstand auch ein weiblicher Orden »Apostolisches Bildungsinstitut von der Unbefleckten Empfängnis« (»Claretinerinnen«). 1850 wurde Claret zum Erzbischof von Santiago de Cuba geweiht und hoch verehrt. Er schrieb eine Reihe viel beachteter aszetischer Bücher. 1950 wurde er heiliggesprochen.

> Bew.: Gut bezeugt; Quelle: R. Ernst, Lexikon; LThK »Claret y Clará«, »Claretiner«

MIMBASTE / FRANKREICH Maria erschien viele Male der Mystikerin Marie Lataste (1822–1847), die ein heroisches Tugendleben führte und 1844 als Laienschwester in das Sacré-Cœur in Rennes eintrat. Sie hinterließ viele Briefe und kurze aszetische Traktate. 1830

> Bew.: Gut bezeugt; Quelle: R. Ernst, Lexikon

PARIS / FRANKREICH Maria erscheint dreimal der hl. Cathérine Labouré (1806–1876), die eben in das Noviziat der Vinzentinerinnen in der rue du Bac in Paris aufgenommen worden ist: Von ihrem Schutzengel wird Cathérine in der Nacht des 19. Juli in die Klosterkirche geführt und sieht dort Maria im Chor sitzen. Vertrauensvoll kniet sie bei ihr nieder und spricht mit ihr. Maria verspricht der Klostergemeinde Schutz für die Zeit der kommenden Revolutionen. 1830

Am 27. November hat sie die zweite Vision in der Kapelle: Maria erscheint ihr auf der Erdkugel, auf der Schlange (Satan) stehend, mit ausgebreiteten Armen, von denen Strahlen ausgehen. Cathérine erhält den Auftrag, dieses Erscheinungsbild als Medaille prägen und verteilen zu lassen. Sie vertraut sich ihrem Beichtvater, Pater Aladel, an, der jedoch nichts unternimmt.

Im Dezember desselben Jahres erscheint Maria zum drittenmal und mahnt sie, den Auftrag mit der Medaille auszuführen. Cathérine wendet sich erneut an den Beichtvater, dieser informiert den Bischof darüber, und ab 1832 wird die »Wundertätige Medaille« (wie sie bald genannt wird, weil sich zahlreiche Wunder ereignen) millionenfach in der ganzen Welt verbreitet.

1834 verfaßt Cathérines Seelenführer einen Bericht über die Marienerscheinungen. Ab 1836 bis zu ihrem Tod betreut Cathérine Labouré alte Menschen im Altersheim von Enghien im Norden von Paris. Erst nach ihrem Tod wird der Name der Seherin veröffentlicht. Cathérine Labouré wird 1947 heiliggesprochen. Ihr unversehrter Leib ruht in der Erscheinungskapelle in Paris, rue du Bac 140.

Bew.: Gut bezeugt. Kirchlich anerkannte Erscheinungen; Quelle: R. Ernst, Lexikon; Weigl/Branz, Volk unter prophetischem Anruf; Graber, Marienerscheinungen; Textquelle: Maria Cuylen, Die Heilige Katharina Labouré und die wunderbare Medaille der Unbefleckten, Freiburg/Schw., 6. Aufl. 1990.

»Dann kam das Fest des heiligen Vinzenz, wo unsere gute Mutter Martha (die damalige Seminardirektorin) eine Unterweisung über die Verehrung der Heiligen, vor allem der seligsten Jungfrau, hielt. Das flößte mir einen so sehnlichen Wunsch ein, einmal die seligste Jungfrau zu sehen, daß ich mit dem Gedanken zu Bett ging, ich würde in dieser Nacht meine gute himmlische Mutter sehen. Ich hatte schon lange gewünscht, sie zu sehen. Endlich schlief ich ein. Um halb zwölf Uhr in der Nacht hörte ich mich bei meinem Namen gerufen: ›Schwester! Schwester! Schwester!‹ Ich wachte auf und wandte mich nach jener Seite, woher die Stimme kam; es war die Seite des Schlafzimmergangs. Ich zog den Vorhang meiner Zelle zurück und sah einen weißgekleideten Knaben, ungefähr vier oder fünf Jahre alt, der zu mir sagte: ›Komm in die Kapelle; die seligste Jungfrau wartet auf dich.‹ Da kam mir sogleich der Gedanke: Man wird mich aber hören. Der Knabe antwortete mir: ›Sei ruhig, es ist halb zwölf Uhr; alle schlafen; komm, ich warte auf dich.‹ Ich kleidete mich rasch an und wandte mich nach der Seite dem Knaben zu, der am Kopfende meines Bettes stehengeblieben war. Er folgte mir, oder vielmehr ich folgte ihm; er ging immer zu meiner Linken. Überall, wo wir durchgingen, war das Licht angezündet, worüber ich sehr erstaunt war. Aber noch größer war meine Überraschung, als ich zur Kapelle kam und die Tür sich von selbst öffnete, sobald der Knabe sie mit dem Finger berührte. Doch am größten war mein Staunen, als ich alle Kerzen und Lichter angezündet sah, was mich an die Mitternachtsmette von Weihnachten erinnerte. Ich sah aber die seligste Jungfrau noch nicht.

Der Knabe führte mich in den Chor der Kapelle neben den Stuhl des hochwürdigen Herrn Direktors; dort kniete ich nieder, während der Knabe die ganze Zeit stand. Da mir die Zeit lang vorkam, blickte ich umher, ob die nachtwachenden Schwestern nicht über die Empore kommen würden... Endlich meldete mir der Knabe: ›Da ist die seligste Jungfrau.‹ Ich hörte dann ein Geräusch wie das Rauschen von Seide, das von der Empore, vom Bilde des heiligen Josef, herzukommen schien. Die Gestalt ließ sich vor den Stufen des Altars auf dem Stuhl nieder...

Ich zweifelte, ob es die seligste Jungfrau sei; aber der Knabe sagte zu mir: ›Da ist die seligste Jungfrau.‹ Ich kann nicht aussprechen, was ich in jenem Augenblick fühlte und was um mich her vorging; doch kam es mir vor, als sehe ich nicht wirklich die seligste Jungfrau. Da redete der Knabe zu mir, aber nicht mehr wie ein Kind, sondern wie ein erwachsener Mann, und er sprach in entschiedenem Tone. – Als ich dann auf die seligste Jungfrau blickte, stürzte ich mich sozusagen auf sie zu und warf mich an den Stufen des Altars auf die Knie, indem ich meine Hände der seligsten Jungfrau auf den Schoß legte.

Da verbrachte ich die süßesten Augenblicke meines Lebens. Es wäre mir unmöglich zu sagen, was ich alles empfand.

Sie sagte mir, wie ich mich gegen meinen Direktor benehmen solle, und anderes mehr, *was ich noch nicht sagen darf;* ferner, wie ich mich in meinen Prüfungen benehmen solle. Sie wies dann mit der Hand auf den Fuß des Altars und sagte, ich solle mich oft am Fuß des Altars niederwerfen und dort mein Herz ausschütten; dort würde ich allen Trost finden, den ich nötig habe . . . Dann fragte ich sie nach der Bedeutung all dessen, was ich gesehen und gehört habe, und sie erklärte mir alles . . .

Ich weiß nicht, wie lange ich dort verblieb; ich weiß nur, daß ich, als sie fortging, nichts anderes bemerkt habe als etwas, das zu verlöschen schien, wie ein Schatten, der nach der Empore hin verschwand, auf demselben Weg, auf dem sie gekommen war.

Ich erhob mich von den Stufen des Altars und bemerkte nun den Knaben noch an derselben Stelle stehen, wo ich ihn gelassen hatte. Er sagte mir: ›Sie ist fort‹, und wir traten nun den Rückweg an, wobei wieder alle Lichter angezündet waren.

Der Knabe ging dabei immer zu meiner Linken. Ich glaube, daß dieser Knabe mein Schutzengel war, der mir sichtbar erschien, um mir die seligste Jungfrau zu zeigen, weil ich ihn inständig gebeten hatte, mir diese Gnade zu erlangen. Er war weiß gekleidet und trug ein wunderbares Licht, das heißt, er war ganz strahlend von Licht; er schien ungefähr vier bis fünf Jahre alt zu sein.

Als ich zu meinem Bett zurückkam, war es zwei Uhr morgens; ich hörte die Uhr schlagen. Ich konnte dann nicht mehr einschlafen.«

1876, kurz vor ihrem Tod, fühlte sich Cathérine Labouré angetrieben, den ersten Bericht zu vervollständigen, vor allem das zu ergänzen, was sie als »Geheimnis« hüten sollte.

PARIS / FRANKREICH   »Notre Dame des Miracles«, eine steinerne, fast **1830** lebensgroße Marienstatue aus dem 12. Jahrhundert, weinte in der Kapelle der Vinzentinerinnen bei der Kirche St.-Lazaire so sehr, daß die Oberin die Tränen mit einem Tüchlein auffangen konnte.

Bew.: Gut bezeugt; Quelle: R. Ernst, Lexikon

BOUS-SEPTFONTAINES – CLAIREFONTAINES / FRANKREICH   Maria erschien **1833** der Anna Moes (1832–1895) schon in frühester Kindheit in ihrem Elternhaus in Bous. 1868 trat Anna in den Dominikanerorden ein und nahm den Namen Maria Dominika Klara vom hl. Kreuz an. Sie sah sich als Opferseele für die Reform des Dominikanerordens, wurde aber auch von zahlreichen mystischen Erfahrungen und Gnadenerweisen überschüttet (Erscheinungen des Herrn, vieler Engel und Heiliger). Wegen dieser Visionen wurde sie vielfach als Betrügerin angeschuldigt, u. a. auch von ihrem Beichtvater, der sie zwölf Jahre lang nicht akzeptierte. Erst ein bischöfliches Gericht entschied 1884 für sie. Sie war stets der kirchlichen Autorität gehorsam und betrachtete das Mißtrauen und die Verleumdungen als

Demutsübungen. Sie gründete ein Kloster in Clairefontaines und eines auf dem Limpertsberg in Luxemburg, wo sie 1895 starb. Der Seligsprechungsprozeß wurde 1915 eingeleitet.

Bew.: Gut bezeugt; Quelle: LThK »Anna Moes«; R. Ernst, Lexikon

1833 CAPRIANA / ITALIEN Eine himmlische Gestalt erschien der 1815 geborenen Domenica Lazzeri bei der Feldarbeit. Von da an war sie »geheimnisvoll krank«, empfing die Stigmata und duldete ihr Sühneleiden bis zu ihrem Tod 1848. Sie erlebte viele Marienerscheinungen und Schauungen anderer himmlischer Wesen.

Bew.: Gut bezeugt; Quelle: R. Ernst, Lexikon

1835 TRINITAPOLI / ITALIEN Maria half dem sechsjährigen Joseph-Maria Leone, der in einen Graben gefallen war, und belehrte ihn über ein gottgefälliges Leben. Als 14jähriger sah Joseph-Maria, der mittlerweile in das Knabenseminar von Trani (Apulien) aufgenommen worden war, Jesus und Maria. Dabei sagte Maria zu ihm: »Du gehörst mir!« Joseph-Maria wurde daraufhin Redemptorist und führte ein frommes Leben (gestorben 1902).

Bew.: Gut bezeugt; Quelle: R. Ernst, Lexikon; Däniken, Erscheinungen

1840 ARS / FRANKREICH Maria erschien dem hl. Pfarrer Johann Vianney (1786–1895) von Ars, der wegen seiner schlechten Vorbildung und intellektuellen Schwerfälligkeit nur mit Mühe die Ausbildung zum Priester geschafft hatte und zuerst keine Erlaubnis zum Beichthören bekommen hatte. Ab 1818 machte er die Pfarre in Ars zu einem spirituellen Zentrum. Das Übermaß an Arbeit, vor allem im Beichtstuhl, und seine überaus strenge Askese brachten ihm viele dämonischen Anfechtungen. Öfter wollte er sich aus dem Pfarrdienst zurückziehen, wurde aber immer wieder zurückgeholt und sah diesen Dienst schließlich als seine Berufung an. In diesem Sinne sprach auch Maria zu ihm, als sie ihm in einem Wohnraum in Anwesenheit von Etiennette Durié erschien. Sie trug ein Kleid in blendendem Weiß, von goldenen Rosen übersät. An ihren Händen leuchteten Diamanten, und ihre Stirne war von einem Sternenkranz umgeben. Der Pfarrer von Ars soll ein richtiges Gespräch mit ihr geführt haben.

Bew.: Gut bezeugt; Quelle: LThK »Johann Vianney«; R. Ernst, Lexikon; Däniken, Erscheinungen

NANTES/FRANKREICH Maria erschien am 29. 12. der krebskranken, be- 1840
reits aufgegebenen Maria Ardouin und heilte sie.

Bew.: Unbekannte Quelle; Quelle: R. Ernst, Lexikon

PARIS/FRANKREICH Maria erschien ingesamt sechsmal der Schwester 1840
Justine Bisqueyburu, trug in den Händen ihr flammendes Herz und
forderte sie auf, das »grüne Skapulier« zu Ehren des Unbefleckten Herzens Mariä einzuführen. Zehn Jahre nach den Erscheinungen der Cathérine Labouré war erneut eine Vizentinerin der rue du Bac, nämlich Justine
Bisqueyburu, in direkten Kontakt mit Maria gekommen.
Das *grüne Skapulier* besteht aus einem Bild der Muttergottes und
einem ihres Unbefleckten Herzens. Das Stoffstückchen zwischen den
beiden Bildern versinnbildlicht den Schutzmantel Marias als Schutz und
Hilfe in jeglicher Not, im Leben und im Tod. Die grüne Farbe symbolisiert das hoffnungsvolle Vertrauen auf die fürbittende Allmacht der
Jungfrau Maria an Gottes Thron. Am 8. 9. 1846 sagte Maria in Versailles
zu Schwester Justine:»Wenn das Skapulier mit Vertrauen getragen wird,
wird es eine große Anzahl von Bekehrungen erwirken.« Papst Pius IX.
hat das Skapulier 1870 approbiert. Seither sind viele Gebetserhörungen,
Bekehrungen und Heilungen (besonders von Krebs- und Lungenkrank-
heiten) erfolgt. Dieses Skapulier setzt keine Zugehörigkeit zu einem
Orden oder einer Bruderschaft, auch nicht zu einer Konfession, nicht
einmal zum Christentum voraus. Es kann auch gottfernen Personen
gegeben werden, um sie der Liebe und Hilfe Marias anzuempfehlen. Jeder
Träger des Skapuliers soll das folgende Gebet täglich verrichten:
Unbeflecktes Herz Mariä, bitte für uns Sünder, jetzt und in der Stundes
unseres Todes. Amen.
Dazu: Drei Gegrüßet-seist-du-Maria und drei Ehre-sei-dem-Vater.

Bew.: Gut bezeugt, kirchlich approbiert; Quelle: R. Ernst, Lexikon; Däniken,
Erscheinungen

Bei dieser Gelegenheit ein Überblick über die verschiedenen Skapuliere:
1. Skapulier als Teil des Ordensgewandes (bei den Benediktinern, Dominikanern, Serviten, Karmeliten usw.) = großes Skapulier
2. Skapulier in verkleinerter Form (zwei viereckige Wollstücke, die an einem
   Band über Schultern bzw. Brust getragen werden) bei Drittorden (Tertia-
   ren) oder Bruderschaften = kleines Skapulier
   – braunes (schwarzes) S. U. L. F. v. Berg Kamel (1251 Simon Stock)
   – weißes S. der Trinitarier (seit 1200)
   – schwarzes S. (von den Sieben Schmerzen Mariä) der Serviten (seit 1255)
   – weißes S. (U. L. F. v. d. Barmherzigkeit) der Mercedarier
   – blaues S. (Unbefl. Empfängnis Mariä) der Theatiner (1691)

- rotes S. (Passion Jesu) der Lazaristen (1847)
- rotes S. (hll. Herzen Jesu und Mariä) seit 1900
- weißes S. (heiligstes Herz Jesu) seit 1900
- weißes S. (Mutter des guten Rates) der Augustiner (seit 1893)
- violett-gelbes (hl. Josef) der Kapuziner (seit 1893),
  der Dominikaner, des Camillo de Lellis und der Passionisten
- grünes S. (Unbefl. Herz Mariä), seit 1870 approbiert
- S. vom brennenden hl. Herzen in Pellevoisin 1876 kirchlich approbiert

1842 CELLES (TOURNAI)/BELGIEN Maria erschien der Sophie Deprez (1818–1849), Ordensname Mutter Maria-Stanislaus, im Kloster der Heimsuchung, im »Klassenzimmer der Armen«. Bei den sehr häufigen weiteren Erscheinungen wurde sie über die Erziehung der Novizinnen und über verschiedene Fragen des geistlichen Lebens belehrt. Das Erscheinungszimmer wurde 1849 als Hauskapelle umgestaltet, nachdem Mutter Maria-Stanislaus gestorben war.

Bew.: Gut bezeugt; Quelle: R. Ernst, Lexikon, Däniken, Erscheinungen

1842 ROM/ITALIEN Maria erschien dem Marie-Alphonse Ratisbonne (1812–1884), Advokat und Bankier, der von tiefem Haß gegen das Christentum erfüllt war, in der Kirche S. Andrea delle Fratte in Rom am 20. 1. Er bekehrte sich daraufhin, wurde 1847 Priester, war etliche Jahre Jesuit, trat dann mit päpstlicher Erlaubnis aus und wurde Mitglied der »Priester Unserer Lieben Frau von Sion«. Er gründete eine Niederlassung dieser Kongregation in Palästina. Das Bild, das er auf der Wundertätigen Medaille bei sich trug, glich genau der Erscheinung Marias.

Bew.: Gut bezeugt; Quelle: LThK »Ratisbonne, M.-A.«; R. Ernst, Lexikon; Däniken, Erscheinungen

1843 GRAZ/ÖSTERREICH Jakob Lorber (1800–1864), in Kanischa bei Marburg geboren, werden Offenbarungen der »Inneren Stimme Gottes« geschenkt, die er von 1840–1864 in weit über 10 000 Seiten niederschreibt. Darunter ist auch einiges, was als Offenbarung Marias bzw. über Maria bezeichnet werden kann. 1843–1844 wird ihm »Die Jugend Jesu« diktiert, eine Botschaft, die sich auf den Inhalt des verloren vergangenen Jakobusevangeliums bezieht. Dieses von Origenes und anderen namentlich angeführte »Jugendevangelium« beschreibt das Leben Jesu »von der Zeit an, da Joseph Maria zu sich nahm«.

Die Jugend Jesu

Maria, die im Tempel auferzogen ward, ist reif geworden, und es war nach dem Mosaischen Gesetz not, sie aus dem Tempel zu geben. Es wurden darum Boten in ganz Judäa ausgesandt, solches zu verkünden... Als aber Maria auf Geheiß des Priesters die Taube freiließ, da flog diese alsbald zu Joseph... Und der Priester sprach: »Also hat es der Herr gewollt! Dir, du biederer Gewerbsmann, ist das untrügliche Los zugefallen, die Jungfrau des Herrn zu empfangen! So nimm sie denn hin im Namen des Herrn in dein reines Haus zur ferneren Obhut! Amen...« Joseph aber ging mit Maria aus dem Tempel und führte sie in die Gegend von Nazareth und daselbst in seine ärmliche Behausung...

Es war aber zu der Zeit noch ein Vorhang im Tempel vonnöten... Sieben unbefleckte Jungfrauen aus dem Stamm Davids sollten die Arbeit verrichten, unter ihnen auch Maria. Die Diener des Hohenpriesters zeigten solches dem Joseph an, und er ging und brachte Maria wieder in den Tempel... und es fiel der Jungfrau Maria, der Tochter Annas und Joachims, durch Los zu der Scharlach und der echte Purpur. Die Jungfrau aber dankte Gott für solche gnädige Zuerkennung und Zuteilung solch rühmlichster Arbeit zu seiner Ehre, nahm die Arbeit und begab sich damit, vom Joseph geleitet, wieder nach Hause... Joseph aber empfahl sich und begab sich gleich wieder an seinen Hausbau... In kurzer Frist von drei Tagen war Maria mit dem Scharlach zu Ende und machte sich alsogleich über den Purpur; da sie aber diesen stets annetzen mußte, mußte sie während der Arbeit öfter den Krug nehmen und hinausgehen, sich Wasser zu holen.

An einem Freitag morgens aber nahm Maria abermals den Wasserkrug und ging hinaus, ihn mit Wasser zu füllen, und horch, eine Stimme sprach zu ihr: »Gegrüßest seist du, an der Gnade des Herrn Reiche! Der Herr ist mit dir, du Gebenedeite unter den Weibern!« Maria aber erschrak gar sehr ob solcher Stimme, da sie nicht wußte, woher sie kam... sie hatte sich kaum wieder in ihrer Arbeit eingefunden, siehe, da stand schon der Engel des Herrn vor der emsigen Jungfrau und sprach zu ihr: »Fürchte dich nicht, Maria, denn du hast eine endlos große Gnade gefunden vor dem Angesichte des Herrn; siehe, du wirst schwanger werden von Gottes Wort!« Als aber Maria dieses vernommen hatte, da fing sie an, diese Worte hin und her zu erwägen, und konnte nicht erfassen ihren Sinn; darum sprach sie denn zum Engel: »Wie sollte denn das vor sich gehen? Bin ich doch noch lange nicht eines Mannes Weib und habe auch noch nie die Bekanntschaft dazu gemacht mit einem Manne, der mich alsbald nähme zum Weibe, auf daß ich gleich anderen Weibern schwanger würde und gebäre ihnen gleich!« Der Engel aber sprach zu Maria: »Höre, du erwählte Jungfrau Gottes! Nicht also soll es geschehen, sondern die Kraft des Herrn wird dich überschatten! Darum wird auch das Heilige, das aus dir geboren wird, der ›Sohn des Allmächtigen‹ genannt werden! Du sollst ihm aber, wann er aus dir geboren wird, den Namen ›Jesus‹ geben; denn er wird erlösen sein Volk von all den Sünden, vom Gerichte und vom ewigen Tod.« Maria aber fiel vor dem Engel nieder und sprach: »Siehe, ich bin ja nur eine Magd des Herrn; daher geschehe mir nach seinem Willen, wie da lauten deine

Worte!« – Hier verschwand der Engel, und Maria machte sich wieder an ihre Arbeit.

Als aber darauf der Engel alsbald wieder verschwand, da lobte und pries Maria Gott den Herrn und sprach also bei sich in ihrem Herzen: »Oh, was bin ich denn vor dir, o Herr . . . O Herr, sieh mich gnädig an, ich bin ja nur eine Magd von vierzehn Jahren und habe davon nur reden hören – und weiß aber darum in der Tat nichts. Ach, wie wird es mir Armseligen ergehen, so ich werde schwanger sein – und weiß nicht, wie da ist solch ein Zustand! Was wird dazu der Vater Joseph sagen . . . O Herr! Du ewig Heiliger Israels, gib mir, deiner armen Magd, doch ein Zeichen, wann solches geschehen wird, auf daß ich dich darob loben und preisen möchte!«

Bei diesen Worten ward Maria von einem lichten Ätherhauch angeweht, und eine gar sanfte Stimme sprach zu ihr: »Maria, sorge dich nicht vergeblich; du hast empfangen, und der Herr ist mit dir! Mache dich an deine Arbeit und bringe sie zu Ende, denn fürder wird für den Tempel keine mehr gemacht werden von dieser Art!« . . . In wenigen Tagen war Maria auch mit dem Purpur fertig, ordnete ihn dann und nahm den Scharlach . . . und machte sich damit nach Jerusalem auf den Weg. Bis zum Hausbau, da Joseph arbeitete, ging sie allein; aber von da an begleitete sie wieder Joseph nach Jerusalem und daselbst in den Tempel . . . Es wohnte aber bei der Baustelle, bei einer halben Tagereise weit weg über einem kleinen Gebirge eine Muhme Marias, namens Elisabeth, diese möchte sie besuchen und bat Joseph darum um die Erlaubnis. Joseph aber gestattete ihr alsbald, solches zu tun . . . Eines Abends aber sagte Joseph zu seinem ältesten Sohn: »Joel, geh und rüste mir für morgen früh mein Lasttier, denn ich muß Maria holen gehen. Das Mädchen ist nun schon drei Monate aus meinem Hause, und ich weiß nicht, was da mit ihr geschieht.« . . . Tag für Tag aber ward der Leib Marias voller; da sie solches wohl merkte, so suchte sie ihre Schwangerschaft vor den Augen Josephs und seiner Söhne so gut als nur immer möglich zu verbergen. Aber nach einer Zeit von zwei Monaten half ihr solches Verbergen nicht mehr . . . Und Maria erzählte dem Joseph alles, was ihr, da sie noch am Purpur arbeitete, begegnet ist, und schloß dann ihre Erzählung mit dieser Beteuerung: »Darum sage ich dir, Vater, noch einmal: So wahr Gott, der Herr Himmels und der Erde lebt, so wahr bin ich auch rein und weiß von keinem Manne und kenne auch ebensowenig das Geheimnis Gottes, das ich unter meinem Herzen, zu meiner eigenen großen Qual, nun tragen muß!«

Hier verstummte Joseph vor Maria und erschrak gewaltig; denn die Worte Mariens drangen tief in seine bekümmerte Seele, und er fand bebend seine geheime Ahnung bestätigt.

Er aber fing darum an, hin und her zu sinnen, was er da tun solle, und sprach so bei sich in seinem Herzen: »So ich ihre vor der Welt, wie sie nun ist, doch unwiderlegbare Sünde darum verberge, weil ich sie nicht als solche mehr erkenne, so werde ich als Frevler erfunden werden gegen das Gesetz des Herrn und werde der sicheren Strafe nicht entgehen! Mache ich sie aber wider meine innerste Überzeugung als eine feile Sünderin vor den Söhnen Israels offenbar, da doch das, was sie unter ihrem Herzen trägt, nur – nach ihrer unzweideutigen Aussage – von einem Engel herrührt, so werde ich ja von Gott, dem Herrn, erfunden werden als einer, der ein unschuldiges Blut überliefert hat zum Gerichte des Todes! Was soll ich also mit ihr beginnen? – Soll ich sie heimlich verlassen, d. h. soll ich sie heimlich von mir tun und sie irgend verbergen im Gebirge, nahe an der Grenze der Griechen? Oder soll des Tages des Herrn ich harren, auf daß Er mir am selben kundtue, was ich da tun solle? Wenn aber morgen oder übermorgen jemand zu mir kommt aus Jerusalem und erkennt Maria, was dann? Ja, es wird wohl das Beste sein, ich entferne sie heimlich, ohne daß da jemand anders außer meinen Kindern etwas davon erfährt! Ihre Unschuld wird mit der Zeit der Herr sicher offenbar machen, und dann ist alles gerettet und gewonnen; und so geschehe es denn im Namen des Herrn!«

Darauf tat Joseph solches der Maria ganz insgeheim kund, und sie fügte sich vorbereitend in den beabsichtigten guten Willen Josephs und begab sich dann, da es schon spät abends geworden war, zur Ruhe.

Joseph aber versank über seine mannigfachen Gedanken ebenfalls in einen Schlummer, und siehe, ein Engel des Herrn erschien ihm im Traume und sprach zu ihm:

»Joseph, sei nicht bange ob der Maria, der reinsten Jungfrau des Herrn! Denn was sie unter dem Herzen trägt, ist erzeugt vom Heiligen Geiste Gottes, und du sollst Ihm, wenn Es geboren wird, den Namen ›Jesus‹ geben!«

Hier erwachte Joseph vom Schlafe und pries Gott den Herrn, der ihm solche Gnade erwiesen hatte.

Da es aber schon morgens war, so kam auch Maria schon für die beabsichtigte Reise fertig zum Joseph und zeigte an, daß es schon an der Zeit sein dürfte.

Joseph aber umfaßte das Mädchen, drückte es an seine Brust und sprach zu ihm: »Maria, du Reine, du bleibst bei mir; denn heute hat mir der Herr ein mächtig Zeugnis über dich gegeben, denn das aus dir geboren wird, soll ›Jesus‹ heißen!«

Hier erkannte Maria alsbald, daß der Herr mit Joseph geredet hatte, da sie denselben Namen vernahm, den ihr der Engel gab, obwohl sie davon dem Joseph doch nichts erwähnt hatte zuvor!

Und der Joseph hütete darauf das Mädchen sorgsam und ließ es an nichts gebrechen, das ihr in dem Zustande vonnöten war.

Textquelle: Jakob Lorber, Die Jugend Jesu, Bietigheim, 7. Aufl. 1927, S. 13 ff.

Das große Evangelium Johannis

In diesem 11 Bände umfassenden Werk, das zwischen 1851 und 1864 aufgeschrieben worden ist, wird all das berichtet, was Jesus in den drei Jahren seines öffentlichen Wirkens täglich gesagt und getan hatte, mit wem er zusammenkam und was sich an Wunderbarem rund um Jesus zutrug. Natürlich gibt es auch vieles, das Bezug zu Maria hat:

Am andern Tage fragte Mich die Mutter Maria, ob Ich hier nicht öffentlich wieder etwas tun würde, und wie lange Ich Mich hier im Hause diesmal aufhalten und ob noch jemand hinzukommen werde, auf daß sie sich um einen genügenden Mundvorrat umsehen konnte; denn der gegenwärtige sei nahe zu Ende.

Sage Ich: »Weib, sorge dich nicht um Mich, noch um Meine Gesellschaft und um einen genügenden Mundvorrat! Denn sieh, Der die ganze, große Erde ernährt und die Sonne, den Mond und all die Sterne mit Seiner Liebe sättigt, Dem ist dies kleine Haus nicht fremd, und Er weiß es ganz genau, was diesem Hause not tut! Daher kümmere und sorge dich nicht; denn für das du dich nun sorgest, dafür ist von oben schon gesorgt!

Der Vater im Himmel läßt Seine Kinder nicht hungern, außer – wann es nötig ist zu ihrem Heile.

Hast du es ja zu Sichar in vollster Genüge gesehen, wie der Vater im Himmel gesorgt hatte für Seine Kindlein! Meinst du, daß Er seit etwelchen Tagen härter geworden ist?! Gehe hinaus in die Speisekammer, und du wirst sehen, daß du dich umsonst gesorgt hast!«

Maria eilt nun in die Speisekammer und findet diese vollgesteckt mit Brot, Mehl, Früchten, geräucherten und frischen Fischen, mit Milch, Käse, Butter und Honig! Als die Mutter solch großen Vorrat in der Speisekammer erschaut, da wird es ihr völlig bange; sie eilt schnell zu Mir zurück, fällt vor Mir auf die Knie nieder und dankt Mir kniend für solch eine reiche Versorgung ihrer Speisekammer! Ich aber beuge Mich schnell zur Erde und hebe die Mutter empor, und sage zu ihr: »Was tust du Mir, das allein dem Vater gebührt? Stehe auf; denn wir beide kennen uns ja schon seit dreißig Jahren, und Ich bin ja doch stets Derselbe und der Gleiche!«

Maria aber weint vor Freude, begrüßt alle Meine Jünger und geht dann schnell hinaus, um uns ein gutes Mittagsmahl zu bereiten.

Die Jünger aber treten zu Mir und sagen: »Siehe, welch ein liebes Weib, und welch eine zärtlichste Mutter! Sie ist nun schon 45 Jahre alt und sieht aus, als hätte sie kaum das zwanzigste Jahr zurückgelegt. Und wie ungemein zärtlich besorgt sie ist, und wie hoch schwellt die reinste Mutterliebe ihre wahrhaft heilig reinste Brust! Wahrlich, ein Weib der Weiber der ganzen Erde!«

Sage Ich: »Ja, ja, sie ist die Erste, und es wird nimmer eine mehr sein wie sie! Aber es wird auch kommen, daß man ihr mehr Tempel denn Mir erbauen wird, und wird sie ehren zehnfach mehr denn Mich, und wird des Glaubens sein, nur durch sie selig werden zu können!

Darum will Ich denn nun auch, daß man sie nicht zu sehr erhebe, indem sie wohl weiß, daß sie Meines Leibes Mutter ist, und auch weiß, Wer hinter diesem Leibe, den sie gebar, steckt!

Deshalb seid mit ihr überaus gut und artig, nur hütet euch davor, ihr irgend eine göttliche Verehrung zukommen zu lassen!

Denn bei allen ihren über alle Maßen vortrefflichsten Eigenschaften ist sie dennoch ein Weib; und vom besten Weibe bis zur Eitelkeit ist und bleibt nur ein sehr kleiner Zwischenraum!

Und jede Eitelkeit ist der Same des Hochmuts, aus dem alles Übel in die Welt gekommen ist, noch kommt und allzeit kommen wird! Deshalb beachtet auch gegen die Mutter, was Ich euch nun gesagt habe!«

Textquelle: Das große Evangelium Johannis Bd. 9, Bietigheim, 4. Aufl. 1925, S. 251;

Bew.: Die Offenbarungen durch Jakob Lorber wurden als »Neu-Offenbarung« von der Kirche nicht akzeptiert, sondern als Lehre der »Lorber-Gesellschaft« mit Äußerungen von Sekten auf eine Ebene gestellt und verboten. Im Neutheosophischen Verlag in Bietigheim (später Neu-Salems-Verlag, dann Lorber-Verlag genannt) erschien nach einer ersten, unvollständigen Ausgabe im Selbstverlag des Johannes Busch erstmals das Gesamtwerk. Dadurch blieben diese umfangreichen und wichtigen Kundgaben erhalten und werden seither von dem Verlag betreut.

LA SALETTE/FRANKREICH   Maria erschien am 19. September den beiden 1846 11 bzw. 15 Jahre alten Hirtenkindern Maximin Giraud und Mélanie Calvat. Sie zeigte sich sitzend in weißem Gewand mit einer ungewöhnlichen Haube und weinend, dann stehend in Unterhaltung mit den beiden Kindern. Maria gibt ihnen eine Botschaft zur Verbreitung mit und hinterläßt ihnen ein »Geheimnis«, das sie erst später lüften und verkünden dürfen. Nach fünfjähriger Untersuchung durch den zuständigen Bischof von Grenoble, Philibert de Bruillard, wurde die Erscheinung kirchlich anerkannt. Die 1852 errichtete Erzbruderschaft von La Salette verehrt Maria als »Versöhnerin der Sünder«.

Was geschah an jenem 19. September? Die beiden Hirtenkinder, die einander nur flüchtig kannten, hatten sich am Morgen mit ihren Herden zusammengefunden und befanden sich auf einer Almwiese in etwa 1800 Metern Höhe. Sie hatten zu Mittag etwas geschlafen, sahen sich dann nach den Tieren um und bemerkten in der Nähe einer ausgetrockneten Quelle eine strahlende Lichtkugel und darin die Umrisse einer Gestalt. Näherkommend sahen sie eine Frauengestalt auf einem Stein sitzen, den Kopf in die Hände gestützt, heftig weinend. Dann erhob sich die Frau, näherte sich – immer noch weinend – den Kindern und sagte:

»Tretet näher, meine Kinder, fürchtet euch nicht! Ich bin hier, um euch etwas Großes kundzutun. Wenn mein Volk sich nicht unterwerfen will, bin ich gezwungen, den Arm meines Sohnes fallen zu lassen. Er ist so schwer, so lastend, daß ich ihn nicht mehr länger zurückzuhalten vermag...

Ihr könnt beten und tun, soviel ihr wollt, niemals werdet ihr vergelten können, was ich alles für euch unternommen habe! Ich habe euch sechs Tage zum Arbeiten gegeben, und ich habe mir den siebten vorbehalten, und man will ihn mir nicht gewähren; das ist es, was den Arm meines Sohnes so schwer macht.

Jene, die einen Wagen lenken, wissen nicht, wie sie fluchen sollen, ohne den Namen meines Sohnes in den Mund zu nehmen. Das sind die beiden Dinge, die den Arm meines Sohnes immer schwerer machen. Wenn die Ernte verdirbt, geschieht es nur um euretwegen.

Ich habe es euch letztes Jahr mit den Kartoffeln zu verstehen gegeben, ihr habt euch nichts daraus gemacht; ja, ganz im Gegenteil; wenn ihr verfaulte fandet, habt ihr geflucht und dabei den Namen meines Sohnes hervorgestoßen. Sie werden weiter faulen, und an Weihnachten werden keine mehr da sein.«

Diese Worte sprach Maria in Französisch, wie sich später herausstellte, als die Kinder befragt wurden; sie verstanden den Ausdruck für »Kartoffel« nicht und meinten, Maria habe von »Äpfeln« gesprochen. Da wechselte Maria die Sprache und redete in der Mundart der Gegend, in »Patois«, weiter:

»Wenn ihr Getreide habt, braucht ihr es nicht zu säen. Alles, was ihr säen werdet, werden die Tiere fressen, und das, was aufgeht, wird beim Dreschen zu Staub zerfallen. Es wird eine große Hungersnot kommen. Und bevor die Hungersnot kommt, werden die Kinder bis zu sieben Jahren von einem Zittern befallen werden und in den Armen der Erwachsenen sterben, die sie halten. Die Großen aber werden durch den Hunger Buße tun. Die Nüsse werden schlecht werden, die Trauben werden verfaulen.«

Darauf hörte Mélanie ihr »Geheimnis«, das sie erst 1851 aufschrieb und an den Papst sandte; die folgende Fassung gab sie 1879 bekannt:

»Mélanie, was ich dir jetzt sagen werde, wird nicht immer geheim bleiben; du wirst es im Jahre 1858 (im Jahr der berühmten Muttergotteserscheinungen zu Lourdes, Anm. d. Red.) bekanntmachen können.

Die Priester, Diener meines Sohnes, die Priester sind durch ihr schlechtes Leben, ihre Ehrfurchtslosigkeiten, ihre Pietätlosigkeit bei der Feier der heiligen Geheimnisse, durch ihre Liebe zum Gelde, zu Ehren und Vergnügungen Kloaken der Unreinigkeit geworden. Ja, die Priester fordern die Rache heraus, und die Rache schwebt über ihren Häuptern. Wehe den Priestern und den gottgeweihten Personen, die durch ihre Treulosigkeiten und ihr schlechtes Leben meinen Sohn von neuem kreuzigen! Die Sünden der gottgeweihten Personen schreien zum Himmel und rufen nach Rache, und siehe, die Rache ist vor ihren Türen; denn es gibt niemand mehr, der die Barmherzigkeit und die Verzeihung für das Volk erfleht; es gibt keine großherzigen Seelen mehr; es gibt niemand mehr, der würdig wäre, das makellose Opferlamm dem Ewigen zugunsten der Welt aufzuopfern.

Gott wird in beispielloser Weise zuschlagen.

Wehe den Bewohnern der Erde! Gott wird seinem ganzen Zorne völlig freien Lauf lassen, und niemand wird sich so vielen vereinten Übeln entziehen können.

Die Häupter, die Führer des Gottesvolkes, haben das Gebet und die Buße vernachlässigt, und der Dämon hat ihren Verstand verdunkelt; sie sind irrende Sterne geworden, die der alte Teufel mit seinem Schweife nach sich zieht, um sie zu verderben. Gott wird es der alten Schlange gestatten, Entzweiungen unter die Regierenden, in alle Gesellschaften, in alle Familien zu bringen; man wird körperliche und geistige Peinen erleiden; Gott wird die Menschen sich selbst überlassen und wird Strafgerichte senden, die während mehr als 35 Jahren aufeinander folgen werden.

Die Menschheit steht am Vorabend der schrecklichsten Geißeln und der größten Ereignisse. Man muß darauf gefaßt sein, mit eiserner Rute geführt zu werden und den Kelch des Zornes zu trinken.

Der Stellvertreter meines Sohnes, der Hohepriester Pius IX., verlasse Rom nach dem Jahre 1859 nicht mehr. Er sei vielmehr standhaft und großmütig und kämpfe mit den Waffen des Glaubens und der Liebe. Ich werde mit ihm sein . . .

Der Papst möge sich vor den Wundertätern in acht nehmen. Denn die Zeit ist gekommen, da die erstaunlichsten Wunder auf der Erde oder in der Luft stattfinden . . .

Der Stellvertreter meines Sohnes wird viel zu leiden haben, da die Kirche eine Zeitlang schweren Verfolgungen ausgesetzt sein wird. Das wird die Zeit der Finsternisse sein. Die Kirche wird eine schreckliche Krise durchmachen.

Da der heilige Glaube an Gott in Vergessenheit geraten ist, will jeder einzelne sich selbst leiten und über seinesgleichen stehen. Man wird die bürgerlichen und kirchlichen Gewalten abschaffen. Jede Ordnung und jede Gerechtigkeit wird mit Füßen getreten werden. Man wird nur Mord, Haß, Mißgunst, Lüge und Zwietracht sehen, ohne Liebe zum Vaterlande und zur Familie. Der Heilige Vater wird viel leiden. Ich werde bei ihm sein bis zum Ende, um sein Opfer anzunehmen.

Die Bösewichter werden mehrere Male seinem Leben nachstellen, ohne seinen Tagen schaden zu können. Aber weder er noch sein Nachfolger (am Rande ihres Exemplares von Lecce hat Mélanie diese Worte zwischen Klammern geschrieben: »der nicht lange regieren wird«) werden den Triumph der Kirche Gottes sehen.

Die bürgerlichen Regierungen werden alle dasselbe Ziel haben, das da ist, die religiösen Grundsätze abzuschaffen und verschwinden zu lassen, um für den Materialismus, Atheismus, Spiritismus und alle Arten von Lastern Platz zu schaffen . . .

Frankreich, Italien, Spanien und England werden im Kriege sein. Das Blut wird auf den Straßen fließen. Der Franzose wird mit dem Franzosen kämpfen, der Italiener mit dem Italiener. Schließlich wird es einen allgemeinen Krieg geben, der entsetzlich sein wird. Für eine Zeitlang wird Gott weder Italiens noch Frankreichs gedenken, weil das Evangelium Christi ganz in Vergessenheit geraten ist. Die Bösen werden ihre ganze Bosheit entfalten. Man wird sich töten, man wird sich gegenseitig morden bis in die Häuser hinein . . .

Mehrere große Städte werden niedergebrannt und durch Erdbeben verschlungen werden. Man wird glauben, alles sei verloren. Man wird nur

Menschenmord sehen. Man wird nur Waffengetöse und Gotteslästerungen hören. Die Gerechten werden viel leiden; ihre Gebete, ihre Bußübungen und ihre Tränen werden zum Himmel emporsteigen, und das ganze Gottesvolk wird um Verzeihung und Erbarmen flehen und meine Hilfe und meine Fürbitte anrufen. Dann wird Jesus Christus durch eine Tat seiner Gerechtigkeit und seiner großen Barmherzigkeit für die Gerechten seinen Engeln befehlen, alle seine Feinde dem Tode zu überliefern. Plötzlich werden die Verfolger der Kirche Jesu Christi und alle der Sünde ergebenen Menschen zugrunde gehen, und die Erde wird wie eine Wüste werden. Dann wird der Friede, die Versöhnung Gottes mit den Menschen werden. Man wird Jesus Christus dienen, ihn anbeten und verherrlichen. Die Nächstenliebe wird überall aufblühen. Die neuen Könige werden der rechte Arm der heiligen Kirche sein, die stark, demütig, fromm, arm, eifrig und eine Nachahmerin der Tugenden Jesu Christi sein wird. Das Evangelium wird überall gepredigt werden, und die Menschen werden große Fortschritte im Glauben machen, weil es Einigkeit unter den Arbeitern Jesu Christi geben wird und die Menschen in der Furcht Gottes leben werden.

Dieser Friede unter den Menschen wird aber nicht von langer Dauer sein. 25 Jahre reichlicher Ernten werden sie vergessen lassen, daß die Sünden der Menschen die Ursache aller Strafen sind, die über die Erde kommen.

Ein Vorläufer des Antichrists wird mit seinen Truppen aus vielen Völkern wider den wahren Christus, den alleinigen Retter der Welt, kämpfen. Er wird viel Blut vergießen und die Verehrung Gottes vernichten wollen, damit man ihn wie einen Gott ansehe...

Die Jahreszeiten werden sich verändern. Die Erde wird nur schlechte Früchte hervorbringen; die Sterne werden ihre regelmäßigen Bahnen verlassen. Der Mond wird nur ein schwaches rötliches Licht wiedergeben. Wasser und Feuer werden auf der Erde furchtbare Erdbeben und große Erschütterungen verursachen, welche Berge und Städte... versinken lassen.

Rom wird den Glauben verlieren und der Sitz des Antichrists werden.

Die Dämonen der Luft werden mit dem Antichrist große Wunderdinge auf der Erde und in den Lüften wirken, und die Menschen werden immer schlechter werden.

Gott wird für seine treuen Diener und die Menschen guten Willens sorgen. Das Evangelium wird überall gepredigt werden; alle Völker und alle Nationen werden Kenntnis von der Wahrheit haben.

Ich richte einen dringenden Aufruf an die Erde: Ich rufe auf die wahren Jünger Gottes, der in den Himmeln lebt und herrscht. Ich rufe auf die wahren Nachahmer des menschgewordenen Christus, des einzigen und wahren Erlösers der Menschen. Ich rufe auf meine Kinder, meine wahren Frommen; jene, die sich mir hingegeben haben, damit ich sie zu meinem göttlichen Sohne führe; jene, die ich sozusagen in meinen Armen trage; jene, die von meinem Geiste gelebt haben. Endlich rufe ich auf die Apostel der letzten Zeiten, die treuen Jünger Jesu Christi, die ein Leben geführt haben der Verachtung der Welt und ihrer selbst, in Armut und Demut, in Verachtung und in Schweigen, in Gebet und in Abtötung, in Keuschheit und in Vereinigung mit Gott, in

1846 · La Salette

Leiden und in Verborgenheit vor der Welt. Die Zeit ist da, daß sie ausziehen, um die Welt mit Licht zu erfüllen. Gehet und zeiget euch als meine geliebten Kinder. Ich bin mit euch und in euch, sofern euer Glaube das Licht ist, das euch in diesen Tagen der Drangsale erleuchtet. Euer Eifer macht euch hungrig nach dem Ruhm und der Ehre Jesu Christi. Kämpfet, Kinder des Lichtes, ihr, die kleine Zahl, die ihr sehend seid; denn die Zeit der Zeiten, das Ende der Enden ist da...

Nun ist die Zeit da! Der Abgrund öffnet sich. Siehe da den König der Könige der Finsternisse! Siehe da das Tier mit seinen Untergebenen, das sich ›Erlöser der Welt‹ nennt. Stolz wird es sich in die Lüfte erheben, um zum Himmel aufzusteigen. Er wird durch den Hauch des heiligen Erzengels Michael erstickt. Er stürzt herab, und die Erde, die sich seit drei Tagen in beständiger Umwälzung befindet, wird ihren Schoß voll des Feuers öffnen. Er wird verschlungen für immer mit all den Seinen in die ewigen Abgründe der Hölle. Dann werden Wasser und Feuer die Erde reinigen und alle Werke des menschlichen Hochmuts vertilgen, und alles wird erneuert werden. Dann wird Gott gedient und verherrlicht werden.«

Während der langen Ansprache sehen die Kinder die Erscheinung Marias folgendermaßen: Die Kleidung war eine französische Tracht, aber von überirdischer Leuchtkraft und Schönheit, so daß sie später nur wenige Details wiedergeben können: ein Strahlendiadem, das das Haupt umgibt, von einem breiten Kranz leuchtender, feuriger Rosen umgeben, über ihre Schultern hängt eine schwere Kette, daran, auf ihrer Brust, ein Kreuz. Der Gekreuzigte darauf ist blutüberströmt, er leidet und windet sich wie im Todeskampf. Maria schließt darauf ihre Botschaft ab, indem sie das reiche Fließen einer neuen Quelle verkündet und erneut auf Französisch spricht:

»Also, meine Kinder, ihr werdet es meinem ganzen Volk bekanntmachen!« Darauf schreitet sie an den Kindern vorbei, überquert den kleinen Bach und wiederholt noch einmal, ohne sich umzudrehen, diese Worte:

»Also, meine Kinder, ihr werdet es meinem ganzen Volke bekanntmachen!« Maria verschwindet darauf auf der Kuppe eines kleinen Hügels, wohin die Kinder ihr nachgefolgt sind. Ihre bis dahin wie funkelnde Tropfen zur Erde gefallenen Tränen versiegen.

Sehr schnell sprach sich diese Erscheinung herum. In den ersten zwei Jahren haben etwa 300 000 Pilger die Erscheinungsstätte besucht. Nach dem Siegeslauf der Wundertätigen Medaille ab 1836 war es vor allem die harte Botschaft von La Salette, die die Menschen erschütterte und zum »Berg der Buße« führte.

1851 hatten die beiden Kinder ihr Geheimnis erstmals niedergeschrieben, damit es nach Rom geschickt werden konnte. Nur Pius IX. hat es anfangs gelesen und war tief erschüttert. Als ihn Patres der neugegründeten Gesellschaft der Missionäre von La Salette danach fragten, sagte er: »Sie wollen die Geheimnisse von La Salette wissen? Nun, das sind sie: Wenn ihr nicht Buße tut, werdet ihr alle zugrunde gehen!« 1852 wurde nach erfolgter kirchlicher Anerkennung der Grundstein zum Heiligtum, bald darauf zum Kloster des neu entstandenen Ordens gelegt.

Maximin wollte Theologie, dann Medizin studieren. Später ging er nach Rom, um als päpstlicher Zuave zu dienen. Mit 38 Jahren (1883) starb Maximin in seiner Heimat.

Mélanie ging ins Kloster, wurde aber nicht zur Profeß zugelassen. Ähnlich erging es ihr im Karmel von Darlington in England. Dann war sie in verschiedenen Klöstern in Frankreich und landete schließlich in Italien, wo sie, inzwischen stigmatisiert, unter der Führung des heiligmäßigen Bischofs von Lecce ganz zurückgezogen lebte und 1904 starb.

> Bew.: Gut bezeugt, kirchlich anerkannt; Quelle: R. Ernst, Lexikon; Däniken, Erscheinungen; Graber, Marienerscheinungen, S. 20; Weigl/Branz, Volk unter prophetischem Anruf, S. 62

1846 TURIN/ITALIEN Maria erschien dem hl. Don Giovanni Bosco (1815–1888) schon als Kind vielfach im Traum, aber auch in Visionen; darüber hinaus gab es noch andere mystisch-übernatürliche Phänomene in seinem Leben: Wunder, Prophezeiungen, die Gabe der Kardiognosie (Herzenskenntnis), die sich besonders in seiner charismatischen Begabung als Erzieher und in seiner intuitiven Einfühlungs- und Vorstellungskraft Jugendlichen gegenüber äußerte.

1846 gründete er, vor allem aufgrund mystischer Schauungen Mariens, die Kongregation der Salesianer Don Boscos (SDB) sowie die Vereinigung der salesianischen Mitarbeiter. Dies ist eine Gemeinschaft von Priestern und Laienmitarbeitern, die nicht als Orden, sondern als »Gesellschaft« gegründet wurde. Sie hat keine eigene Ordenstracht, sondern verfügt über eine moderne Organisationsform, die ganz auf eine Aufgabe ausgerichtet sein soll: Die Erziehung gefährdeter (nicht verwahrloster!) Jugendlicher in Unterrichtung und Freizeit und ihre Heranbildung zu verantwortungsvollen Staatsbürgern und guten Christen, unter Entfaltung all ihrer charakterlichen, intellektuellen und beruflichen Fähigkeiten. 1874 kirchlich approbiert. 1872 gründete er zusammen mit Maria Domenica Mazzarello die »Töchter Mariä, Hilfe der Christen«, auch »Don-Bosco-Schwestern« oder »Salesianerinnen« genannt. Franz von Sales, Philipp Neri, Alfons von Liguori und der hl. Josef Cafasso, sein Beichtvater und Lehrer, haben ihn geformt.

Als er nach 47 Jahren unermüdlicher Tätigkeit stirbt, bleibt das sogenannte Oratorium im Stadtteil Valdocco in Turin das Zentrum. In der von

ihm erbauten Mariahilfbasilika liegt sein unverwester Leichnam in einem Glassarg. 1929 wurde er selig-, 1934 heiliggesprochen. 1950 wurde er zum Patron der katholischen Verlegerverbände erhoben, gleichzeitig Patron der katholischen Presse und der Lehrlinge.
Zentral in seinem Leben war seine Verbundenheit mit Maria. Er sagt selbst darüber:

»Rückblickend auf mein Leben, muß ich meine ständige Verbundenheit mit der Mutter Jesu Christi betonen. Sie, die Hilfe der Christen (unter diesem Titel verehre ich Maria besonders), war wirklich die Lehrmeisterin für mein Tun. Nicht daß ich meine, der »Mann von meinem ersten Traum«, Jesus Christus, würde für mein Wirken zu wenig sein, sondern das mütterliche Element Marias sollte mein ganzes Erziehungswerk durchdringen. Ihr schrieb ich alles Gelingen zu . . .
Eine der zahlreichen Reisen sollte mich nach Österreich bringen. Auf Wunsch fuhr ich nach Wiener Neustadt und verbrachte die Zeit vom 15.–17. Juli auf Schloß Frohsdorf, wo der französische Thronfolger krank darniederlag. Dieser Besuch prägte sich besonders tief in mein Leben, da Gott den Grafen von Chambord durch mich gesund werden ließ. Heute noch habe ich im Ohr, was ich damals bei Tisch sagte: »Maria, die Hilfe der Christen, sie ist die Wundertäterin!«
(Nun noch der vorhin genannte »erste Traum«, den Giovanni Bosco mit 9 Jahren hatte:)
»Im Alter von ungefähr neun Jahren hatte ich einen Traum, der mir für mein ganzes Leben unvergeßlich blieb. Im Schlafe glaubte ich, in der Nähe des Hauses in einem sehr großen Hofe zu sein, wo eine muntere Knabenschar sich umhertummelte. Die einen lachten und scherzten, die anderen spielten, wieder andere fluchten. Das Fluchen ärgerte mich. Ich stürzte mich unter die Buben, hieb mit Fäusten auf sie ein und versuchte, sie zum Schweigen zu bringen. Plötzlich sah ich einen feinen, vornehm gekleideten Herrn, der im besten Alter stand. Ein weißer Mantel umgab seine ganze Gestalt; sein Antlitz aber war so leuchtend, daß ich es nicht anschauen konnte. Er rief mich beim Namen und befahl mir, mich an die Spitze dieser Buben zu stellen, indem er hinzufügte: Nicht mit Schlägen, sondern mit Sanftmut und Liebe sollst du sie dir zu Freunden machen. Fange also gleich an, sie über die Häßlichkeit der Sünde und die Schönheit der Tugend zu belehren! – Verwirrt und erschrocken stammelte ich, ich sei ein armes, unwissendes Kind, gänzlich unfähig, diese Buben in der heiligen Religion zu unterrichten. Während ich noch redete, bemerkte ich, wie sie aufhörten zu streiten, zu lärmen und zu fluchen; sie sammelten sich um den Herrn, der mit mir sprach. Fast ohne zu wissen, was ich sagte, fragte ich:
Wer sind Sie denn, daß Sie so unmögliche Dinge von mir verlangen?
Nun, du mußt das, was dir unmöglich vorkommt, möglich machen: durch Gehorsam und eifriges Studium der Wissenschaft.
Wo und wie werde ich mir dieses Wissen erwerben?

Ich werde dir eine Lehrmeisterin geben; in ihrer Schule wirst du weise werden. Ohne sie ist jede Weisheit nur Torheit.
Aber wer sind Sie denn, daß Sie so zu mir sprechen?
Ich bin der Sohn jener Frau, die du nach dem Willen deiner Mutter dreimal am Tag grüßen sollst.
Meine Mutter hat mir gesagt, daß ich mich ohne ihre Erlaubnis niemandem anschließen darf. Sagen Sie mir darum, bitte, Ihren Namen!
Danach frage meine Mutter!
In diesem Augenblick sah ich zur Seite jenes Mannes eine Frau von majestätischer Gestalt. Sie trug ein Gewand, von dem ein solcher Glanz ausging, als sei es mit lauter hellstrahlenden Sternen übersät. Da sie sah, daß ich immer verwirrter wurde, gab sie mir ein Zeichen, ich solle zu ihr kommen. Sie nahm mich dann liebevoll bei der Hand und sagte: Schau dort! Ich sah auf und bemerkte, daß alle Buben verschwunden waren. An ihrer Stelle bemerkte ich eine Menge Ziegen, Hunde, Katzen, Bären und noch verschiedene andere Tiere. Die hohe Frau fuhr fort: Das ist dein Arbeitsfeld; hier sollst du wirken. Werde demütig, stark und tapfer! Die Verwandlung, die du jetzt bei diesen Tieren sehen wirst, sollst du später bei meinen Kindern vollbringen. Ich schaute abermals hin und erblickte statt der wilden Tiere ebenso viele sanfte Lämmer. Sie hüpften fröhlich und scharten sich zutraulich um jenen Mann und um jene Frau, wie um ihnen zu huldigen.
Da fing ich im Schlafe zu weinen an und bat die Frau, sie möge mir erklären, was ich gesehen hatte; ich könne nicht verstehen, was das alles zu bedeuten habe. Sie aber legte mir nur die Hand auf meinen Kopf und sagte: Zur rechten Zeit wirst du alles verstehen...«

Bew.: Gut bezeugt; Quelle: LThk »Don Bosco«; R. Ernst, Lexikon; Textquelle: Fux, Don Bosco

1848 Montoussé/Frankreich Maria erschien am 23. Juni drei Mädchen. Françoise Vignaux-Miquiou, ihre Kusine Françoise Vignaux und Rose Dasque-Poulouzin sahen die Muttergottes in der Nähe der Ruinen der Kapelle von Novillan in der Diözese Tarbes-Lourdes. Weitere Erscheinungen wurden von acht anderen Bewohnern aus Montoussé einige Tage und ein Jahr später beobachtet. Leider sind keine näheren Details bekannt.

Bew.: Unbekannte Quelle; Quelle: R. Ernst, Lexikon; Däniken, Erscheinungen

1848 Obermauerbach/Deutschland Maria erschien dem bayerischen Knecht Johann Stichlmayer (geboren 1830) in einem rosafarbenen Kleid mit weißem Schleier und einer goldenen Krone. Sie weinte und sprach dann: »Ich kann die Strafen Gottes nicht mehr zurückhalten.« Maria klagte über den Mangel an Nächstenliebe und prophezeite Seuchen und große Kriege. Dies ereignete sich am 12. Mai. Einen Monat später sahen zuerst 16 und dann 40 Personen an derselben Stelle Maria in ihrer himmlischen Pracht. Seitdem ist dort ein Wallfahrtsort.

Bew.: Ursprungsgeschichte; Quelle: R. Ernst, Lexikon; Däniken, Erscheinungen

MARIA DOLINA (POGGERSDORF)/ÖSTERREICH Maria erschien am 17., 18. und 19. Juni drei Hirtinnen als die Unbefleckte Empfängnis, um sie und die Bevölkerung Kärntens auf die Verkündigung des Dogmas (1854) vorzubereiten. Es setzte eine Wallfahrt ein, und nach einigen Jahren wurde am Erscheinungsort mitten im Wald eine Holzkapelle gebaut. Die 1861 begonnene Kirche wurde aber nie fertiggebaut. Ein einheimischer Maler gestaltete ein Bild »Madonna im Wald« nach den Berichten der drei Mädchen. Es wurde zum Gnadenbild, dem viele vertrauten. **1849**

Bew.: Ursprungssage; Quelle: Pichler/Böhm, Wege, S. 66; Däniken, Erscheinungen

LICHEN/POLEN Der Dorfhirt Mikolay Sikatka betete oft in der Waldkapelle, in der das von Thomas Klossowski aufgefundene Gnadenbild hing (vgl. 1813). Im Mai erschien ihm Maria und beauftragte ihn, die Menschen aufzufordern, den Rosenkranz häufig zu beten und das Leiden und Sterben des Herrn zu betrachten. Bei einer zweiten Erscheinung wiederholte sie ihren Auftrag, fügte eine spezielle Botschaft an die Priester hinzu und wies auf den großen Wert der Mitfeier der hl. Messe hin. Bei ihrer dritten Erscheinung sah er Maria in einem roten Kleid und weißen Mantel mit kostbarer Krone; wieder sprach sie von einem kommenden Krieg, in dem Millionen sterben würden, und wies auf die Bedeutung guter Mütter für die Kirche und für Polen hin. »Die Völker werden staunen, wenn aus Polen die Hoffnung kommt für andere Nationen«, sagte sie noch, bevor sie verschwand. **1850**

Der Seher hatte viel auszustehen, als er von seinen drei Erscheinungen berichtete. Als aber 1852 die Cholera viele Menschen ergriff, wurden die Botschaften und Erscheinungen kirchlich untersucht und für echt erklärt. Im September 1852 wurde das Gnadenbild feierlich von der Kapelle in die Stadt Lichen überführt. 80 000 Menschen sollen sich an der Prozession beteiligt haben. Einige Jahre später wurde das Gnadenbild in einer neu errichteten Kirche aufgestellt. Der Seher starb 1857, sein Leichnam war noch 40 Jahre nach seinem Tod nicht verwest. Am 15. 8. 1967 krönte Kardinal Stepan Wyszynski, der als Student vor dem Bild eine wunderbare Heilung erlebt hatte, vor 150 000 Pilgern feierlich das Bild.

Bew.: Ursprungsgeschichte, kirchl. Anerkennung; Quelle: R. Ernst, Lexikon

1850 RIMINI/ITALIEN Im Mai und Juni schien ein Gemälde »Unsere Liebe Frau von der Barmherzigkeit« lebendig zu werden: die Augen bewegten sich, und es geschahen zahlreiche Wunder.

Bew.: Unbekannte Quelle; Quelle: R. Ernst, Lexikon

1850 VATIKAN/ITALIEN Eine protestantische Offiziersgattin sah dreimal Maria an der Seite des Papstes (Pius IX.). Sie konvertierte daraufhin und wurde eine eifrige Marienverehrerin.

Bew.: Unbekannte Quelle; Quelle: R. Ernst, Lexikon

1853 CERETTO/ITALIEN Maria erschien mehrmals der Veronica Nucci (1841–1862) in blauem, blumenübersätem Gewand mit goldener Krone. Sie weinte und forderte die Seherin auf, zur Sühne für die Sünden die Wunden des Gekreuzigten und ihre Schmerzen zu verehren. An der Erscheinungsstelle (auf einer Weide in der Toskana) wurde auch eine Heilquelle erschlossen, an der viele Heilungen geschahen. Eine Kapelle wurde errichtet und 1857 eingeweiht.

Bew.: Gut bezeugt; Quelle: R. Ernst, Lexikon; Däniken, Erscheinungen

1854 LA PIERRAZ/SCHWEIZ Maria erschien am 8. 12. der an Darmkrebs erkrankten Margrit Bays und heilte sie. Daraufhin erklärte Margrit sich auf Anregung Marias bereit, für die Sünden der Welt durch Leiden zu sühnen. Sie wurde stigmatisiert und hatte eine große Nähe zu Maria, die sie 1879 heimholte.

Bew.: Gut bezeugt; Quelle: J. M. Höcht, Wundmale, S. 361; R. Ernst, Lexikon

1855 BORDEAUX/FRANKREICH Am 24. Juni erschien Maria im Hof des Karmels von Bordeaux, wo Simon Stock 1265 gestorben war. Mit ausgebreiteten Armen, auf einer Wolke stehend und mit einer kostbaren Krone auf dem Haupt zeigte sie sich dem gesamten Konvent.

Bew.: Gut bezeugt; Quelle: R. Ernst, Lexikon

1855 TAGGIA/ITALIEN Am 11. März bewegte eine Marienstatue ihre Augen. Drei Monate später schon erkannte der Diözesanbischof von Ventimiglia dieses Wunder als echt an und Papst Pius IX. dankte ihm für seine rasche Entscheidung.

Bew.: Gut bezeugt; Quelle: R. Ernst, Lexikon

ASSISI/ITALIEN   Maria erschien der 36jährigen Maria-Frédérike de Bray   1856
als »Königin der Engel« und heilte sie von einer schweren Krankheit.
Zum Dank gründete sie in Pouvorville (bei Toulouse) eine religiöse
Gemeinschaft zu Ehren Mariens, der Königin der Engel.

Bew.: Gut bezeugt; Quelle: R. Lexikon

ORERO/ITALIEN   Maria erschien zweimal der 20jährigen Rosa Carbone   1856
und beklagte die vielen Sünden der Menschheit, die ihren göttlichen Sohn
erzürnen und Strafe herausfordern. Maria empfahl, sieben Vaterunser,
Gegrüßet-seist-du-Maria und Ehre-sei-dem-Vater zu beten, um vor
einem plötzlichen Tod bewahrt zu werden und sich auf einen guten
Übergang vorbereiten zu können.

Bew.: Quelle unbekannt; Quelle: R. Ernst, Lexikon

SPOLETO/ITALIEN   Maria erschien dem 18jährigen Francesco Possenti   1856
(1838–1862) im Jesuitenkolleg in Spoleto, als bei einer Prozession ein
Gnadenbild an ihm vorbeigetragen wurde. Er spürte, wie Marias Blick ihn
ganz persönlich traf, und hörte die Worte: »Francesco, die Welt ist nichts
für dich. Steh auf, beeil dich, werde Ordensmann!« Nach diesem Bekeh-
rungserlebnis trat er bei den Passionisten ein (Ordensname Gabriele
dell'Addolorata) und zeichnete sich durch große Frömmigkeit und Regel-
treue aus. Vor allem seine Bußfertigkeit, seine tiefe Verehrung der
Schmerzensmutter und seine unerschütterliche Geduld in der Todeskrankheit, die ihn befiel, werden gerühmt. 1908 wurde er selig-, 1920
heiliggesprochen. Er gilt als Patron der katholischen Jugend Italiens. Sein
Grab in Isola del Gran Sasso wird von vielen Pilgern besucht. Himmlischer Begleiter der hl. Gemma Galgani (vgl. unter 1900 Lucca).

Bew.: Gut bezeugt; Quelle: LThK »Possenti, Francesco«; R. Ernst, Lexikon

TORRAZZA/ITALIEN   Zwei kleine Mädchen sahen im Mai eine glanzvolle   1856
Erscheinung in weißem Gewand und blauem Mantel mit dem Jesuskind
an der Brust, umgeben von einer leuchtenden Wolke.

Bew.: Unbekannte Quelle; Quelle: R. Ernst, Lexikon

ABELLIN/ISRAEL   Maria erschien der 12jährigen Mirjam Banardy   1858
(1846–1878) in Abellin bei Nazareth, wo sie als Waise bei ihrem Onkel
lebte und am 7. September von einem Moslem lebensgefährlich am Hals
verletzt wurde. Maria heilte Mirjam auf wunderbare Weise und sagte
dabei zu ihr:

»Denke daran, Mirjam, daß du es nicht machst wie jene Leute, die nie zufrieden sind. Sage immer: es genügt. Sei zufrieden, auch wenn du leiden mußt. Gott, der gütig ist, wird dir das Notwendige schicken!«

Dann warnte sie Mirjam vor der Arglist des Teufels und ermahnte sie zu selbstloser Nächstenliebe. Zuletzt prophezeite sie ihr, daß sie in Frankreich in einem Kloster leben und in Bethlehem als Karmelitin sterben würde.

Diese Voraussagen gingen in Erfüllung. Mirjam Banardy trat in den Karmelitenorden ein und gründete schließlich 1875 den Karmel von Bethlehem, wo sie am 26. August 1878 nach einem Leben, das reich an mystischen Gnaden war, starb. 1983 wurde sie seliggesprochen.

Bew.: Gut bezeugt; Quelle: Brunot, Mirjam von Abellin; J. M. Höcht, Wundmale, S. 351

1858 LOURDES / FRANKREICH Maria erschien der 14jährigen Bernadette Soubirous (1844–1879) in der Grotte von Massabielle insgesamt 18mal. Die *erste* Erscheinung hatte Bernadette am *11. Februar.* Sie war mit ihren drei jüngeren Geschwistern und einem anderen Mädchen am Ufer des Gave flußabwärts gewandert, um Brennholz zu sammeln. Vor dem Durchqueren des Mühlbachs hörte Bernadette sonderbare Geräusche und sah darauf eine »Dame« in einem überirdischen Licht. Diese sah sie lange an. Dann wurde Bernadette bedeutet, den Rosenkranz zu beten – mit der »Dame«, die selbst einen großen in ihren Händen hielt. Als das Gebet zu Ende war, verschwand die Erscheinung.

Die *zweite* Erscheinung war am *14. Februar* (Sonntag): Die Kinder hatten zu Hause davon erzählt, was Bernadette gesehen hatte, und überredeten die besorgte Mutter, mit ihnen zur Grotte zu gehen. Bernadette sollte eine Probe mit Weihwasser machen. Als sie die »Dame« wiedersah, sprach sie sie an: »Wenn du von Gott bist, so nähere dich!« Die »Dame« trat vor und verneigte sich ehrfürchtig vor dem Namen Gottes und dem Weihwasser. Die Begleiter sahen nur, wie Bernadettes Gesicht in einem unbekannten Glanz erstrahlte; sie selbst hatten keine Schauung.

Die *dritte* Erscheinung war am *18. Februar.* Eine bekannte Frau und deren Tochter begleiteten Bernadette zur Grotte. Die Frau hatte gemeint, daß vielleicht eine arme Seele um Gebet und hl. Messe bitten würde. Als die »Dame« erschien, redete sie Bernadette an, die Papier und Feder dabei hatte, um mögliche Aufträge aufschreiben zu können: »Es ist überflüssig, dir aufzuschreiben, was ich dir mitteilen will. Mach mir nur die Freude, dich vierzehn Tage lang täglich einzufinden.« Bernadette versprach dies hocherfreut, dann fuhr Maria fort: »Ich verspreche Ihnen nicht, Sie in dieser Welt glücklich zu machen, wohl aber in der anderen.« (Bernadette wunderte sich später, von der Dame mit »Sie« angesprochen worden zu sein.) Nach einer Weile sagte Bernadette zur Tochter ihrer Begleiterin: »Jetzt schaut sie dich an«. Dann fragte sie, ob die beiden auch kommen dürften. Die »Dame« antwortete: »Sie mögen mit dir kommen, sie und noch andere; ich wünsche viele Leute hier zu sehen.« Dann verschwand die Dame, und allmählich verblaßte auch das Licht, das sie umgeben hatte.

Die *vierte* Erscheinung war am *19. Februar:* Diesmal kamen an die hundert Menschen mit. Maria zeigte sich sichtlich zufrieden, daß Bernadette ihr Versprechen gehalten hatte. Sie beteten wieder gemeinsam den Rosenkranz, und Maria kündigte an, daß sie Bernadette noch größere Offenbarungen machen werde. Bernadette hörte während dieser Erscheinung Stimmen, als ob eine erregte Volksmenge schreien würde. Als Maria gebieterisch ihren Kopf hob, verstummten die Stimmen (dämonisches Einwirken wird von Maria gestoppt).

Die *fünfte* Erscheinung war am *20. Februar:* Maria lehrte Bernadette ein ganz persönliches Gebet, das diese niemandem mitteilte. Maria wollte die Seherin gegen die kommenden Gefahren schützen, die mit dem immer größeren Aufsehen, das die Erscheinungen bewirkten, zusammenhingen.

Die *sechste* Erscheinung war am *21. Februar:* Maria winkte Bernadette zu, die sich nur auf den Knien zur Grotte bewegte und Tränen in den Augen hatte. Auch Maria blickte traurig in die Ferne, wandte sich dann Bernadette zu und sagte ernst: »Bete für die armen Sünder, bete für die kranke Welt!« Diesmal war erstmals ein Wissenschaftler Zeuge der Erscheinung: Dr. Dozous aus Montpellier, der später ein wertvolles Buch über seine Beobachtungen herausgab. Am Abend wurde Bernadette einem Kreuzverhör durch den feindlich gesinnten Polizeikommissar Jacomet unterzogen. Es gelang ihm aber nicht, Bernadette in Widersprüche zu verwickeln. Vater Soubirous verbot seiner Tochter schließlich, weiterhin zur Grotte zu gehen.

Der *22. Februar:* Bernadette wurde mittags wie von einer unwiderstehlichen Gewalt zur Grotte gedrängt, wo sie sich zum Rosenkranz niederkniete und weinte; es war keine Erscheinung gekommen. Zum größten Ärger des Polizeikommissars zog der Vater sein Verbot wieder zurück.

Die *siebte* Erscheinung war am *23. Februar:* Maria rief Bernadette erstmals mit ihrem Taufnamen. Bernadette trat freudig ganz nah an die Nische heran, in der sie die Dame sah. Maria sagte ihr: »Ich habe dir ein Geheimnis anzuvertrauen, das nur dich allein betrifft und dir allein bestimmt ist. Versprich mir, es niemandem in der Welt zu offenbaren. – Und nun, meine Tochter, geh und sag den Priestern, daß ich hier eine Kapelle errichtet haben will.«

Der etwa 50jährige Pfarrer Peyramale war ein herzensguter, sittenstrenger Priester, ein Kämpfer für Gerechtigkeit und Glaube und ein tatkräftiger Helfer der Armen in seiner Gemeinde. Bernadette lief nach der Erscheinung sofort zu ihm und richtete ihm den Auftrag der Dame aus. Er beobachtete sie scharf, während sie erzählte, bewahrte aber Zurückhaltung und stellte eine Bedingung. Zum Zeichen der Echtheit der Erscheinung sollte der Rosenstrauch bei der Grotte zu blühen beginnen.

Die *achte* Erscheinung am 24. *Februar:* Bernadette richtete die Bedingung des Pfarrers aus. Maria sagte nichts, sprach aber mit sehr ernster Stimme den Wunsch aus, daß Bernadette jetzt für die Sünder beten sollte. Dann lud sie sie ein, in die Grotte hineinzukommen. Ganz inständig sagte Maria zu ihr: »Buße! Buße! Buße!« und vertraute Bernadette ein zweites Geheimnis an. Danach war die Erscheinung vorbei. Der Rosenstrauch blühte nicht. Doch der Glaube des zahlreich anwesenden Volkes war nicht erschüttert; im Gegenteil, eine Reihe von angesehenen Bürgern nahm von diesem Tag an die Erscheinung sehr ernst.

Die *neunte* Erscheinung war am 25. *Februar:* Maria vertraute Bernadette ein drittes Geheimnis an, das sie wiederum niemandem sagen durfte. Dann befahl sie ihr: »Und nun trinke und wasche dich in der Quelle und iß von den Kräutern, die dort wachsen! . . . Nicht vom Gave sollst du trinken. Aus jener Quelle dort sollst du trinken!«

Bernadette begann in der Grotte zu graben. Unter ihren Fingern wurde es naß; sie bedeckte ihr Gesicht mit der feuchten Erde, kostete davon und versuchte, die Hände darin zu waschen. Sie aß auch von den Kräutern, die neben der Quelle wuchsen: Maria war offensichtlich zufrieden.

Nach der Erscheinung drängte das Volk in die Grotte und wurde Zeuge der immer stärker werdenden eröffneten Quelle. Die Menschen tauchten Tücher in das Rinnsal ein, das sich den Weg zum Gave bahnte. Nach einigen Tagen hatte die Quelle ihre Kapazität erreicht, die sie seither konstant hält: 122 400 Liter pro Tag, mehr als ein Liter in der Sekunde. Das überzeugte die Menschen, und sie bezeichneten immer öfter die allerseligste Jungfrau Maria als Urheberin der Quelle. Noch hatte die Erscheinung ja ihren Namen nicht kundgetan. Da an diesem Tag in Tarbes großer Markt war, wurde die Kunde schnell verbreitet. Der Andrang wuchs.

Freitag 26. Februar: Die angesagte Erscheinung blieb aus. Dafür gab es das erste Wunder durch das Quellwasser: der Steinbrecher Bouriette wird von einem Augenleiden befreit. Zum Dank brach noch am gleichen Abend die Bruderschaft der Steinbrecher einen Weg in den Felsen und erleichterte so den Zugang zur Grotte.

Die *zehnte* Erscheinung war am 27. *Februar:* Die »Dame« trug Bernadette auf, für die Sünder zu beten und Buße zu tun, und sich jetzt gleich auf den Knien den Abhang hinaufzubewegen und dabei den Boden zu küssen: »Küsse die Erde zur Buße für die Sünder«, sagte sie. Bernadette bedeutete den Leuten, daß sie ihr Beispiel nachahmen sollten. Am Abend dieses Tages wurde sie zu einem strengen Verhör geholt, das der kaiserliche Prokurator und andere hohe Herren führten – ohne Ergebnis. Bernadette, sagte, daß sie am nächsten Tag wieder zur Grotte gehen müsse.

Die *elfte* Erscheinung war am *28. Februar:* Viele Soldaten waren anwesend, die teilweise sehr beeindruckt waren. Bernadette berichtete von keinen Aussprüchen der Dame und eilte nachher gleich in die Sonntagsmesse.

Die *zwölfte* Erscheinung war am *1. März:* Eine Bekannte hatte Bernadette ihren Rosenkranz mitgegeben; Bernadette zog diesen hervor, als sie mit der Dame betete. Da hörte sie die Worte: »Ei, du irrst dich, das ist ja nicht der deine!« Diesmal war ein Priester anwesend, der tief beeindruckt war und sofort an die Echtheit der Erscheinung glaubte.

Die *dreizehnte* Erscheinung war am *2. März:* Maria sprach: »Ich wünsche, daß man in Prozessionen hierherziehe.« Bernadette ging mit diesem Auftrag wieder zum Pfarrer. Dieser berichtete dem Bischof und erhielt den Rat, vorerst abzuwarten und um Erleuchtung von oben zu bitten.

Die *vierzehnte* Erscheinung war am *3. März:* In der Früh blieb die Erscheinung aus, am Abend sah Bernadette für kurze Zeit Maria.

Die *fünfzehnte* Erscheinung war am *4. März:* An diesem Tag kamen 20000 Menschen. Viel Gendarmerie war zur Aufrechterhaltung der Ordnung aufgeboten worden. Der letzte Tag der 14 aufeinanderfolgenden Erscheinungen war die Ursache. Bernadette wusch sich während der Erscheinung und aß wieder von den Kräutern. Dann ging sie weg, da die Erscheinung verschwunden war – ohne ihren Namen genannt und sich verabschiedet oder einen neuen »Termin« angekündigt zu haben. Am Abend dieses Tages wurde ein zweijähriges Kind in der Quelle geheilt: Jean Bouhorts, der 79 Jahre alt wurde.

Die *sechzehnte* Erscheinung war am *25. März:* Am Marienfeiertag eilte Bernadette schon sehr früh an die Quelle in der Grotte, wo bereits viele Menschen versammelt waren. Schon von ferne sah sie den himmlischen Lichtschein und in seiner Mitte die himmlische Frau. Sie kniete nieder und entschuldigte sich, daß sie so spät gekommen war. Sie wurde herzlich begrüßt und begann mit dem Rosenkranz. Auf einmal konnte sie nicht weiterbeten und fühlte sich unwiderstehlich gedrängt, die Dame um ihren Namen zu bitten. Die blickte selig zum Himmel und schwieg. Dann versuchte Bernadette es nochmals und erhielt wieder keine Antwort. Beim drittenmal blickte Maria nach oben, faltete ihre Hände und sagte mit tiefer Ergriffenheit: »Ich bin die Unbefleckte Empfängnis!« Bernadette war erstaunt und wollte fragen, ob sie denn nicht die Muttergottes sei, da war die Erscheinung verschwunden. Als sie der Menge den gehörten »Namen« sagte, erfüllte großer Jubel die Menschen. Bernadette verstand nicht warum. Als sie nachher dem Pfarrer berichtete, fragte er sie: »Es ist also die seligste Jungfrau, die du siehst?« – »Ich glaube nicht«, antwortete Bernadette, »es ist die Unbefleckte Empfängnis!« Jetzt war der Pfarrer überzeugt, denn Bernadette konnte das Wort nicht kennen: Sie hörte es von der »Dame« – Maria, die vier Jahre zuvor feierlich vom Papst als »Unbefleckte Empfängnis« bezeichnet worden war. Als Bernadette von einer gebildeten Frau aufgeklärt worden war, was das Wort bedeutet, war auch sie sicher, daß die »Dame« Maria war.

Die *siebzehnte* Erscheinung am *5. April:* Bernadette war am Ostermontag zur Grotte gegangen und sah Maria, sie hielt dabei eine brennende Kerze und war so versunken, daß sie die Kerze so hielt, daß ihre linke Hand längere Zeit in der Kerzenflamme war. Dr. Dozous, der wieder dabei war, stoppte die Zeit: eine Viertelstunde lang hielt sie die Finger ihrer linken Hand in die Flamme, ohne ein leisestes Anzeichen von Verbrennung. Als der Arzt nach der Erscheinung eine Probe machte und eine brennende Kerze in die Nähe ihrer Finger brachte, schreckte sie sofort zurück.

Dann schlug der Unglaube zu: Bernadette wurde psychiatriert, das Wasser wurde als Heilquelle mit natürlicher Heilkraft erklärt, die Grotte wurde aller Weihegaben beraubt und schließlich am 8. Juni mit einem hohen Bretterzaun unzugänglich gemacht.

Die *achtzehnte* Erscheinung war am *16. Juli:* Bernadette war in der Früh in der Kirche (Fest Unsere Liebe Frau vom Berg Karmel) und hatte die hl. Kommunion empfangen. Am Abend ging sie wieder in die Kirche, um zu beten, als sie die Einladung vernahm, zur Grotte hinauszugehen. Sie konnte nur am Ufer des Gave knien und sah Maria unmittelbar vor sich. Es war bereits dämmrig und Maria schöner und lieblicher als bei den anderen Erscheinungen. Sie redete kein Wort, lächelte Bernadette liebevoll zu und war dann verschwunden. Bernadette sprach von dieser wortlosen Erscheinung mit allergrößter Begeisterung.

Als Ende September der Sohn Kaiser Napoleons III. gefährlich erkrankt war, wurde er gesund, als ihm eine Hofdame von den Kräutern der Grotte zu essen gab. Darauf befahl der Kaiser die Öffnung der Grotte. Am 28. Juli setzte der Bischof von Tarbes eine Untersuchungskommission ein und ließ alles genau erheben. Er wartete dann noch drei Jahre, ehe er am 18. Januar 1862 in einem Hirtenbrief die Marienerscheinungen an der Grotte von Massabielle als glaubwürdig anerkannte, die Verehrung Marias gestattete und die Grundsteinlegung einer Kirche ankündigte.

1866 trat Bernadette als Schwester Marie-Bernard bei den »Sœurs de la

Charité« in Nevers ein, litt viel unter dem Unverständnis ihrer Oberen und Mitschwestern und starb am 16. April 1879. Ihr Leib ist bis heute unverwest. Sie wurde 1925 selig- und 1933 heiliggesprochen. 1864 wurde die nach den Angaben Bernadettes vom Bildhauer J. Fabisch geschaffene Statue in der Erscheinungsgrotte aufgestellt und oberhalb der Grotte eine Kirche gebaut. 1883 folgte eine zweite, die Rosenkranzkirche, 1958 eine dritte Kirche, die Pius-XI.-Basilika, die von Kardinal Roncalli eingeweiht wurde. Jährlich besuchen etwa 2 Millionen Pilger die Wallfahrtsstätte. Im Jubiläumsjahr 1958 waren es 6 Millionen! Über 5000 Heilungen wurden gemeldet, von denen 58 als echt anerkannt sind (bis 1960).

Bew.: Kirchlich anerkannt, gut bezeugt; Quelle: Graber, Marienerscheinungen, S. 28; Flagel, Lourdes; LThK »Lourdes«; R. Ernst, Lexikon; Weigl/Branz, Volk unter propehtischem Anruf, S. 66

GREEN BAY/USA   Maria erschien der 1831 in Brüssel geborenen Adele   1859
Brice in weißem Gewand mit gelbem Gürtel als »Königin des Himmels«. Sie forderte sie auf, für die Bekehrung der Sünder zu beten und die Kinder in den Glauben an Jesus Christus einzuführen. Die Seherin gründete einen Schwesternorden. Am Erscheinungsort wurde eine Kirche gebaut.

Bew.: Gut bezeugt; Quelle: R. Ernst, Lexikon

ROSENAU/ÖSTERREICH   Der dreijährige Johann Brunnsteiner erblindete   1859
und wurde nach einem dreiviertel Jahr von seinen Eltern zur Heilquelle in der Rotkreuzkapelle am Hengstpaß gebracht. Dort erschien ihm die gekrönte Gottesmutter mit dem Jesuskind und heilte ihn von der Blindheit, indem seine Augen mit dem altbekannten Heilwasser benetzt wurden.

Bew.: Überlieferung in der Kapelle dargestellt

FRANCOULES/FRANKREICH   Maria erschien am 6. September der hochbe-   1860
gnadeten Pauline Périé in der Kirche in sehr jugendlichem Aussehen, mit sternenübersätem Kleid, goldener Krone und kleinen weißen Blumen in der Hand. Vorher hatte Pauline schon Christuserscheinungen. Seit diesem Tag erschien Maria ihr mehrmals. Teilweise sah sie auch Heilige und Engel in Begleitung Marias, welche die Seherin aufforderten, Sühne für die dem Untergang zueilende Menschheit zu leisten. Pauline zog sich am Ende ihres Lebens (1838–1915) in ein Kloster bei Santa Fé in Argentinien zurück.

Bew.: Gut bezeugt; Quelle: R. Ernst, Lexikon; Däniken, Erscheinungen

1862 SPOLETO/ITALIEN   Maria erscheint einem 4jährigen Kind. Viele Wunder geschehen in der Folge vor einem Muttergottesbild.

> Bew.: Unbekannte Quelle; Quelle: R. Ernst, Lexikon

1863 ANGLET/FRANKREICH   Maria erschien dem französischen Priester Louis-Edouard Cestac (1801–1868), Lehrer, Domvikar und Kanonikus, in dem von ihm gegründeten Kloster Notre Dame de Réfuge. Sie zeigte ihm als »Königin der Engel« wie teuflische Mächte die Welt verwüsten, ihre Engel aber die Teufel und Dämonen besiegen. Cestac hatte Heime und Asyle für verwaiste und gefallene Mädchen gegründet und 1836 die Kongregation der Dienerinnen Mariens gegründet. 1908 wurde der Seligsprechungsprozeß eingeleitet.

> Bew.: Gut bezeugt; Quelle: LThK »Cestac«; R. Ernst, Lexikon; Däniken, Erscheinungen

1863 VATIKAN/ITALIEN   In vielen Städten längs der Grenzen des Kirchenstaates (z. B. Trevi, Afile, Subiaco, San Gregorio, Tivoli, Monticelli) geschahen auffallende Wunder an verschiedenen Marienbildern – wohl eine Vorbereitung auf die einschneidende Veränderung, die wenige Jahre später das Ende des Kirchenstaates und seine Reduzierung auf den »Vatikan« herbeiführen sollte.

> Bew.: Gut bezeugt; Quelle: R. Ernst, Lexikon

1865 PÉTIGNY/FRANKREICH   Maria erschien der Marie Jalhay (1807–1881), die an einem schweren Schaden der Wirbelsäule litt und ihren Pflichten in der Familie kaum nachkommen konnte. In hellem Licht und in einen weißen Mantel gehüllt sagte sie ihr: »Nun bist du gesund! Steh auf, geh hinunter und sag es deiner Familie!« Die Kranke war im selben Augenblick völlig geheilt.

Später wurde sie stigmatisiert und litt jeden Mittwoch und Freitag als Sühneseele für die Sünden der Menschheit.

> Bew.: Gut bezeugt; Quelle: R. Ernst, Lexikon

1866 CHAMBÉRY/FRANKREICH   Die Ordensschwester Martha Chambon (1841–1907) im Kloster der Heimsuchung hatte viele Christus- und Marienerscheinungen, die sich auf die Leiden und Wunden des Herrn bezogen.

> Bew.: Quelle unbekannt; Quelle: R. Ernst, Lexikon

1866 ILACA/KROATIEN   Maria erschien in den Jahren 1866 bis 1867 etwa 50 Personen an einer Quelle, die ein Jahr zuvor ein Bauer entdeckt hatte und an der viele Heilungen geschahen. Maria wies sich als »Eigentümerin« der Quelle und Ursache der Heilungen aus. 1867 wurde dort der Grundstein für eine Wallfahrtskirche gelegt.

Bew.: Gut bezeugt; Quelle: R. Ernst, Lexikon

PHILIPPSDORF/ČSFR Maria erschien am 13. Januar der damals 30jähri- **1866** gen Magdalena Kade und heilte sie von einer Todeskrankheit. Sie sagte: »Mein Kind, von jetzt an heilt's!« Eine bischöfliche Kommission untersuchte den Fall der plötzlichen Heilung und erkannte den übernatürlichen Charakter der Heilung und Erscheinung an. Von 1870 bis 1885 wurde dort eine neuromanische Kirche gebaut, die 1926 vom Papst zur Basilica minor erhoben wurde. Gut besuchter Wallfahrtsort bis heute.

Bew.: Ursprungsgeschichte, kirchlich (lokal) anerkannte Erscheinung; Quelle: R. Ernst, Lexikon; Däniken, Erscheinungen

KIRCHDORF/ÖSTERREICH Maria erschien insgesamt sechsmal der ober- **1867** österreichischen Dienstmagd Theresia Steindl (zwischen dem 25. 1. 1867 und dem 12. 2. 1868), die sie zur Bekehrung der Menschheit rief. Bei der letzten Erscheinung sagte Maria: »Wenn sich die Menschheit gar nicht bekehren will, wird eine große Trübsal entstehen... Es werden viele Strahlen von oben kommen und viele Wohnungen mit Flammen bedekken. Es wird auch eine traurige Finsternis sein!«

Bew.: Quelle unbekannt; Quelle: R. Ernst, Lexikon

ZARWANYCJA/POLEN Eine wundertätige Marienikone wird gekrönt. **1867** Eine Wallfahrtsbewegung setzt ein, eine wundertätige Quelle bricht auf.

Bew.: Quelle unbekannt

BOIS D'HAINE/BELGIEN Maria erschien erstmals am 15. 4. der reich **1868** begnadeten Mystikerin Louise Lateau (1850–1883), die 1866 heroisch den Pestkranken gedient hatte. Ab 1868 machte sie vielfältige mystische Erfahrungen und hatte Begegnungen mit Jesus, Maria, Engeln und Heiligen. Außerdem hatte sie häufige Schauungen und Eingebungen, und jeden Freitag brachen blutige Wundmale auf. Seit 1871 lebte sie ohne jede Nahrung. Ihre Stigmatisierung wurde gründlichst untersucht, von Ärzten und kirchlichen Behörden, und als natürlich unerklärbar klassifiziert. Eine kirchliche Anerkennung ist aber nicht erfolgt; viele Unterlagen sind in kirchlicher Verwahrung und noch nicht publiziert.

Bew.: Gut bezeugt, kirchliche Erklärung steht aus; Quelle: R. Ernst, Lexikon; J. M. Höcht, Wundmale, S. 368; Däniken, Erscheinungen

1869 TSUWANOCHO/JAPAN Dem in Kerkerhaft befindlichen, aus Nagasaki stammenden japanischen Christen Johann Baptist Yasurtaro erschien längere Zeit hindurch jede Nacht Maria und tröstete und segnete ihn.

Bew.: Gut bezeugt; Quelle: R. Ernst, Lexikon

1870 EUPEN/BELGIEN Maria erschien einem von Geburt an stummen Mädchen. Mit seiner Mutter und auch mit einer Nachbarin hatte es an neun aufeinanderfolgenden Tagen die ehemalige Kapuzinerkirche in Eupen besucht und vor der dort befindlichen Gnadenstatue der Muttergottes mit Kind gebetet. Als es am neunten Tag nach Hause kam, konnte es die Eltern begrüßen und erzählte am Tag darauf sein Erlebnis. Die Eltern berichteten es dem Rektor der Kirche, der die Erscheinung als Heilung registrierte und überlieferte.

Bew.: Gut bezeugt; Quelle: R. Ernst, Lexikon

1870 LOIGNY/FRANKREICH Maria erschien dem verwundeten General de Sonis, früher Anführer der päpstlichen Zuaven und ein großer Marienverehrer, nach der Schlacht vom 2. Dezember und tröstete ihn.

Bew.: Gut bezeugt; Quelle: R. Ernst, Lexikon; Däniken, Erscheinungen

1870 METZ/FRANKREICH Am 9. November erschien Maria einem achtjährigen Kind als Unsere Liebe Frau von La Salette.

Bew.: Unbekannte Quelle; Quelle: R. Ernst, Lexikon

1870 NANCY/FRANKREICH Viele Beter sahen zwei Jahre lang oftmals Maria in der Kapelle des Klosters »Maison de Secours«.

Bew.: Gut bezeugt; Quelle: R. Ernst, Lexikon

1870 WALSCHBRONN/FRANKREICH Nach mehreren Marienerscheinungen wurde die neunjährige Barbara Conrad am 15. August 1871 plötzlich von einer schweren Krankheit geheilt.

Bew.: Quelle unbekannt; Quelle: R. Ernst, Lexikon; Däniken, Erscheinungen

1871 CHAPELLES/SCHWEIZ Maria erschien zweimal der 21jährigen, seit ihrer Kindheit schwer leidenden Marie-Françoise Decotterd in ihrem Krankenzimmer. Maria forderte die Kranke auf, ihr Opferleben in den Dienst Jesu zu stellen und als Miterlösung der Welt aufzufassen. Beim zweitenmal kündigte sie ihr den bevorstehenden Heimgang an.

Bew.: Gut bezeugt; Quelle: R. Ernst, Lexikon; Däniken, Erscheinungen

LOCHERBODEN/ÖSTERREICH   Maria erschien der seit sieben Jahren kran-   1871
ken Maria Kalb aus Rum und zeigte ihr in einer Vision eine Grotte im
Oberinntal. Die Kranke wurde zu der Grotte in der Nähe des Ortes Mötz
gebracht, wo ein Bergmann eine Kopie des Innsbrucker Mariahilfbildes an
den Eingang zu einem alten Stollen gehängt hatte. Darauf wurde sie
geheilt. Die Erscheinung und Heilung sprach sich schnell herum, ein
großer Zustrom von Pilgern setzte ein. Eine neugotische Kirche wurde
gebaut und 1901, als man mehrere wunderbare Lichterscheinungen
wahrnahm, eingeweiht. Das Mariahilfbild kam auf den Hochaltar, der
Stolleneingang wurde zur Kapelle ausgebaut und mit einem hölzernen
Reliefbild der Gottesmutter mit dem goldenen Mantel (Josef Bachlech-
ner) geschmückt.

Bew.: Ursprungsgeschichte, gut bezeugt; Quelle: Pichler/Böhm, Wege,
S. 123; R. Ernst, Lexikon; Däniken, Erscheinungen

PARIS/FRANKREICH   Maria erschien am 5. Dezember der Schwester Thé-   1871
rèse Emmanuel de la Mère de Dieu (Katharina O'Neil, 1816–1884). Sie
vermittelte ihr die Offenbarung über ein zukünftiges marianisches Heer,
das der Unbefleckt Empfangenen als ihrem Heerbanner folgen würde.
Seit sie 1839 mit Mutter Maria Eugenia von Jesus die »Congrégation de
l'Assomption« in Paris gegründet hatte, erhielt sie 45 Jahre lang himmlische Eingebungen vielfältiger Art.

Bew.: Gut bezeugt; Quelle: R. Ernst, Lexikon; Däniken, Erscheinungen

PONTMAIN/FRANKREICH   Am Abend des 17. Januar sah der zwölfjährige   1871
Bauernsohn Eugen Berbedette über dem Nachbarhaus die Gestalt einer
Frau. Ihr tiefblaues Gewand war mit mattgoldenen, fünfeckigen Sternen
besetzt, und sie trug eine hohe Krone. Auch der zehnjährige Bruder sah
sie. Die Brüder riefen darauf die anderen Familienmitglieder und Nachbarn. Bald waren etwa 60 Personen versammelt – aber nur sieben Kinder
konnten (wie Eugen) die Gestalt am Himmel sehen. Alle Anwesenden
aber sahen ein Zeichen am Himmel: Drei große Sterne ordneten sich über
Kopf und Schultern der Frau zu einem deutlichen Dreieck an, das drei
Stunden unbeweglich am Himmel blieb, obwohl die anderen Sterne sich
mittlerweile bewegten. Dann vergrößerte sich die Gestalt der Frau auf das
Doppelte, und eine Schrift wurde sichtbar:

>>Mais priez mes enfants. Dieu vous exaucera en peu de temps. Mon Fils se
laisse toucher (Betet, meine Kinder! Gott wird euch in kurzer Zeit erhören.
Mein Sohn läßt sich rühren).<<

Die Leute beteten und sangen und waren tief ergriffen. Da erschien vor der Frau ein großes blutiges Kreuz mit dem Gekreuzigten. Die Frau hielt es und neigte es über die knienden Menschen. Den Kindern fiel ihr trauriger Blick auf, den sie auf den Gekreuzigten richtete. Ihre Lippen bewegten sich wie bei einem innigen Gebet. Nach mehr als drei Stunden war die Erscheinung verschwunden.

Der zuständige Bischof prüfte den Fall und verkündete 1872, daß tatsächlich eine Erscheinung Marias stattgefunden hätte. 1873 begann man mit dem Bau einer Basilika, die 1900 eingeweiht wurde.

Bew.: Gut bezeugt, kirchlich anerkannte Erscheinung; Quelle: Weigl/Branz, Volk unter prophetischem Anruf, S. 72; R. Graber, Marienerscheinungen, S. 40; R. Ernst, Lexikon; Däniken, Erscheinungen

1871 ROM/ITALIEN Die »Madonna del Papa« (Maria dargestellt zwischen einem Trinitarierpater und Papst Pius IX.) scheint »lebendig« zu werden; es geschehen mehrere Wunder.

Bew.: Gut bezeugt; Quelle: R. Ernst, Lexikon

1871 ST. LOUIS/USA Am 25. August erschien Maria der todkranken Therese Schaffer in einem weißen Gewand mit goldener Sternenkrone und heilte sie. Zugleich bat sie die Geheilte, in ein Kloster einzutreten und sich ganz den himmlischen Dingen zu widmen. Die Seherin folgte dem Rat.

Bew.: Gut bezeugt; Quelle: R. Ernst, Lexikon; Däniken, Erscheinungen

1872 L'HÔPITAL/FRANKREICH Maria erschien der elfjährigen Clementine G. eine Stunde lang in der Kirche in einem goldenen Gewand, aber blutige Tränen weinend. In ihrer Hand hielt Maria Kugeln und war umgeben von deutschen und französischen Soldaten.

Bew.: Gut bezeugt; Quelle: R. Ernst, Lexikon; Däniken, Erscheinungen

1872 NEUBOIS/FRANKREICH Maria erschien vier Kindern vom 7. Juli an (bis 1877) viele Male in einem golddurchwirkten Mantel mit goldener Krone und schwarzem Kreuz auf der Brust. Zweimal zeigte sie sich mit einem Schwert, oft als »Mutter der Barmherzigkeit«, manchmal umgeben von Engeln und Heiligen und einmal in Begleitung Pius' IX. Manchmal waren bis zu 100 Erwachsene Zeugen der Erscheinungen. Es entstand ein Wallfahrtsort.

Bew.: Gut bezeugt; Quelle: R. Ernst, Lexikon

POUILLE-LES-CÔTEAUX/FRANKREICH Maria erschien dreimal der Jose- 1872
phine Rodhomme (1859–1938) in der Kirche über dem Hauptaltar, der
der Gottesmutter geweiht ist. Geschmückt war sie mit einem blauweißen und rosa Gewand und mit einer Blumenkrone auf dem Haupt. Die
Erscheinungen ereigneten sich am 14., 15. und 16. Februar. Bei der
dritten äußerte Maria den dringenden Wunsch, die Menschheit möge sich
bekehren und intensiv beten, besonders das Ave-Maria und das Ave-
Maris-Stella (Meerstern ich dich grüße). Josephine wurde später Ordensfrau und nahm den Namen Marie-Léonie an.

Bew.: Gut bezeugt; Quelle: R. Ernst, Lexikon

VALLE DI POMPEI/ITALIEN Der Rechtsgelehrte Bartolo Longo, der nach 1872
dem Studium in satanistische Kreise geraten war, hörte eine geheimnisvolle Stimme die Worte sprechen: »Wenn du gerettet werden willst, so
tue etwas für die Verbreitung des Rosenkranzes!« Longo ließ daraufhin
eine schöne Kirche zu Ehren der Rosenkranzkönigin erbauen und förderte
eifrig das Rosenkranzgebet. Er erlebte viele wunderbare Fügungen während der Sammlung für die Bausumme und bei der Erlangung des Gnadenbildes. Auffallende Wunder krönten seine Bemühungen. Am 18. 7.
1876 erscheint Maria als »Königin des Rosenkranzes«. Gnadenbild 1887
von Papst Leo XIII. feierlich gekrönt. Bedeutender Wallfahrtsort.

Bew.: Gut bezeugt, kirchlich anerkannt; Quelle: Lüthold-Minder, Rosenkranzkönigin; R. Ernst, Lexikon

BIDING (ST. AVOLD)/FRANKREICH Maria erschien der Katharina Fill- 1873
jung (1848–1915) erstmals am 10. März in der Kirche von Saargemünd
und dann noch viele Male in Biding – geschmückt mit einem blauen Kleid
und weißem Mantel. Katharina gründete 1884 ein Waisenhaus und 1899
eine Gemeinschaft von Terziarinnen des hl. Dominikus, die sie als
Priorin leitete. Wegen Gehorsamsverweigerung gegenüber dem Bischof
(Willibrord Benzler OSB) von Metz wurde diese 1904 aufgelöst. Ihre
Stigmatisierung wurde angezweifelt, ebenso ihre mystischen Erfahrungen, die andererseits aber Papst Leo XIII. zu seinen häufigen intensiven
Rosenkranzempfehlungen angeregt haben sollen.

Bew.: Umstritten, vom zuständigen Bischof abgelehnt; Quelle: R. Ernst,
Lexikon; Däniken, Erscheinungen

FONTET (RÉOLE)/FRANKREICH Maria erschien mehrmals der Maria Jos- 1873
seaume (erstmals 27. 4.) und bat um den Bau einer Kirche.

Bew.: Quelle unbekannt; Quelle: R. Ernst, Lexikon

1873 LA FRAUDAIS/FRANKREICH Maria war seit dem 22. Februar 1873 die ständige Begleiterin von Marie-Julie Jahenny (1850–1941), von dem Zeitpunkt an, an dem die gerade 23 Jahre alt gewordene Marie-Julie sterbenskrank darniederliegt. Zweimal sieht sie an diesem Tag die Gottes-mutter: um 11 Uhr vormittags (Maria war weißgekleidet, mit einem Immortellenkranz gekrönt und stützte sich auf ein großes weißes Kreuz) und um 15 Uhr. Das zweitemal spricht Maria zu ihr, tröstet sie und verspricht ihr Heilung. Sie werde außerdem Marie-Julie immer wieder besuchen.

> Am 20. März teilt Marie-Julie ihrer Familie mit, daß sie tags darauf, am Freitag, die fünf Wunden erhalte und daß Zeugen und mehrere Priester zugegen sein werden.
> Am Morgen des 21. März hat sie Schmerzen. Vater Jahenny eilt nach Blain und berichtet dem Pfarrer Audrain in der Sakristei, daß seine Tochter sehr leide... und daß ihre Hände durchbohrt werden. Der Priester lächelt und sagt: »Ich werde mir das anschauen, wenn es geschehen ist.«
> Um neun Uhr wird Marie-Julie von Krämpfen befallen und verliert das Bewußtsein. Es befinden sich jetzt zweihundert Personen im und vor dem Häuschen. Nach Aufhören der Krämpfe beginnt auf der Innenfläche der linken Hand Blut zu fließen...

Bis zum Nachmittag sind alle Wundmale eingeprägt, und Marie-Julie erlebt zum erstenmal die Passion mit, die sie in der Folge bis zum Abklingen der Stigmata ab ihrem 80. Lebensjahr jede Woche dreimal in Ekstase erlebt. Dabei kommt es immer zu Schauungen, Erscheinungen, Auditionen, Gesprächen mit Heiligen, mit Christus und Maria.

Wie Maria angekündigt hat, wird Marie-Julie am 2. Mai »gesund«: Plötzlich nimmt ihr Gesicht Farbe an, sie verlangt ihre Kleider und zieht sich an, um mit den fast 2000 Menschen zu reden, die – durch die Ankündigung hergelockt – Zeugen des erfüllten Versprechens werden.

Am 7. Oktober erhielt sie die »Dornenkrone« eingeprägt, am 25. November eine kreuzförmige Schulterwunde, im Januar 1874 erscheinen an den Handgelenken Abdrücke der Stricke, mit denen Jesus gefesselt war; am 21. Februar entwickelt sich an ihrem rechten Ringfinger eine Schwellung, die den »Ring der mystischen Vermählung« symbolisiert (bis 1909 sichtbar). Ab 1930 klingen die Stigmata ab, bleiben aber teilweise bis zu ihrem Tod sichtbar und bluten auch noch fallweise.

Die Stellungnahme der Kirche ist unterschiedlich: Vikar David von Blain ist viele Jahre ihr Beichtvater, Bischof Fournier (zuständiger Diö-zesanbischof) schätzt sie, kennt sie, glaubt an die Erscheinungen und ihre mystische Führung. Drei Wochen nach seinem Tod wird Marie-Julie exkommuniziert, darf erst wieder im Dezember 1888 die Sakramente empfangen. Kardinal Rampolla vom heiligen Officium untersucht sie, ist positiv überzeugt, der neue Bischof verschleppt die Anerkennung, um einflußreichen Gruppen seines Klerus nicht zu mißfallen. Experten sind sicher, daß sie nicht besessen ist, wie viele behaupten, sondern ein »außergewöhnlicher Fall mystischer Begnadigung, wie es wenige gibt«. 1888 wird Marie-Julie Jahenny rehabilitiert, doch die offizielle Kirche weiß nicht viel mit dem Fall anzufangen. Erst Bischof Le Fer de la Motte (1914–1935) war voll Aufmerksamkeit für sie, hielt Kontakt, bat sie um ihr Gebet, um Aufopferung ihrer Leiden für den Diözesanklerus. Sein Nachfolger dagegen schenkte ihr wiederum keinerlei Beachtung.

Was Marie-Julie während ihrer Ekstasen sprach, wurde gewöhnlich aufgeschrieben. Selbstlos stellten sich die Brüder Charbonnier und andere für diesen Dienst zur Verfügung, der ja viele Jahrzehnte dauerte. Es wurde von Hand mitgeschrieben, 8–10 Seiten durchschnittlich, das ergibt an die 70 000 Seiten insgesamt. Vieles davon ist verlorengegangen, vor allem, als in ihren letzten Lebensjahren alle Geschwister verstorben waren und nach Marie-Julies Tod die Freundin, die sie bis zuletzt betreut hat, wegzieht. 1972 tauchen einige der Unterlagen wieder auf, werden publiziert; in deutscher Sprache erstmals 1978.

Pater Pio hat über Marie-Julie Jahenny gesagt: »Sie lebt wie ein Veilchen im Schatten, um desto heller aufzuleuchten, da sie lange im Schatten gelebt hat.« Das jahrzehntelange Sühneleiden Marie-Julie Jahennys hat seine Früchte gebracht. Die Botschaften jedoch, die sie vermittelt hat, müssen erst wieder zum Klingen gebracht werden!

Bew.: Gut bezeugt, kirchlich zuerst abgelehnt, dann toleriert; Quelle: R. Ernst, Lexikon; J. M. Höcht, Wundmale, S. 454; Roberdel, Mystikerin

Unter zahlreichen Botschaften, in denen Marie-Julie in der ihr zugedachten Rolle des Leidens immer wieder bestärkt und getröstet wird, finden sich auch zwei über die beiden großen Marienerscheinungsorte:

Bestätigung der Geheimnisse von La Salette

»Ich habe noch an meinen Augen«, sagt die Gottesmutter, »die Spuren der Tränen, die ich an jenem Tag vergossen habe, als ich meinen Kindern eine gute Botschaft bringen wollte, sofern man sich bekehrt, aber eine traurige, wenn man in der Bosheit verharrt...

Meine Kinder, wenn ich mich erinnere, daß ich seit dem Tage, an dem ich auf dem heiligen Berg der bedrohten Erde meine Warnungen gebracht..., wenn ich mich der Härte erinnere, mit der meine Worte entgegengenommen worden sind: nicht von allen, aber von vielen! Und jene, die meine Worte mit unendlichem Vertrauen und tiefem Verständnis in die Herzen meiner Kinder hätten legen sollen, haben sich über ihren Auftrag hinweggesetzt. Sie haben ihn verachtet und mir zum großen Teil ihr Vertrauen verweigert.

... Nun denn: ich versichere euch, daß meine Verheißungen, meine innersten Geheimnisse sich verwirklichen werden. Sie müssen sichtbar werden... Wenn ich sehe, was die Erde erwartet, so fließen wiederum meine Tränen... Wenn die Erde von ihren Verbrechen und allen Lastern, von denen sie bedeckt wird, durch Strafen gereinigt sein wird, werden wieder schöne Tage mit dem von uns gewählten Retter, der bisher unsern Kindern noch unbekannt ist, anbrechen.« (29. September 1901)

Auch Fatima wird bestätigt

»Die Menschen haben sich die von meiner heiligsten Mutter in Fatima gesprochenen Worte nicht zu Herzen genommen. Wehe allen, die jetzt meine Worte nicht hören wollen!

Die Menschen haben die Sprache des Krieges nicht verstanden. Viele leben in der Sünde, besonders in der Sünde der Unreinheit. Wehe allen, die Unschuldige verführen!

Ihr dürft jene nicht verurteilen, die nicht glauben wollen, weil sie nicht wissen, was sie tun. Aber wehe jenen, die sich zu Richtern aufwerfen, bevor sie sich informiert haben.

Die häufigen Erscheinungen meiner gütigen Mutter sind das Werk meiner Barmherzigkeit. Ich sende Maria in der Kraft des Heiligen Geistes, um die Menschen zu mahnen und um zu retten, was noch zu retten ist... Ich muß das Strafgericht über die Erde sich ergehen lassen, um noch viele Seelen zu retten, die sonst verlorengehen würden. Gegen alle Kreuze, gegen alle Leiden und das noch Schrecklichere, das geschehen wird, dürft ihr euch nicht auflehnen, sondern ihr müßt dafür dem Vater im Himmel danken.

Alles ist das Werk meiner Liebe. Ihr werdet es erst später verstehen. Ich muß in meiner Gerechtigkeit erscheinen, weil die Menschen die Zeit meiner Gnade nicht anerkennen wollen. Das Maß der Sünde ist übervoll, aber meinen Getreuen geschieht nichts Schlimmes.

Ich werde über die sündige Welt in einem großen Donnergrollen während einer kalten Winternacht kommen. Ein heißer Wind wird diesem Sturm vorangehen, und schwere Hagelkörner werden auf die Erde fallen.

Aus einer feuerroten Wolke werden verheerende Blitze zucken und alles entflammen und zu Asche werden lassen. Die Luft wird sich füllen mit giftigen Gasen und tödlichen Dämpfen, die wie Zyklone die Werke der Kühnheit, des Größenwahns und des Machtwillens der ›Stadt der Nacht‹ zerstören werden.

Das Menschengeschlecht wird erkennen müssen, daß sich über ihm ein Wille befindet, der die kühnen Pläne seines Machtstrebens wie Kartenhäuser zusammenfallen lassen kann.

Ihr Seelen, die ihr den Namen des Herrn entweiht, hütet euch, mich zu verspotten. Hütet euch vor der Sünde wider den Geist!...

Betet, betet, betet, bekehrt euch und tut Buße! Schlaft nicht wie meine Jünger im Ölgarten, denn ich bin sehr nahe. Der Zorn des Vaters über das Menschengeschlecht ist sehr groß. Wenn das Rosenkranzgebet und die Aufopferung des kostbaren Blutes dem Vater nicht so angenehm wären, würde jetzt schon auf der Erde namenloses Elend herrschen. Aber meine Mutter legt Fürsprache ein beim Vater, bei mir selbst und beim Heiligen Geist. Ihr verdankt es meiner Mutter, daß das Menschengeschlecht noch lebt. Ehrt sie mit kindlicher Ehrfurcht – ich habe euch dazu das Beispiel gegeben –, denn sie ist die Mutter der Barmherzigkeit!

Vergeßt nie, das Opfer des heiligen Blutes immer wieder zu erneuern. Meine Mutter fleht mich unablässig an, und mit ihr viele büßende und sühnende Seelen. Ich kann ihr nichts verweigern. Dank meiner Mutter also und meiner Auserwählten werden diese Tage verkürzt.

Tröstet euch, ihr alle, die ihr mein kostbares Blut verehrt. Ihr werdet nicht betroffen . . .

Wenn ihr ein Nordlicht aufscheinen seht, so wisset, daß dies das Zeichen eines baldigen Krieges ist. Wenn das Licht wieder sichtbar wird, wird meine Mutter aufrecht vor der untergehenden Sonne stehen, um den Guten anzukündigen, daß die Zeit da ist. Die Bösen werden ein fürchterliches Tier sehen und erschreckt und verzweifelt aufschreien, doch zu spät! Ich werde viele, viele Seelen retten.

Man ist enttäuscht, weil vieles, das ich anzukündigen angeordnet hatte, damit die Menschen sich bekehren, nicht eingetroffen ist. Man glaubt, auserwählte Seelen beleidigen zu dürfen, weil ich wegen ihnen ein schreckliches Ereignis verzögert hatte. Wenn ich wegen meiner Güte und wegen der Sühne, die mir aufgeopfert wird, das Eintreten des Unglücks verzögere, so heißt das nicht, daß es nicht kommen werde. Das hängt nicht vom Urteil unwissender Menschen ab. Oder muß ich selbst jenen sogar Rechenschaft ablegen, die nichts von mir wissen wollen?

Wenn die Welt sich in Sicherheit glauben wird, werde ich kommen wie ein Dieb in der Nacht . . . Wie der Blitz bin ich da!

Jetzt ist noch die Zeit meiner unermeßlichen Barmherzigkeit, die Zeit für die Reue. Seid bereit, im Stande der Gnade, so werdet ihr unter meinem und unter dem Schutz meiner Mutter in Sicherheit sein.« (Verbürgter Text, ohne Unterschrift und Datum. Er stammt aus den Jahren vor 1938.)

Textquelle: Pierre Roberdel, M.-J. Jahenny, Hauteville, 2. Aufl. 1989

PARIS / FRANKREICH   Maria erschien am 18. 2. dem 13jährigen Armand **1873** Wallet in der rue Truffault 36 eine ganze Woche lang; auch andere Personen schauten in diesem Haus unter nicht näher bekannten Umständen Maria.

Bew.: Quelle unbekannt; Quelle: R. Ernst, Lexikon

PARIS / FRANKREICH   Am 17. 3. erschien Maria dem elfjährigen Alfred **1873** Fontes am Place de Batignolles Nr. 8. Leider sind uns ebenfalls keine näheren Einzelheiten bekannt.

Bew.: Quelle unbekannt; Quelle: R. Ernst, Lexikon

1873 RIXHEIM (MÜHLHAUSEN)/FRANKREICH Zwei Mädchen »trafen« bei ihrer Rückkehr von einer Wallfahrt bei »Unserer Lieben Frau im Felde« eine Frau, die am »Engelrain« auf einem Baumstamm saß. Die Frau lud die beiden zum Sitzen ein und plauderte mit ihnen. Dabei sprachen sie über die kommenden schweren Zeiten. Am Ende versprach sie den beiden, den Vater der einen und die Mutter der anderen, die beide unheilbar krank waren, zu heilen. Tatsächlich wurden beide Personen gesund. Darauf verbreiteten sich die Berichte über die Erscheinung und lockten viele Neugierige zum Erscheinungsort; sie wurden aber von eingesetztem Militär abgehalten und zerstreut. Maria erschien den Mädchen, die beide früh starben, noch einige Male.

Bew.: Quelle unbekannt; Quelle: R. Ernst, Lexikon; Däniken, Erscheinungen

1873 SAINT-BAUZILLE DE LA SYLVIE/FRANKREICH Maria erschien am Dreifaltigkeitssonntag dem Weinbauern Auguste Arnaud, der in seinem Weinberg arbeitete. Sie wies ihn auf die geforderte Sonntagsruhe hin und regte ihn an, ein Kreuz und eine Marienstatue im Weinberg aufzustellen und mit seinen Nachbarn zu verehren. Genau einen Monat später erschien Maria wieder über dem inzwischen errichteten Kreuz und schärfte den Anwesenden ein: »Man darf am Sonntag nicht arbeiten! Selig, wer glaubt!«

Bew.: Quelle unbekannt; Quelle: R. Ernst, Lexikon; Däniken, Erscheinungen

1873 SAMOIS/FRANKREICH Maria erschien am 15. Mai einer Schulklasse von 25 Kindern am Fenster ihrer Klasse von 11 Uhr 45 bis 13 Uhr 30. Die Kinder hatten noch mehrere Schauungen, z. B. im Schulgarten, wo Maria ihnen mit dem Jesuskind auf den Armen und einer Krone auf dem Haupt erschien, und ein anderes Mal sahen sie die Flucht nach Ägypten.

Bew.: Quelle unbekannt; Quelle: R. Ernst, Lexikon

1873 SAN FRANCISCO/USA Maria riet der schwer erkrankten Miss Collins, drei Tropfen Wasser aus der Quelle von La Salette (das ihre Freunde mitgebracht hatten) in den Mund zu nehmen und dabei drei Gegrüßetseist-du-Maria zu beten. Die Kranke folgte dieser Eingebung Marias und wurde augenblicklich gesund.

Bew.: Quelle unbekannt; Quelle: R. Ernst, Lexikon

1873 WALBACH/FRANKREICH Am 14. 4. begann Maria als »Unsere Liebe Frau auf dem Rain« mehreren Menschen zu erscheinen: dem 21jährigen Joseph Hoffert, dem 13jährigen Xavier Hergott und der seit 21 Jahren

gelähmten 50jährigen Therese Kaufmann. Sie forderte zu Gebet und
Buße auf – nicht nur für sich selbst, sondern auch für Frankreich. Die drei
erhielten bei noch folgenden Erscheinungen viele Trostworte und Prophezeiungen. Am 13. 2. 1874 wurde Frau Kaufmann während einer
Erscheinung geheilt.

Bew.: Quelle unbekannt; Quelle: R. Ernst, Lexikon; Däniken, Erscheinungen

WITTELSHEIM (MÜHLHAUSEN)/FRANKREICH   Vom März 1873 bis in das   1873
Jahr 1875 hinein hatten viele Seher verschiedensten Alters dort Marienerscheinungen.

Bew.: Quelle unbekannt; Quelle R. Ernst, Lexikon; Däniken, Erscheinungen

NOYAL-MUZILLAC/FRANKREICH   Maria erschien am 10. September Jean-   1874
Pierre Le Boterff (1857–1888) über dem Wald, als er auf dem danebenlie-
genden Feld arbeitete. Maria war gekleidet in ein blaues, mit Sternen
durchwirktes Gewand, einen goldenen Mantel und einen weißen
Schleier. Sie forderte ihn zu einer Fußwallfahrt nach Sainte-Anne d'Au-
ray auf. Maria erschien ihm noch mehrmals und forderte ihn immer
wieder zu eifrigem Gebet für die Bretagne auf. Jean-Pierre wurde dann
Ordensbruder im Kloster Plöermel (»Frères de l'Instruction Chrétienne«)
in der Bretagne, wo er schon mit 31 Jahren starb.

Bew.: Gut bezeugt; Quelle: R. Ernst, Lexikon

BOULLERET/FRANKREICH   Maria erschien der Josephine Reverdy († 1908)   1875
am 11. 12. und heilte sie von einer schweren Krankheit. Dabei erklärte sich die Seherin bereit, als »Sühneseele« mitzuhelfen, für die
Sünden der Menschheit zu büßen. Maria zeigte sich ihr noch öfter als
»Schmerzensmutter« und »Königin der Märtyrer«. Vor allem an Samstagen hatte Josephine schmerzhafte Ekstasen, die sie als Opfer auf sich
nahm.

Bew.: Quelle unbekannt; Quelle: R. Ernst, Lexikon

VILLAREGGIA/ITALIEN   Maria erschien der Rosina Ferro (1851–1912) als   1875
»Schmerzensmutter« und von Engeln umgeben. Im Juli und August 1876
erlebte sie täglich um 15 Uhr an derselben Stelle am Straßenrand dieselbe
Schau. Darauf erhielt Rosina die Stigmata und erlebte jeden Freitag als
Sühneseele die Passion Christi mit. Sie opferte die Schmerzen als Sühne
für die Sünden der Menschheit auf. Zeitweise war Rosina Haushälterin
des Pfarrers von Tina (Diözese Ivrea, Provinz Turin).

Bew.: Gut bezeugt; Quelle: R. Ernst, Lexikon

1876 BALTIMORE/USA   Maria erschien dem Thomas Fred Price (geb. 1860), der bei einem Seesturm mit einem Schiff untergegangen und auf wunderbare Weise von Maria gerettet wurde. Er wurde Priester und errichtete 1911 zusammen mit G. A. Walsh die sogenannte »Maryknoller Missionare«, eine amerikanische Missionsgesellschaft von Priestern und Laien. Price ging 1918 als erster Superior nach China.

> Bew.: Gut bezeugt; Quelle: R. Ernst, Lexikon

1876 MARPINGEN/SAARLAND (DEUTSCHLAND)   Maria erschien drei achtjährigen Mädchen im sogenannten Härtelwald bei Marpingen in der Diözese Trier. Sie nannte sich die »Unbefleckt Empfangene« und vermittelte ihnen Botschaften, die in etwa mit denen in Fatima zu vergleichen sind (vgl. unter 1917). »Ihr sollt beten und nicht sündigen!« ist die Quintessenz ihrer Mahnungen und Aufträge. Eine Heilquelle wurde durch Maria erschlossen; viele Wunder werden berichtet. Die Kinder und auch einige Erwachsene hatten noch mehrmals Marienerscheinungen, auch Schauungen von Engeln und einer Taube über dem Jesuskind. Ein großer Pilgerzustrom setzte ein, der mit Hilfe von Militäreinsatz eingedämmt wurde. Die Erscheinungen dauerten vom 3. 7. bis zum 3. 9. 1876. Maria verabschiedete sich: »Ich komme wieder in schwer bedrängter Zeit!« (vgl. 1983). Die Kirche hat die Marienerscheinungen in Marpingen ausdrücklich abgelehnt.

> Bew.: Gut bezeugt, kirchlich abgelehnt; Quelle: R. Ernst, Lexikon; Däniken, Erscheinungen; Weigl/Branz, Volk unter prophetischem Anruf, S. 114

1876 METTENBUCH/DEUTSCHLAND   Maria erschien einigen Kindern, teilweise in Gegenwart Erwachsener (die aber nur wenig von dem Phänomen sahen), in einer Waldschlucht zwischen Mettenbuch und dem Kloster Metten (Benediktiner) bei Deggendorf in Bayern. Vom 1. bis 21. Dezember und dann nochmals im Januar 1878 hatten Karoline Kraus, Franz Xaver Kraus, Therese Liebl und Mathilde Sack, alle im Alter von 8 bis 14 Jahren, dort Erscheinungen. Neben Maria sahen sie auch das Jesuskind, allein und mit der Muttergottes, Jesus Christus auf dem Kreuz, den hl. Josef, verschiedene Engel und Heilige sowie Lichterscheinungen. Durch Vernehmungsprotokolle seitens des Pfarrers und des zuständigen Bischofs (Ignatius Senestrey von Regensburg) sind wir sehr detailliert über die Erscheinungen informiert. Der Bischof war nachweislich von Anfang an dagegen und lehnte die Anerkennung der Erscheinungen ab; sperrte sich auch, als verschiedentlich von Priestern, Professoren und Angehörigen des Klosters Metten in Rom gegen seine Entscheidung protestiert und ein neues Verfahren verlangt wurde. Maria erschien als

»Trösterin der Betrübten« und wurde im Volk die »Advent-Muttergottes« genannt, weil die Erscheinungen im Advent stattgefunden hatten und deutliche Bezüge Richtung Advent und Weihnachten erkennbar waren.

Die Mitteilungen der einzelnen Seherkinder weichen etwas voneinander ab (es haben offensichtlich nicht alle alles gesehen bzw. sich nicht alles gemerkt und nicht alles gehört; dasselbe Phänomen begegnet oft, wenn mehrere Seher sind und viele Materialprotokolle, Einzelbefragungen, Befragungen in kürzerem oder längerem Abstand zu den Erscheinungen usw. – zur Verfügung stehen; vgl. auch in Fatima, schon in La Salette, in Garabandal, in Medjugorje u. a.); insgesamt lassen sich folgende Phänomene feststellen:

1. Vorgeschichte: *Lichterscheinungen im Wald:* Etwa ab Oktober 1876 wird von »Lichtln« berichtet, die von verschiedenen Personen im Wald bei Mettenbuch gesehen worden sind und die man mit armen Seelen in Zusammenhang gebracht hat; es wird von rötlichen, blauen und weißen Lichtern gesprochen, die man etwa 1 Meter über dem Boden schweben und sich bewegen gesehen hat (hin- und herfahrend, auch durcheinander). Viele Bewohner gingen deshalb nach Einbruch der Dunkelheit in die etwa zwölf Minuten von Mettenbuch entfernte Waldschlucht und beteten dort für die armen Seelen, unter anderem die Lauretanische Litanei. Nicht jeden Tag wurden Lichter gesehen und nicht von jedem, aber von sehr viel mehr Menschen als nur von den vier Kindern.

1. 12.: Zwischen 19 und 20 Uhr beteten die drei Mädchen mit der Witwe Kraus, der Witwe Liebl und dem 30jährigen Johann Eckl neben der Waldschlucht. Da sahen sie »ein Licht in die Schlucht hinunterlaufen und daraus ein Christkindl entstehen«. Sie folgten dem Licht die Schlucht hinunter. Die drei Mädchen sahen ein hell strahlendes Kind stehen, in eine Art roten Rock gekleidet, oben bloß, mit einem schwarzen Fleck auf der Brust, der an einer goldenen Kette hing. Nach etwa 2 Minuten war es wieder verschwunden.

2. 12.: Die Kinder (diesmal waren auch die sechsjährige Katharina Kraus und der zehnjährige Franz Xaver Kraus dabei) sahen wieder das Jesuskind. Diesmal saß es auf dem Schoß der Muttergottes. Diese mit unbeschreiblichem Glanz im Gesicht, in blauem Kleid, mit weißen Strümpfen, goldenen Schuhen und weißem Schleier, der das Kleid halb bedeckte, auf einer Art Stuhl. Maria sagte: »Ich bin die Trösterin der Betrübten.« Dann sahen die Kinder hinter dem Armstuhl einen Mann (hl. Josef) und links und rechts einen Engel. Dann sagte Maria: »Es soll eine Kapelle, eine einfache Kapelle herkommen.« Sie ermahnte die Mädchen noch, beichten zu gehen, die Mütter sollten dies dem Pfarrer sagen. (Die sechsjährige Katharina sah nichts, und auch Franz Xaver hielt sich

noch zurück an diesem Tag; er betete oben am Rand der Schlucht mit
Johann Eckl den Rosenkranz und wurde von der Mutter aufgefordert, ihr
zu sagen, wenn er etwas sehen sollte.)

3. 12.: Am dritten Tag gingen sie wieder um dieselbe Zeit zur Erscheinungsstelle. Diesmal waren auch die Schwestern der Frau Kraus dabei.
Die beiden männlichen Teilnehmer der Pilgergruppe blieben wieder oben
am Schluchtrand, die weiblichen gingen in die Schlucht hinunter, und
bald hörte Franz Xaver die Mädchen rufen: »Sie ist schon wieder drun-
ten!« Niemand hatte ihm an den letzten beiden Tagen gesagt, was die
Mädchen gesehen hatten, auch jetzt sagte ihm seine Mutter nichts,
sondern ermahnte ihn zu beten: »Vielleicht siehst du es dann auch . . .«
Etwas später sah er dann das Jesuskind, in einem rötlichen Röcklein, mit
einem Kränzchen auf dem Kopf, gelockten blonden Haaren, blühend
weißen, gefalteten Händen und in einem strahlenden Glanz. Er beschrieb
dem neben ihm betenden Johann Eckl das Kind, der fragte, ob er es kenne:
Da hörte Franz Xaver eine leise Stimme: »Ich bin das göttliche Jesuskind«. Dann ging er hinunter in die Schlucht zu seiner Mutter und
erzählte ihr von seiner Sichtung. Als er wieder hinaufging, sah er nochmals das Jesuskind und etwas weiter entfernt eine große Gestalt; eine
Frau, die etwa so groß wie die 14jährige Mathilde war. Sie hatte ein langes
Gewand an und einen weißen Schleier, der das Gesicht wie bei einer
Klosterfrau einfaßte. Die Hände trug sie mitten auf der Brust gekreuzt,
der rechte Fuß stand etwas vor und ein weißer Strumpf in goldenem
Schuh mit Schnalle war zu erkennen. Um die Gestalt war ein zwei Fuß
breiter strahlender Schimmer. Die Frau schaute den Buben freundlich an.
Dann hörte er das Wort »Maria« und einen Beisatz, den er nicht verstand.
An den folgenden Tagen hörte Franz Xaver dann »Trösterin der Betrübten«, »die Himmelskönigin« und »Die allerseligste Jungfrau«. Wieder
ging Franz Xaver zu seiner Mutter, begleitet von Johann Eckl, und
erzählte es ihr. Dabei sah er noch immer Maria. Dann gingen die beiden,
immer auf Maria schauend, die Schlucht ein Stück aufwärts (rückwärts-
gehend) und sahen, wie Maria ihnen nachkam, »etwa bis zum Brünnl«.
Da knieten sie nieder, und Franz Xaver hörte: »Kniet euch in Schmutz
und geht im Schmutz, dann bekommt ihr Gnaden.« Als die beiden eine
solche Stelle suchten, war Maria verschwunden. Im selben Augenblick
sah Franz Xaver »den Heiland am Kreuz« (später wurde dort ein Kruzifix
errichtet). Das Kreuz war etwa 3 Meter hoch, ohne Inschrift und mehr als
½ Fuß breit. Die Füße des Heilands waren etwa 1 Meter über dem Boden.
Er hatte eine grüne Dornenkrone auf dem Haupt mit langen Stacheln, den
Kopf rechts geneigt und seine Hände waagrecht. Nägel waren in die
Handwurzel eingetrieben, Blut lief über die Arme in die Achselhöhle und
am Leib abwärts, die Füße waren übereinandergelegt, der rechte über den

linken, und mit einem Nagel, der durch den Rist ging, angenagelt. Die Wunde an der rechten Seite war handbreit, blutige Lappen hingen daran; alles war voller Blut. Ein gelbliches Tuch bedeckte seine Lenden, und beide Knie waren sehr verletzt. Er trug einen bräunlichen reichen Bart; seine Haare waren nicht sehr lang und die Stirn blau unterlaufen unter der Dornenkrone. Der Schein um Jesus war nicht ein Viertel so stark wie bei Maria. Als die Mutter kam und von ihm und von Eckl, dem er dazwischen immer kurz gesagt hatte, was er sah, informiert wurde, blieb sie bei ihnen und betete mit. Er sah Jesus so »eine kleine halbe Stunde«, dann war der Heiland plötzlich verschwunden.

4. 12.: Am nächsten Tag ging Franz Xaver mit Eckl zu der Stelle, wo sie am Tag vorher im Schmutz gekniet hatten. Franz Xaver sah sofort die Muttergottes, stehend, das Jesuskind auf ihrem rechten Arm und gekleidet wie am Tag zuvor. Manchmal wechselte sie auf den linken Arm und nach einer Viertelstunde verschwand die Erscheinung. Nachdem er Eckl mitgeteilt hatte, was er sah, und dieser es der Mutter erzählt hatte, sah Franz Xaver Engel, drei kleine Engel, die plötzlich an der Stelle waren, wo vorher Maria mit dem Kind stand; sie kamen näher, und er sagte es der Mutter. Ein Engel kam auf seine rechte Hand und sagte: »Ich will dich heute beschützen.« Dann wechselte er zur Hand des Johann Eckl und der zweite (rotgekleidet) kam zu ihm, dann der dritte, dann wieder der erste (weiß), auch auf der Hand des Eckl und der Mutter sah er Engel, sie waren etwa 8 Zoll groß. Eckl und die Mutter sahen sie aber nicht. Als sie dann weggingen, sah er eine Zeitlang noch die drei Engel, dann waren sie weg, dafür sah er ab diesem Zeitpunkt Engel bei den Mädchen, die er vorher nicht gesehen htte – sie waren größer als »seine«. Die Engel wurden von den Mädchen auch an den folgenden Tagen noch ein paarmal gesehen, nicht aber von Franz Xaver.

5. 12.: Wieder waren Eckl und Franz Xaver an ihrer Stelle. Diesmal sah Franz Xaver die Muttergottes und vier Engel (ungefähr 1 Meter groß), die auf goldenen Stühlen an einem goldenen Tisch, und zwar zu zweit an den beiden Längsseiten sich gegenüber saßen. Jeder hatte ein Blättchen oder Bildchen in der Hand. Maria stand an einer Schmalseite und redete mit den Engeln; sie reichte die Blättchen herum... Darauf kündigte Maria an, daß jetzt die Namenspatrone kommen würden. Dann verschwand sie mit den Engeln, und er sah drei kleine Gestalten kommen. Einer in schwarzem Talar und Chorrock kam zu ihm (hl. Franz Xaver), auf seine Hand, wie der Schutzengel am Vortag. Die anderen beiden hatte er nicht mehr in Erinnerung. Er wußte nur noch, daß sie alle drei geglänzt hatten. Die Namenspatrone der Mutter, des Eckl und sein eigener waren die ganze Zeit bei ihnen; auch noch auf dem Heimweg und zu Hause bis zum Schlafengehen.

Die Erzählungen der Kinder von den Erscheinungen der folgenden Tage gehen etwas durcheinander. Sie können die einzelnen Tage nicht mehr genau auseinanderhalten, hatten aber fast jeden Tag bis zum 21. 12. Erscheinungen. Sie sahen dabei folgende Phänomene:

– Jesus Christus in einem langen blauen Rock mit bloßen Füßen, darüber ein roter Mantel, die Hände an der Brust gefaltet, halb die Seitenwunde verdeckend, auf dem Kopf die grüne Dornenkrone, Blutstropfen auf dem Kopf unter der Dornenkrone, trauriges Gesicht, größerer Glanz als auf dem Kreuz (eine halbe Stunde Sichtung, ohne Worte)
– Himmelfahrt Marias zwischen zwei Engeln
– Maria als Königin im Licht, lebensgroß mit hoher Krone; nur von Franz Xaver gesehen, seine Begleiter sahen aber ein strahlendes Licht; Sichtung während des Betens, dann schlagartig verschwunden.
– Maria geht mit den Kindern eine Art von Kreuzweg bis zum Birnbaum am Rand der Schlucht (»Hier ist heute unser Altar!«); siebenmal knieten sie auf dem Weg nieder, oben werden sie gesegnet.
– Einmal brach Maria eine Sichtung ab und sagte: »Geht, es ist unvertraulich! Es kommen die Gendarmen!«
– Eine Engelerscheinung während des Rosenkranzbetens im Haus der Liebl-Familie. Franz Xaver küßt die Füße des Engels.
– Schau von Engeln mit Musikinstrumenten, aber keine Töne zu hören
– Schau einer Schar von Männern »mit einer großen Schachtel mit Medaillen« (vielleicht die Heiligen Drei Könige mit ihren Schätzen?)
– Die Schau mit dem goldenen Tisch; diesmal lag darauf ein großer Fisch.
– Maria mit drei goldenen Kettchen um den Hals, darunter ein längeres, an dem ein goldenes Herz auf die Brust hing.
– Maria mit dem Kindlein zwischen zwei Engeln auf einer sehr lichten, feinen Wolke; sie gab den Segen und fuhr dann in die Höhe, bis sie aus den Augen verschwand.
– Jesus in einem langen blauen Rock mit kürzerem rotem Mantel, der auf einer Wolke in den Himmel fuhr; zwei Engel kamen ihm entgegen und geleiteten ihn das letzte Stück nach oben.
– Maria hat etwas in der Hand wie eine goldene Schale und weiht damit Rosenkränze, die die Kinder dabei haben; dann gibt sie den Segen.
– Am 21. 12. nachmittags winkte sie Mathilde Sack allein zu sich und sagte, daß sie heute zum letztenmal da sei, daß sie aber in drei Jahren wieder hier sein werde und daß sich dann alle an diesem Platz versammeln sollten; sie werde dann alles zum Kapellenbau anordnen.
– Die kleinen Lichter (groß wie ein Hühnerei, aber sehr strahlend) sahen viele, die Seherkinder sahen sie größer werden bis zum ovalen Sonnenglanz, in dem dann Maria, das Jesuskind oder der leidende Jesus oder die Gruppen mit Maria erschienen und wieder verschwanden.

Maria gab keine großen Botschaften, hat aber doch mehrmals gesprochen; über das schon Berichtete hinaus tat sie noch die folgenden Aussprüche:
– »Wenn du täglich den Rosenkranz betest, wirst du Gnaden bekommen.«
– »Wenn sie (Joseph, Kathi und Ludwig, die oft dabei waren, aber nichts gesehen haben) fleißig beten, werden sie an den letzten Tagen etwas sehen« (tatsächlich sahen sie das Licht, in dem Franz Xaver Maria als Königin erblickte, während er betete).
– »Immer wenn ihr etwas gesehen habt, sollt ihr am selben Tag noch zwei oder drei Rosenkränze beten.«
– Maria lehrte Franz Xaver mehrere Sprüche, die er sich aber kaum gemerkt hat; rekonstruierbar war:
»Die heiligen Engel in goldener Pracht,
die bleiben bei euch / Winter und Sommer über Nacht!«
». . . sind im irdischen Paradies gewachsen.«
»Die Rosen im Garten . . . sind im Sommer zu erwarten.«
Therese Liebl und Karoline Kraus haben »Geheimnisse« gehört, die im Wortlaut nicht bekannt sind, inhaltlich z. B. »Wenn wir fleißig beten, bleibt der Krieg aus«.
Nach dem 21. 12. gingen die Seher mit den Erwachsenen noch zwei bis drei Wochen lang in die Schlucht und beteten dort, hatten aber keine Erscheinungen mehr. Im Jahr 1878 hatte lediglich Franz Xaver wieder Erscheinungen eines doppelten Sterns mit weißen und blauen Strahlen sowie der Gottesmutter und des Gekreuzigten.
Tragisch war es, daß Bischof Senestreys Haltung von Anfang an völlig ablehnend war. Die Seher wurden bei den von ihm persönlich vorgenommenen Verhören sehr unter Druck gesetzt (einzeln verhört), ihre Aussagen gegeneinander ausgespielt. Senestrey nahm es dabei nachweislich mit der Wahrheit nicht allzu genau. Das Ergebnis war, daß alle ihre Aussagen widerriefen und zugaben, nichts gesehen, sondern alles erfunden zu haben.
1887, mittlerweile erwachsen, nahmen alle vier ihren erzwungenen Widerruf zurück. Sie beginnen ihren Brief an den Bischof mit den Worten: »Da die Zeit gekommen zu sein scheint, daß wir in wirksamer Weise das Unrecht wiedergutmachen können, welches wir im Jahr 1878 gegen Unsere Liebe Frau begangen haben, so wird es Eure Bischöflichen Gnaden nicht überraschen, daß wir . . . unser früheres Geständnis zurücknehmen. Wir haben dasselbe damals aus Furcht und mannigfaltiger Verwirrung gemacht und nie aufgehört, es zu bereuen.«
Ausgelöst wurde diese Aktion durch die wunderbare Heilung der Barbara Eder, die sich am 20. Juli 1885 am Birnbaum an der Waldschlucht

ereignet hatte; sie war 1877 von einer Krankheit geheilt worden, als man ihr Brombeerblätter von der Waldschlucht aufgelegt hatte – 1883 gab es dann Anzeichen der Besessenheit an ihr, gleichzeitig aber eine starke Führung durch ihren Schutzengel, der die Besessenheit als Sühneleiden deutete und aufforderte, am Birnbaum von Mettenbuch einen Exorzismus vorzunehmen. Das geschah auch tatsächlich, und wie angekündigt, wichen mehrere böse Geister am neunten Tag des Exorzismus von ihr. Der Schutzengel trug ihr auf, diese gut bezeugte Heilung dem Bischof vorzulegen, ihn zu einer Untersuchung aufzufordern und eine Revision seiner Ablehnung von 1878 zu erreichen. Der Bischof erwies sich als unzugänglich. Er hatte auch zwei Mitglieder des Klosters Metten (Pater Franz Nock und Pater Hugo Dieringer), die sich für Mettenbuch, die Anerkennung der Erscheinungen sowie des Heilungswunders an Barbara Eder eingesetzt hatten, beim hl. Offizium verklagt und ihre Suspendierung durchgesetzt. – Beide starben in der Suspension, d. h., alle priesterlichen Tätigkeiten waren ihnen bis zum Lebensende untersagt.

Alle Hoffnungen, daß die zugesagte Wiederkunft Marias »in drei Jahren« und der Bau der Kapelle, wenn auch mit Verspätung, möglich werden würden, waren damit zerstört. In Marpingen hatte Maria eine Wiederkehr »in schwer bedrängter Zeit« angekündigt und 107 Jahre später (1983) tatsächlich realisiert. In Mettenbuch war die angekündigte Wiederkehr »in drei Jahren« (1879) aufgrund der erzwungenen Widerrufe und des bischöflichen Verbots unmöglich geworden – oder doch nicht? Der spätere Nachfolger von Bischof Senestrey auf dem Regensburger Bischofsstuhl, Rudolf Graber, sagte dazu: »Mettenbuch ist noch nicht zu Ende; es muß sich aber selbst noch einmal erweisen.«

Bew.: Gut bezeugt, kirchlich abgelehnt; Quelle: Heyder, Advent-Muttergottes in der Waldschlucht; R. Ernst, Lexikon

1876 PELLEVOISIN/FRANKREICH Maria erschien der sterbenskranken Magd Estelle Faguette. Insgesamt gab es 15 Erscheinungen. Am 19. 2. wurde Estelle geheilt. Maria sagte: »Da, wo du lebst, kannst du viel Gutes tun und meine Ehre verkünden. Es betrübt mich der Mangel an Ehrfurcht vor meinem Sohn. Frankreich! Was habe ich alles für dich getan! Und doch weigert es sich, darauf zu hören. Frankreich wird leiden! Es betrübt mich auch die ehrfurchtslose Haltung beim Gebet, wenn der Geist anderswo ist. Ich bin vor allem für die Bekehrung der Sünder gekommen.« Im Rahmen dieser Erscheinungen kam es auch zur Offenbarung des »Skapuliers vom brennenden Heiligen Herzen«.

Bew.: Gut bezeugt, Skapulier kirchlich gutgeheißen; Quelle: R. Ernst, Lexikon; Däniken, Erscheinungen; Graber, Marienerscheinungen, S. 43

DIETRICHSWALDE/ERMSLAND (POLEN) Maria erschien der 13j. Justina 1877 Schaffrinski und der 12 j. Barbara Samulowski, sowie einer 23j. und einer 45j. Frau zwischen dem 27. 6. und 16. 9. 160mal. Und zwar meist sitzend, von Engeln umgeben, strahlend, in einer lichten Wolke und manchmal auch mit Krone und Jesuskind im Arm. Von den Botschaften ist wenig bekannt geworden. (»Ich wünsche, daß ihr täglich den Rosenkranz betet!«) Es gab dort bereits eine Wallfahrtstradition im Zusammenhang mit einer Kopie des Gnadenbildes von Tschenstochau, das 1717 in der Pfarrkirche gekrönt worden war und eifrig besucht wurde. Eine starke Wallfahrtsbewegung, die vom Ortspfarrer gefördert wurde, setzte ein. In den damals ostpreußischen Wallfahrtsort kamen vor allem von Polen her zahlreiche Pilger. Eine vom zuständigen Ordinariat in Frauensburg eingeleitete Untersuchung brachte kein günstiges Ergebnis hinsichtlich der Glaubwürdigkeit der Erscheinungen. Zur 100Jahrfeier unter Kardinal Wojtyla jedoch anerkannt.

> Bew.: Gut bezeugt, kirchlich anerkannt; Quelle: R. Ernst, Lexikon; Däniken, Erscheinungen; Marienlexikon, Bd. 2

CNOC MHUIRE/IRLAND Am Abend des 21. August kam die Pfarrhaus- 1879 hälterin mit zwei Mädchen gegen 19 Uhr an der Kirche vorbei. An der Südwand des Gotteshauses sahen sie drei Gestalten. Weil es regnete, konnten sie zuerst nicht unterscheiden, ob es Menschen oder Statuen waren. Sie erzählten davon, und bald versammelten sich 15 Personen, denen sich Maria dann vor dem leuchtend gewordenen Hintergrund zeigte. Sie war weiß gekleidet und hielt die Hände erhoben, wie ein Priester bei der Messe. Ihr zur Rechten stand der hl. Josef; er hielt die Hände zum Gebet gefaltet. Ihr zur Linken sahen die Menschen den hl. Johannes in weißem Ornat, in der linken Hand ein geöffnetes Buch. Die Rechte hatte er, wie bei einer Predigt, zu einer Geste erhoben. Neben der Personengruppe war links ein Altar, auf dem, von einem Kreuz überragt, ein Lamm stand. Der Altar war von Licht und von blitzenden Sternen umstrahlt, und man sah viele Engel um ihn schweben. Die Erscheinung dauerte bis ungefähr 21 Uhr. Es wurde dabei nichts geredet oder geoffenbart; die Erscheinung hat sich auch nicht wiederholt. Der Pfarrer des Ortes weigerte sich, dabeizusein. Bei der nachfolgenden Untersuchung durch den Erzbischof von Tuam mußten alle Zeugen gleichzeitig und unter Aufsicht jeder für sich allein einen Bericht abfassen. Dieser erwies sich in allen Details als übereinstimmend, was zur kirchlichen Anerkennung führte.

Cnoc Mhuire, oft »irisches Lourdes« genannt, wurde zu einem wichtigen Wallfahrtsort. Viele Heilungen und Bekehrungen sind bezeugt und Maria wird dort als »Königin von Irland« verehrt.

Bew.: Gut bezeugt, kirchlich anerkannte Marienerscheinung; Quelle: Weigl/ Branz, Volk unter prophetischem Anruf; S. 74; R. Ernst, Lexikon; Emile Marmy, Wegweiser, S. 15

1882 LES LANDES / FRANKREICH   Maria erschien der 9jährigen Maria Lorteau († 1947) im Juni und von da an mehrere Jahre hindurch und forderte zu Buße und Gebet auf, um die drohenden Strafen Gottes abzuwenden.

Bew.: Unbekannte Überlieferung; Quelle: R. Ernst, Lexikon

1882 LYON / FRANKREICH   Maria erschien der Anne-Marie Coste (1862–1924) im Spital von Lyon, in dem sie mit Knochen- und Lungentuberkulose lag. Maria zeigte sich ihr in einem prächtigen Gewand, mit einem kostbaren Diadem, das Jesuskind im Arm und auf einer Wolke. Das Jesuskind hielt die Weltkugel mit einem zerbrochenen Kreuz in den Armen. Maria sagte: »Was noch an deiner Himmelskrone fehlt, sollst du durch Leiden ergänzen ... wenn man sich nicht bekehrt, kann ich die Strafen meines Sohnes nicht zurückhalten.«

Am 2. Januar 1883 erschien sie ein zweites Mal. Maria wünschte, daß Medaillen mit der »Verlassenen Mutter« geprägt werden.

Insgesamt hatte Anne-Marie Coste 19 Erscheinungen. Sie wurde von ihrer Tuberkulose geheilt und wurde Ordensschwester.

Bew.: Gut bezeugt; Quelle: R. Ernst, Lexikon; Däniken, Erscheinungen

1883 ROVIGO / ITALIEN   Maria erschien der 17jährigen Maria Inglese in ihrem Zimmer mehrmals. Sie erbat ihre Mithilfe bei der Einführung der Sühnekommunion an den ersten Monatssamstagen, der Sühnestunden, der Aufopferung guter Werke und Leiden und eigener Sühnegebete. Die Seherin gründete das »Fromme Werk der marianischen Sühne« und führte die »Herz-Mariä-Ehrenwache« ein. Sie trat als Schwester Maria Dolores in den Orden der »Suore Serve di Marie Riparatrici« ein und starb am 29. 12. 1889 als deren Generalvikarin.

Bew.: Gut bezeugt; Quelle: R. Ernst, Lexikon

1884 LYON UND DIEMOZ / FRANKREICH   Maria erschien der 27jährigen Marie-Louise Nerbollier ab März 1884 zuerst in Lyon und dann in Diemoz (in den französischen Alpen). Maria empfahl ihr das Rosenkranzgebet und bat sie um Verbreitung der Medaille von A.-M. Coste (»Verlassene Mutter«) (vgl. 1882 Lyon). Sie bestätigte die Erscheinung in La Salette und kündigte ihr die Stigmatisierung an, wenn sie sich zu Sühneleistung bereit zeigen würde.

Marie-Louise starb am 15. 8. 1908 und wurde in Diemoz begraben.

Aufgrund wunderbarer Ereignisse wurde sie am 17. 7. 1939 exhumiert: ihr Leichnam war völlig unverwest. Darauf beerdigte man sie in Pouilly-les-Fleurs (weit entfernt von Diemoz, um die Erinnerung an sie und an dieses Zeichen vergessen zu machen).

Bew.: Gut bezeugt; Quelle: R. Ernst, Lexikon; Däniken, Erscheinungen

MONTLIGEON/FRANKREICH Maria erschien in Trauerkleidung dem 1884 Pfarrer des Ortes und bat ihn um eifriges Gebet für die Armen Seelen.

Bew.: Unbekannte Überlieferung; Quelle: R. Ernst, Lexikon

NEAPEL/ITALIEN Maria erschien am 3. 3. der Fortuna Agrelli als Rosen- 1884 kranzkönigin von Pompei (vgl. 1872); sie riet ihr, drei Novenen zu halten und versprach ihr Heilung. Tatsächlich wurde die Kranke am 8. Mai gesund und pilgerte im Juni nach Valle di Pompei.

Bew.: Gut bezeugt; Quelle: R. Ernst, Lexikon

ST.-COLUMBIN/FRANKREICH Maria Lordeau hatte im Alter von neun 1884 Jahren häufig Marienerscheinungen, über die leider keine Einzelheiten bekannt sind.

Bew.: Unbekannte Überlieferung; Quelle: Däniken, Erscheinungen

SAINT-PIERRE-EYNAC/FRANKREICH Maria erschien den beiden Mädchen 1886 Françoise Prade und Marie Grousson zwischen dem 17. 7. und 14. 11 insgesamt 19mal. Maria trug immer einen schwarzen Schleier und einmal sahen sie ein umgestürztes Kreuz neben der Muttergottes. Es sind aber keine Botschaften überliefert. Marie Grousson trat in ein Kloster ein.

Bew.: Unbekannte Überlieferung; Quelle: R. Ernst, Lexikon

CASTELPETROSO/ITALIEN Maria erschien am 22. März zwei 30jährigen 1888 Frauen als Pietà in einer Grotte. Bis 1889 hatten insgesamt über 1000 Personen (Erwachsene) zahlreiche Erscheinungen. Maria zeigte sich meist als Schmerzensmutter. Zahlreiche Wunderheilungen und eine Heilquelle sind anerkannt. Auch der zuständige Bischof hatte eine Erscheinung. Heute gibt es dort eine Wallfahrtskirche und ein eigenes Pilgerhaus.

Bew.: Gut bezeugt, kirchlich (lokal) anerkannt; Quelle: R. Ernst, Lexikon; Däniken, Erscheinungen

1888 VALLENSANGES/FRANKREICH Maria erschien zwischen dem 19.7. und dem 29.9. 20mal dem 13jährigen Jean Bernard in einem Kleefeld. Bei der ersten Erscheinung sah Jean zuerst eine große Eidechse auf dem Boden. Maria befahl ihm, sie zu töten. Als er einen Stein auf die Eidechse warf, sah er, wie von dem getroffenen Tier aus eine Feuerkugel in die Erde glitt; zugleich nahm er einen abscheulichen Geruch wahr. Maria schwebte dabei in einem blendendweißen Gewand über dem toten Tier. Mehrmals erschien Maria auch weinend und beklagte sich über die Sünden der Menschen und warnte vor dem kommenden Zorngericht Gottes. Mehrere Wunder ereigneten sich und bestätigten die Erscheinungen.

Bew.: Gut bezeugt; Quelle: R. Ernst, Lexikon

1890 SIGNY/FRANKREICH Maria erschien schweigend in einer Lichtwolke, leuchtend, mit langem, von Engeln getragenem Schleier und gefalteten Händen den beiden Kindern Alfred und Marie Vailleaux am 8. Mai. Ein herrlicher Gesang, den die Kinder hören konnten, begleitete die Erscheinung, die sich nicht wiederholte.

Bew.: Unbekannte Überlieferung; Quelle: R. Ernst, Lexikon; Däniken, Erscheinungen

1892 CAMPOCAVALLO/ITALIEN Eine Marienstatue weinte am Fronleichnamstag. Es gab viele Zeugen.

Bew.: Gut bezeugt, kirchlich anerkannt; Quelle: R. Ernst, Lexikon

1893 ENGHIEN/BELGIEN Maria erschien während der Weihnachtsmesse der schon als Kind reich begnadeten Berthe Petit (1870–1943), zusammen mit dem Gekreuzigten und dem hl. Johannes. Berthe hörte die Versicherung: »Dein Opfer ist angenommen!« 1909 hörte sie bei einer Erscheinung der von einem Schwert durchbohrten Herzen Jesu und Mariä die Worte Christi: »Sorge, daß das Herz meiner Mutter geliebt wird, das durchbohrt wurde von den Schmerzen, die mein Herz zerrissen haben.« Berthe Petit lebte ein Opferleben, das bis zum Ende von vielen Erscheinungen und mystischen Erlebnissen begleitet war.

Bew.: Gut bezeugt; Quelle: R. Ernst, Lexikon; Däniken, Erscheinungen

1894 SZEZYK-BITA/POLEN Maria erschien der 12jährigen Julana Pezda. Ein Jahr später wurde durch die Ortsbewohner an der Erscheinungsstelle eine Holzkapelle gebaut, später dann eine Kirche, die durch die Salesianerpatres aus Auschwitz betreut wird.

Bew.: Gut bezeugt; Quelle: R. Ernst, Lexikon

VELLANGANY / INDIEN Maria erschien dem 12jährigen schwerkranken 1895
Krishnannesti Sankaranarayanam und heilte ihn. Seither wird sie dort als
»Maria von der Gesundheit« verehrt. Weil bei der Marienerscheinung
Maria mit dem Jesuskind erschien, sagt man auch »Unsere Liebe Frau mit
dem Jesuskind«.

Bew.: Unbekannte Überlieferung; Quelle: Däniken, Erscheinungen

TILLY SUR SEULLES / FRANKREICH Vom 18. März bis 26. Juli erschien Ma- 1896
ria zusammen mit Engeln und Heiligen viele Male 50 Schulkindern und
Schwestern; außerdem drei Jahre lang der anfangs 24jährigen Maria
Martel und zwei Jahre lang Paul Guérard und Louise Polinière. Maria
forderte zum Rosenkranzgebet und zur Buße auf und vermittelte Visionen gewaltiger Strafgerichte (Tilly wurde 1944 während des Zweiten
Weltkriegs völlig zerstört). Außerdem erschienen Zeichen am Himmel
und Sonnenwunder, die von vielen Menschen über die genannten Schauungen hinaus wahrgenommen wurden. Auch dämonische Einwirkungen
wurden in diesem Zusammenhang wahrgenommen.

Bew.: Gut bezeugt; Quelle: R. Ernst, Lexikon; Däniken, Erscheinungen

LORETTEVILLE / KANADA Maria erschien einem schwerkranken Mäd- 1898
chen, das daraufhin völlig gesundete.

Bew.: Unbekannte Überlieferung; Quelle: R. Ernst, Lexikon

SCHIPPACH / DEUTSCHLAND Maria erschien oftmals der hochbegnadeten 1898
Barbara Weigand (1845–1943). Sie erhielt viele Offenbarungen über die
Verehrung, den häufigen Empfang des allerheiligsten Altarsakraments
und über die kommenden schweren Zeiten. Sie gründete den Eucharisti-
schen Liebesbund. 1976 wurde der bischöfliche Informationsprozeß als
Vorbereitung des Seligsprechungsprozesses eingeleitet.

Bew.: Gut bezeugt; Quelle: R. Ernst, Lexikon

CAMPITELLO / KORSIKA Maria erschien der 13jährigen Perpetua Lorenzi 1899
und der 14jährigen Cellesia Passi, weiß gekleidet, auf einem Felsen stehend und mit blauem Schleier. Später sahen auch andere Kinder und
Erwachsene die Erscheinung. Maria sagte: »O ihr armen Sünder, betet,
damit ihr nicht in die Hölle kommt!«

Bew.: Unbekannte Überlieferung; Quelle: R. Ernst, Lexikon

20. Jahrhundert

1900 KIRCHDORF A. INN/ÖSTERREICH Maria erschien vom 15. bis zum 18. 11. der Magd Aloisia Aigner und nahm sie auf wunderbare Weise »mit sich nach Lourdes«, wo sie geheilt wurde. Aloisia Aigner war 1892 an einer schweren Lungentuberkulose erkrankt, zu der sich ein Magenleiden und schwere Krämpfe gesellten. Im Spätherbst 1900 war sie todkrank; die Krämpfe »drückten ihr geradezu die Rippen aus dem Körper«. Sie wollte gerne nach Lourdes, war aber nicht transportfähig. Als am 15. 11. ihre Mutter starb, fiel Aloisia Aigner in eine dreitägige tiefe Ohnmacht. Am Morgen des 18. 11. richtete sie sich plötzlich auf und rief: »Meine lahmen Glieder sind geheilt durch die heiligsten Herzen Jesu und Mariä!« Dem herbeigerufenen Pfarrer berichtete sie, daß sie in den letzten drei Tagen in Lourdes gewesen sei und daß er, der Pfarrer mit ihr an der Quelle gewesen sei. Maria habe Dämonen, die sie von der Quelle wegdrängen wollten, verjagt, habe Aloisia aber gleichzeitig wegen ihres durchaus nicht heilig-mäßigen Lebens ermahnt. Dann drückte Maria sie an ihr Herz und sagte: »Du bist mein Kind!« Die Muttergottes tauchte sie mit eigenen Händen in die Quelle und sagte: »Sprich mir nach: Meine lahmen Glieder sind geheilt durch die heiligsten Herzen Jesu und Mariä; ganz genesen kann ich nicht, um Gott noch mehr zu dienen und ihn zu verherrlichen.« Dann habe die Gottesmutter noch Rosenkränze an Gläubige verteilt und sie zum Beten aufgefordert für die ernste, bittere Zeit, die auf die Christenheit zukommen werde. – Darauf sei Aloisia mit der Bahn nach Hause zurückgekehrt. Aloisia erzählte von der Reise und nannte eine ganze Reihe auch kleiner Orte im Ausland, die an der Bahnstrecke von Lourdes her liegen. Drei Jahre später ließ Aloisia Aigner eine Lourdesgrotte bauen, die von der schon seit Jahrhunderten in Kirchdorf bestehenden Rosenkranzbruderschaft gepflegt wird. Bald war diese Grotte ein beliebtes Wallfahrtsziel, besonders bei chronisch Kranken.

Bew: Gut bezeugt; Quelle: Pichler/Böhm, Wege, S. 96

1900 LUCCA/ITALIEN Maria erschien oftmals der Mystikerin Gemma Galgani (1878–1903). Schwere häusliche Unglücksschläge (z. B. der frühe Tod der Mutter), eine sehr zarte Gesundheit (und dadurch ständig von Krankheiten heimgesucht) und seit 1899 mit dem Charisma der Wundmale (Stigmata) bezeichnet, gehört sie trotz ihres kurzen Lebens zu den größten Begnadeten. Durch ihre Autobiographie, ihr geistliches Tagebuch und durch einige Briefe und Berichte über ihre inneren Erfahrungen sind wir verhältnismäßig gut über Gemma Galgani informiert. Der Selig- und

Heiligsprechungsprozeß haben ein übriges getan, um ihr Leben rückblik-
kend aufzuhellen und die Erinnerung daran zu bewahren. Papst Pius XII.
sagte in seiner Homilie zur Heiligsprechung am 2. Mai 1940: »Er, der die
Demütigen hoch erhebt, hat die Jungfrau von Lucca mit Gaben und
Charismen überhäuft. So sehr, daß ein jeder in ihrem Antlitz voller
Reinheit und in ihren jungfräulichen Augen den leuchtenden Ausdruck
ihrer unschuldigen Seele erkennen konnte. Bei ihrem Anblick fühlt man
sich sanft gedrängt, sich von den Dingen dieser Welt loszulösen, und in
den Bann der Wirklichkeit Gottes gezogen.«

1) Marienmystik in der frühen Kindheit: Gemma wird am 12. März als
fünftes von acht Kindern geboren. Schon als Fünfjährige fand sie zu einer
tiefen Verbundenheit mit Maria, wozu ihr die Mutter verhalf, die mit
dem nach vier Knaben geborenen Mädchen innig verbunden war. In ihrer
»Autobiographie« erinnert sich Gemma daran, daß sie die Mutter eines
Tages in die Arme schloß und sagte: »Ich habe Jesus so oft angefleht, mir
eine Tochter zu geben. Er hat mich erhört, gewiß, aber etwas spät. Ich bin
krank, ich werde sterben und muß dich bald verlassen. O wie gerne
möchte ich dich mit mir nehmen! Würdest du mit mir gehen?... mit
Jesus ins Paradies, zu den Engeln...?« Die Mutter weckte in der kleinen
Gemma die Sehnsucht nach dem Himmel. Als die Mutter starb, schloß
sich Gemma ganz innig ihrer himmlischen Mutter an und betrachtete sich
als ein Abbild der zu Füßen des Kreuzes stehenden Mater Dolorosa. Mit
Maria und in Maria empfing Gemma geheimnisvoll das Schwert der
Schmerzen und nahm teil am Leiden des Erlösers.

2) Besuche aus dem Himmel: Der Tod des Vaters und schwere Krankheiten bedeuteten für die heranwachsende Gemma viele Leiden, die sie bis
an die Grenzen ihrer Kraft belasteten. Dabei wurden ihr neben ihrem
Schutzengel, den sie oftmals hörte und sah, und neben Schutzengeln
anderer und anderen Engeln auch Heilige zu Gefährten; vor allem der
selige Gabriele dell' Addolorata (Francesco Possenti, 1838–1882), der ihr
oftmals erschien und sie geistig führte. Von ihrem Beichtvater belehrt,
lernte Gemma in dieser Hinsicht früh die nötige Gefühlskontrolle.

Auf den Tod krank (sie litt unter einem inoperablen Gehirntumor,
einer Lähmung der Beine und mehreren Abszessen an Niere und Wirbelsäule) begann sie am 23. Februar 1899 mit einer Novene. In diesen Tagen
gesellte sich zu allem noch eine eitrige Entzündung am linken Ohr. Am
3. März aber war Gemma schlagartig gesund – eine wunderbare Heilung,
welche die Todkranke wieder dem Leben zurückgab, freilich, um neue
Leiden auf sich zu nehmen und Jesus anzubieten.

3) Im Geheimnis des Herzens Marias: Alles Spirituelle im Leben
Gemmas vollzog sich in inniger Verbundenheit mit Maria, sie vertraute
ihr ganzes Leben Maria an. Am 15. August 1900 erschien ihr Maria und

bot ihr an, ihr Herz an sich zu nehmen und es ganz ihrer mütterlichen Obhut anheimzustellen. Gemma schreibt in ihrem »Geistlichen Tagebuch«, das sie vom 19. 7. bis 3. 9. 1900 geführt hat:

> Mit großem Ernst richtete sie diese Worte an mich: »Meine Tochter, ich komme diesen Morgen vom Himmel und will dein Herz mit mir nehmen.« Da schien mir, sie komme auf mich zu . . . Sie nahm mein Herz, drückte es mit ihren Händen an sich und sagte: »Ängstige dich nicht; sei gut. Ich beschütze dein Herz, oben, bei mir! Es wird immer in meinen Händen sein.« Sie segnete mich, und im Gehen sagte sie diese Worte: »Mir hast du dein Herz gegeben; Jesus aber wünscht noch etwas anderes.« Ich fragte: »Was denn?« Sie erwiderte: »Deinen Willen.« Darauf verschwand sie.

Nach dem Empfang dieser außerordentlichen Gnade verspürte sie eine unüberwindliche Sehnsucht nach ihrer himmlischen Mutter; ihr Herz war »anderswo«. Die regelmäßigen »Besuche« Marias an jedem Samstag als »Schmerzensreiche Mutter« unter dem Kreuz hatten sie auf diese Herzensverbundenheit bzw. Herzverlorenheit vorbereitet. Sie hatte sich längst schon ganz in das Herz Marias hineinversetzt und war des in den Tränen Marias verborgenen Geheimnisses innegeworden. In ihren Briefen an ihren Beichtvater Pater Germano und in ihrem Bericht über ihre Ekstasen schreibt sie darüber:

> Sage mir, meine Mutter, was hast du gemacht, als du Jesus gekrönt gesehen hast mit Dornen? Was hast du getan, was hat dein Herz gefühlt? . . . Oh, ich verstehe, ich verstehe: es ist ein zu großer Schmerz . . . Welcher Unterschied zwischen deinem Herzen und meinem! Jesus ist tot, und du, meine Mutter, du weinst. Was tun; mit wem sprechen? Aber ich bin nicht würdig, daß du bei mir bleibst! Warum weinst du? . . . Was ist der Grund deiner Tränen? Wenn du weinst, weil ich Jesus beleidigt habe, meine Mutter, so tröste dich; ich will alles tun, um ihn nicht mehr zu beleidigen, ich will alles tun, um Jesus nicht weh zu tun. Und du fragst mich, meine Mutter, was mich drängt, Jesus so zu lieben? Weiß ich nicht, was er mir versprochen hat? Ich bin seine Begleiterin in den Mühsalen, ich werde auch seine Gefährtin sein in der Herrlichkeit. Ich habe keine Angst, meine Mutter, alles zu opfern: Worte, Gedanken, Qualen, denn ich will Jesus nicht mehr beleidigen. Oh, erbärmliche Sünder, hört auf, Jesus zu kreuzigen, denn gleichzeitig durchbohrt ihr das Herz seiner Mutter! (31. März 1900)

> Gestern früh verlangte sie eines dieser Opfer, und als ich zustimmte, traten Tränen in meine Augen . . . Sie küßte mich und sagte: »Weißt du nicht, daß nach dem Kreuzesopfer deine Leiden es sind, die dir die Pforten des Himmels öffnen müssen?« Sie hat mir nichts Weiteres gesagt, aber ich habe verstanden . . . Während der Kommunion, am 8. Mai, hat sie es mir erklärt: »Schau, meine Tochter, ich habe dir diesen Morgen alles gegeben; ich habe dir mein Liebstes gegeben: meinen Sohn Jesus selbst. Willst du mir nicht auch dein

Kostbarstes schenken?« Weinend habe ich geantwortet: »Ja, meine Mutter.«
Und die Tränen flossen von selbst, gegen meinen Willen. Es lebe Jesus, es lebe
Maria! Es schien mir, heute morgen, daß mein Schutzengel mich zu Jesus
führe, als ich hinging, ihn zu empfangen. Es war für mich ein Tag im Paradies!
(9/13. Mai 1901)

Auf diese Weise vorbereitet, machte Gemma große Fortschritte in der
mystischen Verbundenheit mit ihrer himmlischen Mutter, erlebte zugleich aber auch große Not, wenn sie auf eine neuerliche Begegnung
»warten« mußte:

Mama! Meine liebste Mutter, so läßt du mich allein?... O liebe Mutter... ich
kann nicht mehr sein ohne dich... O meine Mutter! Erinnerst du dich noch
des Tages, an dem du mein Herz mit dir in den Himmel mitgenommen hast?
Behüte es weiter dort oben... so ist es immer bei dir... Meine liebe Mutter,
bei dir gibt es alles im Überfluß... Was denkst du? Kann ein kleines Mädchen
seine Mutter entbehren?... Ja, Mutter, ich fühle mich nicht gut... Ich habe
einen Schmerz im Kopf, aber es ist nicht der Schmerz Jesu... Ich ertrage aber
beide gerne. Ich fühle mich etwas stärker. O liebe Mama... ich bin nicht
zufrieden mit dir... Während vierzehn Tagen habe ich dich nicht gesehen...
(Und den Engel auch nicht.) Er ist nicht nett, der Schutzengel! Warum werde
ich so bestraft! Was habe ich getan?... Du aber besuchst mich; er verlangt zu
viel, dieser Engel!... O meine liebe Mutter, ich kann nicht sein ohne dich!
Verlasse mich nicht... Meine liebe Mutter, ich möchte dich immer besitzen.
Ich kann mich von dir nicht mehr trennen. O meine... liebe Mutter, nimm
mich mit ins Paradies. Ich will nicht ohne dich sein. Siehst du das Leid, das du
mir verursachst? Ich brauche dein Herz. Ja, täglich suche ich dich, um das
schmerzhafte Schlagen meines Herzens in deines zu verlegen... O, wenn du
wolltest! Verlasse mich nicht... verlasse mich nicht! Wann wirst du wiederkommen?... Welcher Kummer für mich, wenn du weggehst! Aber, wie du
willst!... O meine liebe Mutter, verlasse mich nicht; ich kann ohne eine
Mutter... meine Mutter, nicht leben!... (28. August 1900)

5) Kirchliche Reaktionen: Gemma Galgani fand in der Familie Giannini
»als zwölftes Kind« liebevolle Aufnahme und übersiedelte zu Beginn des
Jahres 1900 ganz dorthin. Die letzten drei Jahre ihres Lebens konnte sie
daher, gut behütet, ihre reichen Anlagen entfalten. In ihrer eigenen
Familie (sie wohnte bei zwei Tanten) war dies nicht möglich, weil diese sie
nur als überspannte Heuchlerin ansahen. Zum selben Zeitpunkt wurde
sie auch mit Pater Germano, dem 1850 geborenen Passionistenpater,
verbunden, der sie die letzten drei Jahre ihres Lebens führte und viel dazu
beitrug, daß die Kirche ihr Leben als heiligmäßig erkannte und anerkannte. 1931 wurde sie selig-, 1940 von Papst Pius XII. heiliggesprochen.

Bew.: Gut bezeugt, kirchlich anerkannt; Quelle: J. M. Höcht, Wundmale,
S. 394, Textquelle: J.-F. Villepelée, Die Torheit des Kreuzes, Bd. 2, Hauteville
1978

1900 PEKING/CHINA Zur Zeit des Boxeraufstands sahen viele am Himmel die Erscheinung einer weißgekleideten Dame. Neben ihr war ein strahlender Krieger (hl. Michael?) mit großen weißen Flügeln, umgeben von vielen Engeln. Zur Erinnerung an diese Schau wurde ein Denkmal errichtet.

> Bew.: Gut bezeugte Ursprungsgeschichte für das Denkmal; Quelle: R. Ernst, Lexikon

1900 SÄN-TAI-DSE/CHINA Während der Belagerung des Dorfes durch die Boxer vergoß eine Marienstatue in diesem Dorf längere Zeit hindurch auffällig Tränen. Die Belagerung wurde abgebrochen, als sich diese Erscheinung herumsprach.

> Bew.: Gut bezeugt; Quelle: R. Ernst, Lexikon

1900 TANGANIKA/AFRIKA Maria erschien zwei eingeborenen Frauen und heilte sie (Wiederholung im Jahr 1903).

> Bew.: Quelle unbekannt; Quelle: R. Ernst, Lexikon

1900 TONG-LU/CHINA Wie einige Zeit vorher erschien auch hier am Himmel eine wunderschöne Frau, in der viele Menschen Maria erkannten. Sie deuteten die Erscheinung dahingehend, daß Maria die Stadt beschützen werde. Aus Dankbarkeit errichteten sie eine schöne Marienkirche, in der das Andenken an die Erscheinung wachgehalten und Maria verehrt wird.

> Bew.: Gut bezeugt; Quelle: R. Ernst, Lexikon

1904 ZDUNSKA-WOLA/POLEN Maria erschien dem 10jährigen späteren Pater Maximilian Kolbe (1894–1941). Sie zeigte ihm zwei Kränze, sah ihn liebevoll an und sagte: »Welchen willst du haben? Der weiße bedeutet, daß du die Reinheit bewahren wirst, der rote, daß du als Märtyrer sterben wirst.« Der kleine Raimund entschied sich für beide. Maria lächelte und verschwand. Mit 13 Jahren trat er in das Knabenseminar der Minoriten in Lemberg ein, studierte in Rom und legte 1914 seine Profeß ab. 1917 gründete er in Rom die »Militia Immaculatae«, eine marianische Apostolatsvereinigung. Für diese schuf er, zurückgekehrt nach Polen, 1922 in Krakau eine Zentrale mit großen Presseeinrichtungen, die 1927 nach Niepokalanów verlegt wurde. 1930 ging er nach Japan und gründete in Nagasaki eine ähnliche Zentrale im Dienst der katholischen Verkündigung über die Massenmedien. 1936 kehrte Pater Maximilian nach Polen zurück, wurde ins KZ Auschwitz gebracht und starb am 15. 8. 1941 stellvertretend für einen Mithäftling. 1991 heiliggesprochen.

> Bew.: Gut bezeugt; Quelle: R. Ernst, Lexikon

QUITO / ECUADOR   Schüler und Professoren im Jesuitenkolleg »San Ga- 1906
briel« bemerkten, wie sich bei einem Marienbild der »Schmerzhaften
Muttergottes« im Studiensaal der Gesichtsausdruck änderte. Die Augen
schlossen und öffneten sich, und Maria schien »wie lebendig«. Nach der
feierlichen Übertragung des Bildes in die Kirche geschahen die gleichen
Erscheinungen auch vor dem anwesenden Bischof. Viele Bekehrungen
erfolgten durch dieses sichtbare Zeichen der »Wirklichkeit« Marias. Zum
50. Jahrestag dieser Erscheinungen hielt Papst Pius XII. eine Rundfunk-
ansprache an die Gläubigen in Ecuador.

Bew.: Gut belegt; Quelle: R. Ernst, Lexikon; Däniken, Erscheinungen

BORDEAUX / FRANKREICH   In der Wohnung der Maria Mesmin, geb. Bail- 1907
let, in Bordeaux weinte eine Lourdesstatue von März 1907 bis zum
5. März 1910. Eine Statue der »Santissima Bambina« (Kopie der Statue in
Mailand) weinte in derselben Wohnung vom 19. Dezember 1911 bis zum
20. Januar 1913. Ab 8. September 1909 hatte Frau Mesmin insgesamt 19
Marienerscheinungen in der Kirche Notre Dame in Bordeaux, bei denen
sie u. a. über die Gründe des Weinens aufgeklärt wurde: die vielen
Gotteslästerungen, Sünden und die kommenden Strafgerichte.

Bew.: Gut bezeugt; Quelle: R. Ernst, Lexikon

OBERMARCHTAL / DEUTSCHLAND   Mechthilde von Schönwerth (1868 bis 1907
1919) erlebte von Jugend an Schauungen und Erscheinungen Jenseitiger.
Sie beschreibt eine Erscheinung am 12. 4. so: »Beim Beten des Gegrüßet-
seist-du-Königin sah ich die Königin der Engel, umgeben von einem
Engelschor. St. Gabriel stand neben mir und opferte ihr mein unvollkom-
menes Gebet mit großer Liebe und Ehrfurcht.«
   Am 4. 4. 1912 berichtet sie: »Unsere Liebe Frau hat wunde Augen, sie
hat viel geweint, ihr Antlitz ist so bleich wie das des toten Sohnes auf
ihrem Schoß... Maria nimmt mit zarter Hand die Dornenkrone vom
Haupte des Herrn... Dann reinigt sie mit einem in Wasser getauchten
Schwamm die Wunden Jesu vom Blut. Beim Anblick der schrecklich
durchbohrten Hände schließt Maria einen Augenblick die tränenvollen
Augen.«

Bew.: Gut bezeugt; Quelle: R. Ernst, Lexikon

LÜMMEN / BELGIEN   Maria erschien oftmals der gottseligen Rosalie Püt 1908
(1868–1919), die seit ihrem 17. Lebensjahr stigmatisiert und mit reichen
mystischen Begnadigungen beschenkt war. Am 21. Mai 1908 kam Helene

Hofmann – die ein Tagebuch über ihre zahlreichen Begegnungen mit der Stigmatisierten hinterlassen hat – zu Rosalie Püt mit einem Anliegen. Dem Muttergottesbild der Immerwährenden Hilfe in Burgsteinfurt in der Pfarrkirche von Frau Hofmann waren eine Woche zuvor die Augen ausgestochen worden. Frau Hofmann brachte das Bild zum Restaurieren, besuchte anschließend Rosalie Püt und klagte ihr dieses Leid. Hellsehend wußte Rosalie Püt bereits davon, kannte die Ausführenden und ihren Auftraggeber und bat Rosalie um Vermittlung bei Maria wegen einer Sühne. Sie erhielt am nächsten Morgen eine »Botschaft«:

> »Der lieben Mutter Gottes habe ich dein Anliegen vorgetragen. Sie hat geantwortet: »Es ist mir sehr wohlgefällig, wenn die Bruderschaft von der Immerwährenden Hilfe in der Gemeinde eingeführt wird, und jedes Kind und jeder Erwachsene soll eine Medaille bekommen und eine Litanei von der Immerwährenden Hilfe, und ich wünsche, daß diese Litanei oft gebetet wird. Dies alles soll geschehen durch einen Pater, in dessen Orden mein Bild von der Immerwährenden Hilfe am meisten verehrt wird, und dies sind die Redemptoristen. Es wird ihr schwerfallen, alles dieses auszuführen, sie muß Mut haben, keine Mühe scheuen. Mir aber ist es sehr angenehm und wohlgefällig, ich werde ihr beistehen.«

Tatsächlich gelang das Vorhaben, und etwa 800 Personen wurden Mitglieder der Bruderschaft. Viele wunderbare Zeichen geschahen an Rosalie Püt (Bilokation, geistige [mystische] Kommunion, Erlösungen von Armen Seelen, regelmäßige Passionsekstasen, viele Visionen u. v. a. m.). Erwähnt seien noch die Offenbarungen über die letzten Lebensjahre, den Tod und die Himmelfahrt Marias in Ephesus (vgl. dazu die Vision der gar nicht weit entfernt in Dülmen ansässigen Anna Katharina Emmerick, 1819), die langwierige Geschichte der Auffindung des Wohnhauses Marias in Ephesus, ihres »Kreuzweges«, den sie sich anlegte, um der Passion ihres Sohnes zu gedenken, und des Grabes Marias. Der Plan des Kreuzwegs prägte sich auf wunderbare Weise dem Arm der Rosalie Püt ein und ermöglichte ganz entscheidend sein Auffinden. Die Offenbarungen der Rosalie Püt schlossen nahtlos an die Offenbarungen der Anna Katharina Emmerick an und lassen deutlich den »Plan« Gottes erkennen, Aufschluß über diese unbekannten Details aus dem Leben Marias durch »Offenbarungen« zu geben. Diesen Anweisungen konnten die Archäologen dann folgen, was sie ja auch tatsächlich gemacht haben.

Bew.: Gut bezeugt; Quelle: H. Hofmann, Meine Besuche; R. Ernst, Lexikon

1909 GRAY/FRANKREICH Pater Lamy erlebte während eines hl. Meßopfers am 9. September eine wunderbare Marienerscheinung: Altar, Kelch, Kerzen und er selbst wurden von herrlichem Glanz durchdrungen. Er erhielt die

Anleitung zur Gründung einer neuen Kongregation und Prophezeiungen über den kommenden Weltkrieg. Pater Lamy hatte noch mehrere Marienerscheinungen in späteren Jahren an anderen Orten (vgl. 1914 Violet und 1930 Pailly).

Bew.: Gut bezeugt; Quelle: R. Ernst, Lexikon

LOUBLANDE/FRANKREICH   Maria erschien der 13jährigen Claire Fer- 1909 chaud (1896–1972) mehrere Male. Sie schaute Maria in himmlischem Glanz, aber auch als Schmerzensmutter mit schwarzem Schleier. Claire erhielt von ihr und von Jesus Christus viele Offenbarungen und Botschaften an politische Machthaber (Frankreichs) über das Herz Jesu, das hl. Meßopfer und die Zukunft Frankreichs.

Bew.: Gut bezeugt; Quelle: R. Ernst, Lexikon

BADEN-BADEN/DEUTSCHLAND   Maria erschien damals Franziska Nisch 1910 (1822–1913), die als Klosterschwester Ulrika seit 1904 Mitglied der Barmherzigen Schwestern vom Kreuz in Ingenbohl/Schweiz war. Zeitweise war Schwester Ulrika im St.-Vinzenz-Haus in Baden-Baden und erlebte dort am 8. 12. eine Erscheinung Christi und der Unbefleckten Empfängnis in unvergleichlicher Schönheit. Schwester Ulrika führte als Küchenschwester ein Leben voll Demut und unermüdlicher Hingabe im Dienst am Nächsten. Mittlerweile wurde sie seliggesprochen.

Bew.: Gut bezeugt; Quelle: R. Ernst, Lexikon

TOURTRES/FRANKREICH   Maria erschien dreimal vom 18. bis zum 20. 9. 1910 der 29jährigen Marie Eymard († 1973) und nannte sich »Mutter und Zuflucht der Sünder«.

Bew.: Gut bezeugt; Quelle: R. Ernst, Lexikon

WEYBURN/KANADA   Maria erschien der 25jährigen Dorothea Clemens 1911 am 28. November als »Unsere Liebe Frau vom Berg Karmel«.

Bew.: Quelle unbekannt; Quelle: R. Ernst, Lexikon

ALZONNE/FRANKREICH   Maria erschien zwischen 1913 und 1921 etwa 1913 500 verschiedenen Sehern unter nicht näher bekannten Umständen. Viele von ihnen hörten auch prophetische Botschaften, die teilweise den Weltkrieg betrafen. Viele Bekehrungen werden gemeldet.

Bew.: Quelle unbekannt; Quelle: R. Ernst, Lexikon

1914 La Marne/Frankreich Bei der großen Marne-Schlacht sahen viele deutsche Soldaten am Himmel eine weißgekleidete Frau, die ihren Vormarsch aufhielt. Die Soldaten erhielten den strengen Befehl, nicht darüber zu sprechen.

Bew.: Gut bezeugt; Quelle: R. Ernst, Lexikon

1914 Kolomenskoje (Moskau)/Russland Eine innere (himmlische) Stimme sagte der Bäuerin Eudikia Andrianowa am 13. 2. in Potschinki, wo in Kolomenskoje bei Moskau eine schwarze Muttergottesikone verborgen sei. Geleitet von dieser Stimme, fand sie die Ikone tatsächlich.

Bew.: Quelle unbekannt; Quelle: R. Ernst, Lexikon; Däniken, Erscheinungen

1914 Violet/Frankreich In der Gnadenkapelle »Notre Dame des Bois« erlebte Pater Lamy (vgl. unter 1909, Gray) mehrere Marienerscheinungen und Wunder.

Bew.: Gut bezeugt; Quelle: R. Ernst, Lexikon

1915 Welberg/Holland Maria erschien Johanna Gorissen (geboren 1907) von 1915 an unzählige Male. Sie schaute beim erstenmal Maria als »Moederke« (Mütterchen). Mit Engelshilfe (medial) wurde ein Gemälde dieser Erscheinung angefertigt. Johanna Gorissen wurde stigmatisiert und war eine Opfer- und Sühneseele. Sie sah Maria zwar immer mit einem sehr mütterlichen Blick, aber insgesamt doch als jugendliche Erscheinung.

Bew.: Gut bezeugt; Quelle: R. Ernst, Lexikon

1916 Paris/Frankreich Maria erschien zwischen 1916 und 1929 häufig der Marie-Madeleine Zoegger und leitete sie mittels Eingebungen an, Sühneseelen zu suchen. Diese sollen dann im Rahmen der von ihr gegründeten Genossenschaft »Sühneseelen des Unbefleckten Herzens Mariens zum Trost des hl. Herzens Jesu« leben und die Tugenden der Demut, Sanftmut und Barmherzigkeit pflegen.

Bew.: Gut bezeugt; Quelle: R. Ernst, Lexikon

1917 Basel/Schweiz Maria erschien der 15jährigen Adrienne von Speyr (1902–1967) einer evangelischen Konvertitin, Ärztin und stigmatisierten Mystikerin, die auch als religiöse Schriftstellerin unermüdlich tätig war (82 Werke). Von der Marienschauung an einem Novembermorgen berichtet sie in ihrer (handschriftlichen) Selbstbiographie:

»Ich erwachte wegen eines goldenen Lichtes, das die ganze Wand über meinem Bett erfüllte, und ich sah wie in einem Bilde die Mutter Gottes, von verschiedenen Leuten umgeben (diese standen etwas zurück, während sie ganz im Vordergrund war) sowie von einigen Engeln, wovon einige so groß waren wie sie, andere klein wie Kinder. Das Ganze war wie ein Bild, dennoch war die Mutter Gottes lebendig, im Himmel, und die Engel wechselten ihre Stellung. Dies dauerte, glaube ich, sehr lange; ich schaute wie in einem wortlosen Gebet und staunte vor Bewunderung, nie hatte ich etwas so Schönes gesehen; anfangs war das ganze Licht wie hellblitzendes Gold, dann wurde es allmählich blasser, und während es verblaßte, wurden die Züge der Jungfrau Maria deutlicher. Ich war in keiner Weise erschrocken, vielmehr von einer neuen, starken und sehr sanften Freude erfüllt. Keinen Augenblick erschien mir das Ganze als unwirklich, es kam mir nicht in den Sinn, ich könnte das Opfer einer Täuschung sein.

Wenn ich mich recht entsinne, habe ich niemandem etwas davon gesagt ... Die Erinnerung an diese Erscheinung blieb mir sehr lebendig; lange Zeit begleitete sie mich wie ein wunderbares Geheimnis ... Niemals wäre es mir eingefallen, mit einem protestantischen Pastor darüber zu sprechen, obwohl ich nicht glaube, daß ich damals in irgendeiner Weise wußte, ich müßte katholisch werden. Seit jenem Ereignis behielt ich über Fernen hinweg eine Zärtlichkeit zur Mutter Gottes; ich wußte, daß man sie lieben muß, aber dies wurde für mich zu keinem Anlaß tieferer Beunruhigung ... Als die Mutter Gottes verschwand, kniete ich an meinem Bett nieder (diese Gewohnheit hatte ich seit meinem elften Geburtstag angenommen), und ich denke, ich blieb im Gebet, bis es Zeit war, zur Schule zu gehen.«

Hans Urs von Balthasar, der große katholische Theologe, der 1940 nach Basel kam, war praktisch von der ersten Stunde an ihr spiritueller Begleiter. Ihm diktierte sie viele ihrer Werke und sprach mit ihm seine Theorien durch; er war ihr behutsamer Seelenführer. Sogleich nach der Konversion (1940) beginnt

»ein wahrer Katarakt mystischer Gnaden sich über Adrienne zu ergießen, in einem scheinbar regellosen Sturmwind, der nach allen Richtungen gleichzeitig wirbelt. Gebetsgnaden vor allem; Hinweggerissenwerden aus allem mündlichen Beten und selbstgeführtem Betrachten zu Gott, um nach unbestimmter Zeit mit neuen Erkenntnissen, neuer Liebe, neuen Entschlüssen irgendwo abgestellt zu werden. Gnaden der Schau: nach einem ersten noch verschleierten Sichzeigen der Mutter Gottes ein immer offeneres, ein Umgang mit ihr von solcher Zartheit und Ehrfurcht, aber auch von so selbstverständlicher Familiarität, daß alle ›Geschichten‹, die sie mir von Maria erzählt, einen Hauch des Vertrauten und zugleich wundersam-unausdenkbar Schönen an sich tragen. Der Umgang mit Ignatius ... Dann die Turba magna der Heiligen, in deren Kreise sie in ›Visionen‹, ›Versetzungen‹ einbezogen wird, die ihr einzeln oder in Gruppen erscheinen, sie in die Welt des Himmels einführen. – Dazu kamen mehr äußere Charismen ... unerklärliche plötzliche Heilungen,

die sich besonders in ihrer ärztlichen Praxis auswirkten (von 1931–1951)...
Über all ihr späteres Wirken senkt sich ein immer dichterer Schleier, ein
›marianischer‹, gewoben aus Gewöhnlichem und unauffälliger Alltäglichkeit.
Aber vorher war noch etwas Auffallendes, für Adrienne Erschreckendes geschehen. Vorbereitet wurde es durch einen Engel, der nachts an ihr Bett trat
und sehr ernst sagte: Nun werde es bald beginnen. Und in den nächsten
Nächten wurde ihr ein Jawort abgenommen... es begannen die ›Passio-
nen‹... ein Jahr später (1942) erfolgte die äußere Stigmatisation, unter Umständen, die mich überzeugt haben, daß echte Stigmen jedenfalls nicht ›psy-
chogen‹ sind... In späteren Jahren geht auf ihre flehentlichen Bitten hin die
Sichtbarkeit der Wunden zurück. Unterdessen hatten nun auch jene nächtlichen ›Einführungen‹ in das Johannesevangelium begonnen, deren Ergebnis
mir dann Adrienne jeweils diktierte...«
So Hans Urs von Balthasar, der sie 27 Jahre lang getreulich begleitete.

Bew.: Gut bezeugt.

1917 CHÂTEAU-GOMBERT/FRANKREICH Maria erschien am 15. August der
Marie Thérèse Noblet, tröstete sie und zeigte ihr den Sinn ihres Leidens.
Am 11. Februar 1921 erschien die Muttergottes ihr wieder und heilte sie.
Ende Juni hatte Marie Thérèse nochmals eine Marienerscheinung bei der
Grotte in Lourdes anläßlich einer Wallfahrt.

Bew.: Gut bezeugt; Quelle: R. Ernst, Lexikon

1917 FATIMA/PORTUGAL Maria erscheint sechsmal der zehnjährigen Lucia
dos Santos, ihrem neunjährigen Cousin Francisco Marto und dessen
siebenjähriger Schwester Jacinta, jeweils am 13. der Monate Mai bis
Oktober. Lucia hatte vorher schon Engelerscheinungen, die Kinder sahen
auch andere himmlische Wesenheiten, hatten eine Höllenvision und
erhielten Botschaften und »Geheimnisse« übermittelt. Diese Erscheinungen erregten überaus großes Aufsehen; besonders nachhaltigen Eindruck
hinterließ das grandiose Sonnenwunder, das viele Menschen am 13. Oktober sahen. Nach gründlicher Untersuchung wurden die Erscheinungen
am 13. 10. 1930 vom Diözesanbischof J. Correia da Silva als glaubwürdig
anerkannt, eine Basilika und viele Klöster wurden im Lauf der Jahre
gebaut. Fatima wurde zu einem der wichtigsten und bekanntesten Wallfahrtsorte der Welt. Durch die Protokolle von Befragungen der Kinder
und durch die »Erinnerungen« Sr. Lucias vom Unbefleckten Herzen
Mariens (geschrieben 1935–1941) sind wir in allen Details über die
äußeren und inneren Vorgänge informiert.

1. Die ersten Erscheinungen vor 1917: Lucia (geboren am 30. 3. 1907) war
das jüngste von sieben Kindern und ging mit sechs Jahren zur Erstkommu-

nion. Auf Anraten des Priesters, der ihre erste Beichte abnahm, legte sie ihr Herz in die Hände Marias; dies tat sie vor einer Marienstatue, wiederholte die Bitte mehrmals und sah, wie das Bild lächelte und ihr durch Blicke und eine Geste zu verstehen gab, daß die Bitte in Erfüllung gehen werde. Sie erlebte daraufhin eine vorher nie gekannte Freude. Der Empfang der Kommunion am nächsten Tag verstärkte diese Glückserfahrung und band sie auch an Jesus.

Im Jahr 1915 begann sie, die Schafe der Familie zu hüten; sie tat dies zusammen mit drei Freundinnen am Berg Cabaco. Eines Tages beteten die Mädchen nach dem Mittagessen zusammen den Rosenkranz und sahen über den Bäumen wie in der Luft schwebend eine helle Gestalt »wie aus Schnee, die die Sonnenstrahlen etwas durchsichtig machte«; mit Beendigung des Gebets verschwand die Gestalt. Noch zweimal widerfuhr Lucia und ihren Begleiterinnen dieselbe Erscheinung; die Leute begannen die vier Kinder damit aufzuziehen. Deshalb trennte sich Lucia von ihren Gefährtinnen und tat sich mit Francisco und Jacinta zusammen; sie hüteten ihre Tiere etwas abseits von den anderen auf einem Grundstück der Familie am Fuß des Bergs Cabaco. Da sahen sie am frühen Nachmittag dieselbe weiße Gestalt auf sich zukommen, es schien ein junger Mann von 14 oder 15 Jahren zu sein, der sehr schön war und »strahlte wie ein Kristall«. Als dieser herangekommen war, sagte er: »Habt keine Angst! Ich bin der Engel des Friedens! Betet mit mir!« Er kniete nieder, neigte den Kopf bis zum Boden und betete dreimal mit den Kindern zusammen: »Mein Gott, ich glaube an dich, ich bete dich an, ich hoffe auf dich, ich liebe dich: Ich bitte dich um Verzeihung für die, die nicht glauben, dich nicht anbeten, nicht hoffen und dich nicht lieben.« Dann stand er auf und sagte abschließend: »So sollt ihr beten. Die Herzen Jesu und Mariens hören auf eure Bitten!«

Längere Zeit nachher spielten die drei Kinder beim Brunnen im Hof der dos Santos. Da sahen sie wieder die Gestalt, die zu ihnen trat und sie anredete:

»Was macht ihr? Betet, betet viel! Die heiligsten Herzen Jesu und Mariens wollen euch Barmherzigkeit erweisen. Bringt ständig dem Allerhöchsten Gebete und Opfer dar. Bringt alles, was ihr könnt, Gott als Opfer dar, als Akt der Wiedergutmachung für die Sünden, durch die er verletzt wird, und als Bitte um die Bekehrung der Sünder. Gewinnt so für euer Vaterland den Frieden. Ich bin sein Schutzengel, der Engel Portugals. Vor allem nehmt an und tragt mit Ergebung die Leiden, die der Herr euch schicken wird.«

Ein anderes Mal waren Lucia und ihre Freunde mit den Herden wieder einmal am Hang des Cabaco und beteten das Gebet des Engels, als er ihnen wieder erschien. Diesmal sahen sie ihn in einem unbekannten Licht strahlen. Er hielt in der linken Hand einen Kelch, darüber schwebte eine Hostie, von der einige Blutstropfen in den Kelch fielen. Der Engel ließ den Kelch in der Luft schweben, kniete zu den drei Kindern nieder und betete mit ihnen:

»Heiligste Dreifaltigkeit, Vater, Sohn und Heiliger Geist, ich opfere euch auf den kostbaren Leib, das Blut, die Seele und die Gottheit unseres Herrn Christus, gegenwärtig in allen Tabernakeln der Welt, zur Sühne für die Schmähungen, Sakrilegien und Gleichgültigkeiten, durch welche er selbst beleidigt wird. Durch die unendlichen Verdienste seines heiligsten Herzens und durch die des Unbefleckten Herzens Mariens erflehe ich von euch die Bekehrung der armen Sünder.«

Danach erhob er sich, ergriff Kelch und Hostie, reichte Lucia die Hostie und teilte das Blut im Kelch zwischen Jacinta und Francisco, wobei er sprach:»Empfangt den Leib und trinkt das Blut Jesu Christi, der durch die undankbaren Menschen so furchtbar beleidigt wird. Sühnt ihre Sünden und tröstet euren Gott!« Dann kniete er wieder nieder und wiederholte noch dreimal mit den Kindern das Gebet zur Heiligsten Dreifaltigkeit, wonach der Engel verschwand.

2. Erste Marienerscheinung am 13. Mai 1917: Nach der Sonntagsmesse trieben die Kinder ihre Tiere zur Cova da Iria am Berg Cabaco, etwa 3 Kilomter von Fatima entfernt. Gegen 12 Uhr wurden sie zweimal von einem Blitz erschreckt, der bei heiterem Himmel aufleuchtete. Erschreckt trieben sie die Herde zusammen und wollten nach Hause, als sie über einer kleinen Eiche einen hellen Lichtschein und eine schöne Dame sahen. Diese war weiß gekleidet und hielt die Hände mit einem strahlenden Rosenkranz gefaltet. Ein Schatten von Traurigkeit lag über ihrem Gesicht, sie hielt die Kinder mit einer freundlichen Bewegung zurück, und es entwickelte sich ein erstes Gespräch, das Lucia erst in den Erinnerungen vollkommen preisgibt:

- Habt keine Angst! Ich tue euch nichts Böses!
- Woher kommen Sie? – fragte ich sie.
- Ich bin vom Himmel!
- Und was wollen Sie von mir?
- Ich kam euch zu bitten, daß ihr in den folgenden sechs Monaten, jeweils am Dreizehnten zur selben Stunde hierher kommt. Dann werde ich euch sagen, wer ich bin und was ich will. Ich werde danach noch ein siebtes Mal hierher zurückkehren.
- Komme ich auch in den Himmel?
- Jawohl!
- Und Jacinta?
- Auch!

— Und Francisco?

Auch, aber er muß noch viele Rosenkränze beten.

Ich erinnerte mich dann daran, nach zwei Mädchen zu fragen, die kurz zuvor gestorben waren. Sie waren meine Freundinnen gewesen und hatten bei meiner älteren Schweser weben gelernt.

— Ist die Maria des Neves schon im Himmel?

— Jawohl — (Ich meine, sie war ungefähr 16 Jahre alt.)

— Und Amelia?

— Sie bleibt bis zum Ende der Welt im Fegfeuer.

(Ich glaube sie war etwa 18 bis 20 Jahre alt.)

— Wollt ihr euch Gott darbieten, um alle Leiden zu ertragen, die Er euch schicken wird, zur Sühne für alle Sünden, durch die Er beleidigt wird und als Bitte um die Bekehrung der Sünder?

— Ja, wir wollen es!

— Ihr werdet also viel leiden müssen, aber die Gnade Gottes wird eure Stärke sein!

Als sie diese letzten Worte sagte (die Gnade Gottes etc. . . .), öffnete sie zum erstenmal die Hände und übermittelte uns ein so starkes Licht, wie ein Widerschein, der von ihren Händen ausging; es drang uns in die Brust und bis in die tiefste Tiefe der Seele und ließ uns uns selbst in Gott schauen, der dieses Licht war, viel klarer, als wir uns im besten Spiegel sehen können. Durch eine innere Anregung, die uns ebenfalls mitgeteilt wurde, fielen wir nun auf die Knie und wiederholten ganz innerlich: O Heiligste Dreifaltigkeit, ich bete dich an; mein Gott, mein Gott, ich liebe dich im heiligsten Sakrament. Nach einigen Augenblicken fügte Unsere Liebe Frau hinzu:

— Betet täglich den Rosenkranz, um den Frieden der Welt und um das Ende des Krieges zu erlangen!

Daraufhin begann sie sich ruhig zu erheben und in Richtung des Sonnenaufgangs aufzusteigen, bis sie in der Unendlichkeit der Ferne verschwand. Das Licht, das sie umgab, schien einen Weg durch die Himmelswölbung zu öffnen; aus diesem Grunde haben wir zuweilen erklärt, wir hätten den Himmel sich öffnen sehen.

Es scheint mir, daß ich schon in der Schrift über Jacinta oder in einem Brief dargelegt habe, daß wir nicht eigentlich vor Unserer Lieben Frau Angst hatten, sondern vor dem Gewitter, das wir erwarteten und vor dem wir flüchten wollten. Die Erscheinungen Unserer Lieben Frau flößten uns weder Angst noch Schrecken ein, sondern überraschten uns nur. Wenn ich die Frage bejahte, ob ich Angst gehabt hätte, meinte ich die Angst, die ich vor den Blitzen und vor dem nahenden Gewitter hatte; vor diesem wollten wir flüchten, denn wir sahen gewöhnlich Blitze nur bei einem Gewitter.

Die Blitze waren keine eigentlichen Blitze, sondern ein Widerschein des Lichtes, das sich näherte. Wenn wir dieses Licht sahen, sagten wir manchmal, wir sähen Unsere Liebe Frau kommen; aber Unsere Liebe Frau konnten wir in diesem Licht erst unterscheiden, wenn sie schon über der Steineiche war. Da wir dies nicht zu erklären vermochten und auch lästigen Fragen ausweichen wollten, sagten wir mehrmals, wir sähen sie kommen, und andere Male, wir sähen sie nicht kommen. Wenn wir sagten, ja, wir sähen sie kommen, meinten wir damit, daß wir dieses Licht näherkommen sahen, welches schließlich sie war. Und wenn wir sagten, wir sähen sie nicht kommen, meinten wir damit, daß wir Unsere Liebe Frau erst dann sahen, wenn sie schon über der Steineiche war.

3. Zweite Marienerscheinung am 13. Juni: Es ist das Fest des hl. Antonius, des Patrons der Pfarrkirche von Fatima. Nach der Messe pilgern die drei Kinder, von einigen Erwachsenen begleitet, die bereits von den Erscheinungen gehört hatten und dabei sein wollten, zur Erscheinungsstelle:

Nachdem ich mit Jacinta und Francisco und noch einigen Anwesenden den Rosenkranz gebetet hatte, sahen wir von neuem den Lichtschein, der sich näherte (den wir Blitz nannten), und dann Unsere Liebe Frau über der Steineiche, genau wie im Mai.
— Was wünschen Sie von mir? — fragte ich.
— Ich möchte, daß ihr am Dreizehnten des kommenden Monats hierher kommt, daß ihr alle Tage den Rosenkranz betet und lesen lernt. Später sage ich euch, was ich möchte.
   Ich bat um die Heilung eines Kranken.
— Wenn er sich bekehrt, wird er in diesem Jahr gesund werden.
— Ich möchte Sie bitten, uns in den Himmel mitzunehmen.
— Ja! Jacinta und Francisco werde ich bald holen. Du aber bleibst noch einige Zeit hier. Jesus möchte sich deiner bedienen, damit die Menschen mich erkennen und lieben. Er möchte auf Erden die Verehrung meines Unbefleckten Herzens begründen.
— Bleibe ich hier allein? — fragte ich traurig.
— Nein, mein Kind! Leidest du sehr? Laß dich nicht entmutigen. Niemals werde ich dich verlassen, mein Unbeflecktes Herz wird deine Zuflucht sein und der Weg, der dich zu Gott führen wird.
   In dem Augenblick, als sie diese letzten Worte sagte, öffnete sie die Hände und übermittelte uns zum zweiten Male den Widerschein dieses unermeßlichen Lichtes. Darin sahen wir uns wie in Gott versenkt. Jacinta und Francisco schienen in dem Teil des Lichtes zu stehen, der sich zum Himmel erhob, und ich in dem Teil, der sich über die Erde ergoß. Vor der rechten Handfläche Unserer Lieben Frau befand sich ein Herz, umgeben von Dornen, die es zu durchbohren schienen. Wir verstanden, daß dies das Unbefleckte Herz Mariä war, verletzt durch die Sünden der Menschheit, das Sühne wünscht.
   Das meinten wir, hochwürdigster Herr Bischof, wenn wir sagten, Unsere Liebe Frau habe uns im Juni ein Geheimnis enthüllt. Unsere Liebe Frau befahl uns diesmal nicht, es als Geheimnis zu bewahren, aber wir fühlten, daß Gott uns dazu bewog.

In den »Erinnerungen« ergänzt Lucia noch:

Ich habe Ihnen im zweiten Bericht mitgeteilt, daß mir Unsere Liebe Frau am 13. Juni 1917 gesagt hat, sie werde mich nie verlassen, und ihr Unbeflecktes Herz werde meine Zuflucht sein und der Weg, der mich zu Gott führen soll. Bei diesen Worten öffnete sie ihre Hände; helle Strahlen kamen daraus hervor, die sie uns in die Brust dringen ließ. Es scheint mir, daß das Licht an diesem Tag hauptsächlich den Zweck hatte, uns die Erkenntnis und die besondere Liebe zum Unbefleckten Herzen Mariens einzugießen, so wie das in den beiden anderen Fällen hinsichtlich Gottes und des Geheimnisses der Allerheiligsten Dreifaltigkeit geschah, wie mir scheint.

Von diesem Tag an fühlten wir im Herzen eine stärkere Liebe zum Unbefleckten Herzen Mariens.

Jacinta sagte zuweilen zu mir:

— Jene Dame sagte, ihr Unbeflecktes Herz werde deine Zuflucht sein und der Weg, der dich zu Gott führt. Liebst du sie sehr? Ich liebe ihr Herz so sehr, es ist so gut!

Nachdem sie uns im Juli in dem Geheimnis, das ich schon dargelegt habe, mitgeteilt hatte, daß Gott in der Welt die Andacht zu ihrem Unbefleckten Herzen fest in der Absicht begründen wolle, den zukünftigen Krieg zu verhindern, und daß sie kommen werde, um die Weihe Rußlands an ihr Unbeflecktes Herz und die Sühnekommunion an den ersten Samstagen zu fordern, sagte Jacinta im Gespräch zu mir:

— Es tut mir so leid, daß ich nicht kommunizieren kann, um zu sühnen für die Sünden, die gegen das Unbefleckte Herz Mariens begangen werden!

Ich sagte auch schon, daß unter den Stoßgebeten, die uns Herr Pater Cruz anempfohlen hatte, Jacinta dieses auswählte: »Süßes Herz Mariä, sei meine Rettung.« Wenn sie es betete, fügte sie zuweilen mit ihrer natürlichen Schlichtheit hinzu:

— Ich habe das Unbefleckte Herz Mariens so gern! Es ist doch das Herz meiner himmlischen Mutter. Wiederholst du nicht auch gerne: Süßes Herz Mariä, Unbeflecktes Herz Mariä! Ich tue das so gerne, so gerne!

Öfters pflückte sie Blumen auf dem Feld und sang dabei nach einer Melodie, die sie aus dem Stegreif erfand: »Süßes Herz Mariä, sei meine Rettung! Unbeflecktes Herz Mariä, bekehre die Sünder, errette die Seelen aus der Hölle.«

Zu Hause wurden die drei Kinder von ihren Eltern schlecht behandelt, als Lügner bedroht und geschlagen. Lucia hatte außerdem einen schrecklichen Traum und war völlig entmutigt. Sie erinnert sich:

An diesem Tag fühlte ich mich äußerst verbittert: Ich sah meine betrübte Mutter, die mich um jeden Preis zwingen wollte, meine Lüge zu bekennen, wie sie sagte. Ich hätte sie gerne zufriedengestellt und fand keinen Weg, ohne jetzt zu lügen. Seit wir in der Wiege lagen, hatte sie uns eine große Abscheu vor der Lüge eingeflößt; wer log, wurde streng bestraft.

— Immer — sagte sie— habe ich erreicht, daß meine Kinder die Wahrheit sagten. Und jetzt soll ich so etwas bei meiner Jüngsten durchgehen lassen?

Wenn es wenigstens eine kleine Sache wäre . . . aber eine solche Lüge, die so viele irregeführte Leute hierherführt. . . .
Nach diesen Klagen wandte sie sich zu mir und sagte:
— Koste es, was es kosten mag! Entweder du sagst diesen Leuten die Wahrheit und bekennst, daß du gelogen hast, oder ich schließe dich in dein Zimmer ein, wo du nicht einmal die Sonne sehen kannst. Es hat mir gerade noch gefehlt, daß zu so vielem Kummer noch eine solche Sache hinzukommt!
Meine Schwestern stellten sich auf die Seite meiner Mutter, und um mich herum herrschte eine Atmosphäre wahrer Geringschätzung und Verachtung.
Ich erinnerte mich dann an vergangene Zeiten und fragte mich selbst: Wo ist die Liebe, die meine Familie mir noch vor so kurzer Zeit erzeigte? Meine einzige Erleichterung waren die Tränen, die ich vor Gott vergoß, als ich Ihm mein Opfer anbot. An diesem Tag sagte dann die Heiligste Jungfrau zu mir, als ob Sie erraten hätte, was vor sich ging (außer dem, was ich schon erzählt habe):
— Du leidest viel? Verliere nicht den Mut! Ich werde dich niemals verlassen. Mein Unbeflecktes Herz wird deine Zuflucht sein und der Weg, der dich zu Gott führen wird.
Als Jacinta mich weinen sah, tröstete sie mich und sagte:
— Weine nicht. Das sind bestimmt die Opfer, von denen der Engel sagte, daß Gott sie uns schicken würde; du leidest also, um Ihm Sühne zu leisten und um die Sünder zu bekehren.

4. *Dritte Marienerscheinung am 13. Juli:*

Kurz nachdem wir in der Cova da Iria bei der Steineiche angekommen waren und mit einer zahlreichen Volksmenge den Rosenkranz beteten, sahen wir den gewohnten Lichtschein und bald darauf Unsere Liebe Frau über der Steineiche.
— Was wünschen Sie von mir? — fragte ich.
— Ich möchte, daß ihr am Dreizehnten des kommenden Monats wieder hierher kommt, daß ihr weiterhin jeden Tag den Rosenkranz zu Ehren Unserer Lieben Frau vom Rosenkranz betet, um den Frieden für die Welt und das Ende des Krieges zu erlangen, denn nur sie allein kann es erreichen.
— Ich möchte Sie bitten, uns zu sagen, wer Sie sind, und ein Wunder zu tun, damit alle glauben, daß Sie uns erscheinen.
— Kommt weiterhin jeden Monat hierher. Im Oktober werde ich euch sagen, wer ich bin und was ich wünsche, und werde ein Wunder tun, damit alle glauben.
Hier brachte ich einige Bitten vor, ich weiß nicht mehr genau welche. Ich erinnere mich bloß daran, daß Unsere Liebe Frau sagte, man müsse den Rosenkranz beten, um diese Gnaden während des Jahres zu erlangen. Dann fuhr sie fort:
— Opfert euch auf für die Sünder und sagt oft, besonders wenn ihr ein Opfer bringt: O Jesus, das tue ich aus Liebe zu Dir, für die Bekehrung der Sünder und zur Sühne gegen das Unbefleckte Herz Mariä.

Bei diesen letzten Worten öffnete sie aufs neue die Hände wie in den zwei vorhergehenden Monaten.

Der Strahl schien die Erde zu durchdringen, und wir sahen gleichsam ein Feuermeer und eingetaucht in dieses Feuer die Teufel und die Seelen, als ob sie durchscheinend und schwarz oder bronzefarbig glühende Kohlen in menschlicher Gestalt seien, die in diesem Feuer schwammen, emporgeschleudert von den Flammen, die unter Wolken von Rauch aus ihnen selbst hervorschlugen; sie fielen nach allen Seiten wie Funken bei gewaltigen Bränden, ohne Schwere und Gleichgewicht, unter Schreien und Heulen vor Schmerz und Verzweiflung, das vor Schrecken erbeben und erstarren ließ (ich muß wohl bei diesem Anblick »ai« geschrien haben, wie Leute es angeblich hörten). (Anmerkung der Üb.: In romanischen Ländern ist »ai« oder »aia« der Schmerzensschrei.)

Die Teufel unterschieden sich durch die schreckliche und scheußliche Gestalt widerlicher, unbekannter Tiere, sie waren aber durchscheinend wie schwarze, glühende Kohle.

Erschrocken und wie um Hilfe zu bitten, erhoben wir den Blick zu Unserer Lieben Frau, die voll Güte und Traurigkeit zu uns sprach:

— Ihr habt die Hölle gesehen, wohin die Seelen der armen Sünder kommen. Um sie zu retten, will Gott die Andacht zu meinem Unbefleckten Herzen in der Welt begründen. Wenn man tut, was ich euch sage, werden viele gerettet werden, und es wird Friede sein. Der Krieg geht seinem Ende entgegen; wenn man aber nicht aufhört, Gott zu beleidigen, wird unter dem Pontifikat von Pius XI. ein anderer, schlimmerer Krieg beginnen. Wenn ihr eine Nacht erhellt sehen werdet durch ein unbekanntes Licht, dann wisset, daß dies das große Zeichen ist, das Gott euch gibt, daß er nun die Welt für ihre Missetaten durch Krieg, Hungersnot, Verfolgung der Kirche und des Heiligen Vaters strafen wird.

Um das zu verhüten, werde ich kommen, um die Weihe Rußlands an mein Unbeflecktes Herz und die Sühnekommunion an den ersten Samstagen zu fordern. Wenn man auf meine Wünsche hört, wird Rußland sich bekehren, und es wird Friede sein: wenn nicht, dann wird er seine Irrlehren über die Welt verbreiten, wird Kriege und Verfolgungen der Kirche heraufbeschwören, die Guten werden gemartert werden und der Heilige Vater wird viel zu leiden haben; verschiedene Nationen werden vernichtet werden; am Ende aber wird mein Unbeflecktes Herz triumphieren. Der Heilige Vater wird mir Rußland weihen, das sich bekehren wird, und eine Zeit des Friedens wird der Welt geschenkt werden. In Portugal wird sich immer das Dogma des Glaubens erhalten etc. . . . Davon sagt niemandem etwas; Francisco könnt ihr es mitteilen.

Wenn ihr den Rosenkranz betet, dann sagt nach jedem Gesetz: O mein Jesus, verzeihe uns unsere Sünden; bewahre uns vor dem Feuer der Hölle, führe alle Seelen in den Himmel, besonders jene, die Deiner Barmherzigkeit am meisten bedürfen.

Darauf folgte ein Augenblick des Schweigens und ich fragte:

— Wünschen Sie sonst nichts mehr von mir?

– Nein, heute will ich nichts mehr von dir.
In gewohnter Weise erhob sie sich in östliche Richtung, bis sie in der unendlichen Ferne des Firmaments verschwand.

An diesem Tag erlebten über 2000 Menschen die Erscheinung mit. Auch die Verwandten der Kinder waren teilweise dabei. Die Mutter dos Santos brachte Lucia einige Tage später zum Pfarrer. Dieser äußerte beträchtliche Zweifel und wies darauf hin, daß derartige Erscheinungen gewöhnlich eine Täuschung des Teufels seien, er wolle jedoch abwarten, wie sich alles entwickeln werde.

5. Die vierte Erscheinung am 19. August: Durch die Angriffe der glaubensfeindlichen Presse war die Öffentlichkeit aufmerksam geworden; so erwarteten 15 000 Menschen am 13. August die Erscheinung. Die Bezirksbehörde hatte aber mittlerweile die Kinder bedroht, nach Ourem gebracht und eingesperrt. Die Leute warteten vergebens auf sie, erlebten aber bei der Steineiche einen Blitz und zwei gewaltige Donnerschläge, dann sahen sie die Wolken in den leuchtenden Farben des Regenbogens strahlen.
Einige Tage später, am 19. August, waren Lucia und Francisco mit den Schafen in der Nähe der Cova da Iria, da blitzte es zweimal, und die Madonna erschien über der Steineiche:

– Was wünschen Sie von mir?
– Ich will, daß ihr am Dreizehnten zur Cova da Iria kommt und daß ihr weiterhin täglich den Rosenkranz betet; ich werde im letzten Monat ein Wunder wirken, damit alle glauben.
– Was sollen wir mit dem Geld machen, das die Leute in der Cova da Iria lassen?
– Man soll zwei Traggestelle anfertigen lassen: Du wirst mit Jacinta und zwei weißgekleideten Mädchen das eine tragen, Francisco mit drei Jungen das andere. Das Geld auf den Gestellen ist für das Fest Unserer Lieben Frau vom Rosenkranz bestimmt, der Rest für die Kapelle, die man errichten wird.
– Ich bitte Sie, einige Kranke zu heilen.
– Ja, ich werde im Laufe des Jahres einige gesund machen.
– Betet, betet viel und bringt Opfer für die Sünder, denn viele Seelen kommen in die Hölle, weil sich niemand für sie opfert und für sie betet. Und wieder erhob sie sich wie gewöhnlich in Richtung Osten.

6. Die fünfte Erscheinung am 13. September:

Als die Stunde sich näherte, ging ich mit Jacinta und Francisco zwischen zahlreichen Personen hindurch, die uns kaum vorbeiließen. Die Wege waren voll von Menschen: alle wollten uns sehen und mit uns sprechen. Es gab dort keine Menschenfurcht. Zahlreiche Leute, sogar vornehme Damen und Herren, drängten sich durch die Menge hindurch, die uns umgab. Sie warfen sich vor uns auf die Knie und baten uns, Unserer Lieben Frau ihr Anliegen vorzutragen. Andere, die nicht bis zu uns gelangen konnten, riefen von weitem: »Um der Liebe Gottes willen, bittet Unsere Liebe Frau, sie möge meinen verkrüppelten Sohn heilen«, ein anderer rief: »Sie möge mein blindes Kind heilen«, wieder ein anderer: »und das meine, das taub ist«; »sie möge meinen Mann und meinen Sohn aus dem Krieg heimbringen«; »sie möge mir einen Sünder bekehren«, »sie möge mich von der Tuberkulose heilen«, usw., usw.

Dort zeigte sich all das Elend der armen Menschheit, und einige riefen von den Bäumen und Mauern herab, auf die sie gestiegen waren, um uns vorbeigehen zu sehen. Indem wir es einigen versprachen und anderen die Hände reichten, um ihnen vom Boden aufzuhelfen, gingen wir weiter mit Hilfe einiger Männer, die uns einen Durchgang durch die Menge bahnten.

Wenn ich jetzt im Neuen Testament die wunderbaren Dinge lese, die sich ereigneten, als der Heiland durch Palästina wanderte, erinnere ich mich dieser Ereignisse, die ich als Kind auf den armseligen Wegen und Straßen von Aljustrel nach Fatima und zur Cova da Iria erleben durfte. Ich danke Gott und opfere Ihm den Glauben unseres guten portugiesischen Volkes auf. Ich denke: wenn diese Leute sich vor drei armen Kindern niederwarfen, nur weil ihnen barmherzigerweise die Gnade geschenkt wurde, mit der Gottesmutter zu sprechen, was würden sie erst tun, wenn sie Jesus Christus selbst vor sich sähen? Schön, aber das gehört nicht hierher: es war eher eine Abschweifung der Feder, die mir dorthin entglitt, wohin ich nicht wollte ...

Wir kamen schließlich in der Cova da Iria bei der Steineiche an und begannen mit dem Volk den Rosenkranz zu beten. Kurz darauf sahen wir den Lichtschein und danach Unsere Liebe Frau über der Steineiche.

— Betet weiterhin den Rosenkranz, um das Ende des Krieges zu erlangen. Im Oktober wird auch Unser Herr kommen, Unsere Liebe Frau von den Schmerzen und vom Karmel, der Heilige Josef mit dem Jesuskind, um die Welt zu segnen. Gott ist mit euren Opfern zufrieden, aber Er will nicht, daß ihr mit dem Strick schlaft. Tragt ihn nur tagsüber.

— Man hat mich gebeten, vieles von Ihnen zu erflehen: die Heilung einiger Kranker und die eines Taubstummen.

— Ja; einige werde ich heilen, andere nicht. Im Oktober werde ich das Wunder wirken, damit alle glauben.

Und sie begann sich zu erheben und verschwand wie gewöhnlich.

Viele Menschen hatten an diesem Tag von Osten her eine leuchtende Kugel heranschweben gesehen. Eine weiße Wolke umhüllte die Eiche und die Kinder, und etwas wie weiße Blumen fiel zur Erde, löste sich aber auf, sobald es die Erde erreichte.

7. Die sechste Erscheinung am 13. Oktober: Es war ein regnerischer, windiger Tag. Erwartungsvoll wegen des angekündigten Wunders, hatten sich mehr als 50000 Menschen eingefunden:

Wir verließen schon ziemlich früh das Haus, da wir mit Verzögerungen auf dem Weg rechneten. Das Volk kam in Massen. Es regnete in Strömen. Meine Mutter, die fürchtete, dies werde der letzte Tag meines Lebens sein, und der die Ungewißheit über das Kommende das Herz zerriß, wollte mich begleiten. Auf dem Weg die Szenen des vergangenen Monats, aber noch zahlreicher und bewegender: Nicht einmal der Schlamm auf den Wegen konnten diese Leute aufhalten, sich in demütiger und bittender Haltung niederzuknien. Wir kamen in der Cova da Iria bei der Steineiche an, und unter einer inneren Eingebung bat ich das Volk, die Regenschirme zu schließen, um den Rosenkranz zu beten. Kurz darauf sahen wir den Lichtschein und dann Unsere Liebe Frau über der Steineiche.

— Was wünschen Sie von mir?
— Ich möchte dir sagen, daß hier eine Kapelle zu meiner Ehre gebaut werden soll; ich bin Unsere Liebe Frau vom Rosenkranz; man soll weiterhin täglich den Rosenkranz beten. Der Krieg geht zu Ende, und die Soldaten werden in Kürze nach Hause zurückkehren.
— Ich wollte Sie um vieles bitten: ob Sie einige Kranke heilen und einige Sünder bekehren möchten usw.
— Einige ja, andere nicht. Sie müssen sich bessern und um Vergebung ihrer Sünden bitten.
Und mit traurigerem Ausdruck:
— Man soll den Herrgott nicht mehr beleidigen, der schon so sehr beleidigt worden ist.

Sie öffnete die Hände und ließ sie im Sonnenschein erstrahlen; während sie sich erhob, strahlte ihr eigenes Licht von der Sonne wider.

Sehen Sie, hochwürdigster Herr Bischof, darum rief ich, man solle auf die Sonne schauen. Meine Absicht war es nicht, die Aufmerksamkeit des Volkes dorthin zu lenken, denn ich war mir nicht einmal mehr seiner Gegenwart bewußt. Ich tat es nur aus einer inneren Bewegung heraus, die mich dazu trieb.

Nachdem Unsere Liebe Frau in der unendlichen Ferne des Firmaments verschwunden war, sahen wir dann zur Seite der Sonne den heiligen Josef mit dem Jesuskind und Unsere Liebe Frau in Weiß gekleidet mit einem blauen Mantel. Der heilige Josef mit dem Jesuskind schien die Welt mit einer Handbewegung in Kreuzesform zu segnen. Kurz darauf verschwand diese Erscheinung; dann sahen wir Unseren Herrn und Unsere Liebe Frau; ich hatte den Eindruck, es sei Unsere Liebe Frau von den Schmerzen. Unser Herr schien die Welt in der gleichen Weise zu segnen wie der heilige Josef. Diese Erscheinung verschwand, und ich meine wohl, daß ich auch noch Unsere Liebe Frau vom Karmel gesehen habe.

Das Schauspiel der rotierenden, tanzenden, springenden Sonnenerscheinung, das »Sonnenwunder von Fatima«, dauerte gute zehn Minuten und wurde von vielen Menschen gesehen und bezeugt.

8. Weitere Visionen:

Eines Tages verbrachten wir die Stunde der Mittagsruhe am Brunnen meiner Eltern. Jacinta setzte sich auf die Steine des Brunnens, Francisco suchte mit mir wilden Honig in den Ginsterbüschen am dortigen Steilhang. Jacinta rief nach einiger Zeit nach uns:
– Habt ihr den Heiligen Vater gesehen?
– Nein!
– Ich weiß nicht, wie es kam, ich sah den Heiligen Vater; in einem sehr großen Haus kniete er vor einem Tisch, verbarg das Gesicht in den Händen und weinte. Draußen standen viele Leute, und einige warfen Steine nach ihm, andere beschimpften ihn und riefen häßliche Worte. Der arme Heilige Vater, wir müssen sehr viel für ihn beten.

Ich berichtete schon, wie eines Tages zwei Priester den Heiligen Vater unserem Gebet empfohlen haben und uns erklärten, wer der Papst sei. Da fragte mich Jacinta:
– Ist es derselbe, den ich weinen sah und von dem jene Dame zu uns in dem Geheimnis sprach?
– Ja, das ist er – antwortete ich.
– Sicher hat jene Dame ihn auch diesen Priestern gezeigt. Siehst du, ich habe mich doch nicht geirrt; man muß viel für ihn beten.

Bei einer anderen Gelegenheit gingen wir zu der Höhle am Cabaco. Dort angekommen, beugten wir uns tief bis zum Boden, um die Gebete des Engels zu wiederholen. Etwas später erhob sich Jacinta und rief nach mir:
– Siehst du nicht die vielen Straßen und die Wege und die Felder voller Menschen, die vor Hunger weinen, weil sie nichts zu essen haben, und den Heiligen Vater in einer Kirche vor dem Unbefleckten Herzen Mariens im Gebet? Und so viele Leute die mit ihm beten?
Einige Tage später fragte sie mich:
– Darf ich sagen, daß ich den Heiligen Vater und die vielen Leute gesehen habe?
– Nein! Siehst du nicht, daß dies zum Geheimnis gehört, daß dadurch alles gleich enthüllt wird?
– Ist gut, dann sage ich nichts.

Hochwürdigster Herr Bischof, Eure Exzellenz wird wohl wissen, wie vor einigen Jahren Gott dieses Zeichen geoffenbart hat, das die Astronomen mit dem Namen Nordlicht bezeichnen wollten. Ich weiß nicht, ich meine aber, wenn man es genau untersucht hätte, dann hätte man erkannt, daß es in der Form, wie es erschien, auf keinen Fall ein solches Nordlicht sein konnte. Sei dem, wie es mag, Gott bediente sich dieses Zeichens, um mir kund zu tun, daß seine Gerechtigkeit bereit war, über die schuldigen Nationen das Schwert fallen zu lassen, und ich begann darum nachdrücklich, um die Sühnekommunion an den ersten Samstagen und um die Weihe Rußlands zu bitten. Mein

Ziel war es, nicht nur Barmherzigkeit und Verzeihung für die ganze Welt zu erreichen, sondern in besonderer Weise für Europa.

Gott hat mich in Seiner unendlichen Barmherzigkeit spüren lassen, wie dieser schreckliche Augenblick sich näherte, und Eure Exzellenz weiß sehr gut, wie ich bei jeder Gelegenheit darauf hinwies. Ich sage immer noch, daß die Gebete und Bußübungen, die in Portugal verrichtet worden sind, die göttliche Gerechtigkeit noch nicht versöhnt haben, weil sie nicht von Reue und Besserung begleitet waren. Ich hoffe, daß Jacinta im Himmel für uns eintritt.

Ich schrieb schon in dem Bericht, den ich über das Buch »Jacinta« gesandt habe, daß sie sehr von einigen Dingen beeindruckt war, die im Geheimnis geoffenbart wurden; so durch die Höllenvision, das Unheil so vieler Seelen, die dorthin kommen, den zukünftigen Krieg, dessen Schrecken sie ständig gegenwärtig zu haben schien und der sie vor Angst erzittern ließ. Wenn ich sah, daß sie sehr nachdenklich wurde, fragte ich sie:
– Jacinta, woran denkst du denn?
Nicht selten antwortete sie mir:
– An den Krieg, der kommen wird, an so viele Menschen, die sterben und in die Hölle kommen. Es tut mir so leid! Wenn sie aufhören würden, Gott zu beleidigen, käme kein Krieg und sie würden nicht in die Hölle kommen!
Manchmal sagte sie auch:
– Du tust mir sehr leid. Francisco und ich gehen in den Himmel, und du bleibst alleine hier. Ich bat Unsere Liebe Frau, auch dich in den Himmel zu holen, aber sie will, daß du noch längere Zeit hierbleibst! Wenn der Krieg kommt, habe keine Angst, im Himmel bete ich für dich.
Kurze Zeit bevor sie nach Lissabon kam, in einem jener Augenblicke, da der Trennungsschmerz sie zu überwältigen schien, sagte ich zu ihr:
– Es soll dir nicht leid tun, daß ich nicht mit dir gehen kann; du kannst die Zeit damit verbringen, an Unsere Liebe Frau und Unsern Herrn zu denken und ihnen jene Worte zu sagen, die du so liebst: Mein Gott ich liebe dich, Unbeflecktes Herz Mariä, süßes Herz Maria usw.
– Das sicher! – antwortete sie mit Begeisterung, – ich werde nie müde werden, das zu sagen bis ich sterbe, und danach werde ich sie sehr oft im Himmel singen ...

9. Erscheinungen Marias vor dem Tod Jacintas: Jacinta wurde im Oktober 1918 krank, Francisco bald darauf. Eines Tages erzählte sie Lucia, die zu Besuch kam:

»Unsere Liebe Frau kam uns besuchen und sagte, daß sie Francisco sehr bald in den Himmel holen werde. Und mich fragte sie, ob ich noch mehr Sünder bekehren möchte. Ich sagte ihr ja. Sie kündigte mir an, ich würde in ein Krankenhaus kommen und dort viel leiden. Ich würde für die Bekehrung der Sünder, als Sühne für die Sünden gegen das Unbefleckte Herz Mariens und aus Liebe zu Jesus leiden. Ich fragte, ob du mit mir gehen würdest. Sie verneinte. Das kostet mich am meisten.«

Noch einmal erschien Maria der kleinen Jacinta, wieder erzählte diese Lucia davon:

> »Sie (Maria) sagte mir, ich werde nach Lissabon gehen in ein anderes Krankenhaus, ich werde dich nicht wiedersehen, auch meine Eltern nicht. Ich werde viel leiden und dann allein sterben. Aber ich soll keine Angst haben; sie kommt dorthin und holt mich in den Himmel.«

Francisco starb am 4. 4. 1919, Jacinta folgte ihm am 20. 2. 1920 nach.

10. *Das »dritte Geheimnis« und die kirchliche Anerkennung:* Anfangs war nicht an eine kirchliche Anerkennung der Visionen zu glauben. Die Behörde ordnete bald nach Ende der Erscheinungen an, am Erscheinungsort die aufgestellten Pfähle mit Laternen sowie die Steineiche niederzureißen, über der die Madonna erschienen war. Man verwechselte allerdings die Bäume und fällte einen Olivenbaum. Dann wurde ein Kavallerieregiment nach Fatima beordert, das die Leute abhalten sollte, den Erscheinungsort zu besuchen. Sie zogen aber bald wieder ab.

Dann starben plötzlich der Vater Lucias und kurze Zeit später Francisco und Jacinta. Der Bischof ließ Lucia nach Leiria kommen, um die inzwischen vielfältig von seinen Beauftragten vorgenommenen Befragungen und Verhöre durch seinen persönlichen Eindruck zu ergänzen. Die Untersuchungen sollten noch weitere zehn Jahre dauern. Mittlerweile trat Lucia 1925 in ein Kloster der Dorotheerinnen ein, sie wechselte aber 1948 in den Karmel von Coimbra.

1930 waren die Untersuchungen endlich abgeschlossen, die der neu ernannte Bischof da Silva zügiger vorangetrieben hatte. Er erklärte mit Hirtenbrief vom 13. Oktober 1930 die Erscheinungen für glaubwürdig und gestattete die öffentliche Verehrung. Zu Weihnachten 1935 schrieb Lucia auf Geheiß des Bischofs von Leiria den ersten Teil ihrer Erinnerungen nieder, in deren Mittelpunkt Jacinta stand, für die der Seligsprechungsprozeß eingeleitet worden war. 1937 setzte Lucia ihre Arbeit fort, indem sie auf Wunsch des Bischofs das eben erschienene Buch von Fonseca kommentierte. 1941 ergänzte sie anläßlich der Neuausgabe eines Buches über Jacinta verschiedene Punkte ganz entscheidend.

Das sogenannte »dritte Geheimnis«, am 13. Juli von Maria geäußert, schrieb sie erstmals 1943 auf und übergab es in einem versiegelten Kuvert an den Bischof von Leiria zur Weiterleitung nach Rom. Dies geschah aufgrund einer inneren Einsprechung Marias, die ihr auch bei der Abfassung »behilflich« gewesen war. Der Papst sollte das Geheimnis 1960 veröffentlichen. Das ist aber bislang nicht geschehen. Trotzdem ist der Inhalt, wahrscheinlich auch der Wortlaut, bekannt geworden. Im Oktober 1962 wurde der Inhalt den bei der »Kubakrise« engagierten Staatsoberhäuptern von Diplomaten des Vatikan zugespielt. Diese »diplomatische Fassung« spielte wahrscheinlich auch beim Zustandekommen des Atomstoppabkommens vom August 1963 eine gewisse Rolle und wurde am 15. 10. 1963 in deutscher Übersetzung in der Zeitschrift »Neues Europa« von Louis Emrich veröffentlicht und seither mehrfach in verschiedenen Zeitungen bzw. anderen Publikationen nachgedruckt. Ob diese Fassung mit der vom Papst verwahrten in Übereinstimmung steht oder nicht, kann derzeit nicht überprüft werden. Eine Vergleichsmöglichkeit bietet eine »dritte« Fassung, die im Auftrag Marias 1988 als mediale Kundgabe bekannt wurde. Sie ist etwas ausführlicher als die »diplomatische Fassung«, deckt sich aber in den wesentlichen Aussagen wortwörtlich.

In der Folge ist der vollständige Text dieser dritten Fassung des sogenannten »dritten Geheimnisses« wiedergegeben:

Kind, ich habe dich auserkoren zu dieser Mitteilung, die ich dir geben werde. Gehe hin und veröffentliche sie der ganzen Welt, der ganzen Menschheit!

Habe keine Sorge und keine Angst; ich werde dir beistehen. Man wird dich zwar anfeinden, aber je stärker du im Glauben bist, um so weniger wird diese Anfeindung dir zu schaffen machen.

Siehe: Was ich dir jetzt sagen werde, ist für die ganze Menschheit bestimmt. Darum fürchte dich nicht, denn die Menschheit soll erfahren, wie es um sie steht und in Zukunft um sie stehen wird! Höre gut zu und merke dir, was ich dir jetzt sage.

Über die ganze Menschheit wird eine große Züchtigung kommen; nicht heute und nicht morgen, jedoch vor dem Ende des zwanzigsten Jahrhunderts. (In der »diplomatischen Fassung« steht hier noch: »Was in La Salette bereits durch die Kinder Mélanie und Maximin zum Ausdruck kam, wiederhole ich dir gegenüber.«)

Die Menschheit hat sich nicht so entwickelt, wie Gott, unser himmlischer Vater, es von ihr erwartete. Sie hat die Geschenke Gottes, ihres Vaters, mit Füßen getreten, ja sie hat gegen diese Geschenke gefrevelt.

Nirgends auf Erden ist mehr Ordnung; überall, selbst von den höchsten Spitzen der Regierungen und Kirchen, wird Satan Besitz nehmen. Er wird nicht haltmachen, die Spitzen der Regierungen und der Kirchen in seinen Bann zu schlagen.

Er wird nicht haltmachen, die Gehirne der Wissenschaftler so zu verwirren, daß sie mächtige Waffen erfinden, die in wenigen Minuten Millionen und Abermillionen von Menschen, ja die Hälfte der Menschheit, töten können. Er wird nicht haltmachen vor den Mächtigen dieser Erde und sie aufstacheln, daß sie diese Waffen in Massen erzeugen, damit er seine Macht gebrauchen kann, um die Menschheit zu vernichten.

Wehe aber, wenn die Mächtigen dieser Erde und die Spitzen der Kirchen diesem Treiben nicht Einhalt gebieten! Dann werde ich den mächtigen Arm meines Sohnes Jesus, des Christus, fallen lassen.

Wehe, wenn die Mächtigen der Erde und die Spitzen der Kirchen es nicht ernst meinen mit ihren Bestrebungen, die Ordnung wiederherzustellen! Dann werde ich Gott, meinen Vater, bitten, Er möge das große Gericht über die Menschheit kommen lassen, das ärger sein wird, als die Sintflut damals war. Überall auf Erden regiert Satan. Es wird unter den Kirchenführern zu gegenseitigen Kämpfen kommen, denn Satan tritt in ihre Reihen. In Rom wird es zu gewaltigen Veränderungen kommen, denn was faul ist, fällt, und was fällt, soll nicht gehalten werden, denn die Lehren der Kirchen sind verdunkelt.

Über die gesamte Menschheit und über die ganze Erde wird furchtbare Bedrängnis kommen. Feuer und Rauch werden vom Himmel fallen, und alles wird verdunkelt sein. Die Wasser der Ozeane werden verdampfen, und es wird eine so hohe Temperatur herrschen, daß die Gischt zum Himmel strahlt.

Alles, was noch aufrecht steht, soll niedergerissen werden, und von einer Stunde zur anderen werden Millionen und Abermillionen Menschen sterben. Alle, die noch am Leben sind, werden jene beneiden, die bereits tot sind. Elend wird sein, wohin man schaut, und die ganze Erde wird erbeben.

Die Zeit schreitet vorwärts, und die Kluft zwischen dem geistigen Reiche und dem Diesseits wird immer größer. Denn die Menschen in ihrem Irrtum haben dem geistigen Tod zu seinem Triumph verholfen, und die Knechte Satans haben ihn emporgehoben. Er wird dann der einzige Herrscher auf Erden sein.

Aber all die, die im irdischen Leben überleben, werden dann nach Gott rufen, und es wird so sein, daß Gott sie segnet und einen anderen Zustand herbeiführt. Dieser Zustand wird so sein wie jener auf Erden, als die Menschheit und die Welt noch nicht verdorben waren.

Ich rufe alle Nachfolger meines Sohnes Jesus, des Christus, auf sowie alle Christen, die es ernst meinen: Schart euch um Christus! Er ist der einzige Garant, der euch diese Zeit im Geiste überleben läßt!

Die Zeit der Zeiten kommt immer näher, und das Ende aller Enden kommt immer näher. Wehe den Mächtigen und den Spitzen der Kirchen, wenn nicht von ihnen eine rasche Bekehrung ausgeht! Wehe, wehe, wenn es so bleibt, wie es jetzt ist! Dann wird es noch viel schlimmer werden, als ich es dir jetzt sagen konnte.

Geh hin, mein Kind, und sage es denen, die die Macht haben, es der ganzen Menschheit zu sagen! Ich werde bei dir sein und für dich eintreten, jetzt und immerdar.

Bedenke, daß ich dir all das sage, merke es dir und sorge dafür, daß es veröffentlicht wird.

Der Gang der Ereignisse läßt erkennen, daß Maria auch nach Beendigung der Erscheinungen in Fatima mit Lucia in Verbindung blieb. Zu Pater Augustin Fuentes sagte Lucia:

»Mein Vater, die Madonna ist sehr unzufrieden, denn man hat ihrer Botschaft von 1917 nicht entsprochen. Die Guten gehen ihren Weg, ohne die Weisungen des Himmels zu befolgen. Die Bösen ziehen weiter auf dem breiten Weg zum

Verderben, ohne irgendwie die Züchtigungen zu bedenken, die ihnen drohen. Glauben Sie mir, mein Vater, Gott wird die Welt bald züchtigen. Die äußere Züchtigung wird sehr schnell erfolgen. Aber, mein Vater, denken Sie an alle Seelen, die in die Hölle stürzen; und dies, weil man nicht betet und keine Buße tut. Mein Vater, sagen Sie allen, was mir die Madonna sehr oft angekündigt hat: Viele Nationen werden von der Erde verschwinden; Rußland wird die Geißel sein, die Gott erwählt, um die Menschen zu züchtigen, wenn wir nicht durch Gebet und Sakramente die Gnade der Bekehrung erwirken. Nur das Rosenkranzgebet, das Opfer und die Weihe an das Unbefleckte Herz Mariens kann die Züchtigung des Himmels noch aufhalten. Wir nähern uns den letzten Zeiten. Sie hat es mir dreifach zu verstehen gegeben ... Der brennendste Wunsch der Gottesmutter ist es, daß wir ihr durch das tägliche Rosenkranzgebet helfen, Seelen zu retten. Wenn wir ihn mit Liebe und Andacht beten, werden wir Maria trösten und viele, viele Tränen von ihrem Unbefleckten Herzen wegwischen.«

Die letzte bislang bekannt gewordene Marienbotschaft an Sr. Lucia stammt vom 7. 4. 1990:

»Laßt uns nicht täuschen durch die Ereignisse, die in Europa Platz greifen: dies ist eine Täuschung! Rußland wird nicht bekehrt werden, bis Rußland die Geißel für alle Nationen wird. Rußland hat die Geißel zu sein, um alle Nationen zu schlagen. Rußland ist das Werkzeug, das der Ewige Vater gebrauchen wird, um die Welt zu bestrafen: denn Rußland wird den Westen überfallen, und mit Rußland wird China in Asien einfallen. Meine Worte werden verdreht. Die Oberen in der Kirche und die Priester tun dies, um unsere Kinder zu verwirren und sie glauben zu machen, der Weltfriede sei gekommen, und die Bekehrung Rußlands sei da. Dies ist nicht der Fall. Die Welt befindet sich in großer Gefahr. Wenn die Welt nicht umkehrt, wird sie in einen schmerzlichen Krieg hineingestürzt werden. – Die Wende in Osteuropa führt nicht zum Frieden!«

Bew.: Gut bezeugt, kirchlich anerkannt; Quelle: Weigl/Branz, Volk unter prophetischem Anruf, S. 76–82; Graber, Marienerscheinungen, S. 44–53; R. Ernst, Lexikon; Däniken, Erscheinungen; Bianchi, Fatima – Medjugorje; Hoffmann, Wahrheit über Fatima; Textquelle: Luis Kondor, Schwester Lucia spricht über Fatima. Erinnerungen der Schwester Lucia, Postulacao Fatima, 3. Aufl. 1977

1918 MUZILLAC / FRANKREICH   Maria erschien im Zeitraum vom 22. Mai bis zum 4. Juli drei Kindern (11, 8 und 4 Jahre alt) insgesamt 65mal. Sie erschien in sehr jugendlicher Gestalt und ließ sich nach dem Zeugnis der Seher oft von den Kindern umarmen. Sie nannte sich ihre »Mutter« und »Mutter Gottes«, versprach Frieden, wenn man viel bete, und vertraute den Kindern ein »Geheimnis« für den Papst an.

Bew.: Unbekannte Überlieferung; Quelle: R. Ernst, Lexikon; Däniken, Erscheinungen

TURIN/ITALIEN   Maria erschien der 11jährigen Flora Manfrinati   1918
(1907–1954) am Tag ihrer Erstkommunion und heilte sie von einer
schweren Krankheit. Später erhielt sie die Gnade, »Worte Marias« in
innerer Einsprechung zu empfangen und weiterzuverbreiten. Obwohl sie
wegen ihres Leidens selbst keine Schule besucht hatte, wurde sie die
Gründerin des Werks »Educatrici Apostole«. In der Folge ein Beispiel
dieser »Worte Marias«:
»Ich bin die Frau der Morgenröte. . . Ich bin die Kriegerin, die kämpfen
wird gegen den Feind dieser Welt. Der Teufel wird seine Heere aufstellen,
und ich werde die Heere meiner Engel aufstellen. . . Maria hat – da sie
die Mutter des ganzen Universums ist – den Schmerz des Universums,
aber sie hat in diesem Universum auch die Liebe.«

Bew.: Unbekannte Überlieferung; Quelle. R. Ernst, Lexikon

MALMEDY/BELGIEN   Maria erschien unter sonderbaren Umständen zwei   1919
Menschen auf dem Gutshof Winbomont bei Malmedy. Zwei Männer
hatten bei der Ernte geholfen und drangen in der Nacht in das Haus ein.
Einer betrat das Schlafzimmer der Tochter der Besitzer. Als diese ihn mit
gezückter Waffe vor ihrem Bett stehen sah, bat sie Maria um Hilfe. Da
verließ der Mann fluchtartig den Raum. Beide wurden ausgeforscht. Bei
der Gerichtsverhandlung gab der Mann an, er habe neben dem Bett des
Mädchens »eine Weißgekleidete« gesehen, die ihn »richtig gebannt«
habe; er war nicht imstande zu schießen oder das Mädchen zu bedrohen;
nur sich umzudrehen und zu fliehen war ihm möglich.

Bew. Unbekannte Überlieferung; Quelle: R. Ernst, Lexikon

RATIBOR/SCHLESIEN (POLEN)   Maria erschien oftmals der Maria (Ma-   1920
riella) Klimaschka (1895–1969), wobei die hl. Gemma Galgani
(1878–1903) ihre geistige Führerin und Lehrmeisterin und immer wieder auch Vermittlerin zu hohen mystischen Gnaden und Erfahrungen
war. Mariella stammte aus einer neunköpfigen Arbeiterfamilie und hatte
in ihrem Leben unendlich viele Leiden, Schmerzen und Krankheiten zu
erdulden, die sie aber als Sühne- und Opferseele dankbar und freiwillig
auf sich nahm.
Am 17. 10. 1911 weihte sie sich ganz Maria und wurde als Marienkind
in die Marianische Kongregation aufgenommen. Mariella berichtet:

»Damals geschah etwas, was nur Gott und mir bekannt ist. Die heiligste
Mutter nahm mich wirklich als ihr Kind an. Ich weiß nicht, was damals mit mir
geschah. Plötzlich war der ganze Hochaltar wie in eine Wolke gehüllt. Ich
fürchtete anfangs, daß das von der Kerze komme, aber bald hörte alles um mich
auf, Wirklichkeit zu sein, ich war wie geistesabwesend; da sah ich plötzlich,

wie die allerseligste Jungfrau sich mir näherte. Sie lächelte mir zu, die Arme mir entgegenhaltend, sagte aber nichts. Ich habe niemandem etwas davon erzählt, denn ich nahm an, daß es wohl allen Marienkindern so ergeht.«

Nach einigen schweren Krankheiten in der Kindheit kam Mariella 1920 mit einer Magensenkung ins Spital und steckte sich dort mit den schwarzen Pocken an. Zu Mariä Verkündigung erschien ihr erstmals die hl. Gemma Galgani († 1903; 1940 heiliggesprochen) und sagte ihr: »Ich will dir Schwester und Führerin sein im höheren Aufstieg zu Gott. Durch Leiden sollst du Wunder wirken, die zwar nicht mit den Augen wahrgenommen werden, aber in keiner Weise den äußeren Zeichen der Wunder zurückstehen. Leiden bewirken durch ihre geheimnisvolle Kraft die Bekehrung der Menschen und die Erlösung der Armen Seelen. Evviva Gesu! (Es lebe Jesus!)« Mariella empfing die Stigmata, die aber bei ihr äußerlich unsichtbar blieben, sich nur als blaßblaue Flecken zeigten, aber wie Stigmata fühlbar waren. Ihre Leiden waren nicht nur körperlicher Natur (wie unzählige Krankheiten und auch die Stigmata), sie litt auch unter Gottverlassenheitsgefühlen, die sie bis zu Selbstmordgedanken führten.

1932 wurde Mariella durch die Gottesmutter so weit von ihren körperlichen Beschwerden befreit, daß sie ohne ständige ärztliche Betreuung bleiben konnte.

Viele Offenbarungen Jesu und Mariens wurden der Seherin zuteil. Einige Marienbotschaften seien in der Folge abgedruckt:

Berufung durch Jesus und Maria

»Teuerste Tochter, mein göttlicher Sohn und ich möchten unter den Menschen, die den Weg des Kreuzes betreten haben, eine Seele finden, die wir in dieser Wissenschaft regelrecht unterrichten. Tritt ein in diese Schule, in der allein die Lehre vom Kreuz vorgetragen wird. Die Kinder der Welt haben hierfür kein Verständnis und weil sie diese nicht kennen, verachten sie diese. Tröste dich in den Trübsalen; erweitere dein Herz in Großmut und Standhaftigkeit, damit du nicht traurig vollbringst, was du freudig versprichst, denn der Herr liebt jene, die im Geben wie im Opfern gleich sind. Du, meine Tochter, wähle für dich den besten Teil, nämlich verborgen und von der Welt vergessen zu sein.«

Marias Hilfe in der Sterbestunde

Gemma offenbart weiter: Liebste sorella, heute will ich dir sagen, welches Vorrecht Jesus der himmlischen Mutter in der Stunde ihres glorreichen Hinscheidens verliehen hat. Die göttliche Majestät ließ ihr die Wahl, den Tod hinzunehmen oder ohne Mühsal in die Ewigkeit zur beseligenden Anschauung einzugehen. Hätte sie also den Tod von sich fernhalten wollen, so würde ihr der Allerhöchste dies sicher bewilligt haben; denn sie hatte keinen Anteil an der Sünde. Weil aber ihr Sohn den Tod auf sich genommen hatte, um durch sein Leiden und Sterben an Stelle der Menschheit der göttlichen Gerechtigkeit Genugtuung zu leisten, wählte auch sie aus freien Stücken den Tod, um das Beispiel ihres Sohnes nachzuahmen. Sie hätte sonst der ihrem wahren Sohne schuldigen Liebe nicht entsprochen, wenn sie nicht gleichfalls den Tod angenommen hätte. Überdies würde sie jene vollkommene Ähnlichkeit und Gleichförmigkeit mit der heiligsten Menschheit ihres Sohnes, die sie sehnlichst wünschte und die auch der Sohn von ihr verlangte, bei weitem nicht erreicht haben. Und da sie diesen Abgang später nie mehr hätte ersetzen können, so würde ihre Seele nicht die Fülle jener Freude genossen haben, die sie jetzt darüber empfindet, daß sie gestorben ist wie ihr Gott und Herr. Aus diesem Grunde war ihre freiwillige Wahl des Todes dem Herrn so wohlgefällig.

Die Klugheit und Liebe, die sie dadurch an den Tag legte, bereitete ihrem heiligsten Sohn solche Freude, daß Er ihr dafür zum Lohne und den Kindern der Kirche zum Wohle unverzüglich ein außerordentliches Vorrecht verlieh, das auch ihrem Wunsch ganz entsprach. Dieses besteht darin, daß sie allen Menschen, die vertrauend in der Todesstunde ihre Vermittlung anrufen und den Herrn bitten, Er möge in Anbetracht ihres seligen Hinscheidens und um der Liebe willen, mit der sie nach Seinem Beispiel freiwillig den Tod wählte, daß sie all diesen vertrauenden Menschen beistehen und helfen darf, den bösen Feind zu vertreiben und für die Seelen am Thron der göttlichen Barmherzigkeit Fürbitte einlegen darf.

Er selbst hat ihr verheißen, Er werde den Menschen, die sie in Verehrung ihres kostbaren Todes auf dem Totenbett anrufen, mächtige Gnadenhilfen verleihen, um gut zu sterben. Falls sie aber schon vorher in dieser Gesinnung sie anrufen, so wird Gott ihnen reichliche Gnaden verleihen, um in größerer Reinheit zu leben. Preiset, liebe sorella, und verherrlicht den Allmächtigen, daß Er ihr zur Ehre, den Sterblichen zum Wohle so verehrungswürdige Geheimnisse an ihr wirken wolle. Wenn die Gläubigen sich befleißigen, ihrer Mahnung nachzukommen, so werden sie den Herrn und die himmlische Mutter bewegen, ihnen in der letzten Stunde ihren Schutz angedeihen zu lassen.

Am Fest Maria Namen

Gemma spricht: Liebe Mariella, sage deinem Seelenführer, alle Mahnungen und Warnungen, die Jesus und Seine himmlische Mutter durch mich ergehen lassen, sind ein Beweis besonderer Liebe. Möge man alle Kraft aufbieten, um die Ehre und den Ruhm des Namens Mariä unter dem Volke zu verbreiten. Ja, möge man die Menschen zur Überzeugung bringen, daß ein sehr wirksames Mittel, sich den Sohn geneigt zu machen, darin besteht, die Mutter hoch zu ehren und ihre Herrlichkeit auf dem Erdenkreis bekannt zu machen, auf daß sie von allen anerkannt und verehrt werde. – Nach diesen Worten erschien mir die liebe Gottesmutter. Am liebsten hätte ich sie umarmt, so eine Liebe war in mir. Sie strahlte, lächelte und sagte: Keiner, und mag er auch ein Sünder gewesen sein, und noch so spät kommen, keiner soll verzagen, wenn er sich den Pforten meiner Barmherzigkeit nahet. Die Sterblichen sollen wissen, wie sehnlich ich wünsche, allen zu helfen, die zu mir ihre Zuflucht nehmen. Für sie Fürsprache einzulegen, ist ja das Amt, mit dem mich der Allerhöchste betraut hat. Wie könnte ich auch als Mutter kein Mitleid haben, wenn ich sehe, wie meine Kinder vom Satan so sehr getäuscht worden und von seinem Sklavenjoch, dem sie sich blindlings unterworfen haben, so sehr niedergedrückt sind.

Am Vorabend des Festes »Mutterschaft Mariens«

Während ich den heiligen Rosenkranz betete, stand plötzlich die liebe Gottesmutter vor meinem Bett, mit dem Jesuskind auf dem Arm. Sie lächelte und wollte mir einen großen Rosenkranz überreichen. Das Jesuskind nahm ihn ihr jedoch aus der Hand und übergab ihn mir selbst. Die liebe Gottesmutter lächelte und öffnete den Mantel. Unter diesem sah ich eine große Anzahl Menschen, kleine und große Leute. Das Jesuskind segnete alle und auch mich und verschwand.

Schauung Mariellas über den Rosenkranz

Nach der heiligen Kommunion sah ich die liebe Gottesmutter mit dem Jesuskind auf dem Arm. Beide hatten eine herrliche Krone auf dem Haupt. Rings um die Gottesmutter und das Kind war ein unbeschreiblich schöner, großer Kranz von weißen Rosen im grünen Laub. Zu ihren Füßen hing ein großes Kreuz hernieder. Dreimal verschwand diese Erscheinung und dreimal kehrte sie wieder. Beim drittenmal sah ich den heiligen Vater Franziskus und einen Ordenspriester vor mir stehen. Der liebe Heilige hatte einen großen Rosenkranz in der Hand, dessen Perlen ganz blutigrot waren. An dem großen Kreuz war eine Glaskapsel befestigt. Diese zeigte er mir mit den Worten: Hier in dieser Kapsel sieht man das neue Heilmittel für die Welt!«

Ich bat ihn, mich hineinschauen zu lassen. Beim Einblick in die Kapsel war es mir, als zerfließe meine ganze Seele ob des Geschauten. Einen Rosenkranz sah ich. Von jeder Perle gingen Strahlen aus. Dann schaute ich in der Ferne Prozessionen, alle Menschen hielten in den Händen den Rosenkranz.

Zahlreiche andere Offenbarungen und Visionen wurden Mariella Klimaschka geschenkt, vor allem sah sie in vielen Bildern die kommenden Zeiten, das angedrohte Strafgericht, das mit einer Umwandlung der Erde einhergehen werde, so wie es in der geheimen Offenbarung des Johannes sehr konkret geschildert wird. Auch in vielen Offenbarungen Marias seit 1830 (Cathérine Labouré in Paris), in La Salette, Fatima und immer eindringlicher seit der Mitte des 20. Jahrhunderts wird dieses Ereignis mit ungeheurer Eindringlichkeit verkündet.

Bew.: Gut bezeugt; Quelle: R. Ernst, Lexikon

BICKENDORF/DEUTSCHLAND Maria erschien der Anna Maria Goebel 1921
(1886–1941) seit dem 8. 12. und forderte die Stigmatisierte zu Gebet,
Buße und geduldigem Opferleiden auf:
»Sühnende Liebe tut not in dieser liebearmen Zeit, wo die Sünde sich
mehrt.«
Maria erschien ihr meist als »Unbefleckt Empfangene«. Sie hatte auch
viele Christuserscheinungen.

Bew.: Gut bezeugt. Lt. H. Lais kirchlich abgelehnt; Quelle: R. Ernst, Lexikon;
Däniken, Erscheinungen

FLORIVAL/PAPUA Maria erscheint neuerlich der Marie-Thérèse Noblet 1921
(vgl. 1917 Château-Gombert/Frankreich), die mittlerweile in einen Mis-
sionsorden eingetreten ist und in Papua eingekleidet wird. Ein zweitesmal
erscheint sie ihr als »Unsere Liebe Frau vom Heiligsten Herzen« am
31. Mai 1922, dem Festtag der Landespatronin von Papua. Schwester
Noblet erhielt die Stigmata und starb am 15. 1. 1930.

Bew.: Gut bezeugt; Quelle: R. Ernst, Lexikon

COSENZA/ITALIEN Maria erscheint der Helena Ajello (1895–1961); zur 1922
selben Zeit empfängt Helena ihre Stigmata. Seither viele Ekstasen, Visionen und Erscheinungen Jesu Christi und Marias mit eindringlichen Botschaften über die kommenden Drangsale und Strafgerichte Gottes wegen
der Gottlosigkeit und Sündhaftigkeit der Menschheit. Sie gründete die
Genossenschaft der »Minderen Schwestern vom Leiden Christi« und war
persönlich an der Gründung von 18 Häusern für verlassene Kinder beteiligt. Seligsprechungsprozeß ist eingeleitet.

Bew.: Gut bezeugt; Quelle: R. Ernst, Lexikon

HERENTALS/BELGIEN Maria erschien der Schwester Maria van Beek 1922
(1886–1948), seit 1920 Franziskanerin in Herentals und seit dem 18. 11.
1922 stigmatisiert. Wunderbare Schauungen und andere mystische Erfahrungen glichen die Leiden von Schwester Rumolda, wie sie im Orden
genannt wurde, aus. Unter nicht näher bekannten Umständen erschien
ihr in einer Weihnachtsnacht Maria mit dem Jesuskind.

Bew.: Gut bezeugt; Quelle: R. Ernst, Lexikon

SZOLNOK/UNGARN Maria erschien oftmals der stigmatisierten Elisa- 1923
beth Galgóczi (1905–1962), tröstete und ermunterte sie, ihr Sühneleiden
geduldig zu ertragen. Sie war ständig bettlägrig.

Bew.: Unbekannte Quelle; Quelle: R. Ernst, Lexikon

1925 AICHSTETTEN/DEUTSCHLAND   Am 4. Oktober erschien der seit ihrem 16. Lebensjahr stigmatisierten Anna Henle (1871−1950) Maria als Unsere Liebe Frau von La Salette und sagte:

»Bete, bete, bete! Leide, leide, leide!
Höre nicht auf zu beten! Das Geheimnis wiegt schwer über der Welt. Die Sonne des Lichtes wird hervorgehen aus den Wolken des Kampfes und aufleuchten zum Angesicht Gottes...!«

Am Tag ihrer Erstkommunion hatte sie die Dornenkrone gewählt und damit die Berufung als Sühneseele angenommen. Sie wurde gelähmt und hatte große Schmerzen zu erdulden. Zahlreiche Visionen und andere mystische Erlebnisse bereicherten ihr Leben.

Bew. Gut bezeugt; Quelle: R. Ernst, Lexikon

1925 FAUROELX/BELGIEN   Maria erschien dem Achilles Urbain (1900−1956) während seiner ersten hl. Messe in der Jesuitenkirche von Charleroi. Seitdem hatte er viele Erscheinungen Marias und erhielt Botschaften über die kommenden Zeiten.

Bew.: Unbekannte Quelle; Quelle: R. Ernst, Lexikon

1925 PONTEVEDRA/SPANIEN   Maria erschien der 1922 in das Kloster der Dorotheerinnen in Pontevedra eingetretenen Lucia dos Santos, der Seherin von Fatima (vgl. 1917) in ihrem Zimmer, zeigte ihr ihr mit Dornen umgebenes Herz und sagte ihr:

»Suche wenigstens du mich zu trösten und sage, daß ich verspreche, all denen in der Todesstunde mit den zur ewigen Seligkeit notwendigen Gnaden beizustehen, die am ersten Samstag von fünf aufeinanderfolgenden Monaten beichten, die hl. Kommunion empfangen, den Rosenkranz beten und mir fünfzehn Minuten lang Gesellschaft durch Betrachtung der Rosenkranzgeheimnisse in der Absicht leisten, mir dadurch Genugtuung zu geben.«

Diese Erscheinung wurde vom Bischof von Leiria 1939 für glaubwürdig erklärt.

Bew.: Gut bezeugt, kirchlich anerkannt; Quelle: R. Ernst, Lexikon

1926 KONNERSREUTH/DEUTSCHLAND   Die 1898 geborene Therese Neumann († 1962) erfährt im Frühjahr 1926 nach schweren Leiden und wunderbarer Genesung ihre Stigmatisierung. Als Vermittlerin der Heilung erwies sich die am 29.4.1923 selig- und am 17.5.1925 heiliggesprochene Theresia von Lisieux († 1897), wobei die beiden genannten Termine exakt mit denjenigen der Heilung von Blindheit (1923) und einer Wirbelsäulenverrenkung (1925) bei Therese Neumann übereinstimmen. Im Anschluß an den Empfang der Stigmata entwickelten sich häufige Visionen (insgesamt über 700) und unzählige Ekstasen wie mystische Erlebnisse verschiedenster Art (jahrzehntelange Nahrungslosigkeit, Sprechen in unbekannten Sprachen, Elevation usw.). Die Visionen von Therese Neumann folgten gewöhnlich dem Kirchenjahr und den Festen, wiederholten sich also inhaltlich in vielen Variationen. Damit gleichen sie den Visionen der Maria von Agreda (1665) und der Anna Katharina Emmerick (1819), wobei da und dort Unterschiede sachlicher Art festzustellen sind (z. B. was den Tod Marias betrifft). Die Visionen vollzogen sich in Ekstase, im sog. »erhobenen Ruhezustand«. Therese Neumann war jedoch ansprechbar, hatte zugleich aber über ihren normalen Wissens- und Erkenntnisstand weit hinausreichende Einblicke. Obwohl der »Fall« zu den am besten untersuchten gehört, hat die Kirche bis heute nicht entschieden.

Aus den zahlreichen, Maria betreffenden Visionen (keine Erscheinungen!) folgen hier einige Proben; die Aufzeichnungen stammen von Johannes Steiner, der das umfangreiche Material gesammelt, gesichtet und zusammengestellt hat:

Verkündigung

Über diese Vision finden sich in den Tagebüchern von Pfarrer Naber (1,4 und 2,58) nur die Hinweise, daß Theres Neumann das Tagesevangelium schaute. Auch bei Gerlich und Witt stehen keine weiteren Hinweise. Doch habe ich die Vision an einem 25. März selbst miterlebt. Mitten in einem Gespräch über alle möglichen täglichen Fragen riß es Therese Neumann um 21.12 Uhr, während sie auf ihrem Kanapee saß, in die Vision, die ich unmittelbar darauf, wie folgt, aufgezeichnet habe.

Theres Neumann sieht eine junge Frau, fast noch wie ein Mädchen aussehend, in einem kleinen Haus, betend. Es ist plötzlich ein lichter Mann da, nicht er ist hereingekommen, sondern er ist da. Ich sage, um sie irrezuführen »Mit großen Flügeln«. Sie antwortet: »Was fällt dir ein, die lichten Männer brauchen doch keine Flügel.« Er verneigt sich vor dem erschrockenen Mädchen und spricht: Schelam lich, mirjam, gaseta... es folgen noch ein paar Worte. Ich sage »Langsam, was kommt nach ›gaseta‹?« Sie besinnt sich und sagt: »Das hättest du schneller schreiben sollen, jetzt weiß ich es nicht mehr.« Es ist der Gruß des Engels Gabriel: Sei gegrüßt Maria, gnadenvolle... Maria, immer noch erschreckt, jedoch der Miene nach Zutrauen gewinnend, schaut die Lichtgestalt, die einem Manne gleicht, aber aus sich selber leuchtet, sinnend an. Der Engel spricht etwas Mächtiges weiter. Das Mädchen fragt etwas dazwischen, und der Engel antwortet ihr wieder. Als er endet, neigt die Jungfrau ihr Haupt und spricht ein paar Worte. Im selben Augenblick sieht Theres Neumann ein mächtiges Licht von oben, das in die Jungfrau hineingeht, während der Engel, der sich nochmals verneigt, entschwebt.

Soweit beschrieb Theres Neumann das Gesehene im Zustand der Eingenommenheit, der sich stets an Visionen anschloß. (Man lese zur Ergänzung nach Lk 1,26–38)

Nach dieser Darstellung des eigentlichen Vorganges fragte ich dann Theres Neumann nach deren Erwachen zu ihrem Normalzustand, in welchem sie auch aus Eindrücken anderer Visionen das Geschaute ergänzen konnte, nach dem Aussehen des Hauses, das sie dann, wie folgt, beschrieb (das Haus der Hl. Familie in Nazareth):

Das kleine Haus steht an einem Hügel, vor dem Haus ein Ziehbrunnen. Die Rückwand des Hauses bildet ein Felsen, es hat ein flaches Dach, auf dem man herumgehen kann. An der vorderen Wand steht ein Weinstock. Durch eine Türe, die nur mit einem Vorhang abgeschlossen ist, betritt man einen kleinen Raum. Darin hat Maria und später die Hl. Familie gebetet. Er hat, ziemlich hoch oben, ein einziges Fenster, durch das man hinausgebetet hat. Es ist nicht wie bei uns aus Glas, sondern offen und mit Holzstäbchen vergittert. Aus diesem Raum geht nach rechts eine Türe zu einem anderen Raum. Darin hat Maria gearbeitet und darin hat man auch gegessen. Es ist ein offener Herd da, mit einem Rauchabzug nach oben. Hier hat Maria und auch der kleine Heiland geschlafen, auf einer Matte, die auf einer Seite eingerollt war, für den Kopf. Sie wurde bei Tag aufgerollt. Man schlief in Decken eingewickelt. Es befinden sich darin auch längliche Sitze mit einer schrägen Lehne auf einer Seite, an welche man den Oberkörper beim Essen anlehnte. Von diesem Raum aus geht weiter eine Türe in einen dritten Raum. (Eine weitere führt) nach der Seite ins Freie, neben welcher eine Treppe auf das Dach führt. Gleich gegenüber ist ein kleiner Stall für den Esel, den sie besaßen.

Die Immakulata

»Am Himmel erschien ein großes Zeichen: Eine Frau, bekleidet mit der Sonne, der Mond zu ihren Füßen und eine Krone von 12 Sternen um ihr Haupt« so gibt der Evangelist Johannes sein Gesicht der apokalyptischen Frau wieder (Offb 12,1). Dieses herrliche, sieghafte Bild sah auch Therese Neumann in ihren Visionen am 8. Dezember, und sie gibt Einzelheiten daraus an. Hören wir zunächst die Niederschrift Pfarrer Nabers vom 8. Dezember 1928 (N 1,50):

Ungefähr 6 Uhr früh, bald nach der hl. Kommunion schaut Theres die Unbefleckte am Himmel (es ist Tag, der Himmel blau, mit sehr viel weißen Wölkchen): Mit dem verklärten Erdenleib, mit glänzend weißem, langem und weitem und um die Mitte gegürtetem Gewand, hinter sich, vom Hals ungefähr bis zu den Knien die rötlich strahlende Sonne, mit den Füßen etwas über der weiß leuchtenden, nach oben offenen Mondsichel, um das Haupt einen Kranz von 12 funkelnden Sternen, die Hände Theres entgegenhaltend und sie freundlich anlächelnd. Maria spricht auch zu Theres, sie mahnt sie, auszuharren in Geduld.

Und unter dem 8. Dezember 1930 berichtet Pfarrer Naber über dieselbe Vision: Heute schaut Theres die Unbefleckte am Himmel in glänzend weißem (fertigem: d. h. bei Theres bis zu den Knöcheln, den Handgelenken und dem

Hals reichendem) Gewand, hinter sich von der Mitte des Hinterkopfes bis zur Mitte der Waden die Sonne (rund), unter den Füßen nach oben offen die Mondsichel, in weitem Kreis um das Haupt zwölf Sterne, die Hände seitlich etwas erhoben und wie entgegenstreckend. Maria spricht auch zu Therese: »Liebes Kind, werde nicht müde, dem Heiland Seelen näher zu bringen, indem du recht geduldig ausharrst im Leiden. Der Heiland lohnt's ja.« Hörbar erwidert Theres: »Ja.«

Bemerkung V: Es kam sehr selten vor, daß Therese während einer Vision selbst irgendwelche Worte sprach. Ich erinnere mich nur an das »Mit, mit« bei der Assumptio Mariens, das auch in Sterbefällen, in denen die Seele sofort mit dem richtenden Heiland in Lichtglanz entschweben durfte, vorkam. Deshalb hat Pfarrer Naber besonders betont, daß Theres hörbar, gewissermaßen gelöbnishaft, während der Vision mit »ja« erwiderte.

Mariens Tod

Erste Vision: Therese sieht Maria und die Apostel in einem Saale versammelt, den sie von früheren Visionen her kennt: Es ist der Nebenraum des Abendmahlsaales, in dem seinerzeit die heiligen Frauen während des Abendmahles beisammen waren und sich im Gebet auf das Passahfest vorbereiteten. Die Apostel sind viel älter geworden, aber Therese erkennt sie alle. Sie vermißt Jakobus (der durch Herodes etwa im Jahre 44 enthauptet worden war) und Thomas. Dagegen befindet sich bei ihnen auch der temperamentvolle Paulus, den Therese auch von anderen Visionen her kennt, und ein weiterer Mann, den die Apostel als ihresgleichen behandeln, den sie aber nicht kennt und in keiner anderen Vision gesehen hat. Nach Meinung von Pfarrer Naber dürfte dies der heilige Barnabas gewesen sein (vgl. Apg 9,27; 11,22–30; 13,1–16; 15). Die Apostel sitzen, oder besser gesagt liegen, so wie es damals üblich war, unmittelbar um Maria herum. Sie ruhen auf gepolsterten Möbelstücken, die nach einer Seite schräg aufwärts eine Lehne haben, aber keine Rückenlehne. Auch noch andere von den früheren Jüngern und andere unbekannte Männer und Frauen bemerkt Therese, »aber sie saßen mehr außen herum«. Von den Frauen war ihr keine bekannt. In der Apostelreihe saßen keine Frauen.

Sie reden von Jesus. Maria wird dadurch freudig erregt und zugleich von Sehnsucht und größter Liebe zu ihm bewegt. Plötzlich wird sie ganz schwach und blaß und sinkt zurück. Johannes fängt sie auf, und sie stirbt, den Kopf an die Brust dieses ihres »zweiten Sohnes« gelehnt, in seinen Armen. Im selben Augenblick sieht Therese Mariens Seele als lebendige, aber unkörperliche Lichtgestalt dem Körper entsteigen. Es erscheint, mit lächelndem Blick, in hellstem Lichte, der Heiland und nimmt die Seele in Empfang, worauf die Lichtgestalten ihrem Blicke wieder entschwinden. Die Apostel stehen traurig um den entseelten Leichnam. Johannes schließt der toten Gottesmutter die Augen und den Mund und küßt sie auf die Stirne, die rechte Wange und den Mund, was dann auch die übrigen Apostel und die Frauen tun. Alle, auch die Apostel weinen. Therese nimmt an der Trauer lebhaften Anteil, und es laufen ihr während der Vision Tränen über die Wangen. Während sie nachher im

Zustand der Eingenommenheit das erzählt, gerät sie wieder in den Zustand der Schauung, es folgt die zweite Vision, die Beisetzung des Leichnams.

Grablegung

Zweite Vision: Der Leichnam wurde von Frauen zur Beisetzung hergerichtet, gesalbt und mit Binden umwickelt, wobei scharf riechende Kräuter mit eingebunden wurden. Petrus und Jakobus (d. J.) gehen hinaus in das Tal des Baches Cedron und sehen sich nach dem Grabe um, in das Mariens Leichnam gebracht werden soll. Es ist in den aus dem Tal ansteigenden Felsen geschlagen, und zwar so, daß sein Eingang nicht senkrecht (wie beim Grabe Christus), nicht waagrecht (wie beim Grab des Lazarus), sondern schräg liegend eingehauen ist. Man steigt dann erst ein paar Stufen hinab (bei Lazarus viel mehr, bei Christus keine), dann geht die Grabkammer in einen waagrechten Stollen über. Das Grab hat keinen Vorraum, wie das des Heilands, sondern nur eine über dem Eingang liegende, schiefe Türe. Noch am selben Tage, einem Samstag, wird der Leichnam dort beigesetzt und das Grab versiegelt. Die Angabe »Samstag« stammt nicht aus dem Erfahrungs- und Schauungsbereiche der Therese, sondern wurde auf Befragen im erhobenen Ruhezustand gemacht. Auch die bei den weiteren Visionen gemachten Wochentagsangaben gehen auf diese Quelle zurück. Der Tod Mariens war am selben Tage, aber ziemlich früh am Morgen erfolgt. Die morgendliche Zeit erkennt Therese während der Schauung aus dem Sonnenstand und dem Strahleneinfall, da sie diesen Saal auch zu anderen Tageszeiten (Abendmahl) gesehen hatte.

Assumptio

Die folgende dritte Vision ist die schönste und ergreifendste, die Hauptvision des Mariä-Himmelfahrts-Festes. Therese sieht sich vor das Grab Mariens versetzt. Es ist früher Morgen (Sonntag); niemand ist weit und breit zu sehen. Plötzlich kommt Licht von oben: Zwei Engel schweben mit der Lichtgestalt der Seele Mariens herab. Therese erkennt den einen: Es ist der, »der gesagt hat ›Schelam lich Mirjam‹«, also der Verkündigungsengel Gabriel, den anderen kennt sie nicht (nach Angabe im erhobenen Ruhezustand ist es der Schutzengel Mariens gewesen). Die drei Lichtgestalten schweben, ohne durch die verschlossene Tür irgendwie behindert zu sein, in das Grab hinein. Sie kommen sofort wieder, aber Maria ist nicht mehr eine durchsichtige Lichtgestalt, sondern kommt mit ihrem nun wieder lebendigen, verklärten Leib heraus, strahlend und mit einem Gewande aus Licht umkleidet. Es ist nicht zu beschreiben; am nächsten kommt man, wenn man sagt, es glänzt wie frischer Schnee in der Sonne. Doch sagt das noch viel zu wenig. Der Kopf und die Hände sind frei und körperlich, auch die Füße sind ein klein wenig zu sehen. Die Herrlichkeit und die Freude der Erscheinung teilt sich auch der Seherin mit, und auch die Anwesenden können in etwa daran teilnehmen, da sie ein wie sonst nie zu beobachtendes, strahlendes menschliches Antlitz sehen dürfen. Die Engel führen Maria, sie mit einer Hand unter dem Arme stützend, mit der anderen ihren Rücken berührend, und tragen sie in die Höhe. Dieses Tragen ist jedoch sicher mehr als Ehre denn als Notwendigkeit anzusehen; denn irgendeine Schwere befindet sich offensichtlich nicht mehr in dem Leibe Mariens (der ja auch durch die geschlossene Türe des Grabes herauskam).* Der Blick Theresens folgt den Gestalten, plötzlich steigert sich der Freudenausdruck in ihrem Angesicht bis zur höchsten Möglichkeit. Es erscheint von oben her Christus in unbeschreiblichem Glanze mit dem himmlischen Hofe: ungezählten Engeln und Heiligen. Der Heiland schwebt Maria entgegen, neben ihm, unkörperlich, aber zu erkennen, der heilige Joseph. Beim Zusammentreffen übernimmt der Heiland mit dem heiligen Joseph an Stelle der Engel selbst die weitere Begleitung, um sie, bei deren Fiat sich Himmel und Erde vermählten, nun unter dem Jubel der seligen Scharen, die zu Hunderten, in unirdischer Schönheit singend und musizierend, den Heiland begleiten, als Königin des Himmels und der Erde einzuführen.

In einer bei den sonstigen Visionen bei weitem nicht in diesem Ausmaß zu beobachtenden Bewegung nimmt Therese Anteil an diesem herrlichen und freudigen Geschehen. Sie springt auf und ruft, »mit, mit« und streckt den emporschwebenden Gestalten die Hände nach, sich auf die äußersten Spitzen der Zehen erhebend, so daß man unwillkürlich schaut, ob sie denn noch auf dem Boden stünde. In der Tat wird durch eine Reihe von absolut glaubwürdigen Zeugen, darunter Priester, ausgesagt, daß sie, als sie sich bei dieser Vision im Jahre 1938 im Steyler Kloster in Tirschenreuth befand, ein Stück mit emporgenommen worden sei und einige Zeit in der Luft geschwebt habe. Am 24. 9. 1950 traf ich in Konnersreuth einen Augenzeugen dieses Vorfalles, Herrn Dost aus Hildesheim, der sich für die Wahrheit verbürgte. Therese sei etwa 15 – 20 cm vom Fußboden erhöht gewesen und habe in diesem freischwebenden Zustand eine Zeitlang verharrt. Ich selbst habe im Jahre 1947 einen Abstand vom Boden nicht beobachten können . . .

Die Visionen sind mit der dritten Schauung noch nicht abgeschlossen. Mitten in den Freudekundgebungen über die eben erlebte, dritte Vision richtet sich Therese plötzlich wieder empor. Ihre Hände fahren bis in etwa Schulterhöhe und sie sieht folgende vierte Schauung:

Die Apostel im leeren Grab

Der beim Tode Mariens noch fehlende Apostel Thomas ist inzwischen auch noch in Jerusalem eingetroffen (Montag). Er ist betrübt, daß er zu spät kam, und will die Mutter Gottes wenigstens im Grabe noch einmal sehen. Es vereinbaren deshalb alle Apostel, nochmals gemeinsam zum Grab zu gehen. Therese sieht sie dann zum Grab kommen und das unverletzte Siegel prüfen (Dienstag früh). Erstaunt blicken sie sich nach Entsiegelung und Öffnung der

---

* Es entspricht auch dem Gedanken der »Assumptio«, der Auf*nahme* in den Himmel, während wir bei Christus von »Ascensio«, der Auf*fahrt* aus eigener Kraft sprechen. Der wohl unterscheidende lateinische Ausdruck ist hier wesentlich genauer als unser deutscher Sprachgebrauch, der beide Feste »Himmelfahrt« nennt.

Türe im Grabe um. Sie finden keinen Leichnam mehr. Lediglich die Binden, in die Maria gewickelt gewesen war, liegen noch auf ihrem Platze, und zwar genau so, wie wenn sie noch einen Leichnam einschlössen. Therese, lächelnd, nimmt den Zeigefinger und tupft zweimal nach unten. Sie hat es, wie sie hernach im Zustande der Eingenommenheit erzählte, einem der Apostel nachgemacht, der mit seinem Zeigefinger die noch gewickelt stehenden Binden an zwei Stellen niedergetupft hat, um sich und die anderen von der Leere der Hülle zu überzeugen. Die Binden waren wohl durch die Salben verklebt und auch durch die miteingewickelten Kräuter gestützt, so daß sie ohne äußere Einwirkung nicht zusammenfielen; das Entsteigen des Leibes Mariens ist als solche Einwirkung nicht anzusehen, denn der nun nicht mehr irdischen Gesetzen unterworfene Leib wurde durch die Umwicklung ebensowenig behindert wie durch Fels und Türe.

Die Apostel machen einander auch auf einen unirdischen Wohlgeruch aufmerksam, der sich im Grabe befindet. Therese gibt das Empfinden dieses Wohlgeruches während der Vision durch entzücktes, kräftiges Einziehen der Luft mit sich leicht blähenden Nasenflügeln kund. Ihre Handbewegung und ihre Mienen weisen immer wieder nach oben, wohin sich auch der Blick der Apostel richtet. Diese verlassen nach längerer Zeit und eifrigem Reden erfreut das Grab, offensichtlich überzeugt, daß den Umständen nach (versiegeltes Grab, unversehrte Tuchwicklung, Wohlgeruch) Maria leiblich dem Grabe entstiegen und in den Himmel aufgenommen worden sei.

Bew.: Gut bezeugt; Quelle: R. Ernst, Lexikon; Johannes Steiner, Theres Neumann von Konnersreuth, München, 10. Aufl. 1988; Textquelle: Johannes Steiner, Visionen der Theres Neumann, München, 3. Aufl. 1978

1926 MARLEMONT/FRANKREICH   Maria erscheint zweimal der sechsjährigen Maria P., die von den Tränen Marias so berührt ist, daß sie sie vom Boden aufheben möchte.

Bew.: Unbekannte Quelle; Quelle: R.Ernst, Lexikon

1926 WARSCHAU/POLEN   Maria erscheint oftmals der Helena Kowalska (1905−1938), die als Sr. Maria Faustyna 1925 in die Kongregation der Muttergottes der Barmherzigkeit aufgenommen wird und ein Leben in außerordentlicher Verbundenheit mit Jesus, Maria und der geistigen Welt führt. Wegen ihrer schwachen Gesundheit ist sie gezwungen, sich oft in Krankenhäusern aufzuhalten oder das Bett zu hüten. Helena opfert ihre Leiden aber geduldig auf und betrachtet sie als Mittel zur inneren Reifung und Angleichung an die »Barmherzigkeit Gottes«. 1931 sieht sie in einer Vision Jesus und erhält von ihm den Auftrag, ein Bild nach dieser Vision malen zu lassen. Das erste Bild von E. Kazimirowski entspricht nicht ganz der Vision, nach ihrem Tod malt Adolf Hyla ein zweites Bild (»Juzu Ufam Tobie« = Jesus, ich vertraue auf dich), das sich weltweit verbreitet hat und von dem große Gnadenerweise ausgehen. Es ist in der Klosterkapelle in Krakau aufgehängt, wo Sr. Faustyna von 1936 bis zu ihrem Tod lebte. Sie hielt sich aber auch in Wilno, in Pradna und – krankheitsbedingt – an anderen Orten auf. Durch das Tagebuch, das sie auf Geheiß ihrer Beichtväter und auf Weisung Jesu führte, verfügen wir über ein außergewöhnliches mystisches Zeugnis, das die liebevolle Führung eines Menschen durch Jesus Christus, seine Mutter Maria und viele geistige Helfer im Detail erkennen läßt. Am 3. 4. 1938 schrieb Helena Kowalska auf einen Zettel: »Es ist Gottes Wille, daß dies alles zum Trost an die Seelen weitergegeben wird.« In der Folge seien einige Offenbarungen und Erscheinungen Sr. Faustynas vorgestellt, die Maria betreffen bzw. zur Urheberin haben:

In der Nacht besuchte mich die Gottesmutter mit dem Jesuskind auf dem Arm. Freude erfüllte meine Seele und ich sprach: »Maria, meine Mutter, weißt Du, wie sehr ich leide?« Die Gottesmutter entgegnete: »Ich weiß, wieviel du leidest, aber ängstige dich nicht, ich empfinde Mitleid mit dir und werde es immer empfinden.« Sie lächelte herzlich und verschwand. Sofort entstand in meiner Seele Kraft und großer Mut. Dies hielt aber nur einen Tag an. Es war, als hätte sich die Hölle gegen mich verschworen. Ungeheurer Haß begann in meine Seele einzudringen, Haß gegen alles, was heilig und von Gott war. Mir schien es, als sollten diese Seelenqualen steter Anteil meines Daseins bleiben. Ich wandte mich zum Allerheiligsten Sakrament und sprach zu Jesus: »Jesus, Bräutigam meiner Seele, siehst Du nicht, daß meine Seele (vor Sehnsucht) nach Dir stirbt? – Wie kannst Du Dich so verstecken vor dem Herzen, das Dich aufrichtig liebt? – Verzeihe mir, Jesus, in mir soll Dein heiliger Wille geschehen. Still werde ich leiden, wie eine Taube, ohne zu klagen. Meinem Herzen werde ich keinen einzigen Seufzer schmerzlicher Klage gestatten.« I/25 (1926)

Als wir aus den Kniebänken herausgingen und die Formeln der Gelübde aufzusagen begannen, stand plötzlich Jesus neben mir, in weißem Gewand mit goldenem Gürtel. Er sagte zu mir: »*Ich erteile dir die ewige Liebe, damit deine Reinheit unbefleckt bleibt und als Beweis, daß du niemals unreinen Versuchungen ausgesetzt sein wirst.*« – Jesus nahm seinen goldenen Gürtel ab und legte ihn um meine Hüften. Von da an verspürte ich keine Erregung mehr, die gegen die Keuschheit ist, weder im Herzen noch im Verstand. Später habe ich begriffen, daß dies eine der größten Gnaden ist, die mir die Heiligste Jungfrau Maria erbeten hat, denn um diese Gnade hatte ich Sie über viele Jahre angefleht. Sie lehrte mich, Gott innerlich zu lieben und in allem Seinen hl. Willen zu tun. Freude bist Du, Maria, denn durch Dich stieg Gott zur Erde herab (und) in mein Herz. I/40 (1929)

Einmal besuchte mich die Gottesmutter. Sie war traurig und schaute zu Boden. Sie gab mir zu erkennen, daß sie mir etwas zu sagen hätte, andererseits gab sie mir zu erkennen, daß sie nicht gern sprechen wolle. Als ich dessen gewahr wurde, fing ich an, die Gottesmutter zu bitten, es mir zu sagen und auf mich zu schauen. Sofort sah mich Maria mit gütigem Lächeln an und sagte: »Du wirst bestimmte Leiden zu ertragen haben wegen deiner Krankheit und der Ärzte; auch des Bildes wegen wirst du auf viele Leiden stoßen; doch ängstige dich nicht.« Am nächsten Tag wurde ich krank und mußte viele Qualen ertragen, so, wie es mir die Muttergottes gesagt hatte. – Doch meine Seele ist auf Qualen vorbereitet. Das Leid ist der stetige Begleiter meines Lebens.   I/316 (1934)

Am Tage der Aufnahme der Muttergottes in den Himmel war ich nicht zur heiligen Messe gegangen. Frau Doktor hatte es nicht erlaubt, doch ich betete innig in der Zelle. Nach einer Weile erblickte ich die Gottesmutter in unaussprechlicher Schönheit. Sie sagte mir: »Meine Tochter, ich verlange von dir Gebet, Gebet und nochmals Gebet – für die Welt und besonders für dein Vaterland. Neun Tage lang empfange die Sühnekommunion, verbinde dich innig mit dem heiligen Meßopfer. Während der neun Tage wirst du als Opfer vor Gott stehen. Überall, immer, an jedem Platz und zu jeder Zeit – ob am Tage oder in der Nacht, so oft du aufwachst, bete im Geiste. Im Geiste kann man immer im Gebet verharren.«   I/325 (1934)

Einmal bat mich der Beichtvater um Gebet in seiner Meinung. Ich begann eine Novene zur Muttergottes. Sie bestand aus dem neunmal gebeteten »Gegrüßet seist Du, Königin«. Am Ende der Novene erblickte ich die Gottesmutter mit dem Jesuskind auf dem Arm und meinen Beichtvater, der Ihr zu Füßen kniete und mit Ihr sprach. Ich konnte nicht verstehen, worüber er mit Ihr sprach, weil ich in dieser Zeit mit dem Jesuskind redete, das vom Arm der Mutter zu mir herabgekommen war. Ich konnte über seine Schönheit nicht genug staunen. Dann hörte ich einige Worte, welche die Gottesmutter sprach, alles aber hatte ich nicht gehört. Es sind folgende Worte: »Ich bin nicht nur Königin des Himmels, sondern auch Mutter der Barmherzigkeit und deine Mutter.« Sie streckte Ihre rechte Haus aus, mit der Sie den Mantel hielt und umhüllte mit ihm diesen Priester. In dem Augenblick verschwand diese Erscheinung.   I/330 (1935)

5. August 1935 – Fest der Muttergottes der Barmherzigkeit
   Auf dieses Fest habe ich mich mit größerem Eifer vorbereitet als in den Jahren zuvor. Schon am Morgen hatte ich einen inneren Kampf beim Gedanken, die Kongregation verlassen zu müssen, die unter dem besonderen Schutz Marias steht. Diese Kämpfe dauerten während der Meditation und der ersten heiligen Messe fort. Während der zweiten heiligen Messe sagte ich zu der Heiligsten Mutter, daß es mir schwerfiele, mich von der Kongregation zu trennen, die unter Ihrem besonderen Schutz steht. Da erblickte ich die Heiligste Jungfrau in unsagbarer Schönheit. Sie kam vom Altar an meinen Betstuhl heran, drückte mich an Sich und sagte: »Ich bin eure Mutter aus der unergründlichen Barmherzigkeit Gottes. Die Seele, die den Willen Gottes treu erfüllt, ist Mir die

1 Die »Schwarze Madonna« von Tschenstochau, Gnadenbild des Klosters Jasna Gora
und polnisches Nationalheiligtum

2 Polnische Pilger am Ende ihrer Reise
zum Schrein der »Schwarzen Madonna« von
Tschenstochau. Vor dem Kloster Jasna Gora
werden Kerzen entzündet.

3 Eine Polin in festlichem Trachten-
schmuck. Wie sie, wohnten Hunderttausende von Menschen der Messe von Papst
Johannes Paul II. am Pfingstmontag 1979
vor dem Kloster Jasna Gora in Tschenstochau bei.

QUE SOY
ERA
IMMACULADA COUNCEPCIOU

4   Die Marienstatue der Erscheinung in der Grotte von Lourdes. Auf dem Sockel sind die nach Aussage Bernadettes in bigorrischem Dialekt gesprochenen Worte Marias – »Ich bin die Unbefleckte Empfängnis« – zu lesen.

5   Jeden Abend findet in Lourdes eine Lichterprozession statt. Im Hintergrund die Statue der gekrönten Maria auf dem Rosenkranzplatz.

6   Lourdes. Eine Ordensfrau im Gebet

7   Der Schrein mit dem bis heute unversehrten Leichnam Bernadettes. Seit der Seligsprechung am 14. Juli 1925 steht dieser im Chor des Klosters Saint-Gildard in Nevers.

8   Bernadette Soubirous (Sr. Marie Bernard, 1844–1879), die Seherin von Lourdes und erste photographierte Heilige

9 Die drei Seherkinder von Fatima. Von links nach rechts: Jacinta Marto, Francisco
Marto und Lúcia dos Santos. Ihnen erschien die Heilige Jungfrau sechsmal in der
Umgebung von Fatima, jeweils am dreizehnten eines Monats.

10   Entzündete Kerzen
in Fatima: Zeichen des
Fürbittgebets der Gläubi-
gen an die Jungfrau

11   Papst Johannes
Paul II. 1982 am Ziel sei-
ner Pilgerreise in der
Erscheinungskapelle von
Fatima

12   Hunderttausende
von Kerzen werden
anläßlich des Papstbesu-
ches entzündet, während
die Statue Unserer Lieben
Frau von der Gnadenka-
pelle zur Altarinsel vor
der Basilika gebracht
wird.

13 Am Erscheinungsfest, dem
12. Dezember, kommen Indios und Pilger aus ganz Lateinamerika nach Guadalupe. Besonders die Indios bringen der
Madonna, die erstmals 1531 dem Seher
Juan Diego – einem der ihren – erschienen war, tiefste religiöse Verehrung entgegen.

14 Das Gnadenbild »Unsere Liebe Frau
von Guadalupe« in Mexiko

15 »Maria, Mutter Jesu, hilf«: Viertes Bild
der prophetischen Gemälde von Maria Magdalena Hafenscheer, Wien 1950 (s. S. 377 f.)

16 Die Jungfrau der Erscheinung von
Garabandal

17 Die »Jungfrau der Armen« von
Banneux

18   Dieses Madonnenbild von Medjugorje entstand, als ein Pilger im Jahre 1986 auf dem Kreuzberg von Medjugorje in Richtung einer vernommenen Stimme photographierte. Bei Entwicklung des Films erschien das Bild der jungen Muttergottes mit Kind.

19   Der Kreuzberg von Medjugorje, der täglich von Tausenden von Pilgern besucht wird.

20   Marija Pavlovic, eines der Seherkinder von Medjugorje, im Augenblick der Erscheinung

liebste.« – Sie gab mir zu verstehen, daß ich alle Wünsche Gottes treu erfüllt und dadurch in Seinen Augen Gnade gefunden habe. »Sei mutig, fürchte keine täuschenden Hindernisse, sondern siehe auf die Leiden Meines Sohnes, nur so wirst du den Sieg davontragen.«   I/449 (1935)

Am Abend des Tages, an dem die Novene in der »Ostra Brama« beendet und die Litanei zu Ende gesungen war, brachte einer der Priester das Allerheiligste Altarsakrament in der Monstranz. Als er die Monstranz auf den Altar gestellt hatte, erblickte ich das Jesuskind. Es streckte Seine Händchen zuerst zu Seiner Mutter aus, die als lebende Gestalt zugegen war. Während die Muttergottes zu mir sprach, streckte das Jesuskind Seine Händchen den Versammelten entgegen. Die Mutter sagte mir, ich solle alle Forderungen Gottes wie ein kleines Kind aufnehmen, ohne nachzuforschen, denn anders gefiele es Gott nicht. In dem Augenblick verschwand das Jesuskind, die Muttergottes verlor ihre lebendige Gestalt und das Bild war wieder so wie vorher. Aber meine Seele war von großer Freude und Glück erfüllt, und ich sagte zum Herrn: »Tue mit mir, was Dir gefällt, ich bin zu allem bereit, aber Du, o Herr, verlasse mich nicht einen Augenblick.«   II/529 (1935)

Der 25. März. Am Abend während der Meditation ergriff mich Gottes Anwesenheit auf besondere Art. Ich sah die außerordentliche Größe Gottes und gleichzeitig Seine Herabneigung zu den Geschöpfen. Da erblickte ich die Muttergottes, die mir sagte: »O wie angenehm ist Gott eine Seele, die treu dem Hauch Seiner Gnade folgt. Ich gab der Welt den Erlöser und du sollst der Welt von Seiner großen Barmherzigkeit erzählen und sie auf Seine Wiederkunft vorbereiten, wenn Er nicht als barmherziger Erlöser, sondern als Gerechter Richter kommen wird. O, dieser Tag ist schrecklich. Der Tag der Gerechtigkeit ist beschlossen, der Tag des Zornes Gottes; vor ihm zittern die Engel. Künde den Seelen von dieser großen Barmherzigkeit, solange die Zeit des Erbarmens währt. Wenn du jetzt schweigst, wirst du an jenem schrecklichen Tag eine große Zahl von Seelen verantworten müssen. Fürchte nichts, bleibe treu bis zum Ende. Ich fühle mit dir.«
                    I/635 (1936)

Während der heiligen Messe, die Pater Andrasz feierte – es war kurz vor der Wandlung – wurde meine Seele von der Anwesenheit Gottes erfüllt und zum Altar hingezogen. Ich erblickte die Muttergottes mit dem Jesuskind. Das Jesuskind hielt sich an der Hand der Gottesmutter fest, aber auf einmal lief es freudig zur Mitte des Altares. Die Gottesmutter sagte mir: »Siehe, wie unbesorgt ich Jesus seinen Händen anvertraue. So sollst auch du deine Seele anvertrauen und ihm gegenüber Kind sein.«
– Nach diesen Worten wurde meine Seele mit sonderbarem Vertrauen erfüllt. Die Muttergottes hatte ein weißes Kleid an; es war seltsam weiß, durchsichtig. Auf den Schultern hatte sie einen durchsichtigen blauen, eigentlich himmelblauen Umhang. Mit entblößtem Haupt und offenem Haar war sie schön, ja unbegreiflich schön. Die Muttergottes schaute voller Güte auf den

Pater, doch nach einer Weile zerbrach er das schöne Kind und es kam wahrhaftig lebendiges Blut heraus. Der Pater beugte sich darüber und nahm den lebendigen wahren Jesus in sich auf. Ob er Ihn verspeist hat, ich weiß nicht, wie das geschieht. Jesus, Jesus, ich kann Dir nicht folgen, weil Du für mich in einem einzigen Augenblick unbegreiflich wirst.   II /677 (1936)

September – erster Freitag. Am Abend erblickte ich die Muttergottes mit entblößter Brust, in der ein Schwert steckte. Sie weinte bitterlich und beschützte uns vor einer großen Strafe Gottes. Gott will uns mit einer furchtbaren Strafe heimsuchen, aber Er kann es nicht, weil uns die Muttergottes verdeckt. Schreckliche Furcht durchlief meine Seele, ich betete unentwegt für Polen, das mir teure Polen, das der Gottesmutter so wenig dankbar ist. Wenn nicht die Gottesmutter wäre, hätten unsere eigenen Bemühungen wenig Nutzen. Ich vervielfachte meine Gebets- und Opferanstrengungen für das teure Vaterland; aber ich sehe, daß ich nur ein Tropfen bin gegen eine Welle des Bösen. Wie kann ein Tropfen eine Welle aufhalten? O doch. Aus sich selbst ist der Tropfen nichts, aber mit Dir, Jesus, werde ich der ganzen Welle des Bösen die Stirn bieten, sogar der ganzen Hölle. Deine Allmacht vermag alles.
                II/689 (1936)

Heute, während der Vesperandacht, durchdrang ein Schmerz meine Seele; ich sehe, daß das Werk in jeder Hinsicht meine Kräfte übersteigt. Ich bin ein kleines Kind im Vergleich mit der Größe dieses Werkes und nur auf den ausdrücklichen Befehl Gottes gehe ich an die Ausführung heran; andererseits ist mir sogar die Fülle der Gnaden zur Last geworden, die ich kaum zu tragen vermag. Ich sehe Vertrauensmangel bei meinen Vorgesetzten, verschiedene Zweifel und Mißtrauen im Umgang mit mir. Mein Jesus, ich sehe, daß auch so große Gnaden Leiden sein können. Es ist so, denn Leiden können nicht nur sein, sie müssen sein, als Zeichen göttlichen Wirkens. Nun verstehe ich: Würde Gott Selber die Seele in den verschiedenen Prüfungen nicht festigen, so würde sie allein nicht zurechtkommen. So ist Gott allein ihr Schild. Als ich während der Vesperandacht über das Gemisch von Leiden und Gnaden weiterhin nachdachte, hörte ich die Stimme der Heiligsten Mutter: »Wisse, meine Tochter, obwohl Ich zur Würde der Mutter Gottes emporgehoben wurde, haben sieben Schmerzensschwerter mein Herz durchstoßen. Unternehme nichts zu deiner Verteidigung, ertrage alles in Demut. Gott Selber wird dich verteidigen.«   II/786 (1936)

Unbefleckte Empfängnis der Gottesmutter

Vom frühen Morgen an spürte ich die Nähe der Heiligsten Mutter. Während der heiligen Messe erblickte ich Sie so herrlich und schön, daß mir die Worte fehlen, um auch nur teilweise diese Schönheit auszudrücken. Sie war ganz in weiß, umgürtet mit einer blauen Schärpe; Ihr Mantel war auch blau, eine Krone auf dem Haupt; von der ganzen Gestalt ging ein unbegreiflicher Glanz aus. – »Ich bin die Königin des Himmels und der Erde, vor allem aber eure

Mutter.« – Sie drückte mich an Ihr Herz und sagte: »Ich fühle immer mit dir.« – Ich spürte die Macht Ihres Unbefleckten Herzens, die sich meiner Seele mitteilte. Jetzt begreife ich, weshalb ich mich seit zwei Monaten auf das Fest vorbereitet und es mit solcher Sehnsucht erwartete. Von heute an bemühe ich mit um die größtmögliche Reinheit der Seele, damit Gottes Strahlen sich in ganzer Helligkeit widerspiegeln. Ich will Kristall sein, um in Seinen Augen Wohlgefallen zu finden. II/805 (1936)

Seit diesen Tagen lebe ich unter dem jungfräulichen Mantel der Gottesmutter. Sie schützt und lehrt mich. An Ihrem Unbefleckten Herzen bin ich ruhig. Ich bin schwach und unerfahren, deshalb schmiege ich mich wie ein kleines Kind an Ihr Herz. Obwohl Gott mich in dieser Tugend befestigt hat, bleibe ich wachsam und habe Angst vor meinem eigenen Schatten, aber das alles nur, weil ich Gott so sehr liebgewonnen habe. III/1097, 1098 (1937)

Erscheinung der Gottesmutter. In großer Helligkeit erblickte ich die Muttergottes. Sie trug ein weißes Kleid mit kleinen goldenen Sternen übersät, die Ärmel im Dreieck mit Gold ausgeschlagen. Ihr Mantel war himmelblau, leicht um die Schultern gehüllt, auf dem Haupt trug sie einen leicht aufgelegten, durchsichtigen Schleier; die Haare waren offen, schön zurechtgelegt; sie trug eine goldene Krone, mit Kreuzchen an den Zacken. Auf dem linken Arm hielt sie das Jesuskind. So hatte ich die Muttergottes noch nicht gesehen. Sie schaute mich gütig an und sagte: »Ich bin die Muttergottes der Priester.« Sie ließ das Jesuskind von ihrem Arm auf die Erde herab, erhob ihre rechte Hand zum Himmel und sagte: »O Gott, segne Polen, segne die Priester.« Dann sagte sie mir: »Sag das, was du gesehen hast, den Priestern.« Ich beschloß, dies bei der ersten Gelegenheit dem Pater* zu sagen, doch ich selbst konnte diese Erscheinung nicht verstehen. V/1585 (1938)

Heute begleitete ich Jesus bei Seiner Himmelfahrt... Eine große Sehnsucht nach Gott ergriff mich. Es war sonderbar, je stärker ich die Anwesenheit Gottes empfand, desto inniger wurde mein Verlangen nach ihm. Plötzlich sah ich mich in einer großen Schar von Jüngern und Aposteln, die Gottesmutter war auch dabei. Jesus sagte, sie sollten in die ganze Welt gehen »*und lehret in Meinem Namen*«. – Er erhob Seine Hände, segnete sie und entschwand in der Wolke. Ich sah die Sehnsucht der Heiligsten Jungfrau. Ihre Seele sehnte sich mit aller Kraft der Liebe nach Jesus, doch blieb Sie ruhig und Gott ergeben und in Ihrem Herzen war keine andere Bewegung als das, was Gott will.

Als ich allein mit der Heiligsten Jungfrau zurückgeblieben war, belehrte Sie mich über das innere Leben. Sie sagte mir: »Die wahre Größe einer Seele ist, Gott zu lieben und sich in Seiner Gegenwart zu erniedrigen; sich selbst ganz zu vergessen, ganz geringachten, denn groß ist der Herr; doch Sein Wohlgefallen gilt nur den Demütigen, den Hochmütigen stellt Er sich entgegen.« VI/1710, 1711 (1938)

---

* Pater Andrasz

Sr. Faustyna starb am 5. 10. 1938 und wurde in einem Gemeinschaftsgrab der Schwestern im Ordenshaus in Krakau begraben. Am 21. 10. 1965 wurde im Auftrag von Kardinal Woityla der Informationsprozeß als Vorbereitung zur Kanonisierung eröffnet (von da an Titel »Dienerin Gottes«) und am 20. 9. 1967 positiv abgeschlossen. Seit dem 31. 1. 1968 ist der Seligsprechungsprozeß in Rom eröffnet.

> Bew.: Gut bezeugt; Quelle: R. Ernst, Lexikon; O. Zischkin, Offenbarungen Jesu an Sr. Faustyna, Altötting o. J.

1927 ROCHEHAUT/FRANKREICH   Maria erscheint einem jungen Mädchen, das später Ordensfrau wurde.

> Bew.: Unbekannte Quelle; Quelle: R. Ernst, Lexikon

1927 TREPT/FRANKREICH   Maria erscheint der neunjährigen Josephine Laroche und bittet um eine Kapelle, die mit vielen Heiligenstatuen ausgestattet sein soll; die Menschen sollen dort oft und intensiv beten und Buße tun. »Buße! Buße« ruft Maria ihr zu. 46 Jahre später erscheint sie ihr noch einmal im Spital von Villefranche-sur-Saône (Diözese Lyon).

> Bew: Unbekannte Quelle; Quelle: R. Ernst, Lexikon

1928 FERDRUPT/FRANKREICH   Maria erscheint zwei Mädchen (13 und 6 Jahre alt) und zeigt sich ihnen vom 2. März bis 20. April insgesamt 27mal. »Man wird mich ›Unsere Liebe Frau der Gnaden‹ nennen«, sagt sie und erbittet den Bau einer Kapelle. Maria war ganz in Weiß, ohne Mantel, und goß mit ihren Händen Strahlen aus.

> Bew.: Gut bezeugt; Quelle: R. Ernst, Lexikon

1929 ST. THEODORE DE CHERTSY/KANADA   Maria übermittelt der Emma C. seit diesem Jahr zahlreiche Botschaften im Geist des Ludwig Grignion de Montfort (vgl. 1709). Sie errichtete das Oratorium »Maria Königin des Herzens«.

> Bew.: Gut bezeugt; Quelle: R. Ernst. Lexikon

1930 CAMPINAS/BRASILIEN   Maria erscheint Sr. Amalia, der Mitbegründerin des »Instituts der Missionarinnen vom gekreuzigten Jesus«, zweimal (am 8. 3. und 8. 4.), zeigt ihr die Medaille »Unsere Liebe Frau von den Tränen« und lehrt sie den »Tränenrosenkranz« für die Bekehrung der Sünder. Ein Jahr vorher hatte sie bereits eine Erscheinung Christi, der ihr sagte: »Worum die Menschen mich um der Tränen meiner Mutter willen bitten, werde ich ihnen gewähren.«

Tränenrosenkranz

Gekreuzigter Jesus! Zu deinen Füßen niedergeworfen, opfern wir dir auf die Tränen jener, die dich mit inniger, teilnehmender Liebe auf deinem so leidensvollen Kreuzweg begleitet hat. Gib, o guter Meister, daß wir die Lehren beherzigen, die uns die Tränen deiner heiligsten Mutter geben, damit wir deinen heiligen Willen auf Erden so erfüllen, daß wir gewürdigt werden, dich im Himmel die ganze Ewigkeit hindurch zu loben und zu preisen.

V: O Jesus, schau auf die Tränen jener, die dich auf Erden am meisten geliebt.
A: Und dich am innigsten liebt im Himmel.

(Darauf folgen sechs Gesätzchen mit den folgenden Einschüben:)

1. – bei der Weissagung Simeons, daß ihr Herz ein Schwert durchbohren werden, mache uns stark, daß auch wir in dunklen Stunden in festem Glauben und treuer Liebe zu dir stehen;

2. – auf der Flucht nach Ägpten, erbarme dich aller Heimatlosen, Vertriebenen, um des Glaubens willen Verfolgten;

3. – bei der Begegnung auf deinem blutigen Kreuzweg, stehe uns bei, wenn Not und Krankheit uns bedrücken, und laß alle Irr- und Ungläubigen erkennen, daß du der Weg, die Wahrheit und das Leben bist;

4. – bei deinem grausamen Todesleiden am Kreuz, gib allen Sterbenden die letzten, heilsnotwendigen Gnaden und laß auch uns den Tod in Liebe aus deiner Hand annehmen, so wie du ihn uns schicken willst;

5. – bei der Abnahme deines heiligen Leichnams vom Kreuz in ihren Schoß erbarme dich aller Leidenden und laß sie erkennen, daß Gott sie nicht über ihre Kräfte heimsucht;

6. – bei deiner heiligen Grablegung, stärke uns, daß wir die Furcht des Todes überwinden durch die Hoffnung auf die selige Auferstehung in dir.

V.: O Jesus, erhöre unsere Bitten.
A.: Um der Tränen deiner heiligsten Mutter willen.
V.: O Maria, Mutter der Liebe, der Schmerzen und der Barmherzigkeit! Wir bitten dich, vereinige deine Bitten mit den unsrigen, damit Jesus, dein göttlicher Sohn, an den wir uns wenden, im Namen deiner mütterlichen Tränen unser Flehen erhöre und uns mit den Gnaden, die wir erbitten, die Krone des ewigen Lebens gewähren möge.
A: Amen.

Bew.: Gut bezeugt; Quelle: R. Ernst, Lexikon

CHÂTEAUNEUF DE GALAURE / FRANKREICH: Maria erscheint oftmals der 1930 Martha Robin (1902–1981). Seit 1930 stigmatisiert, lebte diese 50 Jahre lang ohne Nahrung und ohne Schlaf. Durch ihre Initiative entstand das Werk »Foyer de la Charité«, das sich in kurzer Zeit über die ganze Erde ausbreitete. Kardinal Daniélou sagte einmal: »Die außerordentliche Persönlichkeit unseres Jahrhunderts ist nicht Johannes XXIII. oder General de Gaulle, sondern Martha Robin.«

1) Vorgeschichte: Martha Robin wird in einem eher ungläubigen Milieu im kleinen Marktflecken Châteauneuf de Galaure geboren. »Drôme« wird diese Landschaft im Südosten Frankreichs genannt. Beim Begräbnis der »Stigmatisierten von der Drôme« am 12.2. 1981, das Bischof Marchand von Valence in Konzelebration mit etwa 200 Priestern hielt, waren viele Tausende zusammengekommen, die durch Martha Robin wieder gläubig wurden bzw. deren Glauben durch die Kraft ihrer Mystik neu belebt worden war. Die Eltern Marthas lebten in der Plaine, etwa eine halbe Stunde Gehweg oberhalb des Ortes. Martha war das jüngste von sechs Kindern. Sie wurde am 13. März 1902 gegen 17 Uhr in ihrem Elternhaus geboren und am 5. April in St.-Bonnet-de-Galaure getauft. Ein Jahr später überstand sie eine schwere Typhusepidemie, die in der Gegend wütete, und blieb zeitlebens sehr zart und anfällig für Krankheiten, war aber ein fröhliches und aufgewecktes Kind. 1911 wird sie gefirmt, aber erst am 15. 8. 1912 erhält sie die Erstkommunion, weil sie beim offiziellen Termin krank war. Martha sagt darüber: »Ich glaube, daß bei meiner privaten Erstkommunion der Heiland von mir Besitz ergriffen hat. Ich glaube, daß er mich für sich in Beschlag nahm. Als kleines Mädchen habe ich immer den lieben Gott geliebt. Meine Schwestern wollten nicht, daß ich immer bete, aber ich betete vor allem im Bett. Ich betete zur Muttergottes und sprach oft mit ihr. Ich betete zu ihr Gebete, die ich in einem dicken Andachtsbuch meines Großvaters gefunden hatte. Wenn ich ins Dorf zum Einkaufen ging, hatte ich immer den Rosenkranz in der Tasche und betete ihn unterwegs.«

Nach der Schule begann die Feldarbeit und das Hüten — sie war ein Bauernmädchen. Martha liebte es und nutzte auch diese Zeit zum Beten: »Ich betete viel mehr in Gedanken als mit Worten«, sagt sie darüber. Sie tanzte und lachte gern und schien ein Mädchen wie alle anderen zu sein.

2) Die Krankheit: Im Mai 1918 setzten heftige Kopfschmerzen ein, die durch nichts zu besänftigen waren. Am 25. 11. fällt sie in der Küche plötzlich hin und kann nicht mehr allein aufstehen; eine sonderbare Lähmung, verbunden mit einer unüberwindlichen Schlafsucht, befällt sie. Etwa drei Jahre lang dauerte dieses Leiden. Am 25. März 1921, am Fest Maria Verkündigung, wird ihre Schwester Alice, die im selben Zimmer schläft, von einem lauten Geräusch geweckt. Sie sieht ein helles Licht. Martha ist wach und sagt: »Ja, das Licht ist schön, aber ich habe auch die Muttergottes gesehen!« Gesund wird sie davon aber nicht; im Gegenteil, man ruft sogar den Pfarrer, der ihr das Sterbesakrament spendet. Darauf geht es ihr wesentlich besser. Sie kann wieder sitzen und bald darauf mit Hilfe von Krücken ein wenig gehen. Sie stickt und liest, manchmal macht sie eine Wallfahrt. Sie hört von der heiligmäßigen Therese von Lisieux, die 1923 selig- und 1925 heiliggesprochen wurde, und will Karmelitin werden. Ihre Gesundheit, mit der es wieder bergab geht, läßt dies nicht zu.

Eines Tages findet sie auf dem Speicher ein altes Buch, schlägt es auf und liest den Satz: »Du suchst Freude, Ruhe, ein angenehmes Leben. Du mußt dich aber auf das Leiden vorbereiten. Man muß Gott alles geben.« Das trifft sie wie ein Blitz: Leiden als ihr Lebenssinn!

3) Die Lebensweihe: Am 15. Oktober 1925 sprach Pius XI. Therese von Lisieux heilig. Am selben Tag übergab Martha Robin ihr Leben dem Herrn: Aus ihrer Hingabe an Gott spricht eine außergewöhnliche Reife der Gedanken und Empfindungen. Ihre Äußerungen und ihr Wollen sind Zeugnis für eine tiefe innere Begnadung.

4) Erscheinungen der hl. Therese von Lisieux: Etwa ein Jahr nach ihrer Lebensweihe geht es Martha wieder sehr schlecht. Man spendet ihr erneut das Krankensakrament. Drei Wochen liegt sie in tiefer Bewußtlosigkeit. Während dieser Zeit begegnet ihr dreimal die Heilige von Lisieux und offenbart ihr, daß sie nicht sterben werde, sondern teilweise wieder gesunde und eine Mission habe, die sich über die ganze Welt ausbreiten werde. Als Martha das zehn Jahre später Pater Finet anvertraut, sagt sie darüber: »O die Schelmin, sie hat alles übrige mir überlassen!«

Martha erwacht aus der Ohnmacht, doch sie wird nicht geheilt. Im Gegenteil: Seit dem 25. 3. 1928 ist sie an den Beinen vollständig gelähmt — in einer schmerzhaften Krümmung, die sie bis zu ihrem Tod 1981 erträgt! Von dieser Zeit an nimmt sie auch keine Nahrung mehr zu sich, sie kann nicht mehr schlucken und verdauen, aber sie lebt. Einmal in der Woche empfängt sie die Kommunion, die ohne Schluckbewegung in sie eingeht — dafür gibt es viele Zeugen. Die Eltern sind verzweifelt. Besonders auch deswegen, weil Martha bald auch nicht mehr schläft! Die Ärzte sind ratlos, können nicht erklären, woher die Symptome kommen und wieso sie nicht zum Tod führen. Am 2. 2. 1929 sind auch ihre Hände gelähmt. Sie lernt, mit dem Mund zu schreiben...

5) Die Stigmatisierung: 1930 durchlebt sie in der Fasten- und Passionszeit das Leiden Jesu in neuer Weise. Sie geht durch die mystische Nacht wie Johannes vom Kreuz. Ende September erschien ihr Jesus und sagte zu ihr:

»Willst du sein wie ich?«

Sie sagte mit Maria: »Siehe, ich bin deine Magd!«

Da erfaßt sie ein Feuerstrahl aus der Seite Jesu, aus seinen Händen und Füßen — und sie beginnt zu bluten... Auch die Dornenkrone wird ihr eingeprägt. Auf ihre Bitten hin werden ihr aber die äußerlichen Kopfwunden einige Monate später wieder genommen. Dafür spürt sie die unerträgliche Last des Kreuzes; sie fühlt sich wie ausgerenkt.

Bald spricht sich die Stigmatisierung herum. Viele Besucher und Pilger kommen auf die Plaine, um Martha zu sehen, mit ihr zu beten und zu sprechen. Woche für Woche litt sie von Donnerstag abend bis Sonntag morgen körperlich und seelisch die volle Todesangst und Todesnot, den Abstieg in das Reich der Toten, den Kampf mit Satan bis zur Auferstehung... Sie war dabei in Trance, geistig entzückt.

Sie wurde ärztlich untersucht. Das Ordinariat von Valence bestellte eine Kommission, man berichtete nach Rom.

6) Die große Beterin: Jahrzehntelang hat Martha Robin alle ihre Leiden aufgeopfert, hat unendlich viel Kraft für andere fließen lassen, hat dabei einen Grad an mystischer Einigung erreicht, der sie zu einer der ganz großen Heiligen macht (obwohl die offizielle Heiligsprechung noch aussteht). Das folgende Gebet, das 1937 von einer Helferin aufgeschrieben wurde, läßt es deutlich erkennen:

> O heilige und ewige Dreifaltigkeit, ich bete Dich an und lobe Dich in Dir selbst und in Deinen Werken, in der Einheit Deines Wesens, in der Gleichheit Deiner Personen, in der Tiefe Deines Wissens, in der Unermeßlichkeit Deiner Weisheit, in der Größe Deiner Vorsehung, in der Schönheit Deiner Geheimnisse, in dem höchsten Deiner Werke: das Gott zum Menschen machte und eine Jungfrau zur Mutter Gottes.
>
> Allmächtiger Gott, ich bete die unendliche Liebe an, die Dich dazu bewog, Deinen einzigen und vielgeliebten Sohn Deines ewigen Wohlgefallens der Welt zu schenken, die durch die Erbsünde und die zahllosen weiteren Sünden verloren war. Ich bete diese gleiche göttliche Liebe an, die sich in der Wahl der Mittel zeigt, um die Menschwerdung ins Werk zu setzen.
>
> Du willst nicht Deine Allmacht anwenden, sondern Du rufst Deine göttliche Weisheit, Güte, Barmherzigkeit, Deine Liebe herbei. Könntest Du uns auf anderen Wegen noch näher kommen? Und wer könnte auch nur erahnen, wie lieb und kostbar Dir die allerseligste Jungfrau Maria ist!
>
> Du hast sie erschaffen und mit den größten Gaben und Gnaden ausgestattet, um die würdige Mutter Deines vielgeliebten Sohnes zu werden. In der Ordnung der Natur, der Gnade und der Glorie ist sie das Meisterwerk, das aus Deinen göttlichen Händen hervorging. In der Ordnung der geschaffenen Dinge hast Du nie Größeres, Edleres und Vollkommeneres hervorgerufen als die gebenedeite Jungfrau Maria.
>
> Deine Menschwerdung, o ewiges und göttliches Wort, ist der Angelpunkt der Welt, bereitet von Ewigkeit her, und ihre Folgen spannen sich über die Zeiten hinaus und umfassen die ganze Ewigkeit.
>
> (Peyret, Martha Robin, S. 83–85)

Diese Gebete wurden notiert, während Martha sie betete. Sie sind alles andere als Literatur; sie sind Dankgesänge, Ausklang ihrer Ekstasen.

Wie Therese von Konnersreuth, die ihr in vielem so ähnlich ist, und wie Anna Katharina Emmerick, ist sie in ihren Ekstasen immer wieder in einer wunderbaren Gleichzeitigkeit Zeitzeugin der biblischen Ereignisse,

ist im Heiligen Land, nimmt teil am Leben des Herrn. Sie schildert z. B.,
wie Jesus seine Mutter auf seine bevorstehende Passion vorbereitet hat!

7) *Das große Werk:* Seit 1930 spricht sie immer wieder von einem
großen Werk, zu dem sie von Maria beauftragt worden sei. Zuerst redet
sie darüber mit ihrem Pfarrer. Sie möchte, daß in der Pfarrei eine christliche Schule für Mädchen gegründet werde. Zwei Jahre lang dringt sie in
ihn ein, bis er überzeugt ist und erfährt, daß das »Schloß« (ein altes
Gebäude aus dem 16. Jahrhundert auf einem Hügel über dem Dorf) zum
Verkauf angeboten ist. Der Pfarrer fand zwei Gemeindemitglieder, die
das Gebäude erwarben, und andere, die bei Ausbesserungsarbeiten behilflich waren. 1934 wurde eine »Pfarrschule« mit sieben Schülern eröffnet.
Im nächsten Jahr waren es schon 18. 1940 besuchten 74 Schüler die
Klassen. 1981, im Todesjahr Martha Robins, waren es etwa 1000, welche in
zwei Realschulen und einer Hauswirschaftsschule unterrichtet wurden!

Doch das war nur ein Teil ihres großen Werkes. 1935 spricht sie von
einem neuen Plan »zur Verherrlichung des Vaters, zur Ausbreitung der
ganzen Kirche und zur Erneuerung der Welt durch religiöse Unterweisung«. Der Pfarrer fühlte sich überfordert — man fand aber Abbé Finet
aus Lyon für die Realisierung; er wurde ihr geistlicher Freund und der
Initiator des »Foyer de la charité«. Abbé Finet berichtet über die erste
Begegnung: »Während der ersten Stunde hat Martha nur von der allerseligsten Jungfrau Maria zu mir gesprochen. (Er hat ihr ein Bild der
›Mittlerin aller Gnaden‹ überbracht, das Martha für die Schule erbeten
hatte.) Ich, der ich Vorträge über Maria gehalten habe, war hingerissen
davon, auch von der Art, wie sie von der Gottesmutter sprach. Sie nannte
sie ihre geliebte Mutter. Ich entnahm daraus, daß die beiden sich sehr gut
kannten... Während der zweiten Stunde sprach sie zu mir über die
großen Ereignisse, die bald eintreten würden — einige sehr ernste, einige
sehr schöne... Später frappierte es mich sehr, als ich Pius XII., Johannes
XXIII. und Paul VI. von dem gleichen sprechen hörte. Martha hat mir
dies 1936 gesagt! Es war das Konzil, das sie ankündigte...«

Père Finet stellte sich zur Verfügung, und Martha tat ihm kund, welche
Details Maria hinsichtlich des Foyers wünsche. Schon am 7. 9. 1936
begannen die ersten Exerzitien in Châteauneuf unter Leitung von Abbé
Finet. Bald spricht man von »Zönakel«, dem neuen Abendmahlsaal —
nicht nur Exerzitien, eine neue Gemeinschaft nach dem Vorbild der
ersten Christengemeinde in Jerusalem müsse entstehen! 1981 zählt man
— über die ganze Welt verbreitet — 59 »Foyers de la Charité«!

Père Finet predigt — Martha Robin betet und opfert —, und die Hölle
wütet gegen beide! Vielfältig sind die Angriffe, die Martha, der Abbé und
die junge Institution erleiden müssen. In der Kraft Gottes werden sie
bestanden.

8) Der Segen der Kirche: 1948 weiht Bischof Pic von Valence die Gebäude des neuen Foyers ein. Eine monumentale Statue »Unsere Liebe Frau vom Foyer« aus einem 15 Tonnen schweren Steinblock gehauen, wird aufgestellt; das Werk gedeiht unter dem Segen der Kirche! Bischof Pic wird sein Förderer in Rom und unter den Bischofskollegen. Das Herz des Foyers ist und bleibt aber Martha Robin, die mittlerweile auch ihr Augenlicht verloren und somit aufgeopfert hat.

9) Innig mit Maria verbunden: Marthas Verbundenheit mit Maria reicht, wie schon erwähnt, weit zurück. Ihre Schwester erinnerte sich: »Meine Mutter sagte immer, Martha erscheine die Muttergottes.« Dasselbe bezeugt Abbé Betton, der sich neben den beiden genannten Geistlichen viel um Martha gekümmert hat: »Martha sprach oft von ihren Marienerscheinungen. Sie schilderte die Gottesmutter mit den Worten: Es ist vor allem ihr Lächeln, das ich sehe!«

Aus Marthas inniger Verbundenheit mit Maria heraus geschahen auch viele Wunderheilungen. Martha hatte dabei Maria um ihre Fürbitte angerufen. Unter vielen Berichten sei der folgende zitiert:

> »Es war im Jahre 1946. Mein kleiner Gilbert hatte einen Abszeß an einer gefährlichen Stelle. Kurze Zeit danach schwoll sein Arm an und wurde gelähmt. Ich ging zu Dr. Rey, der kurz zuvor seine Praxis in Châteauneuf eröffnet hatte. Er sagte zu mir: ›Ich kann ihn nicht behandeln; ich verreise für einige Zeit.‹ Daraufhin ging ich zum Arzt in St.-Sorlin, aber der schickte mich lieber zu seinem Kollegen nach Beaurepaire. Sie waren sich jedoch beide weder in der Diagnose noch über die Behandlung einig. Wir sprachen mit Martha darüber. Sie sagte: ›Gehen Sie ins Krankenhaus nach Lyon!‹ Dort war kein Bett frei... Aber ein Assistenzarzt des Krankenhauses (der spätere Abbé Colon des Foyer) schrieb uns eine Überweisung ins Krankenhaus von Debrousse.
>
> Bei der Ankunft dort sagte man mir: ›Es war höchste Zeit. Es ist ein Knochenabszeß. Wie müssen ihm vielleicht den Arm amputieren...‹ Wieder sprachen wir mit Martha darüber, und sie rief erregt! ›O das wird uns die Muttergottes nicht antun. Wenn sie ihn heilen will, braucht man ihm nicht den Arm abzunehmen.‹ Und tatsächlich brauchte man Gilbert den Arm nicht abzunehmen.« (Peyret, Martha Robin, S. 140)

Besonders in ihren letzten Lebensjahren häuften sich die Marienerscheinungen, wohl auch deshalb, weil Martha des Trostes ganz besonders bedurfte. Sie hatte viele Anfechtungen des Teufels zu bestehen bis dahin, daß ihre Krankheit sinnlos sei und ein Zeichen der Gottverlassenheit... Am 1. 11. 1980 verrenkte sich auch ihr Rückgrat, die Schmerzen wurden unerträglich. Am 6. Februar 1981 hatte ihr Leiden ein Ende.

Bew.: Gut bezeugt; Quelle: Höcht, Wundmale, S 497; R. Ernst, Lexikon

PAILLY (PARIS)/FRANKREICH Maria erschien knapp vor seinem Tod noch 1930 einmal dem schon zweimal (1909, 1914) genannten Pater Lamy im Altersheim. Neben mehreren Marienerscheinungen geschah vor ihm und mehreren Priesterstudenten ein Tränenwunder an der Marienstatue im Garten des Altersheims.

Bew.: Gut bezeugt; Quelle: R. Ernst, Lexikon

EZQUIOGA/SPANIEN Maria erschien mehrmals zahlreichen Sehern je- 1931 den Alters, selbst Ungläubigen. Beginn der Erscheinungen am 22. Juni. Am 18. 7. vor 80 000 Anwesenden! Maria zeigte sich als Immakulata und als Schmerzensmutter, als Mutter mit dem Jesuskind oder mit dem Gekreuzigten, mit einem Rosenkranz, von Engeln und Heiligen begleitet. Prophezeiungen über den kommenden Krieg und eine zu erwartende große Marienerscheinung und verschiedene wunderbare Begleiterscheinungen.

Bew.: Gut bezeugt. Kirchlich abgelehnt; Quelle: R. Ernst, Lexikon; Däniken, Erscheinungen

MEXIKO-CITY/MEXIKO Maria erscheint der Oberin eines Schwestern- 1931 klosters namens Sr. Conchita, und sie empfängt Botschaften und Prophezeiungen über die Zukunft der Kirche und die Wiederkunft Christi.

Bew.: Gut bezeugt; Quelle: R. Ernst, Lexikon

BEAURAING/BELGIEN In dem kleinen Dorf Beauraing im Bistum Namur 1932 erscheint Maria insgesamt 33mal vor fünf Kindern in einer Lourdes-Grotte. Es handelt sich um Fernande (15 J.) Gilberte (13 J.) und Albert (11 J.) Voisin und Andrée (14 J.) und Gilberte (9 J.) Deceimbre. Am 29. 11. sahen die Kinder vor der Grotte in einem hellen Licht die Muttergottes »wie eine lebende Statue«. Am Abend des folgenden Tages sahen sie »die schöne Frau« wieder, diesmal bewegte sie sich. Bei der dritten Erscheinung waren sie ganz überwältigt von der himmlischen Schönheit der Gestalt, knieten sich auf die Erde nieder und beteten den Rosenkranz. Am 2. 12. stürzten die Kinder »gleichzeitig, wie von einem heftigen Stoß getroffen mit einem Ruck auf die Knie«.

Die Erscheinungen dauerten manchmal nur ganz kurz, dann wieder für die Dauer eines Rosenkranzes. Dabei trug sie am rechten Arm selbst einen Rosenkranz, hielt die Hände über der Brust gefaltet oder breitete sie aus, wie es die nach den Berichten der Seher angefertigte Statue am Erscheinungsort erkennen läßt. Dabei wurde ein strahlendes goldenes Herz in der Mitte der Brust sichtbar. Am 8. 12. waren über 10 000 Menschen anwesend, Maria erschien in derselben Haltung mit einer

Krone auf dem Haupt, weiß gekleidet als »Königin des Himmels«, schweigend, betend; nie geschah eine Heilung oder ein anderes Wunder. Am 21. 12. bat Albert: »Sag uns deinen Namen!« Die Antwort war: »Ich bin die Unbefleckte Jungfrau.«

Am 30. 12. mahnte Maria: »Betet! Betet viel!«

Am 3. 1. 1933 kam sie zum letztenmal. Seit 1934 arbeitete eine kirchliche Untersuchungskommission, legte ihre Ergebnisse Rom vor, das die Entscheidung in die Kompetenz des Bischofs von Namur legte. Er entschied am 19. 2. 1943, daß »Unsere Liebe Frau von Beauraing« öffentlich verehrt werden dürfe.

> Bew.: Gut bezeugt, kirchlich anerkannt; Quelle: Weigl/Branz, Volk unter prophetischem Anruf, S. 82–84; Graber, Marienerscheinungen, S. 54–57; R. Ernst, Lexikon; Däniken, Erscheinungen

1932 MARMAGEN/DEUTSCHLAND Maria erscheint am 26. Dezember der schwerkranken Odilia Knoll und heilt sie. Eine zweite Eescheinung hatte Frau Knoll am Abendhimmel des 19. August 1934. Bei weiteren Erscheinungen verlangte Maria den Bau einer Kapelle.

> Bew.: Gut bezeugt; Quelle: R. Ernst, Lexikon

1932 METZ/FRANKREICH Zahlreiche Marienerscheinungen (bis 1935) vor einer Klosterschwester in einem nahe Metz gelegenen Kloster.

> Bew.: Unbekannte Quelle; Quelle: R. Ernst, Lexikon

1933 BAD LIPPSPRINGE/DEUTSCHLAND Maria erschien vielmals der Vinzentinerin Schwester Salvatoris Kloke (1900–1985) im Heilig-Geist-Spital in Bad Lippspringe, zwischen 1933 und 1959. Am 15. August erschien sie erstmals und übergab der Seherin Aufträge an den Beichtvater der Schwester, Prof. Johannes Brinktrine, und an die jeweilige Generaloberin. Einmal lehrte sie die Seherin den sogenannten »Kleinen Rosenkranz« (50mal ist zu beten: »O Maria, du Zuflucht der Sünder, bitte um Gnade für uns und die ganze Welt!«). Dieses Gebet wurde am 13. 8. 1934 approbiert.

Ein Bild, auf dem die Erscheinung Marias festgehalten wurde, hängt seitdem in der Spitalkapelle. Einmal sagte Maria: »Hier ist eine Gnadenstätte für deine Genossenschaft und für die Priester.«

Die Aufzeichnungen der Seherin wurden auf Anordnung des Beichtvaters bis zu ihrem Tod geheim gehalten.

> Bew.: Gut bezeugt; Quelle: R. Ernst, Lexikon

BANNEUX/BELGIEN   75 Jahre nach Lourdes erscheint Maria insgesamt   1933
8mal der 12jährigen Mariette Beco, ältestes von sieben Kindern der
Arbeiterfamilie Beco, die am Ende des kleinen Dorfes Banneux am Waldrand auf der Hochfläche des Hohen Venn leben. Am 15. 1. wartet Mariette mit ihrer Mutter zusammen auf ihren jüngeren Bruder, der um 19
Uhr zu Hause sein sollte. Sie schaut durchs Fenster hinaus in die Finsternis und sieht draußen, aufrecht stehend, eine strahlende Frauengestalt,
eine »Dame«. Die Mutter sieht nur eine verhüllte Gestalt und schickt
Mariette zu Bett.

Am 18. 1., etwa um die gleiche Zeit, begibt sich Mariette ins Freie,
kniet sich auf den gefrorenen Boden und betet den Rosenkranz; da nähert
sich über den Wald her wieder die Dame und schwebt dann rückwärts,
dabei immer auf Mariette blickend, bis zu einer kleinen Quelle neben der
Straße. Mariette folgt ihr; der Vater kommt mit einem Nachbarn vorbei
und hört, wie Mariette die Worte nachspricht: »Diese Quelle ist mir
vorbehalten.« Am 19. 1. begleitet der Vater seine älteste Tochter wieder
um dieselbe Zeit vor das Haus; sie betet Rosenkranz, unterbricht aber
bald, begrüßt die für den Vater unsichtbare Erscheinung mit einem
freudigen Ausruf und hört, wie sie sagt: »Ich bin die Jungfrau der
Armen.«

Am 20. 1. ist Mariette etwas krank, geht aber trotzdem mit dem Vater
vor das Haus und beginnt kniend den Rosenkranz zu beten; Maria
erscheint und sagt, daß sie den Bau einer kleinen Kapelle neben der Quelle
wünsche, zum Abschied segnet sie das Kind mit dem Kreuzeichen.

Mariette meint, daß die Erscheinungen zu Ende seien, geht aber weiterhin jeden Abend hinaus, um den Rosenkranz zu beten, und wird dabei von
ihren Freundinnen verspottet und bedrängt.

Am 11. 2. erscheint Maria wieder, führt Mariette zur Quelle und
spricht zu ihr: »Ich komme das Leid zu lindern.«

Am 15. 2. bittet Mariette im Auftrag des Priesters, der von den Erscheinungen erfuhr, Maria um ein Zeichen. Sie antwortet: »Glaubt an mich —
und ich werde an euch glauben! Betet viel!«

Am 20. 2. betet Mariette wieder, streckt dann leicht die Arme aus, geht
zur Straße hin, kniet in Abständen dreimal nieder und betet. Bei der
Quelle kniet sie sich hin, betet und weint, das Gesicht in den Händen
verborgen. Dann erzählt sie, daß Maria immer wieder zum Beten aufforderte, schließlich zu lächeln aufhörte und weinte. Da wurde auch sie
traurig ...

Am 2. März regnete es stark, Mariette betete trotzdem an der Erschei-
nungsstelle zwei Rosenkränze. Auf einmal hörte der Regen auf, der
Himmel wurde klar, und die Sterne waren zu sehen. Während des dritten
Rosenkranzes breitete die Seherin die Arme aus, erhob sich, machte einen

Schritt vorwärts, kniete wieder nieder und betete weiter. Zweimal sagte sie dazwischen »Ja«, dann beugte sie den Kopf zur Erde und weinte laut. Der Vater trug Mariette ins Haus. Der Regen setzte wieder ein. Maria hatte gesagt: »Ich bin die Mutter des Heilands, die Mutter Gottes. – Betet viel! Lebe wohl!«

Eine Untersuchung wurde eingeleitet und 1942 das Urteil dem zuständigen Bischof von Lüttich überlassen, der am 19. 3. 1942, dann nochmals 1947 und 1949 die Übernatürlichkeit der Erscheinungen erklärte.

> Bew.: Gut bezeugt, kirchlich anerkannt; Quelle: Weigl/Branz, Volk unter prophetischem Anruf, S. 84–88; R. Ernst, Lexikon; Däniken, Erscheinungen; Schallenberg, Visionäre Erlebnisse

1933 CHAINEUX/BELGIEN Maria erschien im Oktober den beiden Schwestern Emonds (10 und 8 J.) dreimal in einer lichten Wolke. Gekleidet in ein weißes Kleid mit blauem Schleier und Rosenkranz sagte sie: »Große Dinge bereiten sich vor. Betet für die Bekehrung der Sünder!«

> Bew.: Gut bezeugt; Quelle: R. Ernst, Lexikon

1933 CROLLON/FRANKREICH Maria erschien in einem weißen Gewand am 16. 7. mehreren Kindern. Mit einem Kranz aus Rosen auf dem Kopf sagte sie: »Betet, Kinder! Gott wird euch erhören!« Weitere Erscheinungen und auch eucharistische Visionen sollen sich ereignet haben.

> Bew.: Unbekannte Quelle; Quelle: R. Ernst, Lexikon; Däniken, Erscheinungen

1933 ETIKHOVE/BELGIEN Maria erschien dem 40jährigen Glasmaler Omer Eeneman und dem Maurice van Rockegem mehrmals zwischen dem 9. und 30. Oktober in einem weißen Kleid, mit blauem Mantel und goldenem Rosenkranz, manchmal auch mit dem Jesuskind. Sie sagte unter anderem: »Das Volk soll oft beichten und kommunizieren. Die Priester müssen sich mehr bemühen, um die Sünder zu bekehren. Ich werde den Kranken helfen und sie trösten.«

> Bew.: Gut bezeugt, kirchlich abgelehnt; Quelle: R. Ernst, Lexikon

1933 FOY N. D./BELGIEN Maria erschien Anfang November der 19jährigen M. unter nicht näher bekannten Umständen.

> Bew.: Unbekannte Quelle; Quelle: R. Ernst, Lexikon

1933 HERZELE/BELGIEN Maria erschien am 2. 10. dem 40jährigen Jules de Vuyst in seinem Zimmer. Wiederholung der Erscheinung am 5. 10 und an den darauffolgenden Tagen. Maria fordert ihn zu einer Pilgerfahrt nach Onkerzele auf. Einmal sieht er in einer Vision Maria der Pilgergruppe voranschweben.

Bew.: Gut bezeugt; Quelle: R. Ernst, Lexikon; Däniken, Erscheinungen

LOKEREN/BELGIEN Maria erscheint dem neunjährigen Gustav von **1933** Driessche und anderen etwa 60mal zwischen Oktober 1933 und Juni 1940. Maria zeigt sich, von Sternen umgeben, manchmal weinend und bittet um eifriges Gebet.

Bew.: Gut bezeugt. Kirchlich abgelehnt; Quelle: R. Ernst, Lexikon

OLSENE/BELGIEN Maria erscheint dem Maurice Vandenbroecke am **1933** 29. Oktober und einige Male im November, blau gekleidet, mit einem Sternenkranz und einer herrlichen Krone. Sie nennt sich »Unsere Liebe Frau über allem«. Eine schöne Kapelle mit einem Bild, das die Erscheinungsgestalt festhält, erinnert an die Begebenheiten.

Bew.: Gut bezeugt; Quelle: R. Ernst, Lexikon; Däniken, Erscheinungen

ONKERZELE/BELGIEN Maria erschien mehr als 30mal der Leonie Nieke **1933** van den Dijk (geb. 1875) zwischen dem 4. August und 14. Oktober. Sie hatte 13 Kindern das Leben geschenkt und lebte in armseligen Verhältnissen. Maria sagte zu ihr: »Ich bin die Magd der Armen. Ich bin gekommen für die Bekehrung der Sünder. Man möge den Sonntag heilig halten.« Andere mystische Phänomene ereigneten sich im Dezember: Am 18. 12. sahen viele Menschen in Onkerzele ein Sonnenwunder, am 28. 12. sah sie eine rot-grüne, rotierende Sonnenscheibe. 1940 wurde sie stigmatisiert und hatte noch viele Offenbarungen und Zukunftsvisionen, ehe sie 1949 starb. Da sie u. a. prophezeit hatte, daß ihr Körper unverwest bleiben würde, wurde sie am 9. 6. 1972 exhumiert und war tatsächlich unversehrt. Sie hatte dieses Wunder als Zeichen der Echtheit ihrer Schauungen, Erscheinungen und Botschaften vorausgesagt.

»Was in diesem Krieg geschah, gleicht einem Kinderspiel gegenüber dem, was uns erwartet. Ganze Völker sollen vernichtet werden. In der Zukunft kommen grauenhafte Geschehnisse auf uns zu. Die Strafen Gottes sind Strafen für die Sünden der Entheiligung des Tages des Herrn, für Ehebruch, Unkeuschheit, Geldgier und Stolz.

Die erste Katastrophe kommt von den Menschen selber und wird sehr hart sein. Die Rote Armee überfällt den Westen. Kirche und Gläubige haben eine sehr harte Verfolgung zu erleiden. Viele Priester und Bischöfe werden zu Zwangsarbeit in Konzentrationslagern verurteilt. Das Geld wird wertlos wie Papier, das auf der Straße herumfliegt. Alle Großstädte, besonders die Weltstädte, enden in einem Riesenschutthaufen. Das Meer überspült ganze Land-striche mit Springfluten, in denen unzählige Menschen umkommen. Eine tödliche, ansteckende Krankheit wird immer wieder ausbrechen. Gewaltige Erdbeben, Hungersnöte und noch nie gesehene Katastrophen brechen über die Erde herein. Erst nachdem ganze Völker vernichtet sind, kommt die Ruhe zurück. Je näher dem Ende, um so mehr Wunderzeichen wird es geben. Gott straft seine Kindet nicht, ohne vielfach zu warnen.«

Bew.: Gut bezeugt; Quelle: R. Ernst, Lexikon; Weigl/Branz, Volk unter prophetischem Anruf, S. 114; Däniken, Erscheinungen

1933 TUBIZE/BELGIEN Maria erscheint einer unheilbar Kranken am 17. Mai. Die Kranke sieht die Hl. Familie. Maria verspricht ihr Heilung, wenn sie eine hl. Messe mitfeiert. Während dies geschieht (am 19. Mai), schaut die Kranke wiederum die Hl. Familie. Maria gibt ihr einige Belehrungen über das christliche Leben, und die Kranke ist plötzlich gesund.

Bew.: Gut bezeugt; Quelle: R. Ernst, Lexikon

1933 WIELSBEKE/BELGIEN Am 23. und 24. Oktober erscheint Maria der Jeanne Martin und anderen Personen, die eine Novene für ein sterbendes Kind halten. Das Kind sieht gleichfalls Maria und wird gesund.

Bew.: Gut bezeugt; Quelle: R. Ernst, Lexikon

1934 LA-VANG/ANNAM Maria erscheint in einer Kirche, die zur Erinnerung an die Marienerscheinung von 1798 gebaut worden war, zwei heidnischen Frauen. Das Kind einer der beiden Frauen wird mit dem Wasser einer Quelle auf den Hinweis Marias hin geheilt.

Bew.: Unbekannte Quelle; Quelle: R. Ernst, Lexikon

1934 MARPINGEN/DEUTSCHLAND Maria erscheint mehrmals zwischen dem 1.10. und dem Jahr 1936 einer Frau E.B., teilweise in der Pfarrkirche, teilweise bei der Gnadenkapelle im Härtelwald (vgl. 1876). Maria zeigt sich als »Schmerzhafte Mutter« und ruft zum Gebet auf. Neben Marien-auch Jesuserscheinungen.

Bew.: Gut bezeugt; Quelle: R. Ernst, Lexikon

1934 ROGGLISWIL/SCHWEIZ Maria erschien am 23. März im Dürfelwald dem Landwirt Melchior Kleeb-Hodel († 1966) zusammen mit Jesus Christus, einigen Aposteln und anderen Heiligen. Gleichzeitig hatte er Visionen über den kommenden Weltkrieg.

Bew.: Gut bezeugt; Quelle: R. Ernst, Lexikon

VIAREGGIO/ITALIEN Maria Valtorta (1897–1961), Lehrerin und Kran- 1934
kenpflegerin während des Ersten Weltkriegs, bot sich 1931 Gott als
Sühneopfer an. Von 1934 bis zu ihrem Tod war sie bettlägerig und führte
ein von großen Visionen reich begnadetes Opferleben. 1944–1947 zeichnete sie außergewöhliche Visionen über das Leben Jesu und Marias auf.
Vergleichbar mit Maria von Agreda (1665), Anna Katharina Emmerick
(1819), Jakob Lorber (1846), Therese von Konnersreuth (1926).

> Bew.: Gut bezeugt; Quelle: Maria Valtorta, Der Gottmensch; R. Ernst,
> Lexikon

ROM/ITALIEN Maria erschien oftmals der Luigina Sinapi (1916–1978), 1935
der schon in frühester Jugend Offenbarungen Jesu zuteil wurden, die von
Pater Pio als echt bestätigt wurden. Sie verstand den Sinn ihres Lebens
darin, »ein Liebesopfer für die Welt zu sein, die mit dem Tod ringt«.
Unter den vielen Charismen, die ihr geschenkt wurden, sind besonders
die Präkognition (Vorherwissen, Vorherfühlen) und die Herzensschau
(Hellsichtigkeit) hervorzuheben. In besonderer Weise mit Theresia von
Lisieux, Emma Galgani und Pater Pio verbunden, war ihr jahrzehnte-
langer intensiver Kontakt mit »Mutter Maria« für Luigina wohl der
prägendste spirituelle Einfluß. In besonderer Weise ist sie auch mit
Papst Pius XII. und mit den Marienerscheinungen von Tre Fontane (vgl.
unter 1947) verbunden, die Luigina bereits zehn Jahre vorher ankündigte.

1. Gnadenerweise schon als Kind: Luigina wurde am 8. September
1916 in Itri (Provinz Latina) geboren. Ihre Eltern waren wohlhabend und
hatten fünf Kinder, von denen sie die älteste war. Schon als Fünfjährige
hatte Luigina einen selbstverständlichen, innigen Kontakt mit der geistigen Welt: Das Jesuskind spielte mit ihr! Zeuge dafür ist u. a. ein Onkel,
der Priester war und dem während eines Besuchs bei den Sinapis auffiel,
wie Luigina im Garten Verstecken spielte, sich blendend unterhielt, als
wären Spielkameraden dabei, obwohl sie ganz allein war; als sie schließlich lachend und kreischend ins Zimmer stürzte, wo er saß und Brevier
betete, wies er sie zurecht. Da erklärte sie ihm, daß sie mit dem kleinen
Jesus Verstecken spiele und daß er eben unter das Bett im Zimmer
geschlüpft sei. Der Onkel schaute sie entgeistert an, da zitierte sie ihm den
eben gelesenen Psalmvers auf lateinisch; der Priester reagierte zornig und
wollte ihr den »Teufel« mit Segen und Weihwasser austreiben. Auch ihre
Eltern waren besorgt über ihre »Überspanntheit«, und ihre fromme
Mutter Filomena konsultierte den erst vor wenigen Jahren stigmatisierten Pater Pio, der sie beruhigte, der kleinen Luigina die Hand auflegte und
erklärte: »Gott offenbart in ihr seinen Willen.« Viele andere »Wunder-

zeichen« werden aus ihrer Kindheit berichtet, die erkennen lassen, wie innig der Kontakt mit Gott bereits in ihren früheren Jahren war. Luiginas Kindheit war vorbei, als ihre Mutter 1932 starb; ein Jahr vorher war der jungen Frau die hl. Rita von Cascia erschienen und hatte sie auf dieses Ereignis vorbereitet.

2. *Erste Begegnung mit Maria:* Luigina Sinapis Bruder Pietro, dem Zweitgeborenen, sind viele Erinnerungen aus der Kindheit zu verdanken. Er erzählte zum Beispiel, daß Gina oft, wenn die Mutter – die als Hebamme tätig war – mitten in der Nacht gerufen wurde, die Geschwister weckte, vor dem Muttergottesbild eine Kerze anzündete und mit den Geschwistern betete, ihnen aus dem Leben Jesu und Marias erzählte und sie wach hielt, bis die Mutter wieder daheim war. Einmal riß sich Luiginas einjähriger Bruder Tonio von ihrer Hand los und fiel in eine Grube mit ungelöschtem Kalk, Luigina faßte ihn sofort an den Haaren, bat Maria um Hilfe und zog ihn heraus; sie lief mit ihm nach Hause, wusch ihn ab und brachte ihn zum Arzt; der stellte keinerlei Verätzungen fest; die Leute sprachen von einem großen Wunder...

Das einschneidendste Erlebnis mit Maria hatte Gina am 15. August 1935; die damals 19jährige war an Mastdarmkrebs erkrankt und dem Tode nahe; als der Pfarrer ihr die Krankensalbung spendete, sah sie plötzlich eine kleine bläuliche Wolke und hörte sich beim Namen gerufen. Sie erkannte Jesus neben ihrem Bett und beklagte sich bei ihm, daß die früher regelmäßigen Begegnungen in den letzten beiden Jahren völlig aufgehört hatten. Jesus erklärte ihr den Sinn dieser Prüfung und wies sie auf ein »schönes Geschenk« auf der anderen Seite des Bettes hin. Dort sah sie Mutter Maria stehen. Jesus sagte: »Wir sind gekommen, um dir ein Angebot zu machen. Du darfst dich aber frei entscheiden. Willst du sterben und in den Himmel kommen oder willst du ein Sühneopfer für die Kirche und die Priester sein?«

Wie in einem Film sah Luigina die Zukunft der Kirche und ihr eigenes schmerzvolles Leben voraus, zögerte aber nicht, ihr Einverständnis zu geben. Da hörte sie Jesus weitersprechen: »Du wirst aber nicht ins Kloster gehen, sondern als ganz gewöhnliche Frau und den Augen der Welt verborgen leben. Nur wenige werden dich verstehen, und du wirst viel leiden und bei deinem Tod allein sein wie ich. Du wirst das Senfkorn in einer Furche Roms sein und im Gewöhnlichen das Außergewöhnliche erleben. Von nun an wird meine heilige Mutter dich führen und trösten. Sei ein verborgenes, aber immer duftendes Veilchen!«

Darauf nahm Luiginas Schutzengel – sie wußte seinen Namen: Samuel! – sie an der Hand und richtete sie auf. Und sie war schlagartig geheilt. Die eitrigen Binden und Verbände fielen ab, als hätte sie jemand mit einer Schere durchschnitten, und verbreiteten einen wunderbaren

Duft. Die Anwesenden waren tief ergriffen. Um sie der nun einsetzenden Neugier zu entziehen, brachte sie der Vater schon nach wenigen Tagen bei ihrem Onkel in Rom unter.

3. *Leben mit Mutter Maria:* Über viele Einzelheiten sind wir durch Erinnerungen einer Freundin informiert, bei der Luigina Sinapi eine Zeitlang in Rom wohnte. Daß Luigina mit »dem Unsichtbaren« umging, als wäre es das Natürlichste von der Welt, war für Maddalena mit Händen zu greifen. Da war zum Beispiel der Duft, der von Luigina ausging. Immer wieder fragten Leute nach ihrem Parfüm, dabei war es ein Charisma; man konnte den Duft auch bei den schmutzigsten Arbeiten wahrnehmen, z. B. während des Abwaschens von schmutzig-fettigem Geschirr. Oft war Luigina »abwesend« (in Trance) und erzählte dann von der Aufgabe, welche sie während dieser Zeit in Rußland und anderswo zu erfüllen hatte (Bilokation).

Am ersten Samstag jedes Monats und an Marienfesten hatte Luigina regelmäßig Marienerscheinungen. Sie zeigte ihrer Freundin genau die Stelle im Zimmer und erzählte ihr, wie Maria gekleidet war: Immer wieder sah sie anders aus, Mantel und Kleid hatten verschiedene Farben, die unterschiedliche Seelenzustände symbolisierten: violett für Buße, rosa für Sanftmut, rot für Liebe; sie beschrieb bis ins Detail eine mit Edelsteinen besetzte Nadel, die den Mantel am Hals zusammenhielt, die goldbestickte Borte des Mantels und das Rauschen der Seide, wenn sich Maria bewegte ...

Später übersiedelte Luigina in die Via Urbino 51, wo sie bis zu ihrem Tode blieb. Wieder ist es eine Frau, der viele Einzelheiten ihrer Marienbegegnungen zu verdanken sind, weil sie sich viele Jahre um Luigina kümmerte und tagsüber bei ihr war. Frau Isotta erzählt:

Die Mutter Gottes war in der Wohnung von Luigina stets gegenwärtig, wenn ich mich so ausdrücken darf. Es herrschte dort immer ein ganz besonderer Geruch, dem ich anderswo nie begegnete. Noch mehr! Oft wenn ich morgens müde und mit schmerzenden Beinen zu ihr kam, fragte ich mich, wie ich es schaffe, den ganzen Tag bei ihr zu verbringen und abends nach Hause zurückzukehren, um für meine zwei Söhne zu sorgen. Sobald ich die Wohnung von Luigina betrat, hatte ich das Gefühl, wieder voll bei Kräften zu sein, und spürte auch den ganzen Tag über keine Müdigkeit. Wenn ich jedoch am Abend zur Bushaltestelle ging, schwanden meine Kräfte plötzlich, und es überkam mich eine unbeschreibliche Müdigkeit.

Zehn Jahre erlebte ich dies regelmäßig. Ich bin sicher, daß mein Wohlsein bei Luigina auf eine besondere Gnade der Mutter Gottes zurückzuführen ist, die sich eines armen Werkzeuges wie meiner bediente, das ihrer Auserwählten wenigstens materiell helfen durfte.

In gewissen Augenblicken und an besonderen Tagen, zum Beispiel am ersten Samstag im Monat oder an den Marienfesten, hatte Luigina Visionen oder Gespräche mit der Mutter Gottes. Vor und nach diesen außerordentlichen Gnadenstunden mußte sie schlimme Leiden ertragen, und ich erinnere mich, daß ich mehrmals bei meiner Ankunft am Morgen dachte, Luigina liege im Sterben.

Einmal faßte ich Mut und fragte sie, wie die Erscheinungen der Mutter Gottes stattfänden. Ich erinnere mich noch genau an das demütige, liebevolle Lächeln, mit dem sie mich anblickte und mir mit schlichten Worten erklärte, daß sich die Mutter Gottes immer durch unbeschreiblich harmonische Klänge und durch Engelsgesang ankündige. Dann erschien sie inmitten eines großen Lichtes, und um sie herum verschwand alles. Sie stand lächelnd da und strahlte wundervoll. Da Luigina meine Gedanken lesen konnte, erklärte sie mir auch, daß die Botschaften der Mutter Gottes stets kurz und bündig seien. Oft antwortete sie auf die Fragen von Luigina, andere Male teilte sie ihr Botschaften für bestimmte Personen mit.

Wenn die Mutter Gottes Luigina verließ, schritt sie langsam rückwärts, ohne sich umzudrehen, und ließ einen wundersamen Duft zurück, einen so starken Duft, daß die Kapelle und manchmal auch die Wohnung den ganzen Tag davon erfüllt waren.

Natürlich sprach es sich unter den Leuten, die Luigina besuchten, herum, daß sie diese himmlischen Gaben empfing, und einige Besucher zeigten sich ungläubig. Das trug dazu bei, daß in Luigina die schmerzlichen Zweifel an sich selbst erwachten. Selbstverständlich suchte sie der Teufel zu quälen, indem er ihr einschwatzte, sie sei nur eine arme Träumerin und Geisterseherin. Sie selbst war lange Zeit die erste, die diese mystischen Offenbarungen nicht wünschte und sogar bekämpfte. Es handelte sich um eine wahre Abtötung ihres Herzens, und die Zweifel an sich selbst begleiteten sie über viele Jahre.

Schließlich beruhigten die geistigen Väter Luigina. Diese lösten sich in der Führung ihrer Seele ab, und Luigina nahm alles als Willen Gottes an, obwohl sie über die übernatürlichen Erscheinungen fast nie sprach. Nur wenn die Mutter Gottes ihr auftrug, zum Wohle einer Seele den Schrein, der die Geheimnisse des Himmels enthielt, ein wenig zu öffnen, gehorchte sie.

Eines Nachts, als Luigina schlief, rief sie die Mutter Gottes und bat sie, aufzustehen und zum Autopark des Polizeireviers hinüberzuschauen, der sich gegenüber ihrem Haus befand. Gina, die immer sofort bereit war, den göttlichen Willen zu tun, gehorchte. Sie blickte hinab und rief die Polizei an, wie ihr die Mutter Gottes aufgetragen hatte. Der antwortende Beamte fragte sie, ob sie ein »Schmieresteher« sei, worauf sie antwortete: »Ich bin eine arme kranke Frau, und da ich nicht schlafen konnte, schaute ich aus dem Fenster. Da sah ich zwei Männer, die Bomben legten. Zwei andere warteten in der Nähe!« Kurz darauf traf die Polizei ein, die die Bomben fand und die Verbrecher festnehmen konnte. Am nächsten Morgen wurde in den Nachrichten mitgeteilt, daß eine Frau aus der Via Urbino in der Nacht die Polizei angerufen und diese auf die Gefahr aufmerksam gemacht hätte. Wären die

Bomben explodiert, hätten sie einen riesigen Schaden verursacht und zahlreiche Menschen getötet. Die Mutter Gottes hatte sich ihres demütigen Schützlings bedient, um eine schreckliche Zerstörung und ein Blutbad zu verhindern.

(Bert, Luigina Sinapi, S. 79–82)

4. *Die Begegnung mit dem künftigen Papst Pius XII.:* Erst in ihren letzten Lebensjahren erzählte Luigina Sinapi von jener denkwürdigen Begegnung im Eukalyptuswald von Tre Fontane, als Maria sie auf die Erscheinungen zehn Jahre später gegenüber Bruno Cornacchiola (vgl. unter 1947) aufmerksam machte. Die Muttergottes schickte sie in die Peterskirche, wo sie die Marchesa Pacelli, die Schwester des Kardinals Eugenio Pacelli, traf und über sie mit dem späteren Papst Pius XII. bekannt wurde:

Eine dieser Lehren erteilte die Mutter Gottes Luigina im Jahre 1937, als diese mit den Mitgliedern der Vereinigung »Töchter Mariens« aus dem Stadtviertel Garbatella in die nahe Abteikirche Tre Fontane und dann zum Eukalyptuswäldchen ging. Während die Mädchen sich ausruhten und miteinander plauderten, ging Luigina zwischen den hundertjährigen Bäumen weiter, bis sie eine Grotte erreichte.

Plötzlich hörte sie eine Stimme und sah die Mutter Gottes vor sich. Die sanften, aber sehr traurigen Augen der Heiligen Jungfrau blickten auf eine bestimmte Stelle. Luigina folgte ihrem Blick und sah mit Entsetzen die kleinen Knochen eines verwesten, abgetriebenen Fötus. Sie verstand sogleich, was die Mutter Gottes von ihr wollte, vergrub die Reste des armen Geschöpfes, das das Licht der Welt nicht hatte erblicken dürfen, und legte eine kleine Medaille auf das Grab.

Da lächelte die schöne Frau zufrieden.

(An dieser Stelle sei erklärt, daß jene natürliche Grotte leider zu einem schlimmen Platz geworden war, an dem man alles, was man verschwinden lassen wollte, hinwarf. So konnte man dort Priestergewänder, zerbrochene Kruzifixe und verwesende Fötusse finden. Und doch, gerade dort wird die Heilige Jungfrau zehn Jahre später erscheinen, und die elende Stätte wird zu einem heiligen Ort des Gebetes werden.)

Am Samstag nach Ostern, dem 12. April 1947, erscheint die Mutter Gottes in weißem Gewand, grünem Mantel und mit Rosen umgürtet, barfuß und mit einem Buch in der Hand drei Kindern und ihrem Vater, Bruno Cornacchiola, und stellt sich ihnen als die Jungfrau der Offenbarung vor.

Genau zehn Jahre zuvor hatte sie dieses Ereignis Luigina vorausgesagt: »Ich werde hierher zurückkehren und mich eines Mannes bedienen, der heute die Kirche bekämpft und den Heiligen Vater umbringen will... Geh jetzt in den Petersdom. Dort wirst du eine Frau finden, die... gekleidet ist. Sie wird dich zu ihrem Bruder, einem Kardinal, führen. Ihm sollst du meine Botschaft überbringen. Hier, an diesem Ort, werde ich in Rom den Thron meiner Herrlichkeit errichten... Sage dem Kardinal, daß er bald der neue Papst sein werde.«

Luigina tat, was die Mutter Gottes ihr aufgetragen hatte. Im Petersdom fand sie die beschriebene Frau. Es war Marchesa Pacelli, die Schwester von Kardinal Eugenio Pacelli. In einem Privatgespräch teilte Luigina dem Kardinal alle Wünsche der Mutter Gottes mit. Beim letzten Satz blickte Kardinal Pacelli Luigina an und sagte, indem er in der ihm eigenen Art jedes Wort betonte: »Wenn es Rosen sind, werden sie blühen.«

Wir begreifen, warum Papst Pius XII. den Ereignissen von Tre Fontane aus dem Jahre 1947 so schnell Glauben schenkte und bereits einige Monate nach der Erscheinung, am 5. Oktober, die Muttergottesstatue segnete, die in der Grotte aufgestellt werden sollte:

Pius XII. wußte alles seit zehn Jahren!   (Bert, Luigina Sinapi, S. 82–84)

Pius XII. sprach oft mit Luigina Sinapi. Sie erzählte ihm von den teuflischen Angriffen, denen sie ausgesetzt war, und er gab ihr eine Kreuzreliquie, die sie immer bei sich tragen sollte. Tatsächlich hörten die Angriffe auf, nur wenn sie die Reliquie vergaß, kehrten sie wieder.

Der Papst nahm regen Anteil an ihren inneren Erfahrungen und war von der Echtheit ihrer Erscheinungen und himmlischen Begegnungen überzeugt.

5. Botschaften Marias an Luigina Sinapi: Die Seherin war ein praktischer Mensch. Sie wurde von vielen Menschen gebeten, ihren Kontakt mit Mutter Maria zu nützen, um deren Anliegen Maria vorzutragen; die erhaltenen Antworten gab sie sofort weiter. Einiges davon ist aufgeschrieben und blieb so erhalten:

»Allen Familien, die mich mit den Worten: ›Maria, rette uns‹ anrufen, reiche ich meine Hand. Ich drücke die einzelnen Angehörigen an mein Herz und lasse sie frohen Mutes durch die Widerwärtigkeiten des Lebens schreiten.«

»Ich, die Mutter Gottes, bin die Mutter aller Menschen. Auch dein Glaube, Gina, soll weltumspannend sein. Bete, leide und opfere dich auf für alle Völker.«

»Gina, liebe, liebe aus ganzem Herzen alle, die dir Leid zufügen. Bete inbrünstig für deine Feinde.«

»Meine Tochter, schreibe diese Worte mit feurigen Buchstaben in dein Herz und teile sie auch den Herzen der Geistlichen mit, die du kennst, damit sie daraus Nutzen ziehen. Oh, wenn die Menschen wüßten, wie sehr der Herr in den Herzen seiner Kinder mit dem Magnet seiner barmherzigen Liebe nach den Goldkörnern der guten Tat sucht! Oh, wie viele würden sie freudig hüten! Und wenn du jemand begegnest, der sich an diesen Körnern festhält, dann ermutige ihn und sage ihm diese meine Worte: Kommt zu mir, meine Kinder, die ihr die Last aller nur denkbaren Leiden tragt. Ich werde euch mit meiner Liebe zu Jesus, also zu Gott, dem Ewigen, führen.«

»Zu jenen, die du mir anvertraust, sage ich: Seid stark und nehmt die Leiden mit mehr Liebe an. Oh, wie verschwenden die Menschen die goldenen Münzen dieser kostbaren Augenblicke, ohne zu begreifen, daß diese Leiden Gnaden vorbereiten. Ja, viele Gnaden! Der Herr will in jedem Herzen die große

Bereitschaft sehen, sich im Schmerz aufzuopfern. Oh, wie leidet mein Herz, da der Großteil der Menschen sich diesen Dingen gegenüber gleichgültig zeigt!«

(Bert, Luigina Sinapi, S. 84–86)

6. Das Zeugnis Papst Pius XII. über Luigina: Es ist selten, daß ein Papst eine so tiefe Verbindung und Beziehung zu einer/m Seher/in hat. In einer Rede an die Kranken in aller Welt während des Marianischen Jahres 1954 sagte Pius XII., ohne Luigina Sinapis Namen zu nennen:

»Nicht immer begegnen wir widerspenstigen Seelen, die unter der Last der Schmerzen schimpfen... Es gibt, Gott sei Dank, auch Seelen, die sich dem Willen Gottes ganz hingeben, Seelen, die sogar nach dem Leiden verlangen. Eine solche Seele lernten wir eines Tages im strahlenden Heiligen Jahr (1937), als unsere Kinder besonders zahlreich aus allen Teilen der Welt herbeieilten, kennen. Es handelte sich um eine zwanzigjährige Frau (Luigina Sinapi) von einfacher Herkunft, die vom Herrn die Gabe einer außerordentlichen Frische und Reinheit erhalten hatte. Alle fühlten sich von ihr angezogen, denn sie verbreitete die Atmosphäre eines unbefleckten Lebens... Eines Tages empfing sie den Leib Jesu und bat den Herrn in einem Ausbruch der Selbstlosigkeit, ihr alle Schönheit und sogar die Gesundheit zu nehmen. Gott erhörte ihre Bitte und nahm das Opfer zur Rettung der Seelen an. Wir wissen auch, daß sie noch lebt... Ihr Antlitz lächelt stets, denn ihre Seele ist von Friede und Freude erfüllt.«

(Bert, Luigina Sinapi, S. 13f.)

Bew.: Gut bezeugt; kirchlich nicht entschieden; Quelle/Textquelle: Chino Bert, Luigina Sinapi. Liebesopfer für die Welt, Hauteville 1989

ROM/ITALIEN Maria erschien der Maria Bordoni (geb. 1927) und gab 1935 ihr Botschaften ein: an die Priester (1943 und 1946), Aufrufe zu Gebet und Buße wegen des nahen Strafgerichts (1948), Zukunftsvisionen für Rom, Italien und die ganze Erde (1947) und für ein »neues Pfingsten« der Kirche. Die Botschaften empfing sie meist in der Kirche St. Eusebio. Die Seherin verfertigte auch unter Anleitung Mariens (also inspiriert-medial) zwei Gnadenbilder.

Bew.: Gut bezeugt; Quelle: R. Ernst, Lexikon

HAM-SUR-SAMBRE/BELGIEN Maria erscheint oftmals der 15jährigen 1936 Emelda und der 27jährigen Adeline Pietcquin ab dem 22. 3., von Engeln umgeben. Adeline wird angeregt, Kranke zu pflegen, Almosen zu geben und mit Verstockten und Sündern zu reden und sie zu Gebet und Buße aufzufordern und auch ihr eigenes Leben in dieser Richtung zu führen.

Bew.: Gut bezeugt; Quelle: R. Ernst, Lexikon; Däniken, Erscheinungen

1936 HEEDE/DEUTSCHLAND Am Abend des Allerheiligenfestes 1937 begannen nahe der holländischen Grenze im Emsland mehr als hundert Erscheinungen Marias vor vier Seherinnen: Maria (13 J.) und Grete Gan-
seforth (11 J.), Anni Schulte (12 J.) und Susi Bruns (13 J.). Sie sehen auf
dem Friedhof neben der Kirche ein helles Licht, dann eine Frauengestalt,
die ein Kind auf dem Arm trägt und ihnen zulächelt. Sie ist unbeschreiblich schön. Bis zum 13. November sehen sie jeden Tag diese Erscheinung
— etwa einen Meter über dem Boden schwebend, auf einer blauweißen
Wolke, mit einer reich verzierten Krone, das Jesuskind auf dem linken
Arm. Es trägt ein weißes Kleidchen und hält eine verzierte goldene Kugel
mit einem einfachen Kreuz in der rechten Hand. Auch die rechte Hand
der Frau ruht auf dieser Kugel und umschließt das Kreuz mit dem Zeige-
und Mittelfinger.

Die nationalsozialistischen Behörden erfuhren von den Erscheinungen
und verhören ab dem 8. 11. mehrfach die vier Mädchen. Am 14. 11.
werden sie nach Göttingen in die Heil- und Pflegeanstalt gebracht und
dort bis zum 23. 12. festgehalten, untersucht und getestet. Daraufhin
werden sie für vier Wochen »zur Erholung« in das Marienhospital nach
Osnabrück gebracht. Erst am 19. 1. werden sie wieder entlassen und
erhalten ein strenges Verbot, die Erscheinungsstelle zu betreten. Wach-
posten bewachen den Eingang zum Friedhof.

Trotzdem treffen sich die Mädchen hinter den Gärten, wo sie den
höhergelegenen Friedhof einsehen können. Am 2. 2. 1938 haben sie
wieder eine Erscheinung. Die Erscheinungen kehren von da an in unregelmäßigen Abständen bis zum 3. November 1940 wieder (insgesamt
105). Auch die Dauer ist höchst unterschiedlich. Bis zum 7. 4. 1938 fällt
dabei kein Wort. Die Kommunikation geschieht über Gesten, über das
Mienenspiel, Freude und Traurigkeit wechseln einander ab. Auf eine
mehrfach von Anni geäußerte Frage gab die Erscheinung endlich am 7. 4.
1938 eine Antwort: »Kinder, betet noch viel!«

Anfang 1939 antwortet sie auf eine Frage Marias, wie sie hier verehrt
werden möchte: »Als die Königin des Weltalls und als Königin der Armen
Seelen.« Am 24. 10. 1939 erhalten sie den Auftrag: »Offenbart alles, was
ich euch gesagt habe, den Geistlichen!« Ab 1940 überwiegt eine traurige
Stimmung, öfters weint Maria. Auf eine diesbezügliche Frage erhalten sie
die Antwort: »Kinder, betet!«

Am 19. 10. bekommt jedes Mädchen ein Geheimnis anvertraut, das die
vier nur dem Papst mitteilen sollen.

Am 3. 11. 1940 erlebten die Mädchen die letzte Erscheinung, und
wieder sprach Maria zu jedem einzelnen, ohne daß die anderen etwas
hörten. Dann baten sie Maria noch einmal um den Segen und sahen ihr
schluchzend nach. Danach gehen sie zum Pfarrer.

Unter dem Druck der Behörde hatte das Ordinariat in Osnabrück am 8. 1. 1938 erklärt, daß es sich nicht um übernatürliche Erscheinungen handle, daß deshalb Wallfahrten unerwünscht seien und keinerlei Propaganda gemacht werden dürfe. Am 8. 3. 1938 wird eine kirchliche Untersuchungskommission eingesetzt, die am 3. 4. 1943 nach Rom berichtet, daß sich alle Kommissinsmitglieder für die Echtheit der Erscheinungen aussprechen.

Eine definitive Entscheidung erfolgt aber nicht – weder in Osnabrück noch in Rom. Trotz der persönlich positiven Einstellung von Bischof Berning († 1953) und der Anerkennung des Aufschwungs der Marienverehrung im Emsland und der von ihm geduldeten Wallfahrtsbewegung unterließ er eine tatkräftige Verfolgung der Angelegenheit, wie sie an anderen Orten zur kirchlichen Anerkennung geführt hatte. Als vorläufig letzter Akt richtete das Generalvikariat Osnabrück am 3. 6. 1959 ein Rundschreiben an den Klerus der Diözese, in dem die Gültigkeit des Erlasses vom 8. 1. 1938 betont wurde.

Bew.: Gut bezeugt, kirchlich nicht anerkannt; Quelle: Weigl/Branz, Volk, S. 93–99; R. Ernst, Lexikon; Däniken, Erscheinungen

OBERBRÜCK/ELSASS (FRANKREICH) Maria erscheint im Oktober der 1937 15jährigen Antoinette Lauber an acht aufeinanderfolgenden Tagen und heilt sie von einer schweren Krankheit. Als sich Maria »verabschiedet«, sagt sie: »Jetzt gehe ich nach Deutschland.«

Bew.: Gut bezeugt; Quelle: R. Ernst, Lexikon

VOLTAGO/ITALIEN Maria erscheint vier nicht näher bekannten Seherinnen ab dem 5. Juli drei Monate hindurch; an manchen Tagen auch 1937 mehrmals. Maria segnete eine Quelle und verkündete: »Mit diesem Wasser werde ich Wunder wirken.«

Bew.: Quelle unbekannt, kirchlich abgelehnt; Quelle: R. Ernst, Lexikon

BOCHUM/DEUTSCHLAND Maria erschien oftmals der Ursula Hibbeln 1938 (1869–1940), einer begnadeten Mystikerin, die viele Christuserscheinungen hatte (auch Offenbarungen und Visionen). Gegen Ende ihres Lebens mehren sich Erscheinungen Mariens. Am 15. 8. lernt sie von Maria das Gebet: »Um deines freiwilligen Todes, o Maria, schenke mir einen seligen Tod!«

Am 8. 12. sah sie den Sieg Marias über den Teufel. Zwei Jahre später, kurz vor ihrem Tod, Marias als »schneeweiße Lilie der allerheiligsten Dreifaltigkeit.«

Bew.: Gut bezeugt; Quelle: R. Ernst, Lexikon; Ernst, Die Seherin aus dem Ruhrgebiet

1938 KÉRIZINEN / FRANKREICH   Maria erscheint oftmals der Jeanne-Louise Ramonet (1910–1965), die in einem kleinen Weiler in der Bretagne lebt und ihre Kühe hütet. Gegen Ende des Sommers, als sie mit einer Strickarbeit auf einer Böschung saß, sah sie plötzlich eine Lichtkugel und anschließend Maria in diesem Licht. Sie fühlte sich von einer fremden Macht auf die Knie geworfen und wurde zum fügsamen Werkzeug Marias, die ihr Botschaften von großer Tiefe und mystische Erfahrungen von himmlischer Klarheit mitteilte.

Die erste Erscheinung ereignete sich am 15. September, am Fest der sieben Schmerzen Marias. 70 weitere folgten, verteilt über 27 Jahre. Erst 1947 erfuhren Außenstehende von diesen Erscheinungen, 1949 trug sich ein Heilungswunder zu. 1953 ereignen sich vier Sonnenwunder. Ein Jahr vorher hatte sich eine Heilquelle gebildet. 1956 entsteht ein kleines Oratorium. Votivtafeln an der Wand des Oratoriums geben Zeugnis davon, daß viele Gebetserhörungen stattfanden, Heilungen erfolgten, wunderbare Sichtungen gemacht wurden.

Die Kirche hat den »Fall« bisher nicht untersucht und sich nicht geäußert. Jeanne-Louise Ramonet hat seit 1943 auf Anraten ihres Beichtvaters begonnen, die empfangenen Sichtungen und Botschaften schriftlich festzuhalten, wodurch sie der Vergessenheit entrissen sind.

15. 9. 1938. — Maria erschien erstmals als eine großgewachsene junge Frau von unsagbarer Schönheit. Kleid und Augen von einem sanften, tiefen Blau, die Füße bedeckt von den weiten weißen Saumfalten des Kleides, um die Mitte ein weißer Knotenstrick, ein weißer Mantel um die Schultern, von einer goldenen Spange zusammengehalten. Ein leuchtend weißer Schleier bedeckt die Haare. Die Augen sind zum Himmel gerichtet, die Hände gefaltet, mit gekreuzten Fingern vor der Brust, am Arm ein weißer Rosenkranz. So erschien sie jedesmal, und jedesmal fiel die Seherin auf die Knie und in Ekstase. Die Frau sagt zu ihr:

»Fürchte dich nicht. Ich tue dir nichts zuleide.«

»Du wirst mich in den kommenden Jahren öfter sehen; dann werde ich dir sagen, wer ich bin und was ich will.

Ein neuer Krieg bedroht Europa. Ich werde ihn um einige Monate hinauszögern, denn ich kann nicht taub bleiben gegenüber so vielen Gebeten, die jetzt dort in Lourdes zu mir aufsteigen und den Frieden erbitten.«

Mai 1940. — »Ihr Kinder Frankreichs, bald werden für euch schwere Stunden beginnen. Die Gefahr, die euch droht, ist der feindliche Einfall in euer Land. Ich werde rechtzeitig eingreifen, wenn alle, enger vereint als je zuvor, Gott anflehen und ihre Hoffnung auf Den setzen, Der allein alles vermag, Der

die Welt in seinen Händen hält, Der Macht hat über das Schicksal der Völker,
über Geist und Willen ihrer Führer. Mögen alle ihre Gebete vereinigen, damit
der Gott der Barmherzigkeit in seiner Allmacht diesem schrecklichen Sturm
ein Ende bereite. Du wirst wegen dieser Erscheinungen viel zu leiden haben.
Viele werden an dir zweifeln; doch du wirst auf deinem Weg Freunde finden,
die dich verstehen, dich führen und dir auch folgen werden. Du kannst viel für
die Sünder erwirken, wenn du deine Leiden und Mühen in Ergebenheit
annimmst. In deiner Pfarrei lebt ein Priester, ein großer und treuer Diener
Gottes, ein demütiger und von den Dingen dieser Welt losgelöster Mann.«

6. August 1949. – »Mit Leib und Seele in den Himmel aufgenommen, von
den Engeln im Triumph hinaufgetragen, von der Heiligsten Dreifaltigkeit zur
Königin des Himmels und der Erde gekrönt, wache ich voll Mitleid über meine
Kinder auf der Erde. Kommt zu mir, ich werde eure Leiden lindern, ich werde
die Kirche beschützen und die Sünder retten. Ich wünsche, daß diese Worte
dem Hl. Vater bekanntgemacht und in der ganzen Welt verbreitet werden. Du
wirst sie aber erst zu einem späteren Zeitpunkt, den ich dir noch nennen werde,
weitergeben, um dem freien Handeln der Kirche nicht vorzugreifen.«

12. Januar 1957. – »Mein Kind, betrachte diese Welt von 1957; sie ist in den
dichten Nebel ihrer schweren und zahlreichen Sünden gehüllt. Sie wird in
Trauer untergehen, denn der erzürnte Gott neigt sich über sie und wird
erbarmungslos zuschlagen. Schreckliche Plagen und Ereignisse werden die
Welt läutern, sie von ihren Irrtümern und aller Unordnung befreien, um sie
für die allseitige Erneuerung vorzubereiten.«

(Während die Heilige Jungfrau dies sagte, hielt sie ein Bild in ihren Händen,
das die Welt darstellte und einer ausgebreiteten geographischen Karte glich.
Über dem Bild stand geschrieben: Die Welt von 1957. Aber man konnte die
Welt nur mit Mühe erkennen, da sie ganz von undurchdringlichen Wolken
verhüllt war.

Plötzlich tauchten rechts und links eine Art feuriger Kugeln auf, die auf das
Bild zusteuerten und bei deren Aufprall jede eine große Flamme entzündete.

Danach erschien die Erde wie zerfetzt und zerstückelt. Wo sich die Explosionen entzündet hatten, waren leere Flächen; dort war alles vernichtet. Anderswo, an Stellen, die nicht von den feurigen Kugeln getroffen worden waren,
erbebte die Erde, und alles stürzte zusammen. Hierauf kam eine dichte Finsternis, die das Bild bedeckte. Die Erde verschwand in diesem Dunkel.

Plötzlich löste sich die Finsternis auf; es war heller Tag. Die Welt tauchte
wieder auf, d. h. das, was von der Welt übrig war. Eine entsetzliche Vernichtung hatte stattgefunden.)

»Meine Liebe zu den Sündern ist so groß, daß ich alles aufgeboten habe,
damit sie sich retten können. Aber heute widersetzen sich die Menschen mehr
denn je der Gnade und den Anrufen des Himmels. Man will weder meine
Warnungen, noch meine Tränen verstehen. Und es sind doch deutliche Zeichen, die ankündigen, daß schmerzvolle Ereignisse über die Welt verhängt
sind und daß die Stunden großer Leiden nahe sind, falls die Menschen nicht zu
Gott zurückkehren . . .«

21. November 1957. – »Richtet euch immer aus nach meinen letzten Botschaften. Denkt über sie nach, denn sie sind gnadenvolles Erkennen zukünftiger Dinge; sie sind Licht für die Zukunft, denn nichts ist besser geeignet, Sünder zu bekehren, als die Furcht vor Strafen, und nichts ermutigt und stützt die Gerechten mehr als die Gewißheit des Sieges.

So wie Gott einst die Wasser der Sintflut nur allmählich ansteigen ließ, um den Sündern Zeit zur Reue zu lassen, so tut Er es auch heute in seiner unendlichen Güte und vor allem in seiner großen Barmherzigkeit für die Sünder. Nur nach und nach schlägt Er die Orte, um die Zeugen aufmerksam zu machen, damit sie jene (die Orte) entweder vorbereiten, oder ihnen die Möglichkeit geben, den Folgen seines Zornes zu entgehen oder sie zu mildern...

Ja, Gott wird auf wunderbare Weise eingreifen, so wie Er es versprochen hat; Er wird sich rühren lassen vom Gebet der Gerechten und von den Verzweiflungsschreien einer Menschheit, die erbärmlicher ist als zur Zeit der Sintflut. Er wird einer Mutter gleichen, die zu Recht aufgebracht ist gegen ihr ungezogenes Kind, es aber wieder in die Arme schließt, wenn es die harte Zurechtweisung mit Ehrfurcht und Reue annimmt...

Mögen meine Botschaften vom Himmel eine stete Quelle der Freude und der Hoffnung für all jene sein, die durch ihren Glauben, ihr Vertrauen und ihre Liebe mithelfen, diesen großen Sieg zu verwirklichen, der heute schon sehr nahe ist und in der Doppelherrschaft der Liebe des Herzens Jesu und meines Unbefleckten Herzens bestehen wird. Oh, schaut auf die Zukunft, nicht in kindischer, lächerlicher Neugier, sondern im Geist kluger Voraussicht, um die Strafgerichte abzuwenden oder wenigstens abzuschwächen. Das ist sicher möglich. Vergeßt nicht, daß Gott niemals aufgehört hat, die brennende Liebe seines Herzens zu offenbaren, die eine Fülle von Barmherzigkeit ist. Hat mein Sohn nicht gesagt: »Ich kann die sündbeladene Welt nicht strafen, wenn sie meine Barmherzigkeit anruft«?

Ach, wenn die Menschen nur hören wollten! Ich werde nicht aufgehört haben, sie bis zuletzt zu warnen.«

24. Mai 1958. – »Der Krieg löst kein Problem. Seine Auswirkungen sind heute so verheerend, daß die Gefahr besteht, daß er nicht nur die Vernichtung der Zivilisation herbeiführt, auf die ihr so stolz seid, sondern auch das zeitliche Ende der Menschheit. Setzt daher euer Vertrauen auf Gott, nicht auf Menschen.

Sich selbst überlassen, könnte die Geschichte der Menschheit nur in einer allgemeinen Vernichtung enden. Es wurde ihr jedoch ein Keim eingepflanzt, der unabhängig von der Zeit aufgehen wird, und aus dem Ernten für die Ewigkeit heranwachsen werden. Angesichts der Gefahr bewahrt das Vertrauen, denn das Ziel, das Ende ist nahe. Wenn Gott zuschlägt, dann tut Er es, um zu läutern und große Wohltaten auszuteilen. Wenn Er hart zuschlägt, dann nur, weil Er sie baldigst austeilen will.«

15. Dezember 1959. – (Erscheinung der Heiligen Familie.) »Als Botin des Friedens sage ich euch immer wieder: »Betet gut, betet im Stand der heiligmachenden Gnade und betet mit Vertrauen.« Die Dauer der Prüfung wird verkürzt werden, die Schwere der Strafen aber wird gesteigert werden. Feuer, das vom Himmel fällt, wird die Menschen wieder verständig, reuevoll und demütig machen. Eine neue Welt wird erstehen, in der Jesus verherrlicht wird. Wenn die Kirche erneuert ist, wird man ihr besser gehorchen und sie mehr achten. Es wird auf Erden ein neues Geschlecht von Heiligen geben, demütiger Diener Gottes, seeleneifrige und übernatürlich eingestellte Apostel, wahre Diener Gottes. Wie engelgleiche Boten werden sie der Welt das Wort des Evangeliums verkünden, mit einem neuen Feuer, dem Feuer des Heiligen Geistes. So werden sie die Welt der unendlichen Liebe und dem Lichte Jesu zuführen, dem guten Hirten, dessen sehnlichster Wunsch es ist, nur noch einen Schafstall zu haben und nur einen Hirten nach seinem Herzen.

Verherrlicht Gott, der mich zur Erde herabsendet, um euch ihm zuzuführen und sein Reich vorzubereiten. Meine Sendung besteht darin, die Zahl der Kinder des Lichts zu mehren, die Gottgeweihten und die Gläubigen zusammen-zuschließen, daß sie ein Herz und eine Seele werden, wie zur Zeit des ersten Pfingstfestes, damit jene Zeit komme, welche die schönste sein wird, die es je auf Erden gegeben hat: die Zeit, wo Gott als König der Liebe herrschen wird.«

(In diesem Augenblick erscheint die Heilige Familie. Der heilige Joseph stellt sich zur rechten Hand der Heiligen Jungfrau und zwischen das Jesuskind.) . . .

7. Oktober 1961. − »Ich komme nicht nur auf die Erde herab, um Wunder zu wirken, sondern um Gnaden der Bekehrung, des Heiles und des Friedens zu bringen.

Die Menschen wissen nicht mehr wo aus und wo ein. Man ersehnt zwar den Frieden, findet aber nicht den Weg, weil man ihn fernab von Dem sucht, der sich selber ›der Weg‹ genannt hat.

Die heutige Zeit ist ernst und schmerzlich. Riesige Wolken türmen sich auf am Horizont, und das Unwetter bricht überall los, weil die Menschen jene Mittel zur Rettung nicht annehmen wollen, die Gott ihnen durch mich anbietet. Vor allem aber gibt es in der Welt einen Kampf, von dem viele nichts wissen. Es ist der geistige Kampf, der schlimmer ist als alle anderen Kämpfe. Ein fürchterliches Sturmlaufen Satans hat eingesetzt gegen die Kirche und gegen alles, was den Namen ›christlich‹ trägt. Er überrennt die Welt, die das Opfer einer satanischen Besessenheit ist.

Das edelste Streben nach Freiheit, Gerechtigkeit und Brüderlichkeit, das immer wieder lebendig aus dem Sauerteig des Christentums aufsteigt − und das heute wie ein neuer Frühling in eine neue, hoffnungsvolle Welt hervorzubre-chen scheint −, dieses Streben verdirbt der Geist des Bösen, verwirrt es und läßt es in Krieg, Versklavung und Entwürdigung ausarten. Gerade weil es in der Welt heute eine solche Strömung zum Guten hin gibt, hat sich der Geist des Bösen ans Werk gemacht. Er versucht, Einfluß auf sie zu gewinnen und in schlimme Richtung zu lenken.

Gegenüber dieser Gefahr bin und bleibe ich die Königin des heiligen Rosen-kranzes, die Siegerin in allen großen Schlachten der Christenheit. Ihr werdet mich nie vergebens anrufen.

Werdet ihr endlich glauben, daß meine Rückkehr auf diese Erde von Gott gewollt ist, um diesen geistigen Verfall zu überwinden und dem Heiligen Geist den Weg zu bereiten? Der Heilige Geist wird den Sieg davontragen über den Geist des Bösen.«

25. Februar 1964. – Die Seligste Jungfrau:

»Ich bin der Weg, der zu Gott führt. Ich rufe euch auf zu lieben, vorwärts zu streben, den anderen entgegenzugehen und über euch hinauszuwachsen. Geht mit mir diesen Weg und ihr werdet nicht in der Finsternis wandeln, sondern das Licht des Lebens haben, dieses Licht Christi, das über dieser Welt aufging. Dieses Licht wird euer ganzes Leben durchdringen; es wird in euch die Finsternis des Bösen besiegen; es wird euch überfluten mit der Kraft, dem Frieden und der Freude Gottes.

Zuerst lieben. Liebt Jesus vor allem anderen. Er hört nicht auf, nach eurem Herzen zu verlangen und euch zu wiederholen, daß er geliebt werden will, und daß die Liebe das größte und erste aller Gebote ist. Er beansprucht den ersten Platz in euren Herzen. Aber er läßt euch die Freiheit, ihm diesen ersten Platz selber anzubieten. Die Erfüllung dieser ersten Pflicht belohnt er und sie macht ihn geneigt, euch mit immer neuen Gnaden zu überhäufen. Oh, wie sehr würden die Freuden und Zuneigungen eurer Umwelt an bisher unbekanntem Reiz gewinnen, wenn ihr sie eurer ersten Pflicht unterordnen würdet, nämlich: Jesus zuerst zu lieben, alles in Ihm und seinetwegen zu lieben.«

Bew.: Gut bezeugt, kirchlich nicht anerkannt; Quelle: R. Ernst, Lexikon; Weigl/Branz, Volk unter prophetischen Anruf; Däniken, Erscheinungen; Textquelle: Kérizinen. Erscheinungen und Botschaften, Hauteville o.J.

1938 MAILAND/ITALIEN   Maria erschien der Ordensschwester Maria Pierina (bekannt durch ihre vielen Offenbarungen über die Verehrung des hl. Antlitzes Jesu, die auch die hl. Theresia von Lisieux besonders gefördert hat: das unverwandte Schauen auf das Antlitz Gottes!) und vermittelte ihr besondere Gnaden.

Bew.: Gut bezeugt; Quelle: R. Ernst, Lexikon

1938 OBERPLEIS/DEUTSCHLAND   Maria erschien oftmals (bis 1955) der Anna Gaggenmayer (Schwester Maria) als »Die Christusbringerin« und vermittelte ihr Botschaften.

Bew.: Gut bezeugt; Quelle: R. Ernst, Lexikon

1938 WIGRATZBAD/DEUTSCHLAND   Maria erschien Frau Geyer am 22.2. als Unbefleckte Empfängnis, wie sie in Wigratz verehrt wird. Sie sah eine große Kapelle, die in Wigratzbad entstehen sollte. Maria sagte: »Baut mir hier eine Kapelle!... Die Leute werden in Haufen kommen, und ich werde die Gnaden in Strömen über sie ausgießen!... Betet viel! Betet noch viel mehr!« Dank der Initiative von Antonie Rädler konnte diese Vision realisiert und dieser Auftrag Marias erfüllt werden: Eine einzigartige großräumige Wallfahrtskirche ermöglicht vielen Pilgern die Verehrung Marias.

Bew.: Gut bezeugt, kirchlich anerkannte Gebets- und Sühnestätte; Quelle: R. Ernst, Lexikon; Hansen, Die deutschen Wallfahrtsorte

BOUXIÈRES / FRANKREICH Maria erscheint den beiden Seherinnen A. **1939** Pietcquin (geboren 1908) und G. Hanus (geboren 1910) zwischen 1939 und 1948 sehr häufig. Sie hatten vielfältige Erscheinungen und Visionen und vermittelten eine Fülle von Prophezeiungen: Bevorstehende Christenverfolgungen, eine kurze schwere Katastrophe wegen Gotteslästerungen, Sonntagsentheiligung und Mißbrauch der Ehe. Außerdem hatten sie Schauungen vom Ende dieser Weltzeitperiode, einer überwältigenden Christuserscheinung und dem kommenden Friedensreich auf der neuen Erde.

Bew.: Gut bezeugt; Quelle: R. Ernst, Lexikon

DUBLIN / IRLAND Maria erschien im September einer alten, fast blinden **1939** Dame. Sie stand drei Stunden lang sichtbar vor einer grünen Wolke in Kleeblattform, von Lilien und Kerzen umgeben. Sie trug das Jesuskind auf dem Arm, und zu ihren Füßen lag ein teuflischer Drache. Die Frau hörte die Worte: »Hab Vertrauen! Der Krieg wird Irland nicht erreichen.« Mit himmlischer Hilfe fertigte die Frau eine kunstvolle Darstellung der Erscheinung an.

Bew.: Gut bezeugt; Quelle: R. Ernst, Lexikon

KECSKEMÉT / UNGARN Maria erschien oftmals der 1901 in der Nähe von **1939** Preßburg geborenen Sr. Maria Nathalie Kovacsics. Ihre Eltern waren deutschstämmige Slowaken, und so lernte Sr. Maria schon als Kind, auch slowakisch und ungarisch zu sprechen. Sie trat in den Orden der Magdalenenschwestern ein, nachdem sie schon 1915 die Gelübde des Dritten Ordens der Franziskanerinnen abgelegt hatte. 1922 wurde sie für zwölf Jahre in ein Haus des Ordens nach Belgien geschickt. Seit 1934 lebte sie in Budapest und Kecskemét, wo sie zwischen 1939 und 1943 große Botschaften Marias empfing, die sie weltweit verbreiten sollte.

Sr. Maria Nathalie stieß auf harten Widerstand ihrer zuständigen Vorgesetzten. Als 1950 in Ungarn alle Klöster aufgelöst wurden, zog sie sich aufs Land zurück, wo sie bis heute still und unbekannt lebt.

Dr. Jenö Krasznay, der 1945 in die Schweiz ins Exil ging und einige Zeit der Seelenführer Sr. Nathalies war, machte die Botschaften bekannt.

1. Vorgeschichte: Das aufgeweckte, aber unauffällige Kind hatte mit 13 Jahren die erste Marienerscheinung:

Eines Sommers, in der abendlichen Dämmerung, saß ich auf der untersten Stufe der Leiter, die zum Speicher führte. Ich betrachtete den wunderbaren Himmel, und meiner Seele schien es, als wäre sie fortgeflogen. Da öffnete sich das kleine Haustor, und eine Frau trat herein. Ich sprang von der Leiter und lief ihr entgegen. Sie war schön. Eine übernatürliche, innere Freude strahlte aus ihr. »Vielleicht wird es dieses Haus sein, wo man mich aufnimmt«, sagte die Unbekannte. »Bis jetzt wurde ich überall abgewiesen, wo ich nur eingekehrt bin, und man erklärte mir, es wäre kein Platz für mich, oder schickte mich ohne Begründung fort. Ich begann bei dieser Häuserreihe durch die Wiese bis zur großen Brücke. Ja, ich ließ kein Haus aus.« Während ich das Antlitz der Frau betrachtete und feststellte, daß es sich um eine fromme Seele handelte, hörte ich sie sagen: »Ich liebe die gutmütigen Menschen. Nicht wahr, hier wird man mir Unterkunft gewähren?« Ich antwortete mit Ja. Schnell lief ich zu meiner Mutter und beschrieb ihr den Gast. Ich sagte: »Sie ist eine sehr schöne Frau. Sie kleidet sich anders als wir. Sie trägt einen bis an die Knöchel reichenden Rock und läßt fragen, ob wir sie für diese Nacht aufnehmen könnten. Sie bittet nicht um ein Bett. Es genügt ihr ein Stuhl oder ein Betschemel.« Ich lief auch zu meinem Vater. Er war ein strenger Mann. »Wer ist diese Herbergesuchende?« fragte er. Auch ihm schilderte ich ihr Aussehen und befürchtete, er könnte sie fortschicken. Mein Vater war schließlich einverstanden. »Schau, Mariechen, irgendwie wird sich der unerwartete Gast schon zurechtfinden. Wir haben nicht viel Platz, aber sie soll nur bleiben. Ich werde schon achtgeben, daß sie euch nicht ermordet.« Da die Abende kühl waren, hatten wir eingeheizt. Die Frau setzte sich auf einen Küchenstuhl und ich nebenan. Sie fing an, vom Himmel zu sprechen. Ich saugte ihre Worte in mich auf. Mein Herz zersprang fast vor Freude. Dann folgte das Abendessen. Ich fragte sie, ob sie mit uns die Mahlzeit einnehmen würde. Aber sie lehnte dankend ab. Nur um etwas Brot und Tee bat sie. Während des Essens sprach sie mit mir über geheimnisvolle Dinge, über die Wissenschaft der Heiligen und den heiligen Franz. Da unterbrach ich sie mit den Worten: »Ich möchte gerne eine Klosterschwester werden.« – »Du wirst eine werden«, antwortete sie. Plötzlich glaubte ich, neben einer Wahrsagerin zu sitzen, denn so selbstsicher klangen ihre Worte. »Woher sind Sie gekommen?« – »Von Wien aus einem Kloster!« Ich bat inbrünstig: »Nehmen Sie mich mit! Es macht nichts, wenn ich auch noch zu jung bin.« – »Wohin ich gehe, dorthin kann ich dich jetzt nicht mitnehmen, erst später.«

Die Zeit der Nachtruhe war angebrochen. Verschämt mußte ich der Frau gestehen, daß wir ihr nicht extra ein Bett zur Verfügung stellen könnten. Die Eltern gingen ins andere Zimmer. Sie mußte sich neben mich legen. Damit war sie einverstanden. »Wir haben hier schon Platz«, sagte sie. Ich war ein mageres Mädchen. Ich bat sie, die Kopfbedeckung abzulegen. Auf meine Bitte legte sie das Kopftuch ab. Ihre wunderschönen Haare fielen wie ein Wasserfall zur Erde. In der Mitte des Hauptes waren sie gescheitelt. Ich lief zu meinem Vater und sagte: »Ich habe ein bißchen Angst. Aber sie spricht mit mir über so schöne Dinge. Ihre Haare sind wunderschön, dicht und schwer wie ein Wasserfall. Ich bat sie, sie möge mit mir schlafen.« — »Das überlasse ich dir«, antwortete mein Vater. »Wenn sie sich nicht hinlegen will, so möge sie auf dem Hocker sitzen bleiben. Ich werde nicht schlafen, sondern lege mich wachend im andern Zimmer auf die Bank. Sollte etwas schiefgehen, so bin ich euch nahe.« Ich ging zurück zur Frau. »Kommen Sie bitte hierher aufs Bett«, sagte ich ihr. »Nein«, antwortete sie, »mir genügt der Platz an der Wand.« Sie legte ihre Kleider nicht ab. Wir beide blieben angezogen sitzen, ans Bett gelehnt. Wir schliefen nicht. Während der ganzen Nacht erzählte sie mir vom Himmel. Sie sagte mir, daß auch ich dahin kommen werde und auch meine Eltern. Was ich zu hören bekam, war zu schön, um einschlafen zu können. Ich sagte ihr, daß ich am Morgen zur heiligen Messe gehen werde. Tags darauf, während der heiligen Messe, wagte ich mich neben ihr nicht einmal zu rühren. Gemeinsam gingen wir zur heiligen Kommunion. Der Herr Jesus war in uns. Wir beteten ihn an und liebten ihn. Dennoch hatte ich Angst, denn die warnenden Worte meines Vaters, achtzugeben, klangen immer noch in mir nach. — Nach der heiligen Messe lief mir ein Ministrant nach und teilte mir mit, daß der Herr Pfarrer mich rufen lasse. »Ich komme sofort«, war meine Antwort, »nur möchte ich die Frau bis zum Dorfende begleiten.« Die Frau wollte nach Stomfa. Ich erklärte ihr, daß sie zuerst den Berg hinauf und dann etwa zwei bis drei Minuten lang abwärts gehen müsse. Von dort aus sind die Häuser und das Kastell unseres Nachbardorfes, wo Nonnen wohnen, schon zu sehen. Die Frau lächelte und bedankte sich für die Herberge. Beim Abschied teilte ich ihr noch einmal den Wunsch meines Herzens mit: »Wissen Sie, ich möchte Klosterfrau werden.« — »Gelobt sei Jesus Christus«, war ihre Antwort. Ich ging zwei Schritte und schaute nochmals zurück, um sie noch ein letztes Mal sehen zu können, denn es fiel mir schwer, mich von ihr trennen zu müssen. Zu meiner größten Überraschung war sie nicht mehr zu sehen. Als ich zur Kirche zurückkam, wartete der Herr Pfarrer schon auf mich. »Mariechen, wer war diese Frau?« fragte er mich. »Sie war kein irdisches Wesen«, behauptete er. Und ich fuhr fort: »Die Frau sagte zu mir, wenn ich viel beten werde, so würde ich die Sehnsucht meines Herzens gestillt sehen und Ordensschwester werden.« Der Herr Pfarrer sann nach. »Ich wagte fast nicht, ihr bei der Kommunionspendung zu nahen«, sagte er, »denn als ich ihr die heilige Hostie reichen wollte, strahlte Licht von ihrem Antlitz, und Licht strömte auch aus ihrem Munde. Die heilige Hostie flog aus meiner Hand, und die Frau empfing die heilige Kommunion in diesem Licht. Das eine ist sicher, nicht ich habe ihr die heilige Kommunion erteilt. Ich hatte vor dieser außergewöhnlichen Erscheinung Angst und sah, daß in dieser Frau nichts Irdisches sei. Dieses Wesen ist aus dem Jenseits. Ich zitterte noch, als ich in der Sakristei ankam.« Als sich dies alles ereignete, zählte ich ungefähr dreizehn Jahre.

2. *Im Dienst des Herrn:* Mit 17 Jahren trat Sr. Nathalie in den Orden der Magdalenenschwestern ein und wurde von Jesus besonderer Gnadengaben gewürdigt: »Meine Tochter, du wirst durch Liebe und Leiden ein Opfer für die Priester, die Sünder und die Armen Seelen des Fegefeuers sein. Für diese Seelen darfst du mir kein Opfer verweigern. Wenn ich ein

Opfer von dir verlange, wirst du es deinen Oberen und deinem Beichtvater melden. Sooft sie meinem Wunsch widersprechen, werde ich dir innere Leiden geben. Daraus werden sie lernen, daß ich die Opfer von dir will.«

Oft hatte Sr. Nathalie daraufhin Visionen und fiel in Ekstase. Ihre Oberen waren damit nicht einverstanden und stellten ihr Bedingungen: Entweder der Herr erteile ihr »unauffällige« Gnadengaben, oder sie müsse die Ordensgemeinschaft verlassen, da dies nur Unruhe hineintrage. Christus antwortete: »Gut, von nun an wirst du meine Gnadengaben ohne auffallende Zeichen erhalten. Ich werde in dir so leben und wirken, wie einst in meinem irdischen Leben. Damals ging ich wie ein gewöhnlicher Mensch hin und her, betete, arbeitete und heilte. Meine Seele blieb der Welt verborgen, war aber in ständiger Ekstase mit meinem himmlischen Vater.«

1940, als sie noch Zweifel quälten, ob die Mitteilungen wirklich von Gott stammten, hörte sie Jesus sprechen: »Fürchte dich nicht! Ich war es, der zu dir sprach, ich, die ewige Liebe, das große Wort der ewigen Wahrheit! Ich will, daß mein Wunsch — die feierliche und öffentliche Anerkennung meiner makellosen Mutter als der Königin der Welt — zu meinen Priestern gelange. Mein Herz wird solange nicht ruhen, bis meine Mutter als Königin der Welt ihren königlichen Thron bestiegen haben wird.«

3. Die großen Visionen und Botschaften: Sr. Nathalie berichtet:

Als ich einmal im Jahre 1944 vor dem Allerheiligsten betete, erschien mir die Heilige Jungfrau als die Königin der Welt. Mit unaussprechlichem Schmerz in ihren Zügen betrachtete sie unser Vaterland. Es war sehr erschütternd, daß sie in ihrem Schmerz schwieg und weiterging. In dem Maße, als sie sich entfernte, in dem Maße drängte sich der Feind heran. Da rief ich erschrocken: »Im Namen des ganzen Landes: Mutter! Mutter! Bleibe bei uns! Wenn du uns verläßt, werden wir zugrunde gehen!« Sie schaute zurück und antwortete: »Nein, ich kann nicht bleiben; aber ich werde wiederkommen, wenn mein Ort fertig ist.«

Ich erfuhr vom Heiland, daß er die Sühnekapelle als eine Gedenkstätte für die künftigen Generationen wünscht. In der Sühnekapelle wird nämlich das Bild der schmerzhaften Mutter selber sprechen von den Schrecken und Leiden der jetzigen Generation — den kommenden Geschlechtern.

Die Heiligste Jungfrau erschien weiß gekleidet. Sie trug einen roten Königsmantel. Ihre ganze Gestalt war mit einem schwarzen Schleier bedeckt. Auf dem Haupt trug sie eine Dornenkrone. Ihre Füße waren unbeschuht und mit Dornen bedeckt. Sie stand auf dem Kopf einer Schlange. Ihre Hände waren zum Gebet gefaltet. Aus ihren Augen rannen Tränen. Neben der seligsten Jungfrau standen zwei Engel in schwarzen Kleidern. Sie hielten ihre Hände auf der Brust gekreuzt. Ihre Augen schlugen sie nieder und weinten. Die Engel waren so majestätisch, daß nicht einmal die heiligste Person auf Erden mit ihnen zu vergleichen ist. Die seligste Jungfrau sprach: »Die Kirche soll mir einen Ort bereiten, wo ich mit meinen Gnaden absteigen kann, damit ich von dort aus die Sünder zur Bekehrung und die Menschheit auf den Weg der Buße führen kann.«

Die Königin des Friedens

Sr. Nathalie: »Wenn auf Erden unter den Menschen Friede und Liebe herrschen und ein Hirt und eine Herde sein werden, dann wird Maria in verschiedenen Formen erscheinen und das Leben der Seelen leiten. Sie, die Königin des Friedens, die hehre Frau, wird dann den weißen Menschen in weiß, den Schwarzen in schwarz, den Gelben in gelb und den Roten in rot erscheinen. Durch Jesus Christus wird sie alle Ehre Gott gegenüber weiterleiten als Vermittlerin und durch das ihr übertragene Amt auch alle himmlischen Gaben vermitteln. Das heiligste Herz Jesu und ihr Herz werden in vollkommener Einheit die Welt leiten bis zum Weltgericht. An Stelle des Thrones der Gottlosen werden sich zwei glorreiche Throne erheben: der des heiligsten Herzens Jesu und der des Unbefleckten Herzens. Durch die vereinigten Herzen wird die Welt gerettet. Jesus: »Als ich geboren wurde, brachte ich Frieden auf die Welt, aber sie hat ihn nicht genossen. Die Welt muß den Frieden bekommen. Die Menschen sind Kinder Gottes. Gott hat seinen eigenen Geist in sie eingehaucht. Gott läßt sich nicht in den Schatten stellen. Darum müssen die Kinder Gottes den Frieden genießen, den ich ihnen versprach.«

Die Königin der Welt

So ich (Sr. Maria Nathalie) mich nicht irre, war es am Christkönigsfest 1939, als ich den Heiland, meinen königlichen Bräutigam, in einer Vision betrachten durfte. Seine Erscheinung war königlich, sein Anblick milde, anziehend und voll Liebe. Um seine Schultern trug er einen Königsmantel und auf seinem Haupt eine dreifache Krone.

Ich fürchtete mich vor ihm nicht, wie ich sonst tue, wenn ich vor einer höhergestellten Person stehe. In seiner Güte zog er mich an sein göttliches Herz. Dies war so stark, daß ich mich ihm fliegend nahte und ihm zu Füßen warf. Der Herr hob mich auf und breitete einen Teil seines Königsmantels über mich. Ich sagte: »Mein Heiland, mein König, du sollst in mir herrschen!« Jesus antwortete: »Mein königlicher Thron ist in deinem Herzen. In dir ist meine königliche Herrschaft vollkommen; doch wo meine Liebe herrscht, da muß auch mein Kreuz stehen.« Da verstand ich, daß der Herr von mir ein Opfer verlangte. In Gehorsam und Hingabe richtete ich an Jesus die Worte: »Mein lieber Heiland, nach deinem Willen und Wohlgefallen soll in mir deine Liebe herrschen — und ich am Kreuze sein.« Der Heiland blickte mich mit Wohlgefallen an, und während er mich an seiner göttlichen Brust ruhen ließ, sah ich, daß der gütige Blick des Herrn über die ganze Welt streifte. Ich erkannte, daß sein göttliches Herz nach etwas dürstete. Darum sagte ich zu ihm: »Mein Heiland, was ist es, wonach dein Herz dürstet?« Da neigte sich Jesus wiederum mit unsagbarer Liebe zu mir und sagte: »Wenn der Sohn als König anerkannt wird, da geziemt es sich, daß die Mutter des Sohnes auch eine königliche Majestät sei. Deshalb will ich, daß meine makellose Mutter von der ganzen Menschheit als die *siegreiche Königin der Welt* anerkannt werde. Diese Anerkennung muß feierlich und öffentlich geschehen.«

Als der Heiland das Wort »feierlich« aussprach, sah ich aus einer weißen Wolke eine wunderschöne Prozession hervorkommen. Von dieser Prozession kann ich nur wenig erzählen, da sie keine irdische, sondern eine himmlische Prozession war. Von himmlischen Dingen kann der menschliche Verstand wenig erfassen; noch weniger kann der Mensch das Himmlische mit menschlicher Zunge schildern. Der Heiland schaute diese Prozession mit Freude und Genugtuung an. Ich sah Engel, die einen herrlichen Thron trugen. Auf dem Thron saß die seligste Jungfrau als Königin. Maria trug auch einen Königsmantel und eine dreifache Krone. Da Maria die »Tochter, Braut und Mutter Gottes« ist, hatte ihre Krone eine besondere Bedeutung in bezug auf die göttliche Dreifaltigkeit.

Die seligste Jungfrau als Königin hielt in der einen Hand die Weltkugel und in der anderen ein Szepter. Auf der Weltkugel saß das Jesulein in königlichem Mantel. Auf seinem Haupt trug es eine königliche Krone. Sie sah der Krone Mariens ähnlich, nur war sie kleiner. Das Jesulein hielt in seinem linken Händchen ein kleines Kreuz, das es an sein Herz drückte und in seinem rechten ein Szepter. Die Prozession wurde von einer nie gehörten Musik begleitet. Auf einmal verschwand das Jesulein, und ich sah Christus, den König, an der Seite seiner Mutter, der Königin der Welt. Ich verstand, daß die himmlische Prozession ein Vorbild jener Prozessionen war, in denen die seligste Jungfrau als die siegreiche Königin der Welt überall in den Städten und Dörfern gefeiert werden wird. Während dieser Vision teilte mir der Heiland mit, daß die Feier noch unter der Regierung des Pius XII. eingeführt werden soll. (Dies geschah im Marianischen Jahr 1954.) Ferner erkannte ich, daß der besondere Segen des heiligsten Herzens Jesu diese Arbeit und dieses Werk begleiten werde; die vom Heiland für dieses Werk bestimmten Priester werden viele Drangsale und Demütigungen erleiden müssen. Doch versprach der Herr diesen Priestern seine Hilfe mit den Worten: »In den Leiden werde ich bei ihnen bleiben.« Während der Heiland das sagte, legte er seine rechte Hand an sein Herz, dann erhob er sie zum Segen, und ein Strom von Gnade floß auf seine Priester. Ich sah, wie sein göttlicher Blick auf meinem Beichtvater ruhte, und ich verstand, ohne daß der Herr sprach: »Der Segen meines Herzens, die Flamme meiner Liebe, die Kraft meines Willens wird mit ihm sein. Er wird die Treppe sein, durch die meine makellose Mutter als die Königin der Welt auf ihren königlichen Thron steigen wird.«

4. *Ein lebenslanger Opferdienst:* In einer Vision wurde Sr. Nathalie die Aufhebung des Ordens und damit ihr zukünftiges irdisches Schicksal gezeigt:

Ich kehrte eben den Gang unseres Klosters, als ich mich plötzlich in Nazareth fühlte. Durch innere Eingebung gedrängt, sollte ich dort die Stadt durchwandern. Es geschah in einer Verzückung. Mein Herz sehnte sich immer mehr nach Jesus von Nazareth, so daß ich ihn dort suchte. Ich ging die Häuser entlang. Ich betrat ein Haus, aus dem ein Mann herauskam. »Wen suchst du?« fragte er. »Jesus von Nazareth.« Der Mann fuhr fort: »Geh durch dieses kleine Tor! Dort ist meine Mutter. Sie wird dir sagen, wo du ihn finden wirst.« Der Mann entfernte sich, und ich gehorchte seinen Worten. Ich trat ein. Im Zimmer saß eine Frau. Ihre freundlichen und liebevollen Gesichtszüge ließen mich in ihr die Mutter Gottes erkennen. Glückstrahlend lief ich ihr entgegen und auch ihr beteuerte ich, daß ich Jesus suche. »Mein Sohn ist eben beim kleinen Tor hinausgegangen«, sagte die Mutter Gottes. Bestürzt hörte ich dies an, denn ich glaubte, Jesus hätte sich vor mir verborgen. Dann sprach sie weiter: »Mein Sohn sagte mir, daß du kommen wirst und daß ich dir etwas zeigen solle.« Da hob sie ein Gewand auf. Es war so wunderschön, daß ich kaum wagte, darauf zu blicken. »Das ist das Kleid des ewigen Lebens«, sagte sie. »Es gehört der Sr. Cordula, die heute in euer Kloster kommen wird.« Von der Ankunft dieser Schwester wußte man im Hause nichts. »Du mußt viel für sie beten!« Dann zeigte mir die Mutter Gottes ein noch schöneres Kleid. »Dieses gehört Sr. Marzella. Sie hat dich damals nach Belgien begleitet. Mein Sohn läßt dir sagen, daß du viel für diese Schwester beten mußt, weil sie sonst die für sie bereiteten Gnaden nicht empfangen kann.« Die Mutter Gottes zeigte mir noch ein Kleid: »Das ist das Deinige! Es ist das Kleid des ewigen Lebens!« Für einen Augenblick glaubte ich sterben zu müssen, als ich die prachtvolle Schönheit erblickte. Da griff die Mutter Gottes mit Daumen und Zeigefinger ihrer rechten Hand nach dem Ärmel meines Ordenskleides, und sie bemerkte: »Mein Sohn läßt dir sagen, du mußt dieses Kleid ablegen (opfern), damit du in der Ewigkeit dieses Kleid tragen darfst, das ich dir jetzt zeigte.« Die Verzückung war plötzlich zu Ende. Ich war sehr verwirrt. Nach der heiligen Messe ging ich sofort zu meiner Oberin, die mich mit Verständnis und Liebe anhörte. Weinend fragte ich sie, warum ich dieses Kleid ablegen, warum aus dem Orden austreten müsse? Ich betete vor dem Tabernakel und war nicht imstande, mich damit abzufinden. Da hörte ich die Stimme Jesu: »Wenn du dieses Kleid ablegen mußt, dann werden es alle ablegen müssen. . .«

Die mystischen Erfahrungen und Offenbarungen dauerten auch während Sr. Nathalies einfachem Leben irgendwo auf dem Land an. Durch treue Freunde wurden diese Botschaften im Westen bekannt, ehe die Veränderungen der politischen Situation der Verfolgung ein Ende setzten.

Im Herbst 1985

sah ich während einer Erscheinung das ungarische Land. Vom bedrückenden Grau, das ihm so eigentümlich ist, war keine Spur zu sehen. Alles leuchtete und glänzte, als wäre das ganze Land eine Kristallkugel, die von der Sonne beleuchtet wird. Diese Strahlen kamen vom Himmel, und an deren Quelle entdeckte ich die Heiligste Jungfrau. Als ich zu ihr aufschaute, sah ich, daß sie selbst der Glanz war, der die Erde durchstrahlte. Die Mutter Gottes war in einen leuchtenden Mantel gehüllt, dessen Farbe ich infolge des Glanzes nicht feststellen konnte. Die Madonna nahte sich mir. Ihre Gestalt wurde immer größer, und schließlich blieb sie über Ungarn stehen. Ich sprach zu ihr: »Meine liebe Mutter, was suchst du hier auf der Erde?« Die Heiligste Jungfrau antwortete: »Ich komme, um mein Erbe, das mir zusteht, in Empfang zu nehmen.« Da erfuhr ich, daß der heilige Stephan, der erste König Ungarns, sein Land der Mutter Gottes nicht nur weihte, sondern es nach dem vorzeitigen Tod seines Sohnes Emerich, der außergewöhnliche Tugenden besaß und Thronfolger werden sollte, der Himmelskönigin voll und unumschränkt als Erbe überließ. Ich erfuhr auch, daß das Licht, das ich erblickte, und die Freude, die ich empfand, die glorreiche Zukunft Ungarns bedeuteten. Ich fragte die Madonna: »Meine liebe Mutter, machst du einen Unterschied zwischen Land und Land?« Sie antwortet: »Nein, der Unterschied geschieht durch euch. Wenn ihr euch in Buße und Sühne mir übergebt, dann fällt ihr selbst die Entscheidung für Licht und Freude. Das bedeutet euer zukünftiges Los. Wenn ihr meinen göttlichen Sohn um Erbarmen bittet und den Willen des Vaters tut, dann nimmt dieses Licht Wohnung in euch, damit es aus euren Herzen hinausstrahle. Es gibt keine himmlische Verheißung, die nicht in Erfüllung geht!

Der himmlische Vater übergab mir die ganze Welt. Der heilige König Stephan aber überließ mir euer Land Ungarn als Erbe.«

Bew.: Gut bezeugt. Die Kirche hat sich zu diesen Erscheinungen und Botschaften bisher noch nicht definitiv geäußert; Quelle: R. Ernst, Lexikon; Textquelle: Marie-Therese Isenegger, Die siegreiche Königin der Welt. Botschaft Jesu an Sr. Marie Nathalie, Jestetten, 2.Aufl. 1988

1939 KERRYTOWN/IRLAND Zwischen Januar 1939 und dem 9. 2. 1946 sahen viele Dorfbewohner, aber auch Fremde, die leuchtende Gestalt Mariens über einem mächtigen Felsblock. Es gibt aber keine Botschaften Marias.

Bew.: Gut bezeugt; Quelle: R. Ernst, Lexikon; Däniken, Erscheinungen

1939 ST. PLACIDE/KANADA Maria erschien mehrmals der 12jährigen Therese Gay unter nicht näher bekannten Umständen.

Bew.: Unbekannte Überlieferung; Quelle: R. Ernst, Lexikon

1940 BODONOU/FRANKREICH Maria erschien dreimal, und zwar am 19. 6., am 20. 6. und am 2. 7. zwei kleinen Kindern vor dunklen Wolken und sagte: »Betet, mein Sohn wird euch erhören.« Sie hielt das Jesuskind in ihren Armen und wurde von mehreren (französischen) Heiligen begleitet. Über ihnen schwebte eine Taube. Näheres ist nicht bekannt.

Bew.: Unbekannte Überlieferung; Quelle: R. Ernst, Lexikon

ORTONCOURT/FRANKREICH   Jeanette Tachet hatte zahlreiche Marienerscheinungen. 1940 regte Maria sie an, ihr Leben Gott als Opfer anzubieten. Vom 11. 6. 1944 bis 13. 1. 1946 erhielt Jeanette Tachet zahlreiche Belehrungen über den Opfergeist und ein geistliches Leben. Sie trat daraufhin in ein Kloster ein. 1940

Bew.: Gut bezeugt; Quelle: R. Ernst, Lexikon

LAUQUINIZ/SPANIEN   Maria erschien Felisa Sistiaga in einem schwarzen Kleid. Seit 1969 hatte die Seherin viele Erscheinungen mit Botschaften. Maria sagt u. a.: »Betet für die Sünder... Verkündet das Reich Gottes... Ich bin an verschiedenen Orten erschienen, aber es sind sehr wenige, die mir Glauben schenken. Vor dem Strafgericht wird sich als Warnung der ganze Himmel mit einem Kreuz erleuchten... Darauf wird ein heißer Wind über die ganze Erde fegen. Vor Angst und Furcht werden viele sterben...« 1941

Bew.: Gut bezeugt; Quelle: R. Ernst,Lexikon

CORNAMONA/IRLAND   Mary und Lizzy Morin hatten 1942, 1945 und 1947 insgesamt fünf Marienerscheinungen unter nicht näher bekannten Umständen. 1942

Bew.: Unbekannte Überlieferung; Quelle: R. Ernst, Lexikon

SONNENHALB (APPENZELL)/SCHWEIZ   Am 24. 9. (Fest »Maria von der Erlösung der Gefangenen«) erschien Maria erstmals der Maria Graf und bat: »Betet den Rosenkranz für die Bekehrung der Sünder!« Bis zu ihrem Tod (1964) hatte sie viele Erscheinungen und Botschaften Marias, u. a.: 1942

»Ich bin eure Mutter, die ›Königin vom Sieg‹... In den Zeiten des Glücks und Wohlstands haben viele Menschen Gott vergessen und seine Gebote nicht mehr beachtet. So wird Gott wie im Alten Testament Plagen über das Volk und über alle Nationen kommen lassen. Hätte die Mehrzahl der Gläubigen die Bitten der Gottesmutter erfüllt, die sie in Lourdes und Fatima an sie gerichtet hat, hätte Rußland sich bekehrt, und wir hätten den Frieden. So aber wird kommen müssen, was sie vorausgesagt hat, falls man ihre Bitten nicht ernst nimmt: Verfolgung der Kirche, viele Leiden des Heiligen Vaters und ein neuer Weltkrieg, in dem ganze Nationen vernichtet werden. Der Anfang davon ist da, aber noch nicht das Ende... Eine furchtbare Finsternis wird die Erde einhüllen zum Schutz derer, die gerettet werden.«

Bew.: Gut bezeugt; Quelle: R. Ernst, Lexikon

1942 N.N./Ungarn An einem unbekannten Ort in Ungarn hatte eine Ordensfrau seit 1942 viele Erscheinungen Marias und Jesu. In Botschaften wurden »Opferseelen« aufgefordert, ihr Leben und Leiden für die Rettung der Seelen aufzuopfern. Maria sagte: »Meine Kinder! Wenn euch körperliche oder seelische Leiden zukommen und ihr diese mit Ergebung annehmt, kann euch das zur Quelle unermeßlicher Gnaden werden. Damit könnt ihr die Sündenschuld und die Versäumnisse eures ganzen Lebens bezahlen. Und wenn ihr eure Schuld schon beglichen habt, könnt ihr die Bekehrung der verstockten Sünder bewirken und somit Gott verherrlichen.«

> Bew.: Unbekannte Quelle; Quelle: R. Ernst, Lexikon

1943 Athis-Mons (Paris)/Frankreich Maria erschien sitzend im Frühjahr der Frau Debord und nannte sich »Notre Dame de la Maternité«, Patronin der Mütter Frankreichs und »Königin der Mütter der Welt«. Zur Erinnerung an dieses Ereignis wurde eine der Erscheinung nachempfundene Statue aufgestellt. 1950 hatten dort noch mehrere Personen Erscheinungen.

> Bew.: Gut bezeugt; Quelle: R. Ernst, Lexikon

1943 Grinakalnes/Litauen Viele Dorfbewohner sahen am Abend des 8. Februar Maria in einem Sternenkranz über ihrer Kirche. Sie schwebte dann in die Kirche hinein, bis vor zum Altar, und verschwand darauf. Dasselbe geschah am 15. 2. morgens und am 16. 4. während einer hl. Messe. Am 17. 4. erschien sie ein letztes Mal, wieder während der Messe, wobei sie mit hellem Licht den Altar umstrahlte.

> Bew.: Gut bezeugt; Quelle: R. Ernst, Lexikon; Däniken, Erscheinungen

1944 Bonate/Italien Maria erschien der siebenjährigen Adele Roncalli, einer Verwandten Papst Johannes XXIII., mehrere Male vom 13. bis 31. Mai. Geschmückt war sie mit einem weißen Kleid, einem blauen Mantel und einem Diadem. Adele hatte auch wunderbare Schauungen. Am 21. 5. sahen sogar Tausende von Menschen dort ein Sonnenwunder und hörten einige kurze Botschaften, z. B. »Die Eltern verschulden oft durch ihre Sünden die Krankheiten ihrer Kinder«. Eine Kapelle wurde daraufhin gebaut.

> Bew.: Gut bezeugt, aber kirchlich abgelehnt; Quelle: R. Ernst, Lexikon; Däniken, Erscheinungen

CLARKSDALE/USA Maria erschien mehrmals dem zum Tode verurteil- **1944** ten Claude Newman. Beim erstenmal sagte sie ihm: »Wenn du willst, daß ich deine Mutter sei und wenn du mein Sohn werden willst, dann verlange nach einem katholischen Priester!« Er tat, was Maria vorschlug, und kam in Kontakt mit Pater Robert O'Leary SVD, dem Gefängniskaplan. Dieser bereitete Claude auf Taufe, Kommunion und auch auf seine Hinrichtung vor. Der Häftling opferte sein Leben für die Bekehrung eines ungläubigen Mithäftlings auf. Sein Opfer hatte Erfolg, auch dieser Häftling bekehrte sich vor seiner Hinrichtung.

Bew.: Gut bezeugt; Quelle: R. Ernst, Lexikon

DETROIT/USA Im Sommer 1944 sah eine verheiratete Frau Maria auf **1944** Schlachtfeldern, in Spitälern und über verwüsteten Ländern. Maria verlangte gemeinsames Rosenkranzgebet und versprach den Betern besonderen Segen und Schutz. So entstanden die sogenannten »Block Rosary Groups«.

Bew.: Gut bezeugt; Quelle: R. Ernst, Lexikon

N.N./KROATIEN Maria erscheint seit 1945 der damals 24jährigen Sehe- **1945** rin Julia (»Julka«) und übermittelte ihr Hunderte von Botschaften. Teils sind es Visionen, über die Julia berichtet, teils erscheinen ihr − oder sieht und hört sie auch − andere himmlische Wesen, Heilige, Engel u. a. − Sie ist eine ganz einfache Frau, deren Wohnort und voller Name geheim gehalten werden. Kardinal Aloysius Stepinac, der bekannte Erzbischof von Zagreb in Kroatien, nahm sich ihrer an, und nach dessen Tod tat dies Bischof Stephanus Bäuerlein. 1973 wurden viele ihrer Botschaften Papst Paul VI. überreicht. Die Kirche hat aber bis heute noch nicht offiziell Stellung genommen. Jesuitenpatres betreuen die Seherin und bezeugen die Authentizität der Botschaften und Berichte sowie der Übersetzungen. Pater Rudolf Z. Skunca SJ hat von 1945−1976 drei Bände mit Erscheinungen und Botschaften herausgebracht.

In der Folge seien einige der schönsten Marienerscheinungen, -visionen und -botschaften zitiert:

> Juliana ist im Schoße einer armen, aber wahrlich christlichen Familie geboren als die älteste Tochter von dreizehn Kindern.
> Der Herr hatte ihr schon in ihrer Kinderzeit die Liebe zu Gebet und Einsamkeit eingeprägt. Sie liebte sehr den Rosenkranz Unserer Lieben Frau und das Kreuz unseres Herrn Jesus.
> In ihrer Mädchenzeit hatte sie mehrmals himmlische Erlebnisse, aber in ihrer Einfalt glaubte sie, daß auch alle anderen etwas Ähnliches schauten und hörten.

Bei jener Gelegenheit, als sie auf dem Friedhof wanderte, hörte sie, wie jemand zu ihr sprach: »Du wirst glücklich sein!« Es blieb ihr aber rätselhaft, worin dieses Glück bestehen sollte.

Mit etwa siebzehn Jahren, als sie schon arbeitete, um ihren Lebensunterhalt zu verdienen, erschien ihr die wunderschöne Mutter Gottes in einem weißen Kleid. Die heilige Mutter näherte sich auf einem Wege, und als Sie zu Juliana kam, redete Sie längere Zeit zu ihr. Darauf nahm Sie sie an ihre Hand und führte sie mit.

Sie wollte gern eine Klosterfrau sein, aber ihr Vater konnte wegen tiefer Armut die notwendige Mitgift nicht beschaffen. Nach langem Überreden von seiten ihrer Verwandten und Bekannten verheiratete man sie mit einem fleißigen und ehrlichen jungen Mann. Im Ehestand lebte sie nur einige Jahre. Sie hatte zwei Söhne. Den ersten nahm der Herr kurz nach der Geburt zu sich. Am Ende des Zweiten Weltkrieges, gerade am Weißen Sonntag, kam ihr Gatte um, und sie war mit vierundzwanzig Jahren Witwe.

In dieser Zeit sprach der Heiland zu ihr: »Julka, willst du Mir dienen und alles, was Ich, dein Gott, von dir verlangen werde, ausführen?« Juliana antwortete entschieden: »Ja, mein Herr! Darum habe ich mich Dir versprochen, um Dir zu dienen!« Der Herr Jesus stellt noch einmal die gleiche Frage: »Julka, willst du Mir dienen?« Wieder antwortete sie bereitwillig: »Ja, mein Herr! Du weißt, daß ich alles, was Du wünschest, tun will!« Zum drittenmal fragte sie der Herr: »Julka, willst du Mir dienen und alles, was Ich, dein Gott, von dir verlangen werde, ausführen?« Juliana wurde verwirrt, als der Herr ihr zum drittenmal die gleiche Frage stellte. Sie brach in Tränen aus und antwortete: »Mein Herr, Du weißt, daß ich alles, was Du wünschest, tun möchte, nur werde ich mit meiner Schwachheit fähig sein, alle Deine Aufträge zu erfüllen?«

Der Herr Jesus lächelte sie an, dann aber fuhr Er fort: »Ich nehme dich als Mein Gefäß, worin Ich die Nahrung vom Himmel Meinen Priestern und Meinem Volke geben werde. Ich gebe dir ein Netzchen, damit du die Seelen für Mich fischen wirst. Ich gebe dir einen Schlüssel, damit du die Herzen öffnen kannst.

Ich verlange von dir, wie eine reine Witwe bis zum Grab zu leben. Diene Mir und sei auch den Menschen eine einfache Dienerin. Erledige verschiedene Beschäftigungen für sie, und während der Arbeit belehre sie auf die Art und Weise, in der Ich dich unterrichten werde.

Ich werde dir Meine großen Gnaden geben, und Ich werde dich groß machen auf Erden in den Augen der Menschen.«

Auf die letzten Worte hin bekam sie Angst, darum sagte sie zum Herrn: »Wenn ich auf Erden groß sein werde, was wird dann mit mir im Himmel sein? Ich fürchte, dort niemand und nichts zu sein!«

»Julka, tue Mir für Mein Volk auf Erden folgendes. Nimm in deinen Mund kein Fleisch und kein tierisches Fett. Entsage dem Obst, Kuchen, verschiedenen Getränken und allen Süßigkeiten. Außerdem verlange Ich von dir, für die Menschen auf Erden freitags Buße zu tun, um für die Sünden, durch die sie Mein heiligstes Herz beleidigen, zu sühnen. Ich wünsche, daß du auch an Samstagen diese Buße tust zur Ehre und zum Lob Meiner heiligsten Mutter, um Sühne für die Beleidigungen zu leisten, durch die Mein Volk auf Erden Ihr Unbeflecktes Herz verletzt. Lebe also in Zukunft so, wie Ich es wünsche, bis Ich dir sage, daß du wieder alles essen darfst.«

»Liebe himmlische Mutter, verlaß uns nicht!«

Durch einen schönen Himmelsgarten nahte Sich die Gottesmutter Maria. Ihr wunderschönes, zartes Kleid war leicht rosa, Ihr Mantel bläulich und ein wenig zitronengelb. Auf dem Kopf trug Sie einen schönen, weißen Schleier. Als die himmlische Mutter beim Altare war, lächelte Sie Julia zu. Die Seherin ermutigte sich und redete Sie an: »Unsere liebe Mutter, unsere schöne Mutter, verlaß uns nicht! Bleibe stets mit uns! Erbarme Dich meiner und aller, die auf Dich vertrauen und in ihren Nöten zu Dir ihre Zuflucht nehmen.« Die himmlische Mutter pflückte lächelnd eine schöne, weiße Rose und reichte sie der Seherin. Einige Male liebkoste Sie dabei Julias Kopf.

Botschaften und Visionen sorgfältig aufschreiben

Es spricht unser Herr Jesus Christus: »Mein Sohn, Mein Kind, Mein Diener! Meine Worte und Meine Visonen, schreibe sie sorgfältig auf. Ich habe sie aus Meiner großen Liebe der Erde gegeben, um die Seelen mit Meiner Lehre zu nähren und sie dadurch für Mich zu gewinnen. Ich will ihnen Kraft und Mut geben, damit sie auf Meinen Wegen wandeln, Mir dienen, Mich lieben und Mir gehorchen.

Man darf Meine Worte keineswegs vermindern, verschönern, verkürzen oder ihnen etwas beifügen. Wie Ich gesagt habe, so soll es bleiben. Diese Lehre ist von Mir, dem Herrn des Himmels und der Erde. Ich habe sie so gegeben, wie sie die Menschen besser verstehen, die Großen und die Kleinen. Moderne Ausbildung erfassen die Kleinen nicht; sie lesen es, aber sie begreifen nicht, was das bedeuten sollte. Ich aber rede so, daß alle es verstehen können. Wenn jene, die keine höhere Ausbildung haben, etwas lesen, was mit hochgelehrten Worten ausgedrückt ist, verstehen sie nicht, was das bedeutet.

Ich aber betrachte die Seelen, nicht die Schulen. Eine höhere Ausbildung ist für viele Menschen notwendig, damit sie ihr tägliches Brot verdienen können; denn jeder muß irgendwo beschäftigt werden. Die einfachen sind nötig, wie auch diejenigen, die eine hohe Ausbildung besitzen, damit sie jene zu führen verstehen.«

Mittlerin zwischen Himmel und Erde

Priester: »Das Volk Gottes begab sich in den Himmel, erstrahlt vom großen Lichte Mariens. Damit sollen wir belehrt werden, daß die Menschen durch Ihre Vermittlung gerettet werden.«

Es spricht der Herr Jesus Christus:
»Nach den Verdiensten Meiner Mutter,
die Ich aus allen für Mich erwählt habe,

tritt das Volk in den Himmel ein.
Wenn Ich Meine Mutter der Welt nicht gegeben hätte,
wenn Ich nicht durch Sie auf die Welt gekommen wäre,
würden viele das wahre Gesetz
des Vaters des Himmels nie kennengelernt haben
und niemals zur Ewigen Herrlichkeit gelangen.
Meine Mutter ist Mittlerin der Gnaden,
Mittlerin zwischen Himmel und Erde
bei der Rettung der unsterblichen Seelen.
Darum geht Meine Mutter vor Meinem Volke
als Leuchtturm und Abglanz Meiner Herrlichkeit,
damit Sie es in die Glorie Meines Himmels führe.«

Das Unbefleckte Herz Mariä ist überschattet

Vor das schöne, lebendige Herz der himmlischen Mutter Maria wurde eine Tafel mit einem aufgezeichneten Herzen gestellt. Dieses fremde Herz war unten schwarz und oben blutrot. Das Unbefleckte Herz Mariä konnte man kaum noch sehen.
Es spricht die heilige Gottesmutter Maria:
»Jenes Herz, das du auf Papier gezeichnet sahest,
das vor Mein lebendiges Herz gestellt wurde,
das sind die bösartigen Worte,
die falsche Lehre über Mich und Mein heiliges Herz.
Die schwarze Farbe bedeutet,
daß Gottes Lehre und Meine zertreten sind.
Jenes schöne und lebendige Herz,
das ist Mein Herz in Meinem Leibe;
in Meinem Herzen ist die Lehre des Herrn,
vom Herrn Mir gegeben.
Die blutrote Farbe auf dem falschen Herzen bedeutet,
daß der Herr alle diejenigen,
die sich gegen Ihn erheben, bestrafen wird;
im Blute werden sie enden,
und die schwarzen Tage werden kommen.
Tod, Tod wird viele Leiber hinwegraffen.
Viele möchten noch lange leben,
aber sie werden in einem Augenblicke
im höllischen Abgrund verschwinden.
Ich bin die Frau aller Völker und aller Seelen,
die der Herr geschaffen hat.
Ich bin die Mutter des Himmels und der Erde.
Sag dem ganzen Volke,
fürchte dich vor niemand,
rede, schreie, daß sie den Tag ihres Untergangs erleben werden!«

Während dieser Botschaft wurde die Seherin von Ehrfurcht ergriffen, als sie sah, mit welcher Kraft die allerseligste Jungfrau Maria die Lehre Gottes verteidigte. Sie stampfte sogar mit Ihrem Fuß auf den Fußboden.

(29. Februar 1976)

Bew.: Gut bezeugt; Textquelle: Rudolf Z. Skŭnca SJ (Hg.), Jesus ruft uns. Erscheinungen und Botschaften, Bd. 1 (1945–1973), Bd. 2 (1973–1975), Bd. 3 (1975–1976), Oberschleißheim 1984

AMSTERDAM/NIEDERLANDE Zwischen dem 25. März 1945 und dem 1945 31. Mai 1959 erschien Maria in unregelmäßigen Abständen und insgesamt 56mal der Holländerin Ida Peerdeman. Seit 1959 hatte die Seherin zudem zahlreiche »eucharistische Erlebnisse«, d. h. Christusvisionen und -botschaften im Zusammenhang mit Meßfeier und Kommunion; diese endeten 1984.

Ida Peerdeman (geb. 1905) war eine einfache Frau, die zusammen mit ihren drei Schwestern in einer bescheidenen Wohnung lebte und als Büroangestellte arbeitete. Am 25. März 1945 hatte sie die erste Erscheinung. Ihr langjähriger Seelenführer, der Dominikanerpater Frehe, war Zeuge der Erscheinung in der Wohnung der Seherin.

Der »Amsterdamer Erscheinungszyklus« ist aus mehreren Gründen bedeutungsvoll und soll deshalb ausführlicher behandelt werden.

1) *Die ersten vier Erscheinungen:* Diese bilden insofern eine Einheit, als sie als eine Art »Vorspiel« alle wichtigen Themen der Botschaften (mit Ausnahme des Dogmas »Miterlöserin – Mittlerin – Fürsprecherin«) enthalten. Bei der ersten Erscheinung ist der Seherin schnell klar, daß sie einem spirituellen Antrieb folgte, als sie ins Nebenzimmer ging und dort »oben links« eine Frau in einem langen weißen Gewand stehen sah, die ihr den Rosenkranz zeigte und sagte: »Dem ist es zu verdanken . . . aber ausharren!« Vorher hatte die Gestalt drei, dann vier, schließlich fünf Finger gezeigt und dazu gesagt: »Die drei bedeuten den Monat März, die vier den April und die fünf den 5. Mai.«

Typisch für die Amsterdamer Marienerscheinungen sind die vielen Andeutungen im Zusammenhang mit vielschichtigen Visionen! Der Hinweis auf den März am Fest Mariä Verkündigung deutet vielleicht auf den Beginn des Erlösungswerkes Jesu Christi, der April verweist vielleicht auf den »Messias«, welchen Markus (Fest am 25. 4.) so herausgestellt hat. Der 5. 5. wies wohl voraus auf das Ende des Zweiten Weltkriegs in Holland, denn als nächstes sieht Ida Peerdeman viele Soldaten in einer Vision vor sich; Maria weist mit dem Kruzifix ihres Rosenkranzes auf sie und sagt dazu: »Nun werden diese bald nach Hause gehen!« Auf die Frage, ob sie Maria sei, erhält Ida Peerdeman zur Antwort: »Sie werden mich *die Frau* nennen, *Mutter.*«

Dann wird ein schweres Kreuz vor der Seherin niedergelegt; sie kann es kaum aufheben und versteht dies als Hinweis auf ihr künftiges Leben im Dienst der Botschaften der »Frau aller Völker«.

Bei der zweiten Erscheinung sieht Ida Peerdeman das Bildnis der »Frau« und Tausende von Menschen davor, denen die Seherin im Auftrag der Frau ein Kreuz zeigen muß. Andere Bilder beziehen sich auf die Halsstarrigkeit und Eigenwilligkeit der Menschen, die nicht dem Heilsplan Gottes folgen wollen.

Die dritte Erscheinung beinhaltet die Berufung zur Nachfolge für die Seherin und die Menschheit: ein langer beschwerlicher Weg werde vor den Gutwilligen liegen. Ida Peerdeman hört nur wenige Worte:

> »Kommt, Getreue! . . . Aber für einen Teil vergeblich – Komm! . . . So! . . . Wieder ins Leben hinein mit Christus . . . England wird mich wiederfinden . . . Auch Amerika.«

Bei der vierten Erscheinung sieht die Seherin aus ihren Händen, auf die sie von der Frau hingewiesen wird, eine große Traurigkeit aufkommen, dann helle Strahlen. Darauf sieht sie große Gebäude und Kirchen und versteht, als sie ihre Hände zu schmerzen beginnen, daß von der Kirche die Rede ist (»Es muß eine große Gemeinschaft werden!«), daß aber große Probleme über sie hereinbrechen werden. Dann sieht sie drei Päpste (Pius X., Pius XII. und Paul VI.), viele junge Geistliche – und eine Taube. Und sie hört die Worte:

> »Weite muß kommen, mehr sozial. Verschiedene Bewegungen gehen das soziale Problem an, und das ist gut so; doch soll es möglichst unter der Leitung der Kirche geschehen . . . Es muß viel verändert werden in der Ausbildung!«

2) *Der erste Teil der Erscheinungen:* Gute Kenner der Ereignisse in Amsterdam machen darauf aufmerksam, daß die ersten 23 Erscheinungen eine gewisse Einheit bilden. Hier geht es hauptsächlich um das Wirken des Bösen in der Welt und um die Mobilisierung von geistigen Gegenkräften. Ab dem 16. November 1950 verändert sich die Sprache der Erscheinungen, sie wird viel dogmatischer, und die Grundtendenz der 32 Botschaften ist positiv-aufbauend.

Die fünfte Erscheinung bietet eine grandiose Vision aller Völker, an der Hand Marias geht die Seherin einen langen Weg, bis sie in einem prächtigen Garten (Paradies) ankommt, wo die verlorene Gerechtigkeit wohnt.

Dann sieht Ida Peerdeman den Vatikan, den Papst, viele Klöster, Geistliche und hört kritische und mahnende Worte. Sie lernt, eine schwarze Taube (»alter Geist«) von einer weißen Taube zu unterscheiden:

»Das ist eine neue weiße Taube, sie sendet ihre Strahlen aus nach allen Seiten, denn die Welt schwankt, noch ein paar Jahre, und die Welt würde untergehen. Doch Er kommt und wird die Welt ordnen, aber sie müssen hören! ... Sie wollen zurück, hier heraus, die Menschen, sie zeigen kein Interesse dafür!«

Schließlich sieht die Seherin eine leuchtende, weiße Gestalt, die ein sehr großes Kreuz über den Boden zieht.

»Er geht da, allein in dieser Welt. Es wird noch schlimmer, bis in einem gegebenen Moment etwas sehr Schlimmes geschieht, und plötzlich steht das Kreuz mitten in der Welt. Jetzt müssen sie sehen, ob sie wollen oder nicht!«

Und die Seherin sieht Hakenkreuze, Sterne, Hammer und Sichel unter dem Kreuz fallen. Dann erscheint die Erdkugel vor ihr, auf die Maria ihren Fuß setzt, um ihr zu helfen.

3) *Der zweite Teil der Erscheinungen:* Sehr detailreich werden von der 6. bis zur 23. Erscheinung die schweren Kämpfe dargelegt, die um »Wahrheit«, »Gerechtigkeit« und »Nächstenliebe« auf der Erde toben. Bei der 24. Erscheinung am 16. 11. 1950 sieht die Seherin die Frau auf der Erdkugel stehen. Hinter ihr erscheint ein breites Kreuz und ein Schriftband im Halbkreis: »Die Frau aller Völker«. Diese Botschaft erfolgt in Deutschland, wo die Seherin auf Besuch ist, und handelt von Deutschland, von dem vielfältigen Glaubensabfall und dem harten Ringen des Himmels um die Neuevangelisierung in diesem Land.

Die 27. Erscheinung am 11. 2. 1951 zeigt Maria, die sich als »Mutter aller Völker« bezeichnet, in einem hellen Licht. Sie übermittelt die Botschaft, daß Menschen aller Länder eins sein sollten. Ida Peerdeman hört ein Gebet, das sie vor dem Kreuz sprechen soll:

»Herr Jesus Christus, Sohn des Vaters.
Sende jetzt deinen Geist über die Erde.
Laß den Heiligen Geist wohnen in den Herzen aller Völker,
damit sie bewahrt bleiben mögen
vor Verfall, Unheil und Krieg.
Möge die Frau aller Völker,
die einst Maria war,
unsere Fürsprecherin sein.
Amen.«

Maria gibt auch eine Erklärung dazu:

»Dieses Gebet ist so einfach und kurz, daß jeder es vor seinem eigenen Kruzifix in seiner eigenen Sprache sagen kann... Das ist die Botschaft, die ich gerade heute bringen will, weil ich jetzt zu sagen komme, daß ich die Seelen retten will. Arbeitet alle mit an diesem großen Werk der Welt... Diese Zeit ist unsere Zeit! Du, Kind, bist das Werkzeug, um diese Dinge zu überbringen. Du sollst dieses tun. Ja, es sind Beweise genug, die ich auch heute noch gesagt habe. Sag, daß ich sein will: die Frau aller Völker!«

Bei der 28. Erscheinung gibt die Frau den Auftrag, ihr Bild auf der Erdkugel vor dem Kreuz malen zu lassen und das Gebet zusammen mit dem Bild zu verbreiten.

Von der 30. Erscheinung an geht es um ein neues Mariendogma, das Maria als Miterlöserin und Fürsprecherin vor dem Kreuz begreift.

Im Verlauf von 20 Erscheinungen (30.–49., während genau drei Jahren) bemüht sich die »Frau aller Völker«, die so wichtigen Perspektiven der Miterlöserschaft, des umfassenden Heilsplans Gottes und der künftigen Reinigung der Erde den Menschen klarzumachen. Oftmals wendet sie sich dabei an die Bischöfe, an den Papst, an die Theologen. Papst Pius XII. reagierte insofern, als er das Fest »Mittlerin aller Gnaden« am 31. Mai durch das Fest »Maria Königin« ersetzte. Hierin ist noch nicht das neue Dogma begriffen, es wird auch nur teilweise so verstanden, wie es die »Frau aller Völker« verkündet hat...

Von da an erscheint Maria nur mehr einmal im Jahr, am 31. Mai. Eine Ausnahme machte sie am 18./19. Februar 1958, wobei sie ankündigte, daß Papst Pius XII. im Oktober sterben werde.

4) Die 56. und letzte Erscheinung: Der Seherin zeigte sich ein gewaltiges Licht. Es schien ihr, als werde die Luft aufgerissen. Plötzlich sah sie die Frau in einem Glorienschein von Licht und ihrer ganzen Herrlichkeit vor sich stehen. Auf ihrem Haupt saß eine Krone, die auf allen Seiten von Licht schimmerte, nicht von Diamanten oder Gold. Unterhalb der Frau sah Ida Peerdeman den blauen Himmel und etwas darunter den oberen Rand der Weltkugel, die ganz schwarz war. Die Frau murmelte immer und immer wieder: »Tut Buße!«

Dann tauchten aus der dunklen Erdkugel unzählige Köpfe von Menschen verschiedenster Rassen auf, die bald auf der Erdkugel standen. Sie wurden von der Frau gesegnet, wobei sie sagte: »Leistet ihm Sühne!«

Dann sah die Seherin an der Stelle, wo die Frau verschwunden war, eine riesengroße Hostie und einen Kelch. Dieser neigte sich, und Ströme von Blut ergossen sich aus ihm über die Erdkugel. Plötzlich war alles verwandelt und von gleißendem Licht, das von der heiligen Hostie ausging, erfüllt. Eine schwebende Lichtgestalt sprach: »Wer mich ißt und trinkt, erhält das ewige Leben und empfängt den wahren Geist.« Dann war die Frau wieder da und sagte ganz leise mit frohem Blick: »Leb wohl, bis im Himmel.«

5) Die eucharistischen Erlebnisse: Was sich bei der letzten Erscheinung Marias angekündigt hatte, erfüllte sich im Verlauf der kommenden 25

Jahre: Während die Seherin die Messe mitfeierte bzw. die Kommunion empfing, wurde die Hostie gleichsam »lebendig« und Ida Peerdeman erhielt viele kurze Christusbotschaften.

Während des Zweiten Vatikanischen Konzils (1962–1965) zeigten die Botschaften der »Frau aller Völker« immer wieder auch Fehlentwicklungen auf, mit dem Versuch, diese in die richtige Richtung zu lenken.

6) *Bedeutung:* Wie in Turzovka (1958) oder in Eisenberg (1955–1984) steht die apokalyptische, weltweite Perspektive (seit La Salette und Fatima) im Blickpunkt der Botschaften der »Frau aller Völker«. Diese zeugen von dem Bemühen, die Führung der Kirche zu beeinflussen. Dieses Bestreben ist bislang gescheitert; die vielen Warnungen werden überhört oder nicht ernst genommen – oder gar als Einfluß des Bösen interpretiert.

> Bew.: Gut bezeugt; kirchlich nicht anerkannt; Quelle: Hans Baum, Die apokalyptische Frau aller Völker. Kommentare zu den Amsterdamer Erscheinungen und Prophezeiungen, Stein a. Rh., 6. Aufl. 1983 (1968/9); R. Ernst, Lexikon; Schallenberg, Visionäre Erlebnisse, S. 133–158; Textquelle: Josef Franz Künzli (Hg.), Die Botschaften der Frau aller Völker, Jestetten, 7. Aufl. 1990

LA CODOSERA/SPANIEN Maria erschien den drei Mädchen Marcelina **1945** Barroso, Dolores Lucio und Afra Brigodo-Blanco und auch einigen Erwachsenen viele Male. Sie zeigte sich vor allem als Schmerzensmutter. (Die siebzehnjährige Afra wurde stigmatisiert.) Aber auch andere Erscheinungsformen Marias wurden berichtet; ebenfalls Visionen Jesu Christi sind bezeugt.

> Bew.: Gut bezeugt, kirchlich nicht anerkannt; Quelle: R. Ernst, Lexikon

ESPIS/FRANKREICH Maria erschien vielen Kindern und Erwachsenen **1946** während mehrerer Jahre, auch zusammen mit Engeln und Heiligen – jeweils am 13. des Monats (wie in Fatima).

> Bew.: Gut bezeugt; Quelle: R. Ernst, Lexikon; Däniken, Erscheinungen

MONTICHIARI-FONTANELLE/ITALIEN Maria erscheint oftmals der fünf- **1946** unddreißigjährigen Krankenschwester Pierina Gilli als »Rosa Mystica«. Durch die zahlreichen Erscheinungen und Botschaften, die vielen bezeugten Wunder und die »Pilgermadonna«, die Tränen und Bluttränen weinte, gehört diese Erscheinung, obwohl kirchlich noch nicht anerkannt, zu den bekanntesten und bedeutsamsten.

Beginn der Erscheinungen 1946/7 in Montichiari, dann nach größerer

Pause ab 1966 in Fontanelle, einem Vorort von Montichiari, wenige Kilometer südlich des Gardasees in der Diözese Brescia gelegen.

1) *Vorgeschichte:* Am 24. November 1946 erschien Maria mit traurigem Gesicht der Pierina Gilli unerwartet in ihrem Zimmer. Sie war mit einem violetten Gewand bekleidet und hielt die Hände ausgebreitet. Drei Schwerter steckten in ihrem Herzen. Mit Tränen in den Augen sagte sie: »Breghiera, sacrificio e penitenza (Gebet, Opfer und Sühne)!« Nach dieser ersten Erscheinung mußte die Seherin sehr viel leiden – körperlich und seelisch. Besonders im Mai 1947, als drei Teufel sie immer wieder quälten und ängstigten.

2) *Höllenvision am 31. 5. 1947:* Die teuflischen Angriffe erreichten am 31. 5. ihren Höhepunkt. Die Dämonen erfüllten Pierina Gilli seelisch mit Entsetzen und schlugen ihren Körper: Die Striemen der Schläge waren deutlich sichtbar. Pierina schrie um Hilfe und suchte Schutz und Beistand bei zwei Ordensschwestern im Spital in Montichiari, wo sie arbeitete.

Manchmal wurde sie ohnmächtig. Dann wurde sie von einer Menge dämonischer Wesen umringt, die sich anschickten, sie fortzuschleppen. Sie klammerte sich an die zwei Schwestern und rief die hl. Maria Crocifissa di Rosa, die Ordensstifterin, um Hilfe an. Während sie ohmächtig wurde, fühlte sie sich an einen grenzenlosen Ort gebracht und hatte eine entsetzliche Vision: Sie befand sich in einem unermeßlichen Flammenmeer, es herrschte ein ekelhafter Gestank wie von Schwefel und eine entsetzliche Hitze. Sie glaubte, ersticken zu müssen, und rief Christus und Maria um Hilfe. In dem Flammenmeer sah sie riesige Scharen geflügelter Teufel und unzählige Seelen von Verdammten. Sie waren durchsichtig, obwohl Pierina Gesichter und Kleider unterscheiden konnte. Da hörte sie eine Stimme:

> »Siehe da, die Hölle! Die erste Schar wird von den gottgeweihten Seelen gebildet, die ihren Beruf verraten haben und deswegen verdammt wurden, weil sie sich nicht bekehrt haben. – Die zweite Schar bestand aus jenen gottgeweihten Seelen, die in Todsünde gestorben sind. – Die dritte Schar besteht aus den Judas-Priestern!«

Sie sah, wie sich diese Seelen gegenseitig haßten und immer wieder von schrecklichen Bestien verschlungen wurden. Sie schrie: »Aufhören, aufhören! O Gott, hilf mir doch!« Da hörte sie wieder die Stimme: »Es braucht Buße, Buße, um zu verhindern, daß die Seelen in die Hölle kommen!«

Sie erklärte sich bereit, Buße zu tun. Da wurde sie zu einem riesigen Tor gebracht und hinausgelassen. Pierina dankte dem Herrn, daß er sie aus all dem Entsetzlichen befreit hatte.

3) *Erscheinung Marias am 1. Juni 1947:* Während Pierina mit zwei

Ordensschwestern in ihrem Zimmer Rosenkranz betete, erschien ihr Maria wie beim erstenmal in violettem Gewand und mit einem weißen Schleier, der bis zu den Füßen reichte. Wiederum durchbohrten drei Schwerter ihr Herz. Pierina bat Maria, sich auch den beiden Schwestern zu zeigen. Sie antwortete aber: »Sag ihnen, daß sie mich im Himmel viel schöner sehen werden.« Dann entschwand sie.

4) *Erscheinung Marias am 13. Juli 1947:* Maria erschien erneut im Zimmer Pierinas im Krankenhaus von Montichiari, während sie mit ihren Gefährtinnen den Rosenkranz betete. Maria zeigte sich zusammen mit der hl. Maria Crocifissa di Rosa, der Gründerin der »Mägde der Liebe von Brescia«, die das Krankenhaus betreuten, in einem hellen Lichtblitz. Die Gottesmutter schimmerte im glänzenden Licht wie Silber, darüber hatte sie einen langen Mantel, der von einem nicht erkennbaren Verschluß zusammengehalten werden mußte. Über der Stirn wurden kastanienbraune Haare sichtbar. Der Mantel war mit feinen Goldstreifen eingesäumt. An ihrem rechten Arm trug sie einen Rosenkranz mit einer Medaille. Auf Pierinas Frage, wer sie sei, hörte sie: »Ich bin die Mutter Jesu und die Mutter von euch allen.«

Als Maria die Arme öffnete, sah Pierina, daß die drei Schwerter fort waren – sie lagen am Boden, und an ihrer Stelle steckten drei Rosen an Marias Brust; eine weiße, eine rote und eine goldene. Lächelnd sagte sie:

»Unser Herr sendet mich, um eine neue, marianische Andacht zu bringen für alle männlichen und weiblichen Institute, Ordensgemeinschaften und auch für die Weltpriester. Ich wünsche, daß der 13. eines jeden Monats als Marientag begangen werde. An den zwölf vorausgehenden Tagen sollen besondere Gebete der Vorbereitung verrichtet werden. Dieser Tag soll ein Tag der Sühne sein für die Beleidigungen, die von den gottgeweihten Seelen gegen unseren Herrn begangen werden. Mit dieser Schuld durchbohrten sie mein Mutterherz und das Herz meines göttlichen Sohnes Jesus Christus mit drei brennenden Schwertern.

An diesem Tag werde ich auf die Institute und religiösen Kongregationen, die mich so geehrt haben, eine Überfülle von Gnaden und große Berufsheiligkeit niedersenken.

Ich wünsche, daß der 13. Juli jeden Jahres vor allem in allen religiösen Instituten gefeiert wird. Dieser Tag sei geheiligt durch besondere Gebete: das ist die hl. Messe, die heilige Kommunion, der hl. Rosenkranz und die Stunde der Anbetung.

Ich wünsche, daß in jeder Ordensgemeinschaft oder jedem religiösen Institut Seelen seien, die mit großem Gebetsgeist leben, um die Gnade zu erbitten, daß ja kein Beruf verloren geht. *Das bedeutet die weiße Rose.*

Ich wünsche, daß sich dort auch Seelen finden, die großmütig in Opferliebe alle Prüfungen und Verdemütigungen als Sühne unserem Herrn darbringen für die Beleidigungen durch die gottgeweihten Seelen, die in der schweren Sünde dahinleben. *Das bedeutet die rote Rose.*

Ich wünsche, daß auch andere Seelen ihr ganzes Leben aufopfern als Sühne für den Verrat, den unser Herr durch jene Priester erleidet, die den Verrat des Judas begehen. *Das bedeutet die goldene Rose.*

Die Opferhingabe dieser Seelen wird durch mein mütterliches Herz die Heiligung dieser Diener Gottes und eine Fülle von Gnaden für diese ihre Ordensgemeinschaften erlangen.

Dann ließ Maria die hl. Maria Crocifissa di Rosa noch folgendes sagen: »Sage den hochwürdigsten Vorgesetzten: Der Titel dieser neuen Andacht zur Jungfrau Maria heißt *Rosa Mystica*, die wahre und besondere Mutter der gottgeweihten Seelen.«

5) *Erscheinung Marias am 22. Oktober 1947:* Maria erschien diesmal in der Kapelle des Krankenhauses von Montichiari, als gerade einige Schwestern, Priester und Ärzte den Rosenkranz beteten. Sie sagte zu Pierina:

> »Ich komme zum letztenmal mit der Bitte um die Andacht, die ich ja bereits empfohlen habe. Ich habe mich als Mittlerin für die Menschen, vor allem für die gottgeweihten Seelen, eingesetzt, denn mein göttlicher Sohn Jesus Christus wollte seine Gerechtigkeit walten lassen, da er all die Beleidigungen satt hat, die ihm dauernd zugefügt werden.
>
> Aber ich verspreche meinen Schutz für ein lebendiges Aufleben des Glaubens und für die auserwählten Seelen die Rückkehr zum ursprünglichen Geist ihres heiligen Ordensgründers.«

Beim Abschied sagte sie noch: »Vivi d'amore (Lebe in der Liebe)!«

6) *Erscheinung Marias am 16. November 1947:* Als Pierina im Dom (Pfarrkirche) von Montichiari nach der hl. Kommunion ihre Danksagung machte, wurde sie plötzlich von einem Lichtstrahl getroffen. Sie öffnete die Augen und sah inmitten des strahlenden Lichtes Maria als »Rosa Mystica« in einem Garten stehend – über und über bedeckt mit weißen, roten und goldenen Rosen. Maria war ernst und hielt ihre Hände geschlossen. Pierina suchte sich ihr zu nähern, doch sie vermochte sich nicht zu erheben. Da trat Maria an sie heran und sagte:

> »Unser Herr, mein göttlicher Sohn Jesus, ist es müde, weiter die schweren Beleidigungen zu ertragen, die die Menschen gegen die heilige Reinheit begehen. Er wollte bereits eine ganze Sintflut von Strafgerichten schicken ... Aber ich habe Fürsprache eingelegt, daß er doch noch Barmherzigkeit walten lasse. Aber ich fordere Gebet und Buße als Sühne für *diese Sünden!*
>
> Ich werde meine Gnade jenen verleihen, die dafür arbeiten, daß diese Sünden gesühnt werden ... Ich rufe auch den Segen über diesen Ort, über Italien, die Welt, den Heiligen Vater, die Priester, die Gottgeweihten!

... Wenn du großmütig sein wirst, dann wirst du noch größere Gnaden für die ganze Welt erlangen!«

7) *Erscheinung Marias am 22. November 1947:* Pierina betete nachmittags in Gegenwart einiger Personen im Dom, als sie plötzlich wieder das Licht und darin Maria als Rosa Mystica sah, die sich ihr näherte und sagte: »Mache mit der Zunge vier Kreuze auf diese vier Ziegelsteine!« Pierina folgte der Aufforderung und entfernte sich ein wenig. Maria aber stellte sich auf diese Ziegelsteine und sagte:

> »Ich steige auf diesen Platz hernieder, denn hier wird es große Bekehrungen geben. Ich bitte darum, daß diese Ziegelsteine überdeckt und nicht betreten werden. In dieser Zeit sind es gerade die Christen deiner italienischen Nation, die unseren Herrn, meinen göttlichen Sohn Jesus, am meisten durch die Sünden gegen die heilige Reinheit beleidigen. Daher verlangt der Herr Gebet, große Opferbereitschaft und Buße.«

Pierina fragte: »Was müssen wir tun, um Eueren Wunsch nach Gebet und Buße zu erfüllen?« Sie antwortete voll Milde:

> »Gebet und Buße, das heißt, alle täglichen kleinen Kreuze annehmen und auch die Arbeit im Geiste der Buße verrichten. Am 8. Dezember um die Mittagszeit werde ich nochmals hier in der Pfarrkirche erscheinen, und es wird die Stunde der Gnade sein.«

Pierina Gilli fragte: »Erklärt mir bitte! Was will das heißen: die Stunde der Gnade?« Sie antwortete:

> »Die Stunde der Gnade wird ein Ereignis von großen und zahlreichen Bekehrungen sein. Seelen, ganz verhärtet, kalt wie dieser Marmor, werden von der göttlichen Gnade gerührt, und sie werden wieder treu und wieder Gott liebend werden.«

Dies war das einzige Mal, daß die liebe Gottesmutter Pierina ihr nächstes Kommen voraussagte. Die anderen Erscheinungen kamen immer unerwartet.

8) *Erscheinung Marias mit zwei Kindern am 7. Dezember 1947:* Als Pierina eine innere Stimme hörte, in den Dom zu gehen, folgte sie sofort. Dort traf sie ihren Beichtvater, die Oberin des Krankenhauses und eine dritte Person, mit denen sie betete. Da traf Pierina wieder ein Lichtstrahl, sie fiel auf die Knie und sah Maria, begleitet von einem weiß gekleideten Knaben und einem ebenso gekleideten Mädchen, die ihren weiten Mantel auseinanderhielten. Beide Kinder trugen ein weißes Band um den Kopf. Maria sprach:

> »Ich bin gekommen, um euch drei Gnaden und Segen zu bringen, um eure Mühen und Opfer für diese meine Sache zu belohnen. Aber du mußt noch sehr

viele Gebete und großherzige Opfer bringen! . . . Morgen um die Mittagszeit werde ich kommen und dich einen ganz winzigen Teil des Himmels schauen lassen. Aber ich verlange von dir das Opfer, die Augen geschlossen zu halten, um so mit allen anderen Seelen verbunden zu sein, die nur aus dem Glauben leben. . . Morgen werde ich mein Unbeflecktes Herz zeigen, das von den Menschen so wenig erkannt wird!

In Fatima habe ich die Andacht der Weihe an mein Herz verkündet. In Bonate habe ich versucht, es in die christlichen Familien eindringen zu lassen. Hier in Montichiari wünsche ich, daß die bereits empfohlene Andacht als Rosa Mystica, verbunden mit der Verehrung meines Unbefleckten Herzens, in den religiösen Instituten und klösterlichen Gemeinschaften vertieft werde, damit diese gottgeweihten Seelen vermehrte Gnaden von meinem mütterlichen Herzen erhalten.

Mit dieser Erscheinung für die Heiligung der gottgeweihten Seelen beschließe ich den Himmel der Erscheinungen.

Pierina fragte noch: »Wer sind die beiden Kinder an Eurer Seite? Maria antwortete:

»Jacinta und Francisco. Sie werden dich begleiten in all deinen Trübsalen. Auch sie haben gelitten, obwohl sie kleiner waren als du . . . Ja, sie werden dir helfen. Aber was ich von dir verlange: Einfachheit und Güte, wie in diesen Kindern.«

Dann breitete Maria die Hände aus, schaute nach oben und rief: »Sia benedetto il Signore (Gepriesen sei der Herr)!«

9) *Die große Erscheinung im Dom am 8. Dezember 1947:* Zur angekündigten Erscheinung am Fest der Unbefleckten Empfängnis waren mehrere tausend Menschen in den Dom gekommen. Pierina kniete am Ort der bisherigen Erscheinungen in der Mitte des Doms nieder und betete mit den Anwesenden den Rosenkranz. Plötzlich rief sie laut: »Oh, die Madonna!«

Pierina berichtete später, daß sie sich ihr auf einer großen weißen Treppe gezeigt habe, die an beiden Seiten mit weißen, roten und gelben Rosen geschmückt war. Maria habe dabei gelächelt und gesagt:

»Ich bin die Unbefleckte Empfängnis. Ich bin Maria der Gnade, d. h. die Gnadenreiche, Mutter meines göttlichen Sohnes Jesus Christus. Durch mein Kommen hier in Montichiari wünsche ich, als ›Rosa Mystica‹ angerufen und verehrt zu werden. Ich wünsche, daß man jedes Jahr am 8. Dezember um die Mittagszeit die ›Stunde der Gnade‹ für die ganze Welt feiere. Mit dieser Übung wird man zahlreiche seelische und leibliche Gnaden erlangen . . .

Ich wünsche, daß diese vier Ziegelsteine durch ein Eisengitter verschlossen werden und für die erhaltenen Gnaden eine mir ähnliche Statue (sie lächelt dabei) der *Rosa Mystica*, mit drei Stufen zu Füßen, hergestellt werde und prozessionsweise durch das Land getragen werde. Und ich werde auf allen diesen Wegen geistliche Gnaden und wunderbare Heilung schenken. Dann soll die Statue über die vier Ziegelsteine gestellt werden.«

Dann blickte Maria streng und hob beschwörend die Hand: »Oh, Bonate! Bonate! Da fehlt der Glaube!«

Als Pierina sie bat: »Oh, laßt dieses Mädchen brav bleiben!« und auch noch mehrere andere Personen der besonderen Gnade Marias empfahl, besonders einige Kranke, sagte Maria: »Einige Heilungen werden gewährt werden.« Dann fragte Pierina: »Ist das Eure letzte Erscheinung?« Maria gab zur Antwort: »Ja! Aber ich werde noch einmal vor deinem Tod erscheinen!«

Pierina wollte noch wissen: »Was soll die Treppe bedeuten?« Maria antwortete: »Wer hier über diesen Ziegelsteinen betet und Reuetränen vergießt, wird eine sichere Leiter zu meinem mütterlichen Herzen, Gnade und Schutz finden.«

Dann breitete Maria die Arme weit aus und aus ihrer Brust trat das Herz heraus, darauf drei Rosen – weiß, rot und goldgelb. »Von diesem Herzen ging ein so starkes und durchdringendes Licht aus, daß ich geblendet wurde, wie wenn die liebe Madonna mir meine Augen weggenommen hätte«, berichtete Pierina später. »Ich glaubte für immer blind bleiben zu müssen. Mein Inneres ließ mich aufschreien: ›Oh, Unbeflecktes Herz Marias!‹ Das Licht wurde schwächer, und ich konnte die Madonna wieder sehen.« Maria hatte gesagt:

»Oh, seht dieses Herz, das die Menschen so sehr liebt, während es die meisten mit Schmähungen überhäufen!

Wenn die Guten wie die Bösen einmütig sich im Gebet zusammenfinden, werden sie von meinem Herzen Barmherzigkeit und Friede erlangen. Gegenwärtig haben die Guten durch mich vom Herrn Barmherzigkeit empfangen, und dies hat ein großes Strafgericht aufgehalten.

In Kürze wird man die Größe dieser Stunde der Gnade begreifen.«

Dann begann sich Maria zu entfernen, wobei Pierina dankte und Marias Segen für alle erbat.

Während dieser Erscheinung wurden ein 5jähriger gelähmter Knabe und eine 26jährige Stumme geheilt. Die beiden wurden nach der Messe zu den Versammelten vor dem Dom gebracht. Alle waren sehr beeindruckt. Der Knabe berichtete: »Ich habe im Dom die Madonna gesehen, und sie hat mir gütig zugelächelt.« Beide Geheilte blieben gesund. Der Knabe hat später geheiratet, während die junge Frau in ein Kloster eintrat. Noch ein drittes Wunder ereignete sich während dieser Erscheinung: Eine damals 36jährige Behinderte, die mit ihrer Schwägerin zu Hause blieb, als die anderen zur angesagten Erscheinung in den Dom gingen, wurde plötzlich geheilt, als die Schwägerin betete: »O liebe Gottesmutter, wenn du jetzt tatsächlich im Dom von Montichiari erscheinst, so heile doch jetzt diese arme Kranke!« Da hier jede Massensuggestion ausgeschlossen war, ist dieses Wunder am beweiskräftigsten – was ausdrücklich von vielen Ärzten und untersuchenden Mitgliedern der kirchlichen Kommission besonders vermerkt wurde. Ansonsten wollte man inzwischen kirchlicherseits warten und schickte Pierina Gilli von Montichiari weg in ein kleines Dorf in der Toskana (bei Arezzo), um dort eine Krankenpflege zu übernehmen. Ihr Aufenthaltsort wurde geheimgehalten. Gegen Ende 1948 wurde Pierina zu Befragungen über die Erscheinungen nach Brescia gerufen. Sie hatte schwere Angriffe auszuhalten, denn die Fragenden waren alle skeptisch und wollten ihr die Erscheinungen nicht glauben. Erst nach einem heiligen Eid auf das Evangelium hatte sie es etwas leichter. Dann riet man ihr, in ein Kloster einzutreten und sich völlig aus der Öffentlichkeit zurückzuziehen.

Pierina Gilli stimmte einem Kompromiß zu und ging als Pflegerin in das Franziskanerinnenkloster nach Brescia, wo ihr Beichtvater als Rektor lebte, ohne daß sie in den Orden eintrat. Fast 20 Jahre lebte sie in Brescia, von P. Giustino Carpin geistig geführt. In dieser Zeit hatte sie nur wenige Erscheinungen; verstärkt setzten diese erst wieder im Jahr 1966 in Fontanelle ein.

10) *Marienerscheinung am 27. 2. 1966:* An diesem Tag überbrachte Maria noch einmal in Brescia Pierina, ihrer Freundin Luzi und dem Beichtvater folgende Botschaft:

»Pierina! Am 12., 14. und 16. April nach Ostern soll eine Bußwallfahrt von Fontanelle aus gemacht werden. Dieser Ruf nach Buße soll weithin bekanntgemacht werden.

Am Weißen Sonntag schickt mich mein göttlicher Sohn Jesus Christus noch einmal auf diese Erde nach Montichiari, um der Menschheit reiche Gnade zu bringen. Diese Quelle wird von da ab wundertätig sein!

Von diesem Sonntag an sollen immer wieder Kranke dorthin gebracht werden, und du sollst damit beginnen, jedem einen Becher mit dem wundertätigen Wasser zu reichen und ihre Wunden zu waschen. Das wird deine Aufgabe und dein Apostolat sein! Jetzt sollst du nicht mehr verborgen und zurückgezogen bleiben. Am Weißen Sonntag werde ich dort sein, und das Wasser wird eine Quelle der Reinigung und der Gnaden werden!«

11) *Erste Erscheinung in Fontanelle am 17. 4. 1966:* Fontanelle ist der Name einer Wassergrotte etwa 4 Kilometer außerhalb des Stadtkerns von Montichiari, zu der eine alte Steintreppe hinabführt. Der Bischof von Brescia war vorher über die Ankündigung informiert worden, befahl Pierina aber strengstes Stillschweigen. Nur Luzia war am Weißen Sonntag bei ihr. Beide beteten oberhalb der Grotte den Rosenkranz. Kurz nach dem Läuten zu Mittag erschien Maria und sagte:

»Mein göttlicher Sohn Jesus ist ganz Liebe, und er hat mich hierhergesandt, um dieser Quelle wundertätige Heilkraft zu geben. Zum Zeichen der Buße und der Reinigung küsse diese oberste Stufe! Und lasse hier ein Kreuz aufstellen. Die Kranken und alle meine Kinder sollen meinen göttlichen Sohn zuerst um Verzeihung bitten, voll Liebe dieses Kreuz küssen, dann sollen sie das Wasser schöpfen und trinken! – Nimm Schlamm, Schmutz in deine Hände, dann wasche dich mit dem Wasser! Dies soll dir zeigen, daß die Sünde in den Herzen meiner Kinder zu Schlamm, zu Schmutz wird, aber gewaschen im Wasser der Gnade, werden die Seelen wieder rein und der Gnade würdig. Allen meinen Kindern sollen die Wünsche meines Sohnes Jesus aus dem Jahr 1947 bekanntgegeben werden. Seine Wünsche und meine Botschaften habe ich damals in der Domkirche von Montichiari mitgeteilt. Ich wünsche und wiederhole, daß *hierher* die Kranken und alle meine Kinder zu dieser wundertätigen Quelle kommen! Jetzt ist deine Mission hier inmitten der Kranken und aller, die der Hilfe bedürfen.

Ich wünsche außerdem, sage den Gläubigen, sie sollen zuerst in die Kirche gehen, dort meinen göttlichen Sohn im allerheiligsten Altarsakrament anbeten, nachher sollen sie hierher kommen, sie sollen zuerst dem Herrn danken, der so überaus gütig und barmherzig ist, der Montichiari so viel Liebe und Gnade geschenkt hat.«

Dann erhob sich Maria nach oben, öffnete ihre Arme und ihren Mantel, der eine unendliche Weite im Universum einnahm. Rechts unter dem Mantel sah man den Dom von Montichiari und die Marienburg (wo bald darauf ein Heim für Alte, Verlassene und Leidende eingerichtet wurde), links sah man einen weiten Gebäudekomplex, wohl zukünftige Anlagen in Fontanelle bei der Quelle...

12) *Zweite Erscheinung in Fontanelle am 13. Mai 1966:* Maria sagte zu Pierina in Anwesenheit von etwa 20 Personen an der Quelle:

»Man verbreite überall die Nachricht von meinem Kommen hier an der Quelle! Mein göttlicher Sohn ist ganz Liebe. Die Welt geht dem Ruin entgegen! Ich habe nochmals Barmherzigkeit erlangt, deshalb hat er mich neuerlich nach Montichiari gesandt, um die Gnaden seiner Liebe zu bringen, um die Menschheit zu retten. Da braucht es Gebet, Opfer, Buße!

Ich wünsche, daß hier ein bequemes Becken errichtet werde, um darin die Kranken eintauchen zu können. Dieser andere Teil der Quelle (Maria deutete nach links) soll zum Trinken reserviert bleiben! Ich bin gekommen, um den Seelen meiner Kinder Liebe, Eintracht und Frieden zu bringen. Ich bitte euch, werft keinen Schmutz auf die Nächstenliebe!«

Darauf fragt Pierina nach der Bedeutung des übergroßen Mantels, den Maria am 17. 4. über die ganze Welt ausbreitete. Maria sagte: »Dies bedeutet meine mütterliche Liebe, die die ganze Menschheit und alle meine Kinder umfangen will!«

13) *Dritte Erscheinung in Fontanelle am 9. Juni 1966 (Fronleichnam):*
Gegen 15 Uhr waren an die 100 Personen bei der Quelle versammelt und
beteten den Rosenkranz. Beim vierten Geheimnis rief Pierina: »Die
Mutter Gottes ist hier!« Maria erschien, ließ sich mit den Füßen auf
einem reifenden Weizenfeld nieder und sagte:

> »Heute hat mich mein göttlicher Sohn Jesus Christus neuerlich hierherge-
> sandt. Hier am Fronleichnamsfest, am Fest der Einheit und Fest der Liebe. Wie
> sehr wünsche ich, daß dieser Weizen zu eucharistischem Brot würde in vielen
> Sühnekommunionen! Ich wünsche, daß dieser Weizen in vielen Hostien nach
> Rom komme und für den 13. Oktober Fatima erreichen möge. Ich wünsche,
> daß mir gütige Herzen diesen Wunsch erfüllen. Ich wünsche, daß hier eine
> Überdachung mit einer Statue, die den Blick zur Quelle hinwendet, errichtet
> wird.
> Ich wünsche, daß die Statue in Prozession hierhergebracht werde. Aber
> vorher wünsche ich, daß sich das Volk von Montichiari meinem Unbefleckten
> Herzen weihen möge. Montichari ist der Ort, den mein göttlicher Sohn
> auserwählen will, um mich dafür zu senden, die Gnaden seiner Liebe zu
> bringen!«

Als Pierina fragte, ob sie wiederkommen werde, sagte Maria: »Ich werde
immer bei dir sein!«

14) *Vierte Erscheinung in Fontanelle am 6. August 1966:* Gegen 200
Personen hatten sich an diesem Tag gegen 15 Uhr an der Quelle eingefunden und beteten mit Pierina den Rosenkranz. Maria erschien erneut beim
vierten Geheimnis und sagte:

> »Mein göttlicher Sohn Jesus hat mich neuerdings hierhergesandt, um den
> *Weltbund der Sühnekommunion* zu erbitten, und dies soll am 13. Oktober
> geschehen. Dieser Sühnekommuniontag soll sich über die ganze Welt ausbrei-
> ten und bereits dieses Jahr 1966 zum erstenmal gehalten werden und dann
> jedes Jahr wiederholt werden.
> Jenen Priestern und Gläubigen, die diese eucharistische Übung fördern,
> verspreche ich eine Überfülle meiner Gnaden.
> Nach meiner Aufnahme in den Himmel habe ich mich immer als Mutter
> und Mittlerin zwischen meinem göttlichen Sohn Jesus Christus und die ganze
> Menschheit gestellt.
> Wie viele Gnaden habe ich in all diesen Jahrhunderten gewährt... wie viele
> Wohltaten... wie viele Strafgerichte habe ich aufgehalten... wie viele Zwie-
> gespräche habe ich mit den Seelen geführt...
> Wie viele Besuche habe ich auf Erden gemacht, um meine Botschaften zu
> bringen, aber die Menschen fahren weiterhin fort, den Herrn zu beleidigen!
> Ebendeshalb mein Wunsch nach dem Weltbund der Sühnekommunion. Es ist
> dies ein Akt der Liebe, der Dankbarkeit der Kinder Gottes gegen den Herrn. Ich
> habe diesen Ort Montichiari auserwählt, weil in den einfachen, bescheidenen
> Bauersleuten noch die Demut zu finden ist, wie es im armen Bethlehem war.

Dieser Ort, an dem immer viel gebetet werden wird, wird ein Ort reichen Segens werden.«

Pierina empfahl darauf einige der Anwesenden besonders der himmlischen Mutter und fragte dann noch: »Liebe Gottesmutter, warum wirkt ihr kein Wunder, damit man mir glaubt?« Darauf sagte Maria: »Das Volk selbst hat es bereits bestätigt.«

15) *Weitere Erscheinungen:* Auf Anordnung des bischöflichen Ordinariats von Brescia durfte Pierina Gilli Fontanelle seither nicht mehr aufsuchen. Gehorsam befolgte sie das Gebot, Maria aber erschien ihr zu Hause in ihrer mittlerweile eingerichteten kleinen Hauskapelle, im Dom von Montichiari oder in ihrem Garten vor der weißen Marmorstatue der Rosa Mystica. Mehr als vierzigmal berichtete Pierina von Erscheinungen und Botschaften Marias zwischen 1968 und 1983. Die letzte Erscheinung fand am 24. März 1983 am Morgen gegen 8 Uhr in ihrer Hauskapelle statt. Lächelnd sagte die Madonna:

> »Ich komme aufs neue, um allen meinen Kindern, die mich lieben, die Gnade meines göttlichen Sohnes zu bringen. Ihr, meine so vielgeliebten Kinder, die ihr meinem Herzen besonders lieb und teuer seid, vertraut immer auf das Herz dieser eurer Mutter!
>
> (Pierina sah Maria plötzlich von vielen Priestern im Talar umgeben, Maria setzte fort:)
>
> Meine getreuen Kinder, die ihr leiden müßt, für euch ist dieses mein Herz immer offen, ebenso das Herz meines göttlichen Sohnes Jesus, um allen die Gnaden einer weltweiten Liebe zu schenken.
>
> Die menschliche Wissenschaft möchte das Werk Gottes zerstören. Aber er ist mächtiger und unendlich barmherzig. Deswegen hat er mich auch nach Fontanelle gesandt, um dort seine Gnaden zu verschenken. Wahrhaftig, meine Kinder, laßt euch nicht irre machen! Haltet immer zusammen, betet getreu weiter, gestaltet diesen Ort zu einer Stätte heiligen Friedens! Hier bin ich immer gegenwärtig, um eure Bitten und Sorgen anzunehmen und sie meinem göttlichen Sohn Jesus zu übergeben!«

Dann sah Pierina plötzlich im Licht der noch strahlender gewordenen »Rosa Mystica« eine herrliche Kirche mit fünf Kuppeln und davor sehr viele Beter, wozu Maria verkündete: »Wahrhaftig, das wird eines Tages Wirklichkeit werden. Meine Tochter, fürchte dich nicht! Ich bin euch immer nahe, um allen Gnaden meiner mütterlichen Liebe zu schenken.«

Schon am 8. September 1974 teilte Maria den Wunsch und Auftrag Jesu nach dem Bau einer solchen Kirche mit. Am 14. Februar 1970 gab sie genaue Anweisungen zur Prägung einer Medaille, die über das Grignionhaus, D-8262 Altötting, erhältlich ist.

Am 6. April 1975 fand die erste Prozession mit einer Statue der von der Familie Perathoner in St. Ulrich im Grödnertal bei Bozen geschaffenen

Rosa-Mystica-Statue statt. Am Abend dieses Weißen Sonntags zogen um 17 Uhr unheimliche Gewitterwolken auf. Als es zu regnen anfing, lösten die Strahlen der gleichzeitig vom Westen her noch scheinenden Sonne in den Wolken gleichzeitig zwei herrliche Regenbögen übereinander aus. Nie hatten die Augenzeugen ein solches Naturschauspiel gesehen . . .

Auf die vielen Heilungen von Krankheiten, Besessenheit, auf Sonnenwunder, Lichtkreuze am Himmel und andere Himmelszeichen, auf Gnaden auffallender Bekehrungen im Zusammenhang mit Fontanelle und Montichiari sei nur eben hingewiesen. Nicht zuletzt verbreiten die nun schon weit über 50 000 Pilgermadonnen, die durch die ganze Welt ziehen, die Botschaft der Rosa Mystica – ohne daß die Kirche bisher Stellung bezogen hat. Viele Priester, Bischöfe und noch höher gestellte kirchliche Würdenträger haben persönliche Beziehungen ausgesprochen, die offizielle kirchliche Bestätigung steht noch aus.

Bew.: Gut bezeugt; Quelle: R. Ernst, Lexikon; Weigl/Branz, Volk unter prophetischem Anruf, S. 105–110; Horst Mehring, Maria Rosa Mystica; Textquelle: A. M. Weigl (Hg.), Maria Rosa Mystica. Montichiari-Fontanelle, Altötting, 5. Aufl. 1976.

1946 PASMAN/DALMATIEN (JUGOSLAWIEN) Maria zeigte sich Kindern und Erwachsenen sternengekrönt in einer lichten Wolke. Die Erscheinungen begannen am 11. Mai und häuften sich in den folgenden Monaten. Maria forderte zu Gebet und Buße auf.

Bew.: Gut bezeugt; Quelle: R. Ernst, Lexikon; Däniken, Erscheinungen

1946 PFAFFENHOFEN (MARIENFRIED)/DEUTSCHLAND Maria erscheint mehrere Male der Barbara (Bärbl) Rueß im schwäbischen Dorf Pfaffenhofen, das zur Diözese Augsburg gehört. Sie nennt sich »die große Gnadenvermittlerin«, erzählt von ihrem Sieg über den »Stern des Abgrunds«, bittet um Vertrauen auf ihr Unbeflecktes Herz, um Opfer und (Rosenkranz-)Gebet. Sie weigert sich, Wunder zu wirken, weil dies meist zur Folge habe, daß die Menschen nur äußerlich und kurzfristig glauben. Nicht zuletzt deswegen werden die Pfaffenhofener Erscheinungen kirchlich abgelehnt (Fehlen von Wundern). Bischof Rudolf Graber von Regensburg nannte die Erscheinung Marias in Pfaffenhofen insgesamt »eine Botschaft von außergewöhnlicher Aussagekraft, die in etwa all das zusammenfaßt, was in früheren Erscheinungen gesagt wurde«.

Ein Überblick über die einzelnen Erscheinungen und Botschaften ist angebracht, da Pfaffenhofen-Marienfried, wenn auch kirchlich noch nicht anerkannt, doch zu den bedeutsamsten und überzeugendsten Marienerscheinungsereignissen zählt.

1) *Vorgeschichte:* Am 13. Mai 1940 (Pfingstsonntag) macht die damals 16jährige Bärbel Rueß einen Waldspaziergang, sie verbindet solche Spaziergänge gerne mit Rosenkranzgebet. Als sie überlegt, welchen Rosenkranz sie beten soll, begegnet ihr eine unbekannte Frau, die sie darauf anspricht und sie einen »neuen« lehren will: »Du überlegst dir, welchen Rosenkranz du beten sollst. Ich will dich einen anderen lehren und mit dir beten.« Bärbel fragt: »Woher wissen Sie, was ich dachte, und wer sind Sie?«

Die Frau antwortet: »Das zu wissen, ist nicht wichtig. Wenn du diesen Rosenkranz fleißig betest, wirst du mich besser kennenlernen.«

Dann betete die Frau mit Bärbel zusammen folgende Gesätzchen – den *»Immakulata-Rosenkranz«*, wie er seither genannt wird:

Durch deine Unbefleckte Empfängnis – rette unser Vaterland!
Durch deine Unbefleckte Empfängnis – schütze unser Vaterland!
Durch deine Unbefleckte Empfängnis – leite unser Vaterland!
Durch deine Unbefleckte Empfängnis – heilige unser Vaterland!
Durch deine Unbefleckte Empfängnis – regiere unser Vaterland!

Die Frau fügte noch hinzu, daß in diesen Rosenkranz auch Namen von Personen oder Gemeinschaften eingefügt werden könnten. Bärbel fiel auf, daß sie während des Gebetes die »Gegrüßet-seist-du-Maria« nicht mitgesprochen hatte. Dann entfernte sich die Frau auf einem Seitenweg. Bärbel war tief beeindruckt, betete immer öfter diesen Rosenkranz und sprach mit niemandem darüber.

2) *Erste Erscheinung am 25. April 1946:* 1943 war ein neuer Pfarrer nach Pfaffenhofen gekommen, Martin Humpf. Seine Schwester Anna Humpf arbeitete als Seelsorgehelferin. In der Gruppe der »Schönstattbewegung« (apostolische Gemeinschaft, die sich an Maria als Vorbild orientiert) war auch Bärbel Rueß. Sie freundete sich mit Anna Humpf an und erzählte ihr 1945 erstmals von ihrem Erlebnis. Am 25. April gingen sie mit dem Pfarrer in den Wald, um am Waldrand einen Platz für eine Kapelle zu suchen, die zum Dank für das gute Überstehen der Kriegsjahre gebaut werden sollte. Dabei hatten sie ein Marienbild (Schönstattbild) mitgenommen. Beim Wandern erzählte der Pfarrer die Geschichte der Entstehung von S. Maria Maggiore in Rom (vgl. S. 59). Dann beteten sie den Rosenkranz und wählten eine Stelle für den Kapellenbau aus. Dort begannen sie das Gestrüpp zu roden, damit sie am nächsten Tag mit den Erstkommunionkindern eine erste Feier vor dem Schönstattbild als Vorbereitung auf den Kapellenbau halten konnten. Plötzlich hörte Bärbel ein Rufen, und im Anschluß unterhielt sie sich mit jemandem, den die beiden anderen nicht sahen. Bärbel erzählte nachher: »Es war die Frau, die ich damals (1940) gesehen habe und die mich den Immakulata-Rosenkranz

lehrte. Habt ihr sie nicht gesehen?« Sie war sehr bestürzt, als die anderen verneinten, und erzählte, was die Frau sagte:

> »Wenn ich den Schleier nicht hätte, würdest du mich kennen. Ich bin das Zeichen des lebendigen Gottes. Ich drücke mein Zeichen meinen Kindern auf die Stirne. Der Stern wird mein Zeichen verfolgen. Mein Zeichen aber wird den Stern besiegen. Dort, wo das meiste Vertrauen ist und wo man die Menschen lehrt, daß ich bei Gott alles kann, werde ich den Frieden verbreiten. Dann, wenn alle Menschen an meine Macht glauben, wird Friede sein.
>
> Der Friede Christi sei mit euch und mit allen, die hier beten.«

Der Pfarrer meinte dazu: »Diese Aussagen passen für niemand anderen als für die Mutter des Herrn.« Bärbel war skeptisch und verwirrt. Anna erinnerte sich an Andeutungen Bärbels, daß sie manchmal Engel sehe und sich schon als kleines Kind Maria geweiht hätte.

3) *Zweite Erscheinung am 25. Mai 1946:* Der Engel, der Bärbel Rueß manchmal erschien und sich selbst den »Engel der großen Gnadenvermittlerin« nannte, forderte sie am Morgen dieses Tages auf, in den Wald zu gehen und den Kapellenbauplatz aufzusuchen. Sie bat Anna mitzugehen, hatte dann aber wieder Zweifel, ob das nicht alles eine Täuschung sei. Als der Pfarrer ihr sagte, daß man einem Engelruf folgen müsse, ging sie gegen 17 Uhr mit Anna hinaus zum Bildstock, schmückte ihn mit Blumen, worauf beide beteten. Plötzlich sah Bärbel neben dem Baum den Engel, der mit dem Finger nach rechts deutete, und dort sah sie wieder die geheimnisvolle Frau stehen: Sie war ganz weiß gekleidet, hatte einen weißen Mantel an, ähnlich einem Umhang. Die Haare waren dunkel und in der Mitte gescheitelt, die Augen auch dunkel. Es war ein so schönes Leuchten in ihren Augen, in ihrem ganzen Gesicht, so eine Klarheit, Reinheit und Güte. Bärbel wurde vom Anblick der Frau ganz gefangengenommen, und plötzlich glaubte sie, Maria vor sich zu sehen. Sie rief laut: »Maria!« Die Frau begann nun zu ihr zu sprechen:

> »Ja, ich bin die große Gnadenvermittlerin. Wie die Welt nur durch das Opfer des Sohnes beim Vater Erbarmen finden kann, so könnt ihr nur durch meine Fürbitte beim Sohne Erhörung finden. Christus ist deshalb so unbekannt, weil ich nicht bekannt bin. Deshalb goß der Vater seine Zornesschale über die Völker aus, weil sie seinen Sohn verstoßen haben. Die Welt wurde meinem Unbefleckten Herzen geweiht, aber die Weihe ist vielen zur furchtbaren Verantwortung geworden. Ich verlange, daß die Welt die Weihe lebt. Habt restloses Vertrauen auf mein Unbeflecktes Herz! Glaubt, daß ich beim Sohn alles kann!
>
> Setzt an die Stelle eurer sündigen Herzen mein Unbeflecktes Herz, dann werde ich es sein, die die Kraft Gottes anzieht, und die Liebe des Vaters wird Christus neu in euch zur Vollendung bringen. Erfüllt meine Bitte, damit Christus bald als Friedenskönig herrschen kann!«

Nach diesen Worten trug die Frau Bärbel auf, diese Botschaft der Welt kundzutun. Bärbel jedoch entgegnete: »Ich kann mir das nicht alles merken.« Die Frau erwiderte: »Zur rechten Zeit findest du die rechten Worte wieder.«

Als Bestätigung für die Wirklichkeit der Erscheinung hieß die schöne Frau Bärbel auf den Kellerberg (auf dem Weg von Pfaffenhofen nach Beuren) zu gehen. Sie sagte:

>»Dort ist ein Mann in größter Not, dem sollst du helfen. Schicke ihn hierher, hier wird ihm geholfen werden. Dies soll ein Zeichen dafür sein, daß du keiner Täuschung unterliegst.«

Bezüglich des angstvollen Zweifels am Morgen, daß alles furchtbare Täuschung sein könnte, sagte die Erscheinung zu Bärbel:

>»Schau, heute morgen habe ich dich ganz allein gelassen, da war meine Gnade nicht bei dir. Es wird noch oft so sein. Ich brauche Opfer. Die größten Gnaden müssen durch solche Leiden erkauft werden.«

Danach sagte die Frau: »Am Fest des hl. Abtes Wilhelm sollst du wieder kommen.«

Nach dem Gespräch sprach der Engel, der dabeistand, ein Gebet zur Muttergottes mit verschiedenen Anrufungen, von denen einige lauteten:

>»Wirke als Mutter der Gnaden. Wirke als Dreimal wunderbare Mutter dreimal wunderbare Gnaden... du Weg zum Frieden... du vertrauenswürdige Mutter... Rettung der Christenheit...
>Du große – du getreue – du aller Gnaden Vermittlerin!«

Zwischen den einzelnen Anrufungen antwortete Bärbel immer: »Bitt' für uns!« Dann sagte der Engel, zu Bärbel und Anna gewendet: »Kniet nieder!«

Nun gab die Gottesmutter den Segen und sprach dabei: »Ich vermittle euch den Frieden Christi im Namen des Vaters und des Sohnes und des Heiligen Geistes.«

Während die Frau zu Bärbel sprach, sah sie aus wie anfangs. Die Hände hatte sie gefaltet. Als der Engel zu beten begann, wurde sie ganz hell und klar, unbeschreiblich schön. Sie breitete die Hände aus. Der Schein, der zuerst nur in ihrem Gesicht zu sehen war, verbreitete sich nun über ihre ganze Gestalt. Über dem Haupte waren dreifach übereinander lauter Strahlen sichtbar. Es sah aus wie eine Krone. Als sie den Segen gab, wurde sie ganz durchsichtig und noch viel heller als ein Strahl.

Bärbel mußte wegschauen, denn sie war wie geblendet von dem Anblick. Als sie wieder aufschaute, war die Erscheinung verschwunden.

Als Bärbel später noch auf den Kellerberg ging, fand sie tatsächlich dort einen Mann (er nannte sich Mario), der sehr verzweifelt wirkte. Sie versprach, ihn zu jemandem zu führen, der ihm helfen könnte, und brachte ihn zum Bildstock. Am Abend fanden einige Mädchen dort einen Strick liegen ...

4) *Dritte Erscheinung am 25. Juni 1946:* An diesem Tag wurde Bärbel von Pfarrer Humpf und seiner Schwester in den Wald begleitet. Bisher hatten die drei zu niemandem etwas über die Erscheinungen gesagt. Nachdem sie beim Bildstöckchen angelangt und einige Zeit still gebetet hatten, wollte Bärbel auf einmal wieder heimgehen. Anna redete ihr zu und bat sie, doch noch eine Weile zu bleiben. Gleich darauf sah Bärbel die Erscheinung und rief aus: »Maria, wie bist du schön!« Darauf sprach die Gottesmutter:

> »Ich bin die große Gnadenvermittlerin. Der Vater will, daß die Welt diese Stellung seiner Dienerin anerkennt. Die Menschen müssen glauben, daß ich als die dauernde Braut des Heiligen Geistes die getreue Vermittlerin aller Gnaden bin.
>
> Mein Zeichen ist im Erscheinen. So will es Gott. Nur meine Kinder erkennen es, weil es sich im Verborgenen zeigt, und geben dem Ewigen deswegen die Ehre. Meine Macht kann ich der großen Welt heute noch nicht offenbaren. Ich muß mich mit meinen Kindern zurückziehen. Im Verborgenen will ich Wunder an den Seelen wirken, bis die Zahl der Opfer voll ist. An euch liegt es, die Tage der Dunkelheit abzukürzen. Euer Beten und Opfern wird das Bild des Tieres zertrümmern. Dann kann ich mich aller Welt offenbaren zur Ehre des Allmächtigen. Wählt euch mein Zeichen, damit der Dreieinige bald von allen angebetet und geehrt werde ... Meinen Kindern will ich Kreuze aufladen, schwer und tief wie das Meer, weil ich sie in meinem geopferten Sohn liebe. Ich bitte euch, seid bereit zum Kreuztragen, damit bald Friede werde. Wählt euch mein Zeichen, damit dem Dreieinigen bald die Ehre werde! ...«

Darauf gab die Gottesmutter Bärbel den Auftrag, diese Botschaft bekanntzumachen. Es sei dies ihre Botschaft an die Welt, und man müsse die Menschen davon unterrichten. Sie sagte:

> »Ich will, daß es die Menschen so erfahren, wie ich es gesagt habe, Wort für Wort. Du kannst es dir merken.«

Bärbel fragte, wie man das machen solle. Die Gottesmutter sagte, man solle den Menschen sagen, daß sie eine neue Botschaft an die Welt habe, äußere Umstände und Einzelheiten müßten nicht gesagt werden. Es ginge nur darum, daß die Menschen ihren Willen erfahren, der der Wille des Vaters sei.

> »Die Geister werden sich an dieser Botschaft scheiden. Eine große Schar wird Anstoß daran nehmen. Eine kleine Schar aber wird sie richtig verstehen und auswerten. Diese wird darin meinen Willen erkennen und sich freuen.« ...

Bärbel fragte nun, ob es ihr Wille sei, daß hier die Kapelle gebaut werde. Die Gottesmutter erwiderte: »Ich habe euren Wunsch erfüllt, haltet ihr euer Versprechen!«

Darauf fragte Bärbel, welches Bild man für die Kapelle nehmen solle. Die Erscheinung zeigte auf das Bild nebenan und sagte, man solle das Bild der »Dreimal wunderbaren Mutter« nehmen, weil sich auch hier eine kleine Schar gesammelt hätte, die unter diesem Bild schon viel gebetet und geopfert habe...

Dann forderte die Gottesmutter Bärbel dazu auf, den Ewigen mehr zu loben, zu preisen und ihm zu danken.

Nachdem die Gottesmutter aufhörte zu sprechen, war auf einmal eine große, unübersehbare Schar Engel um sie her. Sie hatten lange, weiße Kleider an, knieten auf der Erde und verneigten sich tief. Sie beteten ein eigenartiges Gebet, ein *Preisgebet zum Vater*. Am Anfang wurde von *einem neuen Lied* gesprochen. Dann betete ein Teil der Engel ein anderes Gebet zum Vater. Wie ein Echo sprach eine Gruppe jeden Abschnitt nach. Wieder eine Gruppe, es waren sehr viele, riefen: »Heilig, heilig, heilig...« Als das Gebet zu Ende war, forderte der Engel, welcher von Anfang an zugegen war, Bärbel auf, es nachzubeten.

Dieses Preisgebet an die Heiligste Dreifaltigkeit hat Bärbel laut vorgebetet. Während Pfarrer Humpf und seine Schwester bei der Zwiesprache mit der Erscheinung nichts vernahmen, sondern nur gewahrten, wie Bärbel die Lippen bewegte, hörten sie Bärbel das Preisgebet deutlich und in fließendem Rhythmus sprechen. Pfarrer Humpf hat es, so gut er konnte, mitstenographiert. Es lautet:

Heil Dir, ewiger Herrscher,
lebendiger Gott, allzeit Gewesener,
furchtbarer und gerechter Richter,
immer gütiger und barmherziger Vater!
Dir werde neu und allzeit Anbetung,
Lobpreis, Ehre und Herrlichkeit
durch Deine sonnengehüllte Tochter,
unsere wunderbare Mutter!

Heil Dir, geopferter Gottmensch,
blutendes Lamm, König des Friedens,
Baum des Lebens, Du unser Haupt,
Tor zum Herzen des Vaters,
ewig aus dem Lebenden Geborener,
in Ewigkeit mit dem Seienden herrschend!
Dir werde neu und allzeit Macht
und Herrlichkeit und Größe
und Anbetung und Sühne und Preis

durch Deine makellose Gebärerin,
unsere wunderbare Mutter!

Heil Dir, Geist des Ewigen,
allzeit Heiligkeit Strömender,
seit Ewigkeit wirkend in Gott!
Du Feuerflut vom Vater zum Sohn,
Du brausender Sturm,
der Du wehest Kraft und Licht und Glut
in die Glieder des ewigen Leibes,

Du ewiger Liebesbrand,
gestaltender Gottesgeist in den Lebenden,
Du roter Feuerstrom
vom Immerlebenden zu den Sterblichen!
Dir werde neu und in alle Ewigkeit Macht
und Herrlichkeit und Schönheit
durch Deine sternengekrönte Braut,
unsere wunderbare Mutter!

Danach gab die Mutter den Segen wie im Mai. Sie breitete die Hände zum Segen aus, dabei sprach sie zur Heiligsten Dreifaltigkeit ein Gebet. Sie betete für die Kirche, daß diese ihre Stellung anerkennen und den Willen des Vaters achten möge. Sie bat den Dreieinigen Gott, daß er die Kirche durch sie segnen und den Frieden vermitteln möge.

Die Mutter war von Anfang an viel schöner und verklärter als im Mai. Sie war so gut und freundlich. In ihrem Gesicht lag etwas wie ein großer Schmerz. Sie klagte auch, daß ihre Kinder sie verlassen und daß sie sie deswegen nicht zum Heiland führen könne. Dies sei für sie ein großer Schmerz.

Als die Schar anfing zu beten, wurde sie noch viel schöner, ganz klar und licht. Die dreifache Strahlenkrone über ihrem Haupte war so hell und groß, daß sie den ganzen Himmel bedeckte.

»Als sie den Segen gab, streckte sie die Hände aus wie der Priester vor der hl. Wandlung, und da sah ich von ihren Händen lauter Strahlen ausgehen, die durch die Gestalten gingen und auch durch uns. Die Strahlen kamen von oben in ihre Hände. Die Gestalten und auch wir wurden davon ganz licht. Die Strahlen gingen dann auch von ihrem Körper aus und durchdrangen alles, was rundum war. Sie war ganz durchsichtig geworden und in einen Glanz getaucht, den man nicht beschreiben kann. Sie war so schön und rein, so licht, es gibt dafür kein Wort.

Ich war wie geblendet. Ich habe alles rundum vergessen und wußte nur das eine, daß dies die Mutter des Heilandes war.

Auf einmal taten mir die Augen weh von der Helle. Ich schaute weg, und dann war sie und mit ihr alles Helle und Schöne vor meinen Augen verschwunden.«

Am 18. Mai 1947 konnte die Kapelle eingeweiht werden, das Marienheiligtum »Marienfried« war vollendet. Als Gnadenbild verwendete man das Motiv der »Dreimal wunderbaren Mutter« (vgl. S. 144 f.), wie Maria es am 25. Juni gewünscht hatte.

Pfarrer Humpf berichtete noch im Sommer 1946 seinem Bischof in Augsburg über die Erscheinungen. Eine Kommission wurde eingesetzt, die bis 1950 Untersuchungen und Befragungen anstellte. Man fand nichts dem katholischen Glauben Widersprechendes, war aber vom übernatürlichen Charakter der Erscheinungen nicht überzeugt, vor allem weil es praktisch keine Wunder gäbe. Weil die Erscheinungen damit »nicht als echt erwiesen« seien, sollten die Botschaften auch nicht verbreitet werden. Pfarrer Humpf wurde angewiesen, darüber nicht zu predigen und zu reden. Die Kapelle dürfe aber normal benützt werden. Da diese Weisung nicht im Amtsblatt als Verbot veröffentlicht ist, liegt keine definitive Ablehnung, sondern eine Nichtanerkennung vor.

Um die Erscheinungen wurde es allmählich ruhig, es kamen aber doch viele Beter und Pilger, und die Pfarre blühte – religiös gesehen – auf. Zur 20- und 25-Jahr-Feier kamen sehr viele Pilger. So wurde eine Wallfahrtskirche errichtet, deren Weihe am 23. 7. 1972 stattfand. 1966 wurden alle ursprünglichen Einschränkungen aufgehoben, der Immakulata-Rosenkranz und das Gebet zur Hl. Dreifaltigkeit wurden approbiert. Mangels übernatürlicher Zeichen ist aber nach wie vor die Übernatürlichkeit der Erscheinungen kirchlich nicht anerkannt.

Bew.: Gut bezeugt, kirchlich nicht anerkannt; Quelle: Schallenberg, Visionäre Erlebnisse, S. 118–132; R. Ernst, Lexikon; Textquelle: Josef Franz Künzli, Die Erscheinung in Marienfried, Jestetten, 3. Aufl. 1970

VILAR-CHAO/PORTUGAL Maria erscheint mehrmals der 20jährigen gelähmten Amelia de la Natividad Rodrigues. Am 10. Oktober sehen etwa tausend Personen zwei Zeichen: auf Stirn und Händen der Seherin kreuzförmige Wundmale und an der Sonne einen blauen Lichtkreis. **1946**

Bew.: Gut bezeugt; Quelle: R. Ernst, Lexikon; Däniken, Erscheinungen

CASANOVA/ITALIEN Maria erschien oftmals (bis 1965 insgesamt 85mal) der 7jährigen Angela Volpini. Auf der Weide sah Angela wiederholt eine weiße Wolke sich nähern, aus der heraus Maria erschien: in einem rosafarbenen Kleid und in blauem Mantel, die schönen Hände zum Gebet gefaltet. Sie erschien von Juni 1947 bis Juli 1948 und von Februar 1950 bis Juni 1956 jeweils am 4. des Monats, forderte zum Rosenkranzgebet **1947** auf und weinte manchmal über die Treulosigkeit der Menschen. Sie nannte sich »Helferin der Christen« und »Zuflucht der Sünder«. Angela durfte die Hände der Erscheinung berühren und fühlte ihre Wärme und Festigkeit, zweimal reichte ihr Maria das lächelnde Jesuskind. Maria heilte die Seherin von einem Fußleiden, ließ sie ein Sonnenwunder sehen und versprach ein großes Wunder und die Erneuerung der Welt und der Kirche. An der Erscheinungsstelle wurde mittlerweile eine Kirche gebaut.

Bew.: Gut bezeugt; Quelle: R. Ernst, Lexikon; Däniken, Erscheinungen

1947 FORSTWEILER/DEUTSCHLAND Maria erschien einer Frau insgesamt 8mal unter nicht näher bekannten Umständen.

Bew.: Unbekannte Überlieferung; Quelle: R. Ernst, Lexikon

1947 GROTTAMARE/ITALIEN Maria erschien einem Kind unter nicht näher bekannten Umständen.

Bew.: Unbekannte Überlieferung; Quelle: R. Ernst, Lexikon

1947 HASZNOS (ST. EMERICH-BERG)/UNGARN Maria zeigte sich der 34jährigen Bäuerin Klara Làszlóné am 2. Juli, als sie gerade den Rosenkranz und Engel-des-Herrn betete. Sie gab ihr den Auftrag, eine bestimmte Heilquelle zu suchen. Am 10. Juli fand Frau Làszlóné tatsächlich die Quelle, 14 Kilometer entfernt im Matra-Gebirge. Mehrere Wunder ereigneten sich: 1949 vor einer großen Menschenmenge unter nicht näher bekannten Umständen und am 13. Oktober 1965, als etwa 2000 Menschen ein großes Sonnenwunder erlebten. Maria forderte zum Bau einer Kirche auf. Bei einer weiteren Erscheinung warnte Maria vor großen zukünftigen Gefahren, falls sich die Menschen nicht bessern würden. Manche sprechen davon, daß sich hier ein »ungarisches Lourdes« entwickelt.

Bew.: Gut bezeugt; Quelle: R. Ernst, Lexikon; Däniken, Erscheinungen

1947 KAYL/LUXEMBURG Maria erschien mehrmals zwei Mädchen und zwei Knaben zwischen dem 1. und dem 25. November und vermittelte ihnen auch Visionen aus dem Leben Jesu. Maria erbat den Bau einer Kapelle zu Ehren der Geburt Christi mit einem Gemälde des Kindermords. Maria sprach:

>»Ich bin die Trösterin der Betrübten, die Mutter Jesu, die Königin des Himmels und der Erde. Betet! Betet! Betet! Ich werde die Sünder bekehren; dies ist das große Wunder, das ich wirken werde.«

Bew.: Gut bezeugt, kirchlich abgelehnt; Quelle: R. Ernst, Lexikon

L'ILE BOUCHARD/FRANKREICH Maria erschien vier Mädchen vom **1947**
8.–14. Dezember täglich in der Kirche des hl. Egidius. Auf ihrer Brust
stand in einer funkelnden Schrift »Magnificat« und auf dem breiten Saum
ihres Gewandes »O Maria, ohne Sünde empfangen, bitte für uns, die wir
zu dir unsere Zuflucht nehmen«. Vor ihr kniete der Erzengel Gabriel.
Maria ließ sich von den Seherinnen die Hände küssen und sagte: »Ich
komme hierher, nicht um Wunder zu wirken, ich komme, um euch
aufzufordern, für Frankreich zu beten!«
Bei der letzten Erscheinung war die Kirche trotz schlechten Wetters für
alle Anwesenden in strahlendes Licht getaucht.

Bew.: Gut bezeugt; Quelle: R. Ernst, Lexikon

MONTEPOLI/ITALIEN Marienerscheinungen unter nicht näher bekann- **1947**
ten Umständen.

Bew.: Unbekannte Überlieferung; Quelle: R. Ernst, Lexikon

MÜNCHEN/DEUTSCHLAND Maria und Christus erscheinen mehrmals **1947**
der Katharina Vogl (»Mutter Vogl«, 1871–1965) und geben ihr Ermah-
nungen, Botschaften und prophetische Ankündigungen.

Bew.: Gut bezeugt; Quelle: R. Ernst, Lexikon; Gerd Schallenberg, Visionäre
Erlebnisse

PIESKOP (VANNES)/FRANKREICH Maria erscheint mehrmals den drei **1947**
Mädchen Thérèse Le Cam (15), Annik (13) und Monique Goasguen (11)
zwischen dem 26. 12. 1947 und dem 27. 2. 1948 als »Unbefleckte Empfängnis« und fordert zum Gebet für die Sünder und für Frankreich auf.

Bew.: Gut bezeugt; Quelle: R. Ernst, Lexikon

STOCKPORT (BEI MANCHESTER)/ENGLAND In der Marienkirche von **1947**
Stockport blieb Marias Blumenkrone aus Rosen das ganze Jahr unver-
welkt. Auch in den beiden folgenden Jahren gab es dasselbe auffällige
Phänomen. In den achtziger Jahren wurde dieses »Blumenwunder« als
Betrug entlarvt. Der Pfarrer und ein Blumenhändler am Ort gaben zu,
aus »Geschäftsgründen« (Publizität) manipuliert zu haben.

Bew.: Als Schwindel entlarvt; Quelle: R. Ernst, Lexikon; John Cornwell,
Powers of Darkness, Powers of Light

TANNHAUSEN/DEUTSCHLAND Maria erschien sechsmal der 48jährigen **1947**
Paula, mit einem Kranz glänzend weißer Rosen umgeben.

Bew.: Gut bezeugt; Quelle: R. Ernst, Lexikon; Däniken, Erscheinungen

1947 TRE FONTANE (ROM)/ITALIEN Maria erscheint mehrmals dem Bruno
Cornacchiola (geb. 1913) als »Jungfrau der Offenbarung«. Der Erscheinungsort entwickelt sich aus vielen Gründen zu einem gut besuchten
Wallfahrtsort, der von der Kirche beobachtet, geduldet, vielfach sogar
gefördert wird. Eine definitive Entscheidung steht aber noch aus. Wegen
der besonderen Umstände und der Bedeutsamkeit soll das Phänomen hier
etwas breiter dargestellt werden.

1) *Die Vorgeschichte:* Der Seher stammt aus einer sehr desolaten Trin-
kerfamilie. Er und seine fünf Geschwister sind praktisch sich selbst
überlassen, weil die Mutter nur mit Mühe durch Außer-Haus-Arbeiten
die Familie unterhält. Mit 14 Jahren reißt Bruno aus und lebt als Straßen-
junge in Rom. Eher durch »Zufall« wird er getauft, und erst der Militär-
dienst reißt ihn aus seinem Vagabundendasein. Mit 23 Jahren entlassen,
heiratet er, nimmt aber bald darauf als Freiwilliger am spanischen Bürgerkrieg auf der Seite der »Linken« teil. Dort freundet er sich mit einem
fanatischen deutschen Protestanten an und kehrt als Papsthasser und
Antikatholik 1939 zurück. Er wird als Straßenbahnschaffner angestellt
und tritt der Partito d'Azione sowie den Baptisten, später den Adventi-
sten, bei. Jahrelang bemüht er sich, auch seine Frau vom Katholizismus
abzubringen. Er verbrennt alle Heiligenbilder und das Kruzifix seiner
Frau und behandelt sie immer schlechter. Nachdem auch sein letztes
»Ultimatum« (Bruno versprach seiner Frau, an neun Herz-Jesu-Freitagen
hintereinander zu beichten und zu kommunizieren, um sich zu prüfen)
scheinbar ergebnislos vorbeiging, trat auch sie ihm zuliebe aus der Kirche
aus . . . Er wurde ein glühender Agitator gegen das katholische Italien und
vor allem gegen Maria!

2) *Die erste Erscheinung am 12. April 1947:* Bruno Cornacchiola macht
an dem schönen Frühlingssamstag einen Ausflug in ein Wäldchen unweit
des Trappistenklosters Tre Fontane, am Stadtrand von Rom. Paulus soll
dort der Überlieferung nach enthauptet worden sein. Der abgeschlagene
Kopf sei dreimal auf dem Boden aufgeschlagen und an jeder Stelle sei eine
Quelle aufgebrochen: daher Tre Fontane. Die Stelle ist auch ein beliebter
Ausflugsort und Treffpunkt für Liebespärchen wegen der vielen Felsgrot-
ten . . . Brunos Kinder spielen, und er bereitet sich auf einen Vortrag vor,
in dem er nachweisen will, daß Maria nicht Jungfrau, nicht die Unbefleckte und nicht in den Himmel aufgenommen worden sei . . . Da wird er
von den Kindern gerufen, die den Ball verloren haben. Er ruft nach
seinem Jüngsten und findet ihn nicht; erst nach längerer Zeit entdeckt er
ihn vor einer der Grotten, wo Gianfranco in seltsam starrer Haltung
kniet, aufmerksam ins Innere der Grotte schaut, lächelt und leise flüstert:

»Schöne Frau! Bella Signora!...« Er ruft die beiden anderen Kinder, und auch sie fallen auf die Knie, sehen offensichtlich etwas, was er nicht sieht, und sagen nur »Bella Signora...«. Als Bruno sie anschreit, weil er sich gefoppt fühlt, reagieren sie nicht, sie sind in Trance, aus der er sie nicht zu erwecken vermag. Da will er dem Rätsel auf die Spur kommen und dringt in die Grotte ein. Er sieht aber nichts als den nackten Fels und viel Unrat. Als er wieder hinaus will, ruft er aus: »Gott rette uns!« Da sieht er zwei strahlende Hände, die sich auf ihn zubewegen und sein Gesicht berühren, und er hat das Gefühl, als würde etwas von seinen Augen weggerissen. Er empfindet einen leichten Schmerz und schließt die Augen. Als er sie wieder öffnet, sieht er ein strahlend werdendes Licht aufleuchten, und damit zeigt sich auch ihm die »Bella Signora«. Er ist überwältigt von ihrer Schönheit und fühlt sich von einer ungeheuren Milde angezogen, überflutet und verwandelt. Die Muttergottes trägt eine strahlendweiße Tunika, um die Hüften von einem rosa Band zusammengehalten und einen grünen Schleier über den Kopf, der bis zum Boden reicht, und nur ihr schwarzes, gerafftes Haar freiläßt. Darunter sieht Bruno nackte Füße auf einem Tuffsteinfelsen. In der rechten Hand hält die Erscheinung ein kleines graues Buch, das sie mit der linken an ihre Brust drückt. Die Vision entzückt und verzaubert Bruno. Dann hört er eine Stimme:

> »Ich bin die, die ich bin in der göttlichen Dreifaltigkeit. Ich bin die Jungfrau der Offenbarung.
> Du verfolgst mich. Nun reicht es! Betritt den heiligen Schafstall, den himmlischen Hof auf Erden!
> Das Versprechen Gottes ist und bleibt unabänderlich: die neun Freitage des heiligen Herzens, die du gefeiert hast, liebevoll von deiner treuen Braut dazu gedrängt, bevor du dich auf den Weg des Irrtums begeben hast, haben dich gerettet.«

Bei diesen Worten hat Bruno das Gefühl, daß sein Geist schwebt, er ist in unendliche Freude eingetaucht, und ein geheimnisvoller Wohlgeruch, der alle üblen Düfte der Grotte und verrottender Exkremente überdeckt, erfüllt alles. Dann folgt eine längere Belehrung durch Maria und Übergabe einer Botschaft für den Papst. Abschließend sagt die Muttergottes:

> »Ich möchte dir einen sicheren Beweis dafür geben, daß diese Erscheinung von Gott kommt, damit du jeden anderen Ursprung, auch den Feind aus der Hölle, ausschließen kannst. Dies ist das Zeichen:
> Sobald du in der Kirche oder auf der Straße einem Priester begegnest, wende dich mit diesen Worten an ihn: ›Pater, ich muß mit Ihnen sprechen!‹ Wenn jener antwortet: ›Ave Maria, mein Sohn, was willst du?‹, dann bitte ihn, dir Gehör zu schenken, denn er ist von mir ausgewählt. Ihm wirst du offenbaren,

was dein Herz dir eingibt; und gehorche ihm, denn er wird dich mit diesen Worten auf einen anderen Priester hinweisen: ›Jener dort ist der Richtige für deinen Fall!‹

Dann wirst du dich zum Heiligen Vater, dem höchsten Hirten der Christenheit begeben und ihm persönlich meine Botschaft überbringen. Einer, auf den ich dich hinweisen werde, wird dich zu ihm führen.

Mehrere, denen du von dieser Erscheinung erzählst, werden dir nicht glauben; doch laß dich dadurch nicht bedrücken . . .«

Dann dreht sich die wunderschöne Frau um, daß er nur mehr ihren wiesengrünen Mantel sieht, und entfernt sich durch den Felsen in Richtung St. Peter.

Maria wies Bruno Cornacchiola auch auf das Buch in ihrer Hand hin – es war eine Bibel! Sie wollte ihm klarmachen, daß sie tatsächlich so sei wie in der Bibel dargestellt: Jungfrau, unbefleckt und in den Himmel aufgenommen! Er wollte es bestreiten – doch die Bibel bedarf der lebendigen Auslegung durch die Kirche . . .

Als der Vater mit seinen Kindern nach der Erscheinung heimkehrt, machen sie Station in der Kirche von Tre Fontane, und von seiner Tochter Isola lernt er hier das Ave Maria, das er nicht auswendig konnte . . . Er betet und weint, dann kauft er den Kindern Schokolade und schärft ihnen ein, nichts von all dem zu erzählen. Als die Kinder aber die Mutter sehen, können sie sich nicht zurückhalten . . . Seine Frau erkennt, daß er ein anderer geworden ist, sie spürt noch den wunderbaren Duft der Erscheinung um ihn und die Kinder, und sie verzeiht ihm, was er ihr in den vielen Jahren angetan hat . . .

3) Das Eintreffen des »Beweises«: In den nächsten Tagen spricht Bruno Cornacchiola viele Priester an, und mancher fühlt sich brüskiert, weil er sich nach der Aufforderung: »Sprich nur!« umwandte und fortging, enttäuscht, weil er nicht hörte: »Ave Maria, mein Sohn, was willst du?« Wer sollte auch so sonderbar reagieren? Zweifel an der Tatsächlichkeit der Erscheinung und an seiner geistigen Gesundheit begannen sich in ihm zu regen – da gab ihm seine Frau den Rat, doch einfach in die Pfarrkirche zu gehen und den zuständigen Pfarrer zu fragen.

Bruno folgte dem Rat. Er sprach nicht gleich den Pfarrer an, der ihn als Kirchenfeind kannte, sondern einen anderen Priester, der eben die Kommunion spenden ging. Und er sagte genau die angekündigten Worte und verwies ihn an den Pfarrer als den Priester, der für ihn geeignet sei. Das Ehepaar Cornacchiola beichtet, nimmt an einem Katechismusunterricht in der Pfarre teil und wird wieder in die Kirche aufgenommen.

4) Weitere Erscheinungen: Am 6. Mai kniet Bruno wieder in der Grotte, diesmal allein, und dankt für die Umkehr. Da erlebt er wieder, wie sich strahlendes Licht ausbreitet und ihm Maria erscheint, ihn anlächelt, aber nichts sagt. Sie drückt ihre Freude darüber aus, daß er zurückgefunden hat. Weitere Erscheinungen in der Grotte folgen am 23. und 30. Mai. Er schreibt über seine Erfahrungen einen Text und bringt ihn am Eingang der Grotte an: »Liebe Brüder und Schwestern! Hier, in diese Grotte, in dieses Nest der Sünde, kam ich als Sünder, um mich mit meiner Ichsucht und Unwissenheit darauf vorzubereiten, das Dogma zu bekämpfen, dem die Mutter Kirche den Namen gab: die Unbefleckte Empfängnis. Sie selbst stürzte mich von meinem hohen Roß in den Staub. Da sie Mitleid mit mir hatte, sprach sie als Mutter zu mir: ›Du verfolgst mich. Jetzt ist es genug!‹

Von dem Augenblick an drang Jesus in mich ein: der Weg, die Wahrheit und das Leben! Die Jungfrau wies mir in ihrer unendlichen Güte den Weg des Heils: Ich verließ sogleich den Weg des Verderbens und entfernte mich von der Welt mit ihren falschen Ideologien. Sie wies mich auf die Wahrheit hin, und ich wandte mich von der Lüge ab: dem Protestantismus. Sie wies mich auf das Leben hin: denn obwohl ich lebte, war ich tot. Und nun, da ich der Welt abgestorben bin, lebe ich das wahre Leben in der Wahrheit des Evangeliums und unter der Führung der Mutter der Kirche. Wie die Jungfrau Maria diese Grotte mit ihrer heiligen Gegenwart von einem Ort der Sünde in einen Ort des Friedens, des Gebets und der Buße verwandelt hat, so sollen auch wir uns, indem wir uns ihr nähern, um zu Gott zu gelangen, von einem unwürdigen in ein würdiges Haus für den Heiligen Geist verwandeln...«

Am 8. 9. 1948 wird die Tafel feierlich angebracht; man begann, den Zugang zur Grotte zu erleichtern und aus der Wildnis einen Park zu machen. Wege wurden angelegt, Licht wurde eingeleitet und so eine Wallfahrtsstätte geschaffen – was die vielen Pilger, die bald zur Grotte im Eukalyptuswäldchen pilgern, dankbar zur Kenntnis nehmen.

Es wird ein harter Weg sein, den Bruno Cornacchiola gehen wird – wie alle anderen Seherinnen und Seher –, aber es ist ein Weg des Bekennens und Bezeugens, der in seinem Fall von der Kirche nicht gebremst und abgewürgt, sondern gefördert wird. Bald wird er zu Berichten und Vorträgen in ganz Italien eingeladen – auch in Hochburgen seiner ehemaligen Gesinnungsgenossen.

Natürlich vollzog sich all das nicht innerhalb eines Jahres. Natürlich mußte Bruno viel Skepsis und Unglauben überwinden – von seiten der weltlichen wie der geistlichen Obrigkeit. Eine wesentliche Hilfe war sicherlich die Begegnung mit Papst Pius XII. am 9. 12. 1949, die sich bei der Schlußfeier des sogenannten »Kreuzzugs der Güte« auf dem Petersplatz ergab. Dabei gestand ihm Bruno seine Absicht, ihn zu ermorden, mit der er aus dem spanischen Bürgerkrieg vor zehn Jahren heimgekommen war.

Man stellt eine Statue – von Prof. Ponzi genau nach den Angaben des Sehers geschaffen – in der Grotte auf, und viele Heilungen und Bekehrungen werden im Anschluß daran gemeldet.

Am 12. 4. 1980 – genau 33 Jahre nach der ersten Erscheinung – sehen mehr als 3000 Menschen, die bei der Grotte versammelt sind, ein großes Sonnenwunder; von vielen Teilnehmern liegen Zeugnisse vor. Dem Seher hat Maria einige Tage vorher das Ereignis angekündigt. Ein ähnliches Phänomen wiederholte sich genau zwei Jahre später. In demselben Jahr erhielt Bruno auch eine neuerliche Botschaft Marias:

> »Hier will ich ein Hausheiligtum mit dem neuen Titel ›Jungfrau der Offenbarung, Mutter der Kirche‹! Mein Haus muß allen offenstehen, damit alle das Haus der Rettung betreten und sich bekehren. Die Dürstenden und die Verirrten werden hierher kommen, um zu beten. Hier werden sie Liebe, Verständnis und Trost finden: den wahren Sinn des Lebens. Hier, an dieser Stelle der Grotte, wo ich mehrmals erschienen bin, wird das Heiligtum der Sühne sein, als ein Fegefeuer auf Erden. Da wird eine Pforte mit dem bezeichnenden Namen ›Pforte des Friedens‹ sein. Alle werden durch diese Pforte eintreten müssen und sich mit dem Gruß des Friedens und der Einheit grüßen: ›Gott segne uns, Jungfrau Maria, schütze uns!‹«

Ein Jahr vorher hatte Maria begonnen, sich in Medjugorje als »Königin des Friedens« zu offenbaren!

Seit dem 9. 7. 1956 betreuen die Minoriten des hl. Franziskus den Erscheinungsort.

> Bew.: Gut bezeugt, kirchlich gefördert, noch nicht definitiv anerkannt; Quelle: Weigl/Branz, Volk unter prophetischem Anruf, S. 103; R. Ernst, Lexikon; Däniken, Erscheinungen; Textquelle: Fausto Rossi, Die Jungfrau der Offenbarung. Tre Fontane/Rom, Hauteville 1985

1947 TYROMESTICE / SLOWAKEI (ČSFR) Maria erschien am 27. Juni drei Hirtenkindern. 14 Tage später sehen viele am Erscheingsort ein Sonnenwunder.

> Bew.: Gut bezeugt; Quelle: R. Ernst, Lexikon; Däniken, Erscheinungen

1947 URUCAINA / BRASILIEN Maria wurde von mehreren Menschen wahrgenommen, als P. Antonio Ribeiro Pinto durch seine Krankensegnungen, bei denen er in besonderer Weise Maria um ihre Fürbitte anflehte, viele wunderbare Heilungen bewirkte.

> Bew.: Gut bezeugt; Quelle: R. Ernst, Lexikon

1947 VORSTENBOSCH / NIEDERLANDE Maria erschien am 27. Juli dem 12jährigen Anton und dem 11jährigen Bertus van der Velden über einem Weizenfeld schwebend. Sie war in ein himmelblaues Gewand gekleidet und hatte eine Lilienkrone auf dem Haupt. Die Erscheinung war von einem goldenen Licht überstrahlt.

Bew.: Gut bezeugt; Quelle: Däniken, Erscheinungen

ALTENMARKT (SALZBURG)/ÖSTERREICH Maria erschien der Katharina 1948 Kainhofer vor dem Gitter einer Lourdesgrotte, die 1887 errichtet worden war. 1913 war dieselbe Lourdesgrotte durch die Initiative derselben Frau Kainhofer erneuert worden. Maria erklärte ihr die Bedingungen für Gebetserhörungen. Notwendig seien
– ernster Wille, den Geboten Gottes entsprechend zu leben;
– nur um Dinge zu bitten, die Seele und Leib zunutze sind;
– großes Vertrauen zu haben;
– für die Bekehrung der Sünder und der Irrlehrer zu beten; vor allem den Rosenkranz und die Lauretanische Litanei.
Große Krankenheilungen blieben jetzt noch aus, weil Krankheiten als Anstoß für ein bewußteres Leben und die Hinneigung zu Gott wichtig seien. Erst nach dem großen Strafgericht werde es zu einer umfassenden Krankenheilung durch Maria kommen. Vielfach wurde festgestellt, daß sich beim Gebet der Gläubigen Blumen ohne ersichtliche Ursache hin und her bewegten.

Bew.: Gut bezeugt; R. Ernst, Lexikon

ASPANG/ÖSTERREICH Maria erschien am 11. November mitten in der 1948 Nacht gegen 2 Uhr 30: Eine Wolke über dem Königsberg wurde plötzlich ganz hell, teilte sich, und Maria in blauem Mantel und blondem Haar und goldener Krone, die Hände gefaltet und einen Rosenkranz über dem Arm wurde für etwa fünf Minuten sichtbar. Mehrere Männer hatten gleichzeitig dieselbe Sichtung.

Bew.: Gut bezeugt; Quelle: R. Ernst, Lexikon; Däniken, Erscheinungen

ASSISI/ITALIEN Am 10. Februar erschien Maria im Traum einer 1948 Klosterschwester und wies sie darauf hin, daß sich in der nächsten Zeit das über sieben Meter hohe, vergoldete Bronzestandbild der segnenden Madonna an der Front der Kirche Santa Maria degli Angeli bewegen werde. Tatsächlich konnten über längere Zeit hinweg viele Menschen beobachten, daß sich die Statue bewegte.

Bew.: Gut bezeugt; Quelle: R. Ernst, Lexikon

CAIAZZO (CASERTA)/ITALIEN Seit ihrer frühesten Kindheit hatte Teresa 1948 Musco (1943–1976) zahlreiche Marienerscheinungen. Maria begleitete sie durch das ganze Leben, das sie als Opfer- und Sühneseele Gott weihte. Ein durch Krankheit und Unverständnis des Vaters oft bis ins Unerträgliche erschwertes Leben machte Teresa schon als Kind reif und empfänglich für vielfältige mystische Begnadungen und Aufgaben. Nach vielen Krankheiten (am Ende ihres Lebens zählte man 140 Operationen) wurde sie 1967 stigmatisiert und ertrug diese zusätzlichen Schmerzen neun Jahre lang mit großer Geduld. Durch ihr Tagebuch, das sie im Auftrag Marias seit 1951 fallweise und seit 1955 regelmäßig führte, sind wir auch über kleine Details bestens informiert (insgesamt über 2600 Seiten!) und können den inneren Werdegang Teresas und die Fülle ihrer Begnadungen gut mitvollziehen.

1) *Unter der Führung der himmlischen Mutter:* Die erste Marienerscheinung und -begegnung erfolgte offensichtlich im Januar 1948, als Teresa noch nicht fünf Jahre alt war: Ein gewaltiger Hagelschlag hatte eingesetzt, und Teresa eilte, nur leicht bekleidet, ins Freie, um die Hagelkörner aufzufangen und mit ihnen zu spielen. Als das der Vater sah, schlug er sie und holte sie zurück ins Haus. Kurz darauf sah das Kind »eine sehr schöne Frau«, der sie das Erlebnis erzählte. Die Dame sagte: »Siehst du, mein Kind, dein Vater hat ganz recht gehandelt.«

Dieses Ereignis findet sich in dem Teil des Tagebuchs, in dem Teresa ihre Kindheitserinnerungen beschreibt. Später schreibt sie dazu zusammenfassend: »Teure Mutter, wie beruhigt ist man unter deinem Mantel! Seit meiner zartesten Kindheit bist du, o Mutter, das Licht meiner Augen gewesen, der Weg, der mich zu Jesus geführt hat, die Richtschnur all meiner Handlungen, der Beistand in den Stunden der Finsternis. Seit meiner Geburt, o teure Mutter, hast du mich in deine Arme genommen und läßt mich deine große Liebe zu mir verkosten, und seither hast du mich nie mehr verlassen.«

Am Tag nach der ersten Erscheinung verbrennt sich Teresa das Bein, und es entsteht eine üble Wunde. Vier Tage später sieht sie wieder »die schöne Frau«, die Bohnenblätter sammelt, auf die Wunde legt und dabei sagt: »Laß es niemanden wissen, deine Mutter wird dich heilen! Bleibe ruhig!«

Nachdem die Frau verschwunden war, bittet Teresa ihre Mutter um ein paar Bohnenblätter und legt sie auf die Wunde. Einige Zeit darauf ist die Wunde geschlossen, und zehn Tage danach sieht man nicht einmal mehr eine Narbe. Um sich zu bedanken, beginnt Teresa kleine Opfer zu bringen.

Bei einer neuerlichen Erscheinung hört sie die schöne Frau sprechen:

»Mein Kind, ich bin deine Mutter, die dich auf den Weg führt, der meinem geliebten Sohn wohlgefällt. Ich freue mich über das Opfer, das du mir bringst, aber ich möchte auch, daß du es durchhältst und auch weiterhin tust.«

Eine Woche später sieht sie sich einer »wunderbaren, hell leuchtenden Frau« gegenüber, die zu ihr sagt:

»Weißt du, ich bin deine Mutter, und ich bin gekommen, dir zu sagen, daß du später einmal dein väterliches Haus wirst verlassen müssen, um in Caserta zu leben. Dort wirst du einer kleinen Frau begegnen mit grau meliertem Haar und schwarzen Augen... Diese wird dir in deinen Schwierigkeiten zur Seite stehen... sie wird deine geistliche Mutter sein.«

Ein paar Tage später erscheint Maria zusammen mit dieser Frau, die zu ihr sagt: »Mut! Ich erwarte dich in Caserta!« Damals war Teresa fünf Jahre alt – nach Caserta übersiedelt sie erst zwanzig Jahre später!

Nicht nur Maria, auch ihr Schutzengel erschien Teresa immer wieder, betet mit ihr, belehrt sie und gibt ihr Anleitungen, wie sie ihre kleinen Opfer anlegen soll, um die »Früchte« der Armen Seelen und der Rettung der Seelen zukommen zu lassen. In dieser Zeit hat sie auch immer wieder Erscheinungen des Jesuskindes.

Als Teresas Vater krank wird, hat die Familie bald mit großer Armut zu kämpfen, was wiederum sehr dazu beiträgt, daß ihr Vater in Depressionen fällt, aus denen er sich dann häufig nur mit Wutanfällen befreien kann. Sehr oft entladen sich diese auf Teresa, die Jüngste.

Von Schule ist unter diesen Umständen keine Rede. Teresa muß durch allerlei Dienste etwas zum Lebensunterhalt der Familie dazuverdienen. Da unterweist sie Maria im Lesen und Schreiben, indem sie ihr richtig die Hand führt und so beibringt, das Gehörte in Buchstaben und Geschriebenes umzusetzen. Dieser »Unterricht« war notwendig, denn immer wieder erschien Maria oder ein Engel und gab ihr Offenbarungen, die sie nun festhalten und auf diese Weise weitergeben und verbreiten konnte.

13. August 1951. Die Tage gehen schnell dahin, aber die Schauung vor mir wird immer klarer. Kaum hatte ich den Rosenkranz beendet, da hörte ich einen starken Donner. Ich war auf der Terrasse, um etwas Sonne zu genießen, denn der Arzt hatte es mir befohlen. Während ich nun zitternd wegen des starken Donners dastand, sah ich, daß vom Himmel eine helleuchtende Wolke herabstieg. Die Wolke öffnete sich, und es trat die liebe Madonna hervor mit den Worten: »Ich bin die Madonna, Maria, die Unbefleckte, mit dem von einer Lanze durchbohrten Herzen, gegeißelt, schließlich mit Dornen umgeben und mit Füßen getreten. Meine Tochter, ich bin hier, um dir zu sagen, daß der Vater eine große Züchtigung über das ganze Menschengeschlecht kommen lassen wird in der zweiten Hälfte des Jahrhunderts. Wisse Kind, daß Satan an den höchsten Stellen herrschen wird. Es wird ihm gelingen, die Geister der großen Wissenschaftler zu verführen, und das ist der Zeitpunkt, da sie so mächtige Waffen erfinden, daß es möglich ist, einen großen Teil der Menschheit zu zerstören. Und sie beweinen nicht einmal ihren großen Fehler, weil das Gebet bei vielen nicht mehr existiert; und Gott Vater wird noch einmal seine Macht

durch eine große Züchtigung zeigen. Aber er wird es noch nicht tun. Er wartet, daß sie wirklich um Verzeihung bitten. Die Dornen, die du um mein Herz siehst, sind da, um zu sühnen für die großen Verbrechen, die sie beständig dem Herzen meines Sohnes gegenüber begehen. Meine Tochter, ich bitte dich, daß du dich anbietest aus Liebe zu Jesus, um die Sündenschulden abzubüßen.«

Am 30. September erschien die Gottesmutter der Teresa und sagte ihr: »Teresa, meine Tochter, deine Leiden mußt du immer aufopfern, bis du gänzlich geopfert bist. Ich segne dich, damit du darüber nie ungeduldig wirst. Wenn du es deinem himmlischen Vater übergeben wirst, wird es voller Perlen und Brillanten sein, und mein Sohn wird dir dafür eine große Belohnung geben . . .«

Heute, 1. Januar 1952, im Alter von neun Jahren . . . will ich dir sagen, daß die Welt sehr schlecht ist. Ich bin in Portugal erschienen und habe Botschaften gegeben, und niemand hat auf mich gehört. Ich war in Lourdes, in La Salette, aber nur wenige harte Herzen haben sich bekehrt. Auch dir will ich viele Dinge sagen, die mein Herz betrüben. Ich will mit dir sprechen über das dritte Geheimnis von Fatima. Ich bitte dich: du sollst nicht mit Knaben spielen wie alle anderen. Ich will dich zu Hause wissen und ich will mit dir vom dritten Geheimnis sprechen, das ich Luzia in Fatima gesagt habe, und ich sage dir, daß es schon seit einiger Zeit gelesen worden ist, aber niemand hat es verkündet. Sie möchten es bei sich allein behalten. Niemand wird sich entschließen, es öffentlich zu verkünden, bevor Papst Paul VI. kommt. Dieser wird sich zu Luzia begeben und ihr sagen: ›Seit langer Zeit wartete ich auf diesen Besuch.‹ Und der Papst enthüllt ihr das Antlitz. Aber dieser Papst wird zwar die ganze Welt auffordern zu Gebet und Buße, aber er wagt nicht davon zu reden, denn es ist schaudererregend.« (Lesen wir aufmerksam das Datum: 1. Januar 1952. Von Papst Paul VI. konnte Teresa noch nichts wissen.)

Der Tag der Rosen

Am Nachmittag des 15. September 1952 befand sich Teresa auf der Terrasse des Hauses und sah, wie sich eine weiße Wolke langsam vom Himmel herabließ. In einer gewissen Höhe öffnete sich die Wolke, und eine hell strahlende Frau trat hervor. Um die Lenden hatte sie als Gürtel einen Sonnenstrahl. Sie breitete ihre Arme aus, und dichte Lichtstrahlen gingen von ihr aus. Ihre Lippen waren wie zwei Feuerflammen, ihre Haare wie von Gold. An ihren Fingern hatte sie Ringe von kostbaren Perlen. Zur kleinen Seherin hingewandt, sagte sie: »Mein Töchterlein, ich bin hier, um dir zu sagen, daß mein geliebter Sohn dir ein Kreuz auferlegt hat, und jetzt will er dich immer näher nach Kalvaria bringen. Willst du?« Sofort antwortete Teresa: »Ich will es!« Dann machte die Madonna ein Zeichen des Kreuzes mit der rechten Hand über sie, während die Engel »einen dichten Regen von weißen Rosenblättern« über sie fallen ließen. Einige von ihnen lösten sich auf, bevor sie noch die Erde berührten, andere hingegen blieben auf der Terrasse liegen. – Als der Vater die Rosenblätter sah, glaubte er, Teresa habe sie hingeworfen, daher schlug er sie unter wütendem Geschrei: »Immer denkst du ans Spielen, während es doch so viel zu arbeiten gibt!« – Nach diesen Prügeln stieg die Kleine von der Terrasse herab und begann, ihre Hausarbeiten zu erledigen. Aber ihr Vater rief sie erregt auf die Terrasse zurück und fragte: »Was haben all diese Rosen hier zu bedeuten?« – Teresa schwieg verlegen. Dann befahl der Vater mit barscher Stimme: »Geh hinunter und hole mir den Besen!« Das Kind eilte davon und brachte den Besen. Es fand den Vater angesichts eines Wunders: die Rosenblätter waren alle verschwunden. – Ein Engel hatte sie gesammelt und mit sich davongetragen. Dieser 15. September erhielt von Teresa den Namen »Tag der Rosen«.

Weihnachten 1952. Während die Familie in der Mitternachtsmette ist, bleibt Teresa allein zurück, weil sie hohes Fieber hat. Da erscheint ihr die jungfräuliche Mutter mit dem göttlichen Kind auf den Armen. In Linnen eingewickelt, zitterte es vor Kälte sehr. Maria legte es in Teresas Arme mit den Worten: »Meine Tochter Teresa, erwärme es mit dem Ausdruck deiner Liebe! Mein Sohn ist in äußerster Armut geboren, in völliger Verlassenheit von den Menschen und in heroischer Abtötung.« Teresa berichtet: »Wie lieblich war Jesus in dieser himmlischen Schönheit! Ich habe ihn in meine Arme genommen und an mein Herz gedrückt, ihn zu erwärmen. Das zarte Kindlein öffnete seine Purpurlippen und sagte mir: ›Teresa, versprichst du mir, beständig Schlachtopfer zu sein aus Liebe zu mir, wie ich es bin aus Liebe zu dir?‹ Ich habe ihm geantwortet: ›Ja, ja, mein Schätzlein, ich verspreche es dir.‹ Aber das Jesuskind erwiderte: ›Ich gebe mich nicht mit Worten zufrieden. Ich wünsche, daß du mit eigener Hand das Versprechen niederschreibst.‹ Und während ich schrieb, bemerkte ich, daß es Blut war.« Und sie fügt noch hinzu: »Den ganzen Weihnachtstag hatte ich Fieber. Aber um neun Uhr, als alle schliefen, erschien die Himmelsmutter von neuem mit dem Jesuskind, das sie stillte.«

Im Tagebuch der Teresa lesen wir: Diktiert von der himmlischen Mutter, als ich zehn Jahre alt war, 1954:

Gott allein als Ziel,
Jesus als Modell,
Maria zur Führerin,
Der Engel zum Schutz.
Ich immer im Opfer.

Ein vollkommenes Lebensprogramm in fünf Punkten. Man könnte sich kein besseres Lebensprogramm vorstellen, unzweifelhaft erhaben über die Intelligenz einer Zehnjährigen, und es ist auch ein Programm, das Teresa während ihres kurzen Lebens realisierte.

2) *Unbeschreibliche Leiden:* Am 31. August 1957 begann Teresa, besonders starke Schmerzen an Händen, Füßen und an der Seite zu verspüren. Die Hände waren rot, geschwollen und in der Mitte der Handflächen schien sie jeweils eine Wunde zu haben . . . die Wundmale begannen sich auszuprägen!

Dann lernte Teresa einen jungen Mann namens Tonino kennen – sie war noch nicht 15 Jahre alt. Er war fromm und liebevoll und hatte Verständnis für ihren besonderen Weg – da kam er durch einen Autounfall ums Leben! Es war ein schwerer Schlag für das Mädchen, doch Maria half ihr zu verstehen, daß ihr Weg das Kreuz sei...

Das Verhältnis zu ihrem Vater wurde immer gespannter, er hatte keinerlei Beziehung zu ihren Problemen, hielt sie für eine Heuchlerin – dabei hatte sie zu diesem Zeitpunkt schon weit über 40 operative Eingriffe hinter sich!

Am 1. 1. 1964 blickt sie bereits auf 13 Leidensjahre zurück:

»Es beginnt ein neues Jahr des Leidens... Die Jahre gehen schnell vorüber; ich merke es kaum, so groß ist die Freude, aus Liebe zu leiden mit dem einzigen Ziel, den Priestern zu helfen und den Sündern, und alles zur Sühne für meine Sünden... Ich bete, bete, aber brenne in Liebe für meine große Liebe. Jesus, dir habe ich mein Leben, meine Seele und meinen Leib geweiht und will es weiterhin tun... Ohne Jesus kann ich nicht leben!«

Sie wird 33 Jahre alt – das Alter Jesu, ihres »Geliebten«. Und die Schmerzen, Krankheiten, Operationen, verschiedenartigen Therapien gehen weiter. Oft verbringt sie Wochen und Monate in verschiedenen Kliniken. Und wenn sie wieder zu Hause ist, plagt sie der Vater, der sich schließlich sogar weigert, noch einen Fuß in sein Haus zu setzen, solange Teresa darin lebt.

3) *In Caserta:* Schließlich zog Teresa einen Schlußstrich und zog nach Caserta, zusammen mit ihrem Bruder Peter. Dort suchte sie nach den ihr angekündigten Helfern und Betreuern und fand als ersten Don Franco Amico, den Pfarrer von Castel Volturno, der ihr Beichtvater wurde und ihr die letzten Jahre ihres Lebens beistand.

»Tante Antonietta«, nahm sich ihrer liebevoll in allem an und betreute sie. Viele unerwartete Helfer stellten sich ein, die mit Geld ihren Lebensunterhalt bestritten.

Am 8. September 1968 holte sie Sr. Dorina von Kalabrien aus ab und begleitete sie auf eine Pilgerfahrt nach Lourdes. Der schreckliche Gesundheitszustand Teresas schien die Reise unmöglich zu machen, dann wagten sie es doch. In Lourdes angekommen, begab sich Teresa sofort zur Grotte. Sie schreibt:

»Ich betete, und dann begab ich mich zum Quellbad, wo sie mich sofort das Bad nehmen ließen, als sie sahen, daß ich krank sei. Ich hörte die Menschen seufzen wegen der Kälte des Wassers. Aber ich habe mich gebadet mit dem Gedanken an Jesus. Alle behaupten, das Wasser sei sehr kalt, ich habe es aber als sehr warm empfunden, so mild, daß ich es nicht auszudrücken vermag. Bei meinem Hinabsteigen in das Bad habe ich neben dem Bassin meine liebe himmlische Mutter sitzen sehen, die mir sagte: ›Teresa, du sühnst die Sünden so vieler Seelen, und du mußt allen jenen Seelen, die zu dir kommen, sagen, daß mein Herz nicht nur ein Abgrund der Liebe ist, sondern auch ein Abgrund der Barmherzigkeit für die Sünder, die Vertrauen zu mir haben. Ich verstehe die Armseligkeiten des Menschenherzens, von denen nicht einmal die von mir bevorzugten Seelen frei sind. Ich will, daß ihre Handlungen, so klein sie auch sein mögen, unendlichen Wert für die Seelen und für die Rettung der Welt erhalten.‹«

Am Morgen des 30. November, als sie gerade der heiligen Messe beiwohnte, bemerkte Teresa einen großen Schmerz in der Brust. Sie wandte sich an die himmlische Mutter und bat sie nicht um Heilung, sondern um Kraft. Anstatt ihre eigene Heilung zu erbeten, bat sie um die Genesung eines Kranken, der mehr als sie selbst einer guten Gesundheit bedurfte. In diesem Augenblick sah sie eine Dame mit weißem Kleid und rotem Mantel, die Lenden umschlungen mit einem himmelblauen Gürtel, die zu ihr sprach: »Meine Tochter, siehe das ist das Zeichen, das ich dir gebe, daß der Kranke geheilt ist... Bete, bete, Kind, denn die Welt bedarf deiner Gebete.« Bei diesen Worten überschüttete sie Teresa mit wunderbaren Rosenblättern. Sie bewahrte einige derselben auf, die übrigen verschenkte sie verschiedenen Kranken.

Um die Mittagszeit des Festes Mariä Himmelfahrt 1974 hatte Teresa eine liebliche Vision. Sie sah vor sich eine sehr schöne Dame, aber ihre Schönheit war überdeckt von einem ungeheuren Licht, in das sie nicht schauen konnte. Ihre Stimme war wie eine Melodie, aus ihren Händen strömten leuchtende Strahlen, ebenso aus ihrem Herzen. Sie war weiß gekleidet mit blauem Gürtel und himmelblauem Mantel. Ihr Schleier auf dem Haupt war weiß, aber mit leuchtenden Sternen umgeben; zu ihren Füßen war etwas wie eine helle Wolke, weißer als der Schnee. »Es war mir, als befände ich mich in einem sehr großen Garten, und es gab dort viele, sehr viele Engel. Aus deren Mitte kam sie auf mich zu und sprach: ›Tochter, ich bin nicht gestorben, sondern nur eingeschlafen, und nun befinde ich mich mitten unter euch, um zu sehen, wer sich als Opfer anbieten will auf dieser Erde, um sich später im Reiche meines lieben Sohnes zu erfreuen. Ich will auch dich, meine teure Tochter, auf dieser Bahn des Opfers. Willst du es annehmen?‹«

Auf diese Frage zögerte Teresa keinen Augenblick zu antworten: »Ja, mit meiner ganzen Seele und mit meinem ganzen Willen gebe ich Seele und Leib hin für die Sünder und für die Befreiung der Seelen, die sich im Fegefeuer befinden. Himmlische Mutter, tue du mit mir alles, was du willst.«

Danach wandte sich Teresa unmittelbar an Jesus mit den Worten: »Ich bitte dich, Jesus, meine Liebe, nimm du meinen armen Körper; ich möchte ihn in Stücke und Fetzen zerreißen, alles für die Sünder.«

Seit 1971 kam es zu verschiedenen Phänomenen an Bildern und Statuen im Hause Teresa Muscos: Tränen, Bluttränen und andere Zeichen an den Statuen wurden von mehreren Personen gesehen und bezeugt. Die Sache wurde publik, die Zeitung berichtete davon, bald war es überall bekannt.

Das Phänomen wiederholte sich bis zum Ende Oktober, um alsdann am folgenden Ostertag wieder von neuem zu beginnen; das war im Jahr 1975. Im Hause der Teresa hat das Phänomen des Blutweinens sich sozusagen systematisch an dem Antlitz-Jesu-Bild am 26. Februar 1975 bewahrheitet. Das Bild wurde zu Seiner Exzellenz Monsignore Roberti gebracht, der es auch am folgenden Tag prüfte, nachdem es ihm von Don Stefano Gobbi, dem Gründer der marianischen Priesterbewegung, gezeigt wurde.

Während ihres kurzen irdischen Lebens und in ganz besonderer Weise während der acht Jahre ihres Aufenthaltes in Caserta übte Teresa Musco ein beständiges fruchtbares Apostolat aus, sei es durch ihr Beispiel, sei es durch ihr Wort. Von vielen Seiten kamen die Menschen zu ihr, und sie hatte für alle das rechte Wort, ein Wort, das die Wege des Herzens kannte. Unter denen, die sich Teresa genähert haben in nur acht Monaten vom 1. Oktober 1975 bis Juli 1976 sind etwa 60 Priester notiert, an die 40 Ordensschwestern und eine bedeutende Zahl von einfachen Gläubigen, die gekommen waren von Rom, Roccasecca, Ponza, Neapel, von Frattamaggiore, Pozzuoli, Capua Vetere, Castelvolturno, Salerno, Benevento, von Castellamare und von vielen anderen Städten und Dörfern, ungefähr 360 Personen, die das Glück hatten, Teresa näher kennenzulernen und mit ihr zu sprechen. Viele von ihnen konnten mit eigenen Augen feststellen, was an außerordentlichen Phänomenen sich im Hause der Teresa ereignete. Viele von ihnen kehrten zum Glauben zurück, zu den Sakramenten, zu einem christlichen Leben.

Die letzte Eintragung in Teresas Tagebuch stammt vom 2. April 1976, wo sie die Stimme der »himmlischen Mutter« festhielt:

> »Meine Tochter, diese meine Tränen werden eine Herzenserneuerung sehr vieler bewirken, die kalt sein wollen, und vieler anderer, die keinen rechten Willen haben. Aber was diejenigen angeht, die nicht beten und sagen, daß das Beten ein Fanatismus sei, sollst du wissen, meine Tochter, daß für sie diese Tränen, wenn sie nicht umkehren, zur Verdammnis sein werden.«

Gegen Ende ihres Lebens wurde Teresa noch zu allem Dialysepatientin. Ihre letzten Worte sprach sie zu einer Leidensgenossin in der Klinik in Neapel, wo sie sich einer Dialyse unterzog. Als sie auf den angesetzten Termin wartete, fragte eine neben ihr sitzende Dame: »Warum läßt der Herr mich so leiden?« Teresa gab ihr zur Antwort: »Wissen Sie nicht, daß der Herr Jesus, um uns seine Liebe zu beweisen, für uns am Kreuz gestorben ist? Wissen Sie nicht, daß auch wir mit unseren Sünden den Tod Jesu gewollt haben? Selig wir, wenn wir zu leiden wissen und alles dem Herrn aufopfern. Nichts geht verloren, der Herr hält nichts zurück und weiß uns wohl zu belohnen für unsere Leiden.«

Am 19. August 1976 etwa um 20 Uhr 30 starb Teresa – sie kehrte heim von Kalvaria in die Wohnung des Vaters. Eine gewaltige Menschenmenge begleitete sie zum Grab und nannte sie »die hl. Teresa von Jesus dem Gekreuzigten«.

> Bew.: Gut bezeugt; Quelle: R. Ernst, Lexikon; Textquelle: Benedikt Stolz, Teresa Musco. Mit Christus gekreuzigt, Jestetten, 1983

CLUJ/RUMÄNIEN   Maria erschien einer Menschenmenge unter nicht näher bekannten Umständen.   1948

> Bew.: Unbekannte Überlieferung; Quelle: R. Ernst, Lexikon

GIMIGLIANO/ITALIEN   Maria erschien zwischen dem 18. und dem 24. April mehrmals der 13jährigen Anita Federici. Am 23. April hatten viele Menschen ein Sonnenwunder beobachtet. Maria sagte während der Erscheinungen: 1948

> »Betet für die Bekehrung Rußlands... Betet für die Priester und für die Bekehrung der Sünder!«

Bei der letzten Erscheinung in der Nacht vom 23. auf den 24. April hatten sich etwa 100 000 Menschen versammelt.

> Bew.: Gut bezeugt. Von der Kirche abgelehnt; Quelle: R. Ernst, Lexikon

LA FORCLAZ/FRANKREICH   Maria erscheint der 50jährigen Frau Brélat unter nicht näher bekannten Umständen.   1948

> Bew.: Unbekannte Überlieferung; Quelle: R. Ernst, Lexikon

LIART/FRANKREICH   Der kommunistische Familienvater Louis Mercier und elf andere Männer sahen eine Marienerscheinung am 7. Dezember. Maria schwieg, es sind auch keine näheren Umstände bekannt. Die Familie Mercier jedenfalls bekehrte sich unter dem Eindruck dieser Erscheinung.   1948

> Bew.: Gut bezeugt; Quelle: R. Ernst, Lexikon; Däniken, Erscheinungen

L'ILE NAPOLEON (MÜHLHAUSEN)/FRANKREICH   Maria erscheint drei Kindern in einer neu errichteten Kirche.   1948

> Bew.: Unbekannte Überlieferung; Quelle: R. Ernst, Lexikon

LIPA/PHILIPPINEN   Maria erschien 15mal der 21jährigen Novizin Sr. Teresita, die in den Karmel von Lipa eingetreten war. Die erste Erscheinung fand am 13. September im Klostergarten statt. Maria war weiß gekleidet, schwebte auf einer Wolke, hielt einen goldenen Rosenkranz in den Händen und sagte: 1948

»Ich bin deine Mutter . . . Liebet einander wie wahre Schwestern . . . Ich bin die Vermittlerin aller Gnaden. Betet viel für die Priester!«

Seit dem 15. September gab es des öfteren einen Rosenblätterregen, manchmal mit scharf ausgeprägtem Antlitz von Jesus oder Maria auf einzelnen Blättern.
Die Erscheinungen dauerten bis zum 12. November 1948. Zahlreiche Wunderheilungen und Bekehrungen werden im Zusammenhang mit diesen Erscheinungen berichtet.

Bew.: Gut bezeugt, anerkannt vom Bischof von Lipa, abgelehnt von höherer kirchlicher Instanz; Quelle: R. Ernst, Lexikon; Däniken, Erscheinungen

1948 MARINA DI PISA / ITALIEN Maria erschien seit dem März 1948 vielen verschiedenen Menschen, die in der Grotte von Villa Santa beteten. Maria forderte zum Gebet und zur Buße auf und gab Belehrungen über die Nächstenliebe und über opfervolle Pflichterfüllung. Zahlreiche Bekehrungen unter den Augenzeugen der Erscheinungen; auch Heilungsberichte werden bestätigt.

Bew.: Gut bezeugt, kirchlich nicht entschieden; Quelle: R. Ernst, Lexikon

1948 MARTA / ITALIEN Maria erscheint oftmals in einer Grotte bei Marta in der Provinz Viterbo. Am 19. Mai vier Kindern, dann auch vielen Erwachsenen über einen langen Zeitraum hinweg. Bekannt geworden ist z. B. eine Marienerscheinung bei der 65jährigen Concetta Moretti im September 1962. Auch Visionen der Leiden Jesu werden gemeldet, wobei die Seher ekstatisch die Schmerzen Christi miterleben. Viele Bekehrungen werden berichtet.

Bew.: Gut bezeugt, kirchlich nicht entschieden; Quelle: R. Ernst, Lexikon; Däniken, Erscheinungen

1948 MONTLUÇON / FRANKREICH Seit dem 18. September erschien Maria mehrmals einem namentlich nicht bekannten Ordensmann als »Unsere Liebe Frau vom Licht«.

Bew.: Unbekannte Überlieferung; Quelle: R. Ernst, Lexikon

1948 NOCERA SUPERIORE / ITALIEN Maria erscheint einem Kind unter nicht näher bekannten Umständen.

Bew.: Unbekannte Überlieferung; Quelle: R. Ernst, Lexikon

1948 SCHICHOWITZ / TSCHECHOSLOWAKEI Maria erschien wiederholt drei Kindern und Erwachsenen, forderte zu Gebet für die Bekehrung der Sünder auf und drohte Strafgerichte an, falls sich die Menschen nicht bessern würden. Maria zeigte sich mit einem weiten blauen Mantel und einer Krone auf dem Haupt als Königin des Himmels und der Erde. Die Kinder durften mehrmals Maria berühren. Oftmals segnete Maria die Seher. Am 27. Juni und 27. Juli ereigneten sich Sonnenwunder sowie am 8. Dezember 1949 und am 2. Februar 1950. Maria forderte immer wieder zum Rosenkranzgebet und zu Buße und Sühne auf. Auch einzelne Zukunftsvisionen wurden geschaut, über die leider nichts bekannt ist. Die letzte Erscheinung fand am 31. Oktober 1952 statt.

Bew.: Gut bezeugt; Quelle: R. Ernst, Lexikon

BALESTRINO (LOANO)/ITALIEN   Maria erschien von 1949 bis 1971 der **1949** Catherina Richero in einem rosa Gewand mit blauem Mantel und goldener Krone. Sie verlangte mehrmals Gebet und Buße. Schon 1950 wurde am Erscheinungsort eine Kapelle gebaut, teilweise aus Spenden der zahlreichen Pilger. Lange Zeit erschien Maria immer am 5. jeden Monats, seit 1965 mit längeren Unterbrechungen.

Bew.: Gut bezeugt; Quelle: R. Ernst, Lexikon

DÜREN/DEUTSCHLAND   Maria erschien oftmals der 44jährigen Näherin **1949** G. Fink zwischen dem 1. Mai und dem 31. Oktober 1952. Die Erscheinungen ereigneten sich in einer Marienkapelle, in der Pfarrkirche von Düren im Rheinland oder in der Wohnung von Frau Fink. Maria nannte sich »Magd des Herrn« und bat um Gebet und Buße, feierte am Altar der Pfarrkirche das Meßopfer mit und erteilte den Segen. Kurze Botschaften gingen von ihr aus:

»Mein marianisches Reich wird sich bald ausbreiten!«
»Mein Sohn kommt bald!«
»Du mußt viel für den Hl. Vater beten. Durch eine schwere Krankheit wird er sich einige Zeit zurückziehen, aber er wird wiederkommen in großer Frische, denn noch vieles wird ihm abverlangt.«

Bew: Gut bezeugt. Kirchlich nicht entschieden; Quelle: R. Ernst, Lexikon

FEHRBACH/DEUTSCHLAND   Maria erscheint insgesamt 53mal der Senta **1949** Roos (geb. 1937), beginnend am 12. Mai – alle vierzehn Tage bis zum 10. Mai 1952. Maria zeigte sich in einem langen, weißen, gerafften Kleid, mit goldener Krone und weißgelbem Rosenkranz. Zahlreiche Zuschauer erkannten sie, manchmal auch andere Seherinnen. Immer wieder forderte Maria zum Gebet um die Bekehrung der Sünder auf und nennt sich am 26. Januar 1950 »Mutter der Bekehrung der Sünder«. Viele Augenzeugen der Erscheinungen bekehren sich. Bei der letzten Erscheinung sagt Maria: »Etwas Schweres wird kommen!«

Bew.: Gut bezeugt, kirchlich abgelehnt; Quelle: R. Ernst, Lexikon; Däniken, Erscheinungen

1949 HEROLDSBACH/DEUTSCHLAND Maria erscheint ab dem 9. Oktober, dem Rosenkranzfest, einigen Mädchen (Kuni Schleicher, Grete Gügel, Erika Müller, Marie Heimann). Die Mädchen waren zehn und elf Jahre alt. Später kamen drei weitere (Betty Büttner, Antonie Saam, Irma Mehl) zu der Seherinnengruppe dazu. Der zuständige Pfarrer war aufgeschlossen. Allmählich wurden auch Erwachsene (gegen 300 Personen insgesamt) in die Erscheinungen einbezogen. Am 8. Dezember, Fest der Unbefleckten Empfängnis, erlebten 10 000 Personen die Lichtphänomene eines Sonnenwunders. Es wurde auch von Visionen, ausgesprochenen Prophezeiungen und Botschaften Marias berichtet.

Die Vorgänge dauerten mit Unterbrechungen bis zum Oktober 1952 an. Das erzbischöfliche Ordinariat Bamberg, in dessen Verwaltungsbereich die südwestlich von Forchheim gelegene Erscheinungsstätte gehört, setzte eine Untersuchungskommission ein, die jedoch von großer Skepsis geprägt war.

Um dem sehr starken Pilgerstrom und der massiven Wallfahrtsbewegung entgegenzusteuern, wurde verfügt, daß am 15. Mai 1953 ein Arbeitskommando die Gnadenstätte zerstörte. Ganz ließ sich die Anziehungskraft der Gnadenstätte aber nicht unterbinden. Ab 1986 ist erneut ein deutlicher Anstieg des Pilgerbesuchs festzustellen, es kommen Prozessionen aus dem In- und Ausland, obwohl die Kirche ihre ablehnende Haltung offiziell nicht geändert hat.

Wegen der Bedeutsamkeit der in Heroldsbach aufgetretenen Phänomene ist auch hier eine breitere Darstellung im Detail erforderlich:

1) *Die ersten Erscheinungen im Oktober 1949:* Die genannten vier Kinder sammelten im Herbstwald bunte Blätter. Auf einmal sahen sie über einem Birkenwäldchen ein Schriftzeichen, etwa 1/2 Meter hoch: »IHS«; nach kurzer Zeit erschien an derselben Stelle eine weißgekleidete Frau (»wie eine Schwester«); die Kinder glauben, die Gottesmutter zu erkennen. Sie ist »wie durchsichtig«.

Vier Tage später sind die Mädchen wieder auf dem Hügel und stehen derselben Erscheinung gegenüber. Sie fragen: »Was ist dein Wunsch?« Und sie erhalten eine Antwort (»Man weiß nicht, hört man's von innen her oder von außen, die Antwort ist einfach da, und die Worte muß man selber bilden«, beschreibt ein Mädchen den Vorgang): »Die Leute sollen fest beten.« Dann werden sie von Maria gesegnet, und die Erscheinung ist fort.

Acht Tage später wieder eine Erscheinung. Die Kinder stellen eine von dem Geistlichen Rat Johannes M. Heer geforderte Frage: »Liebe Gottesmutter, was hindert dich, uns näherzutreten?« Darauf die Antwort: »Ich bin gekommen, um die Menschen nochmals aufzurufen zu Gebet und Buße... Die Leute sollen fest beten!«

Die Kinder stellen getrennt dieselbe Frage und werden danach einzeln befragt; alle vier geben diese Antwort!

Es kommen bereits mehrere tausend Besucher pro Tag. Das Ordinariat wird nervös und warnt die Gläubigen, Heroldsbach zu besuchen. Die Besucher halten sich jedoch nicht daran: Es werden Sonderzüge organisiert und an einem Tag zählt man sogar 60 000 Besucher!

Am 31. 10. läßt Pfarrer Walz fragen: »Liebe Muttergottes, bist du mit deinem Leib in den Himmel aufgenommen worden?« Antwort: »Ja, aber ich bin die kleine Magd geblieben.«

2) *Das große Sonnenwunder am 8. Dezember 1949:* Der Pfarrer von Heroldsbach, Johannes Gailer, berichtet:

»Am 8. 12. waren ca. 8000 Menschen da. Ich habe eine Prozession gehalten. Auf einmal gab es eine Unruhe. Was war los?

Ich kam bis zum Birkenwald und hielt dort eine Andacht. Da riefen die Leute: Pfarrer, hör auf und schau, was da ist! Die Sonne kam auf uns zu und knisterte ganz gewaltig. Ich sah darin einen 20 Zentimeter breiten Kranz von Rosen. Antonie Saam sah in der Sonne die Muttergottes mit Kind. Wir waren zu fünf Geistlichen oben. Solange ich lebe, werde ich das bezeugen. Die Sonne hat geschienen 1/2 bis 3/4 Stunde. Sie kam vor und ging wieder zurück. Bis auf ca. 4 Meter kam die Sonne heran. In 45 Kilometer Umkreis wurde es gesehen. Wir haben uns an die Wetterwarten gewandt und die Auskunft bekommen, daß am 8. 12. keinerlei Sonneneinstrahlung stattgefunden hat. Der Himmel war allenthalben grau verhangen gewesen, genau wie in Heroldsbach bis 15.15 Uhr, als das Sonnenwunder einsetzte. Eben deshalb ein Wunder, weil es natürlich nicht zu erklären ist.«

Alle Seherinnen sagten während der Erscheinung und auch nachher beim »Einzelverhör« im Pfarrhof, daß sie die Muttergottes in der drehenden Sonne gesehen haben und auch noch in der untergehenden Sonne. Auf die Frage der Kinder an die Gottesmutter (formuliert vom Geistlichen Rat J. B. Walz), ob dies ein Zeichen der Echtheit gewesen sei, kam die Antwort: »Das habe ich gemacht, weil noch so viele Ungläubige sind, daß sie es auch glauben.«

Am gleichen Tag hielt der Erzbischof von Bamberg eine Pontifikalvesper und kündigte eine positive Entscheidung für Heroldsbach an.

3) *Weihnachtsvisionen 1949:* Mehr als 4000 Pilger hatten sich am 25. 12. um 18 Uhr an der Erscheinungsstelle eingefunden. Zuerst erschien Maria mit dem Kind über den Birken wie sonst und sagte: »Die Menschen sollen mehr Buße tun und fest beten, in der Weihnachtszeit

sollen die Leute besonders die Heilige Familie verehren, alle Tage den Rosenkranz beten und dazu auch eine Andacht zum Herzen Mariens.«

Dann entsteht eine große Erregung. Eines der Mädchen ruft, daß sie den hl. Josef sieht und die Krippe mit dem Jesuskind, und daneben Maria und Josef. Die anderen Kinder bezeugen das und setzen fort – in größter Erregung und freudiger Überraschung. Sie sehen die Heilige Familie, beginnend mit der Verkündung der Geburt Jesu durch einen Engel an die Hirten bis zur Flucht nach Ägypten, zuletzt wieder die Krippe. Die Visionen dauern bis gegen 19 Uhr. Der Eindruck auf die Versammelten ist erschütternd und durchaus glaubwürdig in dem Sinn, daß Kinder dieses Alters nicht gemeinsam eine Dreiviertelstunde lang fortlaufend eine derartige Fülle von Erscheinungen mit so komplizierten Handlungen erdichten und wiedergeben können. Als dem Erzbischof diese Vorfälle zu Ohren kommen, reagiert er skeptisch: »Das ist lauter Phantasterei der Kinder! . . .« In einer vom Ordinariat herausgegebenen Broschüre heißt es: »Wenn alles das echt wäre, würde Heroldsbach ein Gnadenort sein, der an Gunsterweisen des Himmels alles übertrifft, was sämtliche Wallfahrtsorte der Welt je ausgezeichnet hat.« Und von den Kanzeln wird am 10. Januar 1950 verlesen: ». . . die kirchliche Untersuchung hat nichts erbracht, was für die übernatürliche Herkunft der Visionen sprechen würde, vieles gibt vielmehr zu ernsten Bedenken und zur Warnung vor dem Besuch Anlaß.«

4) *Weitere Erscheinungen im Frühjahr 1950:* Der Pilgerstrom reißt aber nicht mehr ab, ganz im Gegenteil, in den folgenden Monaten kommen täglich Tausende nach Heroldsbach zum Gebet. In unregelmäßigen Abständen finden Erscheinungen mit kurzen Botschaften statt.

Immer wieder reicht Maria den Kindern ihre Hände, so daß sie nicht nur sehen und hören, sondern auch fühlen . . . Am 9. 2. dürfen sie einen Blick in den Himmel tun und sehen die Heiligste Dreifaltigkeit. Die Kinder sagen darüber: »Das schönste, was wir im Leben gesehen haben, am liebsten wären wir alle gleich mit in den Himmel gegangen.«

Das Ordinariat untersagt den Geistlichen, sich an irgendwelchen Andachten in Heroldsbach zu beteiligen. Der Ortspfarrer darf den Erscheinungshügel nicht mehr betreten.

5) *Eine Vision vom Mißbrauch der Atomkraft im Mai 1950:* Eine erwachsene Seherin sah ein großes Spinnennetz, das sich durchs ganze Weltall zog. In seinem Zentrum saß eine metallen blinkende Spinne. Die Frau hörte eine Stimme: »Dieses Netz darf nicht berührt werden, wird es berührt, zerreißt es.«

»Sobald die Spinne in Bewegung kam, hörte ich ein furchtbares Getöse, es entstanden Erdspalten, in denen ganze Häuser versanken. Ich hörte großes

Jammergeschrei der Menschen, die von der aufgewühlten Erde verschlungen wurden. Es lagen so viele Menschen tot auf den Straßen, daß man sie auf pferdebespannte Flachwagen legte und zur Seite führte. Autos und Flugzeuge hatten wir keine mehr, auch kein künstliches Licht... Ich sah das Meer in seinem Wellengang haushoch übertreten und viele Städte und Dörfer überschwemmt werden. Die Speisen waren meistenteils vergiftet, die Menschen, die doch davon aßen, starben an heftigen Leibkrämpfen. Wir hatten nur mehr ganz wenig gesunde Nahrung...«

6) *Erscheinungen und Botschaften bis Herbst 1950:* Aus vielen Erscheinungen und Botschaften vom Mai bis Oktober nur ein paar Proben:

»Das Volk hat nicht getan, um was ich gebeten habe. Sie sollten Buße tun und haben es nicht getan... Einer nur ist, der es aufhalten kann, das ist der Heiland, Jesus Christus. Er wird die Katastrophe abwenden, wenn der größte Teil der Gläubigen auch tatsächlich Buße tut und Besserung verspricht... Es wird das Unheil kommen und eine große Hungersnot. Bringt morgen Kerzen und Streichhölzer mit, ich will sie weihen.«

In mehreren Erscheinungen weint Maria teilweise bitterlich. Als man nach dem Grund dafür fragt, schweigt Maria. Am 10. 7. verlangt sie, daß man den Bischof (»die höhere Geistlichkeit«) nach Heroldsbach rufen möge. Dieser weigert sich. Am 26. 9. lehrt sie ein Gebet: »O Maria, laß uns unter deinem Mantel stehen. Er ist das Haus, da können wir nicht zugrunde gehen.«

Am 8. 10. sagt sie: »Kinder, wenn man euch zwingen wird, nicht mehr auf den Berg zu kommen, so wisset, ich werde überall dort erscheinen, wo ihr seid.«

7) *Erster Jahrestag der Erscheinung:* Vor dem Beterkreis auf dem Hügelplateau, wo seit dem 17. Mai (bis 1953) Tag und Nacht gebetet wird, liest ein Domkapitular aus Bamberg ein Dekret des hl. Offiziums in Rom vor. Viele Polizeibeamte sind zum »Schutz« des geistlichen Würdenträgers mitgekommen. Maria erscheint und sagt: »Liebe Kinder, betet, betet, betet!«

Dann verlassen die Kinder den Hügel und gehen in die Kirche. Dort erscheint Maria in der Lourdesgrotte, segnet das Volk und entschwebt in Richtung Erscheinungshügel. Am Abend haben die Mädchen in der Kirche noch einmal eine Erscheinung, bei der Maria sagt: »Ich verlasse euch nicht. Seid nicht traurig. Ich bin ja bei euch.« Dann entfernt sie sich wieder in Richtung Hügel. Ebenso Jesus, der ihnen nach Maria erscheint und sie auffordert, ihm die Treue zu halten.

In der Nacht wird in der Kirche durchgebetet. Da erscheint das Jesuskind und fordert die Kinder auf, am nächsten Tag wieder auf den Hügel zu kommen. Diese weisen auf das Verbot hin. Das Jesuskind antwortet:

»Wollt ihr mir nicht folgen?« Als die Kinder darauf ihren Zwiespalt zum Ausdruck bringen, schweigt es und nickt zweimal mit dem Kopf.

Am nächsten Tag kommen zwei Seherinnen auf den Berg. Maria mit dem Jesuskind erscheint ihnen und fordert sie wieder zum Kommen auf.

8) *Erscheinung Marias vor 300 Erwachsenen am 1.11. 1950:* In der Nacht zum 1.11., dem Tag der Dogmenverkündigung der leiblichen Aufnahme Marias in den Himmel, erscheint Maria mit schwarzem Rosenkranz und zeigt sich etwa 300 Erwachsenen. Viele eidesstattliche Erklärungen dieser Erscheinung liegen vor.

9) *Erscheinung Marias zusammen mit vielen Heiligen am 13.3. 1951:* Eine große Menschenmenge hatte sich mit den kleinen Seherinnen auf dem Berg versammelt. Da erschienen Maria mit dem Jesuskind und nacheinander viele Heilige, die bald da, bald dort auf der Wiese auftauchten, und von den Kindern bemerkt und begrüßt wurden: Zuerst zeigte sich eine Vision der Hl. Dreifaltigkeit über dem Birkenwald, dann der hl. Franz von Assisi und schließlich ein im Ruf der Heiligkeit am 3.4. 1936 gestorbener Baron K. F. (der in einigen Visionen kommende große Dinge gesehen und angekündigt hatte). Die Heiligen begrüßten die Kinder und den Pfarrer mit Handschlag oder Segen. Dann erschienen der hl. Aloysius, der hl. Stanislaus Kostka, die hl. Agnes, die kleine hl. Theresia und Maria Goretti. Als die Kinder einmal nach dem Sinn des Handschlags und dem Erscheinen gerade dieser Heiligen fragen, hören sie die Antwort:

> »Damit eure Hände nichts Unkeusches tun ... Ihr sollt dem Jesuskind und der Muttergottes und den Heiligen immer fest in die Augen schauen, damit ihr keine Freude habt an unkeuschem Sehen. Ihr sollt dem Leib und seinen Sinnen nie nachgeben, denn einmal kommt das Gericht, und dann wird alles offenbar werden, das Gute und das Böse ... Der Himmel hat sich hier auf die Erde gesenkt, aber er wird sich bald wieder schließen.«

10) *Erscheinungen »unbekannter« Heiliger/Märtyrer als »Beweis«:* Die Heiligen Fauremus und Rasellus offenbaren sich als Märtyrer an der Wende vom 1. zum 2. Jahrhundert. Der mittlerweile heiliggesprochene P. Josef Freinademetz erscheint und weist auf die beiden Steyler Patres Nies und Henle hin, die tatsächlich einige Tage vor ihm 1897 in China ermordet worden waren, wie Nachforschungen ergeben haben. – Die Kinder können alle diese Personen nicht gekannt haben.

11) *Einige eindrucksvolle Erscheinungen im Jahr 1951:* Am 6.5. erscheint Maria in ihrem großen blauen Mantel und fordert die Anwesenden auf, zusammenzutreten, damit alle darunter Platz finden. – Am 13.6. erscheint der blutüberströmte gekreuzigte Heiland und kündigt an, daß jetzt ein furchtbarer Kampf beginnt. Am 15.6. schwebt Maria in eine etwas entfernter liegende Mulde, die der Großmutter eines der Mädchen

gehört, also bei der bald nachher erfolgten Absperrung frei bleiben mußte.

12) *Androhung und Vollzug von Exkommunikation:* Am 15. 8. wird ein zweites römisches Dekret verlesen: »Es steht fest, daß die genannten Erscheinungen nicht übernatürlich sind, weshalb jedweder diesbezügliche Kult im obgenannten Ort und auch anderswo verboten wird.« Priester, die sich nicht an das Verbot halten, werden suspendiert. Bald darauf werden die Kinder exkommuniziert mit gleichzeitiger Aufforderung, zu widerrufen.

13) *Vision während des Wundenrosenkranzes am 2. 10. 1951:* Dieselbe Frau, die im Mai 1950 die Vision mit der »Spinne« hatte, sah über dem Birkenwald ein großes Kreuz in unermeßlicher Lichtfülle schweben; der Leib des Gekreuzigten war mit Wunden bedeckt. Die Dornenkrone drückte auf seinen Kopf, ein Augenlid war von einem Dorn durchbohrt. Aus der Seitenwunde brach eine Lichtgarbe. Das aus den Fußwunden fließende Blut floß in das Fegefeuer zur Erquickung der Armen Seelen. Der Heiland klagte, daß die kirchliche Obrigkeit an die Erscheinungen nicht glaube, gab den Pilgern den Segen und sagte: »Sie werden erst glauben, wenn ich sie dahinraffe und werden es erst im Himmel erkennen, wenn sie zu mir kommen. Ich kann die strafende Gerechtigkeit nicht länger zurückhalten.«

14) *Dritter Jahrestag der Erscheinung (9. 10. 1952):* Mittlerweile war eine Kapelle gebaut worden, in der ein großes Kruzifix aufgestellt worden war. Viele Pilger hatten sich an der Erscheinungsstelle versammelt, sie verbanden sich, da man ihnen in der Kirche die Kommunion nicht reichte, geistig mit allen Meßopfern auf der Welt. Die Seherin M. W. sah den Thron Gottes und den 12jährigen Jesusknaben vor ihm, der mit den Pilgern zusammen die Messe geistig feierte. Als sie zur Kommunion gekommen waren, erstrahlte die konsekrierte Hostie, und Jesus schwebte auf einer Lichtbahn zum Erscheinungsort nieder, aus der Hostie schwebten viele kleine Hostien mit ihm und verteilten sich, so daß jeder der Versammelten eine erhielt. Dann gebot Jesus, auch den nicht hier Anwesenden, im Glauben Verbundenen, eine Hostie zu bringen. Viele Engel hatten die Feier begleitet, besonders bei der abschließenden Danksagung, wo sie vom Thron Gottes her die Worte hörten: »Eure Gebete dringen durch den Himmel. Nicht mehr lange, dann wird euch geholfen werden. Es liegen noch viele dunkle Wolken über der Welt. Betet, betet, betet viel!«

Dann erschien neben dem Thron Gottes Maria als Königin mit Krone und Zepter, ebenfalls auf einem goldenen Thron. Sie trug ein weißes Gewand und hatte einen goldenen Brokatmantel um, der mit himmlischer Bläue durchwirkt war.

15) *Die letzte Erscheinung am 31. Oktober 1952:* Die Kinder waren seit dem 9. 10. auf diesen Abschiedstag vorbereitet worden – in einzelnen Erscheinungen. Um 15 Uhr hatten sich viele Menschen versammelt. Maria erschien mit dem Jesuskind und sagte: »Wir sind nicht gekommen, um Wunder zu wirken, sondern um hier zu Gebet und Buße aufzurufen. Betet weiter auf dem Berg, auch wenn wir nicht mehr hier erscheinen.«

Später durften alle, die wollten, dem Jesuskind die Hand reichen, am Abend auch der himmlischen Mutter, die mit einer Botschaft den Abend beschloß:

> »Wir freuen uns über die vielen Pilger, die hier versammelt sind. Liebe Kinder, liebe Pilger, jetzt sind es bis zum Abend nur noch wenige Stunden. Ihr müßt euch damit abfinden, daß wir heute zum letztenmal bei euch erscheinen. Vertraut weiter auf unsere Hilfe; wir werden euch in der größten Not beistehen.«

Dann erschienen zwanzig Engel, die vom Himmel her Maria entgegenkamen; über dem Birkenwald wurden die hl. Theresia vom Kinde Jesu, die hl. Bernadette, Maria Goretti und Aloysius mit der hl. Gemma Galgani, Elisabeth von Thüringen, Johannes Nepomuk und Antonius von Padua sichtbar sowie noch andere, deren Namen nicht genannt wurden. Dann kamen immer mehr Engel in weißen, rosaroten und blauen Gewändern, darunter auch viele musizierende... Sie spielten »Ihr Freunde Gottes allzugleich...« – Bald sangen die Pilger mit, nachdem die Kinder die Melodie mitzusummen begonnen hatten. Zum Abschluß sagte die hl. Theresia:

> »Wir freuen uns über das Gebet der Pilger, das sie von ganzem Herzen hier verrichten. Vertraut auf unsere Hilfe und betet hier weiter, auch wenn wir nicht mehr kommen. Wir müssen von euch Abschied nehmen, aber wir sehen uns im Himmel wieder. Sagt, wollt ihr uns die Treue halten?«

Um 23 Uhr erschien Maria noch einmal den Seherinnen am Hügelplateau. Sie sagte:

> »Der Sieg wird unser sein! – Man hat nicht auf meine Worte und auf die meines lieben Sohnes gehört und auf das, was wir zur Rettung aller gefordert haben. Jetzt ist es zu spät, daß sich die Menschheit noch bekehren wird. Es ist der letzte Ruf, den wir hier an sie gerichtet haben. Betet viel für die Priester, daß sie sich auf die Knie werfen und mit euch beten. Jedes Kind möge mir und meinem lieben Sohne die Hand reichen...

Auf einer Lichtbahn entschwand plötzlich die Erscheinung. Dabei entfaltete sich plötzlich ein lichtblauer riesiger Mantel, den Engel der Gottesmutter umgelegt hatten, über den ganzen Berg. Innen war der Mantel blutrot, außen mit einer dicken Brokatborte eingefaßt – ein richtiger

Königsmantel, der Schutzmantel, den die Gottesmutter auf der Welt zurückließ.

16) *Was geschah mit den Priestern?* Pfarrer Gailer von Heroldsbach, der zum Zeitpunkt der Ereignisse bereits annähernd 40 Jahre Seelsorger in Heroldsbach war, wurde in eine andere Pfarrei versetzt. Er hatte sich zeitlebens für die Echtheit der Erscheinungen eingesetzt und verbürgt. Geistlicher Rat Johannes M. Heer, vom erzbischöflichen Ordinariat als Fachmann für Mystik beauftragt, die Geschehnisse zu verfolgen und zu beurteilen, kam nach gewissenhafter Prüfung zu dem Schluß: »Wir haben die absolute moralische Sicherheit: Die Kinder lügen nicht. Wir müssen glauben!« Er wurde seines Amtes enthoben und erhielt lebenslanges Zelebrationsverbot. Alle Rekurse – auch in Rom – wurden abgelehnt.

Prof. Johann B. Walz, Dogmatiker und Alttestamentler, verfaßte ein dreibändiges Werk über die Ereignisse in Heroldsbach und setzte sich sehr für ihre Echtheit und Anerkennung ein. Er wurde mit Orts-, Rede- und Schreibverbot belegt.

Bew.: Gut bezeugt, kirchlich abgelehnt; Quelle: Weigl/Branz, Volk unter prophetischem Anruf, S. 115; R. Ernst, Lexikon; Däniken, Erscheinungen; Textquelle: Leonhard Christian Kaiser, Maria weint ein Meer von Tränen, Altötting, 2. Aufl. 1988

LUBLIN/POLEN Zu Anfang des Jahres vergoß eine Muttergottesstatue 1949 in der Kathedrale zwei Tage lang blutige Tränen. Viele Kirchenbesucher waren Zeugen dieses Ereignisses.

Bew.: Gut bezeugt; Quelle: R. Ernst, Lexikon; Däniken, Erscheinungen

MONTREAL/KANADA Maria erschien mehrmals einer nicht mit Namen 1949 bekannten Ordensfrau. Am 15. August vertraute sie ihr eine Botschaft über die Verehrung ihres Unbefleckten Herzens an.

Bew.: Gut bezeugt; Quelle: R. Ernst, Lexikon

NECEDAH/USA Maria erscheint oftmals der 40jährigen Maria-Anna 1949 van Hoof, Mutter von sieben Kindern. Erstmals am 12. November, dann 8mal im Jahr 1950, nach einer Pause mehrmals zwischen Juni 1952 und dem Jahr 1955. Maria gab Frau van Hoof Botschaften für Papst, Bischöfe, Priester und viele Warnungen:

»Der allmächtige Dollar ist euer Gott... Nicht Kanonen und Kugeln, der Rosenkranz sei eure Waffe.«

Bew.: Gut bezeugt; Quelle: R. Ernst, Lexikon; Däniken, Erscheinungen

1949 WEERT (ROERMOND)/NIEDERLANDE Maria erschien mehrmals einer namentlich nicht bekannten stigmatisierten Frau.

Bew.: Unbekannte Überlieferung; Quelle: R. Ernst, Lexikon

1949 WÜRZBURG/DEUTSCHLAND Maria erscheint dem Bruder Adam vom Deutschen Ritterorden. Am 15. August übermittelt sie ihm die folgende Botschaft:

>»Der Krieg wird im Südosten ausbrechen. Aber es ist nur eine List. Rußland hat seinen Angriffsplan längst vorbereitet. Der Hauptstoß erfolgt zuerst gegen Schweden und dann gegen Norwegen und Dänemark und durch Westpreußen, Sachsen und Thüringen bis zum Rhein. Im Süden bis zur jugoslawischen Grenze.
>   Der Hl. Vater muß schnell flüchten. Sie werden versuchen, durch Spanien und Frankreich zur Atlantikküste vorzudringen.
>   Der große Monarch wird die am Rhein stehende Armee angreifen und niederkämpfen. Die Reste der geschlagenen Armee werden bis tief in das Innere Rußlands hinein verfolgt und aufgerieben werden.
>   Das Reich des göttlichen Willens auf Erden wird erstehen, und die Menschheit wird zu einem Glauben und in einer Liebe vereint werden.«

Bew.: Nähere Umstände der Botschaft nicht bekannt; Quelle: R. Ernst, Lexikon

1949 ZO-SE/CHINA Während des Bürgerkriegs erschien Maria während einer Meßfeier über der Kirche der Schmerzensmutter vor vielen Christen.

Bew.: Gut bezeugt; Quelle: R. Ernst, Lexikon; Däniken, Erscheinungen

1950 ACQUAVIVA-PLATINI/SIZILIEN (ITALIEN) Maria erschien 8mal der 12jährigen Pina Mallia zwischen dem 14. März und dem 15. April. Maria erschien in weißem Gewand mit funkelndem Diadem und nennt sich »die Madonna von der Immerwährenden Hilfe«. Manchmal wurden Lichtphänomene sichtbar, die irdisch-meteorologisch nicht erklärbar sind. Am 15. April ereigneten sich vor Tausenden Beobachtern zweimal Sonnenwunder. Maria segnete die Welt und ließ viele Heilungen und Bekehrungen geschehen.

Bew.: Gut bezeugt; Quelle: R. Ernst, Lexikon

1950 BELMULLET/IRLAND Maria erschien einem 12jährigen Mädchen und erbat den Bau einer Kapelle.

Bew.: Unbekannte Überlieferung; Quelle: R. Ernst, Lexikon

1950 BIENVENIDA-USAGRE/SPANIEN Maria erschien mehrmals an diesem Ort unter nicht näher bekannten Umständen.

Bew.: Unbekannte Überlieferung; Quelle: R. Ernst, Lexikon

DENVER/USA   Maria erschien der 15jährigen Mary-Ellen X. erstmals   1950
am 11. September; auf einer Wolke schwebend, mit einem Schleier und
weinend, die Arme über die Brust gekreuzt, dazwischen das blutende,
flammende Herz.

Bei der zweiten Erscheinung am 17. Oktober wird die Seherin stigmatisiert. Bei der dritten Erscheinung war die Seherin vom 1.–4. November
in Ekstase. Sie hat immer wieder Erscheinungen und Schauungen und
wird von Maria in Richtung der Ganzhingabe nach Grignion de Montfort
(vgl. unter 1709) unterrichtet.

Bew.: Gut bezeugt; Quelle: R. Ernst, Lexikon; Däniken, Erscheinungen

ENTREVAUX/FRANKREICH   Aus einem abgebrochenen Finger einer Ma-   1950
rienstatue trat Blut aus. Das Blut wurde getestet und als menschliches
Blut nachgewiesen. Zahlreiche Schaulustige strömten herbei, auch Wunderheilungen wurden berichtet. Dann gab ein Mann zu, das »Wunder«
inszeniert zu haben.

Bew.: Unbelegte Mitteilung; Quelle: John Cornwell: Powers of Light –
Powers of Darkness 1991

FINISTERRE/FRANKREICH   Im Januar und Februar sollen mehrere   1950
Marienerscheinungen unter nicht näher bekannten Umständen stattge-
funden haben. Maria kündigte ihr Wiederkommen »kurz vor den großen
Ereignissen an«.

Bew.: Unbekannte Überlieferung; Quelle: R. Ernst, Lexikon

GRANBY/KANADA   Am 17. März hatten drei Knaben eine merkwürdige   1950
Lichterscheinung, an den folgenden Tagen sahen sie Maria von diesem
Licht umgeben.

Bew.: Unbekannte Überlieferung; Quelle: R. Ernst, Lexikon

GUARCINO/ITALIEN   Maria erscheint dem 10jährigen Sistino V. und   1950
spricht mit ihm.

Bew.: Näheres ist nicht bekannt; Quelle: R. Ernst, Lexikon

PADUA/ITALIEN   Maria erscheint häufig dem 25jährigen Nerone Cella   1950
und sagt ihm u. a., daß er die Stigmata erhalten werde und daß sie jeden
Freitag sichtbar sein werden.

Bew.: Nähere Umstände nicht bekannt; Quelle: R. Ernst, Lexikon

PERREGAUX/ALGERIEN   Maria erscheint insgesamt 12mal einer 45jähri-   1950
gen Mutter von zehn Kindern (Frau B.) zwischen dem 23. und dem

12. Mai 1951 und nennt sich »Unsere Liebe Frau vom Heil«. Sie fordert zu Gebeten für den Frieden auf und gibt Verhaltensregeln für die kommenden schweren Zeiten.

Bew.: Gut bezeugt; Quelle: R. Ernst, Lexikon

1950 REMAGEN AM RHEIN/DEUTSCHLAND Maria erscheint einer Kindergärtnerin und 20 Kindern am Nachmittag des 18. Dezember. Sie sehen ein helles Licht, ein feuriges Kreuz, goldene Wolken, das Kreuz mit Jesus Christus und Maria in weißem Gewand, die die Hände ausbreitet und dann zum Gebet faltet. Dabei hören sie Glockengeläut.

Bew.: Gut bezeugt; Quelle: R. Ernst, Lexikon

1950 RIBERA/ITALIEN Maria erschien in einem hellen Licht neben einem Weg zuerst den beiden Studentinnen Mimi Barone und Giovanna Veneziano, dann noch mehreren anderen, namentlich nicht bekannten Sehern.

Bew.: Unbekannte Überlieferung; Quelle: R. Ernst, Lexikon

1950 VATIKANSTADT/ITALIEN Anläßlich der Vorbereitungen zur Verkündigung des Dogmas von der leiblichen Aufnahme Marias in den Himmel am 1. November hatte nach einer Mitteilung des Kardinals Tedeschini Papst Pius XII. Erscheinungen der rotierenden Sonne wie beim Sonnenwunder in Fatima, und zwar am 30. und 31. Oktober sowie am 1. und am 8. November.

Bew.: Gut bezeugt; Quelle: R. Ernst, Lexikon; Däniken, Erscheinungen

1950 VATIKANSTADT/ITALIEN Maria erschien mit dem Jesuskind am Himmel über dem Petersplatz am 1. 11., dem Tag der Verlautbarung des Dogmas von der leiblichen Aufnahme Marias in den Himmel. Die Seherin dieser Erscheinung war eine Pilgerin aus Paris.

Bew.: Unbekannte Überlieferung; Quelle: R. Ernst, Lexikon

1950 WIEN/ÖSTERREICH Einige der *prophetischen Gemälde* von Maria Magdalena Hafenscheer (1892–1968) haben Maria zum Inhalt, weshalb das Malmedium aus Wien ebenfalls hier im Zusammenhang der Marienerscheinungen im weiteren Sinne anzuführen ist. Urheber ihrer Bilder ist nämlich, wie sie bezeugt, die jenseitige Welt, deren dezidierten Anweisungen sie bis ins Detail folgte. Der Leiter der Arbeitsgemeinschaft für Parapsychologie an der Wiener Kath. Akademie, Prof. Dr. Peter Hohenwarter, nennt Frau Hafenscheer eine »gottbegnadete Malmystikerin«.

Zwischen 1948 und 1966 entstanden 28 Ölgemälde, von denen immerhin 11 einen mehr oder minder starken Marienbezug haben oder überhaupt Maria in den Mittelpunkt der »Bildverkündigung« stellen. Über das Zustandekommen der Bilder führte sie Aufzeichnungen, aus denen die folgenden, auf das vierte Bild bezogenen Aussagen stammen:

4. Bild: *Maria, Mutter Jesu, hilf!* (s. Abb. 15)
»Dieses Bild begann ich am 12. 1. 1950. Ich beendete es in 170 1/4 Stunden am 21. 3. 1950. Die Pause zwischen dem 3. und 4. Bild betrug 8 1/2 Monate. Es ist ein Hochformat in der Größe von 120 × 140 cm.

Es war Anfang November (1949), als ich mich des Morgens nach dem Aufstehen bereit machte; es war etwas nach 6 Uhr . . ., als ich plötzlich eine laute Stimme vernahm, die mir zurief: ›Im Jänner beginnst du wieder ein Bild!‹ Ich war sehr erfreut über diese Botschaft.

Es war am 13. 12. 1949, als ich so wie immer den Stift ergriff, um vielleicht Näheres durch »Salomon« zu erfahren; und siehe da, es kamen folgende Worte: ›Warte, du wirst mit Gott beginnen, es wird das schwerste deiner bisherigen Bilder, du hast viele große Helfer. Du wirst es mit Gottes Hilfe schaffen.‹ Schon am 17. 12. kamen die ersten Inspirationen, die dann nicht mehr abrissen.

Am 7. 1. 1950 wurde mir wieder durch meine Hand von Salomon folgendes geschrieben: ›Anfang am Montag nachmittags.‹

Wie es mir angedeutet wurde, bekam ich Montag, den 9. 1. die erste inspirierte Skizze, der am 10. 1. eine zweite, weit bessere, ausführlichere folgte. Beide entstanden nicht durch Handführung.

Donnerstag, den 12. 1. 1950 bekam ich nun den inneren Auftrag, mit der Arbeit auf der Leinwand zu beginnen . . . Mutter Maria, das große Mittelstück des Bildes, war der Anfang . . . Durch die innere Schau hatte ich schon eine ziemlich klare Vorstellung des Hauptsächlichen bekommen. Neues kam aber immer wieder hinzu. Als ich an der Gestalt Mariens arbeitete, schwebte mir für Sekunden ihr Bild vor; wie immer in den Morgenstunden, in der Dämmerung. Aber es war keine Erscheinung, nur ein Schauen . . . Am 23. 1. schrieb mir Salomon durch meine Hand: ›Wir haben große Freude mit dir und deiner Arbeit. Gott gibt dir seinen Segen! Nur mit Gottes Hilfe kannst du Derartiges schaffen. Preise Gott für diese große Gnade.‹ Die hierzu gehörige Krone der Himmelsmutter wurde mir am 17. 2. von meinem treuen geistigen Helfer Salomon durch meine Hand gezeichnet; auch der Titel des Bildes wurde mir an diesem Tag schriftlich kundgetan. Die Krone vergrößerte ich und übertrug sie auf die Leinwand.

Von Anbeginn an wußte ich schon vom weißen Kleid und vom blauen Mantel Mariens; doch plötzlich ertappte ich mich dabei, daß ich im Begriff war, das Kleid blau zu malen. War es Gedankenlosigkeit oder wollte man gegensätzlich beeinflussen? Auf letzteres muß man bei diesen Arbeiten besonders achthaben, denn es ist durchaus nicht immer leicht, richtig zu unterscheiden. Aber im letzten Moment kommt alles wieder in Ordnung. Das Innere gibt ja früher keine Ruhe – und wenn es ausgelöscht werden muß. So geschah es auch bei dem Kleide: Ich verbesserte und war dessen zufrieden.

Als ich das Bild in Arbeit hatte, sah ich des Nachts über mir das Kindchen, so wie es in der Schale liegt, die Mutter Maria in ihrer Hand hält; aber lebensgroß und nur für Sekunden ... Einmal sah ich, vom Bild auf mich zukommend, ein von hellen Strahlenbüscheln umrahmtes Kindchen (ich schätzte es auf 3 bis 4 Jahre), barfuß, im weißen langen Hemdchen und mit ausgebreiteten Armen; es trippelte an mein Bett heran. Es war wunderschön, und mir war ganz eigen zumute. Aber ich weiß da nie, ob ich wache oder träume; es ist ein ganz eigenartiger, aber höchst beglückender Zustand ... Wenn ich dann erwache – wenn ich es so nennen kann –, halte ich die Hände gefaltet, fühle ein seliges Lächeln um meinen Mund und Tränen der Freude in meinen Augen. Sollte ich das Kind Jesu geschaut haben? Ich wage es nicht zu glauben.

Nun will ich noch die Deutung der Symbole versuchen, soweit sie mir bekannt sind, und ich sie bei meiner Arbeit empfangen durfte.

Die Krone = die Mütterlichkeit und die Krönung zur Himmelskönigin
Sieben Perlen darin = Sieben Schmerzen Marias und Sieben Gaben des Hl. Geistes
Opferschale = in Liebe geopfertes Herz Jesu mit Dornenkranz und Herz Mariä mit roten Rosen
Sieben Flammen = Sieben Blutvergießungen Christi = Sieben Hauptsünden (Selbstaufopferung)
Kreuz = Mahnung, den Glauben hochzuhalten
Fünf Rosen im Kreuz = die fünf Wunden Jesu
Marias weißes Kleid = Marias Reinheit
Marias blauer Mantel = die tiefe Gläubigkeit
Christuskopf oben = das geistige Nahen Christi
Aufsteigen der Weltkugel oben = eine neue schönere Welt entsteht
Totenköpfe, Feuer, Eruptionen = Sturz und Vernichtung dunkler Mächte
Gestalten am waagrechten Felsen = Menschen, die guten Willens sind
Unterhalb des Felsens und in der Öffnung = die geistigen Lichtträger
Rechts in der Höhle angeschmiedet = der Fürst dieser Welt
Rechts unten die Hände aller Rassen = alle Rassen und Nationen werden zu Mutter Maria um Hilfe rufen
Links unten: Acht Lilien = acht Seligkeiten und Reinheit Marias

Somit schließe ich meinen Bericht über das 4. Bild und glaube, all das wiedergegeben zu haben, was mir bis jetzt zu wissen erlaubt war.«

Die übrigen zehn Bilder, in denen Maria im Mittelpunkt steht:
7. *Gloria in excelsis deo* (Maria nimmt von Jesus die Weltkugel in Empfang) 1951
9. *Christus litt für euch, liebet und folget ihm* (Im oberen Teil: Krönung Marias zur Himmelskönigin, in der Mitte: Maria weint, von 15 Rosenkranzmedaillons umgeben) 1952
10. *Die Welt wird durch die Liebe gemeistert* (Regentschaft Marias über die geläuterte Erde. Die Welt ist in die Mäntel Jesu und Marias eingehüllt.) 1952

11. *Es wird sein ein Hirt und eine Herde* (Mutter Maria mit dem Herzen senkt reine Mutterliebe in die Herzen der Menschenkinder) 1952
12. *Mariens schmerzensreiche heilige Vision* (Mutter Maria an der Krippe Jesu ist in Tränen aufgelöst, sieht visionär das Leiden Jesu und sich selbst als künftige Mutter der zu erlösenden Menschheit) 1953
13. *Menschheit erwache* (Maria als Hoffnungs- und Rettungsanker der Menschheit) 1953
19. *Mutter Maria mahnt zur Umkehr* (Im göttlichen Strahl erscheinen Mutter Maria und Christus – Maria breitet die Arme aus und verheißt Hilfe) 1957
22. *Haltet euch schuldlos* (Die Liebe Gottes offenbart sich besonders in der Menschwerdung Gottes) 1958
27. *Das Ende der Religions- und Rassenkämpfe* (Mutter Maria übermittelt mit Hilfe der Engel Botschaften an die Menschheit, von berufenen Menschen verbreitet) 1965
28. *Die Weltkirche Christi* (Rechts steht Maria als unsere Fürsprecherin und Vermittlerin, weit breitet sie für die ganze Menschheit ihren Mantel aus) 1966

Bew.: Gut bezeugt; Quelle: Anna Novotny (Hg.), Die prophetischen Bilder von Maria Magdalena Hafenscheer, Wien, 1981

AMOROSSI / ITALIEN   Der 13jährigen Maria Riccio erschien Maria unter 1951 nicht näher bekannten Umständen.

Bew.: Unbekannte Überlieferung

ARLUNO (MAILAND / ITALIEN   Am 21. Juni erschien der 39jährigen Luigia Nova, die an Magenkrebs in fortgeschrittenem Stadium litt, Maria als 1951 »Jungfrau der Armen« (wie in Banneux, vgl. 1933) und heilte sie mit den Worten:

> »Ich komme, dir die Genesung zu bringen. Steh auf und gehe! Aber ich will durch dich die Bekehrung deiner Verwandten.«

Die Erscheinung und plötzliche Heilung erregte Aufsehen, eine Kapelle wurde zum Dank für die Gnade erbaut.

Bew.: Gut bezeugt; Quelle: R. Ernst, Lexikon; Däniken, Erscheinunen

CASALICONTRADA / ITALIEN   Maria erschien mehrmals der 53jährigen 1951 Leonora Manoli. Erstmals am 8. Dezember, dann jeweils in den Folgejahren zum Fest der Unbefleckten Empfängnis. Eine Rosenkranzkapelle wurde gebaut, die von vielen Pilgern besucht wird.

Bew.: Gut bezeugt; Quelle: R. Ernst, Lexikon

1951 COLLEVALENZA/ITALIEN   Maria erschien der 58jährigen Mutter Sperenza (geb. 1893 in Spanien), die in diesem Jahr nach Collevalenza in Umbrien gekommen war und hier ein großes Gotteshaus, die Kongregation der »Töchter der barmherzigen Liebe«, ein Kloster für die Gemeinschaft und ein Pilgerheim gründete. Sie erhielt viele Botschaften Jesu und Marias und war eine stigmatisierte Mystikerin.

Bew.: Gut bezeugt; Quelle: R. Ernst, Lexikon

1951 DUGNY (VERDUN)/FRANKREICH   Maria erschien an drei aufeinanderfolgenden Tagen drei Arbeitern in einem Kalkwerk als »Mutter mit Kind« in weißem Gewand und blauem Mantel und tröstete sie mit gütigen Blicken.

Bew.: Gut bezeugt; Quelle: R. Ernst, Lexikon; Däniken, Erscheinungen

1951 ORIOLO CALABRO/ITALIEN   Giorgio Farina sieht, wie sich ein Marienbild in der Hauptkirche des Ortes auffällig bewegt. Er teilt seine Beobachtung dem Pfarrer mit, und auch er sieht dieses Phänomen.

Bew.: Gut bezeugt; Quelle: R. Ernst, Lexikon

1951 TANGUA/BRASILIEN   Maria erscheint zweimal der 7jährigen Maria Isabella Souza und wünscht den Bau einer Kirche.

Bew.: Nähere Umstände unbekannt; Quelle: R. Ernst, Lexikon

1951 TINOS/GRIECHENLAND   Maria erscheint zu Beginn des Jahres einer gelähmten Frau im Wallfahrtsort auf der Insel Tinos (vgl. 1822) und heilte sie.

Bew.: Gut bezeugt; Quelle: R. Ernst, Lexikon

1951 TSCHENSTOCHAU/POLEN   Der Seher Lubinsz erlebt in der Nacht zum 2. Juli in der Gnadenkapelle eine ergreifende Vision: Die »Königin Polens« verläßt, begleitet von vielen Engeln und Heiligen, das Gotteshaus und macht eine »Rundreise« durch Polen. Zurückgekehrt, fleht sie ihren göttlichen Sohn um Gnade und Barmherzigkeit für Polen an.

Bew.: Gut bezeugt; Quelle: R. Ernst, Lexikon

1952 GERPINNES/BELGIEN   Maria erscheint der 7jährigen Rosette Colmet am 10. Juli in einem weißen Kleid mit blauen, weißen und roten Herzen.

Bew.: Gut bezeugt; Quelle: R. Ernst, Lexikon; Däniken, Erscheinungen

1952 NIEDERHABACH/DEUTSCHLAND   Maria erschien oftmals dem 34jährigen Karl Zianke; erstmals am 5. Juli. Am 8. September wurde von vielen Anwesenden ein Sonnenwunder (Rotierende Scheibe) wahrgenommen.

Bew.: Gut bezeugt; Quelle: R. Ernst, Lexikon

ORRIA / ITALIEN   Maria erscheint fünf Hirtenjungen, dann auch mehre- **1952**
ren Erwachsenen unter nicht näher bekannten Umständen.

> Bew.: Unbekannte Überlieferung; Quelle: R. Ernst, Lexikon

PITRUFQUEN / CHILE   Bischof Beck und viele Pilger sahen anläßlich einer **1952**
Wallfahrt, wie sich am Himmel die vorhandenen weißen Wolken zu
einem Kreuz formierten und genau über dem mitgetragenen Marienbild
stehen blieben.

> Bew.: Gut bezeugt; Quelle: R. Ernst, Lexikon

RODALBEN / DEUTSCHLAND   Maria erscheint oftmals der 26jährigen An- **1952**
neliese Wafzig und fordert zum Rosenkranzgebet, zur Sühne und zu
persönlichem Beten für die Rettung der Völker auf. Am 1. Juli erhält sie
in Anwesenheit von etwa 60 Personen, die das Ereignis bezeugen, in einer
Vision auf einem weißen Leinentuch eine »Blutzeichnung« von Herz,
Kelch und Hostie. Das Blut wird an der Universität Bonn untersucht und
als menschliches Blut identifiziert.

> Bew.: Gut bezeugt; Quelle: R. Ernst, Lexikon; Däniken, Erscheinungen

BIVIGLIANO / ITALIEN   Maria erschien Anfang August mehrmals dem **1953**
49jährigen Koch Galileo Sacrestani auf dem Monte Senario in einem alten
Wallfahrtsort.

> Bew.: Als Faktum bezeugt, Einzelheiten nicht bekannt; Quelle: R. Ernst,
> Lexikon; Däniken, Erscheinungen

CALABRO DI MILETO / ITALIEN   Am 14. Dezember weinte ein Bild »Unse- **1953**
rer Lieben Frau von Syrakus« (vgl. 1953 – Syrakus) an vier aufeinanderfolgenden Tagen im Haus der neunfachen Mutter Cencetta Mescano. Am
2. und am 6. Januar 1954 wiederholte sich das Ereignis in Gegenwart des
Bischofs von Mileto. Am 3. April wurden blutige Tränen festgestellt. In
wenigen Monaten waren Millionen Menschen nach Syrakus gepilgert
und hatten die Kunde dieses Ereignisses verbreitet. Die Tränenphänomene an verschiedenen Orten und Statuen sind das Erstaunliche, Unerklärliche und Wunderbare – ein Zeichen des Einwirkens himmlischer,
übernatürlicher Mächte!

> Bew.: Gut bezeugt; Quelle: R. Ernst, Lexikon

COSSIRANO / ITALIEN   Maria erschien am 25. Juni erstmals der Marie- **1953**
Rose Targa als »Unbefleckte Empfängnis« und »Königin vom Siege« und
setzte diese Erscheinungen mehrere Jahre hindurch an jedem Sonntag
und Donnerstag in der Nähe einer »Arme-Seelen-Kapelle« fort. Meh-

rere Kinder und Erwachsene waren Augenzeugen dieser Erscheinungen.

Bew.: Gut bezeugt; Quelle: R. Ernst, Lexikon

1953 FRIGNANO MAGGIORE / ITALIEN   Maria erschien am 26. November der 17jährigen Angela Ronza unter nicht näher bekannten Umständen.

Bew.: Unbekannte Überlieferung; Quelle: R. Ernst, Lexikon

1953 HYDREQUENT / FRANKREICH   Maria erschien am 24. August dem 10jährigen Lavoisier, später über 60 Erwachsenen in einer Grotte bei Calais. Maria hatte ein blaues Gewand und einen weißen Schleier.

Bew.: Gut bezeugt; Quelle: R. Ernst, Lexikon; Däniken, Erscheinungen

1953 PHILADELPHIA / USA   Maria erschien der Catherine Nardi und anderen im Oktober und November. Es gab viele Wunderheilungen und einen Massenandrang von Zeugen: bis zu 200 000 Menschen!

Bew.: Gut bezeugt, aber keine näheren Details bekannt; Quelle: R. Ernst, Lexikon

1953 PORTO EMPEDROLES / ITALIEN   Am 21. November weint ein Bild »Unserer Lieben Frau von Syrakus« (vgl. 1953 – Syrakus) im Haus der Titta Castiglione. Am 5. Februar 1954 zeigt sich Blut am Herzen der Statue, am 17. Februar Blut an der Stirne.

Bew.: Gut bezeugt; Quelle: R. Ernst, Lexikon

1953 ROM / ITALIEN   Maria erschien am 21. März der Witwe Elena Leonardi, der Pater Pio dieses Ereignis bereits im Jahre 1947 vorausgesagt hatte; sie werde eine große Sendung übernehmen müssen. Tatsächlich gibt es zahlreiche Botschaften Marias über Jahrzehnte hinweg, die Frau Leonardi übermittelt hat. Einige Proben der Botschaften Mariens:

>»Ich werde dich einen langen Weg führen . . . voller Schmerzen und Mühsal.« (1953)
>   »Kardinäle und Bischöfe werden sich dem Papst widersetzen; er wird angeklagt werden, und man wird ihm schaden.« (1976)
>   »Die Zeiten werden sich überstürzen. Mein Schmerz ist grenzenlos. Die Menschheit gibt sich nicht Rechenschaft über das drohende Strafgericht . . . Satan will triumphieren . . . Ich will euch retten. Erweckt Reue! Kehrt zu meinem Herzen zurück! Wenn man auf mich hört, werdet ihr gerettet, und Friede wird allen Herzen geschenkt! . . . Ein jeder muß sich zum Missionar machen, um Seelen zu Jesus zu führen.« (1980)

Bew.: Gut bezeugt; Quelle: R. Ernst, Lexikon

SYRAKUS / SIZILIEN (ITALIEN)   Am 29. August beobachteten Antonia und 1953
Angelo Iannusco, daß die kleine Terrakotta-Marienstatue in ihrem
Schlafzimmer Tränen weint. Die beiden hatten im März geheiratet, und
Antonia hatte Probleme in ihrer ersten Schwangerschaft. Sie hatte
Schmerzen und bat die Madonna um Hilfe. Als ihrem Ehemann, einem
Kommunisten, das Beten und Jammern zuviel wurde, wollte er die Figur
aus dem Fenster werfen; da bemerkte er die Tränen. Schnell sprach sich
das Ereignis herum, und bald setzte ein riesiger Zustrom ein: Alle wollten
die weinende Madonna sehen. Man stellte das Bild ins Freie vor dem
Haus, sonst hätte die Menge das Haus gestürmt. Vier Tage lang strömten
die Tränen, und Zehntausende Menschen wurden Zeugen. Bald wurden
Krankenheilungen gemeldet – man hatte Tränen mit Wattebäuschchen
aufgetunkt und zu Kranken gebracht. Bald kamen auch Kranke von
auswärts – viele wurden geheilt. Auch Frau Iannusco war unter den
Geheilten, sie brachte im Dezember ein gesundes Kind zur Welt. Bis zum
11. Oktober waren bereits über 2 Millionen Menschen bei der Madonnenstatue. Viele Abbilder wurden angefertigt und aufgestellt, bei einigen
zeigten sich ebenfalls die gleichen Phänomene (vgl. im selben Jahr Calabro di Mileto und Porto Empedroles).

Am 11. Dezember kamen die Bischöfe Siziliens zum Beschluß, »daß die
Realität des Tränenflusses nicht bezweifelt werden kann und daß zu
hoffen ist, daß diese Kundgebung der himmlischen Mutter alle dazu
mahnen wird, Buße zu tun.« Papst Pius XII. äußerte sich dazu 1954 im
Kundfunk: »Sicherlich hat der Apostolische Stuhl bisher in keiner Weise
ein Urteil über die Tränen gefällt, die das Bild der Muttergottes in einer
bescheidenen Arbeiterwohnung vergossen haben soll. Aber immerhin
haben wir mit innerer Bewegung vor der einmütigen Erklärung des
sizilianischen Episkopats über die Wirklichkeit jenes Ereignisses Kenntnis
genommen... Werden die Menschen die Sprache dieser Tränen verstehen?« Die Tränen wurden im Labor untersucht und als »echte Men-
schentränen« bestätigt.

Bew.: Gut bezeugt, kirchlich anerkannt (regionale Bischofskonferenz);
Quelle: L. Ch. Kaiser, Maria weint, S. 115; A. M. Weigl/P. F. Branz, Volk
unter prophetischem Anruf, S. 88; R. Ernst; Lexikon

ANGRI (SALERNO) / ITALIEN   Ein Bild »Unserer Lieben Frau von Syrakus« 1954
vergoß am 12. Mai 1954 und am selben Tag ein Jahr später Tränen. Zwei
Zeugen werden namentlich genannt: Angelina Campolo und Gentilina
Attianense.

Bew.: Gut bezeugt; Quelle: R. Ernst, Lexikon

1954 BUDAPEST / UNGARN   Seit 1954 empfängt eine Frau Botschaften Jesu und Mariens. Es sind Aufrufe, daß die Menschen ihr Leben und Leiden dem Unbefleckten Herzen Mariens und dem Eucharistischen Herzen Jesu aufopfern sollen – für sich selbst, besonders aber für andere, die selbst nicht diesen Weg gehen. Dies wird als Fortsetzung des Erlösungswerks Jesu bezeichnet, an dem Maria großen Anteil hat. Immer wieder gibt es Aufrufe, das Gnadenangebot Marias vor allem unter unheilbar Kranken und Behinderten bekannt zu machen, um dem Leben einen Sinn zu geben. Leid ist nicht sinn- und nutzlos, sondern ist »Goldes wert«, verleiht dem Kranken im Austausch für sein Aufopfern Seelenfrieden, Kraft, Mut und auch Linderung seiner Leiden. Große Verheißungen über die heilvollen Auswirkungen eines solchen Liebesdienstes werden gemacht. Die Erscheinungen ziehen sich über einige Jahrzehnte hin.

> Bew.: Gut bezeugt; Quelle: R. Ernst, Lexikon; Anna Roth, Das Opfer der Liebe, Offenbarungen und Botschaften der Gottesmutter

1954 CATANIA / SIZILIEN (ITALIEN)   In der Wohnung des Rechtsanwaltes Francesco Pulvirute vergießt eine Syrakus-Madonna am 4. Januar Tränen.

> Bew.: Gut bezeugt; Quelle: R. Ernst, Lexikon

1954 COLUMBERA DI AVENZA / ITALIEN   Maria erscheint dem 19jährigen Alcide Narra, erstmals am 6. Juni abends um 21 Uhr.

> Bew.: Gut bezeugt; Quelle: R. Ernst, Lexikon

1954 EISENBERG A. D. RAAB / ÖSTERREICH   Maria erscheint der 6jährigen Anne Maria, der jüngsten Tochter der Aloisia Lex, der Seherin von Eisenberg (vgl. 1955). Am Fest Mariä Geburt (8. 9.) erzählt Anne Maria, sie habe in der Nacht »den Himmelvater« gesehen, er war »ganz weiß«. Sie wird nicht ernst genommen. Gegen 15 Uhr kommt sie vom Garten ins Haus, ganz weiß vor Schrecken, und sagt: »Mama, der Himmelvater war wieder im Garten, ganz schneeweiß, und hat einen langen Rosenkranz gehabt mit einem großen Kreuz, und der Heiland dran war lebend und ganz voll Blut. Am Gürtel hat's a goldene Schnallen g'habt und einen langen weißen Schleier. Wie die Gestalt am Boden g'standen ist, hat's nur gelächelt, aber nichts gesagt. Wenn der Wind den Schleier weggeweht hat, hat man schöne Locken sehen können. Die Lichtkugel (in welcher die weiße Gestalt stand) ist mit einem Sturm kommen, und die Hühner haben sich alle gereiht und sind gestanden wie gelähmt. Ich hab Angst kriegt und wollt weglaufen, aber ich hab nicht können. Wie sie weg war, haben die Hühner wieder rennen können und ich auch.«

Das Mädchen fand zuerst keinen Glauben. Erst als sich zwei Jahre später an genau derselben Stelle, wo sie die Erscheinung Marias (denn das

war wohl »der Himmelvater mit Schleier und Locken«) hatte, das Rasenkreuz bildete, hat man dem Kind geglaubt. In den jahrzehntelangen
Auseinandersetzungen um das Eisenberger Rasenkreuz war aber nicht
sie, sondern ihre ältere Schwester Maria Itten die Stütze von Aloisia Lex
(vgl. dazu 1955: Eisenberg). Sie hat viele Schauungen und Inspirationen
und betreut heute den Gnadenort.

Bew.: Gut bezeugt; Quelle: M. Jäger, Eisenberg. Der Kampf um das Erlösungszeichen; R. Ernst, Lexikon; Däniken, Erscheinungen

GIARRE / ITALIEN   Ein Bild »Unserer Lieben Frau von Syrakus« weint im   1954
Haus des Alfio Nocotra.

Bew.: Gut bezeugt; Quelle: R. Ernst, Lexikon

IBDES / SPANIEN   Maria erscheint einer Gruppe von Kindern unter nicht   1954
näher bekannten Umständen vor dem Tor eines Schlosses.

Bew.: Unbekannte Überlieferung; Quelle: R. Ernst, Lexikon

JERUSALEM / ISRAEL   Maria erscheint in weißem Gewand mit blauem   1954
Mantel Kindern und Erwachsenen in einer koptischen Kapelle.

Bew.: Gut bezeugt; Quelle: R. Ernst, Lexikon

LOURDES / FRANKREICH   Maria erschien 4mal dem Reinhold Bartsch   1954
(Lourdespilger aus Weiher) zwischen dem 12. und 15. August als Unbefleckte Empfängnis mit Krone und gab ihm beim letztenmal auch eine
Botschaft: Maria habe in Syrakus wegen der Sünden der Menschheit
geweint, aber auch deswegen, weil ihre Erscheinungen immer wieder
abgelehnt würden. Die übergroße Vorsicht der kirchlichen Obrigkeit den
Gnadenerweisen des Himmels gegenüber gereiche der Kirche insgesamt
zum Schaden. Dann wies sie noch auf die große Gefahr aus dem Osten
hin.

Bew.: Gut bezeugt; Quelle: R. Ernst, Lexikon

MARCHE-EN-FAMENNE / BELGIEN   Ende Mai und Anfang Juni erschien   1954
Maria mehrmals in Trauerkleidung unter nicht näher bekannten Umständen.

Bew.: Unbekannte Überlieferung; Quelle: R. Ernst, Lexikon

MEZZOLOMBARDO / ITALIEN   Ein Bild der Syrakus-Madonna weinte am   1954
1. und am 2. April am Bett des kleinen Roberto Degregori.

Bew.: Gut bezeugt; Quelle: R. Ernst, Lexikon

NEWCASTLE / ENGLAND   Aus den Augen einer holzgeschnitzten Marien-   1954
statue aus dem 16. Jahrhundert im Haus der Mrs. Teresa Taylor rinnen

plötzlich Tränen. Das Ereignis spricht sich rasch herum. Tausende Menschen kamen in kurzer Zeit, um die weinende Muttergottes zu sehen.

Bew.: Gut bezeugt; Quelle: R. Ernst, Lexikon

1954 PINGSDORF/DEUTSCHLAND Insgesamt 5mal sehen zwei (evangelische!) Dienstmädchen in ihrem Zimmer Maria in einem leuchtenden Strahlenkranz (vom 19. 7.–1. 8.). Sonst ist leider nichts bekannt.

Bew.: Unbekannte Überlieferung; Quelle: R. Ernst, Lexikon; Däniken, Erscheinungen

1954 POMBIA/ITALIEN Maria erscheint der 29jährigen J. Frizzarin, Mutter von vier Kindern, an der wegen Anzeichen von Besessenheit ein Exorzismus vollzogen wurde, in dessen Folge Lähmungserscheinungen auftraten. Zusammen mit Pater Pio heilt Maria die von den Dämonen befreite Gelähmte.

Bew.: Gut bezeugt; Quelle: R. Ernst, Lexikon

1954 SAINT TROPEZ/FRANKREICH Maria erscheint zwei Arbeitern in blauem Kleid und mit goldener Krone und weist mit dem Arm auf das Meer hinaus – Richtung Pamplona. Dann verschwindet sie in einer Wolke.

Bew.: Gut bezeugt; Quelle: R. Ernst, Lexikon

1954 SEREDNE/UKRAINE Maria erscheint insgesamt 20mal dem Mädchen Hanusya (= Anna) zwischen dem 20. Dezember und dem 21. November des folgenden Jahres. Das erstemal in der Pfarrkirche kurz vor der hl. Wandlung in blauem Gewand mit einer zwölfsternigen Krone und blendend weißen Füßen. Bei dieser Erscheinung sagt sie:

»Meine Tochter, viele Gnaden halte ich bereit, aber ich bin ohnmächtig, sie auszuteilen, weil fast niemand darum bittet. Nun ist das Jubiläumsjahr zu meiner Ehre. Da wünsche ich so sehr, den Sündern zu helfen, denn es naht ein großes Unheil wie zur Zeit des Noe...«

Maria erschien auch auf einem Berg, bei einer Grotte und einer Quelle. Immer wieder beklagte sie, daß zu wenig gebetet werde.

Bew.: Gut bezeugt; Quelle: R. Ernst, Lexikon

1954 VITTORIA/ITALIEN Maria erschien als »Unsere Liebe Frau von Syrakus« der Yolanda Cancellieri und ihrer Tochter Josephine unter nicht näher bekannten Umständen.

Bew.: Unbekannte Quelle; Quelle: R. Ernst, Lexikon

1955 EISENBERG A. D. RAAB/ÖSTERREICH Maria erschien der Aloisia Lex (1907–1984) viele Male zwischen 1955 und ihrem Tod. Zahlreiche Botschaften Jesu und Marias. Viele mystische Erfahrungen und Begnadungen der Seherin. Einmalig auf der ganzen Welt ist die Einprägung eines himmlischen Zeichens (»Rasenkreuz«) in den Boden (6. September 1956), das jetzt schon mehr als 36 Jahre sichtbar ist. Es ist übrigens an genau der Stelle am Boden sichtbar, wo Maria 1954 zweimal der jüngsten Tochter Anne Maria erschien und wo auch Aloisia Lex am 13. Oktober 1955 eine Marienerscheinung hatte. Da dieser Gnadenort relativ wenig bekannt ist, im Vergleich mit anderen aber sehr bedeutsam ist, werden die Ereignisse und die Marienbotschaften um diesen Fall breiter dokumentiert.

1) *Vorgeschichte:* Aloisia Lex, geb. Klettner, stammt aus Eisenberg a. d. Raab, an der Dreiländerecke Österreich/Ungarn/Jugoslawien. Sie heiratete mit 22 Jahren und schenkte 12 Kindern das Leben. 1946 wurde sie im Zusammenhang mit einer schlecht verlaufenen Geburt operiert, war linksseitig gelähmt und dem Tode nahe. In dieser Zeit (1946) hatte sie ihre erste Christuserscheinung. Der kreuztragende Jesus mit der Dornenkrone erschien ihr und sagte: »Du mußt mir auf meinem Leidensweg nachfolgen.« Sie erholte sich etwas, blieb aber praktisch bettlägerig (mit 10 Kindern und während der russischen Besatzungszeit!). 1947 sah ihr Vater, Johann Klettner, im Garten eine weiße, wunderschöne Frau; sie blieb eine Weile stehen, sagte nichts und verschwand wieder. Nur der Tochter Aloisia hat er kurz vor seinem Tod (1948) davon erzählt.

Dann erschien Maria zweimal der jüngsten Tochter von Aloisia Lex, die 1948 im Spital zur Welt gekommen war, in der Nacht zum 8. und am Nachmittag des 8. September 1954 (vgl. dort).

Ein Jahr später – sie war immer krank, teilweise bettlägrig, konnte aber einige Zeit am Tag aufstehen – erschien zum erstenmal Maria der Aloisia Lex.

2) *Die erste Marienerscheinung am 13.10. 1955:* Am Abend ging Aloisia Lex in den Garten hinunter; dort sah sie vom »Marterl« her (das heute noch da ist und wo sie viele Offenbarungen Mariens empfangen durfte) eine weiße Gestalt auf sich zukommen und an dem Ort stehenbleiben, wo Anne Maria die zweite Erscheinung hatte. Im ersten Augenblick dachte sie an einen Scherz (weil die Leute im Dorf sehr über Anne Maria gespottet hatten) und rief nach ihrer Familie. Da war die Erscheinung verschwunden. Sie wollte zuerst nichts sagen. Als sie doch davon zu erzählen anfing, wehrte ihr Mann ab. Da behielt sie das Gesehene für sich.

3) *Die zweite Christuserscheinung am 6.9. 1956:* Frau Lex lag früh um 7 Uhr wach in ihrem Bett, als sie das Wegkreuz draußen vor dem Haus an der Straße plötzlich vor sich sah: Es wurde immer größer, die Gestalt Jesu darauf wurde wie lebendig. Sie blickte zu ihm auf und bat ihn, sich ihrer zu erbarmen und ihr die Sünden zu verzeihen. Da lächelte er freundlich

und sagte: »Deine Sünden sind dir vergeben, sowie auch die deiner ganzen Familie und auch deiner verstorbenen Eltern.«

Das Gesicht Christi strahlte sie an wie die Sonne. Aloisia Lex bat Jesus, sie sterben zu lassen. Der Heiland schloß die Augen, wurde kleiner und war verschwunden. Sie aber war im selben Augenblick gesund!

Sie fühlte sich wie im Himmel, wie verwandelt. Obwohl Aloisia Lex mehr als 10 Jahre im Bett gelegen war und nur die letzten zwei Jahre am Stock etwas gehen konnte und nichts zu heben vermochte, fühlte sie sich plötzlich stark. Sie rief ihre Angehörigen, erzählte ihnen das Erlebte und überzeugte sie von ihrer Gesundung. Sofort machte sie sich auf den Weg in die über 2 Kilometer entfernte Kirche, blieb lange dort, mußte sich dann aber sehr mit der Zubereitung des Mittagessens beeilen. Auch die Schweine mußten gefüttert werden...

4) *Die Einprägung des »Rasenkreuzes« am 6. 9. 1956:* Als Frau Lex in den Garten geht, um Futter für die Schweine zu holen, sieht sie an der Stelle der beiden Marienerscheinungen das Gras in Kreuzesform welken. Überrascht bleibt sie stehen. Ist das das von Maria erbetene »Zeichen«, damit die Familienangehörigen nicht mehr spotten, sondern glauben? Oft hat sie Maria um ein Zeichen gebeten, damit wieder Friede in der Familie einkehre. Sie erzählt ihren Angehörigen noch nichts, auch am nächsten Tag nicht. Am 8. 9. spricht sie davon, und die Familie ist überzeugt, ebenso die Schulkinder mit ihrem Direktor. Darauf wurde die Kreuzesstelle von der Gendarmerie 14 Tage lang Tag und Nacht bewacht, um sicher zu gehen, daß nichts daran manipuliert wird. Inspektor Neunherz ist einer der ersten Verfechter der Echtheit: »Menschliche Erklärungsmöglichkeiten haben wir ausgeschlossen.«

Das Gras in der gut 15 Zentimeter breiten und 1,20 × 0,80 Meter großen Kreuzform welkt so ab, daß Graswolle entsteht, die bald die blanke Erde übrigläßt. Deutlich hebt sich das Kreuz von der Wiese ab. Die Nachbarn sind skeptisch, machen selbst Versuche, so ein Kreuz herzustellen... Inspektor Neunherz entnimmt eine Bodenprobe vom Kreuz und von der benachbarten Wiese und fordert an der Hochschule für Bodenkultur in Wien ein Gutachten an. Er verlangt die Einzäunung des Erscheinungsplatzes und hat mit seinen Mitarbeitern längere Zeit ein Auge auf die Familie Lex. Alle Familienmitglieder beschwören, keinerlei Manipulation ausgeübt zu haben. Das Ordinariat in Eisenstadt schaltet sich ein, der zuständige Dechant (von Mogersdorf) veranlaßt die Einzäunung, und der Kanzleidirektor befragt die Familienangehörigen. Er entnimmt von sich aus Proben, die ebenfalls an verschiedene Institute in Wien eingeschickt werden.

Wegen des Ungarnaufstands (23. 10. 1956) verzögert sich die Sache. Im November ist aber das Ergebnis eindeutig: »Aus vergleichenden

Anbauversuchen geht hervor, daß eine chemische Veränderung des Bodens innerhalb der Kreuzform nicht vorliegt. Durch Versuche mit Besprühen mittels Unkrautbekämpfungsmitteln konnte die gleiche scharfe Abgrenzung nicht erreicht werden.« Das heißt mit anderen Worten: Da weder eine mechanische noch eine chemische Manipulation vorlag, bleibt das Phänomen unerklärlich. Zu diesem Ergebnis kommen auch die Geistlichen der Umgebung, als sie bei einer Konferenz mit dem Ergebnis der Untersuchung konfrontiert werden. Nur der Ortspfarrer Forsthofer ist anderer Ansicht, legt ein Veto ein und erreicht die Vertagung.

Frau Lex bat Jesus um eine Offenbarung zur Entstehung des Kreuzes, und eine innere Einsprechung sagt ihr: »Gott hat sich durch sein Kreuz nochmals auf die Erde herabgelassen, um seine Liebe und Barmherzigkeit der Menschheit anzubieten.« Um dieses Thema der Erlösung kreisen alle folgenden Offenbarungen, Botschaften, Visionen, Erscheinungen, Zeichen und Handlungen!

Zu erwähnen bleibt noch, daß am 6. 9. der Kreuzbaum vor dem Haus (dessen Crucifixus lebendig wurde und Frau Lex erschien) wieder zu grünen begann. Die Russen hatten 1945 das Kreuz geschändet, den linken Fuß abgehackt und auf die Schmerzensmutter am Fuß des Kreuzes geschossen. Daraufhin war der Baum verdorrt. Weil die Äste des Baumes den Körper des Kruzifixes an vielen Stellen überwachsen hatten, hatte man den dürren Baum stehen lassen. Jetzt trieb er wieder aus und hat sich zu einer einmaligen Fülle und Gestalt ausgewachsen (Efeubaum). Während des Ersten und Zweiten Weltkriegs hatte man dort Rosenkranz gebetet und Maiandachten gefeiert, er war also immer schon ein Ort des Gebets in Eisenberg!

5) *Wunder und Erscheinungen bis 1964:* Anfang Dezember erkrankte Anne-Marie (geb. am 2. 2. 1948) schwer. Da erschien Maria zum drittenmal dem Mädchen und wies sie an, sich zum Rasenkreuz tragen zu lassen. Bei großer Kälte tat man ihr am 8. 12. den Willen, und sie war sofort gesund! Eine Blinde aus Berchtesgaden war die nächste Geheilte. Unzählige andere folgten . . . Stets kam man auch zu »Mutter Lex« (wie sie bald genannt wurde) und versicherte sich ihrer Gebetsunterstützung.

In den folgenden Jahren hat Frau Lex täglich stundenlang am Rasenkreuz gebetet. Manchmal die halbe Nacht hindurch, auch bei schlechtestem Wetter. Sie hat die Kälte nicht gespürt und konnte trotzdem ausgeruht und mit vollen Kräften am Morgen an ihr Tagwerk gehen!

Im November 1956 sah sie den hl. Martin in vollem Bischofsornat eines Nachts am Rasenkreuz stehen und gegen Osten blicken; dabei erteilte er mit einem Kreuz den Segen. Immer wieder sah Mutter Lex Kreuze über dem Rasenkreuz aufleuchten und nach Osten wandern: Gebetskraft, die sichtbar geworden war!

Seit 1957 erschien ihr Christus in der Hostie der Monstranz in Oran-
tenhaltung. Ab 1961 sah sie ihn auch in den kleinen konsekrierten
Hostien.

Immer wieder hörte Aloisia Lex bei ihren einsamen Gebeten am Rasenkreuz geheimnisvolle Stimmen, die ihr angst machten. Sie bat Maria um
Aufklärung und bekam Aufschluß darüber durch eine neuerliche Marienerscheinung am 14. 11. 1962, bei der sie ihr mitteilte: »Es ist ein großes
Opfer, daß man dir nicht glaubt; opfere alles dem himmlischen Vater auf!
Hier ist das Niemandsland, wo man nicht mehr glaubt, Gott untertänigst
dienen zu müssen.« Auch durch Einsprechungen wurde Aloisia Lex klar,
daß sie eine Vermittlerrolle zwischen der himmlischen Welt, der ungläubigen Welt und den Armen Seelen zu erfüllen hatte.

Sie erhielt in dieser Zeit auch immer wieder Offenbarungen, die vor
allem die Priester betrafen und die sie dem Dechant in Mogersdorf
monatlich überbrachte; dieser leitete sie an das bischöfliche Ordinariat in
Eisenstadt weiter, wo sie archiviert wurden.

Am 21. 2. 1963 hatte Frau Lex wieder eine Marienerscheinung: Sie sah
ein strahlendes Kreuz am Himmel, darauf Maria in weißem Gewand;
dann sah sie einen Konferenztisch, an dem sehr heftig gestritten wurde.
Plötzlich hörte sie Maria laut den Streitenden zurufen: »Ich wünsche, daß
dieser Vertrag sofort abgeschlossen wird!«

Aloisia Lex erfuhr noch mehrfach Christusbotschaften und -erschei-
nungen, doch häufiger hörte sie die Stimme Marias, die sie tröstete und
stärkte, sie aber gleichzeitig zu unermüdlichem Gebet und Opfer aufforderte.

Sieben Jahre lang dauerte diese Phase – rückblickend als Vorbereitung
für ihr Prophetenamt aufzufassen –, denn 1964 begannen die großen
Offenbarungen und Botschaften für das Volk Gottes – und damit auch die
Auseinandersetzung mit der Kirche, die bisher zugewartet und geschwie-
gen hatte. Viele dieser Botschaften richten sich gegen den Modernismus
und die progressive Theologie und Glaubenspraxis, die sich in dieser Zeit
(gegen Ende des Konzils) breit zu machen begannen.

Bis zum 20. 1. 1966 waren zahlreiche Christusbotschaften darunter,
nachher sprach nur mehr Maria zu ihr.

Die folgenden Botschaften hat Frau Lex auf Zetteln, in Hefte, in leere
Seiten der Gebetbücher – was gerade zur Hand war – aufgeschrieben,
oftmals »diktiert« bekommen, manchmal als »innere Einsprechung«
empfangen. Immer in einem gehobenen Deutsch, das sie eigentlich gar
nicht beherrschte...

6) *Botschaften Marias an Aloisia Lex in Eisenberg:*

12. 6. 1954 – Nach der Ankündigung des Strafgerichts durch Jesus sprach
Maria erstmals zu Aloisia Lex:

»Dreimal rufe ich euch, betet, bringt viele Opfer, tut Buße für die Bekehrung
der Sünder und um unsterbliche Seelen zu retten. Um Christi willen bitte ich
euch darum!

Wahrlich ich sage euch, eine große Traurigkeit wird über die Welt kommen,
darum ziehe das Bußkleid an, um Sühne und Buße zu tun. Zum Zeichen der
Wahrheit dieser traurigen Offenbarung sollst du von nun an in der Öffentlichkeit nicht mehr mit hellen Kleidern erscheinen. Der Himmel trauert mit dir.
Aber das eine steht fest, daß am Ende das Kreuz und die Wahrheit siegen
werden!«

20. 6. 1964 – Nach Mitternacht betete Frau Lex am Rasenkreuz und hörte die
Klage Marias:

»Als ich am Kreuz betete und flehte, daß mich niemand hören will und mir
niemand glauben würde, da hörte ich deutlich die Stimme der Gottesmutter.
Sie sagte zu mir: ›Sie stehen alle unter dem Einfluß des Bösen, daher haben sie
keine Macht, die Wahrheit zu glauben. Anstatt den heiligen Willen Gottes zu
erfüllen, um meinem Auftrag Folge zu leisten und durch Gebet und Opfer
Sühne zu leisten, verstößt und mißachtet man die göttliche Liebe und Barmherzigkeit. Man bekämpft sogar die Wahrheit und öffnet dadurch Satan das
Tor. Auch mich stoßen die Menschen durch die ständigen schmerzlichen
Enttäuschungen von sich und lehnen meine Gnadenrechte ab. Daher bleiben
die Gnaden ungenützt; deshalb befällt mich eine große Traurigkeit, weil ich
zusehen muß, wie zahlreiche Seelen verlorengehen dadurch, daß man die
göttliche Liebe und Barmherzigkeit verworfen hat und die Menschen durch die
Macht des Bösen irregeführt werden und sodann ins Verderben stürzen. O wie
bitter werden es die Menschen einmal bereuen, da sie der gerechten Strafe
nicht entgehen können. Dann wird es für viele zu spät sein für Zeit und
Ewigkeit.‹«

22. 8. 1964 – Auftrag Marias in der Kirche St. Martin:

»Ich befehle dir um Christi willen um daher auch meinem Auftrag Folge zu
leisten – gehe sofort zum Pfarrhof, um meinen Dienern im Auftrag des Herrn
sowie auch meinem Auftrag alles zu berichten, was ich dir aufgetragen habe.

Ferner wünsche ich im Auftrage des Herrn zu sagen, was beachtet werden
muß:

Wehe demjenigen, der es wagt, gegen den Willen Gottes zu handeln oder
sich zu widersetzen und dadurch dem Auftrag des Herrn und auch meinem
Auftrag nicht Folge zu leisten.

Wehe demjenigen, der es wagt, gegen den Willen Gottes oder gegen seine
Wahrheit und Gerechtigkei unrecht zu handeln, zu urteilen oder sie zu mißachten.

Diejenigen verstoßen gegen das Gesetz der göttlichen Wahrheit und Gerechtigkeit.«

11. 4. 1968 – Maria spricht den zuständigen Bischof und Ortspfarrer
direkt an:

»Ich, als Königin der Propheten und Märtyrer mache den Hochw. Herrn
Bischof Laszlo, besonders den Ortspfarrer Andreas Forsthofer, sowie die lauen
Priester in der Umgebung aufmerksam, daß diese gewaltigen Sonnenwunder
und besonders die verschiedenen Himmelszeichen, die von vielen Menschen in
der Sonne und auch außerhalb der Sonne gesehen werden, sehr ernst genommen werden müssen, und von der Kirche sehr sorgfältig zu beachten sind, da
durch diese gewaltigen Sonnenwunder und verschiedene Zeichen am Himmel
die Wahrheit und Echtheit dieser Sache des heiligen Kreuzes am Rasenboden
bestätigt wird.

Die Nichtbeachtung meines Auftrages wird durch das vorangekündigte
Eingreifen Gottes in Folge gewaltiger Himmelsereignisse für die Welt und
Menschheit schwere Folgen haben und sich katastrophal für die sündige
Menschheit auswirken.«

11. 10. 1968 – Am Fest Maria Mutterschaft erhielt Frau Lex in ihrem Haus
die Botschaft über das Heilwasser:

»Vom Rasenkreuz aus geht die Quelle der Gnade und Barmherzigkeit und
strahlt sehr viele Gnaden und den Segen aus in alle Erscheinungsorte der Welt.
Das Zeichen des heiligen Kreuzes am Boden strahlt die göttliche Liebe, Gnade
und Barmherzigkeit in alle Himmelrichtungen aus. Denn nur im Kreuz ist
Heil und Segen. Es sollte ein für allemal eine der größten Gnadenstätten der
Welt werden, wo der Himmel das große Zeichen des heiligen Kreuzes durch
den Dienst der Engel eingeprägt hat. In diesem Zeichen des heiligen Kreuzes
werden sich die Geister scheiden. Hier werden sie schon geteilt . . .

Durch Gebet und Buße können zur Verherrlichung des heiligen Kreuzes
noch viele Seelen gerettet werden, und Ströme von Gnaden gehen von dieser
heiligen Stätte aus. Der Gnadenstrom wird niemals aufhören zu fließen. Es ist
hier nicht nur eine kleine Gnadenstätte, sondern es ist eine *Gnadenstätte der
immerwährenden Hilfe und der Barmherzigkeit.*

Dieser Gnadenstrom, der aus dieser Gnadenstätte entströmt, wird allen
Menschen zugute kommen, die durch die Anerkennung und Verherrlichung
des Zeichens des heiligen Kreuzes aus Liebe und Sühne zum gekreuzigten
Heiland und zu meiner Verehrung ihre Huldigung darbringen. Es werden hier
viele Menschen Gnade und Barmherzigkeit erlangen. Viele werden noch
geheilt werden, und viele Sünder werden sich noch bekehren. Denn vom
Kreuz kommt die Liebe und Barmherzigkeit und von mir als Gnadenvermittlerin wird auf die Menschen, die mit Vertrauen kommen, durch Gebet, Opfer,
Sühne, Buße und Prozessionen, ein Strom von Gnade fließen . . .

Ich werde viele Wunder wirken. Der himmlische Vater hat diesen kleinen
Fleck der Erde sich auserwählt, um durch die Herablassung meiner heiligen
Erscheinung sich zu würdigen, der armen Menschheit zu zeigen, wie groß die
Barmherzigkeit Gottes ist.«

Textquelle: Eisenberg 1956–1983. Der Kampf um das Erlösungsreichen, hrsg. v. M. Jäger, München 1983 – Die Texte wurden von Aloisia Lex vor Drucklegung als authentisch bestätigt.

7) Mystische Phänomene begleiten die Botschaften: Am Christi-Himmelfahrts-Tag 1965 (27. 5.) hatte Aloisia Lex die Vision einer großen Finsternis über der Welt, darin zeigte sich ein großes, golden schimmerndes Kreuz in der Form des Rasenkreuzes, das aber keine Strahlen aussandte (wie die über tausend Kreuze, die sie in Visionen insgesamt gesehen hatte). Plötzlich verschwand die Vision, ein großes Angstgefühl aber blieb seither in ihr.

Am 7. November 1965 verfärbten sich an der Herz-Mariä-Statue in der Kirche von St. Martin während einer Botschaft plötzlich die Fingerspitzen der linken Hand, als Maria gerade sagte: »Ihr spielt auch diesmal mit dem höllischen Feuer.« Als sie dem Pfarrer anschließend die Botschaft brachte und ihn auf die Verdunklung der Hand aufmerksam machte, verdächtigte er sie, dies durch Versengung mit einer Kerzenflamme selbst bewirkt zu haben und schnitt mit seinem Taschenmesser die Fingerspitze des Zeigefingers an, mußte aber feststellen, daß das Holz auch innen schwarz geworden war.

Im Februar 1966, als Aloisia Lex ihre Tochter in der Schweiz besuchte, hatte sie in Einsiedeln ein eigenartiges Erlebnis mit Armen Seelen, die plötzlich die Wallfahrtskirche füllten, teilweise in Trachten längst vergangener Zeit. Eine Schwester überreichte ihr einen Zettel, und plötzlich war die Kirche wieder leer. Der Zettel, den sie in der Hand hatte, enthält das »Gebet der hl. Mechtildis« – eine Betrachtung über das Vaterunser, das sich als »Erlösungsmittel« für Arme Seelen oftmals bewährt hat. In der Folge bekommt Mutter Lex immer mehr die Aufgabe, am Rasenkreuz Arme Seelen über ihren Zustand aufzuklären und ihnen den bewußten Übergang in das lichte Jenseits zu ermöglichen.

Im Spätherbst 1967 kommt der seit langem in Einsprechungen angekündigte Priester (Kaplan L. aus Wien) zu Besuch, sie erzählt ihm von ihrer Zwiesprache mit der Herz-Jesu-Statue in St. Martin, und er erlebt ebenfalls, wie die Statue »lebendig« wird. Gleichzeitig erlebt er das Strafgericht... Er fühlt sich wie in einem Starkstromkreis und verläßt fluchtartig das Gotteshaus. Eine Woche später kommt er wieder und sieht die während der Vision bartlose Figur plötzlich bärtig und nicht nach oben blickend wie vorher, sondern freundlich den Beter anblickend. Diese Schau überzeugt ihn. Als er jedoch auf den Unglauben des Ortspfarrers und des zuständigen Ordinariates stößt, wird er unsicher.

Im Frühjahr 1968 beginnen die Sonnenwunder. Zuerst am Josefstag (19. 3.), als Pilger aus Wien, Graz und Salzburg um 14 Uhr 30 zwei grüne und schwarze Sonnenscheiben sehen, die sich drehen und die Farben wechseln. Am Himmel traten etwa eine Stunde lang Farbflecken (grün, rosa, gelb, blau) auf, dann verfärbte sich der Himmel weinrot, und es hing ein weinrotes Kreuz vom Himmel herab, das sich fast ins Violett verfärbte. Anschließend verdunkelte sich der Himmel im Osten, als ob ein Gewitter käme. Solche »Sonnenwunder« in vielfältiger Form gab es viele. Zahlreiche Zeugenberichte (auch von Naturwissenschaftlern) liegen vor.

Viele Bekehrungen und Heilungswunder fanden statt und wurden bezeugt, kirchlich aber nicht untersucht, da man nichts davon hielt.

1971 wurde eine lebensgroße Fatimastatue gestiftet. Pilger sahen, daß sich der Mantel blau verfärbte, die Augen bewegten und Lichtstrahlen an der Statue aufleuchteten.

Viele andere Zeichen, Bekehrungen und Wunderheilungen sind im Pilgerbuch eingetragen und in den Publikationen nachzulesen.

1984 starb Aloisia Lex, nachdem sie die letzten Jahre an den Rollstuhl gefesselt war und viel zu leiden hatte. Doch weiterhin verstand sie sich als demütige Zeugin des Kreuzes am Boden, das sie durch das Kreuz ihrer körperlichen und seelischen Leiden (durch die Mißachtung von seiten der Kirche) »verehrte«. Unzähligen »Armen Seelen« hat Frau Lex bei ihren nächtlichen Gebeten am Rasenkreuz den Weg der »Erlösung« gewiesen.

Gerade in Eisenberg wird sichtbar, wie vielfältig die geistigen Möglichkeiten Marias sind, und daß sie sich durch irdische Schranken und Grenzen nicht »behindern« läßt. Auch die »Wallfahrt« zu dieser Gnadenstätte ist weiterhin rege.

8) *Stellung der Kirche zu Eisenberg:* Von 1956 bis 1964 konnte sich die Kirche nicht zu einer positiven Stellungnahme durchringen. Die ablehnende Haltung des Ortspfarrers beeinflußte stark die burgenländische Geistlichkeit. Der progressistische Trend, der sich in den sechziger Jahren stark bemerkbar machte, tat ein übriges. So waren es nur einzelne, die sich positiv zu Wort meldeten, teilweise aber auch ihre Meinung änderten – wie ein Wiener Kaplan, der selbst mystische Erlebnisse in Eisenberg hatte, die ihn tief erschütterten; der dann aber unter dem Druck der kirchlichen Obrigkeit zurücksteckte und kurzfristig ein Gegner wurde – bis er sich dann doch wieder eines Besseren besann und Zeugnis für seinen Glauben an die Wirklichkeit der Erscheinungen ablegte.

Die Worte in den Botschaften Jesu und Marias sind scharf. Es fallen Worte wie »stur«, »verbohrt«, und es wird wenig Verständnis für das Verschleppen, für die Gleichgültigkeit und Skepsis, für Glaubenslosigkeit und Oberflächlichkeit zum Ausdruck gebracht. Im Gegenteil werden Lauheit und Selbstgefälligkeit, die Dominanz des Intellekts vor dem Glauben und der kindlichen Hingabe als Mißbrauch der Verantwortung, als Fehler und Versagen gebranntmarkt!

Ein Pfarrer aus Deutschland, Hermann Wagner, prüft schließlich die Angelegenheit: Er nimmt Kontakt mit Frau Lex und ihrer Familie auf, befragt die Zeugen, liest die Gutachten und die Botschaften und schreibt schließlich: »Wenige Monate später konnte ich durch das Zeugnis des Gendarmerieinspektors Neunherz in St. Martin Sicherheit gewinnen, daß das Kreuz echt ist... ›nicht von Menschenhand gemacht‹ (wie es im amtlichen Bericht heißt). Damit wir eine tiefere Erkenntnis gewinnen, wozu der Himmel dieses Zeichen in den Boden geprägt hat, müssen wir auf die Stimmen hören, die uns von drüben mitgeteilt werden... Ich weiß, daß viele diese Stimmen nicht für wahr halten. Das ist dann Angelegenheit ihres Gewissens.«

Pfarrer Wagner hat seine Eindrücke und Erkenntnisse in dem Buch »Mystische Erlebnisse. Licht über Eisenberg« 1986 zusammengefaßt.

Am 12. 4. 1969 spricht das Ordinariat sein Urteil über Eisenberg: »Nichts berechtigt dazu, diese natürlich erklärbaren Erscheinungen als übernatürliches Eingreifen Gottes anzusehen.« Die Begründung verdreht die Gutachten, nennt Frau Lex einen pathologischen Fall und verbietet jeden Kult. Dem Ehepaar Lex wird die Exkommunikation angedroht, wenn es nicht »die Kultstätte abräumt«. Ein Prälat gibt den Rat: »Am besten wird es sein, Sie lassen das Rasenkreuz umackern und die Herz-Jesu-Statue (an der es wunderbare Erscheinungen gab) verbrennen, dann wird Ruhe sein!« Ein Einspruch des geistlichen Beraters verhallt wirkungslos... Es gab zwei Säureanschläge auf das Rasenkreuz, die wirkungslos blieben. Die Exkommunikation wurde ausgesprochen und einige Zeit durchgehalten, dann wieder zurückgenommen. Einige Zeit vor dem Tod von Aloisia Lex sah es sogar so aus, als würde das Urteil revidiert, dann ist alles wieder auf die lange Bank geschoben worden...

Quelle: Hermann Wagner, Mystische Erlebnisse. Licht über Eisenberg, Altötting 1986; Franz Speckbacher, Ein Zeichen Gottes. Das Rasenkreuz in Eisenberg, Altötting 1990, R. Ernst, Lexikon

GRAVEGGIA/ITALIEN   Am 5. August erschien Maria der Alfonsina Cottini (geb. 1902) in Lourdes während des Krankensegens und heilte sie von ihren Gebrechen. Sie war von Jugend auf sehr leidend; geschrumpft und versteift mußte sie wie ein Baby versorgt werden. Sie wurde bei dieser Heilung um 40 cm größer, und die Versteifung löste sich. Sie konnte in der Folge schwere Arbeiten verrichten und reisen. Zum Dank für ihre Heilung organisierte sie 19mal Krankenreisen nach Lourdes.   1955

Ab 1961 hatte sie jeden Sonntag Marienerscheinungen. Sie sah oftmals auch Jesus und verschiedene Heilige. Im Herbst 1969 fiel sie in einen ekstatischen Schlaf, aus dem sie nur selten erwachte. Trotzdem ging viel Segen von ihr aus, und ein großer Zustrom von Pilgern suchte bei ihr und durch sie Verbindung mit dem Himmel. Ohne daß sie Nahrung zu sich nahm, lebte sie noch viele Jahre († 1983). Ein Lächeln auf ihren Zügen spiegelte den Glückszustand ihrer Seele.

Bew.: Gut bezeugt; Quelle: R. Ernst, Lexikon; sowie Augenzeugenbericht gegenüber dem Verfasser

1955 NONGOMA / SÜDAFRIKA Maria erschien der Missionsschwester Reinolda am 22. August, kurz nachdem diese die hl. Kommunion empfangen hatte. Maria stand in nächster Nähe in wunderbarem Licht auf einer Weltkugel, ganz weiß gekleidet, mit einem wallenden Schleier, auf der Brust eine große Hostie, von einem Strahlenkranz umgeben. Weitere neun Schauungen dieser Art bis zum 2. Mai 1971 werden berichtet. Maria sprach zu Sr. Reinolda:

»Nenne mich ›Tabernakel des Höchsten‹. Auch du bist ein solcher Tabernakel... Ich wünsche, daß man mich unter diesem Titel anruft zur Verherrlichung meines Sohnes... Furchtbares steht euch bevor, wenn ihr euch nicht bekehrt.«

Bew.: Gut bezeugt; Quelle: R. Ernst, Lexikon

1955 REGGIO EMILIA / ITALIEN Maria erscheint insgesamt 8mal der 50jährigen Rosa Soncini von Februar 1955 bis 11. November 1956. Maria weint, prophezeit große Umwälzungen und das bevorstehende Wunder der Bekehrung eines Teils der Sowjetunion. Der Weltkrieg sei schon im Gang, das Unheil könne nicht mehr aufgehalten werden. Man solle Buße tun, viel beten, und Haß, Unsittlichkeit und Fluchen meiden. Die Erscheinungen sprechen sich herum, viele Menschen kommen an den Erscheinungsort und sehen manchmal Zeichen an der Sonne, wie sie auch an anderen Erscheinungsorten beobachtet werden: Wechsel von Farben, Rotieren und Hüpfen der Sonnenscheibe...

Rosa Soncini sah ein Kruzifix in der Sonne und bemerkte einen nicht natürlich erklärbaren starken Wohlgeruch von Nelken und den bitteren Duft von Veilchen. Die Seherin war unheilbar krank, wurde aber in Lourdes geheilt. Maria sagte ihr vernehmbar: »Steh auf, du bist geheilt!«

Bew.: Gut bezeugt; Quelle: R. Ernst, Lexikon

1955 N.N. / RUMÄNIEN Maria erschien wenigstens 5mal einer namentlich nicht bekannten Frau in Rumänien und wies sie auf die Bedeutung der Botschaft von Fatima hin. Sie bat um die monatliche Weihe an ihr heiligstes Herz an jedem ersten Samstag des Monats, um die besondere Verehrung ihres Unbefleckten Herzens und um den täglichen Rosenkranz.

Bew.: Unbekannte Überlieferung; Quelle: R. Ernst, Lexikon

ASSORO / ITALIEN   Maria erscheint vier spielenden Kindern in einer   1956
Grotte und zeigt sich ihnen mit dem Jesuskind. Dies geschah am 7. Mai,
auch Erwachsene sehen nachher, als die Kinder davon erzählen, die
Erscheinung. Nähere Umstände sind nicht bekannt geworden.

Bew.: Unbekannte Überlieferung; Quelle: R. Ernst, Lexikon

ENGLECOURT / FRANKREICH   Kinder und Erwachsene sehen, daß eine Ma-   1956
rienstatue die Augen bewegt.

Bew.: Gut bezeugt; Quelle: R. Ernst, Lexikon

URBANIA / ITALIEN   Maria erscheint insgesamt 3mal der 11jährigen Au-   1956
gusta Tangini, zuerst in blauem, dann in weißem und zuletzt in einem
schwarzen Gewand. Dies geschah am 15. und am 31. Mai (zweimal).
Nähere Umstände sind nicht bekannt.

Bew.: Unbekannte Überlieferung; Quelle: R. Ernst, Lexikon

N.N. / DEUTSCHLAND   Maria erscheint unter nicht näher bekannten   1956
Umständen in Westfalen, Bayern und Württemberg der Maria Theresia
Obermeyer.

Bew.: Unbekannte Überlieferung

KRAKAU / POLEN   Maria erscheint der Čseslava Sanusz auf einem freien   1957
Platz unter nicht näher bekannten Umständen.

Bew.: Unbekannte Überlieferung; Quelle: R. Ernst, Lexikon

ROCCA CORNETA / ITALIEN   In der Kirche dieses kleinen Ortes an der   1957
Bahnlinie Florenz – Pistoia weint seit dem 13. Mai immer wieder eine
Muttergottesstatue mit Kind. Manchmal einen ganzen Tag lang, manchmal mehrere Stunden oder mehrmals in der Woche. Immer wieder sind es
»besondere« Tage: Der 13. Mai war z. B. der 40. Jahrestag des Beginns
der Erscheinungen in Fatima. Nachweislich weinte die Statue auch am
Todestag Papst Pius' XII. und Papst Johannes' XXIII. oder wenige Stunden vor dem Dammbruch von Vajont. Die Tränen wurden immer wieder
im Labor untersucht: Es sind eindeutig menschliche Tränen. Das Phänomen wurde oftmals fotografiert, so daß menschliche Manipulation na-
hezu ausgeschlossen werden kann.

Bew.: Gut bezeugt; Quelle: R. Ernst, Lexikon

SANSOLITHO / USA   Ein Gelähmter küßte in einem Museum eine Ma-   1957
rienstatue, da begann sie zu weinen.

Bew.: Unbekannte Überlieferung; Quelle: R. Ernst, Lexikon

1957 STAFFELFELDEN/FRANKREICH Maria erscheint dem Fabrikarbeiter Fernand Llacay viele Male. Sie gibt ihm Botschaften, später wird er stigmatisiert. Am Erscheinungsort wird eine Kapelle gebaut.

Bew.: Gut bezeugt; Quelle: R. Ernst, Lexikon

1958 ORCAS (TERNEL)/SPANIEN Maria erscheint acht Kindern zwischen dem 6. und 12. Juni in einer Grotte. Sie ist weiß und blau gekleidet und kniet mit gefalteten Händen, aus ihrem Herzen strahlt ein helles Licht. Die Kinder sind zwischen 7 und 16 Jahre alt. Näheres ist leider nicht bekannt.

Bew.: Unbekannte Überlieferung; Quelle: R. Ernst, Lexikon

1958 SAN VITTORINO/ITALIEN Maria erschien Bruder Gino im Oblatenkloster San Vittorino Romano bei Rom, nachdem sie ihm schon als Kind in seinem Geburtsort Gambassi bei Florenz erschienen war und ihm den Auftrag gab, dafür zu sorgen, daß in San Vittorino eine Kirche gebaut werde. Er erhielt auch eine kurze Botschaft:

»Viele Leute werden hierher kommen und sich bekehren. Du wirst viel zu leiden haben; aber ich werde immer bei dir sein.«

Bew.: Gut bezeugt; Quelle: R. Ernst, Lexikon

1958 TURZOVKA/ČSFR Maria erschien vom 1. Juni bis 14. August mehrmals dem Waldhüter Matuš Lašut (geb. 1916) und machte ihm Offenbarungen über die Zukunft der Kirche und der Welt. Turzovka liegt am Dreiländereck Polen, Slowakei, Mähren. Dort erschien ihm an einem Bildstock »Unserer Lieben Frau von der immerwährenden Hilfe« am Dreifaltigkeitssonntag Maria und vermittelte eine Vision: Die Bäume entschwanden vor seinen Augen, und er sah einen runden Rosengarten; darüber in strahlendem Licht eine himmlisch schöne Frau (gekleidet wie in Lourdes), die ihn ernst und doch voller Güte anblickte und dann auf den niedrigen Zaun deutete, der den Garten umschloß. Matuš folgte dem Blick und sah, daß oben drei Latten abgerissen waren. Er ergriff den Hammer, der am Zaun hing und befestigte die Latten. Maria nickte zufrieden und zeigte ihm dann einen großen Rosenkranz mit durchsichtigen Perlen und faltete die Hände. Er verstand: Er sollte den Rosenkranz beten! Dann zeigte sie auf den Baum, an dem das Marienbild hing. Doch der Baum verschwand, und vor den staunenden Augen des Sehers entwickelte sich eine Weltkarte. Darunter nahm er eine schwarze Tafel wahr, auf der Buchstaben, Abkürzungen und Wörter aufleuchteten, welche die Veränderungen auf der Karte, die nun in rascher Folge vor sich gingen, erklärten:

1. Bild: Die Karte zeigt die Erdteile und die Meere scharf umgrenzt, aber keine Landesgrenzen. Drei Farbflecken erscheinen und werden auf der Tafel erklärt. Blau für die Gewässer. Grün für die Gegenden, in denen Menschen leben, die gläubig sind und gerettet werden können (eher in Berg- und Waldgegenden). Gelb für die Gegenden, in denen böse, gleichgültige und ungläubige Menschen wohnen, denen das Verderben droht (es sind eher flache Gegenden).

2. Bild: Die gelbe Farbe breitet sich wellenförmig aus und verdrängt die grüne. Auf dem Täfelchen leuchtet eine Warnung auf: »Tut Buße!«

3. Bild: Die gelbe Farbe nimmt überhand, in manchen Gegenden beginnt es zu brodeln und zu kochen. Ein feuriger Regen verwischt die Konturen der Erdteile. Wieder erscheint auf dem Täfelchen die Aufforderung: »Tut Buße!«

4. Bild: Die ganze Welt ist praktisch gelb geworden, und der Seher bekommt die Sünden der ganzen Welt zu schauen, die Ausbrüche des Bösen und die schrecklichen Folgen. Der Anblick ist so grauenvoll, daß er ihn ganz verwandelt. Die Strafen, die sie treffen, schaffen sich die Menschen selbst, erkennt er. Und die Gutgesinnten werden mitbetroffen.

Der Seher sieht zu Wasser und zu Lande gewaltige Explosionen aufblitzen, Aufbrüche der Erde, aus deren Tiefe grauenhafte Dinge hervorschießen. Wo sie hinfallen, erstirbt alles Leben, bleibt nur eine schaurige Wüste übrig. Dann fällt vom Himmel ein Feuerregen herab, und die Welt steht in Flammen. Wieder steht in Leuchtschrift auf der Tafel: »Tut Buße!«

5. Bild: Darüber darf er noch nicht reden.

6. Bild: Darüber darf er noch nicht reden.

7. Bild: In herrlichen Bildern sieht der Seher, wie die Welt aussehen könnte, würden sich die Menschen bekehren und tatsächlich nach den Geboten Gottes leben: Die gelbe Farbe würde verschwinden, und die grüne Farbe würde sich überallhin ausbreiten. Die Sonne würde herrlich strahlen und die Herzen mit Freude erfüllen. Über der Menschheit sieht er darauf in himmlischer Schönheit die Unbefleckte Empfängnis aufleuchten. Auf dem Täfelchen steht: *»Wenn die Nationen sich zu Gott bekehren, werden sie auf Erden in Friede, Freude und Schönheit leben!«*

Darauf erschloß ihm Maria die Bedeutung des Geschauten für ihn persönlich. Etwa drei Stunden dauerte die Erscheinung. Als sie vorbei war, war er ein anderer Mensch. Er hatte sein Rheuma und Ischias verloren und seinen unheilbar scheinenden Husten. Dann fiel ihm ein, daß er ein Jahr zuvor schon einmal zu Hause erlebt hatte, wie seine Lourdesstatue lebendig zu werden schien. Er hatte sich damals sehr gefürchtet und meinte, einen dämonischen Anschlag zu erleben. Jetzt war ihm klar, daß er auch damals schon Maria begegnet war. Als er sich umschaute, war alles wie vorher, nur ein Rosenkranz lag neben ihm auf dem Boden – und er verstand ihn plötzlich zu beten. Er verstand auch, was mit den drei losen Latten gemeint war, nämlich drei Fehler, die er beheben mußte: 1) Das Rosenkranzgebet lernen und pflegen, 2) häufig die Sakramente empfangen, 3) Freundschaft mit allen Menschen pflegen. Noch am selben Tag besuchte er alle Nachbarn und Bekannten, mit denen ihn irgendetwas entzweit hatte – sie hielten ihn für geistesgestört.

Am nächsten Tag ging er zu den Sakramenten und begann ein neues Leben. Noch fünfmal ist ihm Maria an der gleichen Stelle erschienen – am 7. und am 21. Juni, am 1. und 21. Juli und am 14. August. Dreimal trafen ihn Strahlen aus ihrem Unbefleckten Herzen. Beim letztenmal sah er, wie sie mit ihrer Ferse die Schlange zertrat.

Drei Monate lang schwieg Lašut über seine Erlebnisse. Am 7. September erzählte er erstmals davon, und viele Menschen pilgerten zur Erscheinungsstätte. Er erzählte und erklärte mit großer Selbstverständlichkeit, was er erlebt und was es zu bedeuten hatte. Er sagte an diesem Tag auch voraus, daß er in drei Tagen festgenommen würde. Das geschah. Er wurde für geisteskrank erklärt und in eine Anstalt gesteckt. Viele Verhöre und Untersuchungen sollten ihn zwingen, alles zu widerrufen. Er blieb standhaft und wurde schließlich wieder entlassen.

Seit Dezember 1958 fließt in der Nähe des Erscheinungsortes eine Quelle. Lašut war damals in Haft, aber einer seiner Bekannten folgte einer Eingebung im Traum (eine schwarzgekleidete Frau forderte ihn auf, an einer ganz bestimmten Stelle zu graben) und nach kurzer Zeit stieß er auf einen starken Wasserstrahl. Eine graugekleidete Frau mit blauem Schleier gab ihm noch genaue Anweisungen, war dann aber plötzlich verschwunden... Bald setzte eine rege Wallfahrt ein, nach 1964 auch aus dem westlichen Ausland. Anfangs behinderten die Behörden vielfach die Wallfahrten, ließen ihnen aber schließlich freien Lauf. Viele Wunderzeichen wurden beobachtet: Schauungen Marias und Jesu, Zeichen in der Sonne, im Quellwasser, buntgefärbte Wolken, mediale Fotos (z. B. am 1. Mai 1965 ein riesiges Herz Jesu am Himmel vor 1200 Zeugen), wunderbare Heilungen, ein andermal eine riesige Wolkenfigur, die eindeutig als Marienerscheinung erkennbar war.

Noch gibt es keine Kapelle oder Kirche dort, nur aufgehängte Bilder und improvisierte Altäre von Pilgern, die oftmals von Gegnern zerstört werden.

Bew.: Gut bezeugt, keine kirchliche Stellungnahme; Quelle: A. M. Weigl/ P. F. Branz, Volk, S. 116; Karl Johannes Wagner; Die Unbefleckte Empfängnis spricht zu uns aus Turzovka, Wien 1968; Däniken, Erscheinungen; R. Ernst, Lexikon; Schallenberg, Visionäre Erlebnisse, S. 214–225

1958 VALLEMAIO / ITALIEN Maria erschien am 10. August dem Hirtenjungen Angelo Fanelli und seinen Eltern unter nicht näher bekannten Umständen.

Bew.: Unbekannte Überlieferung; Quelle: R. Ernst, Lexikon

VILLA BARONE DI SAN SECONDO/ITALIEN Maria erschien mehrmals der 1958
52jährigen Gina Meloni und sprach mit ihr; dies geschah jeweils am 24.
eines Monats. Wie lange und was gesprochen wurde, und was Gina
Meloni erlebt hat, ist leider nicht bekannt geworden.

Bew.: Unbekannte Überlieferung; Quelle: R. Ernst, Lexikon

GAETA/ITALIEN Am 9. Mai weint ein Bild »Unserer Lieben Frau von 1959
Pompei«. Näheres ist nicht bekannt.

Bew.: Unbekannte Überlieferung; Quelle: R. Ernst, Lexikon

SCHEGGIA/ITALIEN Maria erscheint vier Kindern, weiß gekleidet, in 1959
einem hellen Lichtkranz auf dem Schulweg.

Bew.: Unbekannte Überlieferung; Quelle: R. Ernst, Lexikon

VIVO-VALENTIA/ITALIEN Maria erscheint dem 8jährigen Francesco Pro- 1959
copio am 13. Juli und gibt ihm den Auftrag, an einer bestimmten Stelle zu
graben, dann werde man eine Grotte und darin ein Marienbild entdecken,
das dort versteckt worden sei. Die Grotte wurde tatsächlich gefunden,
nicht aber das Marienbild.

Bew.: Gut bezeugt; Quelle: R. Ernst, Lexikon

WARSCHAU/POLEN Viele Erscheinungen Marias über der Kuppel der 1959
Augustinerkirche sind bezeugt, beginnend am 7. Oktober um 23 Uhr,
dann jeden Abend bis Ende Oktober. Viele Menschen (manchmal bis zu
50 000) werden Zeugen dieser Erscheinungen. Die kommunistischen Behörden sind gegenüber der betenden Menge machtlos.

Bew.: Gut bezeugt; Quelle: R. Ernst, Lexikon

NEUWEIER/DEUTSCHLAND Maria erschien mehrmals dem Erwin Wiehl, 1960
seiner Frau und Sr. Maria in der Fatimakapelle im Wald unweit von
Neuweier. Am 16. April machten die drei Personen einen Ausflug, sahen
eine Hinweistafel »Zur Fatimakapelle« und entdeckten in der Kapelle eine
große Fatimastatue, die einen auffällig traurigen Gesichtsausdruck hatte.
Die drei setzten sich auf eine Bank am Eingang der Kapelle in die Früh-
lingssonne und begannen den Rosenkranz zu beten. Da sah Sr. Maria als
erste, wie der Madonna Tränen über die Wangen liefen, die sich schließlich sogar in blutige Tränen verwandelten. Auch Frau Wiehl entdeckte
schließlich die Tränen, sah aber kein Blut. Dann sahen sie, wie sich die
Lippen der Statue bewegten. Das sahen alle drei. Sr. Maria hörte sie dann
sprechen:

»Ich habe mich gefreut, daß ihr meinem Ruf gefolgt seid. Ich bin sehr traurig, denn ich bin fast immer allein in dieser Waldeinsamkeit. Die Menschen haben mich in ihrer größten Not hierhergestellt. Ihr sollt immer wieder hierher kommen und beten, denn ich bin eine Gnadenmutter. Wenn ihr öfter hierher kommt, werde ich euch und die ganze Gegend in der kommenden schweren Zeit beschützen. Kommt bald wieder!«

Während sie sprach, war Maria ganz verklärt (für Sr. Maria), sie leuchtete aus sich heraus und schwebte als körperliche Figur über der Statue. Die Kapelle leuchtete in Weiß und Gold in herrlichem Glanz. Die Gottesmutter erschien wie ein lebender Mensch. Als Sr. Maria nachsehen wollte, wohin die blutigen Tränen getropft seien, sagte die Gottesmutter: »Die Engel haben meine Blutstropfen gesammelt.«

Gleich darauf sah Sr. Maria zwei Engel mit Kelchen, dann nur mehr die Statue, die aber jetzt lächelte. Herr Wiehl bemerkte ebenfalls die Veränderung im Gesicht der Statue. Am 1. Mai wiederholten die drei ihren Besuch, und wieder erschien ihnen Maria, lächelte und sagte:

»Kommt doch öfter hierher! Ich bin eine Gnadenmutter, das Heil der Kranken, die Zuflucht der Sünder, die Trösterin der Betrübten. In diesen drei Anliegen sollt ihr mich anrufen, und ich werde euch erhören. Ich will, daß die Leute an allen meinen Festtagen hierher pilgern in einer Prozession. Kommt wieder am Ende des Monats und ich werde euch einen großen Segen überbringen.«

Am 25. Mai hatten sie tatsächlich wieder eine Erscheinung und Maria sagte: »Ich übermittle euch den Segen des Dreifaltigen Gottes.« Anfang Juni sagte Mutter Maria zu Sr. Maria: »Gehe zum Ortspfarrer von Neuweier und teile ihm alles mit.« Das tat sie noch am selben Nachmittag. Der Pfarrer hörte sich alles geduldig an und versprach, bald einmal einen Besuch bei der Kapelle zu machen. Er sei schwer zuckerkrank und könne manchmal nicht einmal zelebrieren. Sie solle doch alles genau aufschreiben und ihm zuschicken.

Nach eineinhalb Jahren sprach die Gottesmutter wieder zu Sr. Maria, als diese in einer Kirche in Frankfurt betete:

»Gehe nochmals zum Ortsgeistlichen von Neuweier und lege ihm ans Herz, daß ich an meinen Festtagen eine Prozession zur Kapelle wünsche.«

Sie berichtete ihm brieflich; doch starb er bald darauf. Ihre Berichte waren nicht auffindbar, als sie sich danach bei dessen Nachfolger erkundigte. Als dann endlich der zuständige Bischof davon erfuhr, waren zehn Jahre vergangen. Er meinte, daß man nach zehn Jahren eine einwandfreie Untersuchung nicht garantieren könne, und unternahm nichts. Inzwischen hatte Herr Wiehl alles noch einmal aufgeschrieben, und eine Gebetsgruppe war gebildet, die sich jeden Sonntag nach dem Herz-Jesu-

Freitag um 14 Uhr 30 in der mittlerweile erneuerten Kapelle trifft und den Rosenkranz betet.

Bew.: Gut bezeugt; Quelle: L. Ch. Kaiser, Maria weint ein Meer von Tränen S. 116 ff., R. Ernst, Lexikon

HEMPSTEAD/USA   In der St.-Pauls-Kirche weinten drei Marienbilder 1960 einen, drei und zwölf Monate lang. Tausende Gläubige und der Pfarrer der Gemeinde bezeugten die Echtheit der Erscheinungen.

Bew.: Gut bezeugt; Quelle: R. Ernst, Lexikon

BRIGUEIL-LE-CHANTRE/FRANKREICH   Maria erscheint am 26. Juli der 1961 14jährigen Jacqueline Martin unter nicht näher bekannten Umständen.

Bew.: Unbekannte Quelle; Quelle: R. Ernst, Lexikon

BUDAPEST/UNGARN   Maria erscheint immer wieder der Elisabeth Kin- 1961 delmann, geb. Szánop († 1985), Mutter von sechs Kindern, und schenkt ihr Offenbarungen über die Wirkkraft der »Liebesflamme ihres Unbefleckten Herzens«, das die Gottes- und Nächstenliebe auf der ganzen Welt entzünden soll. Die folgenden Offenbarungen stammen aus den Jahren 1961 bis 1974.

Die Seherin hat ihre Erfahrungen in einem »Tagebuch« niedergeschrieben. Sie schreibt: »Das Jahr 1961/62 ist mit diesen inneren Gesprächen verlaufen. Damals habe ich sie nicht niedergeschrieben. Ich fing erst damit an, als der Herr mich dazu aufgefordert hatte ... Wenn der liebe Heiland kürzere Gespräche mit mir führt, schreibe ich diese dann wortwörtlich nieder ... Während der heiligen Stunde ist es oft so, daß diese Gespräche in mein Bewußtsein eingehen, und dann ist es mir unmöglich, sie niederzuschreiben ... Teile das Gehörte deinem Seelenführer mit!« Auf diese Weise enthält das Tagebuch – oft undatiert – sehr vielfältige Gedanken, Inspirationen, Visionsberichte, aufgeschriebene Erfahrungen, Auditionen, ausdrückliche Botschaften zum Weitergeben u. v. a. m.

Der »Hauptgesprächspartner« ist Jesus, denn die Zwiegespräche beruhen auf einer ununterbrochenen innigen Beziehung und Verbindung mit Christus, durch den eine spirituelle Schulung seiner Gesprächspartnerin stattfindet. Eines Tages wendet sich auch Maria an sie:

»So viele Sünden gibt es im Lande! Helft Mir Seelen retten! Ich gebe euch einen Lichtstrahl in die Hand. Er ist die Flamme der Liebe Meines Herzens! Ich bin eure gütige und liebende Mutter, und mit euch vereint, Hand in Hand, rette Ich euch. Euer Land hat der heilige Stephan Mir geweiht, und Ich habe ihm versprochen, daß Ich seine Bitte und die der ungarischen Heiligen im Herzen trage.

Ein neues Mittel möchte Ich euch in die Hände geben. Nehmt es an und habt Verständnis dafür; denn Ich schaue traurigen Herzens auf euch herab!
Meine Tochter, hier übergebe Ich die Liebesflamme Meines Herzens! Zünde damit das deinige an und gib sie weiter, wenigstens einer Seele!«

Da schluchzte die Mutter Gottes so sehr, daß ich nicht verstanden habe, was ich tun soll. Im Namen aller habe ich alles versprochen, um dadurch Ihren Schmerz zu lindern, denn mein eigenes Herz war auch beinahe am Zerspringen.

«Diese gnadenvolle Flamme, die Ich euch aus Meinem Unbefleckten Herzen gebe, soll von Herz zu Herz gehen. Das wird das große Wunder sein, dessen Licht Satan blenden wird. Sie ist das Feuer der Liebe und Eintracht, und Feuer werden wir mit Feuer löschen: das Feuer des Hasses mit dem Feuer der Liebe! Diese Gnade habe Ich euch durch die heiligen fünf Wunden Meines göttlichen Sohnes vom Ewigen Vater vermittelt!«

Während Sie dies sagte, verstand ich durch Ihre wundersame Eingebung, wie sehr der Wille der Heiligsten Jungfrau mit dem des Ewigen Vaters, Ihres göttlichen Sohnes und des Heiligen Geistes im Einklang steht. Die Allerheiligste Jungfrau versprach, daß Sie bei uns bleiben wird, damit diese kleine Flamme sich wie ein Lauffeuer auf der ganzen Welt ausbreite. Sie sagte:

»Ich will, daß die Flamme der Liebe Meines Unbefleckten Herzens überall bekannt werde, so wie auch Mein Name auf der ganzen Welt überall bekannt ist. Ich kann sie nicht mehr länger in Mir verdrängen, mit ausbrechender Kraft strömt sie euch zu. Mit der Flamme Meines Herzens werde Ich Satan blenden. Mit euch vereint wird die Liebesflamme Meines Herzens die Sünde versengen.«

Die Heiligste Jungfrau bat mich flehentlich, daß wir alles einsetzen sollen, damit Ihre Liebesflamme auf der ganzen Welt verbreitet werde!

»Meine Liebesflamme kann Ich nicht mehr länger in Mir unterdrücken, laßt zu, daß sie euch zuströme! – Macht doch endlich einmal den ersten Schritt! Könnte Ich doch schon den Beginn eures guten Willens sehen! Nur der erste Schritt ist schwer, glaube Mir! Wenn dieser geschehen ist, bricht Meine Liebesflamme tosend durch das Mißtrauen eurer Seele und danach wird sie als sanfter Schein eure Seele erhellen. Wenn sie dann keinen Widerstand mehr findet, werden die Herbergegebenden Meiner Liebesflamme von der Fülle der Gnaden trunken in alle Weite verkünden – wie Ich dies schon gesagt habe: – Eine solche Gnadenflut wurde noch niemals gegeben, seit das Wort Mensch geworden ist.
Seid nicht mutlos! Die Tatkraft dazu gebe Ich einem jeden. Ihr müßt nur wollen! Durch die Gnadenwirkung Meiner Liebesflamme werde Ich eurer Seele Licht spenden, damit euer Beginnen mutig und tapfer sei. Das sollt ihr tun! Ich dränge euch dazu!«

Einmal beklagte sich die Heiligste Jungfrau während einer meiner Arbeiten:

»Du bist auch eine Mutter! Ich teile mit dir Mein unermeßliches Leid. – Überlege . . . wenn von deinen sechs Kindern auch nur eines verdammt würde! Welch ein Schmerz wäre das für dich! Und Ich? Oh, Meine Qual ist, daß Ich zusehen muß, wie viele Meiner Kinder in die Hölle stürzen! Hilf! Hilf! Hilf, mein Kind!«

Als Sie dies sagte, übertrug Sie Ihren qualvollen Schmerz in mein Herz, das davon ganz zerschmettert war.

»Wie oft und wie viele sagen das Wort: ›Schmerzhafte Mutter‹!, denken aber nicht daran, daß Ich auch jetzt leide, nicht nur am Kreuzweg Meines göttlichen Sohnes.«

Oft sprach Jesus zu ihr:

»Als ihr geboren wurdet, habe Ich auf das Pergament eures Lebens auch das Leiden geschrieben. Jetzt erläutere Ich dessen Wert. Je näher ihr zu Mir kommt, um so mehr erhellt Mein Glanz den Wert eurer Leiden. Und wenn ihr bei Mir ankommt, dann werdet ihr vor dem Thron des Heiligen Geistes dessen nie verschwindenden Wert und Schönheit betrachten können. Ich werde sie dort ›entwickeln‹, und mit Meinen Verdiensten vereint wird für euch ein wundervolles Verdienst daraus, wovon eure Seelen in wonnevollem Rausch eingetaucht sind. Erinnere dich nur an die Abziehbilder, mit denen du in deinen Kinderjahren so gerne gespielt hast. Du mußtest sie nur anfeuchten, ein bißchen reiben, und schon kam in schönen Farben eine prächtige Landschaft, ein Prinz, ein Drache, oder sonst etwas hervor. Ich sehe, du schaust verwundert auf Mich. Meine Lehre ist einfach und kindlich. Den Kinderseelen, die nichts erwägen, gehört der Himmel; denen, die staunend auf Mich hören und Mir Glauben schenken. Siehe, Ich spreche nicht in der Sprache der Wissenschaft zu euch. Diese hat noch niemanden geheiligt. Nehmt Meine einfache Lehre, die Ich in eure Kinderseele eingepflanzt habe, an. Siehst du, denen gehört Mein Reich!«

Während Er dies sagte, schienen Seine Worte so sehr mit denen der Allerseligsten Jungfrau verschmolzen zu sein, als wären sie vollkommen eins.

Bew.: Gut bezeugt; Quelle: So will Maria die Welt retten. Offenbarungen und Botschaften, Altötting 1986;
Textquelle: Die Liebesflamme des Unbefleckten Herzens Mariens. Tagebuch 1961–1974, Hauteville 1976

GARABANDÁL/SPANIEN Zwischen 1961 und 1965 erscheint Maria in 1961 dem kleinen Bergdorf Garabandál der Provinz Santandér vier Mädchen (Conchita, 12 Jahre, Maria Cruz, 11 Jahre, Maria Dolores, 12 Jahre, Jacinta, 12 Jahre). Sie bezeichnet sich als »Madonna vom Berge Karmel«.

Auch diese Erscheinungen gehören zu den sehr bekannt gewordenen und bedeutsamen, obwohl sich die Kirche bisher nicht definitiv zu einer Anerkennung oder Ablehnung entschlossen hat. Deshalb seien auch hier die gut bezeugten Ereignisse im Detail dargestellt.

1) *Vorgeschichte:* Am Abend des 18. Juni treffen sich die vier Mädchen zum Spielen, holen sich verbotenerweise ein paar Äpfel aus dem Garten des Lehrers, werden entdeckt und »vertrieben«; sie laufen bergauf durch einen Hohlweg zum Föhrenhügel. Da hören sie plötzlich – es ist etwa 19 Uhr 30 – einen starken Donnerschlag bei wolkenlosem Himmel, die Kinder bleiben erschrocken stehen. Conchita sagt: »Jetzt haben wir Äpfel gepflückt, die uns nicht gehören, der Teufel freut sich, und der arme Schutzengel ist traurig.« Und sie werfen Steine nach links, wo sie den Bösen vermuten. Dann setzen sie sich auf die Böschung und spielen, als Conchita plötzlich ein merkwürdiges Licht sieht und eine strahlende Gestalt. Sie fällt auf die Knie und faltet die Hände, ist plötzlich ganz weiß im Gesicht. Die anderen drei glauben an einen Anfall und wollen schon Hilfe holen, da erblicken auch sie das Licht und einen Engel! Einige Zeit schweigen sie – entzückt von der leuchtenden Gestalt.

Später erzählt Conchita, der Engel habe wie ein Kind von etwa neun Jahren ausgesehen, sei aber von großer Machtausstrahlung gewesen, mit schwarzen Augen, bräunlicher Hautfarbe und blonden Locken. Er habe ein langes hellblaues Gewand getragen und wunderschöne, weit geöffnete, wie in hellrosa Feuer flammende Flügel gehabt.

Sehr erschrocken laufen die Mädchen ins Dorf zurück, verstecken sich hinter der Kirche und sind sehr aufgeregt. Als andere Kinder nach dem Grund fragen, erzählen sie ihr Erlebnis. Als erste Erwachsene hört Frau Gomez, die Lehrerin, davon, die Kinder erzählen ihr, was sie erfahren hatten, und sie sprechen gemeinsam ein Dankgebet. Die Eltern schenken dem Ereignis wenig Beachtung, der Pfarrer jedoch befragt am nächsten Tag die Kinder und schärft ihnen ein, den Engel zu fragen, wer er sei und warum er komme – falls sie ihn nochmals sehen sollten...

Am Abend gehen die vier Kinder wieder hinauf durch den Hohlweg, um zu beten und auf den Engel zu warten. Einige Spielkameraden verspotten und stören sie, bewerfen sie mit Steinen und Föhrenzapfen. Enttäuscht kehren sie zurück. Beim Nachtgebet hört jedes der Mädchen eine innere tröstende Stimme: »Macht euch keine Sorgen, ihr werdet mich wiedersehen!«

Am 20. Juni beten sie wieder – diesmal schon gegen den Widerstand einiger Eltern – am Abend im bewußten Hohlweg den Rosenkranz; auf dem Heimweg leuchtet plötzlich ein Licht von so strahlender Helle vor ihnen auf, daß es ihnen den Weg versperrt und sie entsetzt aufschreien. Bald ist der Glanz wieder verschwunden, und sie erzählen nichts davon.

Am nächsten Abend aber, als sie mit einigen Begleitern, unter ihnen auch Erwachsene, wieder hinaufsteigen, erscheint nach dem Rosenkranz der Engel zum zweitenmal – nachdem einige Zuschauer bereits ihrem Ärger Luft gemacht hatten. Die Anwesenden bemerken plötzlich ein sonderbares Verhalten der Mädchen: den Kopf extrem zurückgebeugt, schauen sie unentwegt nach oben, mit ganz verklärtem Gesichtsausdruck. Sie hören Conchita flüstern: »Wer bist du und warum kommst du?« Dann erheben sich die vier wieder und sind wie immer. Die »Spötter« bitten um Verzeihung, sind tief beeindruckt von der Ekstase der Kinder.

In den vier darauffolgenden Tagen erscheint der Engel jedesmal, und jedesmal geraten die Kinder in Ekstase. Am 24. Juni zeigt die Erscheinung den Mädchen eine leuchtende, zweizeilig beschriftete Tafel, die sie nicht lesen und verstehen können. Am 25. werden sie von vielen Menschen begleitet, auch fünf Priester und mehrere Mediziner sind dabei. Einer hebt Conchita – als sie in Ekstase ist – auf; sie wird ihm zu schwer, und er läßt sie von etwa 75 Zentimeter Höhe fallen; nachher ist keinerlei Verletzung festzustellen. Andere Teilnehmer haben die Kinder gestochen, gekratzt und gekniffen, um sich von der »Gefühllosigkeit« zu überzeugen, sie erlebten keinerlei Reaktion.

Dann kommt der Engel noch dreimal wie bisher. Bei der zehnten Erscheinung, am 1. Juli, spricht er zu den Mädchen. Zahlreiche Zuschauer haben sich eingefunden, die Ekstase dauert an die zwei Stunden. Für die Kinder scheinen es nur ein paar Sekunden zu sein, sie erinnern sich lediglich, daß die Gestalt ihnen sagte, der Erzengel Michael zu sein, und daß sie ihnen ankündigte, die seligste Jungfrau werde ihnen die Tafel erklären. Morgen werde der Engel mit Unserer Lieben Frau vom Karmel wiederkommen.

2) Erste Marienerscheinung am 2. Juli: Gegen 18 Uhr kommen die Kinder an den Platz der Erscheinungen und fallen sofort in Ekstase. In hellem Lichtschein steht Maria vor ihnen, mit weißem Kleid und lichtblauem Mantel, ohne Schleier, nur ein Diadem goldener Sterne über dem welligen, in der Mitte gescheitelten kastanienbraunen Haar. Sie scheint etwa 18 Jahre alt, meinen die Mädchen nachher. Augen und Augenbrauen sind schwarz, die Nase ist fein, der Mund sehr hübsch, mit eher vollen Lippen. Hellbraune Gesichtsfarbe. An ihrem rechten Handgelenk trägt sie ein braunes Skapulier mit einem sehr breiten Band, auf dem linken Arm das Jesuskind – dieses ist sehr klein, erst wenige Monate alt, schätzen die Mädchen nachher. Es sitzt aufrecht, hat gelocktes, langes blondes Haar und ein blaßblaues Kleid an. Links und rechts stehen zwei lichtblau gekleidete Engel, in einem erkennen sie Michael. Rechts über Maria sehen sie auf einem rotfeurigen Quadrat ein leuchtendes Dreieck mit einem hellstrahlenden Auge, rings um das Dreieck nehmen sie fremdartige Schriftzeichen wahr.

Maria begrüßt sie, und schnell sind sie in einem Gespräch, erzählen von ihrem Leben, von der Arbeit der Eltern, Maria lächelt, weil sie so eifrig berichten; währenddessen sahen die Mädchen von oben und von der Seite einen Sternenregen herabrieseln. Dann beten die Kinder den Rosenkranz; zuerst betet Maria mit und zeigt ihnen, wie sie beten sollen, dann begleitet sie nur mehr das Ehre-sei-dem-Vater. Wie es in der Gegend üblich ist, sprechen die Kinder das Geheimnis zu jedem Gesätzchen nur einmal am Anfang, auf Wunsch Marias singen sie es. Von diesem Beten gibt es Tonbandaufnahmen, die die Ergriffenheit der Mädchen wiedergeben.

Dann verabschiedet sich Maria und kündigt ein neuerliches Erscheinen für den 3. Juli an. Alle vier spüren übereinstimmend einen dreifachen »Anruf«, der sie – gleich, wo sie sich gerade aufhalten – zur Erscheinungsstätte ruft. Immer kommen sie gleichzeitig dort an.

3) *Weitere Erscheinungen Marias:* Am 3. Juli wurden sie gegen 18 Uhr wieder gerufen; gerade vorher hatten die Kinder einigen Erwachsenen erklärt, wie das Gerufenwerden vor sich geht. Da machte man ein Experiment, trennte die Kinder, brachte sie in verschiedene Häuser; als dann der zweite und der dritte Anruf erfolgte, waren sie doch alle vier zur völlig gleichen Zeit am Erscheinungsort.

Diesmal erschien Maria mit dem Kind ohne die Engel. Die Kinder fragten nach ihnen, und Maria und das Jesuskind lächelten. Dann reichten die Mädchen Maria Rosenkränze und andere Gegenstände, die ihnen Erwachsene mitgegeben hatten, und baten sie, sie zu küssen und zu segnen. Dann spielten sie mit dem Jesuskind, zeigten ihm bunte Kieselsteine. Später sprach Maria längere Zeit mit ihnen, erlaubte aber nicht, das Gesagte weiterzugeben. Sie verabschiedete sich mit den Worten: »Bleibt in Gott und auch in mir! – Morgen seht ihr mich wieder.«

Am 4. Juli waren sie um 18 Uhr beim Rosenkranzgebet in der Kirche, als sie gerufen wurden. Sie wollten das Ende des Gebets abwarten, doch der zweite Ruf erfolgte rascher als bisher. Als sie den dritten spürten, liefen sie so schnell zur Erscheinungsstelle, daß die anderen ihnen nicht folgen konnten und erst eine Weile später keuchend den Hohlweg erreichten. Die vier Mädchen waren längst in Ekstase, und es war ihnen keinerlei Anstrengung anzumerken. Maria fragte sie, ob sie die Bedeutung der Schrifttafel vom 29. Juni erfaßt hätten. Als sie verneinten, gab sie ihnen eine Botschaft (auf die die Tafel hingewiesen habe), die sie am 18. Oktober veröffentlichen sollten:

»Wir sollen viele Opfer bringen, viel Buße tun.
Wir sollen oft das heiligste Altarsakrament besuchen.
Vor allem aber sollen wir *gut* sein.
Wenn nicht, wird ein Strafgericht über uns hereinbrechen.
Der Kelch ist bereits daran, sich zu füllen.
Wenn wir uns nicht bessern, wird uns eine sehr große Strafe treffen.
Die Jungfrau will, daß wir ihre Botschaft beherzigen, damit uns Gott nicht bestrafe.«

Von diesem Abend an wiederholten sich die Botschaften in bestürzender Häufigkeit. Es fällt schwer, sie zu unterscheiden, vor allem auch, weil Conchita ihr Tagebuch – in dem viele Details festgehalten sind – erst am 1. 11. 1962 begann und die Ereignisse bis dahin aus dem Gedächtnis »rekonstruierte«.

4) *Conchita wird abgesondert:* Da Conchita als »Rädelsführerin« der vier Mädchen angesehen wurde, beschließt man, sie nach Santandér zu bringen und zu befragen, zu untersuchen bzw. zu verhören. Schon am ersten Tag fällt sie zur selben Zeit wie die drei übrigen Mädchen in Garabandál vor einer Kirche in Ekstase und behindert empfindlich den Stadtverkehr, es entsteht ein großer Auflauf. Als die Polizei eingreift, ist die Ekstase wieder vorbei, und Conchita folgt willig in die Sakristei der Kirche, wo ihr ein Arzt vorwirft, sie sei hysterisch und verrückt. Als er versucht, sie zu hypnotisieren, lacht sie ihn nur an – er hat keinen Einfluß auf sie. Sie wird vom Bistumsverweser befragt und von einem Arzt zum andern geschickt, die aber nichts Krankhaftes an ihr feststellen. So wird beschlossen, daß sie einige Zeit in Santandér bleiben soll, damit sie Abstand gewinnt und die »Traumbilder« vergißt. Sie geht mit auf den Markt und an den Strand, hat scheinbar vergnügliche Tage, ist aber froh, als sie die Mutter holen kommt und sie wieder in Garabandál daheim ist.

5) *Die »ekstatischen Wanderungen«:* Am 29. 7. war die Gottesmutter nur Maria Dolores (»Loli«) und Jacinta erschienen. Maria Cruz war diesmal nicht da und Conchita noch in Santandér. Unter den vielen Anwesenden war auch P. Ramón Andréu SJ, der lange Zeit in Garanbandál blieb und einer der wichtigsten Zeugen und Kenner der dortigen Vorgänge wurde. Während der Ekstase war Maria plötzlich für Loli nicht mehr sichtbar, verwundert bemerkte sie, daß Jacinta so sonderbar aussah, geheimnisvoll flüsterte und einen verklärten Ausdruck besaß. Während sie sich noch darüber äußerte, fiel auch Loli wieder in Ekstase und sah Maria. Sie fragte die Gottesmutter, warum sie fortgegangen sei, und erhielt die Antwort: »Oh, es war, damit er glaube!« Mit diesen Worten wiederholte Loli offensichtlich die Antwort Marias. P. Andréu hörte das und nahm daher – wie er selbst sagte – von der Hypothese der Kollektivsuggestion bzw. -hypnose, die er sich bisher als Deutung zurechtgelegt hatte, Abstand.

Maria erschien in der Folge mehrmals am Tag und an vielen Orten; manchmal bewegte sie sich sogar durch den Ort, und die Mädchen folgten ihr. Teilweise blieben sie dabei auf den Knien und bewegten sich auf diese Weise mühsam durch unwegsames, steiniges Gelände – ohne daß sie Verletzungen erlitten oder daß die Strümpfe löchrig wurden. Wenn sie in schlammigen Boden oder in Pfützen gerieten, wurden sie nachweislich nicht naß! Manchmal fielen die Kinder ohne Unterstützung der Arme auf den Boden oder erhoben sich so – physisch unerklärlich!

Am Tage nach ihrer Rückkehr war Conchita noch nicht dabei, als Maria Dolores und Jacinta wieder eine Ekstase hatten. Frau Maximina, eine Nachbarin, kam nachher zu Conchitas Mutter, ließ sich von Santandér berichten und wie froh Conchitas Mutter sei, daß diese jetzt keine Ekstasen mehr habe. Da wehrte sich Conchita und erzählte haargenau alles, was Frau Maximina eben erlebt hatte! Das Mädchen erzählte auch, daß ihr Maria erschienen sei und ihr alles mitgeteilt habe. Dann berichtet sie noch von einem Auftrag Marias: »Ihr werdet eine Stimme hören, der ihr folgen müßt, wohin sie euch auch führen wird. Das wissen die anderen noch nicht!«

Am nächsten Tag nimmt Conchita schon an den ekstatischen Wanderungen der anderen Mädchen teil. Sie gehen auch »normal«, aber über ein Gelände, das man sonst unbedingt meiden würde. Oft gehen sie auch rückwärts oder sichtbar »in der Luft« (Elevationsphänomen). Manchmal scheinen sie zu tanzen – nach einer unhörbaren rhythmischen Musik. Dann geht wieder alles in atemberaubender Geschwindigkeit vor sich, die »normal« unmöglich wäre . . .

P. Ramón erzählten die Kinder, als er sie darüber befragte: »Wir gingen wie in der Luft, es war, als ob wir ruhten, es war uns, als ob wir in einer anderen Welt gewesen wären.« Das geschah manchmal auch nach Einbruch der Dunkelheit und bei Regen. Viele haben sich überzeugt, daß die Kinder dabei nicht durchnäßt wurden und ebenso sicher gingen, als sei es heller Tag. Manchmal ging auch jedes Mädchen einen eigenen Weg – so daß die gleichzeitige Gegenwart Marias an verschiedenen Orten angenommen werden kann.

6) *Das Erlebnis des P. Luis Maria Andréu SJ:* Auch der Bruder P. Ramóns ist Jesuit und interessiert sich für die Ereignisse; beide lösen einander beim Beobachten ab. P. Andréu feiert an diesem Tag die Messe, in großer Innigkeit betet er das Schlußgebet zum hl. Michael (das bei der konziliaren Liturgiereform gestrichen wurde). Bei ihrer Erscheinung bittet Maria, daß bei den Föhren am ursprünglichen Erscheinungsort eine Michaelskapelle gebaut werde. P. Andréu, der auch unter den Anwesenden ist, fällt plötzlich selbst in Ekstase: Mit großer Ergriffenheit wendet er die Augen auf etwas, das die anderen nicht sehen, und wiederholt

viermal mit klarer, lauter Stimme das Wort »Milagro!« (Wunder); Tränen rollen ihm dabei über die Wangen. Die vier Kinder, die – wenn sie in Ekstase sind – nichts von dem wahrnehmen, was um sie herum geschieht, können ihn diesmal genau beobachten. Die Kinder erzählen später P. Andréus Bruder, daß sie Maria sprechen gehört haben: »Bald wirst du bei mir sein!«

Noch in der gleichen Nacht verläßt P. Luis Andréu Garabandál im Auto der Familie Fontaneda; er erzählt noch von seinen tiefen Eindrücken: »Ich bin so glücklich! Die Hl. Jungfrau hat mir ein großes Geschenk gemacht. Was für eine gute Mutter haben wir im Himmel! Wir brauchen uns vor dem übernatürlichen Leben nicht zu fürchten. Die Kleinen zeigen uns, welche Haltung wir der Gottesmutter gegenüber einnehmen sollen. Für mich gibt es keinen Zweifel: Das von den Kindern ist echt. Warum hat Gott gerade uns erwählt? Heute ist der glücklichste Tag meines Lebens!« Wenige Minuten später ist er tot – Herzschlag...

Die Kinder hören später mehrmals die Stimme des hinübergegangenen Paters, sie sprechen in Ekstase mit ihm, stellen ihm Fragen über das Jenseits, beantworten Fragen von seiner Seite und erzählen Einzelheiten aus seinem Leben, die sie nicht wissen konnten. Er spricht ihnen auch griechische Worte vor (z. B. das Ave Maria): Vielleicht lag in all dem der »Beweis«, den die Kinder oft im Namen der Erwachsenen von Maria erbeten hatten?!

7) Ankündigung eines großen Wunders und einer welterschütternden Warnung: Wahrscheinlich hatte P. Luis Maria Andréu dieses bevorstehende Wunder visionär sehen dürfen, ebenso wie Conchita am 1. 9. 1961. Sie erhielt aber Anweisung, nichts darüber zu sagen. Im Januar 1963 erfuhr Conchita das Datum. Sie gab es im Februar 1966 an Papst Paul VI. und Kardinal Ottaviani weiter und kündigte später nur an, es werde an einem Donnerstag um 20 Uhr 30 stattfinden, eine Viertelstunde dauern und mit einem wichtigen, beglückenden Ereignis für die Kirche zusammenfallen. Es werde der Festtag eines jungen Märtyrers der Eucharistie sein bzw. eines Heiligen, in dessen Leben die Eucharistie eine besondere Rolle spielte. Später machte sie Andeutungen, die auf den 13. April schließen lassen – das Jahr blieb unbekannt. Bei den Föhren werde ein Erinnerungszeichen an dieses Wunder bleiben, das nicht dieser Welt entstammen und bis zum Strafgericht sichtbar bleiben werde. Am 1. Januar 1965 erfuhr Conchita, daß vorher eine schreckliche Warnung geschehen werde. Am 19. Juni 1965 hat sie den Wortlaut dieser Botschaft bekanntgegeben:

»Die Warnung, die uns die Gottesmutter schicken wird, wird wie eine Strafe sein, um die Guten Gott noch näher zu bringen und die anderen zu warnen.

Worin die Warnung bestehen wird, kann ich nicht preisgeben. Die Gottes-mutter hat mir nicht den Auftrag gegeben, es zu sagen . . .

Gott möchte, daß wir dank dieser Warnung besser werden und daß wir weniger Sünden gegen ihn begehen.

Wenn wir daran sterben, wird es nicht durch das Geschehen der Warnung selbst sein, sondern durch die starke Erregung, die wir beim Anblick und Verspüren der Warnung empfinden werden. Wenn ich nicht auch die nächste Strafe kennen würde, so würde ich sagen, daß es keine ärgere Strafe als die Warnung geben kann. Alle Menschen werden Angst haben, aber die Katholi-ken werden es mit mehr Ergebung tragen als die anderen. Es wird nur von ganz kurzer Dauer sein.

Die Warnung ist eine Sache, die direkt von Gott kommt. Alle Menschen auf der ganzen Welt werden sie sehen können, egal, wo immer sie sich auch befinden sollten. Es wird wie die Offenbarung unserer Sünden sein (im Inneren jedes einzelnen). Gläubige und ungläubige Menschen aller Erdteile werden sie sehen und spüren . . . Die Warnung wird viel schrecklicher sein als ein Erdbeben. Es wird wie ein Feuer sein. Es wird nicht unsere Körper verbrennen, aber wir werden es an Leib und Seele spüren. Alle Nationen und alle Menschen werden es gleich spüren. Niemand kann ihm entgehen. Und selbst die Ungläubigen werden die Angst vor Gott spüren.

Selbst wenn du dich in dein Zimmer einschließt und die Fensterflügel schließt, kannst du ihm nicht entgehen . . . Die Gottesmutter hat mir den Namen des Phänomens gesagt. Es beginnt mit ›A‹ (auf spanisch!) . . . Das beste wäre es, wir würden in diesem Augenblick in einer Kirche sein, Jesus würde uns die Kraft geben, es besser zu ertragen . . .

Ich bin müde, es anzukündigen, und die Welt nimmt es mit *Gleichmut* hin!«

8) *Die Vision des Strafgerichtes:* Am 19. Juni 1962 erscheint der Erzengel Michael Maria Dolores und Jacinta und teilt ihnen mit, daß ihnen Maria allein etwas sagen wolle, die sonstigen Begleiter sollen im Dorf bleiben. Bald hören die Zurückgebliebenen schreckliche Schreie der Angst und des Entsetzens, dann kommen die Mädchen weinend zurück und sagen nichts. Maria werde am nächsten Abend wiederkommen. Conchita war nicht dabei, weil sie krank war. Doch sie hat Anteil an der Ekstase der beiden und auch an der Vision. »Ach, das ist ja furchtbar! Nein! . . . Ich schreibe das nicht!« sagt sie. Am nächsten Abend ist sie dabei, und wieder wird es eine »Nacht der Schreie«. Die Leute hören nur zwei laute Rufe der Kinder, die sie verstehen: »Laß die Kleinkinder vorher sterben!« – »Gib den Leuten Zeit, vorher zu beichten!« Später sagen sie: »Es wird schreck-licher sein, als würde man verbrennen!«

9) *Mystische Kommunion und Hostienwunder:* Da der zuständige Pfarrer von Garabandál in Cosio wohnt und nur sonntags zur Messe kommt, das Ordinariat in Santandér andererseits seit den Erscheinungen allen Priestern untersagt hat, in Garabandál die Messe zu feiern oder

Andachten zu halten – bzw. die Kommunion oder andere Sakramente zu spenden (es gibt Sondergenehmigungen!) –, können auch die Kinder nur sonntags kommunizieren. Da spendet ihnen während einiger Zeit der Erzengel Michael aus einem goldenen Kelch die Kommunion, gleichzeitig weist er sie an, sie kniend, mit gefalteten Händen und auf die Zunge zu empfangen. Als Conchita den Einwand einiger Priester Maria vorträgt, daß ein Engel nicht konsekrieren könne, hört sie die Antwort, daß der Engel die bereits konsekrierten Hostien aus einem irdischen Tabernakel entnimmt. Für die Umstehenden ist diese Kommunionausteilung unsichtbar, sie sehen nur die Kinder.

Am 22. Juni 1962 kündigt der Engel für den 18. Juli (Fest des hl. Sebastian, des Pfarrpatrons von Garabandál) ein Hostienwunder an; und tatsächlich bezeugen viele der an diesem Tag Anwesenden, für etwa zwei Minuten eine Hostie vor Conchita schweben und auf ihrer Zunge liegen gesehen zu haben. Man strahlte sie extra mit Stablampen an! Von der Prüfungskommission war trotz lange vorher erfolgter Einladung niemand anwesend. Von diesem Hostienwunder existiert sogar ein Foto!

10) *Stillere Jahre und die Botschaft vom 18. 6. 1965:* Ab dem Januar 1963 erscheint Maria nur mehr selten, meist sind es »innere Gespräche« (Lokutionen, Einsprechungen), die die Kinder mehr beseligen als die sichtbaren Erscheinungen, weil sie dann Maria noch näher sind, wie sie sagen. Zweimal hat Conchita Einsprechungen Jesu. Maria Cruz beginnt zu zweifeln, behauptet, nie die Jungfrau gesehen zu haben. Auch die anderen. Sie widersprechen einander auch manchmal in dieser Zeit. Die drei anderen behaupten z. B., daß Conchita das Hostienwunder selbst gemacht habe. Nachher haben sie keine Marienerscheinungen mehr. Als sie wegen ihres Widerrufs befragt werden, stehen sie doch wieder zur Echtheit ihrer Erlebnisse... Conchita sieht darin dämonische Einflüsse, menschliche Schwachheit, gibt eigene Zweifel und Feigheit zu, hat Verständnis für die anderen.

Für den 18. Juni 1965 hat Maria bei einer Einsprechung am 8. 12. 1964 das Erscheinen des Erzengels Michael und die Kundgabe einer neuerlichen Botschaft vorausgesagt. Viele Menschen sind gekommen, es findet ein unbeschreiblicher Wirbel statt. Die Menschen drängen sich, viele schreien, regen sich auf, andere fotografieren, haben Scheinwerfer installiert, um den Engel zu sehen... Conchita ist entrückt, merkt offensichtlich nichts von dem Gedränge und Getöse, von den Experimenten rund um sie. Das überzeugt viele Menschen von der Echtheit. Am nächsten Tag wird die empfangene Botschaft in mehreren Sprachen verkündet:

»Da man sich meine Botschaft vom 18. Oktober 1961 nicht zu Herzen nahm und sie nicht in der Welt verbreitet hat, sage ich euch, daß dies die letzte ist.

Bisher füllte sich der Becher, nun läuft er über. Die Priester, Bischöfe und Kardinäle gehen in großer Zahl den Weg des Verderbens und reißen noch viel mehr Seelen mit auf diesen Weg. Der Eucharistie schenkt man immer weniger Beachtung.

Ihr sollt euch ernstlich bemühen, dem Zorn Gottes über euch zu entgehen. Wenn ihr ihn mit aufrichtiger Seele um Verzeihung bittet, wird er euch verzeihen.

Ich, eure Mutter, möchte euch durch den heiligen Erzengel Michael sagen lassen, euch zu bessern. Dies sind schon die letzten Warnungen an euch! Ich liebe euch sehr, und ich will eure Verdammung nicht. Bittet uns aufrichtig, und wir werden euch geben, um was ihr bittet. Ihr sollt mehr Opfer bringen, denkt an das Leiden Jesu!«

11) *Die letzte Erscheinung am 13.11. 1965:* Mittlerweile sind Maria Dolores und Jacinta in eine Klosterschule in Borja bei Saragossa eingetreten. Conchita will in das Noviziat der Missionskarmelitinnen in Pamplona eintreten. Die Mutter erlaubt es erst im Februar 1966. So ist die 16jährige Conchita Gonzales noch daheim in Garabandál. Mehr als hundert Rosenkränze und Medaillen übergibt man ihr, daß Maria sie segne und küsse, wenn sie am Samstag, dem 13. November, wieder erscheinen werde. Conchita macht sich allein auf den Weg zu den Föhren und bereitet sich auf die Begegnung vor: Jetzt fallen ihr ihre Zweifel und Schwachheiten ein, und sie bereut sie aus ganzem Herzen. Dann ist Maria da, mit einem kleinen, blonden, in eine lichtblaue Tunika gehüllten Jesuskind auf dem Arm. Conchita bittet sie, die Rosenkränze zu segnen, und hat dabei noch einen Kaugummi im Mund. Da hört sie die Worte:

»Conchita, warum verzichtest du nicht auf den Kaugummi um meines Sohnes willen?... Erinnerst du dich, was ich dir an deinem Namenstag sagte, daß du viel leiden wirst? Ich sage es dir nochmals. Hab Vertrauen zu uns, und du wirst das Leid gern tragen, um unserer Herzen willen und für das geistliche Wohl deiner Brüder und Schwestern... Ich komme nicht für dich, sondern für alle meine Kinder, mit dem Wunsch, sie unseren Herzen zu nähern.«

Dann verlangt Maria die heiligen Gegenstände und küßt sie, auch ein Metallkreuz, das Conchita gehört und das sie mit ins Kloster nehmen will. Maria rät ihr: »Gib es dem Jesuskind in die Hände!... Weil ich diese Gegenstände küßte, wird mein Sohn durch sie Wunder wirken.«

Dann fordert sie das Mädchen auf, ihr die Bittgesuche vorzulesen. Als Conchita damit fertig ist, sagt Maria, daß sie alle ihre Kinder unter ihrem Mantel trage. Als Conchita meinte, daß dazu der Mantel aber viel zu klein werde, lächelt Maria nur. Dann fragt sie, ob Conchita immer gehorchen werde. Conchita ist sich darüber nicht sicher, meint, daß es leichter wäre, wenn sie Maria immer sehen könnte. Da hört sie:

»Tu deinerseits alles, und wir werden dir helfen, auch meinen Kindern Loli, Jacinta und Maria Cruz . . . Es wird das letztemal sein, daß du mich hier siehst, aber ich bleibe bei dir und allen meinen Kindern! . . . Conchita, warum besuchst du nicht öfter meinen Sohn im Tabernakel? Warum läßt du dich von Faulheit überkommen und besuchst ihn nicht? Er wartet Tag und Nacht auf euch!«

Dann bittet Conchita, doch lieber gleich mitgenommen zu werden, da erhält sie die Antwort: »Du mußt erst deine Hände voll von guten Werken haben, vollbracht für deine Brüder und Schwestern und für die Verherrlichung Gottes . . . Jetzt sind sie leer.«

Conchita senkt die Augen. Als sie sie wieder hebt, ist die Erscheinung verschwunden. Fröstelnd eilt sie ins Dorf zurück.

12) *Das weitere Leben der Seherinnen und die Haltung der Kirche:* Was sich in den stillen Jahren 1963–1965 abgezeichnet hatte, beginnt sich 1966 voll zu entwickeln: Maria Cruz hatte schon 1965 in Santandér nach einer Befragung einen Widerruf unterzeichnet und eine Ekstase vorgespielt (bei der sie sich am Knie verletzte). Maria Dolores hatte große Zweifel, und auch Conchita wurde von Glaubenszweifeln gepeinigt – hinsichtlich der Gegenwart Christi im Altarsakrament und ihrer Berufung zum Klosterleben. Als sie in der Beichte davon spricht, gerät sie an einen erbitterten Gegner der Erscheinungen, und er veranlaßt sie, ein öffentliches Geständnis abzulegen, daß sie alles nur vorgetäuscht habe, nur dann könne er sie lossprechen . . . Als sie darüber in den Ferien mit Loli spricht und sich dem neuen Pfarrer in Garanbandál mitteilt, veranlaßt dieser ein Zusammentreffen mit dem Bischof von Santandér in der Schule. Sieben Stunden wird Conchita verhört. Als die Mutter davon erfährt, nimmt sie sie aus der Schule.

Auch Jacinta wird von Glaubenszweifeln geplagt, zweifelt an der Echtheit der Erscheinungen. Im Ordinariat von Santandér bestärkt man die Zweifel und organisiert einen gemeinsamen Widerruf aller vier Seherinnen im Oktober 1966. Conchita hat die Absicht, auch das bisher zurückgehaltene Datum des Wunders bekanntzugeben, doch sie hat es »vergessen«, ein Brief, in dem sie es mitteilt, geht verloren; da erkennt sie darin die Einflußnahme des Himmels und schweigt weiter darüber. Die vier Mädchen werden nun auch von ihren Familien schlecht behandelt, die sich blamiert fühlen. Die Seherinnen fallen in ein Nichts zurück, können sich nicht rechtfertigen; es bleibt ihnen nur Leid und Kreuz und jedes Ablegen von Eitelkeit, Selbstgefälligkeit und Hochmut. Laufend aber werden Wunder und Bekehrungen berichtet; die Botschaften von Garabandál breiten sich trotz allem aus.

Das Ordinariat von Santandér hatte bereits im August 1961 eine Untersuchungskommission eingesetzt, die allerdings von Anfang an skeptisch eingestellt war und alles in die Wege leitete, den Priestern den Besuch in Garabandál zu verbieten, die Kirche zu schließen und die Seherinnen zum Widerruf zu bewegen. Schnell kommt die Kommission zum Schluß, daß die Erscheinungen »nicht übernatürlich« seien. In Noten vom 7. 11. 1961 und 7. 10. 1962 wird dieses Ergebnis amtlich verlautbart. Hunderte von Ärzten, welche die Erscheinungen beobachtet und vielfach für unerklärlich diagnostiziert hatten, sowie die Geistlichen, welche die Phänomene als Augen- und Ohrenzeugen vor Ort miterlebten, wurden dabei nicht berücksichtigt.

Im März 1967 erklärte Monsignore Montiz, daß es in Garabandál überhaupt keine Erscheinungen und Botschaften gegeben habe, es seien alles »unschuldige Kinderspiele« gewesen. Im Oktober 1968 wurde diese Einschätzung der Phänomene wiederholt und Priestern der Besuch in Garabandál verboten. Gläubigen legte man dasselbe nahe, es sollte auch ohne Erlaubnis des Ordinariats jeder Bericht unterbleiben. Im April 1970 wurde verlautbart, daß die Glaubenskongregation in Rom die Erscheinungen in Garanbandál endgültig als falsch zurückgewiesen hätte und daß sich auch der Papst mit dieser Entscheidung identifiziere (was nachweislich nicht stimmt; Kardinal Seper – Präfekt der Glaubenskongregation – allerdings war ein erklärter Gegner).

1971 wollte der zuständige Bischof einen einstimmigen Beschluß der spanischen Bischofskonferenz gegen Garabandál herbeiführen; wegen des Einspruchs von sechs Bischöfen kam es nicht dazu. Der 1972 neu ernannte Bischof Juan Antonio del Val Gallo nahm eine tolerantere Haltung ein und ließ ab 1978 wieder neu ermitteln. Conchita lebt heute verheiratet in den USA.

Bew.: Gut bezeugt, kirchlich nicht endgültig entschieden; Quelle: Weigl/ Branz, Volk unter prophetischem Anruf, S. 116; R. Ernst, Lexikon; Däniken Erscheinungen; John Cornwell, Powers; Franz Speckbauer, Garabandál. Donnerstag, 20.30 Uhr, Altötting 1979; Textquelle: Irmgard Hausmann, Die Ereignisse von Garabandál, Gröbenzell, 4. Auflage, 1986

1961 SAN DAMIANO (BEI PIACENZA) / ITALIEN Maria erschien oftmals der Rosa Quattrini und übermittelte ihr zahlreiche Botschaften und Hinweise, die den Erscheinungsort San Damiano zu einem der bedeutendsten in diesem Jahrhundert machen. Zwanzig Jahre lang dauerten die Kontakte und Vermittlungen zwischen Maria und »Mamma Rosa«, ehe diese am 5. 9. 1981 verstarb. 10 000 Menschen nahmen am Begräbnis teil; die Predigt nahm jedoch keinen Bezug auf die Ereignisse, derentwegen so viele Menschen in den kleinen Weiler nach San Damiano und am 8. 9. auf den Dorffriedhof gekommen waren.

1) *Der Besuch der schönen Dame:* Am 29. 9. 1961, also am Fest des hl.

Erzengels Michael, klopfte kurz vor Mittag eine unbekannte Frau an der Haustüre der Quattrinis und erbat ein Almosen für Pater Pio. Es öffnete »Tante Adele«, Rosas Tante; diese gab der schönen jungen Frau, die in der Tracht der Bäuerinnen der Gegend gekleidet war, zur Antwort, daß sie momentan kein Geld habe, ihre Schwester und ihr Schwager seien beide krank, und sie verfüge im Augenblick lediglich über 1000 Lire, die sie vorhin geliehen habe.

Von der jungen Frau aufgefordert, die Lage zu schildern, berichtet Tante Adele vom Jammer der Quattrinis. Da fragt die Frau die kranke Rosa: »Vertraust du Pater Pio?« Und Rosa antwortet: »Ja, ich vertraue ihm sehr. Ich bitte ihn schon seit einiger Zeit, aber ich bin noch immer nicht genesen.« Da sagt die Frau: »Wenn du Zutrauen zu Pater Pio hast, wird er dich heilen.« Da es in diesem Augenblick zum Angelus läutete, fordert die Frau die Kranke auf, sich zu erheben und mit ihr den Engel des Herrn zu beten. Rosa sagte: »Ich kann mich nicht erheben, ich habe zu starke Schmerzen.« (Rosa war vor einiger Zeit mit einer perforierten Bauchfellentzündung als hoffnungsloser Fall aus dem Krankenhaus nach Hause entlassen worden!) Daraufhin nahm die Frau Rosa an beiden Händen, sie erhob sich, betete mit ihr das Mittagsgebet und anschließend fünf Vaterunser, Ave Maria und Ehre-sei-dem-Vater zu Ehren der fünf Wunden Jesu. Während dieser Gebete berührte die Frau die Wunden der Kranken, und sie schlossen sich augenblicklich. Dann gab sie in ein Wasserglas drei Körner heilige Erde, drei kleine Olivenblätter und ein kleines Stück Kerzenwachs und forderte Rosa auf, am nächsten Morgen das Wasser zu trinken und in der nächsten Zeit Pater Pio zu besuchen. Tante Adele gab ihr zum Abschied 500 Lire, und die Frau verließ das Haus. Da fiel der Tante ein, daß sie nicht einmal nach dem Namen der Frau gefragt hatte; so betete sie vor einer Muttergottesstatue: »Liebe Mutter Gottes, mach, daß die 500 Lire sicher in die Hände von Pater Pio gelangen!« Und sie hörte eine starke kräftige Stimme sprechen: »Hab Vertrauen, deine Kranke wird genesen!« Als sie nach einigen Arbeiten außer Haus wieder in die Küche kam, fand sie Rosa beim Geschirrspülen. Sie war gesund!

Am Nachmittag kam der Pfarrer, brachte Fleisch und Wein und hörte, daß zu Mittag die Muttergottes da war und Rosa geheilt hatte.

2) *Der Besuch bei Pater Pio:* Im Frühjahr 1962 fuhr Rosa mit einer Pfarrwallfahrt nach San Giovanni Rotondo zu Pater Pio. Während sie mit den anderen am Samstagmorgen auf dem Kirchplatz den Rosenkranz betete, hörte sie »Rosa, Rosa!« rufen. Sie sah sich um und entdeckte die Frau, die sie damals besucht und geheilt hatte. Auf die Frage, ob sie sie wiedererkenne, sagte Rosa: »Ihr seid die Gottesmutter, die mich geheilt hat.« Da sagte Maria:

»Ich bin die Mutter des Trostes und der Betrübten. Sag es doch in San Damiano und dem Professor, der nicht an deine Heilung hat glauben wollen. Nach der heiligen Messe werden wir uns am heiligen Tisch wiederfinden, und ich werde dich zu Pater Pio begleiten.«

So geschah es, und Maria verschwand, als Rosa eben mit Pater Pio zu sprechen begonnen hatte. Der forderte sie auf, zwei Jahre lang Kranken geistlichen Beistand zu leisten. Rosa war sehr bestürzt über diese Aufforderung und kehrte nach Hause zurück. Kurze Zeit später war sie im Spital, um einen Onkel zu besuchen. Da sprach sie ein Priester an, ob sie diejenige sei, die Kranken helfe. Als sie bejahte, führte er sie ins Asyl, wo sie einem Sterbenden beistand . . . In den nächsten zwei Jahren ergaben sich viele solche Gelegenheiten. Als sie nach den zwei Jahren an Pater Pio schrieb, antwortete er: »Pflege jetzt deine Tante (die an Lungenentzündung und Bronchitis erkrankt war) und kümmere dich um deine Familie, danach wird dir ein großes Ereignis widerfahren!«

3) *Die Erscheinung auf dem Birnbaum:* Am 16. 10. 1964 war Rosa allein zu Hause und betete. Da hörte sie eine Stimme: »Komm heraus, komm heraus!« Sie wollte zuerst zu Ende beten, doch die Stimme drängte: »Komm! Komm heraus, ich erwarte dich!« Die Stimme kam vom Nachbargarten her. In der Mitte ihres Hofes angekommen, sah sie eine Wolke vom Himmel niedersinken und sich auf dem Pflaumenbaum im Garten niederlassen. Die Wolke strahlte und war übersät mit silbernen und goldenen Sternen und enthielt zahllose verschiedenfarbige Rosenblätter. Rosa begann zu beten. Da löste sich aus der Wolke eine große rote Kugel und setzte sich auf den Birnbaum. Dann verschwand die Kugel und die Wolke, und sie sah nur mehr Maria in einem lebendigen Licht. Ihren Händen entströmten Lichtstrahlen. Sie trug ein blaues Gewand und einen weißen Mantel mit weißem Gürtel. Das Gesicht Marias war sehr traurig. Rosa begann zu weinen und um Verzeihung zu bitten. Eine Weile schwieg Maria, dann begann sie zu lächeln und zu reden:

»Meine Tochter, ich komme von sehr weit her. Sage der Welt, daß alle beten müssen, denn Jesus kann das Kreuz nicht mehr tragen. Ich möchte, daß alle gerettet werden, die Guten und die Bösen. Ich bin die Mutter der Liebe, die Mutter aller. Ihr seid alle meine Kinder. Deshalb möchte ich, daß alle gerettet werden. Daher bin ich gekommen, um die Welt zum Gebet zurückzuführen, denn die Züchtigungen sind nahe. Ich werde jeden Freitag kommen und dir Botschaften geben, und du mußt sie der Welt bekanntmachen . . . Fürchte dich nicht, ich werde für dich ein Zeichen hinterlassen. Du wirst sehen, dieser Baum wird erblühen.«

Die himmlische Erscheinung verschwand, zurück blieb der Birnbaum, der sich in kürzester Zeit über und über mit Blüten bedeckte – dabei trug er noch die Früchte: Winterbirnen. Auch ein Ast des Pflaumenbaumes, den Maria berührt hatte, erblühte am nächsten Tag. Trotzdem bald darauf Regen einsetzte, hielten sich die Blüten drei volle Wochen lang, und Tausende haben diese Blüten in den folgenden Wochen gesehen.

4) Zahlreiche Erscheinungen, Botschaften und Weissagungen folgten: In den noch verbleibenden 17 Lebensjahren »Mamma Rosas«, wie sie bald von den zahlreichen Pilgern, die nach San Damiano strömten, genannt wurde, erhielt sie zahlreiche himmlische Zeichen und Aufträge. Sie betete viel, ertrug geduldig Leiden – und die bald einsetzende Ablehnung der kirchlichen Stellen – und empfing zahlreiche Kundgaben Marias, von denen einige in der Folge mit Datum angeführt seien:

»Ich habe dieses Werkzeug, das unwissendste der Welt, auserwählt, um zu ihm zu sprechen, um ihm immer nah zu sein, zusammen mit meinem Sohn Jesus. Ich bedecke es mit meinem Mantel, ich verteidige es gegenüber jeder Gefahr. Jesus ist an ihrer Seite, drückt seine Schmerzen in ihr Herz und in ihr Haupt ein und gibt ihr die Begeisterung zu so starker Liebe, um allen Kindern Frieden und Liebe zu bringen.« (12. 4. 1968)

»Du befindest dich unter meinem Mantel, meine Tochter, fürchte dich nicht. Laß die Welt nur reden, du bist in meinen Armen. Dir hilft mein Sohn Jesus, der dich so sehr liebt. Verliere nicht den Mut. Erhebe oft die Augen zum Himmel, unterweise deinen Körper, denn dein Geist wird sich um so höher zum Himmel emporheben . . . Eines Tages, wenn du bei mir im Himmel bist, wird man dich verstehen, meine Tochter.« (13. 5. 1968)

»Meine Worte gibt sie klar wieder, damit ihr sie hören könnt. Sie selbst weiß es nicht und versteht sie nicht. Sie erfüllt nur meinen Willen, denn ich rufe sie immer zu meinen Diensten, um mich von allen Menschen lieben zu lassen, um mich allen Menschen kundzutun. Mich, die ich die Mutter des Himmels bin. Hört, was sie euch sagt, denn die traurigen Stunden nähern sich, und ihr werdet nicht verstehen; aber sie, sie weiß alles! Groß ist ihr Leiden zu sehen, was geschehen wird. Aber sie kann es nicht offenbaren . . . nur beten und die Liebe zu mir entfachen.« (25. 10. 1968)

»Ich selbst komme an diesen Ort, um euch zu retten; es ist dies mein Paradiesgärtlein auf dieser Erde. Ich bin immer hier mit den Engeln und Heiligen . . . selbst wenn ihr mich nicht seht, selbst wenn ich nicht spreche, so bin ich doch immer mitten unter euch anwesend.« (19. 7. 1968)

Diese Botschaften wurden anfangs aus der Erinnerung aufgeschrieben und vervielfältigt, bald jedoch auf Tonband aufgenommen, abgeschrieben und vervielfältigt. Bis 1969 erhielt »Mamma Rosa« die Botschaften in Anwesenheit der Pilger. Als man drohte, sie zu exkommunizieren, wenn sie damit nicht aufhöre, ging sie nicht mehr zum Birnbaum, sondern blieb in ihrem Zimmer und erlebte dort die Visionen – anfangs wurden sie mit einem Lautsprecher ins Freie übertragen, dann aber nur mehr im Verborgenen empfangen. Es waren bis zu ihrem Tode weit über tausend Botschaften! Darunter sind auch viele Weissagungen über die kommenden schrecklichen Ereignisse der Reinigung der Erde und des hereinbrechenden Strafgerichtes.

5) *Wunderbare Zeichen in Hülle und Fülle:* Neben den vielen Krankenheilungen durch Heilwasser aus einem Brunnen, der auf Anweisung Marias geschlagen wurde, gab es auch Zeichen an der Sonne. Neben dem Anfangszeichen des blühenden Birnbaumes gab es immer wieder Zeichen wie wunderbare Düfte, himmlische Stimmen, unerklärliche Fotos, segenspendende Tücher, Blumenblätter und vieles andere mehr.

6) *Das Verhalten der Kirche:* Der Dorfpfarrer Don Edgardo Pellacani, seit 1960 Pfarrvikar in San Damiano, legt Zeugnis für »Mamma Rosa« und die Ereignisse ab: Er kannte sie als Kranke, war Zeuge ihrer plötzlichen Heilung, begleitete sie auf der Reise zu Pater Pio, hat dann die Erscheinung am 16. 10. 1964 miterlebt: das plötzliche Erblühen des Birnbaums. Im Frühjahr 1965 begleitet er sie wieder zu Pater Pio und sieht und hört, wie liebevoll sie von ihm behandelt wird, wie sie bei ihm beichtet und die Lossprechung erhält, und wie er den Erscheinungen von San Damiano zustimmt.

Die zuständige Kirchenleitung hat nie eine Untersuchung der Charismen und einzelnen Phänomene, der Wunderberichte und anderen Zeichen vorgenommen. Weder Rosa Quattrini noch der Dorfpfarrer wurden eingehend befragt. Die Entscheidung gegen San Damiano wurde übereilt und ohne hinreichende Begründung gefällt, und man darf hoffen, daß das Verfahren wieder aufgenommen wird.

> Bew.: Gut bezeugt, kirchlich nicht anerkannt; Quelle: Weigl/Branz, Volk unter prophetischem Anruf, S. 117. R. Ernst, Lexikon; Däniken, Erscheinungen; Textquelle: A. Castella, Maria erscheint in San Damiano, Hauteville 1985

1962 LADEIRA DO PINHEIRO / PORTUGAL   Maria erschien häufig der wunderbar von Leukämie geheilten 31jährigen Maria de Conceiçao Mendes Horta. Die erste Erscheinung fand am 18. Februar statt: Maria trat aus einer feurigen Wolke in weißem Gewand, blauem Mantel und Sternenkrone. Die feurige Wolke sahen alle Anwesenden.

Ab 7. Mai häuften sich die Erscheinungen des Erzengels Michael, der der Seherin und anderen die hl. Kommunion reichte; dabei wurden auffällige Phänomene an Hostien festgestellt (Bluten u. a.). Auch viele andere Zeichen und Wunder wurden berichtet. Ab dem Jahre 1963 begannen die ekstatischen Zustände der Seherin, in deren Verlauf verschiedene Heilige sich durch sie als Medium kundtaten.

> Bew.: Gut bezeugt; Quelle: R. Ernst, Lexikon

SKIEMONIAI/LITAUEN   Maria erscheint am 13. und 14. Juli der 18jähri- 1962
gen Roma Frances Macvys in einem Kleefeld und sagt ihr:

> »Ich werde die Menschheit vom Untergang retten, aber nur, wenn die Welt zur
> Frömmigkeit zurückkehrt.«
>
> Bew.: Unbekannte Überlieferung; Quelle: R. Ernst, Lexikon

SAIGON/VIETNAM   Seit 1963 gibt es Marienerscheinungen in einem 1963
Kloster am Stadtrand. Am 12. Mai wird ein Sonnenwunder berichtet.
Danach gibt Maria eine Friedensbotschaft: Es ist Gottes Wille, der Welt
den Frieden zu schenken, aber nur, wenn Gebet und Nächstenliebe geübt
werden.

> Bew.: Gut bezeugt; Quelle: R. Ernst, Lexikon

CONCHAR (GRANADA)/SPANIEN   Maria erschien mehrmals der 45jähri- 1965
gen Dolores O. D.
   Am 17. Oktober erschien sie ihr in einem braunen Kleid mit dem
Jesuskind, das von Wunden bedeckt war, und erklärte, daß die Sünden der
Menschheit Jesus verwunden.

> Bew.: Gut bezeugt; Quelle: R. Ernst, Lexikon

FRIBOURG/SCHWEIZ   Maria erscheint einer namentlich unbekannten 1965
Seherin als »Königin des Weltalls«. Sie gibt ihr verschiedene Botschaften,
mahnt, fordert zum täglichen Rosenkranzgebet auf und kündigt zukünftige Ereignisse an. Nach zwei vorbereitenden Erscheinungen in Lourdes
wird von zahlreichen weiteren vom 31. Mai bis zum 1. Januar 1968
berichtet. Im Jahr 1973 (3. Oktober und 24. November) kommt es auch zu
Christuserscheinungen.

> Bew.: Gut bezeugt; Quelle: R. Ernst, Lexikon

LÜTTICH/BELGIEN   »Marguerite« (Pseudonym) erhält über mehrere 1965
Jahre hinweg Botschaften von Jesus und Maria, die mittlerweile im Buch
»Botschaft der barmherzigen Liebe an die Kleinen Seelen« zusammengefaßt wurden. Das Zentrum der »Legion der Kleinen Seelen« befindet sich
in Chèvremont bei Lüttich. Maria sagt u. a.:

> »Ich bringe eine Belehrung für die kleinen Seelen, die unwissend und schwach
> sind, deren Herz aber zugänglich ist... Die Belehrung betrifft den Weg der
> Heiligkeit und Vollkommenheit in der Vertraulichkeit mit Ihm... Ich habe
> geweint über die Schandtaten der heutigen Welt. Ich habe geweint über die
> Torheit der Völker, die selber die Waffen ihrer Zerstörung schmieden. Ich
> habe geweint über die Undankbarkeit meiner Kinder... Ich werde auf der
> ganzen Erde das Reich meines Sohnes aufrichten.«
>
> Bew.: Gut bezeugt; Quelle: R. Ernst, Lexikon

1965 PARIS/FRANKREICH Maria erschien neun Jahre lang einer unbekannt gebliebenen jüngeren Person in Paris und gab zusammen mit Christus ungewöhnliche Botschaften. Maria zeigte sich auf einer Wolke stehend, in weißem Gewand mit einem von Strahlen umgebenen Herzen. Sie offenbarte sich als »Mutter des Erlösers« oder »Mutter der Wahrheit«. 1974 zog der/die Seher/in aus Paris fort und trat außerhalb von Frankreich in einen beschaulichen Orden ein. Maria sagte u. a.:

>»Mein Mutterherz blutet angesichts der Flut der Sünden, die tosend an den Himmel bricht. Viele lassen sich durch die Verführungen der Lüge mißbrauchen. Die ganze Menschheit hat sich mitschuldig gemacht an dem Sturm, der die ganze Welt erschüttern und die Kirche Christi zerreißen wird... Übergebt euch meinem göttlichen Sohn, weiht euch seinem eucharistischen Herzen. Wenn man diese Bitte erhört, wird die Welt den wahren Frieden wiederfinden, wird die Kirche endlich die furchtbare Krise, die sie zerreißt, überwinden, und Fluten der Barmherzigkeit werden über die Welt ausgegossen werden.«

Bew.: Gut bezeugt; Quelle: R. Ernst, Lexikon

1966 AYN EL DELB/LIBANON Maria erschien der 14jährigen Wardi Mansoer am 31. März und dann noch mehrere Male und gab ihr prophetische Botschaften.

Bew.: Unbekannte Quelle; Quelle: R. Ernst, Lexikon

1966 PORTO SAN STEFANO/ITALIEN Maria erscheint seit dem 27. März oftmals dem 35jährigen Landwirt Enzo Alocci als »Königin der Welt«. Seit 1966 ist der Seher stigmatisiert, und seit 1972 hat die Marienstatue in seinem Haus wiederholt blutige Tränen geweint. Viele prophetische Botschaften und Aufforderungen zu Buße und Gebet werden ihm übermittelt. Wegen der Wichtigkeit und guten Bezeugung dieser Erscheinungen sei in der Folge eine detaillierte Schilderung gegeben.

1) *Vorgeschichte:* Porto San Stefano ist ein Städtchen in der Toskana, Provinz Grosseto. Enzo Alocci ist verheiratet, hat sieben Kinder und lebt zusammen mit seinen Eltern und seiner vielköpfigen Familie in einem kleinen Haus. Er betreibt seine ererbte Landwirtschaft, war Arbeiter, Schiffsjunge. Enzo war durchaus nicht besonders fromm oder ein Kirchengeher, aber er setzte sich ein, wenn er es für notwendig hielt – z. B. als er ein Marienbild, das ein Arbeitskollege bespuckte, beschimpfte und in den Abfallkübel warf, herausnahm, säuberte und mit nach Hause nahm. Das Bild zeigt die Heilige Jungfrau auf dem Ehrenthron, in der Rechten das Zepter, in der Linken die Erdkugel mit dem Kreuz, zwei Engel stützen ihre große Ehrenkrone als »Königin der Welt«. Daraufhin hatte Enzo eine Marienerscheinung als »Königin der Welt« – der Arbeitskollege wurde zuerst auf dem einen, dann auch auf dem anderen Auge blind.

2) *Die erste Erscheinung:* Am 27. März begab sich Enzo zur Arbeit auf das Feld, mittags unterbrach er, um zu essen und zu ruhen, gegen 14 Uhr arbeitete er weiter. Über die folgenden Erlebnisse berichtet er selbst:

Ich bemerkte um mich eine Windbewegung, die immer stärker wurde. Ich schaute die Bäume und die Pflanzen in der Nähe an, und alles schien ruhig; der Himmel war heiter. Was ist los? – dachte ich.

Indessen wurde der Wind unheimlich stark, und ich fühlte mich von der Stärke dieses Luftwirbels wie erdrückt. Den Blick in Richtung des Pfades gewandt, sah ich in einigen Metern Entfernung eine Frau. Ich verspürte auf meinen Schultern etwas wie eine schwere Last und fiel instinktiv auf die Knie und ließ die Hacke fallen. Ich schaute diese Frau an, sie war jung, ungefähr 18 Jahre, sie war bedeckt mit einem blauen Mantel und war weiß gekleidet. Ein Licht umgab sie. Ihre Füße waren unbedeckt und ruhten nicht auf der Erde, sondern auf einer kleinen, etwa einige Meter über dem Boden stehenden Wolke. Sowohl die Frau als auch die Wolke befanden sich über einem Büschel der am Saume des Pfades gepflanzten Winterlilien.

Ich wußte nicht, was ich denken sollte: Wer kann das sein? Ist es eine Schwester? . . . Die Schwestern jedoch kleiden sich nicht so! . . . Ich betrachtete sie aufmerksam. Sie war schön, sehr schön! Ihre Schönheit kann man nicht beschreiben. Die Arme hielt sie nach oben ausgebreitet, und die Augen richtete sie auf mich. Ich faßte etwas Mut und fragte: »Wünschen Sie etwas?« – »Ich hole mir ein Glas Wasser dort drinnen!« – und sie deutete auf die Hütte. Nach diesen Worten segnete sie mich und machte sich auf den Weg zur Hütte. Ich beeilte mich, mit ihr Schritt zu halten und bemerkte, daß sie lief und doch nicht den Boden berührte. Plötzlich sah ich sie nicht mehr. Ich kann nicht sagen, wie sprachlos ich war! Ich rieb mir die Augen und gab mir alle Mühe, zu mir selbst zu kommen, um mich genauer zu erinnern, und sagte zu mir: »Bin ich verrückt? . . . Aber diese Frau war doch da, und jetzt ist sie es nicht mehr! . . . Ist sie schnell auf die andere Seite der Hütte gegangen? . . . Was weiß ich! . . .

In diesem Augenblick kamen auf der Straße zwei Bäuerinnen, und ich fragte sie: Habt ihr nicht eben ein schönes Mädchen gesehen, das sicherlich hier nahe bei euch vorbeigegangen ist. – Aber was du nicht sagst! . . . Du bist wohl verrückt! . . . Was für ein junges Mädchen! . . . Wir haben hier niemand gesehen. Man sieht, daß du träumst!

Ich kehrte zur Arbeit zurück; wußte nicht, an was ich denken sollte. Nach Sonnenuntergang ging ich in die Hütte, um die Hacke wegzulegen. Als ich eintrat, sah ich in der Ecke, links, nahe beim Wasserhahn, ein helles Licht, in dessen Mitte die junge Frau stand, die ich wenige Stunden zuvor verschwinden sah. Sie war majestätisch gekleidet und trug eine schöne Krone auf dem Haupt. Außer Fassung, beugte ich in Verehrung die Knie und fragte: »Wer sind Sie?«

– »Ich bin die Madonna, die Königin der Welt.«

»Was wollen Sie von mir?«

– »Von heute ab sollst du dein Leben ändern und in meine Dienste für das Apostolat gegen die Unmoral, die in meiner Kirche überhand nimmt, auftreten und meinen Priestern laut zurufen, soviel es möglich ist, gegen die Sittenlosigkeit zu kämpfen.«

Dann berührte sie den Wasserhahn und segnete ihn, schließlich kam sie zu mir heran, legte mir die Hände auf, segnete mich und sagte: »Mein Sohn, bald sehen wir uns wieder!«

Alles verschwand. Ich blieb allein zurück im Halbschatten der Hütte, war geistig verwirrt, und die Haare stellten sich mir gleichsam auf. Ich rieb mir die Augen und sah mich um... Was ist geschehen? Träume ich, oder ist es Wirklichkeit?

In der Familie erzählte ich alles; wir waren ein Dutzend Personen. Jeder dachte darüber auf seine Weise, und man sagte: »Sehen wir, was kommen wird!«

3) *Weitere Erscheinungen:* Einmal erschien Enzo der Erzengel Gabriel, und er nahm die Gelegenheit wahr, ihn zu fragen, warum Gott gerade ihn zu einer solchen Aufgabe auserwählt habe, einen wenig frommen, ungebildeten Bauern! Gabriel antwortete: »Die Tat des Zartgefühls gegen jenes Bild der Heiligen Jungfrau hat Gott bewogen, dich auszuerwählen!«

Die zweite Marienerscheinung kündigte sich durch einen Windstoß an, als Enzo am 24. April mit seinem Vater bei der Feldarbeit war. Eine geheimnisvolle Kraft drückte ihn unwiderstehlich gegen das kleine Hüttchen, neben dem er arbeitete. Enzo ging hinein. Als seine Frau ihm folgen wollte, konnte sie sich nicht bewegen, auch Enzos Vater nicht. Sie blickten sich erstaunt und bestürzt an. Erst als Enzo nach einiger Zeit heraustrat, konnten sie sich wieder wie gewohnt bewegen, und er erzählte ihnen von der Erscheinung.

Bis Ende Mai erschien immer nur Maria, dann Maria zusammen mit Jesus und vier Engeln. Über diese Erscheinung berichtete Enzo Alocci:

»Ich kniete und betete; zur Seite stand hier mein Schwager, Sirio, der ein Keramikbild in der Hand hielt, das die Madonna mit dem Kind darstellt; er wünschte, daß es gesegnet würde. In diesem Augenblick war es, als würde sich die Mittelwand öffnen, und siehe da, ein Licht erschien, aber ein Licht von ungewöhnlicher Stärke! Von dem Häuschen, wo ich mich befand, sah ich nichts mehr. Mitten im Licht erschienen Jesus, die Madonna und die vier Engel.«

»Haben Sie die Güte, diese Szene in den Einzelheiten zu beschreiben!«

»In der Mitte standen Jesus und die Madonna; die Engel, es waren zwei zur Rechten Jesu und zwei zur Linken der Madonna. Von den Engeln erkannte ich zwei, die ich andere Male sah. Sankt Michael stand nahe bei Jesus und Sankt Gabriel bei Unserer Lieben Frau. Beide hielten einen Gegenstand in der Hand, dessen Bedeutung ich nicht verstehen konnte.«

»Welche Form hatte dieser Gegenstand?« – »Er war wie eine Spindel von zwei Spannen mit einer oberhalb breiten Verdichtung. Sie war aus Gold und helleuchtend. Es gibt auf der Erde keine ähnliche Lichtstärke.«

»Ich nehme an, daß jene Spindel ein Symbol der Herrschaftsgewalt, nämlich, das Szepter der Macht Jesu und das Szepter der Macht Mariens bedeutet.
Die Engel, welches Aussehen hatten sie?« »Vor allem muß ich erwähnen, daß
die vier Gestalten den Boden nicht berührten und einige Meter über dem
Boden schwebten. Die Engel hatten die übliche Gestalt, an der sie immer
wieder erkannt werden, das Gewand und die Flügel blendend weiß. Und
Jesus... ein Mensch... schön, schön... majestätisch, gebieterisch, aber
durchdrungen von Güte. Es gibt auf der ganzen Welt keinen Menschen, der
ihm ähnlich wäre... Ich sah ihn an, und es erfüllte mich mit Freude. Von
seinen Händen gingen Strahlen des lebendigen Lichtes aus. Sein weißes
Gewand war von Licht glänzend. Mehr als alles waren die Augen leuchtend...
Das Gesicht der Madonna war entzückend. Sie trug einen weißen Schleier
auf dem Kopf, der Mantel war blau und das Gewand rosa, ihr Gesicht war
freundlich, und sie lächelte. Da fragte ich sie: ›Gestatten Sie mir, Ihnen die
Füße zu küssen?‹ Die Antwort war ein liebevolles Lächeln. Dann umklam-
merte ich, kniend, wie ich war, ihre Füße und küßte sie mit so viel Begeisterung und inbrünstiger Liebe. Die Füße waren aus Fleisch, meine Hände
berührten die Haut. In dem Gedanken, daß mein Schwager die Segnung seines
Bildes wünschte, bat ich sie, es zu segnen. Sie legte sogar die Hand darauf...
Zum Schluß segnete sie mich, und alles war vorbei.
Ich gab meinem Schwager, der nichts gesehen hatte, das Bild und erzählte
ihm, wie sie das Bild gesegnet und es sogar berührt hatte. Als wir es anschauten, bemerkten wir, daß die Fingerabdrücke der Madonna darauf waren – drei
kleine feuchte Streifen.«

Anfang Sommer 1966 kam es im Bauernhaus zu einer neuerlichen Erscheinung. Jesus und Maria kamen und unterhielten sich eine Zeitlang
mit Enzo, schließlich wandten sie sich dem Wasserhahn zu und berührten
und segneten ihn. Von da her drang eine Duftwelle durch das ganze Haus,
und der Wohlgeruch breitete sich in der ganzen Gegend aus, hielt den
ganzen Tag an und wurde von vielen Menschen wahrgenommen.

4) *Die Stigmatisierung:* Enzo berichtet darüber P. Giuseppe Tomaselli,
der alles aufgeschrieben hatte, was über Porto San Stefano bekannt
wurde:

Am 10. September 1966 erschien mir der Erzengel Sankt Gabriel, um mir zu
sagen: Bruder, morgen am Nachmittag sollst du zur Grotte beten kommen.
Dort erwartet dich Jesus.
Am darauffolgenden Tag war ich um 17 Uhr dort im Gebet; es währte nicht
lange, und es begann die Vision. Wie immer erhellte ein Licht den Umkreis,
und es erschien mir Jesus, angenagelt am Kreuz: die Dornenkrone auf dem
Haupt, das Angesicht mit Blut bedeckt, Hände und Füße triefend von Blut und
die Seite geöffnet.
Ich betrachtete ihn und empfand soviel Mitleid. Er sah mich liebevoll an und
sagte: Ich gebe dir diese meine Wunden... Es ist ein kostbares Geschenk, aber
schmerzvoll, das dir große Leiden verursachen wird; du sollst sie mir für die

Bekehrung der Sünder und zur Sühne für die Sünden der Unlauterkeit, die in der Welt begangen werden, aufopfern. Dann löste Jesus seine Hände und Füße von den Nägeln los, und blieb noch am Kreuze. Es erschienen dann starke leuchtende Strahlen aus jeder Wunde. Es waren fünf Wunden und fünf Lichtstrahlen. Ich schaute und bemerkte, wie die Strahlen direkt auf mich zukamen, und zwar: an die rechte Brustseite, an die Hände und Füße. Darob empfand ich solchen Schmerz, der sich bis zum Entsetzen verstärkte. Da ich es nicht mehr auszuhalten vermochte, warf ich mich auf den Boden.

Wie ich dann wieder zu mir kam, war die Vision verschwunden. Ich schaute sogleich auf meine Handflächen, und da floß es wie aus mit Blut durchsetzten kleinen Dreiecken. Der Schmerz hielt an, war aber nicht so heftig wie zu Beginn. Ich war sehr geschwächt und fühlte mich nicht fähig zu gehen; in einem Auto brachte man mich nach Hause.

Ich weise darauf hin, daß ich dort, wo Jesus erschien, gerade an der Mittelwand, ein großes Kruzifix anbringen ließ, das jetzt alle bewundern und zu dem man große Andacht hegt, denn später hat es sich wie lebend gezeigt.

Nachdem einige Tage vergangen waren, da bildete sich, während mein Schwager und sein Sohn, Universitätsstudent, die blutigen Male anschauten, vor ihren Augen an den Malen eine kleine Blase, die sich vergrößerte, bis sie sich öffnete und Blut herauskam. Wir sahen uns alle drei verwundert an.«

Die Wundmale prägten sich voll aus, sie haben allerdings nicht immer die gleiche Ausdehnung. Am schmerzlichsten ist die Seitenwunde, drei Finger breit! Das Blut fließt heraus, und Enzo versteht nicht, woher das viele Blut kommt.

5) *Sühneleiden:* Enzos Leiden verstärken sich gewöhnlich an den Freitagen in der Fastenzeit, in den zwei Passionswochen und an bestimmten liturgischen Gedenktagen.

Eine weitere Buße des Sehers besteht in Übelkeit und Leibschmerzen. Diese verstärken sich gegen Mitternacht und flauen dann ab – wenn die meisten Menschen in Schlaf fallen... Die Schmerzen der Dornenkrone sind bei Enzo nicht ausgeprägt, er hatte sie zweimal gefühlt (z. B. am 13. Mai 1973), ohne daß äußerlich etwas sichtbar geworden wäre.

6) *Mystische Begnadungen:* Enzo Alocci hat zeitweise die Gabe der »Fernschau«: Er sieht über Tausende von Kilometern hinweg, was sich anderswo abspielt. Oftmals wurde diese Gabe bei Begegnungen »bewiesen«.

Seine Stigmen können auch plötzlich »verschwinden«. Als Enzo einmal Besuchern seine Handwunden zeigte und sie ihn fragten, wie er denn mit solchen Wunden arbeiten könne, sagte er, daß Gott, der sie verleihen könne, sie auch zeitweise wegnehmen kann – und man sah plötzlich nur mehr zartrote Kreise, aber keine Wunden mehr, sondern die heile Haut.

7) *Satanische Belästigungen:* Enzo leidet auch unter nächtlichen Belästigungen, Menschen (oder dämonischen Erscheinungen?), die die ganze

Nacht hindurch klopfen, schreien, schimpfen. Manchmal sind es richtige Angriffe auf sein Leben: er wird vom Moped gestürzt, es wird auf ihn geschossen. Daneben gibt es aber auch »mystische« Belästigungen, die unsichtbar bleiben (was den Verursacher anlangt), nicht aber deren Auswirkungen. So bekommt er manchmal eine Tracht Prügel, kaum daß er zu Bett gegangen ist; er kann sich kaum der Schläge erwehren ... Seine Frau ist Zeugin, wie er sich zu schützen sucht. Oder es fallen von überall her Gegenstände (Vasen, Bilder, Leuchter) auf sein Bett. Die »Folgen« sind sichtbar: Beulen, Schnitte, Blutergüsse ... – und sie schmerzen auch.

Enzo beschreibt die Wesenheiten, die ihn quälen, als »Drachen«, wüst behaarte Menschen mit Tierbeinen und Hufen, manchmal »verkleidet« wie der geschlagene Jesus. Einmal diktierte ihm die dämonische Erscheinung eine »Botschaft« – da erschien ihm Jesus und sagte: »Der blutende Mann war der Teufel. Vernichte die Botschaft!«

8) *Häufige Erscheinungen:* Alocci besitzt die Gabe der Schauung, ist ein Visionär (Seher), sieht Maria, Jesus, Engel, Heilige. Während der Visionen behält der Körper seine natürlichen Funktionen bei (er kann reden, hören, fühlen, handeln...). Wenn er aber dabei in Ekstase, Verzückung und Trance fällt, verliert sein Körper jedes Gefühl.

Ein Besucher in der Grotte hat das einmal ausprobiert und ihm eine dicke Nadel in die Seite gestoßen, ohne daß der Verzückte darauf reagiert hätte. Als er aus der Ekstase erwachte, krümmte er sich vor Schmerzen und zog die Nadel heraus ...!

Enzo Alocci hat relativ häufig Erscheinungen und Visionen. Wenn er zur Kommunion geht, erscheint ihm meistens Jesus, manchmal leidend, manchmal verklärt, hie und da gibt er ihm auch Botschaften, für ihn oder für andere zum Weitergeben.

Marienerscheinungen hat er häufig – zumindest einmal, manchmal mehrere Male pro Monat – in der Grotte oder daheim.

Noch öfter zeigt sich ihm Gabriel, der ihn geradezu spirituell führt. Einmal erschien ihm der hl. Josef.

9) *Die »blutigen Tränen« der Madonna:* Durch mehrere Jahre hindurch erschien Maria an jedem 14. des Monats in der Wohnung Enzos (dazwischen in der Grotte) an der Stelle, wo er später, als Maria nicht mehr in seiner Wohnung erschien, eine große Marienstatue aufstellte. Am 3. Juli 1972 beobachtete er, wie die Statue weinte. Viele Menschen waren Zeugen dieses Vorgangs, denn er dauerte mit Unterbrechungen fünf Tage und Nächte an und wiederholte sich am 16. und 19. Juli.

Am 16. Oktober beobachtete Enzo erregt, daß die Statue Blut weinte. Viele sahen es, das Blut wurde untersucht mit dem Ergebnis, daß es menschliches Blut der Blutgruppe A sei. Die Erscheinung wiederholte sich im November und Dezember insgesamt sechsmal. Am 20. Dezember bildeten die beiden Blutbächlein unter dem Kinn ein Kreuz. Dasselbe Phänomen wiederholte sich auch 1973 insgesamt achtzehnmal. Das Blut wurde mit Watte aufgefangen und verwahrt. Am Gründonnerstag 1973 betrachtet er die Watte und sah, daß das Blut völlig frisch wirkte. Dafür gibt es mehrere Zeugen.

10) *Botschaften Mariens:* Drei Marienbotschaften als Beispiele für viele seien hier genannt:

»Meine Kinder, hört mich!

Für euch gibt es nur Vergnügen, Lust und andere Verirrungen, die das Herz meines Sohnes Jesus durchbohren.

Nach einer langen Gesundheitsdauer bietet Jesus sein Kreuz und seine Leiden vielen Seelen an. Kaum, daß sie ein wenig Leiden haben, trachten sie gleich danach, sich davon zu befreien, da es ihnen zu schwer ist. Dann ruft man gleich um Gnade ...

Für viele existiert Jesus nur, wenn man erkrankt ist; dann ruft man den Namen Jesus an. Wenn es einem gutgeht, betet man nicht, sieht man das Licht nicht, mag man es nicht und verschmäht es nur ...

Die Gnaden werden gewährt nach einem mit Geduld ertragenen großen Kreuz, wie Jesus das Kreuz der Beleidigungen auf sich nimmt, die alle Tage gegen sein heiligstes Herz geschleudert werden.«   Jungfrau Maria

»Mein Bild ›Regina Mundi‹ kann man verbreiten, aber es darf nicht in die Häuser gelangen, wo die Frauen in anstößiger Kleidung, im Minirock und in Hosen umhergehen, und auch nicht, wo die Unsittlichkeit beherbergt ist.

Empfiehl, mein Sohn, die 15 Freitage zu Ehren des heiligsten Herzens Jesu zu halten und für das Seelenheil zu beten, und empfiehl auch, man möge sich dem heiligsten Herzen Jesu und meinem mütterlichen Herzen weihen. Man vernachlässige nicht den Rosenkranz, und du, mein Sohn, sollst bei jedem Geheimnis für die Sünder sagen: ›Es lebe das kostbarste Herz Jesu, das uns mit seinem Blut erlöst hat.‹«   Jungfrau Maria

»Die Welt ist eine gänzliche Furie, sie ist wie ein wildes Tier auf das Böse hin gestürzt; die Sünden aber, die begangen werden, werden wieder mit viel Blut gewaschen. Der Teufel wendet viel Schlauheit auf, die guten Seelen anzugreifen, dadurch daß er in die Kirche Gottes eindringt und so viele Priesterseelen überlistet. Er hat einen großen Feldzug auf die Kirche, auf mich selbst und auf alle Völker der Erde eröffnet ... Wenn eure Gebete die verstockten Herzen auftun, wird sich auch Rußland bekehren. Wenn aber ihr, meine Seelen, nicht auf mich hört, wird Rußland seine Irrtümer über die ganze Erde verbreiten, und ihr werdet Kriege, Hunger und anderes schweres Unheil haben; der ewige Vater wird strenge Strafen schicken, und viele Nationen werden von der Erde verschwinden.

Die Welt wird immer schlechter durch die Sünden, besonders des Ärgernisses wegen, und der Kelch der göttlichen Gerechtigkeit ist bereits voll.

Ich, die Mutter Gottes und eure Mutter, will euch retten und bin dabei, den Arm meines göttlichen Sohnes aufzuhalten, um noch ein wenig Barmherzigkeit zu erweisen.«

Jungfrau Maria

Über die Ereignisse in Porto San Stefano wurde noch kein kirchliches Urteil gesprochen.

Bew.: Gut bezeugt; Quelle: R. Ernst, Lexikon; L. Ch. Kaiser, Maria weint ein Meer, S. 120f.; Textquelle: Giuseppe Tomaselli, Maria weint. Das Tränenwunder von Porto San Stefano, Altötting o. J.

CEFALA DIANA / SIZILIEN (ITALIEN) Maria erschien zuerst vier Jungen in **1967** einer Schloßruine als »Schmerzensmutter« (26. Mai), dann vielen Erwachsenen – darunter auch Kommunisten und erklärten Ungläubigen, die sich daraufhin bekehrten und für den Bau einer Wallfahrtskirche sammelten, die bereits am 22. Juni 1969 von Kardinal Carpino, dem Erzbischof von Palermo, eingeweiht wurde.

Bew.: Gut bezeugt; Quelle: R. Ernst, Lexikon

MORTSEL (ANTWERPEN) / BELGIEN Maria erschien dem 44jährigen Tele- **1967** graphenangestellten Leon Theunis erstmals im Oktober in seinem Urlaubsort Bohan in den belgischen Ardennen unter einem Apfelbaum. Auch sein Freund, der ihn begleitete, sah Maria. Ab 1972 sah Leon Theunis Maria viele hundertmal zuerst in seiner Wohnung, ab dem 16. Mai auch in der St.-Theresia-Kirche von Mortsel. Er erhielt viele Botschaften und Appelle an die Menschheit, die zu Gebet und Buße angesichts der bevorstehenden Weltkatastrophen aufforderten:

»Die Bewohner der Erde werden vermodern, und es werden nur wenige Menschen übrigbleiben... Die Städte liegen in Trümmern und sind verlassen... Die Schleusen des Himmels sind schon gerüstet... Die Fundamente der Erde werden erschüttert werden, die Erde wird sich spalten und bersten, sie wird splittern und brechen, trudeln und taumeln, torkeln wie ein Trunkener und wie eine Hängematte hin und her schlingern...«

Im Auftrag Marias ließ er eine der Erscheinung entsprechende Madonnenfigur anfertigen. Diese weinte am 9. August, 9. September und 9. Oktober sowie am 31. Oktober 1973 blutige Tränen und änderte auffallend ihren Gesichtsausdruck.

Bew.: Gut bezeugt; Quelle: R. Ernst, Lexikon

NATIVIDADE / BRASILIEN Maria erschien viermal dem 58jährigen Arzt **1967** und Rechtsanwalt Sebastiao Fausto Barreira de Faria auf seinem Gut Coqueiro bei Natividade. Bei der zweiten Erscheinung am 17. Mai erhielt er einen sonderbaren Stein überreicht, am 12. Juli eine lange Botschaft

429

diktiert, in der die Kirche aufgefordert wird, ihre Mission den Zeiten anzupassen und mit friedlichen Mitteln die soziale und wirtschaftliche Ordnung der Gesellschaft verändern zu helfen. Die letzte Erscheinung war am 12. Juli 1968.

Bew.: Gut bezeugt; Quelle: R. Ernst, Lexikon

1967 OULX SUSA (PIEMONT)/ITALIEN   Seit dem 9. September sah eine namentlich nicht bekannte verheiratete Frau sehr oft Maria als »Unbefleckte Empfängnis« in einer Grotte. Dabei erhielt sie viele Botschaften, die sie vor allem den Priestern weitergeben sollte. Inhalt waren die bevorstehenden Strafgerichte und die Notwendigkeit, sich darauf durch Gebet und Buße vorzubereiten. Viele Pilger sahen mehrmals Sonnenwunder und in der Grotte merkwürdige blaue Wolken. Am 17. Mai 1971 hatte die Seherin eine Höllenvision und eine Erscheinung des leidenden Jesus.

Bew.: Gut bezeugt; Quelle: R. Ernst, Lexikon

1967 QUEBEC/KANADA   Maria erschien der 14jährigen Johanne Allison am 15. September in einer Grotte. Ein ungeheurer Andrang von Schaulustigen und Pilgern entstand – in wenigen Tagen wurden 400 000 Menschen gezählt.

Bew.: Gut bezeugt; Quelle: R. Ernst, Lexikon

1967 RACCUJA/ITALIEN   In der dortigen Dorfkirche bewegte sich zwischen dem 12. und dem 17. Juni auffällig eine Marienstatue vor vielen Zeugen.

Bew.: Gut bezeugt; Quelle: R. Ernst, Lexikon

1967 ROM/ITALIEN   Einem Mönch kam während der Meditation immer wieder das Wort »equilibrio« (Ausgeglichenheit) in den Sinn. Bei der Arbeit auf dem Dachboden seines Klosters fiel ihm eine kleine Metallplatte in die Hände, der ein Marienbild eingeprägt war. Nach dieser Vorlage fertigte Fr. Armando Panniello ein Altarbild der »Madonna der Ausgeglichenheit«, das in der Abteikirche von Frattocchie verehrt wird.

Bew.: Gut bezeugt; Quelle: R. Ernst, Lexikon

1967 N.N./ITALIEN   Einer unbekannt bleibenden Ordensfrau erschien zwischen 1967 und 1971 oftmals Maria als »Mutter der Kirche« und gab ihr viele Botschaften, von denen einige wiedergegeben werden:

> »Das Steuerrad des Schiffleins Petri ist in meinen Händen, denn ich bin Maria, die Mutter der Kirche, und es liegt an mir, mich der Herde meines geliebten Sohnes anzunehmen. Meine Tochter! Wenn die Menschheit wüßte, was sich vorbereitet, würde sie sich auf ihr Angesicht werfen und um Erbarmen und Verzeihung flehen und bereit sein, Buße zu tun ...

Der Himmel wird sich verdunkeln . . . Finsternis wird die Erde bedecken, sie wird tage- und nächtelang in einen schwarzen Mantel gehüllt sein! Aber das ist noch nicht das Ende der Welt, denn der Herr wird vorderhand das Meisterwerk seiner Hände nicht zerstören . . . Die Dunkelheit wird zum Sinnbild der Geistesfinsternis der Menschen werden, und so lange wird es auf der ganzen Erde dunkel sein, bis auch die Gottlosen und Gottesleugner verwirrt die Augen zum Himmel erheben und um einen Lichtschimmer flehen. Hernach wird die Sonne ihren Glanz wieder leuchten lassen. Ich sage dir nicht, daß diese Dinge gerade jetzt sich ereignen. Noch ist die Zeit des Erbarmens und der Vergebung, um die ihr mit allen euren Kräften bitten sollt . . .

In der Kirche ist die Art der Unterweisung in den wichtigsten Wahrheiten des Glaubens geändert worden. Man spricht wenig oder gar nicht mehr über die Hölle, das Fegfeuer und den Himmel; dennoch hören diese nicht auf zu existieren!«

Bew.: Gut bezeugt.

CABRA-INSEL / PHILIPPINEN   Maria erschien der 12jährigen Belinda Villas und kündigte eine Erscheinung vor acht anderen Mädchen am 25. März an. Maria versprach allen, die sie sahen, Heilung von ihren Leiden. Näheres ist leider nicht bekannt.   **1968**

Bew.: Unbekannte Quelle; Quelle: R. Ernst, Lexikon

FORT KENT (MAINE) / USA   Maria, die hl. Anna und Erzengel Michael erschienen am 23. Oktober dem 10jährigen Gerald Pelletier unter nicht näher bekannten Umständen.   **1968**

Bew.: Unbekannte Quelle; Quelle: R. Ernst, Lexikon

L'ANSE AUX-GAXONS / KANADA   Maria erschien neun Kindern mehrmals zwischen dem 7. und dem 15. Oktober, nur die 14jährige Denise Desbois hörte sie sprechen: **1968**

»Sage den Menschen, sie sollen beten, wenn sie gerettet werden wollen!«

Am 15. Oktober geschahen in Anwesenheit von etwa 15 000 Menschen mehrere Wunderheilungen.

Bew.: Gut bezeugt; Quelle: R. Ernst, Lexikon

MAILAND / ITALIEN   Maria erscheint seit dem 14. März fast täglich, oft zusammen mit dem »Barmherzigen Jesus«, als »Mutter der Göttlichen Liebe« der 61jährigen Witwe »Mamma Carmela«. Die Seherin empfängt auch Botschaften, die aber bisher nicht bekannt geworden sind.   **1968**

Bew.: Unbekannte Quelle; Quelle: R. Ernst, Lexikon

1968 MAILLÉ/FRANKREICH   Maria erscheint vier Kindern der Familie Hillaray unter nicht näher bekannten Umständen und läßt sie die Ereignisse von Fatima (1917) miterleben (Visionen). Sie erteilt ihnen auch »Katechismusunterricht« und lehnt dabei z. B. die Handkommunion ab.

Bew.: Unbekannte Überlieferung; Quelle: R. Ernst, Lexikon

1968 MEXIKO-CITY/MEXIKO   Maria und Jesus erscheinen mehrmals der Sr. Maria Conchita und vermitteln (manchmal gemeinsam oder auch einzeln) Botschaften über die Lage der Menschheit und der Kirche.

Bew.: Gut bezeugt; Quelle: R. Ernst, Lexikon

1968 PALMAR DE TROYA (SEVILLA)/SPANIEN   Maria erscheint mehreren namentlich bekannten Sehern (Maria Marin, Maria Luisa Vila, Rosario Arenillas, Antonio Romero, José Navarro, Manuel Fernandez, Antonio Llanos, Antonio Anillos und Clemente Dominguez) ab dem 30. März. Außergewöhnliche mystische Phänomene wie Engelkommunion mit Sichtbarwerden der Hostie bestätigen die Botschaften der »Mutter von Palmar vom Karmel«. Sie fordert die Wiederherstellung der tridentinischen Messe, die Wiedereinführung des Latein als Kirchensprache, den häufigeren Gebrauch des Weihrauchs, Priestertalar und -tonsur, wirkliche sakrale Musik, das Verbot der Handkommunion, die Verehrung der Heiligen, nächtliche Anbetung und den Dienst an den Armen Seelen. Marxismus und Freimaurerei werden als Propheten des Antichrist angeprangert und dessen Kommen angekündigt. Kirchenspaltungen werden entstehen, ein Dritter Weltkrieg und die Zerstörung mehrerer Hauptstädte werden prophezeit... Mehrere Heilungen mit wundertätigem Wasser werden bestätigt. Der zuletzt genannte Clemente Dominguez zeigte 5mal Anzeichen einer Stigmatisierung, verstand sich als neuer Papst der Endzeit (Gregor XVII.), erreichte die Priester- und Bischofsweihe und wollte sich in Garabandál »eindrängen«... Die übrigen Seher distanzierten sich von ihm. Aufträge Marias, die er erhalten zu haben behauptet, bleiben unbestätigt.

Bew.: Gut bezeugt, aber zwiespältiger Eindruck; Quelle: R. Ernst, Lexikon

1968 SAINT BRUNO/KANADA   Maria erscheint am 22. Juli abends sechs Mädchen im Altar von 4 bis 13 Jahren während eines heftigen Gewitters. Weitere Erscheinungen finden von Juli bis Oktober statt. Am 7. Oktober ereignet sich die letzte Erscheinung, bei der viele die Hl. Jungfrau sehen; mehrere Heilungen werden berichtet.

Bew.: Gut bezeugt; Quelle: R. Ernst, Lexikon

VERCELLI/ITALIEN Maria erscheint einem 35jährigen Mann und gibt 1968
ihm Anweisungen zum Lesen der Hl. Schrift; zugleich erscheint sie auch
dem Ortspfarrer unter nicht näher bekannten Umständen.

Bew.: Unbekannte Überlieferung; Quelle: R. Ernst, Lexikon

WOLLONGONG/AUSTRALIEN Aus einer Wolke, die ihn umhüllte, hörte 1968
William Kamm (geb. 1950 in Köln, 1954 mit seinen Eltern nach Austra-
lien ausgewandert) in der Kathedrale von Wollongong himmlische Stimmen, die ihn zu einer besonderen Aufgabe beriefen. William Kamm
gründete Gebetsgruppen. Seit 1974 erschien ihm häufig Maria. Der
Seher wird bekannt als »Little Pebble« (Kleiner Kieselstein). Diese Botschaften sind sehr konkret, kündigen »das Ende der Zeiten« (nicht der
Welt!) an, daß die Erde gereinigt werde und die Wiederkunft des Herrn
unmittelbar bevorstehe, der eine neue Friedenswelt herbeiführen werde.
Ein allen sichtbares großes Wunder wird angekündigt. Kamm unternahm
weltweit Reisen und machte die Botschaften bekannt.

Mitte der achtziger Jahre mischen sich aber immer mehr persönliche
Elemente ein: Er verkündet sich selbst als neuen Papst und täuscht
Botschaften vor bzw. »ergänzt« sie in seinem Sinne... Der für ihn
zuständige Bischof warnt vor ihm, und dämonische Einflüsse scheinen
hier die Überhand bekommen zu haben (vgl. dazu unter 1981 Ohlau/
Domanski).

In einer frühen Botschaft zeichnet Maria den möglichen Ablauf der
Endereignisse:

1. Ein weiterer Anschlag auf den Papst.
2. Revolutionen in allen Teilen der Welt; auch in Rom dringen Soldaten des
   Antichrists in den Vatikan ein.
3. Flucht des Papstes.
4. Die große Warnung von Garabandál erfüllt sich.
5. Das große Wunder, das in Garabandál für einen Donnerstag 20 Uhr 30
   angekündigt ist, ereignet sich.
6. Ausbruch des Dritten Weltkriegs.
7. Herrschaft des Antichrists und seines »Propheten«.
8. Unterwerfung vieler Nationen.
9. Das »Zeichen des Tieres« (= 666) beherrscht die Welt.
10. Letzte Phase des Weltkriegs mit Einsatz von Atomwaffen.
11. Die vorausgesagte dreitägige Finsternis beendet den Krieg.
12. Nachher beginnt die Herrschaft Christi (Friedensreich).
13. Ein Friedenspapst setzt die Anerkennung der beiden vereinigten Herzen
    (Jesu und Mariens) durch.

Bew.: Gut bezeugt, aber fragwürdig; Quelle: R. Ernst, Lexikon; Franz
Speckbacher, Botschaften an den Seher Domanski, 1990

1968 ZEITOUN (KAIRO)/ÄGYPEN   Maria erscheint als »Mutter des Lichts« vor Hunderttausenden Christen und Moslems über der koptischen Marienkirche in Zeitoun, einem Außenbezirk von Kairo. Maria zeigt sich mit Engeln erstmals am 2. April, dem Ostertag (Auferstehungstag) der Ostkirche. Viele Wunderheilungen und Bekehrungen werden berichtet. Manche Erscheinungen am abendlich-nächtlichen Himmel dauern bis zu zwei Stunden und finden über der 1925 erbauten Kirche der Erscheinungen unweit Mataria statt. Am 4. Mai 1968 erklärt der koptische Patriarch Kyrillos VI. von Alexandria in Kairo in einer Stellungnahme: »In dieser Verlautbarung erklärt das Patriarchat in vollem Glauben, mit tiefer Freude und in übergroßer Dankbarkeit gegen den Himmel, daß die Jungfrau Maria, die ›Mutter des Lichtes‹, deutlich sichtbar und ständig in vielen verschiedenen Nächten erschienen ist ... Möge Gott dies alles als Zeichen des Friedens für die Welt bestimmt haben, für unser Land und dessen gesegnete Einwohner.«

Der Patriarch hat einen der ältesten Bischofssitze inne. Seit dem Konzil von Chalcedon (451 n. Chr.) ist allerdings die Einheit mit Rom aufgelöst, doch die Nachfolge der koptischen Bischöfe und die Weihen sind gültig und werden von der röm.-kath. Kirche anerkannt. Papst Paul VI. hat verfügt, daß die Gebeine des hl. Markus von Venedig nach Kairo zurückgebracht werden, da der Überlieferung nach dort sein erster Bischofssitz war.

Der katholische Patriarch Stephanus I. und der Leiter der evangelischen Kirche in Kairo haben sich offiziell zur Echtheit der Erscheinungen bekannt. Die einmalige Situation einer ökumenischen Anerkennung einer Marienerscheinung!

Die erste Erscheinung fand in der Nacht zum 3. April statt. Zwei Mechaniker bemerkten als erste eine »weißgekleidete Nonne« über dem Kuppelkreuz der Kathedrale. Seither gab es Hunderte Erscheinungen! Man sieht die Frau mit Schleier und langem Gewand, das blauweiß schimmert. Als wollte sie die Menge grüßen, bewegt sie segnend die Arme und hält den Menschen manchmal einen Olivenzweig entgegen. Zeitweise erscheint sie mit einer Lichtkrone über ihrem Haupt. Manchmal hat sie das Jesuskind auf ihrem Arm. Oft lächelt sie, manchmal ist sie traurig, immer blickt sie gütig. Nie hat sie ein Wort gesprochen. Seltsam sind die Gestalten großer, silbrig-weißer Vögel, die aus ihrer Nähe zur Höhe fliegen. Lautlose, geheimnisvolle Lichterscheinungen gehen gewöhnlich dem Erscheinen Marias voraus (z. B. in der Art eines Flächenblitzes oder wie ein Kreis von Scheinwerfern, dann wieder wie fallende Sterne). Gebilde wie Weihrauchwolken sieht man oft aufsteigen und sich zur Gestalt der Frau über dem Dach formen. Ihre Füße bleiben immer unsichtbar.

Bisher sind Tausende Menschen, die als unheilbar krank galten, geheilt worden. Eine sofort eingesetzte Kommission von Ärzten und Professoren prüfte die zahlreichen Aussagen und Berichte von den Erscheinungen und Heilungen. Die Erklärung des koptischen Patriarchen erfolgte am 4. Mai, später die Zustimmungen der Leiter der anderen Konfessionen. Rom hat sich nicht dazu geäußert.

> Bew.: Gut bezeugt, kirchlich (ökumenisch, röm.-kath. lokal) anerkannt; Quelle: Weigl/Branz, Volk unter prophetischem Anruf, S. 90–93; R. Ernst, Lexikon; Däniken, Erscheinungen

BARCELONA / SPANIEN Maria erschien mehreren namentlich nicht be- 1969
kannten Schwestern eines beschaulichen Ordens und gab ihnen Hinweise zu Garabandál.

> Bew.: Unbekannte Überlieferung; Quelle: R. Ernst, Lexikon

FLORENZ / ITALIEN In der Wohnung des Sergio Miccenisi begann am 1969
8. September ein Murillobild »Maria mit dem Kind« zu bluten. Das Blut tropfte aus der Herzgegend der Mariengestalt, wurde untersucht und als echtes Menschenblut labormäßig diagnostiziert. Das Bild wurde in der Sakristei der Olivetokirche von Florenz zur Verehrung ausgestellt. Der Vorgang wurde zwei Monate vom Bischof geprüft und dann akzeptiert.

> Bew.: Gut bezeugt, kirchlich erlaubte Verehrung; Quelle: R. Ernst, Lexikon

LE FRÉCHOU / FRANKREICH Maria erschien am 15. August dem Ordens- 1969
mann Pater Jean-Marie (Roger-Paul) Kosik. Weitere Erscheinungen und Botschaften folgten. Am Karfreitag 1970 wurde er beauftragt, eine marianisch ausgerichtete religiöse Gemeinschaft zu gründen. Am 19. September 1970 lehrte sie ihn den »Eucharistischen Rosenkranz«:

> »O Jesus, wahrhaftig gegenwärtig im heiligsten Altarsakrament, ich bete dich an mit Maria und mit meinen Brüdern! Ich liebe dich, ich vereinige mich mit dir!«

Am 8. Dezember 1970 hörte er: »Wenn die Welt sich nicht bekehrt, werdet ihr den Krieg haben!« Am 14. Juli 1977 hieß es in einer Botschaft: »Durch den hl. Rosenkranz, durch Buße und Barmherzigkeit werdet ihr den Krieg vermeiden.«

> Bew.: Gut bezeugt; Quelle: R. Ernst, Lexikon

BAYSIDE (NEW YORK) / USA Maria erscheint seit 1970 der fünffachen 1970
Mutter Veronika Lueken, die in New York auf Long Island lebt, und übermittelt ihr vielfältige Botschaften, die bis in die Gegenwart andauern. In drei Bänden sind die »Rufe aus Bayside« auch in deutscher Sprache veröffentlicht. Sie wurden weltweit zur Kenntnis genommen, sicherlich

aber von kirchlicher Seite her viel zuwenig beachtet. Die Botschaften enthalten zahlreiche endzeitliche Aussagen, viel Kritik an modernistischen Strömungen in der Kirche, Ankündigungen der großen »Reinigung« der Erde sowie die Aufforderung zur überlieferten christlichen Frömmigkeit und zur festen Verbundenheit im Glauben.

Viele Visionen durfte und darf Veronika Lueken erleben, viele Erscheinungen und Botschaften Jesu, der Heiligen und vieler Engel kommen außerdem hinzu und machen diesen Gnadenort schon vom Umfang und von der Intensität der Ereignisse her zu einem der wichtigsten mystischen Geschehnisse unseres Jahrhunderts. Aus diesem Grund ist auch hier eine ausführlichere Darstellung angezeigt.

Außerordentliche Vorkommnisse in großer Zahl haben die Erscheinungen in Bayside seit 1970 begleitet. Gleichzeitig für jedermann nachprüfbar, weil alles in der Öffentlichkeit geschah: Heilungen, Bekehrungen, Segnungen durch Jesus und Maria bei jeder »Vigil« (vor kirchlichen Festtagen und zwischen 21 und 24 Uhr; Veronika befindet sich während dieser Zeit in Ekstase, die Versammelten beten den Rosenkranz, Veronika wiederholt laut, was sie hört und sieht – es wird auf Tonband aufgenommen. Sie gerät oft in Verzückung oder fällt in Ohnmacht – berichtet über das Geschaute in Halbekstase – und zwar bei jedem Wetter im Freien). Seit Sommer 1972 findet zusätzlich jeden Sonntag von 13 bis 14 Uhr eine »heilige Stunde« (jetzt in Flushing) für den Papst und die Priester statt. Anfangs bei der Marienstatue »Unsere Liebe Frau von den Rosen, Hilfe der Mütter« – seit die neue Kirche gebaut ist und die alte als Turnhalle verwendet wird, an anderen Orten.

1) *Vorgeschichte:* Wie bei anderen Sehern (z. B. Therese Neumann oder Martha Robin) war es die hl. Theresia von Lisieux/vom Kinde Jesu, die das Kommen Marias vorbereitete: Seit 1968 wurde Veronika Lueken immer wieder nachts durch eine drängende sanfte Stimme geweckt und zum Schreiben genötigt. Sie zeichnet auf, was ihr die Heilige sagt, und erfährt in dieser Zeit viele Belehrungen und Einsprechungen des Himmels, gewinnt zahlreiche Erkenntnisse, die sie öffnen für das Erscheinen und die Botschaften Marias.

Damit wird eine Entwicklung fortgeführt, die sich schon lange angekündigt hatte – denn die 1923 geborene Veronika zeichnete zeit ihres Lebens eine tiefe Marienfrömmigkeit aus. Täglich betete sie kniend vor dem Kruzifix den Rosenkranz. Seit 1968 wird sie auf die Aufgabe vorbereitet, Sprachrohr und Botin des Himmels zu sein. Sie lebte bis dahin ein unauffälliges Leben in einem kleinbürgerlichen Milieu, in einer großstädtischen Mietwohnung.

Die inneren Einsprechungen Marias zu Hause (zwischen den Vigilfeiern und den heiligen Stunden) dauern ebenfalls an, und öfters berichtete

Veronika bei den öffentlichen Ereignissen ergänzend von dem, was sie »privat« gehört hat.

Erstmals sah sie Maria zu Hause, verbunden mit der Ankündigung, daß die Gottesmutter am 18. Juni zum Platz der ehemaligen Kirche des hl. Robert Bellarmin kommen und sich dort in Zukunft offenbaren werde. Man solle an dieser Stelle ein Heiligtum errichten (sie gab genauere Anweisungen über den Bau), das den Namen »Unsere Liebe Frau von den Rosen, Hilfe der Mütter« tragen solle.

2) *Die erste Erscheinung Marias vor der Kirche:* Dabei sprach Maria:

Meine Tränen fallen auf euch. *(In diesem Augenblick brach Veronika in einen Strom von Tränen aus.)* Betet, Meine Kinder. So viele Seelen gehen verloren. Ich komme, weil Ich euch liebe. Du wirst zu leiden haben, Mein Kind. Weine mit Mir, Mein Kind, denn Ich habe nie aufgehört, zu weinen. *(Veronika weint bitterlich.)* Betet, betet immerfort, denn so viele Seelen werden verlorengehen. Ich bin gekommen, um euch zu retten. Kehret um, kehret um. So viele Seelen gehen verloren! Hört auf mich. Betet, bitte, betet. Es ist Hoffnung im Gebet. Die Dunkelheit nimmt zu. Ich trage das Licht . . ., hört auf Mich. *(Die Heiligste Jungfrau weint.)*

Betet, betet, betet. Liebet ihn, liebet Meinen Sohn. Haßt ihn nicht.

Alle Herzen müssen sich in wahrer, demütiger Bitte emporwenden, um das traurige Los der göttlichen Verwüstung zu verhindern. – Was können Wir anderes tun, als die ganze Last für die Rettung aller Seelen den wenigen aufzuladen, die wagemutig sind? Die aufstehen und für die Glorie des ganzen Himmels kämpfen, und die am Ende der Lebensfahrt mit Papst Paul zusammentreffen werden? Laßt nicht nach in euren Gebeten, Meine Kinder. Es gibt kein Maß der Zeit im Himmel. Tausend Jahre hier auf Erden sind wie ein Tag. Die hellsten Sterne im Himmel gewannen ihre Kronen durch Leiden. Der Himmel liegt gerade über dem Licht, das vom Vater ausgeht. Mißachtet nicht Unseren Stellvertreter. Er ist nicht die Ursache der Zwietracht und der Unordnung. Viele seiner Vertrauten sind gefallen. Entweiht nicht die physische Gegenwart Meines Sohnes auf Erden. O gedankenlose, achtlose Kinder, wie lange kann Ich Seine Hand noch zurückhalten? Betet, Meine Kinder, betet. Errettet alle Seelen aus dem Fegefeuer. Der leibliche Tod ist nur der Beginn des geistigen Seins, des ewigen Lebens. Ich bin die Mutter der Welt. Kommt zu Mir, denn Ich will euch trösten.

Reißt die Tempel nieder, die von Satan erbaut wurden, denn es gibt jetzt deren viele in eurem Lande. Legt Vorrat an an euren Gnaden, Meine Kinder, die letzte Schlacht ist nahe.

3) *Erscheinungen im Jahr 1970:*

14. 8. 1970 Dies müßte ein freudvoller Anlaß sein, Meine Kinder, aber Wir schauen herab und sehen Tausende von geschlachteten Unschuldigen. Wir weinen Tränen der Pein. Der Vater fordert Bestrafung. Wir erflehen Buße und Sühne von euch allen. Alle liebenden Herzen müssen die Last dieser Sorge

tragen, für jene zu beten, die sich auf dem Weg ins Verderben verloren haben . . .
Betet, meine Kinder, haltet nie inne in euren Gebeten, denn viele sind am Rande
der Ewigkeit auf dem Weg zur ewigen Verdammnis. Ihr sollt eine Schöpfung des
Allerhöchsten nicht zerstören. Bereut jetzt, solange es noch Zeit ist.

Sieh, mein Kind, die Bestrafung wird kommen. Die Züchtigung wird bemes-
sen werden nach Umfang und Art der Sünde, von der der Mensch befallen ist
und nach dessen Mißachtung aller dringenden Mahnungen und Bitten um
unverzügliche Wiedergutmachung.

(An diesem Abend wurde Veronika an die Worte der hl. Theresia erinnert:
»Du darfst nie ein Menschenwesen ehren, ohne vorher die Muttergottes zu
ehren! Sage: ›Glückseligste Mutter, sei du meine Führerin. Bleibe immer hier
an meiner Seite. Führe mich durch die Welt des Leids. Zeige mir, daß es einen
hellen Morgen gibt.‹«)

24. 12. 1970 (Die Vigilfeier am Heiligen Abend stieß bei vielen Angehörigen der Teilnehmer auf Unverständnis . . .) Du siehst, die Aufgabe, die Ich euch
gestellt habe, ist sehr schwierig, denn ihr werdet allem anderen entsagen
müssen und auf Mich und meinen Sohn vertrauen müssen. Das ist erst noch ein
kleines Opfer, das von euch verlangt wird.

Die Zahl jener, die im Dienste deines Vaters stehen, wird geringer. Bete um
Berufungen, die bitter nötig sind . . . Meine Kinder, ihr begehrt so sehr nach
materiellen Dingen und so wenig nach geistigen. Wir blicken herab auf so viele
Heime, die zur Ursache der Vernichtung von Kinderseelen wurden. Die
Erinnerung an die Wahrheit der Existenz Meines Sohnes muß in den Heimen
erhalten bleiben.

Viele Wissenschaften, viele falsche Religionen werden versuchen – ich sage
versuchen –, die Stelle der durch euren Gott personifizierten Wahrheit einzunehmen . . . Die Augen des Himmels sind über euch. Überbringt Meine Worte
euren Nachbarn, denn Wir müssen alle Apostel für den Vater zur Wiedergutmachung der Seelen sein.

4) *Erscheinungen im Jahr 1971 (in Auswahl):*

11. 2. 1971 Von jetzt an, bis der Plan erfüllt ist, muß Ich verlangen, daß ihr in
einem Leben des Gebetes und des Opfers verharren möget. Denn das ist das
einzige, was euch retten kann. Wir hoffen immer noch, Unsere verirrten
Kinder zu sammeln, und darum offenbaren Wir euch jetzt das Geheimnis der
Zeitalter. Die wahre Bedeutung des Herrn 666, bekannt als Antichrist, ist die:

6 ist für die 6, die kommen werden.

6 ist für die 6 Tage des Leidens.

6 ist für die 6, die bestraft werden.

Der Mensch ist zwar weise, aber im Laufe der Zeitalter geht ihm die wahre
Bedeutung verloren. Dies, Mein Kind, geben Wir dir bekannt. Wachet, seid
auf der Hut, und betet. Er ist noch in eurem Land. Behütet euer Heim und eure
Familie, wie Ich es so viele Male früher verlangt habe. Die Gefahr für die
Seelen wird zunehmen. Wiederhole für alle dies Gebet:

O Jesus, gewähre uns im Lichte Deiner unendlichen Kenntnis die Macht, die

Aufgabe zu verstehen, die allen von uns, die wir gerettet zu werden wünschen, bevorsteht.

Wenn ihr nicht alle im Stande der Gnade verbleibt, werdet ihr nicht durch diese Tage des Leidens hindurchgehen, ohne vom Bösen getroffen zu werden. Alle Macht der Erlösung wird jenen verliehen, die glauben. – Wenn ihr nicht fortfahret, im Geiste zu leben, werdet ihr blind werden für die Zeichen, die Mein Sohn und Ich jenen geben werden, die für das Reich bestimmt sind.

Es ist nicht Unser Wunsch, in euch Furcht zu erwecken, Meine Kinder, aber Wir haben gesehen, daß es nötig ist, hart zu sein. Vielleicht können auf diese Weise ein paar von unseren zerstreuten Schafen wieder zurückgebracht werden. Es ist nicht immer zum besten von einander Liebenden, die bittere Wahrheit zu verbergen, die Tatsachen einer kommenden Vernichtung abzuleugnen. Wir müssen dem entgegengehen mit einem sachlichen Auge und einem offenen Herzen. Und auch im Vertrauen in den Endsieg des ganzen Himmels und der Heimholung der geliebten Seelen zu uns.

24. 3. 1971 Ich erwarte, daß ihr geführt werdet durch die früheren Zeichen, und Ich werde euch zur großen Pause führen, die vor euch liegt. – Mein Sohn hat euch zu Seinen Botschaftern gemacht, und was Wir von euch erwarten, ist das Aufnehmen der Mission der Liebe, die Wir euch als Unseren Sprachrohren anvertraut haben. Wenn Wir auch fern von euch zu sein scheinen – alles, was ihr zu tun habt ist, zu rufen und eure Herzen und eure Gedanken zu Uns zu erheben, denn Wir sind immer mit euch, gerade in den kommenden Tagen. Jesus fleht alle Seelen an, die genug zu lieben vermögen, eine andere Seele einzubringen, da sie dann sicher einen Stern in ihrer Krone im Himmel empfangen werden. O welche Freude ist im Himmel, wenn Wir wissen, daß Wir in der Lage waren, ein geliebtes Kind Luzifer zu entreißen, das er in seiner Schlinge zu fangen suchte.

7. 7. 1971 Ich bin die Königin des Weltalls, die Mittlerin der Gnaden, aber zuerst und vor allem bin Ich eure Mutter. Ich bin gekommen, euch zu warnen, euch zu beschützen. Denn viele werden für Uns verloren sein. Ihr habt in der letzten Entscheidung eure eigene Wahl zu treffen. Ich segne euch alle, Meine Kinder, mit einem Gnadenschauer vom Himmel. Kommet zu Mir an diesen heiligen Ort. Seid bei Mir im Geiste. Rettet Amerika mit dem Rosenkranz, durch eine immerwährende Gebetswache.

15. 8. 1971 *(Bei dieser Vigil kam es zu fortwährenden Belästigungen durch Jugendliche.)* Mein Kind, dies ist nur ein geringer Teil der Störungen, die ihr in der Zukunft erleiden werdet. Euer Gebetsvigil wird viele Wohltaten für die Seelen erwirken. Euer Lohn wird euch vom Vater gegeben werden, Mein Kind. Ihr werdet in dieser Welt keinen Gewinn wahrnehmen, denn der Weg wird jetzt von Dornen erfüllt sein. Die Botschaften werden empfangen werden, und Wir werden in der Lage sein, jene zu sammeln, die für das Königreich bestimmt sind. Jedes Haar auf eurem Haupt ist schon gezählt, Mein Kind, keine Tat, kein Wort ist verborgen vor Uns. Ihr, die ihr die größte Möglichkeit hattet, das Gute zu fördern, habt diese Macht gebraucht, um das Böse zu unterstützen.

7. 12. 1971 Ich verspreche, Meinen Schutzmantel über alle zu legen, die Meinen Sohn in diesen dunklen Tagen anrufen. Rettet euch jetzt in das heiligste Herz Meines Sohnes. Ich habe euch schon wissen lassen, daß ihr euch einer großen Gefahr nähert. Die Flut steigt, und bald werden die Wasser der dunklen Flut eure Seelen verschlingen.

Wie der Lahme wieder geht, wie der Blinde wieder sieht, so soll der Ungläubige wieder glauben. Was euch angeht, die ihr nicht folgt, wie ihr solltet, glaubet, und der Weg wird euch gewiesen. Amerika, du mußt dich als ein Land von der Natternbrut, der UNO in eurer Stadt, befreien, sie dient dazu, euer Volk zur Vernichtung zu führen. Ich lege euch den Plan zu eurer Rettung vor, solltet ihr dies Wort verwerfen, wird euer Leid alles übersteigen, was ihr Menschengeister auffassen könnt. Das wird nicht vom Menschen aus geschehen, aber von eurem Gott, den zu verachten ihr vorgezogen habt. Die Zukunft kann nicht geändert werden – doch das Leiden kann vermindert und der Plan hinausgeschoben werden. Das hängt von eurer Entscheidung ab.

5) Erscheinungen und Botschaften 1972 und 1973 (in Auswahl):

24. 3. 1972 Die Armeen Satans werden besiegt werden. Es gibt eine Möglichkeit, mit der der Mensch nicht gerechnet hat. Das Schwert wird bald über euch kommen, über euch, die ihr unbußfertig seid in den Augen eures Gottes. Der Bogen liegt im Ziel, er ist gespannt, der Pfeil wird bald auf euch abgeschossen werden.

Viele Rosenkränze, viele Gebete sind nötig für Unseren Stellvertreter. Wenn ihr nicht Opfer der Sinne darbringt, wird er aus eurer Mitte entfernt werden. Es wird eine große Buße für die Welt sein, denn ihr wißt nicht, was euch auf dem Stuhl Petri erwartet. Bald wird es einen gewaltsamen Wechsel auf eurer Erde geben, Mein Kind. Euch, die ihr die Gnade empfanget, Mein Wort zu hören, flehe Ich an, danach zu trachten, daß Meine Worte jene erreichen, die nicht an diesen geheiligten Ort gekommen sind. Von denen, die in Fülle empfangen, wird viel verlangt.

Ich habe zu euch von der Kugel der Erlösung gesprochen, was viele Vermutungen bei den Seelen hervorgerufen hat. Ich will nun erklären, wie dies zustande kommen wird. Die Kugel wird von der Atmosphäre eurer Erde herabkommen; sie wird nicht Menschenwerk sein, sie wird ein Stück des Universums sein. Ihr werdet von einem Planeten getroffen werden. Wir hier im Königreich suchen dies zurückzuhalten, aber die Seiten müssen umgeblättert werden. Die Zeit eurer Feuertaufe wird kommen, denn ihr könnt die Zukunft nicht ändern, aber ihr könnt die Trübsale hinhalten. Wenn die Blumen in Blüte stehen und das Heidekraut auf dem Berg, dann sammelt den spanischen Flieder ein und bringt ihn zum Schrein. Der Berg an der Wiese ist ein heiliger Ort. »C« wird dort sein mit dem heiligen Licht, einem flammenden Kreuz in einer schwertartigen Form.

(Veronika bekam den Auftrag, den vorstehenden Teil der Botschaft, ab »Wenn die Blumen...«, abzuschreiben und an »J. L.« weiterzugeben. Zu diesem Zeitpunkt war diese Aussage für Veronika ein Geheimnis, obwohl sie

offenbar wußte, wer J. L. war. Eine Vermutung geht dahin, daß es sich bei J. L.
um jenen blinden Amerikaner handelt, der zum Apostel der Botschaft von
Garabandál wurde, und bei »C« um Conchita.)

30. 12. 1972 ... Als Ich in euer Land kam, erwartete Ich im Herzen, nicht
mit so vielen Worten der Belehrung auftreten zu müssen. Doch habe Ich
versprochen, Meinen Mantel über euer Land zu breiten, und als Mutter
werde Ich Mich noch an taube Ohren und verhärtete Herzen wenden. Ich
werde bei euch sein, wenn ihr das Strafgericht erhaltet. Ich werde Meine
Hände ausstrecken und jene an Mich ziehen, die fähig sind, zu hören und
Meine Flehrufe zu beantworten. Alle, die den Plan annehmen, den Ich euch
mit Meinem Sohn für euer Heil gegeben habe, werden keine Furcht haben. Ich
brauche euch nicht zu unterweisen, daß ihr großen Prüfungen unterworfen
sein werdet. Die Prüfungen werden so weit gehen, daß ihr unter ihnen fast
zerbrecht. Satan hat viele Agenten aufgebracht, um Mein Werk zu vernichten.
Doch ich werde sein Haupt zertreten. – Alle, die Wir angenommen haben,
um sie als Jünger für das Werk der Seelenrettung überall in der Welt einzusetzen, werden großen körperlichen und geistigen Angriffen ausgesetzt sein
und sogar Versuchen seitens Satans, in ihr geistiges Leben einzudringen. Ihr
braucht euch nicht zu fürchten, wenn ihr Meine Hand festhaltet und
Meine Weisungen befolgt, werdet ihr mit dem Vater glorreich daraus hervorgehen.

Heilungen und Bekehrungen werden geschehen, wie Ich es versprochen
habe, um das Werk und die Mission zur Errichtung des Heiligtums in eurem
Lande auszubreiten und zu fördern. Jedoch müßt ihr die Weisungen der
Propheten von einst befolgen, Meine Kinder.

Wir haben den Ärzten auf eurer Erde viele Gnaden beschert. Suchet erst
ihren Rat, und dann kommt zu Uns, und wenn es der Wille des Vaters ist,
werden Wir euch heilen. Diese Heilung wird euch geistigerweise zuteil werden, so versichere Ich euch, Meine Kinder, wenn sie nicht für den Körper
gewährt wird. Viele körperliche Gebrechen während eurer Lebenszeit auf
Erden werden zugelassen zu eurer Heiligung. Euer Leib ist nur eine vergängli-
che Behausung, eine Schale für euer ewiges Sein. Euer Leben jenseits des
Vorhangs wird ewig sein. Eure Leiden auf Erden sind nur vorübergehender
Natur, Meine Kinder.

10. 2. 1973 Zählet nunmehr jeden Tag und lebt ihn, als ob es keinen
Morgen gäbe auf eurer Erde. Buße, Sühne und Opfer habe Ich verlangt, weil
euer Land jetzt die Waage für die Vernichtung der Welt hält.

Ich erteile euch Gnaden in Fülle, Gnaden um des Bittens willen, die Kraft, zu
heilen und zu bekehren durch das Gebet. Alle auf diesem heiligen Grunde
gesegneten Sakramentalien sind Werkzeuge für die Bekehrung der Sünder:
durch Meinen Sohn. Ich sage, durch Meinen Sohn, Meine Kinder, denn Ich
gebe nicht Mir als Königin des Himmels die Ehre, sondern dem Vater Himmels
und der Erde – für die Gnaden, die Er Sich euch zu senden entschließt für die
Bekehrung eurer Seele. Man lehrt die Menschen, daß sie nicht in die Hölle
oder in das Fegefeuer kommen, wie auch immer sie ihren Gott beleidigen, weil
ihr Gott ein allliebender Gott sei. Ja, er ist ein allliebender Gott, aber Er hat dem

Menschen einen freien Willen gegeben. Er hat die Menschen auf die Erde gesetzt als Seine Streiter, auf daß sie ihren Weg zurück ins Königreich fänden. Es ist euer freier Wille, Luzifer oder das Königreich des Himmels zu wählen.

Buße, Sühne und Opfer, für andere dargebracht, werden euch dreifach wiedervergolten werden.

18.3.1973 ... Es wird über die Erde eine große Finsternis kommen, die Luft wird erstickend sein durch den Mangel an Sauerstoff. Es wird nur wenige Kerzen geben, es wird kein Licht sein. Dann wird die Hitze intensiv sein. Ihr werdet vor dem Nahen des Strafgerichtes gewarnt werden – einige Zeit zuvor. Die Buße wird dann zu spät kommen – für viele. Der Vater hat schon die Kugel auf den Weg zu euch gesandt, jetzt. Oh, meine Kinder, warum habt ihr Meinem Flehen den Rücken gekehrt? So wurde Ich gezwungen, Mich dem Willen des Vaters zu beugen... Ich stehe auf dem Kopf einer Schlange. Meine Ferse wird sie zertreten. Jedoch nicht, ehe der Mensch und die Welt gereinigt worden sind. Ich komme als eine Mittlerin aller Gnaden, als Vertreterin für meinen Sohn beim Vater...

(Bei dieser Vigil kommen Wunderfotos von der »Kugel« zustande.)

15.7.1970 Veronika erläutert näher, was es mit der »Kugel« für eine Bewandtnis hat:

Ich erkläre euch jetzt: Unsere Liebe Frau will, daß ihr wisset, daß eine große Warnung und dann ein Wunder kommen wird, und wenn darauf der Mensch sich nicht bessert, ihr von einem Kometen getroffen werdet. Dies wird direkt vom Himmel kommen. Kein Mensch wird dann behaupten können, daß dieses Strafgericht das Werk der Menschen war. Der Mensch wird die Urheberschaft davon nicht in Anspruch nehmen können, wie er es für die Atombombe tut. Denn ich, ich habe es gesehen, und der Mensch wird es erkennen. Wenn die Kugel der Erlösung von Gott als Werkzeug der Bestrafung gebraucht werden wird, werdet ihr sie während ungefähr zwei Wochen sehen, ehe sie auf die Erde auftreffen wird, und das wird für die meisten die allerschrecklichste Episode sein, das versichere ich euch. Für jene, die auf dem laufenden der Dinge geblieben sind und Gott in seinem Plane gefolgt sind, wird kein Grund zu Furcht bestehen.

Das einzige, was für uns Gegenstand der Furcht bleibt, ist dies: daß wir trotz der Eile, die wir aufboten, nicht fähig waren, alle zu erreichen. Es muß deshalb eine Kette gebildet werden, ein jeder muß für die Botschaft seinen Elan bewahren, damit sie von einem Freund zum anderen weitergehe, und so hoffen wir, sie in alle Welt verbreiten zu können. Unsere Frau hat Ihre Armeen aufgestellt von einem Ende der Welt zum anderen, und wie der hl. Ludwig Maria Grignion von Montfort und die Propheten von einst es gesagt haben, wißt auch ihr, daß schließlich Unsere Liebe Frau das Werkzeug ist, welches der Himmel gebraucht, um die Schlange, Satan, zu zertreten.

(Jetzt wurde das Gebet des Rosenkranzes von der Menge fortgesetzt, und ein wenig später wurden Rufe der Überraschung laut. Eine Frau hatte eben die Statue der Hl. Jungfrau geknipst, und auf dem Polaroidfoto erschien die

Silhouette von Jesus. Später bestätigte Veronika, daß Jesus an dieser Stelle stand und gewartet hatte, bis der Rosenkranz beendet war, ehe Er kam, alle Sakramentalien zu segnen und Seine Botschaft des Abends zu geben.)

6) Erscheinungen, Visionen und Botschaften seither:

1. 2. 1974 Am 29. Jänner ist Veronikas jüngster Sohn, der 16jährige Raymond, durch einen Gewehrschuß, abgegeben von einem Kind, getötet worden. Er war ein großer Helfer des Apostolates seiner Mutter. Niedergedrückt vom seelischen Leid, aber auch von körperlichen Schmerzen, erschien Veronika zur vorgesehenen Vigil am 1. 2. 1974. Sie konnte kaum aufrecht stehen, und es war äußerst rührend zu sehen, wie sie ihrer Mission nachzukommen suchte. Es waren mehrere hundert Personen anwesend, die in der Kälte der Nacht ausharrten und innig beteten. Zehn Autobusse waren von auswärts gekommen. Alsbald fiel Veronika in Ekstase:

Mein Kind, Ich weiß um dein Herzeleid. Du kannst die Wege des Vaters nicht ganz verstehen, weil dein Herz jetzt schwer ist. Wisse, Mein Kind, daß dich der Vater liebt und über dir wacht. Wenn du dich entsinnst, Mein Kind – vor einiger Zeit sagte Ich dir, daß viele Kinder aus eurer Welt entfernt werden würden. Dies geschieht für das Heil ihrer Seele. Auch Ich kannte deinen Seelenschmerz, Mein Kind. Aber auch du wirst getröstet werden durch das Wissen, daß dein Sohn in das Königreich eingegangen ist. Du siehst, Mein Kind, jetzt kannst du es nicht begreifen, aber bald wirst du es. Vielen werden die kommenden Prüfungen erspart bleiben. Ich habe dir nicht einen Weg der Rosen ohne Dornen versprochen. Mein Kind, es wurde dir auferlegt, ein schweres Kreuz zu tragen, aber es wird dir nicht mehr zuteil, als du tragen kannst.

Ich habe ein Geheimnis für dich, Mein Kind, das du Meinen geliebten Kindern jetzt mitteilen kannst. Heute um 18 Uhr abends nach eurer Zeitrechnung habe ich 1242 kostbare Kinder Gottes gesammelt und in das Königreich geführt . . .

(Darauf zeigte Maria ihr eine Art Tor, und sie sah sehr viele Menschen versammelt, die aber wie durchsichtig schienen. Sie machten den Eindruck, sehr froh gestimmt zu sein.

Da tritt Maria mitten unter sie, viele Engel sind rings um sie, und eine goldene Treppe wird sichtbar, in einem Licht, das vom Himmel her auf die Szene fiel. Und sobald die Treppe die Erde erreicht hat, sieht Veronika alle hinaufstürmen – und mitten unter ihnen ihren Sohn! Und sie ruft: »Oh, er winkt! Oh, danke dir, Mutter, Dank dir, Mutter!«)

Und Maria sagt darauf:

»Du siehst, mein Kind, ich habe es dir versprochen, und ich habe nie ein Versprechen gebrochen . . . Ich hätte ihn früher auf die bevölkerte Leiter nehmen können, aber ich wollte, daß du es siehst, und ich wollte dir eine besondere Überraschung bereiten.«

Mittlerweile hatte der Klerus die Marienstatue eingezogen. So brachte Veronika jedesmal eine kleine Statue mit. Dann wurde eine Statue gespendet, die der eingezogenen sehr ähnlich war. Diese wird seit dem 18. 3. 1974 verwendet. Maria sagte dazu:

»Mein Kind, das ist eine sehr einnehmende Ähnlichkeit. Es bringt unseren Herzen große Freude, die Zahl treuer Seelen zu sehen, die bereit sind, auszuharren und meinen Sohn zu verteidigen.«

Bei der Vigil zum Palmsonntag *1989 (18. 3.)* kam es zu den folgenden Ereignissen und Botschaften:

Veronika: Unsere Liebe Frau kommt über den Himmel. Sie scheint eilig zu sein. Sie ist sehr von der Sorge erfüllt, Ihre Botschaft der Welt zu verkünden. Ich weiß dies von dem Gespräch her, das ich an diesem Morgen in meinem Heim mit Ihr hatte. Unsere Liebe Frau kommt nun herab, und ich sehe jetzt von der rechten Seite eine große Kugel kommen. Sie ist globusähnlich im Umfang, fast wie eine Weltkugel. Nun hält Unsere Liebe Frau inne, und Sie hat ein Lächeln in Ihrem Antlitz. Es ist ein trauriges Lächeln, aber eines, das euch etwas fühlen läßt, wie wenn einem das Herz zerreißt, wenn ihr Sie anblickt. Ich weiß, Sie ist an diesem Abend sehr betrübt über das, was Sie mir am Morgen daheim sagte. Unsere Liebe Frau geht nicht, Sie schwebt herbei, jetzt gerade über unsere Köpfe. Die Kugel verbindet sich mit Ihr, und Sie schwebt auf der Spitze der Kugel. Sie stellt ein Bild von solcher Schönheit dar, das nicht irdisch ist. Ihr Gesicht ist wahrhaft strahlend, aber ich sehe Tränen an Ihren Wangen. Unsere Liebe Frau schluchzte, so daß ich, als Sie über den Himmel kam, den schweren Atem von Ihr hörte, als Sie geschluchzt hat. Ich weiß nicht warum, außer es hat vielleicht etwas mit der Botschaft von heute morgen zu tun, was ich zu dieser Zeit der Welt nicht offenbaren kann. Indessen, ich glaube, daß Unsere Liebe Frau euch das meiste selbst mit Ihren eigenen Worten sagen wird.

Nun nimmt Unsere Liebe Frau Ihr Kruzifix vom Rosenkranz... und macht das Zeichen des Kreuzes. Nun gibt es ein Leuchten wie in Kaskaden, und die Lichter wandeln sich jetzt von blau in rosa. Ich weiß, das zeigt an, daß Jesus kommen wird, um an diesem Abend mit Unserer Lieben Frau zu sein. Nun verblassen die Lichter, und der Himmel öffnet sich. Ich kann nun Jesus sehen, Er kommt heran, Er hat einen schönen burgundroten Mantel und hat Slipper ähnlich wie Sandalen. Sie sind aus Tierhaut gemacht. Nun nähern sich Unsere Liebe Frau und die Kugel über unseren Köpfen. Und Sie zeigt mit Ihrer Hand zu Jesus und Er begibt sich zu Ihr, an Ihrer linken, unserer rechten Seite. Und Unsere Liebe Frau führt nun Ihren Zeigefinger an Ihre Lippen, was bedeutet: Zuhören und wiederholen.

Unsere Liebe Frau: »Mein Kind und Meine Kinder, Ich habe eine ganz traurige Botschaft für euch heute abend, eine, die sich auf den größten Teil der Welt auswirken wird. Und Ich sage jetzt, als eure Mutter vom Lichte, daß eine große Finsternis auf Erden besteht. Und als sich dies fortsetzen konnte, ohne Rücksicht auf die Himmelsbotschaften durch verschiedene Seher überall in der Welt vom Beginn der Zeit an, habt ihr beständig Unseren Rat an euch mißachtet, und jetzt kommt es zu den Früchten eurer bösen Wege. Schon seid ihr mangelhaft befunden worden an all den nötigen Gnaden, um das zu verhindern, was nach Meiner Ankündigung sich jetzt in naher Zukunft ereignen wird.

Mein Kind, Ich sagte dir an diesem Morgen, es wird ein großes Erdbeben im Gebiet von New York geben. Wenn Ich dir den Zeitpunkt angebe, wage dich nicht weg von der Insel, oder auch du wirst in das Chaos hineingeraten. Es wird viel Überschwemmung auf den Verkehrswegen geben, so suche nicht, dich gerade in diese Gebiete zu begeben. Dein Sohn, Mein Kind, wird dem Unheil entgehen. Es wird große Furcht in die Herzen der Menschen einkehren, aber es wird zu spät sein, um etwas dagegen zu tun, denn der ewige Vater hat viele Jahre gewartet.

Mein Ratschlag und Meines Sohnes Wort an euch sind überall seit neunzehn Jahren durch die Welt gegangen. Das mag euch als lange Zeit erscheinen, Meine Kinder, aber neunzehn Jahre im Himmel ist wie ein Tag. Wir schlafen nicht im Himmel. Ihr müßt nun darangehen, euch bei unseren Kindern einzusetzen, daß sie ihren bösen Wegen entsagen. Sie werden jetzt überall in der Welt durch Satan geleitet. Das kann vom Himmel nicht hingenommen werden. Es gibt nur eines, das ihr tun könnt mit einem irrenden Kind, wenn es nicht hört, und das ist: es aufrütteln. Mein Kind, mit Macht. Ich denke, das ist nicht etwas zu spaßen, es ist aber eine Realität, die über die Menschheit kommt.

Ein anderes Gebiet, das aufgerüttelt wird, wird Kalifornien sein, Mein Kind.

Wir haben euch den Weg weg von diesen Katastrophen angegeben; und dieser Weg ist allein bestimmt durch Gebet, Reue und Buße.

Wir haben euch gebeten, für die Sünder zu beten; denn ihr, denen die Gnade gegeben wurde, zu diesem geheiligten Grund zu kommen, ihr müßt vorangehen und eure Brüder und Schwestern zu retten suchen. Ich sage Brüder und Schwestern, Mein Kind und Meine Kinder, weil ihr alle Brüder und Schwestern seid, wie ihr geschaffen wurdet durch den Ewigen Vater.

7) *Und was sagt die Kirche dazu?* Die Erscheinungen, Botschaften, vielfältigen mystischen Ereignisse und Phänomene werden vom zuständigen Brooklyner Ordinariat praktisch ignoriert. Es wurde zwar 1970 von Bischof Francis J. Mugavero der Auftrag zur Untersuchung der Phänomene erteilt. Man »tat dies« mehrere Monate, aber kein einziges Mal wurde die Seherin selbst befragt. Statt dessen wandte man sich an Mitglieder der Gemeinde, ob sie von den Massen belästigt wurden, nicht aber an Mitarbeiter Veronikas. Man verfügte über einige Protokolle (Mitschriften) von Vigilbotschaften und über einige Tonbänder mit Veronika Luekens Stimme – hat sie aber weder angehört noch analysiert. Die Sache verlief im Sande. Das Komitee berichtete lediglich dem Ordinariat, daß es die Vigilien für »vollständig unecht« halte und daß diesen Geschehnissen »keine übernatürliche Bedeutung« zukomme... Dabei gäbe es vieles zu untersuchen: Unzählige Heilungsbehauptungen und -berichte; die Vor-

gänge beim Empfang der Botschaften (wobei die Tonbandaufnahmen unmittelbar bei der Kundgabe besondere Möglichkeiten bieten würden); die Frage der vielen »Wunderbilder« (auf unerklärliche Weise zustande gekommene Fotos, die von der Seherin, von Mitarbeitern, Zuschauern, aber auch von Pilgern aufgenommen wurden, und die oft erstaunliche und unerklärliche Ergebnisse zeigen).

Die Menschen haben – wie bei so vielen vergleichbaren Erscheinungen, in denen die Kirche zu keinem Ergebnis kommt, aber auch kein Zeichen dafür gibt, daß sie sich angesprochen fühlt, zur »Selbsthilfe« gegriffen. Sie haben als Gläubige reagiert. Sie stellen sich jetzt schon mehr als 20 Jahre lang den Phänomenen und wissen den »direkten Draht« zu schätzen . . .

> Bew.: Gut bezeugt, kirchlich (diözesan) nicht anerkannt, aber de facto kirchlich nicht untersucht; Quelle: H. J. Kling, Warnungen an die Menschheit, S. 34–96; R. Ernst, Lexikon; Textquelle: Karl Schultes, Rufe aus Bayside, Bd. 1, Maria spricht zur Welt. Mahnrufe aus New York

1970 GRAFFENSTADEN / FRANKREICH Während einer »Jazz-Messe« sahen einige Anwesende eine Marienstatue weinen.

> Bew.: Unbekannte Überlieferung; Quelle: R. Ernst, Lexikon

1970 LECCE / ITALIEN Maria erschien mehrmals dem 15jährigen Angelo Chiaratti als »Unbefleckte Empfängnis«. Bei der ersten Begegnung im März erhielt er den Auftrag, dem Bischof von der Erscheinung zu berichten. Daraufhin wurde er 40 Tage lang in einem Kloster befragt und beobachtet. In der Folge kam es zu einer nicht näher bekannten Zahl von Erscheinungen jeweils am 23. eines Monats, jedoch nicht mehr in der Wohnung der Eltern, sondern bei den Ruinen eines Hochofens. Zahlreiche Schaulustige und Gläubige kamen zu den angesagten Erscheinungen.

> Bew.: Gut bezeugt; Quelle: R. Ernst, Lexikon

1970 SESTO SAN GIOVANNI (MAILAND) / ITALIEN Maria erschien der Lucia Frascaria (geb. 1920) in der Nacht zum 11. März im Traum und gab ihr den Auftrag, um 10 Uhr mit fünf Nachbarinnen ihre Erscheinung zu erwarten. Tatsächlich erschien Maria dort um 10 Uhr 20 und sprach zu den sechs Frauen über Nächstenliebe und die Bekehrung der Sünder. Sie prophezeite auch große Naturkatastrophen in einem am Meer gelegenen Land Europas, bei denen durch Gottes Fügung aber kein Mensch umkommen werde. Das sollte ein Zeichen zur Bekehrung sein, damit die Menschen vom Unheil gerettet werden könnten. Sie kündigte außerdem ein weltweit sichtbares Ereignis an, das Gottes Macht und Güte zeigen werde.

Lucia Frascaria wurde in der Folge stigmatisiert, und es geschahen mehrere Wunder durch ihre Fürbitte. Eine Freundin erhielt den Auftrag, in Torremileto (Apulien) ein Marienheiligtum zu errichten.

> Bew.: Gut bezeugt; Quelle: R. Ernst, Lexikon

AMMAN/JORDANIEN   Maria erschien über dem Dach eines Schwestern- 1971
klosters unter nicht näher bekannten Umständen.

> Bew.: Unbekannte Überlieferung; Quelle: R. Ernst, Lexikon

ICA/PERU   In einer Kapelle des hl. Johannes von Gott weinte eine Ma- 1971
rienstatue (»Unsere Liebe Frau vom Berge Karmel«). Viele Bezeugungen
veranlaßten den Bischof zu einer genauen Untersuchung, als deren Ergebnis der Bischof das Wunder bestätigte.

> Bew.: Gut bezeugt, kirchlich (diözesan) anerkannt; Quelle: R. Ernst, Lexikon

MAROPATI/ITALIEN   In der Wohnung des Rechtsanwaltes Cordiano blu- 1971
tete ein Marienbild (»Unsere Liebe Frau von Pompei«) am 3. Januar und
mehrmals im Mai in Gegenwart vieler Zeugen (darunter Ärzte, Rechts-
anwälte, Professoren). Im April ereignete sich ein Heilungswunder an der
dreijährigen gelähmten Pina Caloiero. Beim Ortspfarrer blutete ebenfalls
ein Pompei-Marienbild!

> Bew.: Gut bezeugt; Quelle: R. Ernst, Lexikon

PIENDAMO/KOLUMBIEN   Maria erschien am 14. Mai und am 12. Okto- 1971
ber der 11jährigen Dorita Lilia Nuñez über einem Guamobaum. Mit dem
Wasser einer am Erscheinungsort fließenden Quelle heilte das Mädchen
in der Kraft Marias viele Kranke.

> Bew.: Gut bezeugt; Quelle: R. Ernst, Lexikon

BRÜSSEL/BELGIEN   Maria erscheint fast täglich einer einfachen Haus- 1972
frau. Sie erhält viele Botschaften von Maria und auch von Jesus (der sie
»Giovanna« nennt). Sie hat auch mystische Begegnungen mit Heiligen
und Armen Seelen. Prophezeiungen zur Umgestaltung der heutigen
Welt in einem Gericht Gottes und zur Errichtung der »neuen Erde«
werden ausgesprochen. Die Botschaften richten sich gegen die Mißstände
in Kirche und in Gesellschaft und fordern zu Bekehrung, Buße und Gebet
auf.

> Bew.: Gut bezeugt; Quelle: R. Ernst, Lexikon

BRÜSSEL/BELGIEN   Maria erscheint einer namentlich unbekannten Se- 1972
herin, die »Ancilla« (Magd) genannt wird, und erhält zahlreiche Botschaften Jesu und Marias über die üble Lage in der Kirche, in Klöstern und
in der Welt.

Maria sagte u. a.:

>»Die Irrlehre in einer Kirche mit revolutionären Ideen und voll Auflehnung
gegen die Autorität des Heiligen Vaters hat die Seelen völlig verwirrt ... Mein
Herz ist von neuem durchbohrt von einem Schwert, da es so viele Seelen sieht,
die verlorengehen... Gebet, Buße und Rückkehr zu Gott in einem tiefen
Glauben müssen die Sünde besiegen.« (17. Juni 1973)

Bew.: Gut bezeugt; Quelle: R. Ernst, Lexikon

1972 CINQUEFRONDI / ITALIEN Im Haus der Bettina Jamundo in der Via Prato
weint ein Bild der »Schmerzhaften Mutter«. Einige Nächte hindurch
waren vorher seltsame Geräusche festgestellt worden. Viele Zeugen haben die Tränen festgestellt. Tränenflüssigkeit wurde labormäßig untersucht (in Messina) und als menschliche Tränen diagnostiziert. Seither
kamen viele Pilger; zahlreiche Heilungswunder und Bekehrungen wurden festgestellt und bestätigten die Echtheit der Erscheinung.

Bew.: Gut bezeugt; Quelle: R. Ernst, Lexikon

1972 COMMACK (LONG ISLAND/NEW YORK) / USA Maria erscheint häufig der
Valerie Noble (geb. 1929 in Danzig). Ab dem 3. Juli weinen auch immer
wieder drei Statuen Marias (Fatima). Die vierfache Mutter ist Sekretärin
der Fatima-Pilgermadonnen-Bewegung in den USA. Zahlreiche Zeugen
(auch Priester, Journalisten, Fotografen) bestätigen diese Tränenwunder.
Bei den Marienerscheinungen erhält Frau Noble auch Botschaften, in
denen die traurige Lage in Kirche und Welt beklagt und zu Buße und
Gebet aufgefordert wird, um das drohende Strafgericht abzuwenden. Es
gibt einen Hinweis auf eine bevorstehende weltweite Warnung und eine
kosmische Katastrophe. Nur durch Maria, die Mittlerin aller Gnaden,
kann die Menschheit, die sich bekehrt, gerettet werden.

Bew.: Gut bezeugt; Quelle: R. Ernst, Lexikon

1972 KLAGENFURT / ÖSTERREICH Die Gottesmutter erscheint der Antonia
Lamberger und fordert sie auf, die »Armee vom Kostbaren Blut« zu
begründen, die Maria als »Königin vom kostbaren Blute« helfen werde,
die Welt zu Buße und Bekehrung zu führen.
Frau Lamberger wurde 1905 in Feldkirchen geboren und hatte schon als
Kind mystische Erlebnisse (bei der Erstkommunion, Lichtphänomene,
Jesusvisionen, Marienerscheinungen, mystische Kommunion), durch die
sie zur Sühneseele erzogen wurde, die im Verborgenen wirken solle.
Auch die »Armee vom Kostbaren Blut« ist eine im Verborgenen wirksame Macht, die mit Gebet und Opfer zahllose Seelen rettet und das der
ganzen Erde drohende Unheil abwendet, mildert oder so beeinflußt, daß
es im Plan Gottes wirksam wird. Maria sagte hierzu:

»Wenn ihr nur mir gehören wollt, so müßt ihr euch langsam von der Welt lossagen und immer bedenken, daß zuerst der Wille Gottes und der Wille der Muttergottes geschehen muß.

Aber auch von euch selbst sollt ihr euch losschälen, denn man kann nur einem und nicht zwei Herren dienen. Wer nur das tun will, was ihm gefällt und der Welt und den Mitmenschen, der kann nicht mein Apostel, noch weniger mein Kind sein, denn es heißt auch in der Heiligen Schrift: Suchet zuerst das Reich Gottes und seine Gerechtigkeit, und alles andere wird euch hinzugegeben werden. Ihr seid ja nur auf der Welt, um den Himmel zu verdienen, nicht um das Leben der Welt zu genießen und dann einmal aus der Welt zu scheiden. Dann wäre das Leben und Arbeiten auf der Welt eine große Torheit. Wenn ihr euerem Leben einen Sinn geben wollt, so müßt ihr so handeln, daß ihr einmal ein ewiges Leben erlangt.

Wie glücklich solltet ihr euch schätzen, einen solch großen Gott, der euch erschaffen hat, . . . lieben zu dürfen und dann noch ewig glücklich sein zu können. Und wenn ich, eure Mutter, mahne, weil ich euch alle liebe, so horcht doch auf mich und helft mir, eure Mitmenschenseele zu retten durch das kostbare Blut, welches als Gottesblut allein die Macht hat, die Menschheit vor dem Untergang zu retten. Was wäre aus euch geworden, wäre es nicht für euch geflossen! Warum sollte es jetzt nicht imstande sein, euch vor dem ewigen Untergang zu retten, wenn ihr nur mithelfen wollt, die sündige Welt zu retten . . . – Dieses Blut hat Jesus, mein Sohn, bei seiner Menschwerdung von mir erhalten, und darum sind diese Seelen meine Auserwählten, mit denen ich die Welt retten will . . .

Weil nur das göttliche Blut das einzige Versöhnungsmittel ist, so will ich auch, daß diese Gruppe, welche verborgene Leidens- und Sühneseelen sein sollen, die ich als meine auserwählten Kinder, als meine Werkzeuge betrachte, alles befolgen, dafür aber viele Gnaden erhalten und den schönsten Platz im Himmel bei mir haben werden.

Ich will mit meiner Armee die Welt und die Menschenseelen durch meinen Rosenkranz und durch das kostbare Blut retten. Jesus hat mir die Rettung übergeben, seiner Mutter, weil eine Mutter alles vermag und noch dazu mit seinem Blut. Dazu brauche ich eine starke Armee, die mir mit meiner Macht und der Macht des Erlöserblutes hilft und alles befolgt, was ich will. Sie braucht nur das zu tun, was ich sage, in meinem Namen und für mich und so, wie ich will. Das andere tu ich selber. Sie muß mir blindlings gehorchen und vertrauen. Ich will und bin ihr als ihre machtvolle und wirkliche Mutter immer zur Seite und verlasse sie nie. Es kann ihr niemand schaden, ohne daß ich es will. Und darum will ich nur verborgene Leidensseelen, die mir ihre Leiden und Opfer und ihren freien Willen übergeben und sich mir ganz schenken und zur Verfügung stellen. Ich möchte von jedem Ort wenigstens fünf Leidensseelen und Opferseelen haben, es können auch zweimal fünf bei einer Gruppe oder zwei Gruppen sein, die mir helfen wollen, die Menschheit mit dem machtvollen Gottesblut vor dem Untergang zu retten, und diese Andacht unter den Menschen verbreiten, die mir auch wieder Seelen zuführen und der Macht Satans entreißen. Es ist dies eine der größten Gnaden und eine Ehre für die Seelen, die ich mir selbst auserwähle, weil ich die Menschen am besten kenne.

Selbstverständlich müssen sie mir ihre ganze Liebe und ihr ganzes Vertrauen schenken. Sie werden aber auch alles von mir und von meinem Sohn erbitten können, natürlich nur, wenn es ihr Seelenheil fördert. Sie werden auch bei ihrem Tode von mir und den Engeln in den Himmel geleitet werden.

Meine Armee heißt auch die größte und mächtigste Armee der Königin vom kostbaren Blut, die von einem marianischen Priester geleitet werden und unter meiner Führung stehen soll, da ihr dann Satan körperlich und seelisch nicht schaden kann.«

Die Mitglieder der »Armee« erhalten ganz konkrete Anleitungen, wie sie ihren Tagesablauf und die Gebetsdienste gestalten sollen.

Bew.: Gut bezeugt; Quelle: Rudolf Schaffer, Die Armee vom kostbaren Blut, Altötting, 2. Aufl. 1987

1972 LENDINARA (ROVIGO)/ITALIEN   Im Kloster der Olivetanerpatres fließen aus einem Bild der »Schmerzhaften Mutter« (Madonna del Pilastrello) seit dem 1. Februar reichlich Tränen. Die Dauer des Phänomens ist unbekannt.

Bew.: Gut bezeugt; Quelle: R. Ernst, Lexikon

1972 MADRID/SPANIEN   Maria erschien der Maria Nieves am 13. Mai, begleitet von Papst Pius XII., einen sehr angstvoll-schmerzlichen Zug im Gesicht. Sie sagte:

»Mit großer Trauer komme ich, um euch zu warnen und euch zum Gebet, zur Buße und zur Änderung eures Lebenswandels aufzurufen...Sehr schwere Dinge werden sich ereignen... Bald wird der Dritte Weltkrieg ausbrechen.«

Bew.: Unbekannte Überlieferung; Quelle: R. Ernst, Lexikon

1972 MIMBAL (BEI SEVILLA)/SPANIEN   Verschiedene Marienerscheinungen an nicht näher genannten Personen werden berichtet (z. B. für den 2. Februar). Maria lädt dabei zum Gebet ein und spricht von einer »dichten Finsternis«, die bald kommen wird.

Bew.: Unbekannte Überlieferung; Quelle: R. Ernst, Lexikon

1972 MONTREAL/KANADA   Eine Fatima-Pilgermadonna, die von P. Bréault in Kanada von Ort zu Ort gebracht wird, weint im Juni in Montreal vor vielen Zeugen.

Bew.: Gut bezeugt; Quelle: R. Ernst, Lexikon

NEW ORLEANS/USA Eine Fatima-Pilgermadonna weinte am 17. und 1972
18. Juli in einer Anzahl von Kirchen in New Orleans vor Zehntausenden
Gläubigen, die zu den Andachtsstunden kamen. P. Bréault MAP und
andere Patres bezeugten die Echtheit der Erscheinung.

Bew.: Gut bezeugt; Quelle: R. Ernst, Lexikon

PORZIANO/ITALIEN Eine Fatimastatue im Besitz der beiden Ordensleute 1972
Fr. Francesco und Fr. Gabriel (»Brüder des Barmherzigen Jesus«) weinte
am 28. und 29. Januar sowie am 2. Februar. – Die Tränen strömten aus
den Augenlidern und haben sich dann kristallisiert.

Bew.: Gut bezeugt; Quelle: R. Ernst, Lexikon

RAVENNA/ITALIEN Eine Fatimastatue weint in der Kirche San Pier Da- 1972
miani in der Via Capodistria 7 erstmals am 12. September. Schulkinder
im Alter von elf Jahren, die dort beten, sind die ersten Zeugen. Auf die
Rufe der Kinder kommen drei Frauen und zwei Ordensbrüder und sehen
ebenfalls die Tränen. Die Kinder fragen Maria, warum sie weine, und
hören in ihrem Inneren eine deutliche Antwort:

> »Ich vergieße Tränen, weil die Menschen zu schlecht geworden sind; sie haben
> sich von Gott und von der Kirche abgewandt. Sie achten nicht auf die göttli-
> chen Gesetze und leben in Unreinheit. Mit meinen Tränen will ich alle
> zurückrufen – zu Gebet und Buße, zur Beichte und zur heiligen Kommunion,
> zum häufigen Besuch der heiligen Messe und zur Heilighaltung der Feiertage,
> zum Beten des Rosenkranzes und zu einem christlichen Leben. – Kehrt man
> nicht zu Gott und zur Kirche zurück, stehen die Strafen nahe bevor! Die
> Menschen werden einander umbringen!«

Weitere Tränenphänomene wurden an dieser Statue am 15. September,
7. und 8. Oktober sowie am 29. April, 1., 26. und 27. Mai 1973 beobachtet. Am 3. November 1972 soll die Statue außerdem aus dem Herzen Blut
vergossen haben; am Herz-Jesu-Freitag, um 13.30 Uhr. Das Blut wurde
sowohl vom Laboratorium für Forschung und Analysen in Padua wie vom
Gerichtsmedizinischen Institut der Universität Padua untersucht und als
eindeutig menschliches Blut diagnostiziert.

Einige Pilger haben immer wieder einen wunderbaren, von der Statue
ausgehenden Rosenduft wahrgenommen, und ein Franziskaner von der
Kirche San Pier Damiani erklärte: »Ich habe sie gesehen, die Tränen, ich
habe sie berührt, ich habe sie gekostet, und sie waren salzig; sie hatten den
allen Tränen dieser Welt eigentümlichen Geschmack. Ich kann deshalb
unmöglich nicht glauben!«

Auch der Generalvikar C. Zanelli ist Zeuge dieser Erscheinungen, er
hat mit eigener Hand Tränen mit einem Kelchtüchlein abgetrocknet.

Bew.: Gut bezeugt; Quelle: R. Ernst, Lexikon; Quelle: L. Ch. Kaiser, Maria weint, S. 122 ff.

1972 TONGERLOO-OPITTER / BELGIEN Die 11jährige Josianne Keymis sah vor ihrem Tod am Pfingstfest 1972 Maria insgesamt 13mal. Ihre Großmutter wurde genau ein Jahr später in San Damiano (vgl. 1961) von einer Armlähmung geheilt.

Bew.: Gut bezeugt; Quelle: R. Ernst, Lexikon

1973 AKITA / JAPAN Maria erschien morgens am Herz-Jesu-Freitag des Januar der ehemaligen Katechistin Sasagawa Katsuko, die während ihrer Arbeit in der Missionspfarrei Myookookoo-gawa ihr Gehör verloren hatte, in Frühpension gehen mußte und ins Kloster der »Dienerinnen des allerheiligsten Sakraments« in Akita eingetreten war. Sie sah plötzlich die Muttergottesstatue, vor der sie betete, von einem geheimnisvollen Licht umstrahlt und hörte eine Stimme:

> »Meine Tochter, meine Novizin! Du hast alles aufgegeben und bist sehr folgsam gewesen. Das behinderte Ohr ist für dich etwas Schmerzliches. Aber es wird sicher einmal geheilt werden. Sei also geduldig. Auch die Wunde in der Hand ist schmerzhaft. Tu damit Buße für die Sünden der Menschheit. Du bist eine mir unentbehrliche Tochter. Mach dir die Anliegen der Dienerinnen vom heiligen Sakrament zu eigen, bete für den Papst, die Bischöfe und die Priester...«

Ein zweitesmal erschien ihr Maria am 3. August, wiederum an einem Herz-Jesu-Freitag. Alles geschah ähnlich. Wieder hörte sie von der Statue her eine Stimme:

> »Meine Tochter, meine Novizin! Du liebst den Herrn und hast dich ihm aufgeopfert. Wenn du aber mich wirklich liebst, dann höre auf das, was ich dir sage. Es ist etwas sehr Wichtiges; sage es deinen Oberinnen weiter! – Es gibt so viele Menschen, die den Herrn beleidigen. Ich verlange nach Menschen, die den Herrn trösten, um den Zorn des himmlischen Vaters zu besänftigen. Tu Buße anstelle derer, die so undankbar sind. Nimm das Leid an, die Armut, um für die Seelen zu büßen. Das wünscht sich auch mein Sohn: mit ihm zu sühnen. Ich muß dir mitteilen, daß der Zorn Gottes gegen die Welt entbrannt ist. Der himmlische Vater hält eine Strafe bereit, die über das ganze Menschengeschlecht kommen wird. Mit dem Sohne zusammen will ich den Zorn des Vaters besänftigen. Dafür bin ich schon so oft gekommen. Um das Leid des Sohnes am Kreuz, sein heiliges Blut zu offenbaren und den Vater zu trösten, sollen liebende Seelen sich zusammentun: Opferseelen werden sich aufopfern; um die Katastrophe aufzuhalten..., dafür komme ich...
>
> Opfert euch wirklich für die Sünder auf. Jeder mit seiner ganzen Kraft, jeder an seiner Stelle... Auch wenn ihr nur Schwestern eines Säkularinstituts seid,

euer Gebet ist sehr wichtig. Je mehr ihr betet, um so mehr Seelen werden sich um euch sammeln. Laßt euch nicht ablenken durch Äußerlichkeiten. Seid wirklich fromme Menschen, die sich ernstlich bemühen, den Herrn zu trösten. Dafür betet!«

Am 13. Oktober kommt Maria wieder, am großen Fatimatag. Wieder hört Sr. Agnes – wie sie im Kloster genannt wird – die Stimme Marias von der Statue her:

»Geliebte Tochter, höre doch auf das, was ich sage, und teile es deinen Oberen mit. Wie ich dir bereits gesagt habe, wird der himmlische Vater, wenn die Menschen sich nicht bekehren, über das ganze Menschengeschlecht eine große Strafe verhängen. Eine Strafe, weit schlimmer als die Sintflut, eine Strafe, wie sie bis jetzt noch nicht vorgekommen ist. Daran soll man nicht zweifeln. Feuer wird vom Himmel fallen, und durch diese Strafe werden viele Menschen umkommen, auch Priester und Gläubige werden sterben. Die als Lebende zurückgelassen werden, werden jene beneiden, die tot sind. Dann wird der Rosenkranz die einzige Waffe bleiben und das Zeichen des Sohnes. Deswegen betet Tag und Nacht den Rosenkranz, betet für Bischöfe und Priester! Der Teufel gewinnt Einfluß bis in das Innerste der Kirche, Kardinäle werden gegeneinander stehen, wie auch Bischöfe gegeneinander stehen. Auch Priester, die mich bis jetzt so geehrt haben, werden plötzlich nichts mehr für mich übrig haben . . . Altar und Kirche werden entehrt. Durch Kompromisse wird es zu einer Einigung kommen. Aber durch die Versuchungen des Teufels werden viele Priester und Ordensleute ihre Berufung verlieren. Der Teufel wird sich besonders gegen jene wenden, die sich dem himmlischen Vater anvertraut haben, und so werden viele Seelen verloren gehen . . . und das ist mein Leid . . . mein so großes Leid . . . wenn da keine Wende kommt, wird es bald auch keine Sündenvergebung mehr geben.«

Zwischen dem 4. Januar 1975 und dem 15. September 1981 erlebte Sr. Agnes genau 101mal, wie die Statue, von der her sie dreimal die Botschaften empfangen hatte, weinte und blutete. Mehr als 500 Menschen waren Zeugen dieser Geschehnisse; viermal auch der zuständige Bischof Johannes Shoojiroo Ito in Niigata. Er kostete selbst die Tränen und spürte ihren salzigen Geschmack, veranlaßte die Überprüfung durch die medizinische Fakultät der Universität Akita. Dabei stellte man auch fest, daß blutiger Schweiß austrat, der einen sehr angenehmen Duft verbreitete. Auch hier ergab die Untersuchung menschliches Blut! Trotzdem konnte sich der Bischof zuerst nicht entschließen, die Ereignisse als übernatürlich anzuerkennen. Erst als er 1984 in den Ruhestand trat, richtete er ein Schreiben an die Gläubigen seiner Diözese und legte ein Bekenntnis zur Echtheit der Phänomene ab. Besonders überzeugt hatte ihn die Tatsache, daß ihn am Pfingstsonntag 1982 Sr. Agnes anrief und sich mit ihm unterhielt, als würde sie ganz normal hören. Seit der Nachmittagsandacht war sie geheilt, war das, was ihr am 25. März und 1. Mai 1982 von einem Engel angekündigt worden war, eingetroffen: Sie konnte von einem Augenblick auf den anderen wieder ganz normal hören.

Der Bischof schrieb unter anderem: »Jetzt ist die Zeit dafür gekommen, daß der Ortsbischof seiner Pflicht nachkommt . . . als Bischof der Diözese Niigata treffe ich folgende Entscheidung: 1. Man kann nicht behaupten, daß die Vorgänge um die Muttergottesstatue in Akita, Stadtteil Soegawa, Yuzawadai keine übernatürlichen Ursprünge hätten. Es kann auch nichts gefunden werden, was gegen den Glauben oder gegen die Tugend wäre. 2. Bis zur endgültigen Entscheidung des römischen Stuhls ist es in der Diözese Niigata erlaubt, diese Verehrung gegenüber der Muttergottes in Akita zum Ausdruck zu bringen.«

> Bew.: Gut bezeugt, kirchlich (diözesan) anerkannt; Quelle: Shimura Tatsuya, Die Jungfrau Maria weint in Japan, Hauteville 1985; R. Ernst, Lexikon; Textquelle: Leonhard Chr. Kaiser, Maria weint ein Meer von Tränen, Altötting, 2. Aufl. 1988

1973 CALTANISSETTA (SIZILIEN)/ITALIEN   In einer Grotte, genannt Niscima, bei Caltanissetta weint eine Lourdesstatue seit dem 11. August häufig vor vielen Zeugen; auch kirchliche Würdenträger haben dieses Phänomen durch eigene Anschauung bestätigt, aber keine Entscheidung getroffen.

> Bew.: Gut bezeugt; Quelle: R. Ernst, Lexikon

1973 MAILAND/ITALIEN   Maria erschien dem italienischen Priester Don Stefano Gobbi erstmals am 7. Juli und gab ihm eine Botschaft für seine Ende 1972 gegründete marianische Priesterbewegung. Zahlreiche Botschaften folgten. Der Bewegung gehören heute bereits mehrere tausend Bischöfe, Priester und Ordensleute an. Am 29. Juli sprach Maria die programmatischen Worte:

> »Ich werde die Priester erkennen lassen, wie sie sich von allem loslösen müssen und nur für Jesus leben sollen, wie sie sich gegen jeden Angriff des Bösen zur Wehr setzen können, wie sie durch die buchstäblich gelebte Erfüllung des Evangeliums Jesus ohne Vorbehalt lieben sollen.«

Am 1. Januar 1979 hörte Stefano Gobbi die eindringliche Botschaft Marias:

> »Die Welt ist nicht verloren, auch wenn sie jetzt auf der Straße des Verderbens und der Selbstzerstörung wandelt. Durch eine Prüfung, die ich euch schon mehrmals angekündigt habe, wird sie am Ende durch einen Akt der barmherzigen Liebe Jesu, der euch dem Wirken eurer himmlischen Mutter anvertraut hat, gerettet werden.

Noch ist die Erde von Sünden bedeckt. Haß und Gewalt explodieren an allen Ecken und Enden, jeden Tag schreien die größten Verbrechen zum Angesicht Gottes nach Rache.

Aber da sind auch die Gebete der Guten, die Schmerzen der Unschuldigen, die verborgenen Leiden so vieler, die Tränen und die flehenden Bitten zahlreicher Opferseelen, die in allen Teilen der Welt verstreut leben.«

Im Juli 1987 vernehmen die in Valdragone versammelten Mitglieder der marianischen Priesterbewegung die folgenden Worte:

»Meine Zeit ist gekommen, vielgeliebte Söhne, dies ist meine Zeit! Darum habe ich euch zu andauernden Zönakeln gerufen. Der Heilige Vater wollte ein außergewöhnliches Marianisches Jahr ausrufen, um die ganze Kirche aufzufordern, auf mich zu schauen und auf mich zu hören, mich zu ehren, mir zu folgen und in den Zufluchtsort meines mütterlichen Herzens einzutreten, weil mit diesem Jahr die Zeit eurer himmlischen Mutter beginnt. Dies ist die Zeit meines dringenden Aufrufs: Kehre um, kehre um, du gottferne und verdorbene Menschheit! Kehre um auf den Weg der Bekehrung, der Rückkehr zu deinem Herrn und Erlöser! . . . Die Zeit, die euch zu eurer Umkehr gewährt wurde, ist fast abgelaufen. Die Tage sind gezählt. Ich möchte, daß diese meine Botschaft bald alle Teile der Erde erreicht. Es ist auch die Zeit der großen Züchtigung! Der Kelch der göttlichen Gerechtigkeit ist voll, ja, er läuft über! Bosheit bedeckt die ganze Erde, die Kirche ist wie verdunkelt durch den Abfall von Gott und durch die sich vermehrenden Sünden. Der Herr muß euch reinigen für den Triumph seiner Barmherzigkeit und seiner Liebe.

Für euch bereiten sich schmerzliche und blutige Stunden vor, die näher sind, als ihr euch vorstellen könnt. Achtet auf die Kleinen, die Armen, auf die, die am Rande stehen, auf die Verfolgten, die Sünder, die Drogensüchtigen, auf jene, die Opfer teuflischer Verführung geworden sind. Ich will alle meine Kinder retten! In der Zeit des Strafgerichts müßt ihr sie beschützen, verteidigen, ihnen helfen und sie trösten. Ich will sie alle im Zufluchtsort meines Unbefleckten Herzens!

Die große Barmherzigkeit wird wie ein brennendes Feuer zu euch kommen. Sie wird vom Geist der Liebe ausgehen, die euch der Vater und der Sohn geschenkt haben. Der Heilige Geist wird wie ein Feuer auf euch herabkommen, aber auf andere Art als beim ersten Pfingstfest. Es ist ein Feuer, das brennt und reinigt, das verwandelt und heiligt, das die Erde von Grund auf erneuert. Es öffnet die Herzen für das wirkliche Leben und führt die Seelen zu einer Fülle von Heiligkeit und Gnade. Ihr werdet eine so große Liebe und eine so vollkommene Heiligkeit kennenlernen, wie ihr sie bisher nicht gekannt habt. Dies ist die Zeit der großen Barmherzigkeit, des Triumphs meines Unbefleckten Herzens.

Ich bin euch wahre Mutter, freudenreiche Mutter, schmerzensreiche Mutter der Eucharistie. Jesus ist heute im Tabernakel von soviel Leere, von soviel Verlassenheit und soviel Undankbarkeit umgeben.

Das sind die Zeiten, die von mir in Fatima durch die Stimme des Engels vorausgesagt worden sind. Oft wird der eucharistische Jesus in eine Ecke gestellt, obwohl er doch in das Zentrum der Kirche gestellt werden müßte – die Kirche ist ja sein Tempel, der in erster Linie für ihn und dann erst für euch erbaut worden ist.

Besonders sind es jedoch die Entweihungen, die heute rund um mein Unbeflecktes Herz eine schmerzensreiche Dornenkrone bilden. Wie viele Kommunionen werden in diesen Zeiten empfangen und wie viele Entweihungen werden dabei begangen! Man kann sagen, daß nun kaum eucharistische Zelebrationen stattfinden, bei denen es keinen sakrilegischen Kommunionempfang gibt.

Die Wunde ist groß, die die ganze Kirche verunreinigt hat, und sie lähmt, sie zum Stehen bringt, sie unrein und so krank macht! – Betet, opfert und sühnt, bevor es zu spät ist! Denn nur durch Umkehr können die Katastrophen, die der Welt drohen, noch abgewendet werden.

Jetzt ist die Zeit der Gnade, jetzt ist die Zeit des Heils! In der Todesstunde ist es zu spät!«

Bew.: Gut bezeugt; Quelle: R. Ernst, Lexikon

1973 N. N. / ITALIEN   Maria erscheint seit 1973 einer unbekannt bleibenden »kleinen Seele« in Italien und vermittelt ihr wichtige Botschaften. Mit vier Jahren verlor die Seherin ihre Mutter, dann auch den Vater und zwei Brüder im Krieg. Schon das Mädchen hörte einmal – wie es auch der heilige Gemma Galgani geschah (vgl. 1900) – Maria zu ihr sprechen: »Ich werde dir die Mutter sein.«

Bereits die Jugendzeit war von vielen Krankheiten bestimmt: 17 chirurgische Eingriffe wurden vorgenommen; die Familie wandte sich von ihr ab, die Sozialstellen erkannten ihre Krankheit nur teilweise an, so daß sie in tiefer Armut leben mußte. Die Seherin ging ihren Lebensweg aber in bewußter Annahme und Hingabe als freiwillige Sühneseele. Dann begegnete sie einem Priester, der ihr Seelenführer wurde (obwohl er eine andere Sprache sprach); nach einer längeren Zeit der Prüfung erkannte er ihre Erscheinungen und Botschaften als echt an und beauftragte sie, die mystischen Erfahrungen Tag für Tag aufzuschreiben. So entstand das Buch »La misura dell'uomo« (Das Maß des Menschen), das von Maria und Jesus buchstäblich »diktiert« wurde. 1979 erschien es auch auf deutsch.

In der Folge einige Beispiele aus den umfangreichen Botschaften:

1. 1. 1974: Jesus: Meine Tochter, du bist in meinen Händen und in den Händen meiner Mutter. Habe keine Angst, auch wenn viele Personen dich hassen. Wegen deiner aufgeopferten Gebete und wegen deiner Schmerzen werden viele Seelen gerettet! Neben dem Tabernakel hörte ich eine Stimme: Opfere und leide diese Woche für die Gnade der Bekehrung der hartnäckigsten, größten Sünder, und für den Frieden der Welt. Wende dich so an meine

Mutter Maria: Mutter, Königin des Friedens, bitte um den Frieden! Gehe zu ihr, sie will dir etwas sagen.

Mutter Maria: Du hast mir heute eine große Freude bereitet: durch das Gebet des Rosenkranzes haben sich drei Sünder bekehrt! – Ich fühlte in meinem Herzen ihre Freude.

Jesus: Du bist meine Tochter, du mußt auf mich hören, und gehorchen! Du mußt alle vierzehn Tage oder wenigstens einmal im Monat zu deinem Seelenführer gehen. Ich brauche dich. Du bist unsicher, ob diese Stimmen von Jesus und von der Gottesmutter stammen. Du darfst aber nicht an mir zweifeln und auch nicht an meiner Mutter und an unserer Liebe. So wirst du beruhigter sein: Die Stimmen, die du hörst, sind meine und jene meiner Mutter und nicht vom Dämon!

Während der heiligen Messe hörte ich eine Stimme: Dein Leben hat eine Aufgabe!

Mutter Maria: Du hast viele Feinde. Die Leute glauben nicht an deine Krankheiten und tun dir damit unrecht. Denke aber nicht daran. Wir wissen, daß du krank bist und leidest. Wir haben dich der Leiden wegen auserwählt. Gehorche uns!

16. 2. 1975: Ich klagte der Mutter Maria: Mir kommen so viele schlechte Gedanken und Versuchungen!

Sie antwortete mir: Auch die Heiligen haben Versuchungen gehabt; mit dem Gebet besiegst du alles. Wende dich an Jesus und an mich und rufe uns. Wenn du jeden Tag den Rosenkranz für die Bekehrung der Sünder betest, hast du viel mehr getan, als wenn du den ganzen Tag gearbeitet und damit Geld verdient hättest. Gehe zu Jesus, der dir etwas sagen muß!

Darauf der liebe Jesus: Ich bin auch versucht worden; vom Satan.

8. 5. 1976: Mutter Maria: »Was in diesen Tagen geschehen ist (das Erdbeben in Friaul), war ein Warnzeichen an alle Menschen, eine Aufforderung an die Wachsamkeit, ein Aufruf zur Bekehrung und zum Nachdenken, wie machtlos die Menschheit gewissen Ereignissen gegenüber ist. Der Hochmut hat so viele das Maß des Menschen verlieren lassen.«

13. 7. 1976: Mutter Maria: Deine Mission ist es, in ausschließlicher Verborgenheit zu leben, zu beten und zu leiden, und dich rückhaltlos ganz dem Willen Gottes hinzugeben. Du darfst nie an der Echtheit unserer Worte zweifeln, sonst verursachst du uns großen Schmerz. Was wir dir sagen, *kann nicht vom Bösen kommen. Der Böse kann nicht die Liebe und die Rettung wollen*, nicht die Einladung zu Gebet und Buße. Haben wir dir nicht gesagt, daß du immer alles dem Begleiter deiner Seele übergeben sollst? Allenfalls wird er darüber urteilen. Aber verlasse dich auf uns. Je größer dein Glaube ist, um so mehr können wir uns mit dir aussprechen.

1. 3. 1977: Mutter Maria: »Ich weine, damit die Orte, an denen ich mich zeige, als Wallfahrtsorte anerkannt werden. Mein Weinen ist nicht grundlos. Es ist das Weinen der Mutter, die mit ihren Tränen allen Menschen ihren großen Schmerz über die dauernd begangenen Sünden und die uns zugefügten Beleidigungen begreiflich machen will.«

29.10.1977: Mutter Maria: »Um zur Heiligkeit gelangen zu können, ist das Leiden notwendig. Jeder muß gereinigt und lange Zeit geprüft werden. Wer unserer Liebe treu bleibt und auch in der Prüfung ausharrt, wird gerettet. Die Leidenszeit ist Gnadenzeit. Auch jungen Menschen, die wir erwählt haben und auf den Weg der Heiligkeit führen wollen, geben wir das Geschenk des Leidens sowohl der Seele als auch des Leibes. Kreuz und Leiden, das ist die Straße, die zur Rettung führt.«

18.11.1977: Jesus: »Jetzt ist die Zeit des Betens. Jetzt brauche ich Leidensseelen, edelmütige Sühneseelen, die mir helfen, andere Seelen zu retten. Betet für die Seelen der Gottgeweihten und der Priester, und betet für die Rettung Rußlands. Betet, betet, weil die Zeit meiner Barmherzigkeit bald zu Ende sein wird.«

Mutter Maria: »Geh zu Pater Pio, er wird dir etwas sagen.«

Pater Pio: »Im Namen Jesu darf ich mit dir sprechen und dir diese Dinge sagen. Was dir jetzt der liebe Jesus und seine Mutter mitgeteilt haben, ist echt. Alle werden diese Echtheit eines Tages erkennen, auch jene, die jetzt nicht glauben.«

25.12.1978: Ich habe die Gottesmutter Maria sehr traurig gesehen, doch nach und nach erhellte sich ihr Antlitz. Sie sagte mir: »Wenn es mehr liebende Seelen gäbe, die mich inständig bitten würden, könnte ich ihnen auf ihrem Weg zur Heiligkeit viel mehr Hilfe und Erleichterung schenken. Wer es verstehen kann, verstehe es! Das Gebet, das vertrauensvoll zu Gott aufsteigt, wird schnell erhört. Es besteht ein großer Unterschied zwischen einem Menschen, der in der Gnade Gottes lebt, und jenem, der in schwerer Sünde liegt, zwischen jemandem, der betet, und einem, der nicht betet. Die Reinheit der Seele erlangt man dadurch, daß man sich regelmäßig im Sakrament der Buße reinigt. Dazu hat es mein Sohn selbst der Menschheit geschenkt. Es macht die Seele viel anziehender für die Aufnahme Jesu im würdigen Empfang der heiligen Kommunion.

Heute ist Weihnachten. Empfange Jesus mit Freude, Demut und großem Glauben. Deine Liebe sei brennend. Glaube ihm und wisse ihn wahrhaft gegenwärtig in der heiligen Hostie, die du empfängst.

Es ist notwendig, am Morgen und am Abend zu beten. Gott Vater soll von seinen Kindern gegrüßt werden. Sie müssen mit ihm sprechen und sich in liebendem Gespräch mit ihm unterhalten. Auch die sonntägliche heilige Messe müßte immer eine Begegnung in Liebe und Glaube sein, bei der kein Getaufter fehlen sollte. Dies hilft euch, in der Freude und im Frieden zu leben. Es hilft euch, immer demütiger und damit für Gott liebenswerter zu werden. Er liebt die Demütigen und schenkt ihnen seine Gnade. Den Hochmütigen aber widersteht er. Was ich gesagt habe, gilt für alle: für die Jugend und für das Alter, für die Gelehrten und für die Ungelehrten.«

22.2.1977: Mutter Maria: »Wie viele Menschen sind seit Anfang der Welt gestorben! Der Leib stirbt, nicht aber die Seele. Sie lebt immer, sie stirbt nie. Wieviel Freude und welche Glückseligkeit ist jenen bereitet, die in der heiligmachenden Gnade und in der Liebe Gottes leben. Sie sind die Empfänger einer Glückseligkeit ohne Ende. Jedes Ding, das uns mit Liebe geschenkt wird, hat einen großen Wert. Alles das ist eine Gnade, die umsonst gegeben wird, die ihr mit keinem Reichtum der Erde erkaufen könnt. Alle Schätze des Himmels sind nicht mit denen der Erde zu vergleichen und weit mehr wert. Unsere Liebe gilt vor allem den Armen. Die Reichen fühlen kein Verlangen nach unserer Liebe, weil ihr Herz schon voll ist. Ihr Armen aber müßt hier auf Erden immer auf etwas verzichten. Es fehlen euch stets viele Dinge, aber zum Lohn lebt ihr immer in unserer Liebe und schenkt uns eure Liebe.«

26. 5. 1977: Jesus: »Meine Tochter, schreibe alles auf, was ich dir sage, und zweifle nicht an meinen Worten. Du kannst es aus dir nie wissen, was meine Mutter und ich dir sagen, wenn wir mit dir sprechen. Die Worte kommen alle von mir und meiner Mutter und vom Vater im Himmel. Die Zeit der Leiden, die du durchstehst, ist auch eine Zeit der Gnaden, und die Leiden selbst sind ein Geschenk für die Seele.«

Mutter Maria: »Mit Gebet, Leiden und vielen Opfern kann man viele Seelen retten, die sonst verloren gehen würden. Die Gnaden der Errettung sind bereits alle von meinem Sohn verdient worden, und ich habe als Miterlöserin mit ihm zusammen ebenso für eure Rettung gelitten. Die Gnaden, die wir euch gewähren, schenken wir euch, als wären sie ein Lohn und Verdienst für eure Treue und Liebe.

Bew.: Gut bezeugt; Quelle: A. M. Weigl, Stimmen, die vom Himmel kommen, Altötting 1986 (=Textquelle)

OLMES/PERU Maria erscheint der 13jährigen Teodora Conzales als »Unbefleckte Empfängnis« über einem Johannesbrotbaum und fordert sie auf, sich Gott zu weihen und den Rosenkranz zu beten. Dann kündigt sie am 31. Mai an, am 18. Juli wiederzukommen. Bei dieser zweiten Erscheinung sind etwa 10 000 Menschen anwesend, unter ihnen ein Priester, zwei Professoren und den Provinzstatthalter. Die Anwesenden sehen ein Sonnenzeichen. Einige Wunderberichte liegen vor. Von einer dritten Erscheinung am 26. Juli liegen keine Einzelheiten vor. **1973**

Bew.: Gut bezeugt; Quelle: R. Ernst, Lexikon

PURUARAN/MEXIKO Maria erscheint seit September der Witwe Gabina Romero-Sanchez als »Maria del Rosario«. Sie fordert sie zum täglichen Rosenkranzgebet auf, wünscht Gebete für den Heiligen Vater. Die Bischöfe fordert sie auf, eifrige Hüter des wahren Glaubens zu sein, und die Priester, nach persönlicher Heiligkeit zu streben. Maria gibt der ungebildeten Frau die Fähigkeit, selbst ein Abbild dieser Erscheinung zu malen. **1973**

Der Pfarrer von Nabor Cardenas unterstützt sie dabei. Maria wünscht auch die Errichtung einer Schwesterngemeinschaft in Puruaran. Das zuständige Ordinariat hat die Übernatürlichkeit der Erscheinungen abgelehnt, trotzdem kommen viele Pilger aus aller Welt.

Bei einer Erscheinung kündigt Maria an, daß das lange vorausgesagte Strafgericht beginnt, wenn die Erscheinungen aufhören.

Bew.: Gut bezeugt, kirchlich (diözesan) abgelehnt; Quelle: R. Ernst, Lexikon

1973 SANT'AGATA DEL BIANCO/ITALIEN Maria erschien dem jugendlichen Tischler Domencio im Frühjahr mehrmals in einer Kirche Mailands und trug ihm auf, in seiner Heimat, in Kalabrien, eine Kapelle zu bauen. Domencio folgte dem Auftrag und baute in Sant'Agata eine Kapelle. Dort setzten sich die Erscheinungen fort, und bald strömten viele Pilger zusammen, die eines Abends zur Zeit der Erscheinung ein hellstrahlendes Licht sahen.

Bew.: Gut bezeugt; Quelle: R. Ernst, Lexikon

1973 TAMPA/USA Maria erschien oftmals der Clarissin Briege McKenna (geb. 1946 in Newry/Irland). In der Neujahrsnacht 1973 hatte sie im Clarissinnenkonvent in Tampa/Florida einen prophetischen Traum: Sie stand in der Kapelle vor einer Marienstatue, und Maria hielt einen Globus in der Hand und lächelte sie an. Dann beugte sie sich vor und gab Sr. Briege die Weltkugel in die Hand, dabei flüsterte sie etwas in Brieges Ohr. Diese dachte, daß sie es nie vergessen werde... Als sie erwachte, erinnerte sie sich zwar an den Traum, aber nicht mehr an die Worte Marias. Dann schlief sie wieder ein und träumte denselben Traum ein zweitesmal. Im Traum verließ sie dann die Kapelle und sah Leute auf sich zukommen, die fragten: »Was hat Maria Ihnen gesagt?« Da hatte sie es wiederum vergessen und war schrecklich enttäuscht. Da sah sie eine Schwester, die mit ihr zusammen im Noviziat gewesen war, und die beruhigte sie: »Also, Briege, ich weiß, was die Gottesmutter zu dir gesagt hat... sie gibt deinem Geist eine Botschaft und wenn es soweit ist, wirst du dich daran erinnern, aber es ist nicht für die Gegenwart... Der Globus, den sie dir gegeben hat, ist das Universum, das du bereisen wirst.« In den Jahren darauf dachte sie wenig an den Traum, dann fühlte sie sich plötzlich dringlich in die rue du Bac nach Paris gerufen, wo Cathérine Labouré 1830 Maria begegnet war. Schneller als gedacht, ergab sich dazu eine Möglichkeit, und als sie in der Kapelle kniete, sah sie die Jungfrau mit dem Globus... und ihr Traum wurde wieder gegenwärtig. Und ihr fiel ein, daß sich bei der Übernahme des Globus eine Schriftrolle entfaltet hatte, auf der geschrieben stand:

> »Geh und mach mich zur Königin der Herzen der Menschen, die du triffst. Sprich zu der Welt von meiner mütterlichen Liebe und meinem Schutz. Der Erdball ist die Welt, die du bereisen wirst. Wenn ich die Königin meines Volkes geworden bin, werde ich die Königin der Welt sein. Und es wird Friede sein.«

Da wußte Briege, daß diese Worte die Botschaft waren, die Maria ihr zweimal ins Ohr geflüstert hatte. Dann sah sie in einer Vision ein lebloses, eingeschrumpftes menschliches Herz, und Maria zeigte ihr einen Schlüssel, steckte ihn an, und das Herz begann zu pulsieren und wurde wieder lebendig. Die »Wunderbare Medaille« sollte dieser Schlüssel sein, der die Menschen für Maria aufschließt. Sie selbst wolle die also aufgeschlossenen Menschen dann zu ihrem Sohn führen, sagte Maria.

Von da an entfaltete Sr. Briege McKenna eine rastlose Tätigkeit auf allen Kontinenten – besonders unter den Priestern, unter Kranken, unter Verzweifelten. Viele tausend Medaillen verteilte sie, und auf wunderbare Weise blühte der Glaube unter den Menschen auf, die mit ihr zusammentrafen.

1985 erhielt sie plötzlich eine innere Eingebung Marias:

>»Du mußt nach Medjugorje reisen, und dort will ich dir eine Botschaft für
>meine Priester geben. Du wirst am Fronleichnamsfest reisen.«

Tatsächlich kam es zu der Reise, und sie erhielt eine Botschaft, die sie an die Priester weitergab, denen sie sehr häufig Einkehrtage und Exerzitien hielt. Sie erzählte, daß sie in Medjugorje Zeugin der unglaublichen Dichte der Präsenz Marias an diesem Gnadenort wurde, und wie gerade Jugendliche dort in besonderer Weise aufgeschlossen wurden, nach persönlicher Heiligkeit zu streben.

Die unkomplizierte, direkte und zutiefst mystische Art, mit der Briege McKenna den Auftrag Marias erfüllt, Menschen Jesus zuzuführen, verbindet sie mit reichen charismatischen Gaben (Heilkraft, Hellsichtigkeit).

Bew.: Gut bezeugt; Quelle: Briege McKenna/Henry Libersat, Wunder geschehen wirklich, Münsterschwarzach 1989

VILLEFRANCHE-SUR-SAÔNE/FRANKREICH Maria zeigt sich dreimal der 1973 Josephine Laroche in deren Krankenzimmer im Spital und fordert sie auf, die Erscheinungen, welche die Seherin in ihrer Jugend hatte und über die sie zu niemand zu sprechen wagte, bekanntzumachen (in Trept/Frankreich, 1927). Maria sagte:

>»So geht es nicht weiter in der Welt; bald betet niemand mehr; den Kindern
>gibt man keinen Katechismusunterricht; die Heiligen entfernt man aus den
>Kirchen; Priester verlassen ihre Pfarren, um arbeiten zu gehen. All das
>erbittert aufs höchste meinen Sohn.«

Bew.: Gut bezeugt; Quelle: R. Ernst, Lexikon

1974 ATHEN/GRIECHENLAND   An einigen Samstagen im April erlebte eine namentlich unbekannte Frau Erscheinungen Marias. Sie erhielt Botschaften über kommende Ereignisse in Griechenland und in der Türkei. Maria forderte zu Gebet und zum Bau von Krankenhäusern auf. Tausende Menschen strömten zu den angekündigten Erscheinungen zusammen.

> Bew.: Unbekannte Überlieferung; Quelle: R. Ernst, Lexikon

1974 CASTEL SAN LORENZO/ITALIEN   In der Wohnung des Luigi Musico weinte am 22. Oktober um 9 Uhr morgens ein Bild der Madonna. Er rief seine Nachbarn und den Pfarrer herbei, und alle stellten fest, daß aus den Augen der Madonna blutige Tränen kamen. Sie flossen in der Herzgegend zusammen und rannen von dort an den Rand des Bildes. Eine bischöfliche Kommission wurde eingesetzt, welche sich positiv hinsichtlich der Echtheit der Erscheinung geäußert hat. Das Bild blieb aber im Haus des Luigi Musico in der Via Roma. Viele Pilger strömen aus nah und fern herbei und verehren es.

> Bew.: Gut bezeugt, kirchlich (diözesan) anerkannt; Quelle: R. Ernst, Lexikon

1974 GUSSAGO/ITALIEN   In der Wohnung des Pfarrers Don Faustino Negrini, der immer wieder mit Exorzismen beauftragt wird, weint eine Muttergottesstatue.

> Bew.: Gut bezeugt; Quelle: R. Ernst, Lexikon

1974 MANCHIET-EL-TAHRIR/ÄGYPTEN   Maria erschien einem Moslem, der in der Kirche des heiligen Georg (3 km außerhalb von Heliopolis) einen Altar zu Ehren der Muttergottes baute. Als die Erscheinung verschwunden war, sah er eine merkwürdige weiße Taube, wo er eben noch die Erscheinung wahrgenommen hatte.

> Bew.: Unbekannte Überlieferung; Quelle: R. Ernst, Lexikon

1974 PICOTS/POLEN   Maria erschien über dem Kirchturm von Picots (an der Grenze zur ČSFR) mit einem Schwert in der Hand, als bei Renovierungsarbeiten ein Feuer ausbrach. Kirche und Turm blieben unversehrt.

> Bew.: Unbekannte Überlieferung; Quelle: R. Ernst, Lexikon

1975 DUGNY-SUR-MEUSE/FRANKREICH   Maria erschien dreimal dem 11jährigen Mädchen Hedwig an einem Bach. Näheres ist nicht bekannt.

> Bew.: Unbekannte Überlieferung; Quelle: R. Ernst, Lexikon

GRAY / FRANKREICH   Anfang August weinte eine Fatimastatue in Gegen- 1975
wart von fünf Personen.

Bew.: Unbekannte Überlieferung; Quelle: R. Ernst, Lexikon

MENDOZA / ARGENTINIEN   Im Anwesen des 60jährigen Angel Amelio 1975
Innocenti blutete am 18. Januar eine Lourdesstatue. Das Ereignis wurde
vom zuständigen Bischof genau untersucht und für echt befunden. Die
Blutungen wiederholten sich seither einige Male. Seit dem 17. Dezember
hat Innocenti auch Marienerscheinungen und erhielt Botschaften auch
von Christus als dem »Herrn der Barmherzigkeit«. Die Botschaften
verweisen auf Überschwemmungen, Erdbeben, die »Reinigung der
Welt«, bei der sehr viele Menschen – in manchen Gegenden bis zu 90 % –
umkommen werden, und auch auf einen Dritten Weltkrieg ... Danach
aber wird eine herrliche Friedenszeit folgen.
Maria wünschte dringlich »Gebetskreise« und Bußübungen.
Innocenti erhielt auch Botschaften, die er an Bischöfe und Politiker
weitergeben sollte.

Bew.: Gut bezeugt, die Bluttränen sind kirchlich (diözesan) für echt befunden;
Quelle: R. Ernst, Lexikon

SAIGON / VIETNAM   Maria erschien 6mal dem schwer kriegsbeschädigten 1975
Stephan Ho-Ngod-Anh. Bei einer Erscheinung am 21. Dezember sah der
Seher einen Kometen mit einem blutroten Schweif, der sich dann in
blendendem Weiß zeigte. Am 28. Dezember wurde der Seher plötzlich
vollständig geheilt; das hatte ihm Maria bei den ersten Erscheinungen im
Oktober angekündigt.

Bew.: Gut bezeugt; Quelle: R. Ernst, Lexikon

VIVERSEL-ZOLDER / BELGIEN   Maria erschien seit dem 31. Oktober fast 1975
täglich der Bomma Kupers bei der Kapelle zu Ehren »Unserer Lieben Frau
aller Völker« in einem rosa Gewand mit blauem Mantel. Manchmal trägt
sie Rosen in den Händen. Mehrmals sahen auch Anwesende die Erscheinung; viele behaupten, von ihren Beschwerden und von unheilbaren
Leiden geheilt worden zu sein.

Bew.: Gut bezeugt; Quelle: R. Ernst, Lexikon

BEIRUT / LIBANON   Maria erschien am 9. Januar während der damals sehr 1976
heftigen Straßenkämpfe in Beirut über der Kathedrale des heiligen Michael. Sie breitete die Arme aus und schwebte zum Himmel empor. Viele
Menschen sahen diese Erscheinung. Auch in anderen Städten des Liba-

non (in Sapra, Deir-el-Ahmar und Btedei) wurden ähnliche Marienerscheinungen wahrgenommen, von denen freilich keine näheren Angaben vorliegen. Manchmal soll ein großer Regenbogen zu sehen gewesen sein.

Bew.: Teilweise unbekannte Überlieferungen; Quelle: R. Ernst, Lexikon

1976 CUA/VENEZUELA Maria erschien der Maria Esperanza Medrano de Bianchini zuerst dreimal (25. März 1976 und am gleichen Tag in den beiden folgenden Jahren), dann häufiger. Auch viele Gläubige, manchmal bis zu tausend, sahen Maria abwechselnd als »Unsere Liebe Frau von Lourdes«, »Unsere Liebe Frau vom Karmel«, »Maria Hilf« u. a. Maria nennt sich selbst »Unsere Zuflucht« und »Versöhnerin aller Völker«.

Der Diözesanbischof hat die Erscheinungen selbst untersucht und für echt erklärt. Viele Pilger strömen nach Cua und verehren Maria.

Bew.: Gut bezeugt, kirchlich (diözesan) anerkannt; Quelle: R. Ernst, Lexikon

1976 KRAKAU/POLEN Maria erschien oftmals dem Mystiker Wladyslaw Biernacki und übermittelte ihm Botschaften. Er erhielt auch Botschaften Jesu und überreichte 1984 ein Buch mit »Prophetien« dem Papst. 1979 sagte er richtig – nach dem Tod Kardinal Stefan Wyszyńskis – seinen Nachfolger Dr. Josef Glemp voraus. Der Seher reist seit Ende der siebziger Jahre als Prediger und Heiler durch Polen. Viele Voraussagen betrafen kommende Katastrophen, das Bevorstehen eines Dritten Weltkriegs und die Reinigung und Erneuerung der Erde.

Bew.: Gut bezeugt.

1976 POSTEL/BELGIEN Im Oktober wird von mehreren Gläubigen das Weinen einer »Rosa Mystica«-Statue beobachtet.

Bew.: Unbekannte Überlieferung.

1977 DAMASKUS/SYRIEN Die große Fatimastatue in der Marienkirche in Damaskus weinte zwischen dem 20. und 23. Juli. Zahlreiche Christen und auch Moslems waren Zeugen der Erscheinung und beteten einträchtig vor dem Gnadenbild. Auch der zuständige Pfarrer (Msgr. Dr. Georges Hafouri) und der Apostolische Nuntius (Msgr. Angelo Pedrono) sahen mit eigenen Augen die Tränen an der Statue.

Bew.: Gut bezeugt; Quelle: R. Ernst, Lexikon

1977 FRÉCHOU/FRANKREICH Maria erscheint sehr oft dem Père Jean-Marie und teilt ihm die Wünsche ihres Herzens mit. Erstmals geschah das am 10. Juni 1977. Diese Erscheinungen werden durch außergewöhnliche

Ereignisse bestätigt: am 14. September durch ein Sonnenwunder, am 11. Juni 1978 und zu Ostern 1980 durch eine wunderbare Hostienvermehrung im Ziborium. Am 14. Mai schließlich erschien das heilige Antlitz Jesu auf einer Hostie. Viele wunderbare Genesungen werden bestätigt.

Bew.: Gut bezeugt; Quelle: R. Ernst, Lexikon

ROM/ITALIEN Maria erscheint ab April 1977 oftmals der Hausfrau Armanda S., die als Pfarrkatechetin arbeitet. Sie übermittelt ihr wichtige Botschaften, die von Maria »diktiert« und auf Band aufgenommen und abgeschrieben wurden. Das Original ist in italienischer Sprache in den beiden Büchern »Maria parla al mondo« und »Maria parla alle famiglie« veröffentlicht. Eine deutsche Übersetzung erschien 1986. Prälat Nicolas Storti, Referent in den vatikanischen Geheimarchiven, sagt zum Zustandekommen dieser Botschaften an Armanda: »Ich habe mit ihr gemeinsam gebetet und in ihrer sanften Stimme, die ihr eingegeben wird, Schwingungen von ›Etwas‹ vernommen, das man nicht vergessen kann: die wesentliche Gegenwart unserer Himmelsmutter . . . Der Tonfall der Botschaften ist nicht mehr der ihrer eigenen Stimme. Die Gedanken, die sie ausspricht, sind so unbeschreiblich erhaben und so überzeugend, daß man unwillkürlich erkennen muß, daß diese nicht von einem elenden Menschenkind dieser Erde herrühren können. Ihre gesamte Haltung und ihre Gebärden sind von solch einer Lieblichkeit und Zartheit, daß sich auch der größte Skeptiker überzeugen lassen muß, daß es sich zweifelsohne nicht um eine Inszenierung handeln kann.«

Einige Auszüge sollen deutlich machen, welche Bedeutung diesen zahlreichen Offenbarungen Marias zukommt:

Botschaft vom 7. Februar 1980

Die Verkündigung

Heilig, heilig, heilig ist Gott, der Herr des Universums. Himmel und Erde sind voll von seiner Herrlichkeit. Gesegnet sei, der da kommt im Namen des Herrn. Hosanna in der Höhe . . .

Meine Tochter, wenn du wüßtest, welche Freude du mir bereitest, indem du mich bittest und mir vorschlägst, von Ihm zu sprechen! Von meinem göttlichen Sohn Jesus! . . .

Oh, meine geliebteste Tochter, ich will dir diese heilige Freude bereiten und dich für deine Anregung loben, meine liebe, kleine Schwester der Menschheit!

Laß uns seinen Namen in heiliger Weise mit Stoßgebeten anrufen, auf daß er dich befähige, deinen Brüdern und Schwestern diese heiligen Worte mitzuteilen. Habe Vertrauen, meine liebe Kleine, und verkünde in heiliger Weise diese Worte der Liebe:

Der Friede Gottes, die Freude Gottes und die Liebe Gottes drangen in mein

Leben ein, und ich wurde verwandelt . . ., denn heilige Göttlichkeit wurde mir eingeflößt. Sie berührte mich, sie liebte mich und erzeugte in mir ein so beglückendes, herrliches Gefühl der Liebe, daß ich wie . . . in Verzückung geriet. Es war eine wunderbare Stunde meines Lebens . . . Es war eine erhabene Stunde, ein himmlischer Augenblick, ein Augenblick freudiger, paradiesischer Verzückung . . . Ich fühlte mich wie im Himmel . . . gewiegt, möchte ich sagen, von Tausenden von Engeln, die mir ihre Ehrfurcht erwiesen. Ich wurde wie in eine paradiesische Atmosphäre versetzt, wo ich nichts zu befürchten hatte und mich um nichts zu sorgen brauchte. Ja, ich war wie verzückt, in den Himmel entführt und fühlte mich ganz neu, verändert, ganz Gottes! . . .

Ja, mein liebes Kind, die Liebe des Herrn ist wahrhaft wunderbar. Mein liebes Kind, die Liebe Gottes! . . . Aber wer hat Worte, um ein so wunderbares, großes Ereignis wiederzugeben! . . . Eine Liebe, die ich nicht zu beschreiben weiß, die das menschliche Wesen vollkommen erfüllt . . . Verstehst du mich? Eine Liebe, die bis in die verborgensten Fasern deines Seins vordringt. Oh, meine geliebten Töchter . . . die Liebe Gottes . . . die Liebe eines Gottes, der eines seiner Geschöpfe zu seinem Tempel, zu seinem Wohnsitz, erwählt! . . . um in ihm heranzuwachsen wie eine wunderbare, seltene, herrliche Blume, welche diese elende Erde nie gesehen hat! . . .

Ich habe es gewollt . . . um euch zu verzücken, um euch mit Liebe zu erfüllen, um euch zu heilen, um euch die Tore des Himmels zu öffnen. Ich habe es gewollt, gewünscht und vom ersten Augenblick an über alle Maßen geliebt, und mein ganzes Leben hat sich von jenem Augenblick an verändert, denn Gott selbst hat in mir gelebt, und ich habe ihn mit grenzenloser Liebe im Schutze meines Schoßes heranwachsen lassen, um ihn die ganze Liebe seiner Mutter und jeden meiner Herzschläge fühlen zu lassen, meine lieben Kinder . . . O ja, meine Lieben! . . . Ihr wißt nicht, ihr könnt nicht glauben, mit welcher Hingabe ich ihm gedient und ihn in mir behütet habe, um ihm die ganze Liebe, die Freude und die Aufmerksamkeit zu schenken, die mein armer Sohn dann nicht in der Welt erfahren hatte . . . Ja, liebe Töchter, ich wußte, was ihn erwartete, und wollte ihm wenigstens in den wenigen Monaten, in denen er nur mit mir und für mich lebte, alles geben! . . . Und alles habe ich ihm schenken wollen in einer Liebesglut, einer vollkommenen Hingabe und einer Verehrung, wie sie ihm nie ein anderes Geschöpf hat erweisen können.

Dieses Wirken in der Liebe, dieses ununterbrochene Lob der Liebe, diese Freude in der Liebe will ich euch kennenlernen lassen, damit ihr wißt, wer die Mutter ist; damit ihr wißt, wie das Wesen ist, das euch den Erlöser Jesus geschenkt und in jedem Augenblick seines irdischen Lebens versucht hat, wiedergutzumachen, zu lieben, zu dienen und unseren Schöpfer und Retter zu preisen, auf daß jeder Mensch auf Erden ein Vorbild habe, das er bewundern, nachahmen und an das er sich in der Not und im Zweifel wenden kann; auf daß alle, wirklich alle Menschen wissen, daß es ein Wesen gibt, das bereit ist, allezeit den Erlöser Jesus in der Fülle seiner Liebe zu schenken!

Ach, meine lieben Kinder, liebliche Kinder, meine Kinder, die durch das Blut

Jesu erlöst worden sind! Wie gern würde ich jeden einzelnen von euch lieben und mit jedem von euch sprechen, so wie ich es jetzt mit meinem armen, geringen Werkzeug tue, das mir sein Herz geschenkt hat! Wie gern würde ich tief in euer Herz dringen, um euch die Geheimnisse Jesu, die Worte Jesu zu schenken, die er durch mich vermittelt...

Meine lieben Kinder... weist nie das Kreuz und das Opfer ab, versteht ihr? Glaubt an meine Liebe zu euch! Meine unzähligen heiligen Kinder, die ihr die Welt bevölkert; heilige Kinder Gottes, sammelt euch, sucht die Liebe, die die Quelle des Lebens ist, schenkt eure Seelen dem, der sie erschaffen, euch erlöst und im Guten bewahrt hat!...

Meine Kinder, ich würde euch gern alle küssen, ich würde gern zu euch allen sprechen, ich möchte euch alle immer mehr lieben...

Meine Kinder, beginnt ein neues Leben! Es ist wie ein strahlender Sonnenaufgang, wie wenn sich eine neue Welt bildet. Das, was ich euch verspreche, ist etwas Neues, Verzückendes, Wunderbares, Strahlendes. Ja, meine Lieben. Wißt ihr, daß ein neuer Tag für die Menschheit und ein wundervolles Leben für meine Kinder beginnt? O ja, liebe Kinder!... ich versichere es euch: Der Herr hat in dieser Zeit die Hände voller Gaben. Er will euch verzücken, erleuchten, auf einen neuen, begeisternden, wundervollen Weg führen; einen wundervollen Weg, liebe Kinder! Er will euch zu sich und zu seiner göttlichen Liebe führen auf einem neuen, wundervollen Weg, der die Seelen der Erwählten begeistert, die schon ein wenig begreifen, sich ihm nähern und mit verzückten Blicken auf diese neue Welt schauen, die sich abzeichnet; auf diese neue Art zu sein, die Gott euch vorschlägt...

Friede herrsche in euren Herzen, die Liebe Christi bewahre euch und der heilige Segen Gottes komme über euch und erfülle euch, damit ihr alle eure Schmerzen vergessen könnt. Liebe... und heiliger Friede mögen in euren Herzen herrschen.

Über die geistliche Lauheit und Dürre

Meine Lieben, verbreitet mit allen Mitteln diese meine Gebote der Liebe, welche die Seelen formen und niemand versagt werden dürfen.

Es handelt sich um ganz einfache Gebote der Liebe, welche die Seelen zum Guten, zum allumfassenden Guten, erwecken.

Töricht waren viele, die so ruchlose Taten vollbrachten, daß sie damit die göttliche Gerechtigkeit herausgefordert haben. Nichts kann man nunmehr unternehmen, um ihr Eingreifen zu verhindern; doch wir und alle, die mit uns sind, können zusammenarbeiten, um sie zu mildern. Nicht in dem Sinn, daß Sünden weniger schwer sein werden, sondern dadurch, daß meine Seele, mit Hilfe der göttlichen Barmherzigkeit und der Zusammenarbeit der Guten, ein Wunder wirken und den Herzen jenen geistlichen Glanz wiedergeben wird, der sich dann in den Werken offenbaren und den Sieg Gottes und die Niederlage Satans bezeugen wird.

Meine Tochter, verkünde gläubig diese Worte:

Alle Strafen, die Gott schicken wird, sind Beweise seiner Liebe, seiner unendlichen Liebe. Er kann und muß, in einem gewissen Sinn, viele seiner Kinder vor der ewigen Verdammnis retten, und wenn die unvermeidlichen Strafen diesem Zweck dienen, dann sei Gott dafür gelobt und gepriesen.

Du mußt diese schmerzvolle Botschaft der Welt wiederholen. Du und die Welt, ihr müßt diese Botschaft verstehen, die Ausdruck der allerhöchsten Wahrheit ist. Ich habe nichts hinzuzufügen, und Mißverständnisse sind nicht möglich: Dies ist die Wahrheit! Dies ist das Leben. So wirkt die Gnade Gottes zum Wohl ihrer Kinder.

Oh, eine Herrlichkeit! Die Herrlichkeit Gottes, die in mir zum Ausdruck kommt und auf euch hinabsteigt, wird jeden Menschen erquicken, und wir werden im Frieden vieles wiederaufbauen.

Die menschliche Dummheit ist manchmal maßlos; doch die Bosheit kann besiegt werden und wird immer besiegt in einer großen Vereinigung mit mir.

Welch schlechte, welch überaus schlechte Figur werden die Menschen einst machen, die glauben, alles selbst tun zu können, und nicht wissen, was sie erwartet! Welche Sünden sie begehen! Und wie sehr betrübt mich ihr böses Ende! Andere wagen viel, zu viel in ihrem Leben. Sie sollten schweigen; sie sprechen aber bei jeder Gelegenheit; sagen ruchlose, ruchlose verbrecherische Dinge!

Die menschliche Torheit kennt manchmal keine Grenzen. Doch wir müssen diese Menschen bemitleiden ... Sie sind wie in einem Kokon eingeschlossen, den sie nicht öffnen wollen, um sich in Schmetterlinge zu verwandeln. Der Endzweck des Lebens entgeht ihnen; sie wirken nicht im Guten und für das Gute ...

Die geistliche Dürre ist das größte Übel unserer Zeit; sie ist wie ein dürrer Boden, der nichts hervorbringt!

Christen, die Ausdauer haben, will ich; Christen, die einen harten Willen besitzen und klare Ziele befolgen! In der Unbeweglichkeit löst man keine Probleme! ...

Ertragen wir uns gegenseitig mit großem Wohlwollen, großer Nächstenliebe und erneuern wir im einfachen Leben die universale Ordnung, die durch die Sünde und die Mächte des Bösen zerstört worden ist; des Bösen, der alle seine Kräfte einsetzt, um zu verschlingen, zu unterdrücken und seine verbrecherischen Pläne zu vollenden.

Ja, meine Lieben, wir müssen viel erneuern und wiedergutmachen; aber mit äußerster Einfachheit und tiefster Liebe. Diese Welt hat das Göttliche sehr, sehr nötig.

Meine Barmherzigkeit dringe sanft in euch und berühre jede Faser eures Seins, und meine Liebe lösche immer den Durst eurer Seele wie eine Quelle; sie entschädige, erwärme und helfe euch, im Leben das zu erreichen, was ihr wünscht!

Kommt zu mir, Kinder, meine Barmherzigkeit wird euch durchdringen; sie wird euch die Kraft wiedergeben, die ihr auf eurem schweren Lebensweg verloren habt! Meine Wahrheit wird wie ein Feuer sein, das auflodert und die Überreste der Sünde verbrennt!

Achten wir in Frieden alles und alle, jedes Geschöpf. Achten wir im Frieden alles und alle, denn nur in der Wahrheit Gottes, die durch Jesus Christus geoffenbart worden ist, können wir danach trachten, im wahren Guten: also seine heiligen Kinder zu sein.

Nur, eure Nächstenliebe »allein« dient zu nichts. Eure Wahrheit »allein« kann der Gottheit nicht dienen. Ihr dürft euch nie fähig fühlen, ganz allein für das Gute wirken zu können. Ihr müßt mich als heiliges und einziges Mittel benützen, um zu Gott zu gelangen und mir Seelen zuzuführen...

Mut, Kinder, ich bin mit euch! Immer Mut auf dem Weg zum Glück, Mut in der Liebe, Mut im Leben und Mut in der einfachen Äußerung eurer Wahrheit und Nächstenliebe!

Botschaft vom 30. Januar 1980

An die Eltern

Der Friede sei mit euch, meine Lieben! Frieden und Liebe empfehle ich euch für eure Kinder, meine lieben Eltern. Sie sind ein Teil eurer selbst. Sie sind durch euch auf die Welt gekommen. Sie sind eure Kinder, versteht ihr mich? Kinder... ihr müßt sie wie Kinder behandeln!

Wer Kinder zeugt, schafft mit Gott neues Leben; und euch scheint es gering, dazu berufen zu sein, mit Gott einem Menschen das Leben zu schenken? Ihr seid die Eltern und die Fortpflanzer des Menschengeschlechtes. Denkt daran, meine Lieben, was ihr seid!

O ja, ihr seid wie große Bäume, deren Äste Früchte tragen. Ihr seid es, die schenken, die die Welt bereichern und die Menschheit weiterbestehen lassen! Denkt daran, was ihr seid! Denkt daran...

Frohlockt also vor allem, weil ihr zu der so edlen Aufgabe berufen seid, »Leben zu zeugen«. Ihr zeugt zusammen mit Gott, und diese Fähigkeit, Leben zu zeugen, ist nicht eine geringe, unbedeutende Gabe!

Das Leben... Was gibt es Größeres, Schöneres und Begeisternderes für einen Menschen, als wenn er sagen kann: »Seht, ich habe ein Kind. Ein Kind, das ich der Welt schenken will. Ein Kind Gottes mehr auf Erden. Eine Seele, die dereinst Gott in Ewigkeit preisen und selbst durch seine Schönheit und Liebe bezaubert sein wird... in alle Ewigkeit. Eine Seele, die mit ihrem Lobgesang den Himmel bereichern kann.«

O ja, liebe Kinder, etwas Wundervolles ist das Leben, wenn man an den großartigen Plan Gottes für seine Kinder denkt! Er will euch als Träger des Lebens, Träger auserwählter Seelen für Gott!

Erschreckt nicht, meine Lieben, wenn ich euch sage, daß eure Aufgabe auch schwer und höchst verantwortungsvoll ist; denn es handelt sich darum, diese eure Kinder großzuziehen, sie zu unterstützen und ihnen im Guten zu helfen. Ihr müßt sie zum höchsten Gut führen, welches der allerheiligste Gott ist, und sie müssen begreifen, daß der Hauptzweck ihres Lebens darin besteht, eines Tages die vollkommene Glückseligkeit im Herrn zu erlangen!

Nun, bereitet sie von klein auf, sozusagen von den ersten Schritten an, darauf vor. Ihr müßt sie begleiten, beschützen, loben, wenn sie brav sind, und ermutigen und nicht bedrücken, wenn sie einen Fehler begehen. Ihr müßt immer das leuchtende Beispiel in ihrem Leben sein. Wißt, die Kleinen haben immer den Blick auf ihre Eltern gerichtet und bemerken alles... auch einen Gesichtsausdruck, eine Gebärde oder die Betonung eines Wortes, denn sie wissen, daß sie von euch allein abhängen! Ihr seid... ihr festes Vorbild, ihre Richtschnur. Ihr seid es, die neue Geschöpfe heranbilden müssen, versteht ihr mich, meine Lieben? Ihr zeugt nicht nur, sondern müßt diese kleinen Geschöpfe auch großziehen und schmieden, denen ihr in einem Liebesakt das Leben geschenkt habt!

Nun, meine Lieben, was soll ich euch mehr sagen, als daß ihr diese kleinen Geschöpfe, die Gott euch anvertraut hat, langsam, langsam, immer mehr und natürlich unter der göttlichen Eingebung an einem Plan der Liebe teilhaben lassen sollt! Ihr müßt sie daran gewöhnen... sich nicht gegen das heilige Gesetz des Herrn aufzulehnen, sondern sie mit Milde, Liebe, heiliger und starker Überzeugungskraft und mit dem Beispiel eures eigenen Lebens führen!

Überwacht eure Gedanken, meine Lieben, und arbeitet nicht zu viele komplizierte und verworrene Erziehungsmethoden für eure Kinder aus. Sie bedürfen nicht vieler Worte. Viel dummes Zeug wird dahergeredet... Glaubt es nicht! Sie wollen das Wort des Evangeliums in den Eltern verwirklicht sehen, und dann... ja, dann werden auch sie heiligerweise den Wert dieser leuchtenden Beispiele erkennen und sich langsam in dieser heiligen Schule heranbilden...

Nun, geliebte Kinder, macht euch keine allzu großen Sorgen in diesen finsteren Zeiten und in dieser verworrenen, geplanten Gesellschaft, die von tausend und abertausend Übeln heimgesucht wird. Vergeßt nicht! Das strahlende Beispiel der Eltern schafft heilige Kinder. Macht euch also nicht zu viele Sorgen, sondern befaßt euch intensiv mit diesem Aufbau eurer selbst, damit eure Kinder wie an einer Quelle mit klarem Wasser ihren Durst löschen können. So werden sich meine lieben Kinder Tag für Tag immer mehr im Guten und im heiligen Willen Gottes formen und ihrerseits große Früchte bringen: heilige, großmütige und starke Kinder.

Traut niemandem, sucht keine falschen Wege und führt euch selbst nicht auf Abwege, liebe Eltern! Sucht nicht nach verworrenen Mitteln, sondern sucht die Wahrheit: Gott ist die Wahrheit. Sucht die Liebe und den Frieden, die den Menschen Leben vermitteln. Oh, nicht mit einer übertriebenen Gerechtigkeit, großen Worten oder Zwang erzieht man diese meine jungen Kinder. Nicht so... glaubt es mir! Die Welt dürstet nach Frieden und Liebe; nach der Kraft, die der Wahrheit und ihrer Verwirklichung im Leben entspringt...

Ihr braucht mich nur um Hilfe zu bitten, mich nur anzurufen, und ich, eure Mutter, werde mit euch leben, kämpfen und das heilige Wort Gottes verkünden!

Friede und Segen sei mit euch!... Weist euch nicht gegenseitig auf eure Fehler hin, sondern sucht den Frieden, die Liebe, die brüderliche Umarmung und sagt einfach: Wir sind alle Kinder Gottes. Wir sind alle arme, fehlerhafte Geschöpfe Gottes; doch wir versuchen in der Einheit, im Frieden und in der Liebe eine neue Atmosphäre der Heiligkeit, des wahren, gerechten, heiligen Lebens der Kinder Gottes zu schaffen!

Bew.: Gut bezeugt; Quelle: Botschaften Marias an die Familien und an die Welt, Hauteville 1986 (= Textquelle)

BRÜSSEL/BELGIEN   Maria erschien in der Nacht zum 24. Februar Frau   **1978**
N. W. als »Heil der Kranken« und teilte ihr mit, daß sie ihr von nun an besondere Heilkraft vermitteln werde, die auch in die Ferne wirken könne. Von da an hat Frau W. vielen Kranken geholfen und besonders viele Fernheilungen ausgelöst.

Bew.: Gut bezeugt; Quelle: R. Ernst, Lexikon

BERLICUM/NIEDERLANDE   Maria erscheint der Elisabeth Sleutgens als   **1978**
»Turm Davids« erstmals am 16. Juli und heilt sie. Seither gibt es zahlreiche Erscheinungen und viele Botschaften, die sich auf die Wirrnisse der Zeit und in der Kirche beziehen und zu Gebet und Buße auffordern. – Am 21. November erscheint Maria in einem roten Mantel und weist auf die vielen abgetriebenen Kinder hin. Die Erscheinungen und Botschaften dauern an.

Bew.: Gut bezeugt; Quelle: R. Ernst, Lexikon

OTTOBEUREN/DEUTSCHLAND   Maria spricht oftmals zu Maresa Me-   **1979**
schenmoser (geb. 1923), die bis dahin, geführt von Einsprechungen Jesu und durch ihren Beichtvater und Seelenführer Pfarrer Otto Timme, einen sehr verborgenen Sühneweg als »Opferlamm« gegangen ist. Schon als Zehnjährige sah Maresa bei ihrer Erstkommunion ein strahlendes Licht vom Tabernakel aus und hörte Jesus fragen: »Willst du mein Opferlämmchen werden?« Sie willigt ein und geht einen jahrzehntelangen Opferweg...
Als Pfarrer Otto Timme starb, der sie 31 Jahre lang geführt hatte, übergab Jesus ausdrücklich die Führung Maresas seiner Mutter Maria und dem neuen Pfarrer, der ihr Seelenführer wurde. Maresas Opferweg ging durch schreckliche Leiden fort bis zu ihrem Sterben am 15. 10. 1987. Nach ihrem Tod wurden ihr Leben und die unzähligen Einsprechungen Jesu und Marias dokumentiert. Aus dem Buch »Weg einer Menschenseele zu Gott« stammen die folgenden Botschaften:

3. 11. 1979: Jesus weiß, wie schwer alles für dich ist. Doch du hast mich als Jesus, den Verlassenen, erwählt – und dein Name ist Maria-Desolata! Meine Liebe kann nicht anders, als dich ganz in dieses Martyrium hineinzunehmen.

Es beginnt ein neuer Lebensabschnitt, Kind. Ich sagte dir einmal: Am Ende deines Lebens wird ein anderer dich führen!

26. 12. 1979: Maria: Meine kleine Tochter! Nun darfst du meine Stimme vernehmen. Voll Sehnsucht erwartete ich diesen Augenblick, da du dich ganz mir öffnest. Ich bringe dir den Glauben, den Jesus von dir erwartet. Ich weiß um dein Sterben, deswegen drücke ich dich voll Zärtlichkeit an mein Herz wie einst Stefanus. Du denkst an dein Sterben! – Du trägst meinen Schmerzensnamen. Fürchte dich nicht. Ich, die Mutter, bereite dich darauf vor und stärke dich. Komm, eile, springe in mein Herz hinein – in die Mitte meines Herzens, auf daß du geborgen seiest und ernährt werdest an den Quellen meiner Tugenden. Ich will dich ganz. Meine liebe Tochter, ich will dich für Jesus mit meinen Tugenden schmücken, damit er mich in dir findet und du so auch eine wohlgefällige Tochter des Vaters werdest.

Kind, nun wird alles besser gehen, vor allem auch für deinen Beichtvater, an dessen Seite du stehen sollst als wahre kleine Desolata, wie du bei deinem Vater Otto gestanden bist in den letzten Wochen seiner Passion. Im Augenblick seines Todes, den du voll angenommen, hast du deinen Namen aufstrahlen lassen für alle, die dabei waren, und bist brauchbar geworden für meinen großen Plan, den meine Liebe für dich ersonnen . . .

1. 1. 1980: Maria: Meine geliebte Tochter! Sorge dich nicht! Ich bin immer bei meinem geliebten kleinen Sohn, deinem geistlichen Vater, und schütze und behüte ihn. Er ist der Herold meiner Liebe und trägt meine Fahne hoch bis in die feindlichen Linien hinein. So auch bei dir gestern, und die böse Gewalt mußte weichen. Der Kampf wird stärker.

Kleine Desolata! Du bist das Schlachtfeld, auf dem gekämpft wird, und du darfst nicht stürzen . . . Daß du, das kleine, armselig schwache und zarte Mädchen in meinen großen Plan miteinbezogen bist, schlägt dem Feind ins Gesicht. Deshalb biete ich alles auf zu deinem Schutz und deiner Hilfe. Alle meine Engel sind bei dir, wenn du kämpfen mußt. Fürchte dich nicht, sondern glaube an eine strahlende Kraft, die dich erfassen wird – auch wenn es so aussieht, als wärest du völlig zu Boden geschlagen.

Wenn du das einhältst, was dein Vater dir angegeben, wird sich deine Wandlung mit Hilfe der Kräfte des Himmels langsam vollziehen. Du lebst von meiner Kraft, mein Töchterchen, die dir zuströmt, so wie es für meinen Plan notwendig ist. Ohne diese Kraft bist du hilflos und schwach.

Deine Schmerzen heute, dein Elendsein, deine fast tödliche Schwäche sind Sühne, geliebtes Kind, die ich brauche, um retten zu können . . .

12. 3. 1980: Maria: Mein liebes Töchterchen! Komm her zu mir, ganz nahe. Ich lege meinen Arm um dich und meine Hand über deine Augen, und mein Mantel hüllt dich ein, daß du nichts mehr empfindest als den Herzschlag meiner erbarmenden Liebe. Du hast sie so bitter nötig; denn du stehst dauernd in erbittertem Kampf. Auch deine Benommenheit, Erschöpfung und Betäubung ist Angriff, Kind. Doch ich brauche deine Hingabe an diese Dinge, d. h. dein Geschehenlassen; denn damit ziehst du von andern ab, die bei solch einem Angriff der Hölle verfallen würden.

Zwischen dem 4. März und dem 4. Juni 1980 hat Maresa gewaltige Visionen im Dämmerzustand, die ihre Funktion im Heilsplan Gottes darlegen, die Ereignisse der Gegenwart ausdeuten und die neue Erde aufstrahlen lassen. Zugleich wird der große Kampf deutlich, in dem sich die ganze Welt, Himmel und Erde befinden. Und große Versuchungen bedrängen Maresa...

9. 6. 1980: Maria: Du stehst am Vortag deines 57. Geburtstags und hast gestern Rückschau gehalten – konntest mit den Händen greifen, daß alles Vorbereitung und wunderbare Führung war.

Glaube, kleine Desolata, du mußtest so viel leiden, so unverstanden dich fühlen und verlassen, mußtest sovielmal stürzen und in tiefster Dunkelheit und Todesangst dich winden, damit du das würdest, was du sein sollst. Nur durch die steinigen Stufen der Vorbereitung ist es möglich, daß du das, was seit letztem Jahr über dich verhängt wurde, ertragen kannst.

Da ich in deinem Herzen siegen werde, mußt du mit deinem ganzen Sein in eine furchtbare Schlacht des Endkampfes hereingenommen werden; denn du bist zu diesem geistigen Schlachtfeld ausersehen. Du weißt, daß ich siegen werde. Ängstige dich also nicht. Ertrage alles mit deinem Vater; er ist das große Geschenk des Himmels an deine Seele... So mußt du dein Leben sehen, das in den Augen der Welt ein Roman sein könnte – unter den Augen des Himmels aber sich vollzieht wie ein Schauspiel göttlicher Regie... Du erlebst, daß du auch in Zeiten äußerster Erschöpfung und körperlicher Unsicherheit gehalten bist. Präge dir das ein...

1. 8. 1980: Maria: Meine süße kleine Desolata! Betrachte meine Demut, diese Krone der Tugenden, aus der alle anderen hervorgehen. Ich war in Demut eingehüllt wie in einen kostbaren Schleier. Ich wußte nichts von mir selbst, nichts von meinem Ich. Ich war wie ausgelöscht. Ich hatte keinen eigenen Willen mehr, hatte ihn nie, er war eingetaucht im Willen des Vaters wie die Regentropfen im endlosen Meer. Ich wehrte mich nie, weil ich mich demütig beugte. So konnte alles, auch das Unfaßbarste, an mir geschehen. Die Demut machte mich zum Gefäß, Gott aufzunehmen. Demut ist Gnade, um die man bitten muß – eine Herzenshaltung, die man üben muß. Den Demütigen füllt Gott die Hände...

30. 1. 1981: Maria: In mir ist die Fülle der Zeit, ist der Herzschlag dieser eurer gegenwärtigen Zeit in all ihrer Schwere und Kostbarkeit. Verbringe deshalb die Tage in mir, in meinem Herzen, und du bist am Pulsschlag der Zeit. In meinem Herzen seid ihr eingeschrieben. Ihr könnt euch mir vollständig anvertrauen, da euch durch mich das Licht der allerheiligsten Dreifaltigkeit trifft und eure Seelen erhebt zu Läuterung und tieferer Erkenntnis. Auf dieser Welt gereinigt zu werden, ist große Gnade, die ich euch erbeten habe. Haltet deshalb still und laßt in Dankbarkeit geschehen, was euch so schmerzt.

Gott ist reinigendes Feuer und Licht für jene, die ihm nahen sollen. Doch es ist das Feuer glutvollster, unaussprechlicher Liebe, in dem eure Seelen sich verzehren sollen zur Anbetung, Danksagung und heiligem Dienst.

26. 2. 1986: Maria: Es mag euch scheinen, als ob ich mich zurückgezogen hätte, als ob es für euch weder meine Wunderkraft noch Gnade gäbe, als ob ich sie nur an andere verteilen würde. Das ist der schmerzlichste Kern der Prüfung, den ihr genauso bestehen werdet wie alles andere . . .

10. 3. 1986: Maria: Geliebter Johannes! Du mußt wissen: Keine Stigmatisierte litt den Anteil an Jesu Kreuzesleiden, den die kleine Desolata leiden muß, nämlich das totale, ausgespannte Hängen am Kreuz. Es ist dies das schrecklichste namenlose Leiden Jesu, wo auch sein Haupt keinen Platz fand. Niemand kann ermessen, was das bedeutet. Ihr müßt deshalb Desolata beistehen soviel als möglich, sonst kann sie es nicht ertragen. Mit zarter Mutterhand habe ich sie bis hierher geführt, daß sie es überhaupt aushalten konnte. Damit ist der Becher des Leidens randvoll gefüllt.

Am 15. Oktober 1987 trat für Maresa Meschenmoser der erlösende Tod ein.

Bew.: Gut bezeugt; Quelle: Franz Rudolf, Weg einer Menschenseele zu Gott. Tagebuchaufzeichnungen einer deutschen Mystikerin, Bd. 1: Schau ins siegende Osterlicht 1951–1979; Bd. 2: Einsprechungen von Jesus und Maria 1979–1987; Bd. 3: Tagebuch der Maresa Meschenmoser 1933–1951, Gaming 1990; Textquelle: s. oben, Bd. 2

1979 SAOLHENA / PORTUGAL   Etwa 40 Personen sahen am Ostersonntag, daß eine Marienstatue weint.

Bew.: Unbekannte Überlieferung; Quelle: Zeitungsmeldung

1980 CATANIA (SIZILIEN) / ITALIEN   In der Familie Castorina weint eine Gipsfigur der Madonna blutige Tränen. Tausende Menschen bezeugen das Ereignis. Die blutigen Wattebäuschchen strömen einen »paradiesischen Geruch« aus. Mehrere Heilungen durch das Auflegen dieser Watte werden berichtet.

Dem Bluttränenereignis ging eine wunderbare Heilung der damals zweieinhalb Jahre alten Tochter Tiziana voraus. Sie war 1975 mit einer Lebensmittelvergiftung ins Spital eingeliefert worden und war »praktisch tot« (Auskunft des behandelnden Arztes). Frau Castorina soll daraufhin vor einem mitgebrachten Marienbild zur Gottesmutter um Rettung gebetet haben. Dieses fing zu weinen an, und die Kleine wurde schlagartig gesund.

Ein Pater Sivirri betete jeden Freitag vor der Statue, zusammen mit vielen Besuchern (bis zu 300 pro Tag), und wurde Zeuge eines erneuten Blutens. Man hat der zuständigen Kirchenbehörde darüber berichtet und hofft auf eine positive Beurteilung des Phänomens.

Bew.: Gut bezeugt; Quelle: L. Ch. Kaiser, Maria weint, S. 136

CUAPA/NICARAGUA Maria erschien 6mal dem Katechisten Bernardo 1980
Martinez, jeweils am 8. der Monate Mai bis Oktober. Die Maria zeigte sich
dem Seher mit dunkler Gesichtsfarbe, schwarzem Haar und einem mit
kostbaren Steinen überdeckten Mantel; auf dem Kopf trug sie eine kostbare Krone. Bei der letzten Erscheinung sahen alle Anwesenden einen
großen Leuchtkreis über der Erde. Maria sprach zu ihm:

> »Liebet einander! Erfüllet eure Pflichten! Wenn ihr selbst nicht Frieden
> schafft, wie könnt ihr dann um Frieden bitten?! – Betrachtet die Geheimnisse
> des Rosenkranzes! – Rufet mich an als die ›Mutter aller Sünder‹!«

Am 13. November 1982 veröffentlichte der zuständige Bischof einen
Bericht über die Erscheinungen und äußerte sich positiv über die Ereignisse.

> Bew.: Gut bezeugt, kirchlich (diözesan) anerkannt; Quelle: R. Ernst, Lexikon

DEIR-EL-AHMAR/LIBANON Maria erschien dem Marianistenpater Bou- 1980
tros Mounsef, als er von seinem auf einem Berg gelegenen Kloster in das
Dorf Deir-el-Ahmar ging, und antwortete auf seine Frage, warum sie so
schwarze Hände habe:

> »Ich bin die Jungfrau Maria. In der vorigen Nacht habe ich das Feuer und die
> Bomben von diesem Dorf abgewendet, auf daß keiner hier zu Schaden
> komme.«

Maria zeigte sich in einem schwarzen Gewand.
Der melkitisch-katholische Erzbischof Elias Zoghy von Baalbeck berichtete dieses Erlebnis eines Freundes.

> Bew.: Gut bezeugt; Quelle: R. Ernst, Lexikon

ESCORIAL/SPANIEN Maria erscheint der stigmatisierten Amparo Cuevas 1980
seit November, manchmal zusammen mit Jesus, und weist auf die bevorstehenden Strafgerichte Gottes hin, sowie auf die Möglichkeit, durch
Gebet und Buße die drohenden Strafen zu mildern. Sie kündigt Zeichen
am Himmel an, die die Menschen aufrütteln werden.
Die siebenfache Mutter spricht in ihren Ekstasen in fremden Sprachen
und läßt viele mystische Phänomene erkennen (z. B. Bilokation).

> Bew.: Gut bezeugt; Quelle: R. Ernst, Lexikon

GENUA/ITALIEN Bei einer Marienerscheinung unter nicht näher be- 1980
kannten Umständen soll die von Erzengel Rafael begleitete Himmelskönigin gesagt haben:

»In Fatima haben Tausende Menschen das große apokalyptische Zeichen der Sonne geschaut. Zwei große Kriege waren unzweideutige Zeichen der Wahrheit dieser Botschaft, die ich euch gegeben habe . . . Ihr durchlebt jetzt die Zeit, die dem von Johannes vorausgesagten Tausendjährigen Reich unmittelbar vorausgeht . . . Bald schon wird der neue Tag anbrechen . . . Euer Bangen vor den drohenden Ereignissen, die auf euch warten, wird sich für alle in unfaßbare Wonne verwandeln. Wir werden bei euch sein bis zur Erfüllung dieser Worte und erst recht danach in dem neuen Zeitalter der universalen Liebe auf eurem Planeten.«

Bew.: Unbekannte Überlieferung; Quelle: R. Ernst, Lexikon

1980 NISCIMA (SIZILIEN)/ITALIEN In einer Grotte in der Ortschaft Niscima (Diözese Caltanissetta) blutete eine Madonnenstatue. Viele Tausende sahen die Bluttränen fließen, u. a. auch der Diözesanbischof, der selbst das Geschehnis überprüfte und feststellte: »Ich habe es gesehen!« – Um jede Manipulation auszuschließen, hat man die Statue mittlerweile in einen versiegelten Glasbehälter gestellt.

Bew.: Gut bezeugt, kirchlich (diözesan) anerkannt; Quelle: R. Ernst, Lexikon

1980 PHILADELPHIA/USA Maria erschien zusammen mit Jesus zwischen dem 1. Mai 1980 und dem 16. März 1984 monatlich einer namentlich nicht bekannten Frau und gab ihr Botschaften als Aufruf zu Buße und Gebet.

Bew.: Gut bezeugt; Quelle: R. Ernst, Lexikon

1980 ROM/ITALIEN Maria erscheint seit dem 3. 4. 1980 als »Mutter von der heiligen Hilfe« der »Mutter Gemma« und vermittelt zusammen mit Jesus Botschaften, welche der Vorbereitung auf die kommenden Zeiten dienen.

Seit 1981 ergehen viele Warnungen vor den kommenden schweren Zeiten:

»Die Erde erzittert unter der Drangsal, meine Kinder! Die Stunde ist nahe, auch wenn alles im Zustand des Friedens zu schlummern scheint. So offenbart sich die Täuschung des Teufels. Sie besteht darin, Frieden vorzugaukeln, wenn sich alles in Gärung befindet. (16. 8. 1981)

Glaubt nicht, daß die bösen Zeiten in weiter Ferne liegen! Im Gegenteil, der Wirbelsturm hat schon eingesetzt. Der Mensch wird so lange in seiner Blindheit verharren, bis der Boden unter seinen Füßen zu wanken beginnt; doch dann wird es für seine Bekehrung zu spät sein. Das dritte Geheimnis von Fatima, das ich den Seherkindern geoffenbart habe, bewahrheitet sich jetzt! (17. 9. 1981)

Meine Kinder, seid immer einig! Schenkt dem himmlischen Vater Gebete, schenkt dem Sohn Gebete, schenkt meinem Herzen Gebete, denn die düstere Zeit kommt rasch näher. Es wird eine so dichte Finsternis herrschen, meine Kinder, daß nur der sehen wird, der Licht bekommt, und zwar ein helles Licht ins eigene Herz. Der Kampf wird heftig toben, und das Böse, das sich im Menschen entfesselt, wird übergroß sein. (13. 3. 1982)

Meine Kinder, ich bin die Offenbarung der Liebe Gottes. Ich bin die unbefleckte Empfängnis zur Ehre Gottes und um euretwillen. Ich bin die Frau, die der ganzen Menschheit zu Hilfe eilt, damit sich der Sohn Gottes auf einer reinen Erde niederlassen und damit sein Recht unter den Menschen Bestand haben kann. Ich bin die Helferin aller, die mich anrufen. Ich bin die Morgenröte. Ich bin jene, die dem Vater, durch den Heiligen Geist verbunden wurde. (2. 4. 1982)

Die Zeit, die auf euch zukommt, wird immer härter, weil sich der Mensch von Gott entfernt. Wer sich aber Gott anbefiehlt, dem wird der Herzensfriede nicht fehlen, auch dann nicht, wenn auf der Welt große Verwirrung herrscht. Ich werde mich als Königin erweisen, als die mich Gott zum Wohl der Menschheit eingesetzt hat.« (7. 1. 1983)

Der gut eingestellte und richtig vorbereitete Mensch aber kann die Reinigung der Erde und die Umgestaltung getrost erwarten, weil er der tatkräftigen und wirkungsvollen Hilfe Marias gewiß sein kann:

»Die neue Welt wird voll Liebe und Güte gegenüber Gott sein . . . Bereitet euch auf das Reich Gottes auf Erden vor und kehrt zum Vater zurück, er wird euch alles verzeihen. Tut es, meine Kinder, tut es! Ich flehe euch weinend um euretwegen an: Wie kann ich euch retten, wenn ihr euch nicht an mich klammert? Kommt alle unter meinen Schutzmantel, und die Schlange kann euch nicht verderben!«

Bew.: Gut bezeugt, kirchlich nicht entschieden; Quelle: Herr, ich höre auf dich. Botschaft der Liebe an die kleinen Herzen. Offenbarungen von Jesus und Maria, aufgezeichnet von Mutter Gemma, Familienmutter und Mystikerin, Hauteville 1987; Textquelle: Wort der Liebe. Offenbarung von Jesus und Maria, aufgezeichnet von Gemma, Familienmutter und Mystikerin, Hauteville, 2. Aufl. 1988

KIBEHO / RWANDA Maria erschien fünf Schülern einer Schwestern- 1981
schule, lehrte sie Gebete und Lieder, übermittelte ihnen Visionen und Botschaften und bewirkte außergewöhnliche Ereignisse.

Zuerst sah Alphonsine Mumureke (17 Jahre) Maria seit dem 28. 11., dann Anathalie Mukamazimpaka (20 Jahre) seit dem 22. 1. 1982, dann Marie-Claire Mukangango (20 Jahre) seit dem 1. März 1982, schließlich Valentine Myiramuhoza (18 Jahre) und Stephanie Mukamurenzi (14 Jahre) seit Mai 1982. Die letzte Erscheinung fand bisher am 28. November 1989 statt.

Maria erschien den Seherinnen als schöne, dunkelhäutige Inderin in weißem Gewand. Sie unterhielt sich mit den Schülerinnen über deren alltägliche Probleme, segnete Rosenkränze und Wasser, lehrte sie Lieder und Gebete und war auffallend gütig und freundlich. Am 15. Mai 1982 waren 15 000 Menschen zusammengekommen. Die Erscheinung dauerte an diesem Tag gegen acht Stunden. Die Mädchen sahen Ströme von Blut, Menschen, die einander töteten, einen tiefen Abgrund, der sich auftat, viele Bäume in Flammen. Die Mädchen erlebten alles zitternd und weinend mit. Maria wies sie auf die Sünden hin, durch welche die Menschheit dem Verderben geweiht sei, und forderte zu Gebet und Opfer auf:

> »Wer mich sucht, der findet mich! – Ich tue mich kund, wo ich will, wann ich will und wem ich will! – Ich komme nicht nur für Kibeho, nicht nur für die Diözese Butare, nicht nur für Ruanda, nicht nur für Afrika, sondern für die ganze Welt.«

Ein eindrucksvolles Zeichen sahen alle Anwesenden: Mitten bei hellem Sonnenschein erkannten sie die Sterne am Himmel, als ob es Nacht wäre.

Bew.: Gut bezeugt, kirchlich empfohlen, aber nicht entschieden.

1981 LA TALAUDIÈRE / FRANKREICH Maria erschien der 14jährigen Blandine Piegay mehrmals im Oktober, zuerst in ihrem Zimmer, dann auch im Garten ihres Elternhauses und im Freien. Viele Pilger sahen ein Sonnenwunder wie in Fatima. Maria war weiß gekleidet mit blauem Schleier und einem Kreuz auf der Brust. Sie forderte die Menschen auf, den Rosenkranz zu beten, und die Priester, wieder den Talar zu tragen und zur lateinischen Meßfeier zurückzukehren.

Bew.: Gut bezeugt; Quelle: R. Ernst, Lexikon

1981 MEDJUGORJE / HERZEGOWINA Maria erschien ab dem 24. Juni 1981 sechs Kindern und rief zu Bekehrung, Gebet und Fasten auf. Sie nannte sich »Königin des Friedens« und erschien in den ersten Monaten täglich, nicht allen Kindern gemeinsam, sondern gleichzeitig an verschiedenen Orten. Die Erscheinungen dauern noch an, obwohl nicht mehr alle sechs Seherinnen und Seher Erscheinungen haben. Seit dem 1. März 1984 erhält Marija Pavlović jeden Donnerstag kurze Botschaften an die Pfarre Medjugorje. Für Mirjana Dragicević, die aus Medjugorje stammt, aber in Sarajevo lebt, endeten die Erscheinungen zu Weihnachten 1982 (obwohl auch sie noch hie und da eine Botschaft empfängt, z. B. am 28. Januar 1987). Ivanka Ivankovic hat ab Mai 1985 keine Erscheinungen mehr.

Medjugorje kommt eine besondere Bedeutung zu. Deshalb auch hier wieder eine detailliertere Darstellung, wegen der ungeheuer zahlreichen Erscheinungen und Botschaften freilich nur ein kleiner Auszug:

1) *Die ersten Tage der Erscheinung:* Medjugorje ist das größte von fünf Dörfern, die zur Pfarrei Medjugorje mit der Pfarrkirche St. Jakob gehören (politische Gemeinde Citluk bei Mostar; wo sich auch der zuständige Bischofssitz befindet). Ivanka Ivankovic (geb. 21. Juni 1966) und Mirjana Dragicević (geb. 18. März 1965) gehen am Fuß des Berges Crnica spazieren. Sie stammen von hier (Bijakovići), leben aber auswärts und verbringen hier die Ferien. Plötzlich sieht Ivanka auf dem Berg Crnica etwas Glänzendes und dann die Gestalt Marias über dem Boden schweben. »Schau mal, die Gospa auf dem Berg!« sagte sie zu Mirjana. Die jedoch sieht nichts, und die beiden gehen nach Hause. Gegen Abend begleiten beide Milka, die jüngere Schwester ihrer Freundin Marija Pavlović (geb. 1. April 1965), die die Schafe heimtreiben muß. Da sieht Ivanka wieder die »Gospa« (kroatische Bezeichnung für Maria: Herrin) auf dem Berg, zeigt sie den beiden Begleiterinnen, und die sehen sie ebenfalls. Da kommt Vicka (Vida) Ivankovic (geb. 3. September 1963) ihnen entgegen, etwas später Ivan Dragicevic (geb. 25. Februar 1965). Beide sehen ebenfalls die »Gospa«, fürchten sich sehr und laufen davon. Ivanka, Mirjana und Milka sahen eine wunderschöne junge Frau, die ein Kind auf dem Arm hat, nichts sagt, ihnen nur bedeutet, näherzukommen. Sie waren aber wie erstarrt und reagierten nicht.

Am nächsten Tag gingen sie wieder gegen Abend an dieselbe Stelle und nahmen noch Marija und Jakov Colo (geb. 6. März 1971) mit, die ihren Erzählungen Glauben geschenkt und sich interessiert gezeigt hatten. Auch eine erwachsene Frau mit ihrem kleinen Kind begleitete sie. Diese sah als erste die Erscheinung und wies die Kinder darauf hin. Die Kinder liefen alle auf die »Gospa« zu. Einige Leute aus dem Dorf, die sich näherten, sahen etwas Schimmerndes. Milka war nicht mitgekommen und hatte auch nachher nie mehr eine Erscheinung. Die Kinder knieten nieder und begannen zu beten und vor Aufregung zu weinen. Ivanka, deren Mutter erst zwei Monate zuvor gestorben war, fragte, wie es ihrer Mutter gehe. Maria antwortete: »Es geht ihr gut. Du sollst dir keine Sorgen um deine Mutter machen, sie ist mein himmlischer Engel.«

Als sie die Kinder fragten, ob sie auch morgen kommen werde, sagte sie: »Ja, ich werde kommen... Geht hin in Gottes Frieden!«

Die Begleiter aus dem Dorf hörten nichts, einige sahen etwas am Himmel aufleuchten.

Am dritten Tag (Freitag, 26. Juni) gingen sie wieder gegen Abend den Weg am Fuß des Berges Crnica entlang. Da leuchtete es dreimal am

Himmel auf, und das Licht beleuchtete eine Stelle, etwa 60 Meter von der bisherigen Erscheinungsstelle entfernt, in völlig unwegsamem Gelände. In kürzester Zeit waren die sechs Kinder dort, was den Begleitern wie ein Wunder schien. Vicka besprengte die Erscheinung mit Weihwasser und sagte: »Wenn du die Muttergottes bist, bleib da, wenn nicht, geh weg!« Die Erscheinung lächelte nur. Mirjana fragte nach ihrem verstorbenen Großvater, und Ivanka wieder nach ihrer Mutter. Maria sagte: »Es geht ihr gut . . . Sie hat gesagt, ihr sollt der Oma gehorchen und ihr helfen, weil sie alt ist.« Als sie fragten, warum Maria gerade zu ihnen gekommen sei, hörten sie, daß sie nie die Besten suche, sondern Gläubige. Dann sagte Maria, sie wünsche, daß sich das Volk bekehre und auf den rechten Weg zurückkehre, solange noch Zeit dazu sei. Die Seher baten abschließend Maria um ein Zeichen. Beim Abstieg erschien Maria noch einmal der Marija und sagte dreimal: »Friede! – Zwischen Gott und Mensch soll wieder Friede herrschen. Der Friede soll unter den Menschen sein!«

Am 27. Juni erschien Maria dreimal. Sie sagte über die Priester: »Die Priester sollen ganz fest glauben, und sie sollen das Volk Gottes im Glauben bestärken!«

Als Mirjana und Jakov sich beklagten, daß man die Seher der Lüge und der Einnahme von Drogen beschuldige, beruhigte sie Maria: »Meine Kinder, in der Welt gab es immer Unrecht, so auch hier. Ihr sollt nicht darauf achten!«

Maria war bei diesen Erscheinungen mit einem langen, grauen Kleid angetan, das auch die Füße bedeckte, und schwebte über dem Boden (etwa 30 cm), manchmal auf einer kleinen Wolke. Sie war schlank, etwa 1,60 m groß und sehr schön. Ein weißer Schleier bedeckte den Kopf und reichte bis zum Boden, eine Sternenkrone saß auf ihrem Haupt, die Augen waren blau, die Wimpern schwarz, ebenso die unter dem Schleier sichtbaren Haarlocken, rosige Wangen, kleiner Mund. Sie wirkte, als wäre sie 20 Jahre alt, und sprach mit sanfter Stimme, die »wie eine Glocke« klang. Sie sprach kroatisch, »aber schön«, sagten die Kinder. Als sie Maria baten, auch der Menge zu erscheinen, sagte sie: »Selig, die nicht sehen und doch glauben! – Sie sollen so glauben, als würden sie mich sehen!«

Pater Jozo Zovko war erst etwas mehr als ein halbes Jahr Pfarrer in Medjugorje, als die Erscheinungen einsetzten. An den ersten Tagen war er auswärts, er hielt in Nordkroatien Exerzitien. Als er Samstag abends zurückkam, erfuhr er von der »Gospa« und befragte die Kinder. Zuerst war er skeptisch, zurückhaltend und ängstlich. Als die Seher von der Polizei verfolgt wurden, stellte er sich auf ihre Seite, beschützte, versteckte sie und hatte wohl auch selbst Erscheinungen. Pater Jozo Zovko wurde am 17. August verhaftet und eingesperrt.

Am fünften Tag (Sonntag, den 28. Juni) kamen an die 15 000 Menschen.

Am nächsten Tag brachte man die sechs Seher nach Mostar zu einer ärztlichen Untersuchung. Alle waren gesund. Die Chefärztin soll gesagt haben: »Die Kinder sind nicht verrückt, sondern eher der Umstand, der sie hierher gebracht hat.« Am Abend waren sie wieder zurück und an der Erscheinungsstätte, wo noch mehr Menschen als am Tag zuvor warteten. Maria sagte: »Das Volk soll glauben und nichts fürchten!«
   Die Ärztin, die die Kinder begleitet hatte, ersuchte plötzlich darum, die Erscheinung berühren zu dürfen. Als es ihr gestattet wurde, durchlief sie deutlich ein Schauder, und sie sagte: »Da ist etwas Sonderbares.« Sie war eine Agnostikerin. An diesem Tag geschah auch das erste von mittlerweile über 500 Wundern: am kleinen Daniel Setko.

Am siebten Tag (30. Juni) wurden die Kinder zu einer Spazierfahrt eingeladen, die sich über den ganzen Tag hinzog. Als klar war, daß sie zur gewohnten Zeit nicht zurück sein würden, baten die Kinder, das Auto anzuhalten. Sie stiegen aus und erlebten die Erscheinung der »Gospa« unterwegs. Die beiden »Sozialarbeiterinnen« aus Sarajevo, die sie zu der Fahrt eingeladen hatten, dürften den Auftrag gehabt haben, die Seher fernzuhalten... Als die beiden während der Erscheinung eine Zigarette rauchen wollten, war es ihnen, als würden die Sonne und eine Lichtsäule auf sie fallen. Sie erschraken und ließen die Zigaretten fallen. Hinterher berichteten beide dem Pfarrer von ihrem Auftrag.
   2) *Verhöre, Verfolgungen, Erscheinungen in der Kirche:* Da der Plan der Ablenkung nicht funktioniert hatte, griff man zu schärferen Methoden: Man brachte die Seelsorger, die Eltern, eifrige Befürworter und die Seher selbst aus dem Dorf zu Verhören und wollte sie einschüchtern. Man bewachte die Kinder, doch sie täuschten die Milizsoldaten und rannten ihnen davon. Maria erschien ihnen am Abend zur gewohnten Stunde. Am 1. Juli hörte Pfarrer Zovko eine innere Stimme: »Geh hinaus und nimm die Kinder in Schutz!« Er folgte dem Impuls, verbarg die Kinder im Pfarrhaus und lenkte die Milizen ab. Auf Vorschlag des Pfarrers stimmte die »Gospa« zu, in der Kirche zu erscheinen... Am 2. Juli hielt P. Zovko eine Abendmesse und forderte alle zu dreitägigem Fasten und Beten auf. Die ganze versammelte Gemeinde und in den nächsten drei Tagen auch das ganze Medjugorje mit seinen fünf Teilgemeinden hielt sich an die Zusage bei der Messe; ein großer neuer Glaubensimpuls breitete sich unter der Gemeinde aus! Die »Gospa« konnte »in der Kirche erscheinen«! Das war etwas Neues – wenn man sonstige Erscheinungen damit vergleicht! Und der religiöse Aufbruch hielt an und erfaßte auch die immer zahlreicher nach Medjugorje strömenden Pilger.

Die Erscheinungen fanden an verschiedenen Orten statt – oft auch in den Häusern der einzelnen Seherinnen und Seher. Ab 15. Januar 1982 sehr oft in der Kapelle der Kirche. Ab 12. April 1985 im Pfarrhaus...

3) *Der Inhalt der Botschaften:* In Medjugorje gibt es bis heute mehrere tausend Erscheinungen und Botschaften! Das gibt es nirgends sonst, und das verwirrt vor allem die Theologen, die Bischöfe und die Priester, die Medjugorje mit Lourdes und Fatima vergleichen... Die Kinder haben Maria von diesen Zweifeln und Verwirrungen berichtet. Maria hat geantwortet: »Bin ich euch langweilig geworden? Es geschieht alles genau nach Gottes Plan. Seid geduldig, seid ausdauernd in Gebet und Buße. Alles kommt zur rechten Zeit...«

Als 1982 von einem neuen Erscheinungszyklus in der Nähe berichtet wurde, im 60 km entfernten Izbično (ebenfalls in der Herzegowina), da fragten die Kinder auf Wunsch des dortigen Pfarrers Maria nach dem Grund dieser so zahlreichen Erscheinungen. Und Maria antwortete wieder: »Meine Kinder, habt ihr nicht gemerkt, daß der Glaube zu erlöschen begonnen hat? Viele kommen in die Kirche nur aus Gewohnheit. Den Glauben muß man wecken. – Das alles sind Gottesgaben!... Wenn es notwendig ist, werde ich in jedem Haus erscheinen!«

Noch eine dritte Erscheinungsstelle soll es in der Herzegowina geben, doch darüber gibt es keine Nachrichten. In Medjugorje dagegen gibt es seit dem 15. Dezember 1982 »Parallelerscheinungen«: Jelena Vasilj (geb. 1971) besuchte die 5. Volksschulklasse in Medjugorje, als sie während des Schulunterrichts innere Stimmen hörte. Am Nachmittag sprach sie mit ihrem Vater darüber und vertraute sich dem Fra Tomislaw Vlasić an. Der sprach den kleinen Exorzismus über sie und war bald von der Echtheit der Stimmen überzeugt. Am 23. Dezember sah sie eine Engelerscheinung, am 28. Dezember erstmals Maria und dann fast jeden Tag Maria oder Jesus und Maria. Sie erhielt viele persönliche Botschaften, wurde richtiggehend geführt. Aber sie sieht »mit geschlossenen Augen«, sozusagen innerlich – anders als die sechs übrigen Seher. Sie bedarf dazu großer innerer Sammlung, ehe sie Maria »sieht« und hört... Seit dem Karfreitag 1983 hat auch eine Schulkollegin Jelenas, die gleichaltrige Marijana Vasilj, Marienerscheinungen, doch sie hört keine Botschaften, sie sieht sie innerlich. Aber die beiden meinen es sehr ernst, und werden unbestreitbar geführt. Über Jelena regte Maria die Bildung von Gebetsgruppen an und gab feste Regeln dafür:

»Die Mitglieder der Gebetsgruppen müssen:
1. Allen ihren Leidenschaften und ungeordneten Begierden entsagen, das Fernsehen, übermäßigen Sport, Rauchen, übertriebenes Essen und Trinken, besonders Alkohol, meiden.

2. Sich ganz und total Gott übergeben.
3. Ein für allemal alle Angst ablegen. Schwierigkeiten dienen dem geistigen Wachstum, gereichen Gott zur Ehre, dürfen den Menschen in der Hand Gottes nicht beunruhigen.
4. Ihre Gegner zu lieben beginnen, weder Haß noch Bitterkeit und Verurteilung im Herzen tragen, sondern Liebe und Verzeihung, für die Gegner beten und Segen herabrufen.
5. Zweimal in der Woche bei Brot und Wasser fasten. Einmal pro Woche in der Gruppe zu Gebet zusammenkommen.
6. Täglich wenigstens drei Stunden dem Gebet widmen. Morgens und abends wenigstens eine halbe Stunde; darin ist auch eine Meßfeier und der Rosenkranz eingeschlossen, immer wieder freie Minuten zum Gebet nutzen.
   Mit Hingabe beten, nicht auf die Uhr schauen, sich von der Gnade Gottes führen lassen, alles Irdische Gottes Sorge anvertrauen, sonst fehlt die innere Ruhe.
   Den Geist des Gebets auf die Tagesarbeit ausdehnen . . . Betet, betet, betet! Durch das Gebet könnt ihr alles erlangen!
7. Vorsichtig sein, weil der Teufel alle prüft, die sich entschlossen haben, sich ganz Gott zu weihen. Wie macht er das? Indem er einzureden versucht, daß man zuviel betet, zuviel fastet, daß man wie die anderen jungen Leute sein soll und Vergnügungen nachgehen soll. Wenn Sie im Glauben gefestigt sind, kann der Teufel nicht mehr heran.
8. Für den Bischof und die kirchlichen Vorgesetzten viel beten, wenigstens die Hälfte des Betens und Fastens in dieser Intention.«

Die Inhalte der Botschaften sind einander sehr ähnlich, sie kehren immer wieder: Friede und Versöhnung, Bekehrung, Gebet, Fasten. Die Botschaften für die Priester lauten: fest glauben, über den Glauben des Volkes wachen. – Dann gibt es die sogenannten »Geheimnisse«, die zukünftige Geschehnisse beinhalten und noch nicht verkündet werden dürfen, auch nicht den Priestern, nicht einmal dem Papst. Den spärlichen Äußerungen der Seher ist zu entnehmen, daß jeder der sechs »eigene« Geheimnisse übermittelt bekommen hat und daß sie ihn selbst, die Kirche und die ganze Welt betreffen. Teilweise müssen sie erschreckende Inhalte haben, denn die Seher(innen) waren sehr verstört und traurig, als sie sie erhielten, manchmal fragten sie, ob eine »Milderung« möglich sei. Maria antwortete darauf, indem sie zu verstärktem Gebet aufforderte und meinte, daß man zwar den Ereignissen, die sie ansage, nicht entgehen könne, daß man sich aber so darauf vorbereiten könne, daß sie sich auf die Betreffenden nicht voll auswirken werden:

»Bekehrt euch, solange es noch Zeit ist! Ihr könnt alles verlassen und verlieren, nur Gott und den Glauben auf keinen Fall . . . Der Glaube hat in vielen Ländern sehr abgenommen, besonders in Deutschland, der Schweiz und Österreich, die Menschen achten dort zu sehr auf das private Leben der

Priester . . . Der Friede muß im Inneren der Menschen beginnen, erst dann und dadurch wird er auch zwischen den Menschen und den Völkern herrschen; er ist eine Folge des Glaubens, der Hingabe an Gott, des Gebetes, der Buße, des Fastens.«

Weil die Seher nur mehr selten zusammen sind, bekommen sie sehr verschiedene Inhalte vermittelt. Die einen erfahren detailliert das Leben Mariens, andere hören zur selben Zeit ihre Geheimnisse oder erhalten Ratschläge für ihr Leben oder Prophezeiungen . . . Nun einige der Donnerstagsbotschaften durch Marija Pavlovic:

17. Oktober 1985: Liebe Kinder! Alles braucht seine Zeit. Heute lade ich euch ein, daß ihr wieder an euren Herzen zu arbeiten beginnt, denn jetzt sind alle Feldarbeiten beendet. Für die Reinigung aller unnötigen Räume nehmt ihr euch Zeit, aber das Herz bleibt unbeachtet. Deshalb arbeitet mehr und reinigt mit Liebe jeden Teil eures Herzens. – Danke, daß ihr meinem Ruf gefolgt seid.

24. Oktober 1985: Liebe Kinder! Ich möchte euch jeden Tag mit Heiligkeit, Güte, Gehorsam und Liebe bekleiden, damit ihr mit jedem neuen Tag schöner und bereiter werdet für den Herrn. Liebe Kinder, hört auf meine Botschaften und lebt sie! Ich möchte euch führen. – Danke, daß ihr meinem Ruf gefolgt seid.

31. Oktober 1985: Liebe Kinder! Heute möchte ich euch zum Wirken in der Kirche einladen. Euch alle liebe ich in gleicher Weise, und ich wünsche, daß ihr alle nach eigenen Möglichkeiten wirkt. Liebe Kinder, ich weiß, daß ihr es könnt, es aber nicht tut, weil ihr euch für gering und unbedeutend für diese Dinge haltet. Seid mutig und bringt kleine Blumen für die Kirche und für Jesus dar, damit alle mit euch zufrieden sind! – Danke, daß ihr meinem Ruf gefolgt seid.

23. Januar 1986: Liebe Kinder! Ich fordere euch wieder zum Gebet mit dem Herzen auf. Denn wenn ihr, liebe Kinder, mit dem Herzen betet, wird das Eis in den Herzen unserer Brüder brechen, und alle Hindernisse werden beseitigt sein. Für alle, die sich bekehren wollen, wird es leicht sein, denn die Bekehrung ist ein Geschenk, das wir für alle unsere Nächsten bei Gott erbeten müssen. – Danke, daß ihr meinem Ruf gefolgt seid.

3. Juli 1986: Liebe Kinder! Heute lade ich euch alle zum Gebet ein. Ohne Gebet, liebe Kinder, könnt ihr weder Gott noch mich fühlen, noch die Gnaden, die ich euch gebe. Deshalb rufe ich euch auf, daß ihr den Tag immer mit Gebet beginnt und mit Gebet beendet. Liebe Kinder! Ich möchte euch von Tag zu Tag mehr im Gebet führen, ihr aber könnt nicht wachsen, weil ihr nicht wollt. Ich lade euch, liebe Kinder, ein, dem Gebet den ersten Platz zu geben. – Danke, daß ihr meinem Ruf gefolgt seid.

17. Juli 1986: Liebe Kinder! Heute lade ich euch ein nachzudenken, warum ich so lange bei euch bleibe. Ich bin die Mittlerin zwischen euch und Gott. Deshalb, liebe Kinder, rufe ich euch auf, aus Liebe all das zu leben, was Gott von euch wünscht. Liebe Kinder, lebt in aller Demut die Botschaften, die ich euch gebe. – Danke, daß ihr meinem Ruf gefolgt seid.

24. Juli 1986: Liebe Kinder! Ich freue mich über euch alle, die ihr auf dem Weg der Heiligkeit seid, und bitte euch, helft durch euer Zeugnis allen, die nicht heiligmäßig leben können. Deshalb, liebe Kinder, soll eure Familie der Ort sein, wo die Heiligkeit geboren wird. Helft allen, heilig zu leben, besonders aber euren eigenen Familien. – Danke, daß ihr meinem Ruf gefolgt seid.

31. Juli 1986: Liebe Kinder! Der Haß erzeugt immer Spaltung und sieht niemanden und nichts. Ich rufe euch auf, immer Einigkeit und Frieden zu bewahren! Besonders, liebe Kinder, wirkt mit Liebe dort, wo ihr lebt. Das Wichtigste sei euch immer die Liebe. Wendet durch die Liebe alles zum Guten, was der Satan vernichten oder an sich ziehen will. Nur so werdet ihr ganz mir gehören, und ich werde imstande sein, euch zu helfen. – Danke, daß ihr meinem Ruf gefolgt seid.

7. August 1986: Liebe Kinder! Ihr wißt, daß ich euch eine Oase des Friedens versprochen habe. Aber ihr wißt nicht, daß rund um diese Oase die Wüste ist, wo Satan lauert und jeden von euch versucht. Liebe Kinder, nur mit dem Gebet seid ihr imstande, jeden Einfluß des Satans an eurem Ort zu besiegen. Ich bin mit euch, aber ich kann euch eure Freiheit nicht nehmen. – Danke, daß ihr meinem Ruf gefolgt seid.

14. August 1986: Liebe Kinder! Ich lade euch ein, daß euer Gebet eine freudige Begegnung mit dem Herrn sei. Ich kann euch nicht führen, solange ihr selber nicht die Freude im Gebet verspürt. Ich möchte euch gerne tagtäglich immer mehr im Gebet führen, jedoch will ich euch nicht zwingen. – Danke, daß ihr meinem Ruf gefolgt seid.

18. Dezember 1986: Liebe Kinder! Heute möchte ich euch erneut zum Gebet einladen. Ihr seid viel schöner, wenn ihr betet – so wie Blumen, die nach dem Schnee ihre ganze Schönheit zeigen, und alle ihre Farben werden unbeschreiblich schön. Liebe Kinder, so zeigt auch ihr nach dem Gebet viel mehr als das Schöne vor Gott, und ihr seid ihm noch lieber. Deshalb, liebe Kinder, betet und öffnet euer Innerstes dem Herrn, daß er aus euch eine schöne harmonische Blume für den Himmel machen kann. – Danke, daß ihr diesem Ruf gefolgt seid.

8. Januar 1987: Liebe Kinder! Ich möchte euch Dank sagen für jede Antwort auf die Botschaften. Besonders danke ich euch, liebe Kinder, für alle eure Opfer und Gebete, die ihr mir dargebracht habt. Liebe Kinder, ich möchte euch auch weiterhin Botschaften geben, jedoch, liebe Kinder, nicht mehr jeden Donnerstag, sondern am 25. jeden Monats. Die Zeit ist gekommen, daß sich verwirklicht hat, was mein Herr wünschte. Von nun an gebe ich euch weniger Botschaften, bin aber auch weiterhin mit euch. Deshalb, liebe Kinder, bitte ich euch, hört auf meine Botschaften und lebt sie, damit ich euch führen kann! – Danke, daß ihr meinem Ruf gefolgt seid.

Das war die letzte der Donnerstagsbotschaften, die Marija vom 1. März 1984 bis zum 8. Januar 1987 empfangen und getreulich ausgerichtet hat. Die Monatsbotschaften sind etwas länger. Zwei Proben sollen belegen, daß sie bis heute anhalten:

25. März 1991: Liebe Kinder! Heute wie nie zuvor lade ich euch zum Gebet ein. Euer Gebet sei ein Gebet um den Frieden. Satan ist stark und möchte nicht nur Menschenleben zerstören, sondern auch die Natur und den Planeten, auf dem ihr lebt. Deshalb, liebe Kinder, betet, damit ihr euch durch das Gebet mit dem Gottessegen des Friedens schützt. Gott hat mich unter euch gesandt, damit ich euch helfe. Wenn ihr das wollt, nehmt den Rosenkranz. Schon allein der Rosenkranz kann in der Welt und in eurem Leben Wunder wirken. Ich segne euch und bleibe mit euch, solange es Gott will. Ich danke euch, daß ihr meiner Gegenwart hier nicht die Treue brechen werdet, und ich danke euch, denn eure Antwort dient dem Guten und dem Frieden. – Danke, daß ihr meinem Ruf gefolgt seid.

25. September 1991: Liebe Kinder! Heute rufe ich euch alle auf besondere Weise zum Gebet und zur Entsagung auf. Denn jetzt wie nie zuvor will Satan der Welt sein schändliches Gesicht zeigen, durch welches er immer mehr Menschen auf den Weg des Todes und der Sünde verführen will. Deshalb, liebe Kinder, helft, daß mein Unbeflecktes Herz in der Welt der Sünde zu herrschen beginnt. Ich bitte euch alle, daß ihr die Gebete und Opfer für meine Anliegen darbringt, damit auch ich sie Gott für das, was am nötigsten ist, darbringen kann. Vergeßt eure Wünsche und betet, liebe Kinder, für das, was Gott wünscht, und nicht für das, was ihr wünscht. – Danke, daß ihr meinem Ruf gefolgt seid.

Diese Botschaften werden über viele Länder auf schnellstem Weg verbreitet. In Wien kann man sie z. B. bereits einen Tag später in deutscher Sprache unter dem telefonischen Tonbanddienst 02 22 / 15 91 rund um die Uhr abhören! Die Königin des Friedens spricht zur Welt!

Neben diesen regelmäßigen Botschaften und den vereinzelten persönlichen gibt es aber immer wieder auch solche, die einzelne Seher empfangen und die für die Öffentlichkeit bestimmt sind. Ein Beispiel für viele ist die nachfolgende Botschaft, die Mirjana am 28. 1. 1987 in Sarajevo empfangen hat:

»Meine lieben Kinder! Ich bin zu euch gekommen, um euch zur Reinheit der Seele zu führen und dadurch auch zu Gott. Wie habt ihr mich aufgenommen? Am Anfang mit Zweifel, Angst und Mißtrauen den Kindern gegenüber, die ich auserwählt habe. Danach haben mich die meisten in ihr Herz aufgenommen, und sie haben angefangen, meine mütterlichen Bitten zu erfüllen. Aber leider, auch das hat nicht lange gedauert. Wohin immer ich auch komme, ist mein Sohn mit mir, und dorthin kommt auch Satan. Ihr habt zugelassen, daß er – ohne daß ihr es gespürt habt – über euch Macht gewinnt, mit euch regiert. Manchmal begreift ihr, daß eine eurer Handlungen von Gott nicht erlaubt ist, doch ihr verdrängt das schnell. Seid standhaft, meine Kinder! Trocknet die Tränen von meinem Antlitz, die ich weine, wenn ich zusehe, was ihr tut. Schaut euch um!

Habt Zeit, zu Gott in die Kirche zu kommen! Kommt ins Haus eures Vaters! Habt Zeit, zusammenzukommen und mit der Familie Gnade von Gott zu erbitten! Erinnert euch an eure Verstorbenen. Erfreut sie mit der heiligen Messe!

Schaut nicht mit Verachtung auf den Armen, der euch um eine Brotkrume bittet. Vertreibt ihn nicht von eurem reichen Tisch! Helft ihm, dann wird euch auch Gott helfen. Vielleicht geht sein Segen in Erfüllung, den er euch statt eines Dankes gibt. Vielleicht erhört ihn Gott. All das habt ihr, meine Kinder, vergessen. Satan hat euch dabei geholfen.

Seid standhaft! Betet mit mir! Betrügt euch nicht selbst, indem ihr denkt: ›Ich bin gut, aber mein Bruder, der neben mir wohnt, taugt nichts.‹ Ihr werdet nicht im Recht sein. Ich als eure Mutter liebe euch, und deswegen ermahne ich euch!

Da sind die Geheimnisse, meine Kinder! Das ist das, was nicht bekannt ist, und wenn es bekannt wird, wird es zu spät sein! Kehrt zum Gebet zurück! Nichts ist notwendiger als das. Es wäre mir lieb, daß mir der Herr erlaubt, euch zumindest ein wenig die Geheimnisse zu erklären, aber es ist schon allzuviel Gnade, was er euch gibt. Überlegt, was ihr ihm gebt! Wann habt ihr das letzte Mal wegen des Herrn auf etwas verzichtet!?

Ich will euch nicht mehr tadeln, sondern ich will euch noch einmal zum Gebet, zum Fasten und zur Buße aufrufen. Wenn ihr durch das Fasten Gnade von Gott erlangen wollt, soll niemand wissen, daß ihr fastet. Wenn ihr durch ein Geschenk an einen Armen bei Gott Gnade erhalten wollt, soll es niemand wissen, nur ihr und der Herr.

Hört auf mich, meine Kinder! Denkt im Gebet nach über diese meine Botschaften!«

4) *Viele Zeichen ereignen sich:* Von den Lichterscheinungen bei den ersten Marienerscheinungen war schon die Rede, ebenso vom wunderbaren religiösen Aufbruch, der in Medjugorje und bei vielen Pilgern zu beobachten ist – sicherlich mitbewirkt durch die Intensität, mit der Maria hier am Werke ist. Viele Millionen Pilger waren in Medjugorje, unzählige haben gebeichtet und die Kommunion empfangen, haben die Messen mitgefeiert... Hier nehmen von Anfang an die Priester teil an den Erscheinungen und am Erfüllen der Botschaften! Hier erfolgte eigentlich nie ein Besuchs- und Zelebrationsverbot wie an so vielen anderen Gnaden- und Erscheinungsorten der letzten Jahrzehnte. Obwohl die Erscheinungen bald vom Berg in die Kirche bzw. in die Häuser oder den Pfarrhof »verlegt« wurden, sind die Pilger nach wie vor auf den Berg gezogen. Unzählige Votivtafeln bezeugen die Bekehrungen, die Gebetserhörungen, die Wunderheilungen, die Menschen erlebten. Sie sind teilweise gut bezeugt, teilweise kirchlich überprüft worden. Es ist aber noch kein endgültiges Urteil gefällt. Noch ist alles im Fluß!

Als man am 17. August 1981 den Pfarrer verhaftete, beschlagnahmte man auch alles Geld (für Meßstipendien, Spenden der Gläubigen, die Haushaltskasse der Franziskanerpfarrei). Es wurde jedoch bald zurückgegeben, denn alle Personen, die mit diesem Geld zu tun bekamen, wurden von schrecklichen Monstererscheinungen geplagt, die erst aufhörten, als das Geld wieder dort war, wohin es gehörte. 1934 wurde auf dem Berg Šipovac, der Medjugorje überragt (520 m hoch) ein 12 m hohes Betonkreuz errichtet, zum Dank für die Befreiung von türkisch-moslemischer Herrschaft am Ende des 19. Jahrhunderts. Damals wurde der Berg umgetauft und Križevac (Kreuzberg) genannt. Die meisten Zeichen in Medjugorje haben mit diesem Kreuz zu tun. Viele berichten, gesehen zu haben, wie sich dieses Kreuz mehrmals um die eigene Achse drehte; wie es von einem himmlischen Licht überstrahlt wurde, das die Konturen des Kreuzes zum Verschwinden brachte, allmählich die Gestalt Marias annahm und schließlich wieder als Kreuz sichtbar wurde. Das ereignete sich an vielen Freitagen. Anfang Juli 1981 war über dem Berg Križevac an Abenden mit großen feurigen Buchstaben das Wort »MIR« (Friede) in den Himmel geschrieben. Das haben Tausende Menschen gesehen. Maria hat oftmals ein »großes Zeichen« angekündigt, das auf dem Berg zu sehen sein wird. Dieses Zeichen wird noch erwartet, es gehört zu den Geheimnissen der Seher, sie wissen darum, auch um den Zeitpunkt, dürfen ihn aber nicht nennen. Mehrmals gab es geheimnisvolle Fotos: Man hat das Kreuz fotografiert, und Maria mit dem Kind war auf dem entwickelten Film! Man hat Feuer auf dem niedrigeren Erscheinungsberg Crnica gesehen. Einmal sah man ein Feuer – die Feuerwehr fuhr aus, es zu löschen, fand aber nicht einmal eine Spur davon... Einige behaupten, Sonnenwunder wie in Fatima gesehen zu haben.

Auf die vielen Wunderheilungen wurde schon verwiesen, es fehlt der Raum, darauf einzugehen. Viele werden in der Literatur geschildert... Vicka fand eines Tages im Werkzeugkasten des Traktors, mit dem sie oft zur Arbeit aufs Feld fährt, zwei altertümliche große Rosenkränze, die niemandem gehörten. Als sie Maria fragte, hörte sie, daß sie eine Gabe von ihr seien, um sie zum Beten anzuspornen.

René Laurentin, einer der bekanntesten Mariologen der Gegenwart, hat zusammen mit dem französischen Mediziner Prof. Henri Joyeux (Montpellier) die Seher medizinisch und psychologisch getestet. Man untersuchte ihre Reaktionen während der Erscheinungen und stellte ganz spezifische Formen von »Ekstase« fest. Man machte Messungen über den genauen Zeitpunkt des Einsetzens der Ekstase und stellte eine unerklärliche Gleichzeitigkeit bei allen sechs Visionären fest, auch eine relative Unempfindlichkeit und Reaktionslosigkeit gegenüber äußeren Reizen. Durch die lange andauernden Erscheinungen gehört Medjugorje sicherlich zu den bestuntersuchten Erscheinungsstätten! Die Ergebnisse sind so, daß natürliche Erklärungen allein nicht ausreichen, um die Vorgänge zu deuten! Der jugoslawische Parapsychologe und Neurologe Dr. Ludvik Stopar kommt zu ähnlichen Ergebnissen: Er konstatiert parapsychologische Phänomene, aber sie sind transzendenten Ursprungs und nicht menschlich manipuliert!

5) Und was sagt die Kirche dazu? Es gibt eine ganze Reihe positiver Stellungnahmen von Bischöfen, die selbst am Erscheinungsort waren, aber nicht kompetent genug, ein Urteil zu fällen. Auch viele Theologen haben die Vorgänge untersucht und sich teilweise für die Echtheit und eine kirchliche Anerkennung ausgesprochen. Der zuständige Bischof von Mostar, Msgr. Pavao Zanić, hat am 11. Januar 1982 eine Untersuchungskommission eingesetzt und damit die Prüfung der Ereignisse in Gang gebracht. Da sie noch andauert, ist eine definitive Beurteilung verfrüht.

Bew.: Gut bezeugt, kirchlich noch nicht entschieden; Quelle: Ljudevit Rupcic, Erscheinungen Unserer Lieben Frau zu Medjugorje, 3. Aufl., Jestetten 1989; Marijan Ljubic, Erscheinungen der Gottesmutter in Medjugorje, 10. Aufl., Jestetten 1989; Peter Zimmermann, Medjugorje – das Friedensangebot Gottes an die Welt – Erlebnisse, Berichte, Interviews, 2. Aufl., Hauteville 1989; René Laurentin/Henri Joyeux, Medizinische Untersuchungen in Medjugorje, 2. Aufl., Graz 1987; Gerd Schallenberg, Visionäre Erlebnisse, Augsburg 1990, S. 230–268, 397–448; Luigi Bianchi, Fatima – Medjugorje. Zwei Stationen auf dem Weg zur Rettung, Hauteville 1987; Textquelle: Zeitschrift Medjugorje. Gebetsaktion Maria – Königin des Friedens, 1985 ff.

OHLAU / POLEN   Maria erscheint dem 47jährigen halbseitig gelähmten 1981 Kazimierz Domanski und heilt ihn. K. Domanski ist Arbeiter, er hatte einen schweren Unfall, bei dem er gefährliche Kopfverletzungen erlitt. Am Vorabend einer Gehirnoperation wird er durch Maria geheilt und erhält die Gabe, andere Menschen durch Handauflegen von körperlichen und seelischen Leiden zu befreien.

Am 8. 6. 1983 erscheint Kazimierz Maria ein zweitesmal und übermittelt ihm eine Botschaft, in der sie ihn und die Menschen, mit denen er zusammenkommt, zu Gebet, Buße und Beichte auffordert. Seither häufen sich Erscheinungen und Botschaften, die der Seher gleich nach der Erscheinung aufschreibt. Sein Beichtvater führt ihn dabei. 81 Botschaften sind bisher ins Deutsche übersetzt und veröffentlicht worden (bis 8. 12. 1989).

Zuerst wurde Domanski von der Polizei behindert. Die vielen Pilger, die an den Erscheinungsort kamen, wurden zurückgehalten und bedroht. Seit dem politischen Umsturz allerdings gibt es diesbezüglich keine Probleme mehr. Domanski unternahm sogar weite Reisen und ist sicherlich einer der bedeutendsten Seher und Charismatiker der Gegenwart. Tausende Menschen waren Zeugen von Sonnenwundern, Zehntausende bekennen sich als durch ihn geheilt. Die Kirche hat nur sehr zögernd von den Botschaften Kenntnis genommen und toleriert die Wallfahrtsbewegung, hat sich aber noch nicht erklärt.

Am 8. 12. 1985 sahen rund 40 000 Menschen in Ohlau ein Sonnenwunder, das in vielen Einzelheiten dem aus Fatima berichteten völlig glich:

8. 12. 1985 (28. Erscheinung): Um 7.30 Uhr war ich im Schrebergarten (Erscheinungsort). Eine große Menschenmenge hatte sich hier eingefunden. Es wurde der schmerzhafte Rosenkranz gebetet. Die Gottesmutter bat mich, daß ich mich beim 5. Geheimnis kreuzförmig auf den Boden lege und für die Sünder und Verfolgten bete. Anschließend erteilte ich im Namen Jesu Christi und der Muttergottes allen Gläubigen den Segen... Um 14.40 Uhr begab ich mich wieder in die Laube und betete kniend mit den Pilgern den schmerzhaften Rosenkranz. Beim 3. Geheimnis erschien wieder die Muttergottes, sie trug das Jesuskind auf dem linken Arm, ein blauer Umhang umhüllte sie und das Kind, in der rechten Hand hatte sie wieder einen langen, hellen Rosenkranz. Die Muttergottes segnete mich und legte ihre Hände auf meine Schultern und sagte: »Ich habe dich geheilt, du sollst Kranke heilen durch Berührung. Die Macht hast du von meinem Sohn und mir.« Ich sah die Muttergottes weinen, da fragte ich sie, ob ich ihre Aufträge gut erfülle. Sie sagte, daß ich gut den Willen Gottes erfülle und deshalb viele Verfolger habe.

»Halte fest an deinem Glauben, dadurch wirst du alles überwinden...«

Im Jahre 1917 wollte ich in Fatima die Welt vor dem Zweiten Weltkrieg verschonen, aber man schenkte mir kein Gehör. Von dieser von der göttlichen Barmherzigkeit auserwählten Stätte aus warne ich euch jetzt. Wenn ihr die Rettung, welche ich vom Himmel aus für die ganze Menschheit gebe, nicht annehmt, werdet ihr im schrecklichen Dritten Weltkrieg – im Atomkrieg – umkommen; aber ich weiß, daß mich das polnische Volk nicht enttäuschen wird. Von dieser Stätte hier, aus Ohlau, soll der Friede Gottes in die ganze Welt fließen. Dank eurer unterbrochenen Gebete bei Tag und Nacht wird der Heilige Vater sehr gestärkt und geschützt vor den Werken Satans und dessen Untergebenen. Da viele nach seinem Leben trachten, ist weiterhin das Rosenkranzgebet und der Rosenkranz zur göttlichen Barmherzigkeit nötig...

Bei der in Rom abgehaltenen Bischofssynode waren viele gegen den Heiligen Vater. Er aber, erleuchtet durch die Macht des Heiligen Geistes, überzeugte die Kardinäle und Bischöfe, daß sich die Kirche Christi an die vertrauten Grundsätze des Evangeliums halten muß...

Mein Sohn! Schon zweimal war Papst Paul II. durch die Gnade der Bilokation in deiner Wohnung. Es ist gut, daß du die Hinweise des Heiligen Vaters erfüllt hast, und für seine Intention (Kirche und Synode) mit der Gemeinschaft Jericho über viele Tage und Nächte ununterbrochen der Rosenkranz gebetet wurde.« Die Muttergottes sagte noch, daß um die Mittagszeit 28 000 Pilger aus ganz Polen und auch dem Ausland da waren, und daß heute noch sehr viele kommen werden.

»Ich, die unbefleckte Empfängnis, bin heute als siegreiche Muttergottes hierher gekommen.«...

7. Juni 1986 – Fest des Unbefleckten Herzens der allerseligsten Jungfrau

Maria (34. Erscheinung): Um 10.00 Uhr war ich mit meiner Frau im Schrebergarten; wir beteten den glorreichen Rosenkranz, »Unter deinen Schutz«, zum heiligen Erzengel Michael und die Lauretanische Litanei. Ich blieb dann allein in der Laube und betete die Herz-Jesu-Litanei und »Unter deinen Schutz«.

Nach einer Weile öffnete sich die Tür, und die Muttergottes trat ein. Sie sprach: »Ich, die Unbefleckte Empfängnis, bin an meinem Festtag herabgestiegen, um die Botschaften meines Sohnes und meine mitzuteilen.«

Sie fragte mich, ob ich das braune karmelitanische Skapulier trage. Ich antwortete, daß ich es nicht bei mir habe. Sie sagte, hier hast du eines, und gab mir ein Skapulier. Ich fragte, wie soll ich dafür danken? Die Muttergottes antwortete: »Ich habe das Skapulier gegeben, damit es von allen Gläubigen getragen wird. Welche das Skapulier tragen, werden gerettet.«

Im Februar habe ich dir mitgeteilt, es wird im Zusammenhang mit Atombombenversuchen Katastrophen geben. Ich warne die ganze Welt, es wird noch zwei Katastrophen mit noch einer größeren Reichweite der Massenvernichtung geben. Der ganze Erdball wird davon betroffen sein. Jetzt sind 40 000 Menschen bestrahlt worden (Tschernobyl). Alle Völker der Welt sind in schwere Sünden versunken, bittet meinen Sohn und mich.

Meine Kinder, betet und bekehrt euch, damit die Strafe abgehalten wird. Durch das Gebet könnt ihr alles erflehen. Nach der Katastrophe wirst du und Bruder Biernacki und der Bruder Anatol in verschiedene Länder mit dem Segen »Im Namen Jesu Christi und der Muttergottes« zur Heilung der Seele und des Leibes fahren, da die Medizin machtlos sein wird. Teile dem ›Kleinen Kieselstein‹ und den anderen Sehern mit, daß auch sie in verschiedene Länder fahren werden, um den Gläubigen den Segen zu erteilen...

Meine Kinder! Verlaßt nicht euren Glauben! Jesus und die Muttergottes warten auf euch in jeder katholischen Kirche! Gut, daß du meine Aufträge erfüllst und in der Gnade des Segens allen Einladungen Folge leistest. In Kürze werden dich Priester einladen, um in ihren Pfarrgemeinden den Segen zu erteilen. Teile den Gläubigen mit, daß für den Heiligen Vater und die Priester viel gebetet werde, besonders zu Pater Kolbe. Dadurch werden viele Priester im Glauben gestärkt... Der Heilige Vater erhält von mir und meinem Sohn Botschaften, auch solche, daß die Erscheinungen in Ohlau wahr sind. Er will zu dem Erscheinungsort kommen. Man soll beten, daß er zu dieser Stätte kommen kann. Von der Behörde wirst du weiter verfolgt werden, aber bald werden sie diese Stätte aufsuchen und Jesus und mich um Verzeihung bitten...«

8. September 1987 (49. Erscheinung): Um 13.50 Uhr kam ich in der Gartenlaube an. Ich betete, und nach einer Weile trat die Muttergottes mit dem Jesuskind ein. Das Jesuskind trug das Evangelium, die Muttergottes trug den Rosenkranz und das Zepter. Sie trug eine Krone, ihr Mantel war mit leuchtenden Sternen verziert; alles war von goldenen Strahlen umgeben. Ich sagte ihr, daß so viele Leute nicht an die Erscheinungen glauben. Die Muttergottes antwortete:

»Erfülle die Aufträge, die dir gegeben werden. Jeder Mensch, der die Erscheinungen verleumdet, wird es zu verantworten haben. Teile mit, daß mein Sohn und ich das polnische Volk nicht mehr ermahnen werden, es kann aber gerettet werden, wenn es meine und meines Sohnes Botschaften annimmt.

Nicht nur in Polen steige ich zur Erde hinab, auch in anderen Ländern. Auch im Osten ermahne ich die Menschheit.«...

Die Muttergottes teilte mir mit, daß 73 660 Heilungen an Seele und Leib stattfanden. Weiters sagte sie: »Als du zur Erscheinungsstätte gingst, ging die ganze Zeit dein Schutzengel mit dir; er hat dich beschützt, so daß der Satan keinen Zutritt zu dir hatte. Man lauerte auf dich; ohne deinen Schutzengel wärst du nicht durchgekommen. Sie nahmen dich nicht wahr, als du an ihnen vorübergingst. Bete zum Erzengel Michael, er wird dich immer beschützen. Jeder Mensch hat seinen Schutzengel und soll zu ihm beten. Erteile weiterhin den Segen zwischen 21–22 Uhr in die Ferne denen, die sich im Gebet mit Ohlau verbinden, auch den Kranken, die darum bitten...«

2. *Januar 1988 – Sonnabend (53. Erscheinung):* Um 10.20 Uhr war ich im Schrebergarten, und kurz darauf erschien die Muttergottes und sagte: »Am zweiten Tag des neuen Jahres, an meinem Feiertag, bin ich herabgestiegen, um dem polnischen Volk den Segen zu erteilen.

Es nähert sich die Zeit des erneuten Kommens meines Sohnes auf die Erde. Vor seinem Kommen werden jetzt verschiedene Zeichen am Himmel und auf der Erde gegeben werden. Gegeben wird das Zeichen: ›Das Kreuz und Engel mit Trompeten werden am Himmel zu sehen sein.‹ Aus diesen Trompeten wird der Schall in alle vier Himmelsrichtungen ertönen. Bevor das eintreffen wird, werden viele Leute umkommen und werden das Zeichen nicht mehr sehen. Teile allen mit, alle Völker sollen beten, zur Beichte und heiligen Kommunion gehen. Bald wird man auf der Erde sehen, in welchem Land Explosionen stattfinden werden. Von diesen Explosionen werden Dörfer und Städte überflutet werden. In manchen Ländern werden Städte und Dörfer vom Wasser des Meeres zugedeckt. Wenn sich die Menschheit bekehrt, kann sie durch das Gebet gerettet werden. Vom Westen nach Osten werden die Explosionen stattfinden. Es wird ein Weinen und Zähneknirschen geben; davon hängt es ab, was die Menschheit sich verdienen wird.

Diejenigen, die Botschaften erhalten, müssen sich im Gebet mit der heiligen Kirche vereinigen. Sie sind von meinem Sohn und mir auserwählt. In alle Länder sollen sie fahren und das Rosenkranzgebet verbreiten, denn nur durch das Gebet kann die ganze Welt gerettet werden.

Der Kirche habe ich in dieser Zeit Laien zur Hilfe auserwählt, sie sind die Apostel dieser Tage. Sie haben verschiedene Schwierigkeiten, aber in Kürze werden sie sie überwinden. Alle Seher sollen sich in Fatima mit dem Heiligen Vater treffen. Dann wird ihnen der Heilige Vater den päpstlichen Segen erteilen, dadurch werden sie noch mehr gestärkt werden. In dieser Zeit wird niemand mehr auserwählt werden.

Teile den Gläubigen mit, sie mögen das neue Jahr mit meinem Sohn und mir beginnen. Gut, daß ihr euch am Neujahrstag mit dem Erscheinungsort in Ohlau verbunden habt. Ich weiß, daß Gläubige den Erscheinungsort aufgesucht haben, um meinen Sohn und mich um den Frieden Gottes in den Familien zu bitten. Nur sehr wenige haben für das alte Jahr gedankt, und um ein glückliches neues Jahr wurde auch wenig gebetet. Sage jenen, die nicht beten, sie sollen sich bekehren, denn die Zeit ist kurz.

Im Februar wird die nächste Erscheinung sein, weitere Aufträge werden erteilt.«

8. September 1989 – Fest Mariä Geburt (76. Erscheinung): Um 13.00 Uhr kam ich in die Gartenlaube und betete. Nach einer Weile stieg die Muttergottes herab, Maximilian Kolbe begleitete sie. Sie sprach:

»Am Festtag meiner Geburt bin ich auf die Erde herabgestiegen, um in eurem Herzen das Korn zu säen. Mein Sohn, wie freut sich mein Herz, daß heute so viele Gläubige die ganze Nacht auf dem Erscheinungsort in Ohlau gebetet haben. Die, die gebetet haben, haben die Gnade der Heilung der Seele und des Leibes erhalten. Mögen alle mit so einem Glauben kommen wie jene Frau, die am Vorabend des Hochfestes Marias Aufnahme in den Himmel, geheilt worden ist. Sie hat von mir und meinem Sohn die Gnade der Heilung der Seele und des Leibes erhalten. Auch eine zweite Frau hat diese Gnaden erhalten.

Meine Kinder, ihr müßt euch unaufhörlich an meinen Sohn und mich wenden. Seid immer vorbereitet, wenn ihr auf den Erscheinungsort nach Ohlau kommt. Es wird jetzt immer mehr Heilungen an Leib und Seele auf dem Erscheinungsort geben. Nur mein Sohn kann die Seele und den Leib heilen. Eure Herzen widmet völlig meinem Sohn und mir. Ich will, daß das Korn Gottes, das ich in eurem Land gesät habe, in euren Herzen keimen möge, denn ohne meinen Sohn und mich könnt ihr nichts tun.

Weiterhin fordere ich euer Volk zu Fasten und Buße auf. Das braucht euer Land heute. Mein Sohn, viele kommen zum Erscheinungsort und beten nicht, aber die Gnade der Heilung wollen sie erhalten. Das ist ein besonderer Ort des Gebetes, der Buße und des Fastens, was sich hier auch viele vornehmen. Sie verlassen den Erscheinungsort, erquickt an Leib und Seele. Die größte Gnade, die man erhalten kann, ist die Heilung der Seele. Teile dem polnischen Volk mit, als es mit dem Primas von Polen, mit der ganzen Kirche und der jetzigen Regierung der Muttergottes von der Jasna Gora das Gelübde abgelegt hat, hat es von meinem Sohn und mir den Segen erhalten. Es ist eine große Ehre für euer Land, daß der Statthalter Johannes Paul II. gewählt worden ist. Er soll alle Völker in einer Herde vereinigen. Meine Kinder, betet für ihn, denn unterstützt durch euer Gebet, kann er viel mehr für meinen Sohn und mich tun.

Mein Sohn, in verschiedenen Ländern steige ich herab, aber meine Aufträge werden nicht erfüllt. Zuwenig wird der Rosenkranz gebetet. In eurem Land steige ich auf dem Erscheinungsort in Ohlau und in Ruda bei Sieradz herab. Unterstützt auch den Erscheinungsort in Ruda durch euer Gebet. Auch dort ist das Gebet notwendig, denn auch dieser Erscheinungsort wird verfolgt.

In Kürze werden auf der Erde die Erscheinungen aufhören. Mein Sohn, bald wirst du ein Geheimnis für die Kirche erhalten, das du dem Statthalter, Johannes Paul II., überbringen wirst. Alle Geheimnisse werden immer dem

Heiligen Vater mitgeteilt. Ich werde dir e.. Zeichen geben, wann du dieses Geheimnis überbringen sollst.

Die nächste Erscheinung wird im Oktober sein.«

Bew.: Gut bezeugt; Quelle: Franz Speckbacher, Botschaften an den Seher Domanski. Offenbarungen Jesu und Marias, St. Andrä-Wördern 1990

1982 DAMASKUS / SYRIEN   Ein kleines Marienbild in der Wohnung der Jung-verheirateten Nikolaus Nazzour und Myrna Akhras, sonderte ab 27. November eine Art wohlriechendes Öl ab. Am 22. November hatte Myrna dasselbe Phänomen an ihren Händen bemerkt. Am 15. Dezember hatte Myrna eine Marienerscheinung; diese wiederholten sich, verbun-den mit kurzen Botschaften, öfter. Maria sagte dabei zum Beispiel:

– »Ihr wißt über alle Dinge Bescheid und doch erkennt ihr nichts... Aber es naht die Stunde, in der ihr alles wie ich in Gott erkennen werdet. Tut denen Gutes, die euch Böses antun, und fügt niemandem Unrecht zu. Ich habe euch mehr Öl geschenkt, als ihr erbeten habt, und ich werde euch etwas schenken, das mehr Kraft als das Öl hat. Bereut eure Sünden und seid Menschen im Glauben... Verkündet meinen Sohn Emmanuel! Wer ihn verkündet, wird gerettet werden, und wer ihn nicht verkündet, verfehlt seinen Glauben. Liebt einander! Ich verlange weder Geldspenden für die Kirche noch Geld für die Armen. Ich bitte nur um Liebe... Ich werde noch mehr die Häuser heimsuchen, denn diejenigen, die zwar zur Kirche gehen, gehen dort nicht immer hin, um zu beten. Ich bitte euch um den Bau einer Kirche, die zu einer Pilgerstätte werden soll.« (18. 12. 1982)

– »Derjenige, der sich demütigt, wird von Gott gestärkt und erhöht. Ich wurde aus Liebe zu euch gekreuzigt, und ich möchte, daß ihr für mich eure Kreuze tragt und ertragt, aus freiem Willen, mit Liebe und Geduld, in Erwartung meiner Wiederkunft... Es gibt kein Heil für die Seele außer im Kreuz. Fürchte dich nicht, meine Tochter, ich gebe dir meine Wunden, damit du mit ihnen die Schuld der Sünder bezahlst... Selbst wenn meine Abwesenheit länger dauert und es sich um dich herum verfinstert, dann fürchte dich nicht, denn dies alles dient zu meiner Verherrlichung. Verneige dich zur Erde, über die sich Verderben gebreitet hat, und bleibe im Frieden Gottes.« (26. 11. 1985)

Seit dem 25. 11. 1984 ist Myrna stigmatisiert. Viele Menschen sind Zeugen der Ereignisse und der mystisch-charismatischen Zeichen, darun-ter auch Priester und Ärzte. Mit Hilfe des wohlriechenden Öls wurden Schwerkranke geheilt.

Bew.: Gut bezeugt; Quelle: R. Ernst, Lexikon; Textquelle: Franz Speckba-cher, Der grüne Gürtel der Madonna und die Botschaft Unserer Lieben Frau von Soufanieh, Altötting 1989

ERBANNO DI BOARIO/ITALIEN   Im Haus der Rina Baisini weinte am 1982
21. September eine Marmorstatue der »Rosa Mystica« blutige Tränen.
Frau Erbanno hatte in Fontanelle und Montichiari viel für die Bekehrung ihres Mannes gebetet. Das Gebet hatte Erfolg. Darauf gründete
sie eine Gebetsgruppe aus Nachbarinnen, die gemeinsam den Rosenkranz beteten. Am 21. September sahen alle kurz vor dem Weggehen die
Bluttränen, die bis auf den Boden tropften. Sie riefen den Pfarrer, der
verständigte den Bischof von Brescia. Das Phänomen wurde genau untersucht (Universität Mailand) und wurde als menschliches Blut der Blutgruppe A eingestuft (Befund vom 10. Februar 1983). Die Statue wurde
im Ordinariat längere Zeit untersucht. Dann erhielt Rina Baisini die
Statue von allen Blutspuren gesäubert mit der Bemerkung zurück,
daß die Übernatürlichkeit des Phänomens nicht feststehe. Außerdem
sollte sie eine Erklärung unterschreiben, daß sie sich weigere, Pilger-
busse zu empfangen, und bereit erkläre, zu keinem Menschen darüber zu
reden.

Bew.: Gut bezeugt; Quelle: L. Ch. Kaiser, Maria weint, S. 138f.; R. Ernst,
Lexikon

EUPEN/BELGIEN   Maria zeigte sich am 13. Mai der Margrit Weinberg 1982
(1929–1984), nachdem zuvor ein leuchtender Engel (er nannte sich »Gabriel«) die Erscheinung Marias angekündigt hatte (»Ich bringe euch die
Königin des Himmels und der Erde!«). Dann erschien Maria in einem
herrlichen Licht, sehr jung, weiß gekleidet mit einem weißen Schleier
über den Schultern.
Die Anwesenden beteten das »Salve Regina«. Bei den Worten ». . . zeige uns Jesus« lächelte Maria und nickte zustimmend. Dann sagte sie:
»Folgt mir weiter auf dem Weg, den ihr eingeschlagen habt!«
Nachdem Maria einige Fragen beantwortet hatte, erschienen mehrere
Engel und sangen mit den Anwesenden das Marienlied »Wunderschön
prächtige. . .« Dann schwebte Maria aufwärts, segnete sie und hüllte sich
in eine Lichtwolke und verschwand. Eine ähnliche Erscheinung fand auch
am 26. November und am 27. Dezember in Verviers/Belgien in der St.-
Lambertus-Kirche statt.

Bew.: Gut bezeugt; Quelle: R. Ernst, Lexikon

GRANADA/SPANIEN   In der Basilika San Juan de Dios begann am 13. Mai 1982
die mehr als 200 Jahre alte Statue der »Tränenreichen Gottesmutter«
blutige Tränen zu weinen. Mehr als hunderttausend Menschen haben es

gesehen, deutlich waren vier rote Tränenspuren an den Wangen der Statue zu erkennen. Die Statue wurde darauf in einen Glasbehälter gestellt, und die Blutspuren sind bis heute unverändert sichtbar. Auch Wunderheilungen werden bezeugt.

Bew.: Gut bezeugt; Quelle: R. Ernst, Lexikon

1982 MAASMECHELEN/BELGIEN In der Wohnung der Familie Linden weint eine Pilgermadonna »Rosa Mystica«, die Frau Linden am 14. September von Pater Oscar aus dem Kloster Hamont für neun Tage (eine Novene lang) übernommen hatte, am 15. September, am Fest der Sieben Schmerzen Mariä. Einige Nachbarinnen, die mit dem Ehepaar Linden Rosenkranz gebetet haben, sehen es zuerst, dann spricht es sich schnell herum: Die Madonna weint, ohne aufzuhören, bis sie am 23. September wieder ins Kloster zurückgebracht wird.

Im März 1983 besorgt sich Frau Linden selbst eine solche Pilgermadonna und organisiert das »Wandern« in einem 9-Tage-Rhythmus. Dazwischen ist die Statue immer wieder bei ihr daheim. Dort hat seit dem 15. September 1982 eine kleine Fatimastatue gleichzeitig mit der Pilgermadonna zu weinen begonnen. Am 8. August kommt ein polnischer Pater, der davon gehört hatte, und bittet darum, die weinende Fatimamadonna sehen und verehren zu dürfen. Dann fragt er nach der »Rosa Mystica«, und als er sie zu sehen bekommt, merken alle Beteiligten, daß der Figur Tränen aus den Augen quellen. Und es begann das endlose Weinen, das bis zur Gegenwart anhält.

Der Radiologe Dr. Erik Ballaux hat die in Deutschland hergestellte Statue (bestehend aus Polyurethan, lackiert) genau untersucht und gibt folgendes Gutachten ab: Die Figur sondert an der Vorderseite von den inneren Augenwinkeln her eine Flüssigkeit ab, in unregelmäßiger Quantität. Die Untersuchung erstreckte sich über drei Monate und wurde ergänzt durch eine Röntgenuntersuchung und eine chemische Untersuchung. Die Röntgenuntersuchung zeigte die Struktur der Statue (Kunststoff mit einzelnen Luftblasen, innen hohl). Es bestehen keine Kanäle oder dergleichen, die in Verbindung mit den Augen stünden, es gibt auch keinerlei metallische oder elektronische, also künstliche Vorrichtungen an der Figur. Die chemische Untersuchung der Flüssigkeit durch Dr. F. van Hoof, einen weltbekannten Spezialisten für Tränen (er erfuhr erst nach der Bekanntgabe der Analyse, um welche Art von Flüssigkeit es sich bei der Probe handelte) ergab, daß es sich nicht um menschliche Tränenflüssigkeit handelt, obwohl geringe Spuren von Proteinen und anderen typischen Stoffen (etwa $1/10$ der in Tränen nachweisbaren Prozentanteile) vorhanden waren. Beide Untersuchungen zusammengenommen lassen den Schluß zu, daß die Absonderung der Flüssigkeit nicht erklärt werden kann, es handelt sich freilich auch nicht (wie in anderen Fällen labormäßig nachgewiesen) um menschliche Tränen!

Die kirchliche Untersuchung ist in Gang, aber noch nicht zu einem definitiven Abschluß gekommen.

Zu erwähnen bleibt, daß ein ebenfalls in der Wohnung der Familie Linden befindliches Kruzifix (dem Christus von Limpias in Spanien nachgebildet) am 2. Januar und 4. Februar 1986 Bluttränen vergossen hat, ebenso eine Fatimastatue viermal im Jahr 1987 und am 24. Februar und 25. März 1990. Woher der Rosenduft der »Rosa Mystica«-Tränen stammt, ist ebenfalls ungeklärt.

> Bew.: Gut bezeugt; Quelle: Gerhard Hermes, Die Tränen der »Rosa Mystica«. Maria weint in Belgien, Stein am Rhein 1991; R. Ernst, Lexikon; L. Ch. Kaiser, Maria weint, S. 140f.

POCKING/DEUTSCHLAND   Maria erscheint unter uns nicht näher bekannten Umständen der Renate Mross-Urban und übermittelt ihr (zusammen mit Jesus) Botschaften. Die Erscheinungen und Botschaften dauern an. **1982**

> Bew.: Unbekannte Überlieferung.

TERME/ITALIEN   Eine »Rosa Mystica«-Statue weint blutige Tränen unter nicht näher bekannten Umständen. **1982**

> Bew.: Unbekannte Überlieferung.

BETHLEHEM (PALÄSTINA)/ISRAEL   Maria zeigte sich Tag und Nacht Tausenden von christlichen Arabern vor dem Brunnen von Bet Schur. Sie war nach übereinstimmender Angabe weißgekleidet. Ein Zaun wurde errichtet, um die Erscheinung vor den Neugierigen zu schützen. **1983**

> Bew.: Gut bezeugt; Quelle: R. Ernst, Lexikon

DÜSSELDORF/DEUTSCHLAND   Maria erschien am 25. Juni in einem strahlenden Licht einem nicht mit Namen bekannten Seher bei der Himmelfahrtskirche. Er hörte die folgenden Worte: **1983**

> »Zeichne auf, mein Kind! Ich werde die von der Kirche Getrennten zur katholischen Kirche zurückführen. Mein lieber Sohn hat mir geoffenbart, daß künftig alle Irrlehren in der Welt erlöschen werden. Den Sieg über die Irrlehren hat mein Sohn mir vorbehalten. – Ich halte weiterhin den Mantel über die Meinigen. Lasset nicht nach im Gebet!«

> Bew.: Unbekannte Quelle; Quelle: R. Ernst, Lexikon

1983 MARPINGEN/DEUTSCHLAND Einem einfachen Bauern, der viel in der Gnadenkapelle betete, die nach den Ereignissen von 1876 (vgl. dort) gebaut worden war, erschien Maria am 16. Juli und »diktierte« ihm die folgende Botschaft:

»Mehr als hundert Jahre meiner Offenbarungen sind vergangen. Ihr habt weder das Gnadenbild noch meine Botschaft verstanden. Man hat meine Botschaft verdreht und lächerlich gemacht: Ihr sollt sündigen und nicht beten! Ich habe euch gesagt, wie ihr wahrhaftig christlich leben sollt, und was zur Sünde führt. Ich habe euch die Hölle gezeigt für die Sünder, die ewig verloren gehen. Ich habe euch das größte aller Wunder gezeigt, das Sonnenwunder. Viele waren Zeugen. – Doch eure Sünden und Laster haben den Zorn Gottes und den Zweiten Weltkrieg herausgefordert. Auch diese Drangsale waren wieder vergessen. Die Sünden der heutigen Zeit übertreffen das Vergangene aller Zeiten in ihrer Abscheulichkeit.

Nun triumphiert ihr noch in euren Sünden, spottet und lästert darüber. Ihr macht euch lustig über meine Botschaften und über alle, die beten und auf das Gnadenwasser vertrauen. Wundert euch nicht, wenn die Katastrophe über Nacht kommt. Euch ist so viel Zeit gegeben worden zur Umkehr und zur Besserung. Wenn das Unheil plötzlich eintrifft, hat euer ›Herr, Herr‹-Sagen keinen Sinn mehr! Ihr geht alle zugrunde.

Der Fürst dieser Welt, der Widersacher Gottes, hat euch für Gottes Gebote und Offenbarungen blind gemacht. Er hat euch in der irdischen Gewinn- und Genußsucht erstickt für das geistige Leben. Euer Leben ist kein christliches mehr, sondern das Leben des neuen Heidentums! Nur noch Laster, Haß, Unfriede, Zank, Habgier, freie Liebe, die Genußsucht des Fleisches triumphieren! Das Leben einer christlichen Familie ist längst zerbrochen.

Unheil und Krieg in einem unvorstellbaren Ausmaß, das noch nie da war, werden euch überraschen. Nun geht ihr in euren abscheulichen Sünden in den Abgrund!...Vor den Toren Deutschlands stehe ich weinend, wie Christus über Jerusalem geweint hat. Die christliche Fahne wird nach außen gezeigt, aber das eigentliche Leben wird ohne Glaube und Gebet gelebt. Wie oft habe ich euch durch meine Offenbarungen gemahnt! In keiner Zeit der Menschheit habe ich so viele Offenbarungen von der Allmacht Gottes erbeten wie gerade in der heutigen Zeit. Aber der Fürst dieser Welt, der Widersacher Gottes, hat euch für Gottes Gebote und Offenbarungen blind gemacht!

Der Heilige Vater möge das letzte Mariendogma von der Miterlöserin, Mittlerin und Fürsprecherin vierzig Tage nach dem Karmelfest verkünden!«

Diese Botschaft wurde von katholischen Priestern dem Papst übermittelt. Am 3. 9. 1976 hatte sich Maria mit den Worten »verabschiedet«: »Ich komme wieder in schwer bedrängter Zeit!«

Die Kirche hatte damals die Erscheinungen im Härtelwald ausdrücklich abgelehnt.

Bew.: Gut bezeugt; Quelle: R. Ernst, Lexikon

RANSCHBACH/DEUTSCHLAND Maria heilte durch das Wasser an der 1983
Lourdesgrotte von Ranschbach (an der Weinstraße) den blinden 16jähri-
gen Ulrich Lanth. Seither strömen immer wieder Pilger zu diesem Heilwasser.

Bew.: Gut bezeugt; Quelle: R. Ernst, Lexikon

SAN NICOLAS/ARGENTINIEN Maria erscheint der Gladys Quiroga de 1983
Motta als »Rosenkranzkönigin« und diktiert Botschaften, welche die
Seherin mit geschlossenen Augen aufschreibt.
   Maria empfiehlt den häufigen Sakramentenempfang (Beichte, Eucharistie) und das tägliche Beten des Rosenkranzes. Viele Krankenheilungen
werden in der Folge gemeldet. Maria wünscht an der Erscheinungsstelle
den Bau einer Kirche. Das ist zwar bisher nicht geschehen, doch eine von
Papst Leo XIII. geweihte und für die Kathedrale von San Nicolas bestimmte Statue der Rosenkranzmadonna, welche entfernt worden war,
wurde wieder auf einen Ehrenplatz in der Kathedrale gestellt. Sehr viele
Pilger strömen zur Erscheinungsstätte.

Bew.: Gut bezeugt; Quelle: »Mater nostra«, Hauteville

ST. GERMAIN-LAPRADE/FRANKREICH Maria erschien unter nicht näher 1983
bekannten Umständen an verschiedenen Tagen mehreren Jugendlichen
und Erwachsenen auf einem Hügel in Richtung Blavozy.

Bew.: Unbekannte Überlieferung; Quelle: R. Ernst, Lexikon

VILLA ALEMANA/CHILE Maria erschien öfter auf dem Hügel Penablanca 1983
dem 17jährigen Miguel-Angel Poblet seit dem 12. Juni und gab ihm
Botschaften. Sie sprach mit großer Liebe von den Menschen in Rußland,
forderte zu Gebet und Bekehrung auf und ermahnte Priester und Gläubige zu einer intensiveren Verehrung des Altarssakraments sowie zum
Beten des Rosenkranzes und zur Betrachtung der Leiden des Herrn. Sie
kündigte auch eine weltweite Katastrophe an. Bei der Erscheinung am
29. September waren an die 100 000 Personen versammelt.

Bew.: Gut bezeugt; Quelle: R. Ernst, Lexikon

BRÜSSEL/BELGIEN Fast täglich erlebte André Pestiaux zwischen dem 21. 1984
Juli 1984 und 15. Juli 1985 Erscheinungen Marias, des heiligsten Herzens
Jesu und vieler Engel und Heiligen. In vielen Botschaften rief Maria zu
Gebet, Sakramentsempfang, Bußübungen, Nächstenliebe und Treue zum
Papst auf. 1987 übersiedelte die Familie des Sehers in eine andere Stadt.

Bew.: Gut bezeugt; Quelle: R. Ernst, Lexikon

1984 CAIOLO / ITALIEN Maria erschien dem 34jährigen Filvio Pirana, der 65jährigen Anita Tagni und der 69jährigen Alessia Uberti am 4. August um 7 Uhr früh weißgekleidet in einem hellstrahlenden Lichtoval mit ausgebreiteten Armen. Die Erscheinung verschwand kurze Zeit später und wiederholte sich seither nicht mehr.

> Bew.: Gut bezeugt; Quelle: R. Ernst, Lexikon

1984 CARTAGENA / KOLUMBIEN Während des Gebets vor einer Pilgermadonna der »Rosa Mystica« sahen mehrere Kinder und Erwachsene, daß die Madonna weinte. Sieben Zeugen beglaubigten mit Unterschrift ihre Schau vom 4. Juni 1984, die von Sr. Jacinta vom Colegio la Anunciacion in Cartagena mitgeteilt wird.

> Bew.: Gut bezeugt; Quelle: R. Ernst, Lexikon; L. Ch. Kaiser, Maria weint, S. 147

1984 CHICAGO / USA In der Kirche St. Johannes von Gott beginnt am 29. Mai eine Statue der »Rosa Mystica« zu weinen. Zwölf Personen und der Pfarrer sind Zeugen – auch des unmittelbar danach erfolgten Frevels, als ein etwa 25 bis 30 Jahre alter Mann lachend mit einem Revolver aus etwa 3 m Abstand auf die Statue schoß und dann aus der Kirche lief. Seit diesen Ereignissen strömen viele Menschen zu den abendlichen Gebetsstunden. Auch der Diözesanbischof und andere Bischöfe kommen zu diesen Gebetsstunden und beten vor der weinenden Madonna. Ein Untersuchungskomitee wurde eingesetzt, um das Geschehen zu untersuchen.

> Bew.: Gut bezeugt; Quelle: L. Ch. Kaiser, Maria weint, S. 145 f; R. Ernst, Lexikon

1984 CROTONE / ITALIEN Im Dezember 1984 erschien Maria in einer Kirche der Bischofsstadt Crotone dem Pfarrer, einer Lehrerin und einer Schülerin unter nicht näher bekannten Umständen.

> Bew.: Unbekannte Quelle; Quelle: R. Ernst, Lexikon

1984 GARGALLO / ITALIEN Maria erscheint dem 55jährigen Gianni Varini in einer herbeischwebenden, leuchtenden sonnenartigen Kugel, die sich auflöst und die blau-weiß gekleidete Madonna erkennen läßt. Maria nennt sich »die Mutter« und weist auf ein blutendes Herz-Jesu-Bild hin, das tatsächlich aufgefunden wird.

> Bew.: Gut bezeugt; Quelle: R. Ernst, Lexikon

BUFFALO/USA Maria erscheint dem deutschstämmigen Franz-Josef 1984
Keller unter nicht näher bekannten Umständen und übermittelt ihm
Botschaften wie die folgende:

> »Abtreibung ist Mord! Sage meinen Kindern, daß sie oft zur Beichte gehen
> müssen. Lest die Botschaften! Alle werden an der Frucht, die sie bringen,
> erkannt. Betet für den Heiligen Vater, denn sein Leben ist ständig in Gefahr.
> Er ist ein Verteidiger der Tradition und wird immer wieder gezwungen, anders
> zu handeln. Er ist von Verrätern umgeben... Es ist eure Pflicht, den Weisun-
> gen des Papstes zu folgen, denn sie sind die Weisungen des Heiligen Geistes.«

Bew.: Unbekannte Überlieferung.

LAS CHARCAS/KOLUMBIEN Im Haus des Evepio Orango Cuervo blutet 1984
ein Bild der »Rosa Mystica« am 15. und 16. September (Bluttränen) sowie
am 22. Oktober.

Bew.: Bericht zweier Augenzeugen aus Medellin/Kolumbien; Quelle: L. Ch.
Kaiser, Maria weint, S. 151; R. Ernst, Lexikon

JALL-EL-DIB (BEIRUT)/LIBANON Maria erscheint seit dem 28. März der 1984
18jährigen Jeanne d'Arc Farage häufig und vertraut ihr Botschaften und
Prophezeiungen an. Eine unermeßliche Katastrophe wird bald die Folge
der vielen Sünden der Welt sein. Um die Katastrophen zu mildern und
Sünder zu bekehren, empfiehlt Maria Gebet, Buße, heilige Messe, Kreuzweg, Rosenkranz und eine innige Hinwendung zu Gott und den Mitmenschen. Auch Jesus Christus, Engel und Heilige erscheinen und geben
Botschaften. Viele Wunder und Zeichen bezeugen die Echtheit der Erscheinungen, die Erzbischof Elias Zoghby anerkannt hat.

Bew.: Gut bezeugt, kirchlich (diözesan) anerkannt; Quelle: R. Ernst, Lexikon

JAMBEIRO/BRASILIEN Ein Bild der »Rosa Mystica«-Pilgermadonna 1984
weint in der Diözese São Paulo. Das Bild wandert dort durch die Familien
(auch protestantische!), und viele sehen die Madonna weinen und benet-
zen Tücher und Watte mit den Tränen. Bezeugt von P. José Sazami
Kumagawa aus der Pfarrei Unsere Liebe Frau der Schmerzen, Jambeiro,
Diözese Taubaté.

Bew.: Gut bezeugt; Quelle: L. Ch. Kaiser, Maria weint, S. 152

LÜTZENKIRCHEN (BEI LEVERKUSEN)/DEUTSCHLAND Maria erschien der 1984
50jährigen Renate Urban auf dem Dach ihres Hauses stehend, die Füße
von einer Wolke verhüllt, und forderte dazu auf, daß alle Menschen
friedfertig miteinander umgehen sollten. Frau Urban empfängt bereits

seit drei Jahren Botschaften (Diktate) Marias und errichtete jetzt aus Dankbarkeit einen Andachtsraum in ihrem Garten.

Bew.: Gut bezeugt; Quelle: R. Ernst, Lexikon

1984 MONTENAKEN/BELGIEN Im Haus der Familie Lemache-Ivens weinte eine »Rosa Mystica«-Pilgermadonna während einer Novene am 27. Januar. Das Weinen hielt viele Wochen an. Das Wohnzimmer der Familie wurde zu einem Andachtsraum umgestaltet, und viele Besucher kommen dorthin, um zu beten. Frau Lemache-Ivens hatte eine Marienerscheinung in San Damiano und erhält Botschaften, die sie aber noch nicht verbreiten darf.

Bew.: Gut bezeugt; Quelle: L. Ch. Kaiser, Maria weint, S. 142 f.; R. Ernst, Lexikon

1984 MONTPICHON/FRANKREICH Maria erschien mehreren Dorfbewohnern auf dem Friedhof des Dorfes. Sie hatte blonde Haare, trug ein langes weißes Gewand und lächelte freundlich.

Bew.: Gut bezeugt; Quelle: R. Ernst, Lexikon

1984 MUSHASA/BURUNDI Maria erschien dem 19jährigen Novizen Cyrill Mazarahisha im Kloster Bene-Yosefu und gab ihm den Auftrag, den Rosenkranz zu predigen. Die Erscheinungen wiederholten sich seither oft, vor allem an Samstagen.

> »Meine Kinder! Ihr laßt mich leiden und durchbohrt mit euren Sünden das Herz meines Sohnes... Bereitet euch vor, die Schläge seines Zornes zu erdulden... Die Menschen sollten ihr Herz lösen von den vergänglichen Gütern der Welt, deren Ende so nah bevorsteht.«

Sein Novizenmeister zweifelte an der Echtheit der Erscheinungen, bis er am 18. Januar 1985 feststellte, daß eine Marienstatue in der Klosterkapelle blutige Tränen weinte. Dieses Zeichen bewegte auch den zuständigen Bischof Jacques Ruhuora von Gitega, die Erscheinungen und Botschaften als echt anzuerkennen. Er ließ eine Kirche bauen, die am 13. Oktober 1986 eingeweiht wurde. Der Seher hatte zeitweise schwere Nachstellungen des Teufels zu erleiden.

Bew.: Gut bezeugt, kirchlich (diözesan) anerkannt; Quelle: R. Ernst, Lexikon

1984 NEUENTAL/DEUTSCHLAND Eine »Rosa Mystica«-Statue weinte im Pfarrhaus des Pfarrers Reinhold Lambert am 17. Dezember 1984 und in der Nacht vom 12. auf den 13. Juli 1985 und verbreitete dabei einen herrlichen Rosenduft, den viele Menschen wahrgenommen haben. 18 Zeugen haben ein Protokoll darüber unterschrieben.

Bew.: Gut bezeugt; Quelle: L. Ch. Kaiser, Maria weint, S. 154f.

NEW YORK/USA   In der Privatkapelle des Priesters John Starace, Leiter **1984** der amerikanischen Sektion der marianischen Priesterbewegung, weinte eine Statue der »Rosa Mystica« am 25. und 26. April. Das Weinen setzte während des Besuchs eines Bischofs ein, der den Wunsch nach einem Zeichen geäußert hatte. Das Weinen soll so stark gewesen sein, daß man mehrere Gefäße mit den Tränen füllen konnte. Seither wird dort täglich eine Sühneandacht gehalten.

Bew.: Gut bezeugt; Quelle: L. Ch. Kaiser, Maria weint, S. 144; R. Ernst, Lexikon

REMISCH/LIBANON   Die Marienstatue in der maronitischen Dorfkirche **1984** weint blutige Tränen und blutet auch von einer Dolchwunde am Hals. Das Oberhaupt der melkitisch-katholischen Kirche, Erzbischof Maximos Salloum, besuchte die Kirche und erklärte das Geschehen für ein Wunder.

Bew.: Gut bezeugt, kirchlich anerkannt; Quelle: R. Ernst, Lexikon

SANTA BARBARA/KOLUMBIEN   Ein Bild der »Rosa Mystica« im Dorf **1984** Santa Barbara bei Medellin weinte blutige Tränen am 25. September. Berichtet von José Israel Restrepo aus Medellin.

Bew.: Zeugnis mit Foto; Quelle: L. Ch. Kaiser, Maria weint, S. 151

TUMBES/PERU   In der Wohnung der Familie Zelava Jirón weint eine **1984** »Rosa Mystica«-Pilgermadonna am 7. und am 9. Juni mehrmals. Der dort tätige Pater José Wenceslao berichtet, daß seither die Frömmigkeit sehr zugenommen habe und echte Glaubensbegeisterung einer großen Lauheit ein Ende bereitet habe. Wenn die Statue weint, sind die Augenlider ganz rot und geschwollen, das Gesicht ist blaß und wirkt ganz blutleer. Der zuständige Bischof Alfredo Noriega erkannte das Phänomen als Wunder an und fördert die Pilgermadonnenbewegung.

Bew.: Gut bezeugt, kirchlich (diözesan) anerkannt; Quelle: L. Ch. Kaiser, Maria weint, S. 148

VILLA CONSTITUCIÓN/ARGENTINIEN   Pater Carrizo und viele Gläubige **1984** bezeugen, daß ein Marienbild der »Rosa Mystica« im August 1984 insgesamt 17mal geweint habe. Das Bild befindet sich in der Kirche »Unsere Liebe Frau von Fatima« im Arbeiterviertel Cilda; dorthin kommen seither zahlreiche Pilger und wollen das Bild berühren. Man kostete die Flüssigkeit und stellte einen salzigen Geschmack fest, außerdem starken Rosenduft, der von der roten Rose am »Rosa Mystica«-Bild ausgeht.

> Bew.: Gut bezeugt; Quelle: L. Ch. Kaiser, Maria weint, S. 156

1984 N. N. / KANADA Eine Fatimastatue soll seit mehreren Jahren weinen. Ein Zeugnis samt Foto liegt für den 24. August 1984 vor.

> Bew.: Persönliches Zeugnis Hebert J. Albert S. M.; Quelle: L.Ch. Kaiser, Maria weint, S. 149

1984 N. N. / UNGARN Maria erscheint seit 30 Jahren einer Klosterschwester, die ganz im Verborgenen bleibt. Sie wendet sich durch ihre Vermittlung an jene Gläubigen, die häufig zur Kommunion gehen und ihr Leben im Glauben an das »Unbefleckte Herz« aufopfern wollen. Durch dieses »Opfer der Liebe« werden unzählige Seelen gerettet – ein Hinweis auf die wunderbare Solidarität des Glaubens und Betens irdischer und himmlischer Diener Gottes.

> Bew.: Gut bezeugt; Quelle: Sr. Anna Roth, Das Opfer der Liebe. Offenbarungen und Botschaften der Gottesmutter, Gaming o. J.

1985 BALLINSPITTLE / ENGLAND In der englischen Diözese Ferns berichten Besucher einer Mariengrotte, daß sich die Statue der Muttergottes wie ein Mensch bewegt. Täglich kommen Besucher, die das miterleben wollen. Auch der Diözesanbischof Brendan Comiskey sieht keine andere Erklärung für dieses Phänomen als ein »Wunder«, also natürlich nicht erklärbare Ursachen.

> Bew.: Gut bezeugt, kirchlich (diözesan) anerkannt; Quelle: R. Ernst, Lexikon; J. Cornwell, Powers

1985 BONTKIRCHEN / DEUTSCHLAND Eine »Rosa Mystica«-Statue weint unter nicht näher bekannten Umständen.

> Bew.: Unbekannte Quelle; Quelle: L. Ch. Kaiser, Maria weint, S. 155

1985 FINCA-BETANIA / VENEZUELA Maria erschien der Maria Espéranza (geb. 1928), die von Jugend auf mystisch begnadet ist, erstmals am 25. März 1985 und seither mehrmals und übermittelte ihr eindringliche Botschaften zur Vertiefung und Wiederbelebung des Glaubens. Der zuständige Diözesanbischof Pio Bello Richardo prüfte selbst eingehend die Phänomene und bestätigte am 21. November 1987 die Echtheit der Erscheinungen. Viele Menschen besuchen den Erscheinungsort; es wird von einer Reihe von Bekehrungen und Heilungen berichtet.

Bew.: Gut bezeugt, kirchlich (diözesan) anerkannt; Quelle: Emile Marmy, Kleiner Wegweiser zu den Marienerscheinungen, Freiburg/Schw. 1990; R. Ernst, Lexikon

GIHETA/BURUNDI   Eine Pilgermadonna »Maria Mystica« weint, wie **1985** P. Ernesto Tome berichtet, blutige Tränen.

Bew.: Gut bezeugt; Quelle: L. Ch. Kaiser, Maria weint, S. 153

HAMONT/BELGIEN   Im Wohnhaus einer Bauernfamilie bei Hamont in **1985** Belgien weinte am 5. September 1985 eine »Rosa Mystica«-Statue blutige Tränen. Die Bäuerin wurde vor einigen Jahren während einer Pilgerfahrt nach Montichiari/Fontanelle im Dom von einem schweren Kehlkopfleiden geheilt und empfing seither immer wieder Zeichen der Anwesenheit Marias und auch innere Einsprechungen.

Bew.: Gut bezeugt; Quelle: L. Ch. Kaiser, Maria weint, S. 158

HANNOVER/DEUTSCHLAND   Eine »Rosa Mystica«-Statue weinte in der **1985** Wohnung einer evangelischen Frau, die sich an einer Aktion »Herberge für die Pilgermadonna« beteiligt hatte, und die daraufhin eine sakramentale Beichte ablegte und konvertieren wollte.

Bew.: Gut bezeugt; Quelle: L. Ch. Kaiser, Maria weint, S. 155

JEZZINE/LIBANON   In der Woche vor Weihnachten sahen Tausende **1985** Menschen in der südlibanesischen Bergstadt eine Marienstatue weinen. Die ölartige Flüssigkeit wurde von Mönchen, die die Kirche betreuen, immer wieder weggewischt, sie quoll dennoch unablässig neu hervor.

Bew.: Gut bezeugt; Quelle: R. Ernst, Lexikon

KAIRO/ÄGYPTEN   Im März 1985 sahen Tausende Christen in einem **1985** Armenviertel von Kairo über dem Dach der Kirche St. Demjanah eine weißgekleidete Frauenerscheinung. Schenuda III., das Oberhaupt der koptischen Christen, ordnete die Untersuchung dieser Marienerscheinung an.

Bew.: Gut bezeugt; Quelle: R. Ernst, Lexikon

LEMBERG/POLEN   Maria erschien am 7. April 1985 an einem Fenster der **1985** Lemberger Paraskewakirche. Die Behörden reagierten, indem sie die Kirche schließen und das Fenster zumauern ließen. Darauf zeigte sich die Erscheinung an der Kirchenwand. Auch als man den Verputz entfernte und die Wände mit Chemikalien behandelt hatte, war die Erscheinung trotzdem weiterhin sichtbar.

Bew.: Gut bezeugt; Quelle: R. Ernst, Lexikon

1985 LIMBURG/DEUTSCHLAND Blutige Tränen an einer »Rosa Mystica«-Statue werden gemeldet. Nähere Umstände sind nicht bekannt.

Bew.: Unbekannte Überlieferung.

1985 MELLERAY/IRLAND Am 16. August dieses Jahres begannen Marienerscheinungen in einer am 17. 10. 1982 eingeweihten Lourdesgrotte. Die Erscheinungen dauerten bis 24. August, doch waren verschiedene wunderbare Zeichen auch noch im folgenden Jahr und am Jahrestag zu sehen. Die Grotte, im Südwesten Irlands in der Grafschaft Waterford gelegen, ist bis heute das Ziel vieler Wallfahrten.

Dem Wunsche Marias folgend – »Ich will, daß das irische Volk meine Botschaft der Welt bekannt mache!« – soll detailliert über das Ereignis berichtet werden:

1) *Vorgeschichte:* 1969 entstand der Plan, in einem seit 1935 nicht mehr benutzten Steinbruch eine Lourdesgrotte in der Art zu errichten, wie es viele auf der ganzen Welt gibt. Erst 1980 konnten die Arbeiten daran beginnen: Dabei schuf der Bildhauer O'Donnell die 1,40 m große Statue der Lourdes-Muttergottes. Die Grotte wird vom Zisterzienserkloster Mont Melleray (1,5 km entfernt) aus betreut und wird von Gläubigen der Umgebung gerne zum Rosenkranzgebet und als Ausflugsziel aufgesucht.

2) *Beginn der Erscheinungen:* Am Abend des 16. August fährt die Familie O'Rourke (Eltern und vier Kinder) nach Melleray, um dort den Rosenkranz zu beten. Die 17jährige Ursula war die erste, die nach dem Gebet, als die Eltern schon zum Auto gingen und die jüngeren Geschwister am nahegelegenen Bach spielten, bemerkte, daß sich die Statue Marias zu bewegen begann. Sie berichtet von einer sonderbaren, schwer zu beschreibenden Stimmung, die sie plötzlich überkam. Tränen stiegen ihr in die Augen, sie faltete die Hände und fragte: »Sind Sie die Königin des Himmels?« Die lebendig gewordene Statue lächelte – auch auf die beiden folgenden Bemerkungen Ursulas (»Warum haben Sie gerade mich ausgewählt? Warum?« und »Bitte, segnen Sie meine ganze Familie!«). Das Gewand der Statue wurde vom Wind erfaßt, auch bewegte sie deutlich den Kopf, schaute einmal zum Himmel, dann wieder auf das Mädchen und lächelte sie an. Dabei sprach die Gestalt aber kein Wort, und nach etwa fünf Minuten verflog die Stimmung, und die Statue erschien wieder wie vorher.

Ursula erzählte ihren Geschwistern, was sie erlebt hatte; diese liefen zurück, und ihr älterer Bruder John schien auch etwas zu sehen, die anderen nicht. Die Mutter forderte Ursula auf, nicht immer auf die Statue zu starren. Dann fuhren sie heim.

3) *Weitere Erscheinungen:* Am 17. August ging Frau Breda Coleman mit ihren zwei Töchtern zur Grotte. Als sie eben mit dem Ave Maria begannen, erstrahlte die Marienstatue in leuchtendem Weiß, und die Gesichtszüge Marias nahmen die Züge Jesu Christi an, mit Bart und wallenden Haaren, die bis zu den Schultern herabfielen. Sandra, die 13jährige Tochter, sah dasselbe wie ihre Mutter, Caroline (6 Jahre) fiel nichts Besonderes auf. Als Frau Coleman schon weggehen wollte, sah sie plötzlich noch einmal andere Gesichtszüge: braune Hautfarbe, dichter schwarzer Schnurrbart, dunkle Augen, auffallend kurzer Hals, bartlos, das Gesicht eines Mannes mittleren Alters – aber ohne Lichtglanz. Gegen 17 Uhr kam sie mit ihren sechs Kindern wieder und sah im Lichtglanz den Wechsel zwischen dem Gesicht Jesu und Marias. Sandra sah die Jungfrau von Orléans und andere Heilige sowie Jesus Christus, zum Himmel schwebend. Sein Gesicht nahm – was später auch andere sahen – plötzlich die Züge Pater Pios an. Der 14jährige Liam Coleman sah wie seine Mutter in den Zügen Marias plötzlich die Züge Jesu.

Etwa zwei Stunden blieb die Familie dort und betrachtete die Erscheinung. Die Neuigkeit verbreitete sich rasch, und noch in der Nacht kamen mehrere Menschen zur Grotte, unter ihnen das Ehepaar O'Rourke. Etwa eine halbe Stunde nach Mitternacht sahen sie plötzlich im Schein einer Taschenlampe, wie die Statue ihren Platz wechselte und die Hände weit nach unten öffnete. Bald darauf war alles wieder wie vorher.

Am Sonntag, den 18. August, waren die Familien Cliffe und Lyons gegen Mittag bei der Grotte. Frau Lyons sah statt der Marienstatue Jesus in natürlicher Größe, weiß gekleidet mit einem schwarzen Gürtel, gelbliche Gesichtsfarbe, dunkler Bart und wallendes, schulterlanges Haar, die Lourdesstatue war unsichtbar, der Hintergrund der Erscheinung aber getrübt. Die 18jährige Tochter von Frau Lyons sah Jesus in einem weißen Mantel, der im Wind wehte, die Hände gefaltet, die Lippen bewegten sich. Dann erschien ihr Maria, sehr prächtig anzusehen, in weißem Mantel mit breitem blauem Gürtel und auffällig blassem Gesicht; sie war etwa 20–30 Jahre alt. Oftmals sah Maria hinaus auf die Straße, öfters öffnete sie die gefalteten Hände zu einer einladenden Geste. Sie schien betrübt zu sein. Einmal tat sie einen Schritt nach vorne, und das Mädchen hatte Angst, sie würde vom Felsen fallen. Der 12jährige Tom Cliffe dagegen sah während dieser Zeit das Antlitz Christi und war ganz blaß, als sie die Grotte verließen. – Am Nachmittag waren die Cliffes wieder in der Grotte, und Tom sah, wie sich die Statue vor- und zurückbewegte, wie das Gewand sich im Wind bewegte, daß Maria plötzlich eine silberne Krone mit Edelsteinen und goldenes Haar bis weit über die Schultern fallend trug. Sie sprach zu ihm, und er verstand: »Ich will auch dich.« Eine Frau in der Nähe von Toms Mutter erklärte: »O mein Gott, die allerseligste Jungfrau will das Kind!« Tom und seine Mutter ängstigten sich plötzlich und verließen die Grotte.

Am Nachmittag beobachtete der Bauer Jim McCarthy Veränderungen an der Statue (Gesichtszüge Jesu und Pater Pios wechselten mit denen Marias ab) – er sah das an den nächsten Tagen mehrmals. – Auch die Cliffes waren an diesem Abend nochmals bei der Grotte, zusammen mit anderen Besuchern entdeckten sie verschiedene Bilder an der Statue sowie das Antlitz Jesu und Pater Pios...

Gegen Mitternacht ging Herr Cliffe nochmals mit seinem Bruder zur Grotte; sie fanden den Bauern Michael O'Donnell am Boden liegen. Dieser berichtete:

»Am Sonntag (18. 8.) hörte ich von der Erscheinung in der Grotte von Melleray Bridge. Zusammen mit meiner Frau, meinen beiden Kindern und meiner Schwester begab ich mich um 20.15 Uhr im Wagen zur Grotte. Wir nahmen an den verschiedenen Gebeten und Gesängen teil. Es war sehr schön. Abgesehen von einer kleinen Gruppe waren die meisten Leute aus der Umgebung. Gegen 23.30 Uhr bemerkte ich, daß Unsere Liebe Frau ihren Blick auf die vielen Menschen in der Grotte richtete. Dann schaute sie zur Straße hinaus, wo sich auch viele Leute versammelt hatten. Einige Minuten später erkannte ich neben der Gottesmutter das Antlitz des Herrn. Auch sah ich einen bärtigen, alten Mann, den ich für Pater Pio hielt.

Plötzlich veränderte sich die Umgebung der Statue, und im Vordergrund erschien eine Treppe. Die Gottesmutter nahm das Aussehen einer ganz normalen Frau an, die sich anschickte, die Treppe hinabzugehen. Sie war mit einem weißen Gewand bekleidet, zu dem sie einen breiten blauen Gürtel trug, wie es die Statue zeigt. Sie trug einen Schleier. Das Gesicht war leicht gebräunt.

Als Unsere Liebe Frau die Treppenstufen herabkam, geriet ich ganz außer mir. Zurücktaumelnd fiel ich ein eine Art Ekstase. Zwei Nachbarn eilten mir zu Hilfe. Nach einer kleinen Weile hatte ich mich aber wieder erholt. Jedoch eine halbe Stunde später überfiel mich erneut höchste Aufregung. Die Mutter Gottes begab sich zum zweiten Mal nach vorn, ging die Stufen hinab, die zu beiden Seiten mit Rosen gesäumt waren, und sagte zu mir: Halte den Sonntag als Tag des Gebetes!«

4) *Die Botschaft und die Visionen vom 19. August:* Der 11jährige Barry Buckley ging mit seinem Cousin Tom Cliffe und dessen Mutter gegen 17 Uhr zur Grotte. Die beiden fingen an zu beten und sahen sofort, wie sich die Statue veränderte, zweimal hörten sie die folgende Anrede: »Bleibt brav!«

Die meisten Leute aber tratschten miteinander, und die Kinder spielten. Da merkten Tom und Barry, daß die Statue weinte, die Tränen liefen über die ganze Figur und benetzten den Boden. Als die Leute nach dem Grund der Tränen fragten, sagte Maria: »Ich wünsche, daß gebetet wird.« Sofort begannen die Leute den Rosenkranz zu beten, und Maria betete mit, ließ nur jeweils ihren Namen aus.

Dann hatten die beiden Jungen zwei biblische Visionen: Bei der ersten sahen sie Maria mit den zwölf Aposteln, zu jeder Seite jeweils sechs. Bei der zweiten sahen sie Jesus in einem Saal an einer langen Tafel sitzen; er tadelte einen neben ihm Sitzenden … Da glaubte Tom, er wäre gemeint, und er begann zu weinen. Maria sagte zu Barry: »Sag Tom, er möge aufhören zu weinen!« Und an Tom gewandt, forderte sie ihn auf: »Sei froh! – Sei doch froh, Tom!« Da lächelte er.

Während Maria sprach, sahen die Kinder nur ihren Kopf und ihre Schultern klar und deutlich; sonst sahen sie die ganze Gestalt, den Hintergrund aber unscharf und zerfließend. Manchmal ging die Gestalt bis zum Bach hinunter.

Als Frau Cliffe gegen 19 Uhr zum Fortgehen aufforderte, bemerkten die Jungen, daß Maria betrübt war. Als es kühler wurde, hatten die beiden einen lauen Wind gespürt, der auf einen Wink Marias plötzlich aufkam und sie gewärmt hatte.

Gegen 20 Uhr kamen die Jungen wieder zurück, auch Ursula O'Rourke war da; sie selbst sah Maria nicht, bat aber die beiden Jungen, sie zu fragen, wie lange sie bleiben werde.

Die Antwort war: »Eine Weile.« Dann fragte Barry, ob auch andere sie sehen würden. Sie antwortete: »Wenn es an der Zeit ist.«

Inzwischen waren sehr viele Menschen zusammengekommen, man betete den Rosenkranz, dann sahen die Jungen eine Treppe und Maria auf deren oberster Stufe stehend. Sie sagte: »Ich habe eine Botschaft.« Darauf ging sie die Stufen hinab auf die beiden Jungen zu. Sie trug ein weißes Gewand mit breitem blauem Gürtel und kastanienbraune Sandalen. Ihr goldenes Haar, in das eine Rose eingeflochten war, hing ihr lose über die Schultern. Zu beiden Seiten der dunklen Treppe blühten verschiedenfarbige Rosen. Maria ging dann den Jungen voraus zum Bach und sagte schließlich: »Meine Botschaft ist Friede und Gebet. Teilt den Leuten mit, daß das Wasser gesegnet ist.« Als Tom sie berühren wollte, sagte sie »nein« und stieg wieder die Treppe empor; oben wandte sie sich mit den Worten um:

»Gott ist erzürnt über die Welt. Die Menschen müssen sich bekehren und beten. Meine Botschaft gilt für das ganze Volk Gottes in Seiner Kirche. Die Menschen haben noch zehn Jahre Zeit, um sich zu bessern und zu beten. Anderenfalls wird folgendes geschehen.«

Unmittelbar darauf hatten die beiden Buben eine biblische Vision. Vor ihren Augen verwandelte sich der Bach in einen Fluß, die Umzäunung in einen Staudamm. Etwas weiter weg waren Menschen mit dem Bau eines dreistöckigen Schiffes beschäftigt. Die Jungen erkannten die Arche Noah. Es gab recht primitives Werkzeug... Dann gingen viele Tiere in das Schiff, während es zu regnen begann. Noah und die Seinen waren im Schiff, die Leute bemühten sich, den Damm zu erhöhen, da bekam er einen Riß, und die Wassermassen erfaßten die Menschen – und die Arche.

Die Buben hatten noch eine Vision über die Passion Jesu und eine andere mit Maria, deren Hand auf dem Kreuzquerbalken lag... Als die beiden schließlich die Grotte verließen, sagte Maria: »Auf Wiedersehen!«

5) *Erscheinung, Botschaft und Visionen am 20. August:* Kurz nach 20 Uhr trafen, ohne daß sie sich verabredet hatten, Barry, Tom und Ursula bei der Grotte ein. Wieder erschien Maria gleich nach ihrer Ankunft den beiden Jungen und betete mit der Menge. Die Jungen hörten, daß sie teilweise auch irisch sprach. Nach mehreren Rosenkränzen sagte Maria:

> »Ich liebe das irische Volk. Zusammen mit den Menschen flehe ich zu Gott, daß Er den Iren die Sünden vergebe. Ich wünsche, daß dieses Volk meine Botschaft in der Welt bekanntmache.«
>
> Befragt, wie das geschehen könne, antwortete sie:
> »Ihr selbst habt die Möglichkeit, meine Botschaft bekanntzumachen.
> Die Welt muß sich bekehren. Wenn die Leute sich bekehren und beten, wird Gott Irland retten.
> Ich wünsche, daß die Menschen meine Botschaft von euch annehmen.
> Man muß mehr beten. Man muß öfter zur heiligen Messe gehen und meinen Sohn in der heiligen Kommunion häufiger empfangen.
> Ich wünsche, daß die Menschen glauben.
> Die Welt hat noch zehn Jahre, um sich zu bekehren. Zehnmal soll man sich also bessern.
> Ich wünsche, daß die Menschen Schluß machen mit den Gemeinheiten, die sie über mich sagen. Sie sollen aufhören, sich über mich lustig zu machen.«

Diese Botschaften waren immer wieder von Pausen unterbrochen, in denen gebetet und gesungen wurde; dazwischen hatten die Jungen wieder kurze Visionen mit biblischen Themen. Offensichtlich ging es dabei um römische Soldaten, um Verfolgung; dann zeigte Jesus seine Wunden, und einer – Thomas – durfte sie berühren.

Barry sah, wie das Gras rings um die Gottesmutter rasend schnell wuchs und sie beinahe verdeckte – dann erschien sie ihm wieder, umgeben von den zwölf Aposteln, wie schon einmal.

Als die Jungen schließlich die Gottesmutter baten, nach Hause gehen zu dürfen, sagte sie: »Es ist gut. Ich werde euch morgen wiedersehen!«

6) *Erscheinung und Botschaften am 21. August:* Tausende von Menschen waren am Abend des Mittwochs unterwegs zur Grotte, 500 drängten sich schon in der Umzäunung der Grotte. Trotzdem herrschte eine gute Schwingung und Stimmung. Wiederholt bat Maria um das Singen eines Liedes (»Peace is flowing like a river« – Friede flutet durch die Lande), das sie zuerst summte. Die Jungen, die es nicht kannten, summten ein paar Töne nach. Ursula erkannte die Melodie und nahm sie auf, und zahlreiche der Anwesenden fielen ein. Diesmal hatte man ein Mikrophon und Lautsprecher mit, die man den beiden Jungen hinhielt, wenn sie etwas zu berichten oder eine Botschaft zu verkünden hatten:

> »Gott ist mit Irland zufrieden. Irland wird gerettet.
> Ich wünsche, daß das irische Volk meine Botschaft der Welt bekanntmacht.
> Ich bete für die Kranken und segne sie.«
> »Ich wünsche, daß Ursula euch behilflich sei, damit die Leute euch glauben.
> Mit euch dreien bin ich zufrieden.«
> »Die Welt muß sich in acht nehmen.
> Ich wünsche, daß die Welt mir Glauben schenkt. Die Welt soll meine Botschaft erfahren.
> Ich erwarte von euch allen, daß ihr meine Worte an die Welt weitergebt.
> *Meine Botschaft ist Friede und Gebet, das Ende der Kämpfe in der Welt.*«

Dazwischen hatten die Jungen die biblische Vision vom Sturm auf dem See, dem Jesus Einhalt gebot. Weiterhin sah Tom drei etwa 50 Personen starke Gruppen, die von verschiedenen Seiten her, einem Stern folgend, aufeinander zugingen ... Barry setzte fort und sah die Szene der Ankunft der drei Weisen bei der Krippe. Wieder bat Maria um das Lied »Peace is flowing ...«, dann sagte sie: »Ich will mich den Menschen zuwenden ... Danke für die Gesänge ... Ich wünsche, daß weitergebetet wird.«

Die Jungen und mehrere andere Personen sahen, wie sich Maria der Straße zuwandte und sich langsam fortbewegte. Barry und Tom sahen das Jesuskind auf ihrem Arm und die Gottesmutter in ein dunkles Kleid von braunroter Farbe gekleidet. Etwa 40 Minuten lang dauerte diese Vision; viele Menschen hatten an der Schau Anteil ...

Als man Maria fragte, ob man über Nacht bleiben solle, sagte sie: »Ja. Ich habe es gern, wenn man mir Gesellschaft leistet ... Ihr müßt glauben!« Dann riefen die beiden Jungen plötzlich: »Sie kommt herunter!« Und sie berichteten laufend: »Jetzt ist sie beim Bäumchen ... Sie ist froh ... Ihre Haare wehen im Wind.« Und Maria sagte dazwischen:

> »Hoffentlich haben die meisten Menschen mich gesehen! Ich hoffe, daß die meisten Menschen mir glauben. Habt keine Angst, ich tue euch nichts zuleide. Die Welt muß sich in acht nehmen! Ich wünsche, daß auch die Menschen auf der Straße mich sehen!

Ich will, daß die Leute eintreten, um mich zu sehen; denn schon bald werde ich weggehen.«

Man vermutet, daß an diesem Abend mehrere hundert Personen die Marienerscheinung wahrgenommen haben.

7) *Erscheinung, Botschaft und Visionen am 22. August:* An diesem Tag waren viele Tausende gekommen. Nach einem langen Gebet erschien Maria mit einem Schleier um das Gesicht und sagte: »Ich bin tief betrübt . . . Ich wünsche Gebete!« Später sagte sie:

> »Die Welt muß sich bekehren und glauben. Wenn die Welt sich nicht bekehrt, wird Satan die Kirche in seine Gewalt bekommen; und zwar heute in zehn Jahren.«

Darauf sahen Tom und Barry den Satan links von Maria, er machte sich über sie lustig und lachte verächtlich. Maria weinte. Tom empfand in seinen Ohren einen stechenden Schmerz wie von einem Nadelstich. Barry spürte einen dicken Kloß im Hals sitzen. Nach etwa einer Minute sagte Tom, daß der Teufel verschwunden und die Gottesmutter wieder froh sei. Trotzdem hatte die Szene etwas Beängstigendes. Die Jungen beschrieben den Teufel mit hagerem Gesicht, stechenden Augen, großen Zähnen, Nase und Kiefer spitz, mit kleinen Hörnern, großen Ohren, gespaltenen Füßen und in braunroter Farbe.

8) *Die Erscheinung am 23. August:* An diesem Abend bat Maria um viele Rosenkränze und sagte schließlich: »Durch Glauben und Gebet vermögt ihr den Teufel zu besiegen . . . ich wünsche, daß ihr inständig betet . . . immer inständiger.« Nach weiteren Gebeten fügte sie hinzu: »Auch an manchen anderen Orten will ich noch vielen Menschen erscheinen.«

Die Jungen berichteten, daß Maria an diesem Abend nicht sehr deutlich zu erkennen war.

9) *Erscheinung am 24. August:* In Begleitung seiner Eltern kam Tom an diesem Samstag bereits um 15 Uhr zur Grotte und fragte im Auftrag einer Ordensfrau: »Sind Sie die Mutter Gottes?« Sie sagte: »Ja.«

10) *Ausklang:* In den Wochen nach den Erscheinungen hofften viele Menschen auf weitere Offenbarungen und Erscheinungen. Es gab aber seither keine weiteren Botschaften. Viele Menschen gehen trotzdem zur Grotte. Einige sehen immer wieder die Verwandlung des Mariengesichts in das Antlitz Jesu oder das Gesicht von Pater Pio. Auch eine Reihe von Heiligen wurde gesehen, z. B. die hl. Theresia vom Kinde Jesu.

Am 4. 5. 1986 ereignete sich zudem ein Sonnenwunder: Als eine

Prozession mit einer Fatimapilgermadonna die Grotte erreichte, lösten sich die tiefhängenden Wolken auf, die Sonne erschien, aber eher wie eine Scheibe oder große Hostie, die sich vom Himmel löste und zur Grotte schwebte. Viele Anwesende sanken in die Knie, bekreuzigten sich und begannen zu beten. Dann drehte sich die Sonne schnell um ihre Achse, stieg wieder auf und bewegte sich in einem Zickzackkurs zurück in die Wolken. Nach etwa 15 Sekunden kehrte sie wieder zurück, bewegte sich ruckartig, kehrte wieder in die Wolken zurück. Das wiederholte sich mehrmals. Dabei geschah es, daß plötzlich Strahlen in Blau, Rot und Gold herrliche Farben versprühten, durch die alle geblendet wurden. Auch nachdem die Sonne endgültig hinter Wolken im Himmel verschwunden blieb, war die Grotte noch etwa 10 Minuten lang in ein orangegoldenes Licht gehüllt. Sonnenwunder dieser Art wurden seither mehrfach beobachtet:

Am 15. 6. 1986 etwa nahm die Sonne die Gestalt eines lebendigen Herzens an, welches nach einiger Zeit wie eine Feuerwerksrakete zerbarst und den ganzen Horizont in rosarotes Licht tauchte. Mehrmals wiederholte sich dieses Phänomen am selben Tag.

Am 1. 6. 1986 hatten die 20jährige Mairead McCarthy und die gleichaltrige Judith Dorgan bei der Grotte nach dem Erlebnis eines Sonnenwunders, das auch andere sahen, eine Christusvision: Das Gesicht der Marienstatue verschwand plötzlich, und das Antlitz Christi mit langen schwarzen Haaren und einem Bart, das sehr ernst blickte, wurde sichtbar. Dann verschwand sein Gesicht, und das lächelnde Antlitz Marias erschien. Bald darauf war wieder Jesus zu sehen; er schien sich den beiden Mädchen zu nähern und sehr erzürnt zu sein. Sie wichen zurück und fragten: »Was haben wir Böses getan?« Er antwortete aber nicht, sondern begab sich wieder zur Statue und verwandelte sich in die goldhaarige Maria, welche die Mädchen und die Menge anlächelte. Dann sahen sie Jesus wieder, diesmal lächelte er und segnete sie und die Leute in der Grotte.

Bew.: Gut bezeugt; Quelle: W. Deevy, Die Gottesmutter erscheint in Irland, Hauteville 1989

MONTREAL/KANADA Im Haus des Jean-Guy Beauregard begann eine 1985 »Rosa Mystica«-Statue zu bluten. Da der Hauseigentümer gegen den bald einsetzenden Zulauf protestierte, übernahm das Ehepaar Maurice und Claudette Gironard die Statue. Der Biologe Raymund Mate hat das Blut untersucht und als menschliches Blut analysiert.

Bew.: Gut bezeugt; Quelle: R. Ernst, Lexikon

1985 MUBUGA/RWANDA Am 4. April hört die 21jährige Eugenie Mukabalisa die Einsprechung Marias mit dem Auftrag, Kranken gesegnetes Wasser zu geben, sie zu heilen bzw. ihnen die Hände aufzulegen und den Segen und die Kraft Gottes auf sie herabzurufen. Viele Kranke gehen gesund nach Hause.

Bew.: Gut bezeugt; Quelle: R. Ernst, Lexikon

1985 N. N./KANADA Maria erscheint einer einfachen Frau, deren Name unbekannt bleiben soll, als »Unsere Liebe Frau der Einheit, Mutter und Helferin der Menschen« und trägt ihr in einer Botschaft auf, auf die in Garabandál angekündigten Ereignisse (die Warnung und das Wunder; vgl. 1961) hinzuweisen. Das Wunder werde gewaltiger sein als das große Sonnenwunder von Fatima und Weltkatastrophen einleiten, wie sie die Menschheit nie zuvor getroffen haben.

Bew.: Gut bezeugt; Quelle: L. Ch. Kaiser, Maria weint, S. 149; R. Ernst, Lexikon

1985 NAJU/KOREA In der Wohnung der Familie Julio Kim und Julia Youn mit ihren vier Kindern begann am 29. Juni eine Marienstatue zu weinen, am 19. Oktober wurden auch blutige Tränen beobachtet. Das Weinen der Muttergottes wird von Tausenden Menschen gesehen und beeindruckt viele tief. Julia Youn ist seit dem 29. 6. 1989 stigmatisiert.

Bew.: Gut bezeugt; Quelle: R. Ernst, Lexikon

1985 NOWY DWOR/POLEN Maria erschien dem 10jährigen Robert Rzep-kowski, als er abends unter einer Espe spielte. Diese wurde plötzlich hell, und er sah die Muttergottes in einem langen weißen Kleid mit langen Haaren, von einem Heiligenschein umstrahlt. In ihren Händen hielt sie ein Kreuz.

Am folgenden Tag sah auch Roberts Mutter die Erscheinung. Aus dem ganzen Umkreis pilgerten viele Menschen zur Erscheinungsstätte, der Dorfpfarrer prüfte das Ergebnis, befragte die beiden Seher und berichtete darüber dem zuständigen Bischof von Warschau.

Bew.: Gut bezeugt; Quelle: R. Ernst, Lexikon

1985 OLIVETA CITRA (NEAPEL)/ITALIEN Maria erschien mehreren auf dem Marktplatz spielenden Kindern am 24. Mai. Auch die auf die Rufe der Kinder herbeigeeilte 20jährige Anita Rio sieht die Erscheinung und hört sie sprechen: »Du wirst mich nun immer in der Nacht schauen!«

Auch andere Dorfbewohner haben Erscheinungen, und es setzt eine

Bekehrungswelle ein. Der Vikar, der auch eine Sichtung hat, kann mit dem Radiorecorder einen himmlischen Chor, den Maria, von Engeln begleitet, gesungen hat, auf Band aufnehmen. Zahlreiche Erscheinungen an der Sonne, Krankenheilungen und folgende Prophezeiung finden statt: »Betet, die Zeit ist nahe, da Erdbeben und Hungersnot die Menschheit heimsuchen!«

Sie halten die Menschen zu intensiver Frömmigkeit an.

Bew.: Gut bezeugt; Quelle: R. Ernst, Lexikon

OLPE/DEUTSCHLAND   Pfarrer Lambert sah als erster eine »Rosa Mystica«-Statue weinen. Er hatte diese im Mutterhaus der Franziskanerinnen in Olpe zum Rosenkranzfest 1985 gekrönt.   1985

Bew.: Gut bezeugt; Quelle: R. Ernst, Lexikon

SALZBURG/ÖSTERREICH   Seit Mitte des Jahres 1985 empfängt Frau Elfriede Hickl Botschaften Marias, die sich ihr gegenüber »Mutter« nennt und ihr sozusagen »diktiert«. Hiervon einige Proben: 1985

7. 7. 1985: Meine lieben Kinder! Ich liebe euch so sehr, deshalb richte ich folgende Botschaft an euch. Ihr wißt, daß ich die Mutter aller Menschen bin, daß ihr mit euren Sorgen und Nöten zu mir kommen könnt, daß ihr mich um alles bitten könnt, daß ich euch mit meiner Liebe und mit meinem Schutz umhülle. Ihr wißt, daß ich beim Vater und bei meinem Sohne für euch bitte.

Ihr wißt, daß ich euch helfe und meine Gnadenstrahlen sende, wenn ihr mich nur darum bittet.

Meine geliebten Erdenkinder, ich möchte euch alle mit meinem Schutzmantel umhüllen...

Ich liebe euch so sehr. Oh, könntet ihr nur fühlen, was ich für euch, meine lieben Kinder, empfinde. Ich möchte euch alle retten. Mein Herz blutet vor Trauer und Schmerz, weil so viele Menschen meine Liebe nicht annehmen wollen, weil sie den Vater, meinen Sohn, den Heiligen Geist und alle Himmelswesen nicht anerkennen können, weil sie sich nicht darum bemühen und nur ihr irdisches Leben im Auge haben. Wer sich vor meiner Hilfe verschließt, dem kann ich nicht helfen und der ist verloren.

Meine geliebten Kinder, ich bitte euch, kehrt um!

8. 7. 1985: Meine geliebten Menschenkinder! Ich richte wieder und wieder die Bitte an euch: Kehrt um und reinigt euch...

Meine geliebten Kinder, vielen von euch werden meine Worte unangenehm sein, und viele werden meine Botschaft nicht beachten, weil sie sonst ihr gewohntes Leben aufgeben müßten. Leider bedeutet für viele von euch das irdische Leben alles, und das Wichtigste, das ewige Leben, wird entweder geleugnet, oder ihr macht euch aus Bequemlichkeit keine Gedanken darüber. Ich muß euch dies leider sagen. Vielleicht ist es eine Hilfe für euch, damit ihr zum Nachdenken angeregt werdet.

Bitte wacht aus eurer Gleichgültigkeit auf und beginnt mit all eurer Kraft darüber nachzudenken!

Sobald ihr euch nur ein wenig darum bemüht, wird euch die Kraft gegeben, daran zu glauben.

Sobald ihr betet, wird euch die Kraft gegeben werden, euch selber zu erkennen mit all euren Fehlern und negativen Eigenschaften.

Wenn ihr oft betet, wird euch die Kraft gegeben werden zum Durchhalten...

19. 7. 1985: Meine geliebten Erdenkinder! So vieles hätte ich euch noch zu sagen. Was ihr alles braucht, um zum Lichte des Vaters emporsteigen zu können. Es würde für euch alles noch viel einsichtiger werden, wenn ihr noch mehr Wissen hättet, mehr Wissen, woher ihr kommt, mehr Wissen darüber, welchen Sinn euer Erdenleben hat, mehr Wissen darüber, warum es soviel Leid gibt auf der Welt, warum nicht alle Menschen gleich viel Leid ertragen müssen. Alle diese Fragen würde ich euch so gerne beantworten. Ich könnte euch auf tausend Fragen Antwort geben. Mein Sohn hat in seiner Botschaft schon einiges darüber ausgesagt.

Meine über alles geliebten Kinder, ich möchte euch so gerne die Wahrheit sagen. Ich möchte euch alles erklären. Doch die meisten von euch könnten es nicht annehmen, weil sie noch keinen reifen Geist in sich tragen, denn nur ein reifer Geist erkennt, daß es die Wahrheit ist.

Denn nur wer die Tiefe des Lebens in seinem Wesen trägt, braucht keine Beweise, aber wer sie nicht hat, wird, wie mein Sohn Jesus sagt: »Zeichen fordern, aber die Zeichen werden ihnen nicht gegeben werden«; denn selbst wenn sie gegeben würden, so würden die Zweifler sie doch nicht verstehen. Seine Worte sind heute genauso wahr.

Wer die Wahrheit besitzt, fragt nicht nach Beweisen; denn sein inneres Gefühl erkennt jene Wahrheit, die in sich selbst Beweis ist...

29. 7. 1985: Meine geliebten Erdenkinder! Meine lieben Kinder, ihr lebt in der Finsternis des Herzens, und eure Liebe ist nur auf äußere Dinge beschränkt. Ihr sollt allen Lebewesen eure Liebe schenken, denn alles kommt vom Vater. Er ist der Schöpfer des Himmels und der Erde und hat auch die niedere Kreatur erschaffen. Ihr seid taub und blind und ohne Gefühl für die Schönheit der Natur und könnt nicht ermessen, wieviel Schuld ihr euch durch euer böses Tun aufladet. Eine gute Sache ist es, wenn ihr dem Leben dient und die Lebewesen gut behandelt. Ihr aber geht den falschen Weg. Ihr bereitet mit eurem Tun die Erde auf eine Katastrophe vor und erkennt nicht, daß ihr euch damit selbst zerstört. Zwar könnt ihr nur eure Hülle vernichten, weil eure Seele unsterblich ist, aber die Erde verliert ihre Bestimmung und ist für die Menschen nicht mehr bewohnbar. Ihr habt euch von der Natur so weit entfernt, daß ihr nichts mehr von ihr erwarten könnt...

Verunstaltet die Erde nicht in einem solchen Ausmaß, daß sie nicht mehr geheilt werden kann. Ihr seid die Verantwortlichen der Erde und verwüstet sie mit eurer vervielfachten verbrecherischen Erfahrung! Ihr unterstellt euch nicht den göttlichen Gesetzen und verlangt von euren Brüdern und Schwestern die Erfüllung eurer Forderungen, die sie nicht erfüllen können, weil sie wider die Natur sind. Ihr erkennt noch immer nicht, daß Gott euer Vater und Schöpfer ist und ihr seine geliebten Kinder seid . . .

Meine lieben Erdenkinder, versteht doch die Warnungen, die euch gegeben worden sind im Laufe der vergangenen Zeiten und erfüllt die Gebote des Vaters. Sie sind so einfach und verlangen so wenig. Ihr sollt doch nur die Menschen lieben und ihnen Gutes tun. Ihr aber tut das Gegenteil und verliert eure Seele im Leben. Ihr sollt die Liebe lernen und den Menschen ehren und achten.

Vergeßt nicht auf den Vater im Himmel und euren Erlöser, der für euch gestorben ist!

Er hat euch die Lehre von der Liebe gebracht und sie euch vorgelebt. Er ist für euch zum Beispiel geworden und hat euch mit dem Vater versöhnt. Er hat euch den Weg zum Himmel eröffnet und die Liebe zum Maßstab eures Lebens gemacht. Er hat alles getan, was ein Mensch für den anderen tun kann, und hat nicht einen kleinen Funken Dankbarkeit von euch erhalten. Niemand schenkt ihm einen Blick am Kreuz, und doch hat er einen solch qualvollen Tod erleiden müssen. Niemand erkennt in ihm seinen Retter und Erlöser. Niemand lebt nach seinen Geboten. Niemand versteht ihn und seine Erlösungstat.

Er verblutet täglich am Kreuze der Lieblosigkeit und erlebt unermeßliche Qualen, die ihm die Menschen bereiten durch ihr ungesetzliches Leben.

Er liebt sie trotz ihres verkehrten Lebens und möchte ihnen Gelegenheit geben, ihr Leben zu ändern. Sie sollen nicht mehr in dieser Weise wie bisher weiterleben, sondern umkehren und ihr Leben ändern. Sie sind auf dem Weg in den Abgrund und erleben die Hölle auf Erden . . .

Viele sind verloren, weil sie die Liebe nicht praktizieren, sondern den bequemen Weg der Lieblosigkeit gehen.

Viele sind verloren, weil sie keinen Liebesgedanken in sich tragen.

Viele sind verloren, weil sie nicht mehr in der Liebe leben und sich von der Zeit dahintreiben lassen.

Viele sind verloren, weil sie mit dem Leben spielen und es wegwerfen nach Belieben.

Viele sind verloren, weil sie keine Achtung vor dem Leben mehr haben und das ungeborene Leben töten.

Viele sind verloren, weil sie die Liebe mit Füßen treten und die Menschen quälen.

Viele sind verloren, weil sie das Leben der Natur zerstören und nicht bedenken, daß sie die Grundlage des Lebens ist.

Viele sind verloren, weil sie nicht lernen wollen, sich an der Liebe zu erfreuen und sie mit der Liebe des Vaters zu verbinden und die Liebe zu leben.

Viele sind verloren, weil sie keine Liebe im Herzen tragen und daher auch keine geben können.

Viele sind verloren, weil sie nicht mehr lieben wollen und die Liebe zur Heimat im Himmel verloren haben.

Viele sind verloren, weil sie zum Vater kein Vertrauen haben und der Glaube ganz gering ist.

Viele sind verloren, weil sie keinen Glauben an meinen lieben Sohn haben und er sie nicht mit seiner Liebe erfassen kann.

Viele sind verloren, weil sie das Leben mißachten und die Liebe zum Leben verloren haben.

Viele sind verloren, weil sie den Glauben an das Gute verloren haben.

Ich bitte euch, meine geliebten Kinder, laßt diese Worte in euch eindringen, damit ihr erkennen könnt, wie es um euch steht. Ich bin voller Traurigkeit und unendlicher Liebe zu euch. Wie soll ich euch noch zeigen, in welch ernster Lage ihr seid, wenn nicht einmal meine blutigen Tränen euer Herz rühren.

Eure unendlich traurige Mutter.

Bew.: Hier kann nur die Botschaft selbst als Zeugnis dienen, da die näheren Umstände nicht bekannt sind; Quelle: H. Posch, Botschaften Marias, der Königin des Weltalls, St. Georgen 1985

1985 SCHIO (BEI VICENZA)/ITALIEN Maria erscheint dem 53jährigen Beamten der italienischen Autobahngesellschaft Renato Baron und vermittelt ihm wichtige Botschaften. Die Erscheinungen tragen sich in der kleinen romanischen Kirche San Martino zu. Maria fordert zu Gebet, Nächstenliebe und einem bewußten, gottverbundenen Leben auf. Sie hält den Seher dazu an, die Erscheinungen und Botschaften nicht geheim zu halten, sondern zu bezeugen. Renato Baron ließ sich freiwillig in einer Nervenklinik untersuchen, die ihm völlige geistige Gesundheit attestierte.

1) *Die Vorgeschichte:* Schon der 8jährige Renato hatte eine besondere Beziehung zu Maria. 1940 wurde eine Statue der »Mutter Gottes des Rosenkranzes« in Schio enthüllt. »Jenes Bild der Mutter Gottes habe ich stets in meiner Seele, in meinem Innern, aufbewahrt«, sagte er im Rückblick, nachdem ihm im März 1985 Maria erschienen war.

Als 19jähriger erreicht Renato Baron, daß ihm die Kapuziner die Pflege des kleinen, wenig benützten romanischen Kirchleins San Martino alle Aste hinter dem Kloster San Nicolo übertragen und ihm auch die eben gegen eine Fatimastatue ausgetauschte Rosenkranzkönigin überlassen. Viele Stunden verbringt der junge Mann in der Folgezeit allein in der Kirche mit der Statue... Dabei war der junge Mann kein weltfremder Schwärmer, sondern ein engagierter Mensch. Anfang der sechziger Jahre betätigt er sich sogar in der Kommunalpolitik, wird Gemeinderat von Schio und hat dieses Amt vier Legislaturperioden hindurch inne.

In der Nacht vom 20. auf den 21. März 1985 hat er einen seltsamen Traum: Im großen Raum eines halbzerfallenen Hauses, das aber noch ein heiles Dach hatte, glaubt er, von einem Wirbelsturm erfaßt zu werden – gleichzeitig hat er das Gefühl, daß es ein teuflischer Anschlag ist, und er schreit laut mehrmals »Ave Maria! Ave Maria...!« Da öffnet sich die

Wand, er sieht die Muttergottes des nahegelegenen Wallfahrtsortes Monte Berico und fühlt sich von allen Anfechtungen befreit. In den beiden folgenden Nächten hat er den gleichen Traum nochmals. Beim dritten Mal gibt es keinen Wirbelsturm; dafür sagt Maria zu ihm: »Warum kommst du nicht nach San Martino? Ich muß mit dir sprechen. Komm, besuche mich in deiner Kirche!«

Am folgenden Tag pilgerte Renato nach Monte Berico, am Tag darauf war sein Tag voll mit Pflichten, doch am 25. März folgte er dem Ruf Marias und ging nach San Martino, um den Rosenkranz zu beten. Nach dem zweiten Ave hatte er das Gefühl, er müsse den Körper verlassen, er müsse sterben... Er sah und hörte nichts mehr um sich her, denn die Muttergottesstatue von San Martino hatte sich zu bewegen, hatte zu ihm zu sprechen begonnen!

2) *Die ersten Erscheinungen und Botschaften:* Renato erinnerte sich nachher nicht mehr an alles, was Maria ihm während der ersten Erscheinung am 25. März gesagt hatte. Sie sagte unter anderem:

> »Ich habe gestern auf dich gewartet. Von heute an wirst du jeden Tag kommen, denn ich muß mit dir über viele Dinge reden, und dann wirst du sie aufschreiben. Aber jetzt warte noch damit. Komm morgen wieder, dann werde ich dir den Rest sagen.«

Als Renato Baron wieder zu sich kam, erschrak er sehr, rannte aus der Kirche, ohne sie abzuschließen, und zog sich in den Gemüsegarten zurück, um allein zu sein... Es konnte doch nicht möglich sein, daß sich eine Statue bewegte und sprach! Er versuchte, das Erlebte zu verscheuchen, doch es blieb ganz lebendig in seinem Gedächtnis! Dann kehrte er doch nach Hause zurück, erzählte aber niemandem von diesem Erlebnis. Am nächsten Tag war er trotzdem wieder in San Martino und begann, vor der Statue zu beten. Bald schon fühlte er, daß Maria wiederkam; er fühlte, wie seine Seele den Körper verließ, während er die Worte Marias wiederholte:

> »Ich bin es, ich bin Maria, ich bin die Mutter Gottes. Ich bin es wahrhaftig, die zu dir spricht. Nimm das, was ich dir sage, ernst, und schreibe von jetzt an alles auf. Ich werde dich vorbereiten, denn wir werden den Glaubensweg zusammen gehen... Ich werde zu dir sprechen von den Freunden, den Aposteln, die Maria lieben... Ich werde sie dir schicken, und du wirst einen weiten Weg mit ihnen zusammen zurücklegen, denn wir werden viele Seelen bekehren und zu Jesus führen müssen.«

Nach diesem zweiten Erlebnis spricht Renato mit seiner Frau; diese weist ihn darauf hin, daß er vielleicht Arme Seelen gesehen bzw. gehört habe – in der Krypta des Kirchleins hatte er Knochen gefunden und bestattet –, er solle doch Weihwasser nehmen und um Schutz bitten. Als er ihrem Rat folgt und eben ansetzen will, das Weihwasser um sich zu versprengen, fällt der Weihwasserkessel zu Boden, und er hört wieder die Stimme der Erscheinung:

> »Ich bin es, die dich segnen muß. Ich bin es, die dich segnet... Fürchte dich nicht. Habe keine Angst! Sei klug! Es wird der Tag kommen, da viele mit dir zusammen hier heraufsteigen werden, um zu beten. Andere werden dir nicht glauben. Ertrage es, glaube und bete auch für sie.«

Am 2. April begleitet ihn seine Frau, und als er den Rosenkranz betete und gerade sagte »... die Frucht deines Leibes, Jesus«, unterbrach ihn Maria und forderte ihn auf: »Von jetzt an wirst du sagen: die Frucht deines Herzens, Jesus.«

Schnell gewöhnt sich Renato daran, das in der mystischen Vision Gehörte gleich nachher in ein kleines Notizbuch zu schreiben. Es sind anfangs kurze kleine Belehrungen:

> »Bete und bringe deine Opfer dar, denn nur durch das Gebet wird die Menschheit gerettet. Einige von denen, die in die Kirche kommen, haben noch keinen rechten Glauben. Ich greife ein, um den Willen des Vaters zu tun... Auch ihr müßt euch stets an den wenden, der alles vermag, während die Welt ihrem Verderben entgegengeht... Bete weiterhin. Wenn du Fehler machst, wird der Herr es dir sagen. Wenn es sich hingegen um ein Werk Gottes handelt, wird er dir den Weg bereiten, und du wirst sein Werkzeug sein. Sei demütig und versuche zu tun, was die Vision dir sagt.«

3) *Das Leben verändert sich:* Im Juni kandidiert Renato Baron nicht mehr für den Gemeinderat. Er will sich voll auf die neue Aufgabe konzentrieren. Er spricht mit dem Pfarrer, erzählt ihm vorsichtig davon, erfährt aber eine Abfuhr. Der Pfarrer hält ihn für überspannt, rät ihm, nicht an diese Einbildungen zu glauben, verweist ihn auf die Erfahrung des Propheten Elias, der Gott im Sturm suchte und im Säuseln des Windes erkannte... Renato Baron weiß nicht, was der Pfarrer damit sagen will. Am nächsten Tag hat er wieder eine Erscheinung und hört: »Renato, geh in die Sakristei, nimm ein Buch, leg es auf den Altar, öffne es und lies!« Er folgt der Aufforderung, öffnet den Schrank, nimmt ein Buch heraus, legt es auf den Altar, öffnet es irgendwo und beginnt zu lesen: »Der Herr sagt zu Elias: Komm aus der Höhle, ich muß mit dir sprechen. Draußen vor der Höhle kam ein starker Wind auf...« Es war die Stelle, die der Pfarrer am Tag zuvor zitiert hatte!

Vorsichtig beginnt der Seher, befreundeten Menschen davon zu erzählen. Er lädt sie zum Gebet nach San Martino ein... Zuerst kommen wenige, dann spricht es sich doch herum. Ende Oktober sagt ihm Maria: »Fürchte dich nicht, heute wirst du einen neuen Besuch erhalten. Es werden deine Mitarbeiter kommen, die Leute, die dir auf deinem Weg helfen werden.« Und tatsächlich kommt am nächsten Tag ein alter Freund, der oft nach Medjugorje fährt. Renato erzählt ihm von den vielen Erscheinungen in Schio, und dieser ist sofort bereit, ihn nach San Martino zu begleiten.

Ende November sind es schon 20 Personen, die Abend für Abend kommen, um in San Martino den Rosenkranz zu beten und dabei zu sein, wenn Renato von Maria angesprochen wird. Maria sagt ihm am 24. November:

>»Hast du gesehen, daß du nicht mehr allein bist? Diese Leute werden dir helfen, die Menschen von der Sünde zu befreien. Nun ist die Botschaft gegeben worden. Selig, die sie aufnehmen werden! Versucht, eine einzige Kirche zu bilden, teilt sie nicht. Betet den Vater gemeinsam an. Ihr müßt um seine Gnade bitten. Ich segne euch.«

Dann berät die Gruppe, wie die Botschaften verbreitet werden sollen. Und sie fragen, wie sich Maria nennt. Er weiß es nicht ... Am 28. November aber teilt Maria mit:

>*»Ich bin die Königin der Liebe.* Wenn ihr einander liebt, wird der Vater bei euch sein. Liebe und Barmherzigkeit. Betet inständig. Wandelt auf den Wegen der Welt und verkündet das Reich des Vaters, ohne müde zu werden. Wer seinen Bruder rettet, wird sich selbst retten. Liebt, und ihr werdet geliebt werden. Ich werde euch nicht allein lassen. Ich segne euch.«

Seit die Gebetsgruppe Abend für Abend in San Martino zusammenkommt, entsteht der Wunsch, daß in dem Kirchlein auch das Allerheiligste aufbewahrt wird. Der Stadtpfarrer stimmt zu, und die zuständigen Kapuziner weihen den neuen Tabernakel mit den konsekrierten Hostien. An diesem Abend sagt Maria zu Renato:

>»Du bist nicht der einzige, der leidet. Opfere alles für jene auf, die nicht glauben; denn wer nicht glaubt, sündigt. Die Sünden sind die Ursachen aller Leiden auf dieser Welt. Der Mensch ist an den Leiden schuld. Morgen werde ich dir Jesus zeigen. Komm und sage allen, die leiden, sie möchten ihre Kreuze für die Bekehrung der Menschen aufopfern, denn es bleibt euch nicht viel Zeit.«

Und am nächsten Tag, als er früh am Morgen schon vor dem Tabernakel betet, hört er Maria sagen:

>»Da ist dein Jesus, auf den du schon lange gewartet hast. Nun ist er lebendig im Tabernakel. Danke ihm und liebe ihn. Mach, daß alle Menschen ihn lieben.«

In dem Augenblick sah Renato, daß auch das Jesuskind in den Armen der Rosenkranzkönigin, das bisher keinen Anteil an ihrem Lebendigwerden während der Erscheinungen hatte, sich bewegte und mit ihm Kontakt aufnahm. Am 4. 3. 1986 erhalten Renato Baron und seine Gruppe eine neue Aufgabe:

»Das ist eure wichtigste Aufgabe: Versammelt die Jugendlichen in allen nahen und fernen Pfarreien, laßt sie meine Stimme hören, führt sie zu Jesus ... Mit ihnen zusammen werdet ihr die Welt verändern und das Böse besiegen.«

Und tatsächlich entstehen in der Folgezeit immer neue Gebetsgruppen, an denen sich viele Jugendliche beteiligen. Der zuständige Bischof von Vicenza untersagt es Renato Baron, außerhalb von Schio tätig zu werden. Dies ist auch gar nicht nötig, denn die Gruppen bilden sich ohne sein Zutun. Er dagegen richtete auf dem Hügel Belmonte, wo 1969 ein eisernes Kreuz aufgestellt worden war (auch das war damals Renato Barons Initiative), einen Kreuzweg ein, der den immer zahlreicher werdenden Pilgern, die in San Martino schon lange keinen Platz mehr finden, die Möglichkeit bietet, zu beten. Sie nennen den Berg jetzt Monte di Christo. Als man das erstemal den Kreuzweg geht, erscheint Maria über dem Kreuz in einer Lichtkugel – nicht so wie in San Martino als Rosenkranzkönigin, sondern in der Art, wie man sie am 7./8. März 1986 in Medjugorje zusammen mit der Seherin Marija sah. Maria sagte zu Renato:

»Meine Kinder! Von hier wird euch niemand vertreiben! Du hattest eines Tages den Mut, dieses Kreuz aufzustellen ... Blicke immer dankbar zum Kreuz des Herrn auf! Schämt euch des Kreuzes nicht! Jesus wird alle segnen, die hier beten. Ich bin immer bei euch ... Ich danke euch und segne euch.«

Doch die Aufträge Marias gehen weiter. Am 25. März 1986 erfährt Renato einen neuen Wunsch Marias:

»Gelobt sei der Herr! Geliebter Sohn, ich habe dich und deine Freunde zum Gebet, zur Bekehrung und zur Rettung eurer Brüder und Schwestern aufgefordert. Ich habe euch die Jugendlichen anvertraut, nun möchte ich, daß ihr euch auch um die alten Leute kümmert. Vereint eure Kräfte. Ihr werdet miteinander ein großes Haus bauen, in dem ihr die Einsamen, die Verlassenen und die Priester aufnehmen werdet. Beginnt! Ich werde euch Helfer und Mittel schicken, um euch zu unterstützen. Ihr werdet es ›Opera dell'Amore‹ (Werk der Liebe) nennen. Setzt eure ganze Liebe dafür ein! Auch ihr werdet die Früchte dieses Werkes genießen. Eines Tages wird diese meine Statue in der Kapelle dieses Gebäudes stehen, wo ihr euch zum Gebet zusammenfinden werdet. Seht euch als eine große Familie an. Teile dies deinem Generalvikar mit. Ich segne dich.«

Die Gruppe begründet den Verein »Marianische Bewegung Königin der Liebe« und nimmt das besagte Werk in Angriff, richtet das Heim »Opera dell'Amore« und den Gebetsraum ein, den sie »Zönakel« nennen.

4) *Die Erscheinungen und Botschaften gehen weiter:* Die Bewegung wächst jeden Tag. Jetzt kommen schon sehr viele Menschen nach Schio, treten der Bewegung bei, orientieren sich an den Weisungen Marias, die immer wieder von Renato Baron empfangen und vermittelt werden. Schio ist ein ganz eigenständiger Erscheinungsort geworden – mit unverwechselbaren Phänomenen, wobei auch die an anderen Erscheinungsorten aufgetretenen nicht fehlen: die Heilungen und Bekehrungen, Zeichen an der Sonne, geheimnisvolle Düfte...

Die Kreuze der 14 Kreuzwegstationen auf den Monte di Christo sind aus einfachem Akazienholz gezimmert. Eines Tages beginnt das Kreuz der 2. Station zu duften. Viele Pilger überzeugen sich davon. Eines Nachts bestreichen Vandalen das Kreuz mit Pech – man entfernt die Schicht, und das Kreuz duftet ungestört; man stellte es mittlerweile in eine Vitrine, die oben offen ist, und brachte es in die Kapelle der Opera dell'Amore.

Einige Zeit später, am 19. 8. 1987, am Ende eines Kreuzwegs gegen 22 Uhr, hat Renato wieder eine Erscheinung. Als er daraus erwacht, gibt er wieder, was er gehört hatte: »Lauf, lauf! Man will in deinem Haus ein Sakrileg begehen!«

Renato weiß, daß es wieder um das duftende Kreuz geht! Alle laufen los und kommen zur Casa dell'Amore, sehen die offene Tür – das Kreuz ist verschwunden! Sie folgen dem Duft und überraschen die Diebe, als sie es eben auf einen kleinen Lastwagen laden wollen... Die Gruppe interpretiert dieses Ereignis als Zeichen der Liebe und des Schutzes, die Maria denen angedeihen läßt, die sich in ihren Dienst stellen...

Bew.: Gut bezeugt, kirchlich toleriert und vorsichtig unterstützt, nicht definitiv entschieden; Quelle: R. Ernst, Lexikon; Botschaften der Königin der Liebe an Renato Baron, Hauteville 1990; Textquelle: Fausto Rossi, Die Königin der Liebe. Die Erscheinungen in San Martino di Schio, Hauteville, 2. Aufl. 1991

SIEGBURG/DEUTSCHLAND Eine »Rosa Mystica«-Statue weint am Faschingsdienstag, dem 19. 2. 1985, unter nicht näher bekannten Umständen. **1985**

Bew.: Unbekannte Quelle; Quelle: L. Ch. Kaiser, Maria weint, S. 155

SINT-HUIBRECHTS-LILLE/BELGIEN Im Hause der Familie Agten-Mertens weint am 6. September eine »Rosa Mystica«-Pilgermadonna blutige Tränen. **1985**

Bew.: Unbekannte Quelle; Quelle: R. Ernst, Lexikon

1985 WINTERBERG/DEUTSCHLAND Eine Marienstatue weint unter nicht näher bekannten Umständen.

Bew.: Unbekannte Quelle; Quelle: L. Ch. Kaiser, Maria weint, S. 155

1985 ZIEMETSHAUSEN (AUGSBURG)/DEUTSCHLAND Maria erschien dem 53-jährigen krebskranken E. G., als er in der Lourdesgrotte zu Maria betete. Die Ärzte hatten seine Heilung bereits aufgegeben. In der Grotte hörte er leise Musik und eine Frauenstimme, die ihm sagte: »Du brauchst noch nicht zu sterben, du hast genug gelitten, du wirst gesund!«
Eine neuerliche ärztliche Prüfung ergab seine völlige Genesung.

Bew.: Gut bezeugt; Quelle: R. Ernst, Lexikon

1986 BELPASSO (SIZILIEN)/ITALIEN Maria erscheint seit dem 4. Mai dem 15jährigen Rosario Toscano jeweils am ersten Tag eines Monats. Dabei sah er erstmals kurz vor Mittag eine leuchtende Kugel, aus der schließlich Maria hervorgeht. Sie spricht zu ihm von Frieden und Hoffnung in schweren Zeiten. Der Seher schreibt alles auf, was er hört. Seitdem kommen Tausende von Pilgern zur Erscheinungsstätte am Fuße des Ätna.

Bew.: Gut bezeugt; Quelle: R. Ernst, Lexikon

1986 BERGAMO/ITALIEN Maria erscheint der Maria Bassanelli-Lorenzi als »Mutter des Lebens« und will vor allem dem millionenfachen Mord an ungeborenem Leben wehren. Im Haus der Begnadeten kommen immer wieder Menschen zusammen, die unter dem Beistand des zuständigen Bischofs und Generalvikars eine weltweite Mission in dieser Sache vorbereiten.

Bew.: Gut bezeugt.

1986 CHICAGO/USA Zu Weihnachten begann eine goldrote Ikone der Gottesmutter im kleinen Gotteshaus der albanisch-orthodoxen Gemeinde zu weinen. An den Augen und auf der Hand der Ikone bildeten sich Tropfen, die dann an dem Bild hinunterflossen. Der Seelsorger der Pfarrei, Philip Konfos, hat das Phänomen genau beobachtet und untersucht, und viele Menschen kommen, um Zeugen des Weinens zu sein.

Bew.: Gut bezeugt; Quelle: R. Ernst, Lexikon

1986 CANVEY-ISLAND/ENGLAND Maria erscheint unter nicht näher bekannten Umständen der Nora Arthurs und teilt folgendes mit:

»Ich werde triumphieren. Gott der Herr wird der Erde das Ende alles Bösen bringen. Satan wird die Erde verlassen und in das Feuer der Hölle gehen; aber jene, die uns lieben, die am Glauben festhalten, werden mit uns stehen, werden den Frieden haben und das große Erbarmen und die Liebe des Herrn Jesus erfahren.«

Bew.: Unbekannte Quelle.

KAIRO / ÄGYPTEN   Maria erschien seit dem 25. März mehrmals in einer 1986 kleinen Kirche. Sie zeigte sich auf der Schulter Jesu und trug das Jesuskind auf dem Arm. Tausende Menschen besuchen täglich die Kirche; viele Wunderberichte liegen vor.

Bew.: Gut bezeugt.

LEMBERG / RUSSLAND   Maria erschien im Oktober und im November in 1986 einer Kirche in Lemberg unter nicht näher bekannten Umständen.

Bew.: Unbekannte Quelle; Quelle: R. Ernst, Lexikon

MANILA / PHILIPPINEN   Maria erschien während einer Demonstration 1986 von Soldaten als wunderschöne Frau, die sie anlächelte und sagte: »Ich bin die Königin des Landes. Fügt meinen Kindern keinen Schaden zu.« Die Soldaten legten daraufhin die Waffen nieder. Der Bericht stammt von keinem Geringeren als von Kardinal Sin, dem Oberhaupt der philippinischen Kirche.

Bew.: Gut bezeugt; Quelle: R. Ernst, Lexikon

SCARPAPE / ITALIEN   Maria erschien der 64jährigen Pino Casagrande am 1986 9. März in Lugano, seither an jedem 13. des Monats in ihrem Wohnort bei Gubiasco. Sie zeigt sich weißgekleidet und von einer Lichtaura umgeben. Viele Gläubige wohnen regelmäßig diesen Erscheinungen bei. Von Botschaften ist nichts bekannt.

Bew.: Gut bezeugt, unbekannte Quelle; Quelle: R. Ernst, Lexikon

TARNOPOL UND PIDISSJA / RUSSLAND   Maria erschien an den genannten 1986 Orten unter nicht näher bekannten Umständen.

Bew.: Unbekannte Quelle.

WILHELMSBURG / ÖSTERREICH   Maria offenbart sich der Aloisia Holzer 1986 zusammen mit Jesus und vermittelt ihr seither viele Einsprechungen und Erkenntnisse. Aloisia Holzer hat Visionen und erhält Aufträge.

Am 29. 9. 1986 sah sie vormittags in ihrem Haus das Herz-Jesu- und das Herz-Mariä-Bild, die im Vorraum hängen, lebendig werden. Von beiden Herzen ging ein unsagbarer Schmerz aus, den die Seherin spürte. Er bezog sich auf die Menschen, die nicht in den Himmel aufgenommen werden können. Etwa ein Jahr später – nach vielen inneren Erfahrungen – wird sie aufgefordert: »Laß dich als Sühneopfer gebrauchen!«

Die folgenden Jahre sind eine Schulung, empfänglich zu werden für die Einsprechungen Jesu und Marias, und demütig zu bleiben, da viele Menschen auf die Niederschriften der Seherin kühl, skeptisch oder ablehnend reagieren. Ab 1990 mehren sich die direkten Ansprachen an Aloisia Holzer. Einige seien angeführt:

> »Wisse, daß du selbst nichts zu sagen hast, stütze dich nur auf die Niederschrift, denn es sind unsere Worte – sie einzuhalten, wäre die Pflicht aller. (6. 4. 1990)
> Die größte Reue sollen wir haben über: ein Kreuz nicht annehmen und mir nicht ganz zu gehören. Denn nur wenn ihr ganz zu mir und meiner Mutter steht, können wir uns in euch ganz entfalten. (26. 3. 1991)
> Schon immer war es so: Wenn ich vor einem Muttergottesbild oder vor einer Statue einen Rosenkranz betete – am Anfang war der Ausdruck der lieben Muttergottes streng und ernst, und bis zum Schluß wandelte sich der strenge Ausdruck in Licht und Freude – wieviel muß wohl einem beharrlichen Gebet zugemessen werden! (21. 7. 1991)
> In dem Augenblick, wo ihr Angst habt, der Macht des Bösen zu unterliegen, gehört ihr schon zu den Unterlegenen. (4. 10. 1991)
> Dieses Buch wird hineingeboren in jene Zeit, wo die Offenbarungen in das Geschehen münden.« (11. 11. 1991)

Bew.: Gut bezeugt, keine kirchliche Stellungnahme; Quelle: Aloisia Holzer, Empfangenes und Geschautes, Eigenverlag 1991

1987 AURACH-FISCHBACHAU/DEUTSCHLAND Maria erscheint der Ehefrau Monika Hofer seit dem 13. Mai und übermittelt ihr Botschaften. Dem Wunsch Marias folgend, wurde an der Erscheinungsstätte eine Kapelle gebaut, welche der Muttergottes und dem Erzengel Michael geweiht ist. In einer Botschaft vom 13. März 1988 sagt Maria:

> »Ihr habt Zeit für alle Dinge! Doch wo bleibt die Zeit, an Jesus Christus zu denken? – Geliebte Kinder! Die Zeit ist reif geworden, umzukehren, zum Glauben und zur Liebe in Gott. Zögert nicht! Handelt in der Liebe Gottes, bereitet den Weg für Jesus Christus! Wenn dann mein göttlicher Sohn wiederkommt, wird er große Freude an euch haben. Er wird euch segnen mit dem Zeichen des Kreuzes, wird euch zu sich nehmen und zum Vater führen.«

Bew.: Gut bezeugt; Quelle: R. Ernst, Lexikon

BILYCHI/RUSSLAND   Maria erschien als junges Mädchen Milizbeamten, 1987
die den Abriß einer katholischen Kirche im Dorf Bilychi überwachen
sollten, und sagte zu ihnen: »Ich wohne in dieser Kirche!«
Niemand kannte das Mädchen, die Beamten waren sehr verwirrt und
schalteten ihre Vorgesetzten ein. Alle wurden aufgefordert, über die
Vorgänge zu schweigen... Die Kirche wurde nicht abgerissen.

Bew.: Unbekannte Quelle; Quelle: R. Ernst, Lexikon

EL REPILADO/SPANIEN   Maria erschien der 11jährigen Alba Bermudez 1987
Navarro in den Zweigen eines Ahorns, der in der Nähe des Bahnhofs
steht. Sie trug ein weißes Kleid mit blauem Umhang und hatte einen
Rosenkranz in den gefalteten Händen.

Bew.: Unbekannte Quelle; Quelle: R. Ernst, Lexikon

FAIRHILL/IRLAND   Eine »Rosa Mystica«-Pilgermadonna weinte unter 1987
nicht näher bekannten Umständen.

Bew.: Unbekannte Quelle.

GRUSHEW (LEMBERG)/RUSSLAND   Maria erschien der 11jährigen Marina 1987
Kisyn über dem Glockenturm der seit über 40 Jahren von den Behörden
den Katholiken weggenommenen und geschlossenen Dorfkirche. Diese
war mehr als 100 Jahre wegen einer wundertätigen Marienikone ein
Wallfahrtsort gewesen.
Marina rief bei der Erscheinung ihre Mutter und die Nachbarn, und
auch diese wurden Zeuge der Erscheinung, die sich in den folgenden
Tagen immer vor Sonnenuntergang wiederholte.
In der folgenden Zeit strömten zahlreiche Pilger an den Erscheinungs-
ort, an manchen Tagen bis zu 40 000. Rundfunk und Presse versuchten,
die Erscheinungen lächerlich zu machen, als »Halluzination« hinzustel-
len oder einfach zu leugnen.
Die erste Erscheinung war am 25. April, dem Weißen Sonntag. Am
13. August wollte das Fernsehen den »Schwindel« entlarven; aber während der Reportage sahen nun unzählige Menschen via Bildschirm die
Gottesmutter!
Die Marienerscheinung in Schwarz mit Kind glich ganz der berühmten
Madonna von Kiew, die 988 Vladimir dem Großen von seiner Gemahlin
Anna zum Geschenk gemacht worden war. Die Nachricht des Erscheinens
der schwarzgekleideten Gottesmutter (sie erschien erstmals am Vortag
des Jahrestags von Tschernobyl) verursachte daraufhin einen Massenzu-
strom, gegen den die Behörden kaum etwas unternehmen konnten.

Einer der Seher war Josyp Terelya. Ihm zeigte sich die Madonna in orangerotem und blauem Licht, in einem Strahlenkleid – vergleichbar einem wehenden fließenden Lichtband. Sie hielt einen Rosenkranz hoch, und die Vaterunser-Kugeln strahlten oranges Licht aus, die Ave-Maria-Kugeln blaue Lichtpunkte. Tausende Menschen sahen die Erscheinung mit ihm und hörten – ohne daß die Erscheinung die Lippen bewegte – wie sie persönlich angesprochen wurden: »Hab keine Angst, sei ruhig und tue das, wozu Gott dich auserkoren hat.«

Terelya empfand das als Sendung, sich für eine unabhängige Ukraine in der separatistischen Bewegung zu engagieren. Im Sommer 1987 wurde er aus der Sowjetunion ausgewiesen und emigrierte nach Kanada.

> Bew.: Gut bezeugt, keine kirchliche Stellungnahme; Quelle: R. Ernst, Lexikon; J. Cornwell, Powers of Darkness, Powers of Light, 1990

1987 HEMSBACH/DEUTSCHLAND Aus der goldenen Rose einer »Rosa Mystica«-Madonna wuchs eine violettfarbene Blüte. Nähere Umstände sind nicht bekannt.

> Bew.: Unbekannte Quelle.

1987 MANILA/PHILIPPINEN Maria erschien dreimal dem Nene Aguirre in dessen Garten, und zwar im Dezember und im Januar 1988. Viele Menschen entdeckten in dieser Gegend auch Zeichen an der Sonne. Näheres über die Erscheinungen und die Sonnenwunder ist noch nicht bekannt.

> Bew.: Unbekannte Quelle; Quelle: R. Ernst, Lexikon

1987 N. N./JAPAN Maria erschien unter nicht näher bekannten Umständen in Japan und übermittelte zwei Botschaften:

> »Eine große schwarze Wolke hängt über dem Vatikan. Der Papst wird Tag und Nacht überwacht. Er befindet sich in einer äußerst kritischen Situation. Rette den Papst – bete für ihn! Viele Drangsale stehen der Kirche bevor. Es gibt Streit innerhalb der Kirche, der von der höheren Hierarchie und dem Klerus verursacht wird, die dem Papst nicht gehorchen... Satan ist in die Kirche eingedrungen. Überall auf Erden wird die Kirche zerstört... Die meisten Gläubigen wissen zu wenig über den Papst. Ich wünsche eine tiefere Kenntnis und ein besseres Verstehen dessen, was der Papst verkündet. Dem Papst, der Christus auf Erden vertritt, gebührt vollkommener Gehorsam. Durch den Heiligen Geist führe ich den Papst... Ich wünsche, daß er das Problem, das er zur Zeit hat, schnell löst. Du mußt dem Papst sagen, daß er mutig vorangehen soll.«

6. 6. 1987: »Unsere Warnungen werden immer weniger, je mehr die Züchtigungen über die Welt kommen. Die Zeituhr für die Menschheit läuft ab. Ich bin die Mutter der Apokalypse! Dieses heilige Jahr, liebe Kinder, ist ein Jahr von großer Bedeutung für die heilige Mutter Kirche. Viele Gnaden werden der Menschheit und der Welt allgemein gegeben. Große Wahrheiten werden durch die heilige Mutter Kirche geschenkt werden, und ein großes Dogma wird zur Rettung vieler verkündet werden.«

Bew.: Unbekannte Quelle.

OLIVEIRA FORTES / BRASILIEN   Beim feierlichen Einzug einer Pilgermadonna »Rosa Mystica« weinten 14 Bäume in den drei Farben der Rosen an der Statue: Weiß, Rot, Golden. Näheres ist nicht bekannt.   1987

Bew.: Unbekannte Quelle.

OLSBERG / DEUTSCHLAND   Aus der roten Rose einer »Rosa Mystica«-Statue tropften im Februar Blutstropfen. Auch Tränen waren an der Statue zu sehen. Näheres ist nicht bekannt.   1987

Bew.: Unbekannte Quelle.

PADUA / ITALIEN   Maria erschien am 10. Mai der Amelia Favarin unter nicht näher bekannten Umständen.   1987

Bew.: Unbekannte Quelle; Quelle: R. Ernst, Lexikon

N. N. / POLEN   Die polnische Stigmatisierte Katarina Szymon stirbt. In den Botschaften, die K. Domanski empfing, hat Maria oft auf sie hingewiesen und ihre Stigmen als echt bestätigt. Sie bezeichnete ihr Sühneleiden als ungemein wertvoll für Polen und die Menschheit.   1987

Bew.: Bezeugt von K. Domanski; Quelle: Speckbacher, Botschaften an den Seher Domanskii

PORT-AU-PRINCE / HAITI   Maria erscheint im März einer Ordensschwester und empfiehlt ihr das häufige und intensive Rosenkranzgebet. Sie verspricht, der ganzen Kirche ihre Macht zu offenbaren und Haiti in den kommenden Katastrophen zu retten. Sie rät, für den 25. März zur Abendmesse den Erzbischof einzuladen und für das nachfolgende Abendessen zusätzlich für 13 Personen zu decken, sie wolle ein Zeichen geben.   1987

Tatsächlich fand die Abendmesse statt, und nachher meldeten sich 13 Personen (Bettler aus 13 verschiedenen Pfarreien in Port-au-Prince, wie sich nachher herausstellte), die unabhängig voneinander von einer schönen Dame zu dieser Feier eingeladen worden waren.

Es soll in diesem Zusammenhang auch noch andere Marienerscheinungen gegeben haben, von denen leider nichts Näheres bekannt ist.

Bew.: Gut bezeugt; Quelle: R. Ernst, Lexikon

1987 SANTO ANTONIO/BRASILIEN Eine »Rosa Mystica«-Pilgermadonna vergießt Tränen. Viele Menschen bezeugen es.

Bew.: Gut bezeugt.

1987 TERRA BLANCA/MEXIKO Maria erscheint der 13jährigen Elba, ihrer 11jährigen Schwester Zenäia und deren Bruder und fordert sie zu Gebet, Buße, Fasten, Beichte, Kommunionempfang und Bibellesen auf. Sie spricht vom Leiden und von der Kreuzigung Jesu als Folge der vielen Sünden der Menschheit – besonders auch in der Gegenwart. Maria wünscht die Errichtung einer Kirche am Ort der Erscheinung.

Bew.: Gut bezeugt; Quelle: R. Ernst, Lexikon

1987 VALENCIA/SPANIEN Maria erschien dem 24jährigen Angel Munoz im Tal de la Murta bei Valencia. Seitdem erscheint ihm Maria an jedem 15. des Monats bei einer Pinie. Zu den angesagten Erscheinungen pilgern jedesmal Tausende Menschen. Maria sagt unter anderem zu ihm:

»Bald wird eine große Strafe kommen. Eine Stadt in Rußland wird vernichtet werden. – Ich brauche Seelen, die sich mir opfern. – Ihr werdet Zeichen am Himmel sehen und merkwürdige Dinge in euren Häusern. Ihr werdet Schmerzen im Körper verspüren. Es werden drei Tage dichten Nebels kommen; ihr werdet nichts mehr sehen – nur die Kerzen werden leuchten. – Es wird Krieg geben.«

Maria fordert die kniende Mundkommunion und weist auf falsche Lehren hin, die in die Kirche eingedrungen seien und das Evangelium entweihen würden. Aber das Herz Jesu und das Herz Marias würden triumphieren.

Bew.: Gut bezeugt; Quelle: Flugblatt

1988 ARDEE (GRAFSCHAFT KERRY)/IRLAND An einer Marienstatue bewegen sich die Hände, öffnen und schließen sich die Augen. Ähnliche Phänomene wurden im Sommer 1988 auch aus weiteren 14 irischen Grafschaften gemeldet.

Bew.: Unbekannte Quelle; Quelle: J. Cornwell, Powers

1988 BALLINSPITTLE/IRLAND Eine Marienstatue am Wegrand wippte einen Monat lang hin und her. An manchen Tagen beobachteten bis zu 10 000

Personen dieses Phänomen, für das man keine zureichende Erklärung fand.

Bew.: Unbekannte Quelle; Quelle: J. Cornwell, Powers

CALTANISETTA/ITALIEN Eine Keramikstatue der Muttergottes bewegte 1988 sich in auffälliger Weise.

Bew.: Unbekannte Quelle; Quelle: J. Cornwell, Powers

COURTMACHSBERRY/IRLAND Eine Statue der Muttergottes schaukelte so 1988 heftig hin und her, daß sie der Pfarrer eine Stunde lang festhalten mußte, um zu vermeiden, daß sie umstürzte.

Bew.: Unbekannte Quelle; Quelle: J. Cornwell, Powers

CUENCA/ECUADOR Zwischen dem 28. 8. 1988 und dem 3. 3. 1990 1988 erschien Maria der 17jährigen Patricia Talbot mehrmals in Cuenca, in den ecuadorianischen Anden. Bis zur ersten Erscheinung verlief das Leben der »Pachi« genannten Seherin unauffällig. Sie hatte ein Engagement als Mannequin und Tänzerin bei einer Folkloregruppe und war viel unterwegs, entging so den familiären Problemen, da die Eltern damals in Scheidung lebten. Im Juli 1987 unternahm sie einen Selbstmordversuch, den sie aber überlebte. Ihr Freund Andres nahm sich um sie an, und die beiden wollten heiraten. Am frühen Morgen des 28. 8. 1988 hatte Patricia einen Traum und erwachte von einem starken Licht, das in ihrem Schlafzimmer strahlte und in dem sie Maria erkannte. Sie hörte sie sprechen:

> »Fürchte dich nicht, ich bin deine himmlische Mutter. Bete viel für den Frieden der Welt. Dies ist nötiger denn je. Ruf deine Mutter und verständige sie.«

Patricia weckte ihre Mutter und ihren 9jährigen Bruder, und sie beteten gemeinsam.

Am nächsten Tag bemerkte die Freundin Bernadita einen starken Blumenduft in Patricias Zimmer; sie hörte von der Erscheinung und glaubte daran. Gemeinsam errichteten die Mädchen einen Hausaltar.

Die nächste Erscheinung hatte Patricia am 7. Oktober vor dem Gnadenbild Unserer Lieben Frau von Guadalupe in Mexiko-City. Sie sah Maria als menschliches Wesen mit menschlicher Stimme sprechen: »Fürchte nichts, meine kleine Seele!«

Und Maria betete mit Patricia und mahnte sie, bedächtig zu beten und ohne Angst, sonst würden die Gebete nicht in den Himmel dringen. Dann zeigte sie Patricia in einer Vision leidende Kinder aller Rassen in aller Welt. Bevor die Gottesmutter verschwand, sagte sie: »Adieu, meine kleine Tochter.«

Maria stand barfuß auf einer Wolke und trug ein weißes Kleid, darüber einen himmelblauen Schleier, der bis zu den Knöcheln reichte. Über den Kopf war ein roter Schal gelegt, unter dem honigfarbenes Haar hervorschaute. Die Gottesmutter war sonnengebräunt, hatte braune Augen, eine gerade kleine Nase, sie hielt einen Rosenkranz in der Rechten und in der Linken das Kruzifix des Rosenkranzes. Sie sprach mit spanischem Akzent.

Am nächsten Tag suchte Patricia wieder die Basilika auf und sah wiederum die Jungfrau Maria, die zu ihr sagte:

»Danke, daß du gekommen bist, meine Tochter, verbreite diese Botschaft: Betet den Rosenkranz. Tut Buße und fastet. Durch das Gebet gelangt ihr zum Herzen Jesu. Geht zur heiligen Messe und macht Besuche beim allerheiligsten Altarsakrament. Ruft mich an, dann werde ich euch unter meinem Mantel und im Herzen meines Sohnes bewahren. Ich liebe dich, meine kleine Tochter.«

Patricia bat um ein Zeichen, das ihr gewährt wurde: Nun konnte auch ihre Freundin Bernadita Maria ganz nah vor sich – einen Meter über dem Boden – sehen.

Am 10. Oktober hat Patricia erneut eine Erscheinung und hört:

»Meine kleine Tochter: du weißt, wie glücklich ich bin, daß du hier bist, es ist das letztemal, daß du mich in menschlicher Gestalt siehst. Ich werde deine Mutter und die Hüterin deines Glaubens sein. Ich werde dir ein großes Geheimnis offenbaren, das mit dem zehnten, das andere Seher erhalten haben, übereinstimmt. Dieses darfst du solange niemandem mitteilen, bis ich dir den Auftrag dazu gebe. Ich lege die große Mission der Bekehrung in deine Hände. Wenn sie nicht erfolgt, wird die große Heimsuchung kommen; mein Unbeflecktes Herz wird jedoch bei dir bleiben und wird dich unter meinem Mantel bergen. Ich liebe dich sehr, und niemals werde ich meine kleine Tochter verlassen.«

Zu Hause in Cuenaco hat Patricia tatsächlich keine vergleichbare Erscheinung mehr, aber sie erhält viele Botschaften – in Form von inneren Einsprechungen. Patricia will in Zukunft auf alle Vergnügungen verzichten und organisiert eine Gebetsgruppe, in der täglich der Rosenkranz gebetet wird. Am 4. November beginnen die inneren Botschaften:

»Sie wissen nicht, wie sehr es mich freut, Sie ganz erneuert zu sehen, meine Kleine. Du hast einen weisen Entschluß gefaßt; . . . Ich bin gekommen, um dir den Zeitpunkt des großen Strafgerichtes zu offenbaren, aber du darfst ihn niemandem mitteilen. Ich liebe Sie sehr. Ich gehe jetzt fort. Erinnern Sie sich daran, daß ich die Hüterin deines Glaubens sein werde.«

Im November und Dezember halten diese Botschaften an, in denen Maria die Seherin abwechselnd mit »Du« wie am Anfang und mit »Sie« anspricht. Inhalt ist meist eine konkrete Aufforderung zum Beten, zur Weitergabe dieser Aufforderungen. Eine Stunde sollen die Gebetsgruppen am Tag beten. Auch 1989 dauern diese Einsprechungen an; an weiteren Phänomenen kommen dazu: Ölabsonderungen an einer Marienstatue und Heilungen durch Auflegen dieses wohlriechenden Öls. Am 24. und am 25. 3. 1989 (Karfreitag und Karsamstag) sagt Maria:

> »Fastet wenigstens einmal in der Woche bei Wasser und Brot. Betet jeden Tag den Rosenkranz. Mit Gebet und Fasten könnt ihr Kriege und Naturkatastrophen abwenden... Ich komme auf die Welt, um euch zum Herzen meines Sohnes zu führen. Begreift, daß ihr zu eurem Heil mit beitragen müßt. Die Welt steht am Rand vieler Katastrophen, wenn ihr euch nicht ändert. Gebraucht doch die Gnadenmittel, die mein Sohn mir geschenkt hat, damit ihr zu seinem Herzen, zum Licht des Vaters gelangt.«

Schließlich meldet sich das zuständige bischöfliche Ordinariat und spricht ein Verbot aus: Die Erscheinungen dürften nicht mit Gott und der Muttergottes in Verbindung gebracht werden. Eine Untersuchung fand aber nicht statt.

Im Juni 1989 wird Patricias Beichtvater nach Spanien versetzt. Da meldet sich Maria mit einem neuen Auftrag: »Gehen Sie zum Beten ins Gebirge!...«

Mit einigen Freundinnen wandert Patricia am 15. Juni von inneren Eingebungen geleitet ins Gebirge und gelangt zu dem etwa 3500 m hoch gelegenen Ort »El Cajas«, 27 km von Cuenca entfernt, in einem Hochgebirgstal. Maria sagt: »Hier ist mein Garten.«

Ein Priester nimmt privat eine Segnung des Ortes vor, und von diesem Tag an finden hier immer donnerstags und samstags die Erscheinungen statt. Immer mehr Menschen nehmen daran teil. Es entstehen regelrechte Wallfahrten, denn die letzten Kilometer können nur zu Fuß zurückgelegt werden.

Maria bittet darum, ein Kreuz und die Statuen Jesu und Marias sowie einen Bogen aufzustellen. Am 5. August erscheint sie weißgekleidet und sagt, es sei ihr Geburtsfest, am 10. August kündigt sie drohende Katastrophen an. Die Presse berichtet über die Erscheinungen, und am 7. September strömen über 100 000 Menschen zum »Garten Marias« in 3500 m Höhe! Am 3. März erscheint Maria zum letztenmal. Patricia wurde vom Bischof verpflichtet, keine Botschaften mehr kundzutun. Es kommen 120 000 Menschen zusammen, und Patricia berichtet, daß die Erscheinung auf Ostern und die Auferstehung hingewiesen hätte...

Viele Priester erklären die Vorgänge für Hysterie und der stark sozial ausgerichteten Pastoral der Diözese zuwiderlaufend. Patricia wird von vielen Seiten verleumdet, man verbarrikadiert die Zufahrtsstraße, verwüstet den Mariengarten, schlägt den beiden Statuen die Köpfe ab und wirft sie in den Fluß... Daß Patricia völlig verändert ist, daß von den Gebetsgruppen und durch die Wallfahrten neue religiöse Lebendigkeit erwacht ist, daß viele Heilungen, Tränenwunder, Ölabsonderungen, mediale Fotos usw. die geforderten »Zeichen« für die Übernatürlichkeit der Erscheinungen und den gottgewirkten Ursprung darstellen, wird nicht wahrgenommen. Trotz des Engagements des Jesuitenpaters Julio Teran (Rektor der katholischen Universität in Quito) und des Mariologen René Laurentin verhält sich die offizielle Kirche ablehnend.

> Bew.: Gut bezeugt, kirchlich nicht anerkannt; Quelle: »Mater Nostra«, Okt. 1991/Nr. 264, S. 12–18

1988 FRIAUL / ITALIEN Seit dem 19. September (Jahrestag der Erscheinung Marias in La Salette 1846) hat Vittorio Spotorini zweimal täglich Marienerscheinungen. Näheres ist leider nicht bekannt geworden.

> Bew.: Unbekannte Quelle; Quelle: R. Ernst, Lexikon

1988 PARIS / FRANKREICH Maria erschien insgesamt fünfmal dem 30jährigen Bassam Assaf, syrisch-orthodoxer Hausdiener in der Villa eines syrischen Kaufmanns in Paris. Das erstemal zeigte sie sich am 12. August weißgekleidet mit einem Schleier und strahlendem Gesicht. Der Hintergrund leuchtete sonderbar blau-golden. Während der Erscheinung sonderten die Hände des Sehers duftendes Öl ab, das eine heilende Wirkung entfaltet haben soll.

> Bew.: Unbekannte Quelle; Quelle: R. Ernst, Lexikon

1988 SAN FRANCISCO SOLANO / ARGENTINIEN Tränen an einer »Rosa Mystica«-Statue werden gemeldet und genau untersucht: Es sind keine natürlichen Ursachen festzustellen.

> Bew.: Gut bezeugt.

1988 SECCE / ITALIEN Tränen und Bluttränen wurden unter nicht näher bekannten Umständen an einer Marienstatue sichtbar.

> Quelle: J. Cornwell, Powers

1989 ITATIBA / BRASILIEN Seit Mai erscheint hier Maria als »Rosa Mystica« unter großer Beteiligung des Volkes. Am 13. Juli und am 25. Juli fanden Lichterprozessionen mit großen Teilnehmerzahlen statt. Am 25. Juli waren alle Anwesenden Zeugen eines Sonnenwunders. Der zuständige Bischof gab folgende Erklärung ab:

»Unsere Liebe Frau ist hier zugegen! Sie hat eine Kranke aus Rio de Janeiro, die seit Geburt taubstumm war, geheilt. Diese Heilung fand am 22. Juni statt. Wir haben hier täglich durchschnittlich 1500 Gläubige, die den Rosenkranz beten. Auch gibt es unzählige Bekehrungen! Das ist ihr Werk! Ich verspreche, alles zu tun, was sie verlangt. Maria hat unsere Bewegung ›Rosa Mystica von Itatiba‹ gesegnet. Der Herr sei gepriesen!«

Bew.: Gut bezeugt, kirchlich (diözesan) anerkannt; Quelle: R. Ernst, Lexikon

PORT SAID / ÄGYPTEN Maria erscheint der 50jährigen Samia kurz vor der 1990 angesetzten Brustkrebsoperation und weist sie an, in die Kirche zu gehen und zu beten. Am nächsten Morgen findet sie dort der koptische Priester der Anba-Bischoi-Kirche schlafend – neben ihr das herausoperierte Krebsgeschwür.

Bew.: Unbekannte Quelle.

WIEN / ÖSTERREICH Maria übermittelt durch drei Geistwesen (den heili- 1990 gen Laurentius, Salome und Elese) und einen menschlichen Mittler wichtige Botschaften, die in einem kleinen Kreis empfangen und 1990 in Buchform verbreitet wurden.

Vorwort des Gottesboten Laurentius

Gott zum Gruß! Laurentius.
... Die Liebe aus ihrem tiefsten Inneren war es, ist es und wird es immer sein, die Maria, die Mutter Jesu, nicht erlahmen läßt, Botschaften an die Menschheit zur Umkehr und Gesinnungsänderung zurück zu Gott zu richten. Als Beweis dieser herzinnigsten Liebe zu ihren verführten und gequälten Kindern führe ich, Laurentius, einige der vielen, vielen Erscheinungsorte an, wo Botschaften von Maria, der Mutter Jesu, der Menschheit gegeben wurden:

La Salette	Heroldsbach
Garabandál	Fatima
San Damiano	Montichiari
Eisenberg	Medjugorje
Heede	usw.

Ich, Laurentius, sage ganz offen, daß dies nur eine kleine Auswahl der tatsächlichen Erscheinungsorte Mutter Marias ist, ihre Zahl ist viel größer. Leider hatten und haben viele Menschengeschwister Angst vor dem Veröffentlichen; viele, die auch sogenannte »Privatoffenbarungen« hatten, enthielten diese der Menschheit vor.
    Die Vergangenheit hat bewiesen, daß diese Botschaften, ihrem geistigen inneren Sinn entsprechend, auf Wahrheit beruhen, z. B. daß Rußland wieder frei wird und sich wieder Christus zuwendet. Nehmt in der Gegenwart vor allem die Durchgaben von Mutter Maria in Medjugorje ernst.

Die folgende Erklärung erläutert das Zustandekommen medialer Kundgaben im Auftrag Marias:

Worte von Mutter Maria

Gott zum Gruß! Salome.

Liebe Menschenkinder, jetzt war ich, die kleine Dienerin Mutter Marias, ein zusätzliches Medium! Ihr könnt diesen Vorgang eigentlich recht gut verstehen, denn ich war so wie euer Mittler nur Mittel zum Zweck. Ich habe nur die Impulse dem menschlichen Werkzeug weitergegeben, alles andere ist von Mutter Maria gekommen. Seid glücklich, habt Dank, nehmt es als Auszeichnung hin.

Ich freue mich für euch, denn ich weiß, wie wenig Kreise da sind, die eine solche Auszeichnung verdienen. Nehmt die Kraft auf, die euch die himmlische Mutter gab. Ich war nur die Dienerin des Wortes...

Bew.: Gut bezeugt; Quelle: Gisela Weidner (Hg.), Maria Mutter Jesu. Helferin der Menschen in Vergangenheit, Gegenwart und Zukunft, Eigenverlag, Wien 1990

1991 SÃO PAOLO/BRASILIEN   Eine weinende Madonna wird bezeugt, die an jedem 13. des Monats etwa ein Wasserglas voll Tränenflüssigkeit absondert. Das Ereignis ist gut untersucht und jede Manipulation ist ausgeschlossen. Wissenschaftlich bleibt das Phänomen unerklärbar.

Bew.: Gut bezeugt.

1992 HUECAS (TOLEDO)/SPANIEN   Maria erscheint seit dem 2. Juli vier Kindern im Dorf Huecas in der Nähe von Toledo. Zuerst war es die 12jährige Elena Martin Diaz-Guérra, die plötzlich während des Versteckspielens ganz erst wurde und nach Hause lief. Als am nächsten Tag ihre 10jährige Cousine Montse erzählt, daß sie gerade die Jungfrau gesehen habe, berichtet auch Elena von ihrer Erscheinung am Vortag. Auch Maria Rosa (13 Jahre) und Ruben (9 Jahre) sehen in der Folge ein paarmal Maria. Die Eltern bedrohen die Kinder, »mit dem Unfug« aufzuhören.

Am 2. August berichtet Elena von einem »Gespräch«: Die Erscheinung habe eine »süße Stimme«, trage einen weiß-blauen Mantel, nenne sich »die Unbefleckte« und sei gekommen, um die Kranken zu heilen. Anfangs hätte sie Angst gehabt, dann aber nur Freude und das Bemühen, »ein besserer Mensch zu sein«. Die Lehrer der Kinder und der Ortspfarrer Manuel Holar stellen den Kindern ein gutes Zeugnis aus und halten sie für glaubwürdig. Der Pfarrer informierte den Bischof. Man will abwarten, wie sich die Sache »entwickle« und »ob ein Wunder alles bestätige, was hier geschieht«.

Bew.: Gut bezeugt; Quelle: Ave-Kurier 11/12/1992

Verzeichnis der Erscheinungsorte

Huecas (Toledo) 1992
Huronsee 1634, 1646
Hydrequent 1953

Ibdes 1954
Ica 1971
Ilaca 1866
Incoronata (Foggia) 1001
Ingolstadt 1604
Inzing 1685
Itatiba 1989

Jall-El-Dib (Beirut) 1984
Jambeiro 1984
Japan 1632, 1987
Jerusalem 1954
Jesuitenreduktion
   (Uruguay) 1642
Jesuitenreduktion d.
   Märtyrer Japans
   (Uruguay) 1644
Jezzine 1985

Kairo 1341, 1985, 1986
Kasan 1579
Kayl 1947
Kecskemét 1939
Kérizinen 1938
Kerrytown 1939
Kevelaer 1641
Kibeho 1981
Kiew 1231
Kirchdorf 1867
Kirchdorf am Inn 1900
Klagenfurt 1972
Klausenburg 1699
Klokoosko 1670
Köln 965, 1002, 1157, 1225,
   1587
Kolomenskoje
   (Moskau) 1914
Konnersreuth 1926
Konstantinopel 455, 522,
   626, 714
Konstanz 1312, 1633
Kösslarn 1364
Kötschach 1707
Krakau 1471, 1512, 1550,
   1957, 1976
Krasna Horka 1556

La Codosera 1945
Ladeira do Pinheiro 1962
La Forclaz 1948
La Fraudais 1873
La Marne 1914
Langeac 1627
Languedoc 1573
L'Anse-aux-Gaxons 1968
Laôn 1120
La Pierraz 1854
La Prénessaye 1652
La Salette 1846
Las Charcas 1984
La Talaudière 1981
Lauquiniz 1941
Lautenbach 1185
Lauthecour 1671
La Vang 1798, 1934
Lecce 1970
Le Fréchou 1969
Le Giaudet-Lanrivain 1692
Le Hamel 1147
Leipzig 1813
Le Lans 1664
Lemberg 1985, 1986
Lendinara (Rovigo) 1972
León 1330, 1506
Le Puy 70, 1609
Le Puy-en-Velay 1605
Lescouet-Gouarec 1820
Les Landes 1882
L'Hospital 1872
Liart 1948
Lichen 1850
L'Ile Bouchard 1947
L'Ile Napoleon 1948
Lima 1590, 1617
Limburg 1985
Lipa 1948
Lissabon 1450, 1550
Locherboden 1871
Loigny 1870
Lokeren 1933
London 1138
Loreto 1460
Loretteville 1898
Los Llanos 1100
Loublande 1909
Lourdes 1858, 1954
Löwen 1221, 1543, 1581
Lublin 1614, 1949
Lucca 1250, 1900
Lujan 1632

Lure 1630
Lüttich 1085, 1965
Lützenkirchen/Leverku-
   sen 1984
Luxemburg 1627
Lyon 1882, 1884

Maasmechelen 1982
Madonna del Sasso
   (Locarno) 1480
Madrid 1444, 1578, 1583,
   1972
Mailand 1938, 1968, 1973
Maillé 1968
Mainz 754
Malmedy 1919
Malta 1610, 1660
Manchiet-el-Tahrir 1974
Manila 1986, 1987
Manresa 1522
Marche-en-Famenne 1954
Margareteninsel (Buda-
   pest) 1270
Mariabesuyü 1759
Maria Bildstein 1629
Maria Buchen 1495
Maria Dolina (Poggers-
   dorf) 1849
Mariagyüd 1569
Mariahilf 1363, 1600
Mariahilferberg 1661
Mariakeménd 1740
Maria Licht 1660
Maria Rickenbach 1528
Maria zum Schnee 1690
Maria Steinbach 1681, 1730
Maria Taferl 1642
Maria Tax 1667
Maria-Thal 1313
Maria Waldrast 1407
Marienbaum 1430
Marienfried s. Pfaffenhofen
Mariental (Preßburg) 1330
Marina di Pisa 1948
Marlemont 1926
Marmagen 1932
Maropati 1971
Marpingen 1876, 1934,
   1983
Marta 1948
Matraverebély-Szent-
   kist 1457
Mazières 1140

Verzeichnis der Erscheinungsorte

Verzeichnis der Seherinnen und Seher

(Die Ziffern beziehen sich auf die Seiten im Buch)

Selbstbezeichnungen und Würdetitel Marias

Advent-Muttergottes (1876 Mettenbuch)
Allerseligste Jungfrau (1876 Mettenbuch)
Arme Pilgerin (1968 Eisenberg)

Braut des Heiligen Geistes (1945 Amsterdam)
Brunnen deiner Freude (1531 Guadalupe/Mexiko)

Christusbringerin (1938 Oberpleis)

Dame de grâce (1449 Anderlecht)
Deine Mutter (1531 Guadalupe/Mexiko)
Die große Gnadenvermittlerin (1946 Pfaffenhofen/Marienfried)
Die Mutter (1984 Gargallo)
Dreimal wunderbare Mutter (1604 Ingolstadt, 1946 Pfaffenhofen)

Erhabene Königin des Himmels und der Erde (1872 Valle di Pompei)
Erhabene Mutter (1694 Neapel)
Erlöserin der Gefangenen (1359 Neapel)
Eure erbarmungsreiche Mutter (1531 Guadalupe/Mexiko)

Frau aller Völker (1945 Amsterdam, 1990 Wien)
Frau der Morgenröte (1918 Turin)
Fürsprecherin der Menschheit (1983 Marpingen)

Gnadenmutter (1960 Neuweier)
Gospa = Herrin (1981 Medjugorje)
Guter Hoffnungsstern (1968 Eisenberg)

Heil der Kranken (1960 Neuweier, 1978 Brüssel)
Helferin der Christen (1947 Casanova)
Hilfe der Christen (1846 Turin, 1969 Eisenberg)
Himmelskönigin (626 Konstantinopel, 1060 Espain, 1600 Brügge, 1696 Ecuador,
    1876 Mettenbuch, 1900 Lucca)
Himmlische Mutter und Mutter aller Erdenkinder (1968 Eisenberg)
Hohe Frau (1979 Ottobeuren)

Immerwährende Jungfrau (1531 Guadalupe/Mexiko)

Jungfrau der Armen (1933 Banneux, 1951 Arluno)
Jungfrau der Gnaden (1420 Faënza)
Jungfrau der Offenbarung (1947 Tre Fontane)

Kaiserin des Himmels und der Erde (1468 Flüeli)
Königin aller Seelen (1939 Kecskemét)
Königin der Apostel (1965 Eisenberg)
Königin der Armen Seelen (1937 Heede)
Königin der Engel (1231 Kiew, 1531 Luzern, 1614 Paris, 1856 Assisi,
     1863 Anglet)
Königin der Herzen der Menschen (1973 Tampa)
Königin der Jungfrauen (1281 Helfta)
Königin der Liebe (1985 Schio)
Königin der Märtyrer (1388 Andernach-Kell, 1875 Boulleret)
Königin der Mütter der Welt (1943 Athis-Mons)
Königin der Propheten und Märtyrer (1968 Eisenberg)
Königin der Welt (1939 Kecskemét, 1948 Caiazzo, 1966 Porto San Stefano)
Königin des Friedens (1939 Kecskemét, 1973 Italien, 1973 Tampa,
     1981 Medjugorje)
Königin des Himmels (1219 Rom, 1282 Helfta, 1310 Finstad, 1336 Estremoz,
     1631 Neapel, 1859 Green Bay, 1926 Warschau, 1932 Beauraing, 1973 Bayside)
Königin des Himmels und der Erde (1945 N. N./Kroatien, 1947 Kayl, 1948
     Schichowitz, 1965 Eisenberg, 1982 Eupen)
Königin des Landes (1986 Manila)
Königin des Weltalls (1095 Arras, 1937 Heede, 1965 Fribourg, 1971 Bayside)
Königin und Mutter der großen Barmherzigkeit (1968 Eisenberg)
Königin vom kostbaren Blut (1972 Klagenfurt)
Königin vom Sieg (1942 Sonnenhalb, 1953 Cossirano)
Kriegerin gegen den Teufel (1918 Turin)

Lichtbringerin (1968 Eisenberg)
Liebesflamme des Unbefleckten Herzens (1961 Ungarn)
Lilie der Dreifaltigkeit (1282 Helfta)

Mächtige Fürsprecherin bei ihrem Sohn (363 Caesarea)
Mächtige Fürsprecherin und Gnadenvermittlerin (1165 Durham)
Madonna del Sangue (1494 Ré)
Madonna der Immerwährenden Hilfe (1950 Acquaviva-Platani)
Madonna vom Berge Karmel (1961 Garabandál)
Magd der Armen (1933 Onkerzele)
Magd des Herrn (1949 Düren)
Maienkönigin (1967 Eisenberg)
Makellose Jungfrau (1531 Guadalupe/Mexiko)
Maria del Rosario (1973 Puruaran)
Maria Desolata (1979 Ottobeuren)
Maria Heil der Kranken (1529 Sens, 1588 Neapel)
Mariahilf (1976 Cua)
Maria Königin des Herzens (1929 St. Theodore de Chestry)
Maria mit dem Schutzmantel (1716 Peterwardein)

Maria Schnee (1716 Peterwardein)
Maria ter admirabilis (Dreimal wunderbare Mutter) (1604 Ingolstadt)
Maria vom Berge Karmel (1251 Cambridge)
Maria vom glücklichen Ereignis (1634 Ecuador)
Maria von den Schmerzen (Strastneja) (1641 Rußland)
Maria von der Gesundheit (1895 Vellangany)
Meerstern (Stella maris) (636 Boulogne, 1153 Clairvaux)
Miterlöserin (1939 Kecskemét, 1965 Eisenberg, 1973 N. N./Italien, 1983 Marpingen, 1945 Amsterdam)
Mittlerin aller Gnaden (1945 Amsterdam, 1972 Commack, 1983 Marpingen)
Mittlerin bei ihrem Sohn (1946 Montichiari)
Mittlerin der Gnaden (1153 Clairvaux, 1945 Kroatien)
Mittlerin der Versöhnung (1946 Montichiari)
Mittlerin zwischen Himmel und Erde (1945 Kroatien)
Moedecke = Mütterlein (1915 Walberg)
Mutter aller Menschen (1531 Guadalupe/Mexiko)
Mutter aller Seelen (1946 Montichiari)
Mutter der Apokalypse (1987 Japan)
Mutter der Barmherzigkeit (1112 Hildesheim, 1282 Helfta, 1536 Savona, 1872 Neubois, 1938 Kérizinen, 1926 Warschau)
Mutter der Bekehrung der Sünder (1949 Fehrbach)
Mutter der Gnade (1946 Montichiari)
Mutter der göttlichen Gerechtigkeit (1964 Sonnenhalb)
Mutter der göttlichen Liebe (1968 Mailand)
Mutter der Kirche (1947 Tre Fontane, 1967 Italien, 1873 Italien, 1965 Eisenberg)
Mutter der Liebe, die Mutter aller (1964 San Damiano)
Mutter der schönen Liebe (1240 Wranau)
Mutter der Wahrheit (1965 Paris)
Mutter des Erlösers (1965 Paris)
Mutter des Guten Hirten (1969 Eisenberg)
Mutter des Himmels (1979 Ottobeuren)
Mutter des Lebens (1986 Gergamo)
Mutter des Lichts (1968 Zeitoun)
Mutter des Trostes und der Betrübten (1962 San Giovanni Rotondo)
Mutter des wahren Gottes (1531 Guadalupe/Mexiko)
Mutter und Königin des Weltalls (1970 San Damiano)
Mutter und Zuflucht der Sünder (1910 Tourtres)
Mutter vom Großen Sieg (1954 München)
Mutter vom Guten Rat (1467 Genazzano)
Mutter vom Lichte (1989 Bayside)
Mutter von der heiligen Hilfe (1980 Rom)
Mutter von Palmar vom Karmel (1968 Palmar de Troya)

Pilgerin (1973 Italien)

Rosa Mystica (1282 Helfta, 1946 Montichiari)
Rose der himmlischen Anmut (1282 Helfta)
Rosenkranzkönigin (1872 Valle di Pompei, 1969 Eisenberg, 1983 San Nicolas)

Notre Dame de Guérison (Genesung) (1520 Tarbes)
Notre Dame de la Maternité (Mutterschaft) (1943 Athis-Mons)
Notre Dame de Sainte Chandelle (Kerze) (1105 Arras)
Notre Dame de Ardents (Pest) (1105 Arras)
Notre Dame de Graces (Gnaden) (1519 Catignac)
Notre Dame de Toute-Aide (1652 Prenessayre)
Notre Dame du Cordon (1008 Valenciennes)
Notre Dame du Laus (1664 Le Laus)
Nuestra Señora de Komeroto (1651 Venezuela)
Nuestra Señora de la Casita (1490 Alaexos)
Nuestra Señora de la Fuente (1560 Cordoba)
Nuestra Señora del Socorro (Mariahilf) (1133 Ampudia)
Nuestra Señora de Regla (1330 Léon)

Schlangenzertreterin (1531 Guadalupe/Mexiko)
Schmerzensmutter (1875 Boulleret, 1875 Villareggia, 1888 Castelpetroso, 1965 Eisenberg, 1967 Cefala Diana)
Schmerzensmutter (La Codosera) (1946 Montichiari)
Schmerzensreiche Mutter (1900 Lucca)
Schmerzhafte Mutter (1602 Bergamo, 1934 Marpingen, 1945 N. N./Kroatien)
Schmerzhaftes Unbeflecktes Herz Mariens (1938 Kérizinen)
Schneeweiße Lilie der allerheiligsten Dreifaltigkeit (1938 Bochum)
Seligste Jungfrau (1830 Paris)
Siegerin in allen Schlachten Gottes (1969 Eisenberg)
Siegreiche Königin der Welt (1939 Kecskemét)
Siegreiche Muttergottes (1981 Ohlau)
Strastneja (von den Schmerzen) (1641 Palizi)

Tabernakel des Höchsten (1955 Nongoma)
Taube des Friedens und der Versöhnung beim gerechten Gott (1938 Kérizinen)
Triumphierende Königin des Himmels (1576 Nursia)
Trösterin der Betrüben (1282 Helfta, 1632 Japan, 1641 Kevelaer, 1876 Mettenbuch, 1947 Kayl, 1960 Neuweier)
Türe zu Jesus (1980 Ottobeuren)
Turm Davids (1978 Berlicum)

Unbefleckte Empfängnis (836 Toulouse, 1070 Nordsee, 1849 Maria Dolina, 1858 Lourdes, 1946 Montichiari, 1958 Turzovka, 1970 Lecce, 1973 Olmes, 1981 Ohlau)
Unbefleckt Empfangene (1876 Marpingen, 1938 Wigratzbad, 1953 Cossirano)
Unbefleckte Jungfrau (1932 Beauraing)
Unbeflecktes Herz Mariens (1917 Fatima)

Unsere Liebe Frau auf dem Rain (1873 Walbach)
Unsere Liebe Frau auf der Säule (41 Saragossa)
Unsere Liebe Frau der Einheit, Mutter und Helferin der Menschen (1985 Kanada)
Unsere Liebe Frau der Gnaden (1928 Ferdrupt)
Unsere Liebe Frau der Tränen (1930 Campines)
Unsere Liebe Frau über allem (1933 Olsene)
Unsere Liebe Frau vom Heil (1950 Perregaux)
Unsere Liebe Frau vom Heiligsten Herzen (1921 Florival)
Unsere Liebe Frau vom heiligsten Rosenkranz (1938 Kérizinen)
Unsere Liebe Frau vom Karmel (1917 Fatima)
Unsere Liebe Frau vom Kreuz (958 Herford)
Unsere Liebe Frau vom Licht (1450 Lissabon, 1948 Montluçon)
Unsere Liebe Frau vom Rosenkranz (1917 Fatima)
Unsere Liebe Frau von den Rosen (1961 San Damiano)
Unsere Liebe Frau von den Rosen, der Hilfe der Mütter (1970 Bayside)
Unsere Liebe Frau von den Schmerzen (1917 Fatima)
Unsere Liebe Frau von der Immerwährenden Hilfe (1958 Turzovka)
Unsere Liebe Frau von Eldern (1466 Ottobeuren)
Unsere Liebe Frau von Lourdes (1976 Cua)
Unsere Liebe Süße Frau von Rehkum (1397)
Unsere Zuflucht (1976 Cua)

Verlassene Mutter (1882 Lyon)
Vermittlerin aller Gnaden (1969 Eisenberg, 1973 Italien)
Versöhnerin aller Völker (1976 Cua)
Versöhnerin der Sünder (1846 La Salette)
Vertreterin für meinen Sohn beim Vater (1973 Bayside)
Voll der Barmherzigkeit Gottes (1945 N. N./Kroatien)
Voll der himmlischen Gnaden (1945 N. N./Kroatien)

Wahre, freudenreiche, schmerzensreiche Mutter der Eucharistie
  (1987 Valdragone)

Zuflucht der Sünder (1313 Avignon, 1947 Casanova, 1960 Neuweier)

Statistische Übersicht der Marienerscheinungen und Botschaften

Jahrhundert	1.	3.	4.	5.	6.	7.	8.	9.	10.	11.	12.	13.	14.	15.	16.	17.	18.	19.	20.	Summe	Gesamt
Belgien										2		5	1	1	2	4		4	32	51	
CSFR												1	4	1	1	1	2	1	3	14	
Deutschland							2		2	1	6	10	4	5	2	20	7	6	47	112	
England							1		1	2	5	1							3	13	
Frankreich	1		1	1		2	1	2	1	6	10	4	4	5	7	22	3	49	52	171	
Griechenland														1				1	2	5	
Herzegowina																			1	1	
Irland																		1	9	10	
Italien			1		1					2	2	17	5	15	25	9	3	19	100	199	
Kroatien																		1	2	3	
Luxemburg																1			1	2	
Malta																2				2	
Niederlande						1							1				1		5	8	
Österreich													1	2	2	7	3	5	10	30	
Polen													1	1	3	1		4	13	23	
Portugal														1	2				4	7	
Rumänien																1			2	3	
Rußland (GUS)											1	1	2		1		3	1	9	19	
Schweden													1							1	
Schweiz						1							2	6	4	1	2		4	20	
Spanien	1			1						1	2	2	8	4	11	3		1	18	52	
Ungarn													1		2	1	7	6	7	24	
Vatikan																	2		2	4	774 EUROPA
China																			4	4	
Indien															1	1		1		3	
Israel																	1		2	3	
Japan																1	1		2	4	
Jordanien																			1	1	
Kleinasien	1	1	2	1	1	1	1													8	
Korea																			2	2	
Libanon																			6	6	
Philippinen																1			4	5	
Syrien																			2	2	
Vietnam																	1		3	4	42 ASIEN
Ägypten												1							5	6	
Algerien															1				1	2	
Angola																	1			1	
Burundi																	2			2	
Marokko														1						1	
Rhodesien															1					1	
Rwanda																			2	2	
Südafrika																			1	1	
Tansania																			1	1	17 AFRIKA
Argentinien																2			4	6	
Bolivien															1					1	
Brasilien																	1		9	10	
Chile															1				2	3	
Ecuador															1	2			2	5	
Haiti																			1	1	
Kanada																2		1	12	15	
Kolumbien															1				4	5	
Mexiko															1				4	5	
Nicaragua																			1	1	
Peru															1	1			3	5	
Uruguay																2				2	
USA																	4		17	21	
Venezuela															1				2	3	83 AMERIKA
AUSTRALIEN																					
Papua-Neuguinea																			1	1	2 AUSTR./ PAPUA
	3	1	4	2	2	4	5	2	7	14	26	42	33	41	71	97	31	106	427	918	918 GESAMT

Literaturverzeichnis

Armanda, S.: Botschaften Marias an die Familien und an die Welt, Hauteville 1986

Ave-Kurier. Zeitschrift im Dienste Marias, St. Andrä-Wördern

Balthasar, Hans Urs von: Erster Blick auf Adrienne von Speyr, Freiburg, 1989

Baron, Renato: Botschaften der Königin der Liebe in San Martino di Schio vom 3. 4. 1985 bis 24. 1. 1990, Hauteville 1990

Baum, Hans: Die apokalyptische Frau aller Völker. Kommentare zu den Amsterdamer Erscheinungen und Prophezeiungen, Stein a. Rhein, 6. Aufl. 1983

Beda, Anton: Maria im Kampf mit dem Drachen, Wien 1977

Bekh, Wolfgang Johannes: Am Vorabend der Finsternis, Pfaffenhofen o. J.

Bert, Chino: Luigina Sinapi. Liebesopfer für die Welt, Hauteville 1989

Bianchi, Luigi: Fatima und Medjugorje. Zwei Stationen auf dem Weg der Rettung, Hauteville 1987

Bonsen, Elmar zu / Glees, Cornelia: Die Visionen der hl. Birgitta von Schweden, Augsburg 1989

Botschaften Marias, der Königin des Weltalls, an ihre vielgeliebten Erdenkinder, St. Georgen i. A. o. J.

Bullinger, K.: Anneliese Michel und die Aussagen der Dämonen, Altötting, 2. Aufl. 1983

Burger, Franz: Johannes Maria Vianney. Der hl. Pfarrer von Ars, Jestetten 1987

Castella, A.: Maria erscheint in San Damiano, Hauteville 1985

Cornwell, John: Mächte des Lichts und der Finsternis. Christliche Wunder – Wahrheit oder Einbildung?, Wien 1992

Cuylen, Maria: Die hl. Katharina Labouré und die wunderbare Medaille der Unbefleckten, Fribourg, 5. Aufl. 1983

Däniken, Erich von: Erscheinungen. Phänomene, die die Welt erregen, Düsseldorf 1974; München 1976

Deevy, W.: Die Muttergottes erscheint in Irland, Hauteville 1989

Deine Tage sind gezählt, hrsg. v. Postolat d. Kleinen Seelen, Flüeli-Ranft 1989

Der Gefährte. Zeitschrift der Gefährten Jesu des Gekreuzigten und der Immaculata, St. Andrä-Wördern

Der neue Tag. Blätter des katholischen Glaubens (Schwerpunkt Bayside), Altötting 1989 ff.

Die Liebesflamme des Unbefleckten Herzens Mariens. Tagebuch 1961–1975, Hauteville 1976

Durrer, Werner (Hrsg.): Siegeszug der Wunderbaren Medaille, Jestetten, 7. Aufl. 1991

Eizereif, Heinrich: Das Zeichen des lebendigen Gottes. Muttergotteserscheinungen in Marienfried, Stein a. Rhein o. J.

Eller, J.: Prophezeiungen über die Zukunft der Menschheit, Bd. 2., Wien o. J.

Ernst, Robert: Die Seherin aus dem Ruhrgebiet. Ursula Hibbeln, Stein a. Rhein, 8. Aufl. 1988

Ernst, Robert: Lexikon der Marienerscheinungen, Altötting, 5. Aufl. 1989

Ernst, Robert: Maria redet zu uns. Marienerscheinungen seit 1830, Eupen 1984

Flagel, Odilo: Lourdes, Feldkirch o. J.

Foligno, Angela von: Gesichte und Tröstungen, Stein a. Rhein 1975

François, Robert: So sprach Maria in Garabandál, Meersburg o. J.

Fux, Ildefons: Don Bosco. Sal Terrae, Maria Roggendorf 1981

Garabandál-Journal, St. Andrä-Wördern

Gobbi, Stefano: Die Muttergottes an die Priester, ihre vielgeliebten Söhne, Marian. Priesterbewegung, Wien o. J.

Gonzaga de Fonseca, Louis: Maria spricht zur Welt (Fatima), Dietenheim, 16. Aufl. 1973

Goodman, Felicitas D.: Anneliese Michel und ihre Dämonen, Stein a. Rhein, 2. Aufl. 1987

Graber, Rudolf: Marienerscheinungen, Würzburg, 2. Aufl. 1986

Grignion de Montfort, Ludwig Maria: Das Goldene Buch. Hingabe und Weihe an Maria, Feldkirch 1987

Große Geheimnisse unseres Glaubens, St. Andrä-Wördern o. J.

Hansen, Susanne (Hrsg.): Die deutschen Wallfahrtsorte. Ein Kunst- und Kulturführer zu über 1000 Gnadenstätten, Augsburg, 2. Aufl. 1991

Hausmann, Irmgard: Die Ereignisse von Garabandál. Muttergotteserscheinungen von 1961–1965 in Nordspanien, Gröbenzell, 4. Aufl. 1986

Hemes, G.: Die Tränen der Rosa Mystica. Maria weint in Belgien, Stein a. Rhein, 5. Aufl. 1983

Heyder, Gebhard: Advent-Muttergottes in der Waldschlucht. Mettenbuch 1876–1878, Regensburg 1986

Höcht, Johannes Maria: Die große Botschaft von La Salette, Stein a. Rhein, 5. Aufl. 1983

Höcht, Johannes Maria: Träger der Wundmale Christi. Eine Geschichte der Stigmatisierten, hrsg. u. erg. v. Arnold Guillet, Stein a. Rhein, 4. Aufl. 1986

Hoffmann, Hellmuth: Die Wahrheit über die Botschaft von Fatima, Bietigheim 1983

Hofmann, Helene: Meine Besuche bei der belgischen Stigmatisierten Rosalie Pütt, Stein a. Rhein 1990

Holböck, Ferdinand: Gottes Nordlicht. Die hl. Birgitta von Schweden und ihre Offenbarungen, Stein a. Rhein, 2. Aufl. 1988

Holzer, Aloisia: Empfangenes und Geschautes, Stössing 1991

Isenegger, Marie-Therese: Die siegreiche Königin der Welt. Botschaft Jesu an Sr. Maria Nathalie in Ungarn, Jestetten, 2. Aufl. 1988

Jäger, M. (Hrsg.): Eisenberg 1956–1983. Der Kampf um das Erlösungszeichen der göttlichen Liebe und Barmherzigkeit, München o. J.

Johnston, Francis: So hat er keinem Volk getan. Das Wunder von Guadalupe, Stein a. Rhein, 2. Aufl. 1991

Kaiser, Leonhard Christian: Maria weint ein Meer von Tränen – im bayrischen Schwandorf und rund um die Welt, Altötting, 2. Aufl. 1988

Kérizinen. Erscheinungen und Botschaften, Hauteville o. J.

Kling, H. J.: Warnungen an die Menschheit, Manuskript

Kondor, Luis / Joaquin, M. Alonso: Schwester Lucia spricht über Fatima. Erinnerungen, Fatima, 3. Aufl. 1977

Kowalska, Maria Faustyna: Tagebuch, Hauteville 1990

Künzli, Josef Franz : Die Botschaften der Frau aller Völker, Jestetten 1990

Künzli, Josef Franz : Die Erscheinungen in Marienfried, Jestetten 1970

Künzli, Josef Franz : Ich bin das Zeichen. Die Bedeutung Marias für Welt und Kirche. Die wichtigsten Erscheinungen Marias seit 1830, Jestetten o. J.

Laurentin, René: Das Leben der Bernadette. Die Heilige von Lourdes, Düsseldorf 1979

Laurentin, René / Joyeux, Henri: Medizinische Untersuchungen in Medjugorje, Graz, 2. Aufl. 1979

Lexikon für Theologie und Kirche (LThK), 14 Bde., Freiburg 1957–1968

Ljubič, Marijan: Erscheinungen der Gottesmutter in Medjugorje, Jestetten, 10. Aufl. 1989

Lochet, Louis: Muttergotteserscheinungen. Ihr Sinn und ihre Bedeutung im Leben der Kirche und unserer Zeit, Freiburg 1957

Loutsel, Marie-Therese / Schött, Grete: Anna Katharina Emmerick. Jesus mitten unter den Seinen. Aufgezeichnet von Clemens Brentano, Kevelaer 1981

Lüthold-Minder, Ida: Die Rosenkranzkönigin von Pompei und ihr Advokat Bartolo Longo, Hauteville 1981

Lüthold-Minder, Ida: Helvetia Mariana. Die marianischen Gnadenstätten der Schweiz, Stein a. Rhein 1979

Maria spricht zur Welt. Mahnrufe aus New York, Altötting 1989

Maria von Agreda. Leben der Jungfrau und Gottesmutter Maria, Bd. 1–3, hrsg. v. Albertus-Magnus-Verein Gosheim, 1979

Marienlexikon, Bd. 1 (A–C) 1988; Bd. 2 (C–G) 1989; Bd. 3 (G–L) 1991, hrsg. im Auftrag d. Institutum Marianum Regensburg v. Remigius Bäumer u. Leo Scheffczyk, St. Ottilien

Marmy, Emile: Kleiner Wegweiser zu den Marienerscheinungen, Fribourg 1990

Mater Nostra. Religiöse Monatsschrift, Hauteville 1967 ff.

Medjugorje. Gebetsaktion Maria Königin des Friedens, seit 1985

Mehring, Horst: Maria – Rosa Mystica. Montichiari/Fontanelle, Altötting 1988

Moser, Alexius: Die Wallfahrt der Heimatvertriebenen auf den Schönenberg. Erinnerungen an die alte unvergessene Heimat, Jestetten 1976

Mutter Lex erzählt, hrsg. v. Rasenkreuzpilgerverein Eisenberg, 5. Aufl. 1989

Nigg, Walter: Ein zeitloser Heiliger – Don Bosco, München, 4. Aufl. 1987

Novotny, A.: Die prophetischen Bilder der Maria Magdalena Hafenscheer, Wien 1981

Novotny, A.: Die prophetischen Bilder der Maria Magdalena Hafenscheer. Eine Sammlung aller 28 Malwerke mit Kurzbeschreibungen, Wien 1990

Ortner, Reinhold: Die Berge werden erbeben. Außersinnliche Wahrnehmung – Visionen – Prophezeiungen, Stein a. Rhein, 2. Aufl. 1985

Peyret, Raymond: Martha Robin. Das Kreuz und die Freude, Stein a. Rhein, 2. Aufl. 1988

Pichler, Anton M. / Böhm, Wilhelm: Wege zu Hoffnung und Gnade. Österreichs Gnadenorte und Wallfahrten, Wien 1953

Plechl, Pia Maria: Wallfahrt in Österreich, Wien 1988

Rahner, Karl: Visionen und Prophezeiungen. Reihe: Questiones Disputatae 4, Freiburg 1958

Rathgeber, Alphons Maria: Maria wir rufen zu dir. Ein Buch von Unserer Lieben Frau und ihren Gnadenstätten, Kempten i. A. o. J.

Roberdel, Pierre: Marie-Julie Jahenny. Mystikerin – Stigmatisierte – Prophetin, Hauteville, 2. Aufl. 1989

Rossi, Fausto: Die Jungfrau der Offenbarung – Tre Fontane Rom, Hauteville 1985

Rossi, Fausto: Die Königin der Liebe. Erscheinungen in San Martino di Schio, Hauteville, 2. Aufl. 1991

Roth, Anna: Das Opfer der Liebe. Offenbarungen und Botschaften der Gottesmutter, Gaming 1987

Rudolf, Franz: Tagebuch der Maresa Meschenmoser, Bd. 1: Weg einer Menschenseele zu Gott; Bd. 2: Einsprechungen von Jesus und Maria, Gaming 1990

Rupcic, Ljudevit: Erscheinungen Unserer Lieben Frau zu Medjugorje, Jestetten, 3. Aufl. 1989

Sagardoy, Antonio: Gott hat mich überwältigt. Aus der Autobiographie der Teresa von Avila, Wien 1981

Schaffer, Rudolf: Die Armee vom kostbaren Blut, St. Andrä-Wördern, 2. Aufl. 1987

Schallenberg, Gerd: Visionäre Erlebnisse. Visionen und Auditionen in der Gegenwart – eine psychodynamische und psychopathologische Untersuchung, Augsburg 1990

Schamoni, Wilhelm / Besler, Karl: Charismatische Heilige, Stein a. Rhein 1989

Skunca, Rudolf: Jesus ruft uns. Erscheinungen und Botschaften (»Julka«), 3 Bde., München 1984

So war Pater Pio. Zeugen, Briefe, Dokumente, hrsg. v. den Patres v. S. Giovanni Rotondo, Aschaffenburg 1975

So will Maria die Welt retten. Offenbarungen und Botschaften von Sr. Maria Margarethe Bogner (»Liebesflamme«), St. Andrä-Wördern 1986

Speckbacher, Franz: Botschaften an den Seher Domanski. Offenbarungen Jesu und Marias, St. Andrä-Wördern 1990

Speckbacher, Franz: Der grüne Gürtel der Madonna, St. Andrä-Wördern 1989

Speckbacher, Franz: Die Botschaft Unserer Lieben Frau von Soufanieh, St. Andrä-Wördern 1989

Speckbacher, Franz: Ein Zeichen Gottes – das Rasenkreuz in Eisenberg, St. Andrä-Wördern 1979

Steiner, Johannes: Theres Neumann von Konnersreuth. Ein Lebensbild, Zürich, 10. Aufl. 1988

Steiner, Johannes: Visionen der Therese Neumann nach Protokollen, akustischen Aufzeichnungen und Augenzeugenberichten. Bd. 1 (1973), Bd. 2 (1977), München und Zürich o. J.

Stolz, Benedikt: Teresa Musco. Mit Christus gekreuzigt, Jestetten 1983

Stocker, Josef: Reinigung der Erde, St. Andrä-Wördern, 5. Aufl. 1980

Sudbrack, Josef (Hrsg.): Karl Rahner – Visionen und Prophezeiungen. Zur Mystik und Transzendenzerfahrung, Freiburg 1989

Tatsuya, Shimura: Die Jungfrau Maria weint in Japan (Akita), Hauteville 1985

Tomaselli, Giuseppe: Maria weint. Das Tränenwunder in Porto San Stefano, St. Andrä-Wördern o. J.

Villepelée, Jean-François: Die Torheit des Kreuzes. Die hl. Gemma Galgani, Bd. 1: Der Aufstieg der Seele, Bd. 2: Die Versenkung in das Mysterium, Hauteville 1978

Waach, Hildegard: Margareta Maria Alacoque, Wien 1962

Wagner, Hermann: Licht über Eisenberg. Mystische Erlebnisse, St. Andrä-Wördern 1986

Wassermann, Adi: Pater Pio, der stigmatisierte Kapuziner, Gaming 1991

Weidinger, Erich (Hrsg.): Legenda Aurea. Das Leben der Heiligen, Aschaffenburg 1986

Weidner, Gisela (Hrsg.): Maria Mutter Jesu. Helferin der Menschheit in Vergangenheit, Gegenwart und Zukunft, Wien 1990

Weigl, A. M.: Liebe siegt im Opfer. Mariella Klimaschka, Altötting, 2. Aufl. 1975

Weigl, A. M.: Maria – Rosa Mystica. Montichiari und Fontanelle, Altötting, 5. Aufl. 1976

Weigl, A. M.: Stimmen, die vom Himmel kommen. Jesus und Maria rufen dich und uns alle zu Umkehr, Gebet, Opfer und Sühne, Altötting 1986

Weigl, A. M.: Sühne tut brennend not, Altötting 1985

Weigl, A. M. / Branz, P. F.: Volk unter prophetischem Anruf. Marienerscheinungen theologisch und praktisch gewertet, Altötting 1986

Weissbrodt, Johannes: Der heiligen Gertrud d. Gr. »Gesandter der Göttlichen Liebe«, Freiburg – Basel – Wien, 11. Aufl. 1955

Willers, Heinrich: Über Nacht geht's los, St. Andrä-Wördern o. J.

Winowska, Maria: Das wahre Gesicht des Pater Pio. Priester und Apostel, Augsburg, 26. Aufl. 1990

Winterhalter, E.: Meine Mutter vom Guten Rat, Fribourg, 17. Aufl. 1989

Worte der Liebe. Offenbarungen von Jesus und Maria, aufgenommen von Gemma, Hauteville, 2. Aufl. 1988

Zimmermann, Peter: Medjugorje. Das Friedensangebot Gottes an die Welt – Erlebnisse, Berichte, Interviews, Hauteville, 2. Aufl. 1989

Quellennachweis

S. 74: aus: Die Botschaft der Freude; © 1953 by Benziger Verlag AG, Zürich; S. 87–89: aus: Der hl. Gertrud der Großen Gesandter der göttlichen Liebe, 14. Aufl. 1963; © Verlag Herder, Freiburg – Basel – Wien; S. 90 f.: aus: Angela von Foligno, Gesichte und Tröstungen; © Christiana-Verlag, Stein a. Rh.; S. 93–97: aus: Die Visionen der hl. Birgitta von Schweden; © 1989 Pattloch Verlag, Augsburg; S. 98: aus: Heinrich Seuse, Das Büchlein der ewigen Weisheit; © Christiana-Verlag, Stein a. Rh.; S. 124–127: aus: Johnson, So hat er keinem Volk getan; © Christiana-Verlag, Stein a. Rh.; S. 133 f.: aus: Teresa de Jesús, Gott hat mich überwältigt, 5. Aufl. 1985; © Verlag Herder, Freiburg – Basel – Wien; S. 162–165: aus: Maria von Agreda, Leben der Jungfrau und Gottesmutter Maria; S. 173–176: © Kanisius Verlag, Freiburg/Schweiz; S. 184–188: aus: Anna Katharina Emmerick, Jesus mitten unter den Seinen; © Verlag Butzon & Bercker, 2. Aufl. 1986; S. 190 f.: © Kanisius Verlag, Freiburg/Schweiz; S. 199–203: aus: Johannes Maria Höcht, Die große Botschaft von La Salette; © Christiana-Verlag, Stein a. Rh.; S. 222–225: © Parvis-Verlag, Hauteville; S. 242 f.: © Parvis-Verlag, Hauteville; S. 249 f.: aus: Hans Urs von Balthasar, Erster Blick auf Adrienne von Speyr, 4. Aufl. 1989; © Johannes Verlag, Einsiedeln; S. 267–270: aus: A. M. Weigl, Sühne tut brennend not, 1985 und: A. M. Weigl, Liebe siegt im Opfer. Mariella Klimaschka, 2. Aufl. 1975; © St. Grignion Verlag, Altötting; S. 273–278: © Verlag Schnell & Steiner GmbH, München/Zürich; S. 279–283: aus: Tagebuch der Sr. Maria Faustyna Kowalska, 1990; © Parvis Verlag, Hauteville; S. 285: aus: Maria weint ein Meer von Tränen, 2. Aufl. 1988; © Verlag A. Ruhland, Altötting; S. 288/290: aus: Raymond Peyret, Martha Robin. Das Kreuz und die Freude; © Christiana-Verlag, Stein a. Rh.; S. 299–303: © Parvis-Verlag, Hauteville; S. 306–310: © Parvis-Verlag, Hauteville; S. 312–318: © Miriam-Verlag Josef Künzli, Jestetten; S. 321–325: © Haupt Christi Verlag, Oberschleißheim; S. 326–328: © Miriam-Verlag Josef Künzli, Jestetten; S. 330–339: © St. Grignion Verlag, Altötting; S. 342–347: © Miriam-Verlag Josef Künzli, Jestetten; S. 351–354: © Parvis-Verlag, Hauteville; S. 356–362: © Miriam-Verlag Josef Künzli, Jestetten; S. 367–372: © Verlag A. Ruhland, Altötting; S. 391 f.: © Haupt Christi Verlag, Oberschleißheim; S. 403–405: © Parvis-Verlag, Hauteville; S. 411–415: © Siegfried Hacker Verlag, Gröbenzell; S. 418 f.: © Parvis-Verlag, Hauteville; S. 423–429: © Mediatrix-Verlag, St. Andrä-Wördern; S. 449 f.: © Mediatrix-Verlag, St. Andrä-Wördern; S. 452 f.: © Verlag A. Ruhland, Altötting; S. 456–459: © St. Grignion Verlag, Altötting; S. 465–471: © Parvis-Verlag, Hauteville; S. 476 f.: © Parvis-Verlag, Hauteville; S. 490–494: © Mediatrix-Verlag, St. Andrä-Wördern; S. 508–512: © Parvis-Verlag, Hauteville; S. 519–522: © Parvis-Verlag, Hauteville; S. 531–533: © Parvis-Verlag, Hauteville

Bildnachweis

© dpa, Deutsche Presse-Agentur GmbH: 2,3
© KNA, Katholische Nachrichten Agentur Pressebild GmbH: 1, 4, 13, 19, 20
© Archiv Pattloch Verlag, Augsburg: 5, 6, 7, 8, 9, 10, 11, 12
© Archiv des Autors: 14, 15, 16, 17, 18